Formerly published:

1

EUROPEAN COMMISSION OF HUMAN RIGHTS

*

COMMISSION EUROPEENNE DES DROITS DE L'HOMME

DOCUMENTS *and / et* DECISIONS
1955-1956-1957

1959. XIV + 276 pages.
Cloth Guilders 28.— = **$ 7.80 / $ 8.20** postpaid

***

2

YEARBOOK OF THE EUROPEAN CONVENTION OF HUMAN RIGHTS

THE EUROPEAN COMMISSION AND
EUROPEAN COURT OF HUMAN RIGHTS

*

ANNUAIRE DE LA CONVENTION EUROPEENNE DES DROITS DE L'HOMME

COMMISSION ET COUR EUROPEENNES
DES DROITS DE L'HOMME
1958-1959

1960. XV + 684 pages.
Cloth Guilders 49.50 = **$ 13.80 / $ 14.40** postpaid

The prices quoted in US $ are based on the rate of exchange: 1 guilder = $ 0.278 (January 1962)
They are subject to change without notice

Le présent Volume de l'Annuaire de la Convention européenne des Droits de l'Homme a trait à l'année 1960 qui est celle du 10ème anniversaire de la Convention. C'est en effet le 4 novembre 1950 que celle-ci a été signée à Rome.

Dans l'histoire de la protection internationale des droits de l'homme, l'année 1960 restera marquée par l'activité de la Cour européenne des Droits de l'Homme. Constituée en janvier 1959, la Cour a été saisie dès le mois de mars 1960 par la Commission européenne des Droits de l'Homme de sa première affaire (Affaire "Lawless"). Peu de temps après, une deuxième affaire était portée par la Commission devant la Cour (Affaire "De Becker"). En octobre, 1960 la Cour a tenu sa première audience publique; le 14 novembre elle rendait son premier arrêt.

Un autre fait mérite une mention particulière: l'année 1960 a vu un dixième Etat – le Royaume des Pays-Bas – accepter la compétence de la Commission en matière de requêtes individuelles. Ainsi, sur les quatorze Etats qui ont ratifié la Convention, dix ont reconnu à "toute personne physique, toute organisation non gouvernementale, ou tout groupe de particuliers" relevant de leur juridiction, le droit de s'adresser à la Commission lorsqu'ils s'estiment victimes d'une violation, par l'un de ces Etats, des droits reconnus dans la Convention.

Le plan du présent Volume de l'Annuaire est pratiquement le même que celui du Volume II.

Dans la *Première Partie*, le lecteur trouvera les textes intéressant l'application de la Convention et régissant la compétence de la Commission et de la Cour.

La *Deuxième Partie* est consacrée à la jurisprudence de la Commission et de la Cour, les deux organes chargés d'assurer le respect des engagements résultant de la Convention.

La *Troisième Partie* traite de la Convention dans l'ordre interne des Etats Membres du Conseil de l'Europe. Cette partie ne cesse de gagner en importance, car de plus en plus nombreuses sont les incidences de la Convention sur le droit national des Parties Contractantes.

La *Quatrième Partie* qui n'existait pas dans le Volume précédent, est intitulée "Le Rayonnement de la Convention". Le Comité de Rédaction a estimé, en effet, qu'il fallait faire une place à part à l'influence de la Convention au delà des frontières du Conseil de l'Europe et, en particulier, sur les Constitutions des Etats nouvellement indépendants. Cette partie retiendra l'attention de ceux qui, soucieux de garantir les droits de l'homme d'une manière efficace, se demandent si l'expérience du Conseil de l'Europe est susceptible d'être suivie dans d'autres parties du monde. A cet égard mérite d'être mentionné le projet d'une Convention interaméricaine des Droits de l'Homme.

1961. XV et 773 pages. gr. in-8vo.

Toile florins 62.50 = **$ 17.40** / **18.**— Port Payé

This volume of the Yearbook of the European Convention on Human Rights covers the year 1960, which saw the tenth anniversary of the signing of the Convention in Rome on 4th November 1950.

In the history of the international protection of human rights, 1960 will be remembered for the work of the European Court of Human Rights. The Court, which was set up in January 1959, was seized by the European Commission of Human Rights of its first case (the "Lawless" Case) in March 1960. Shortly afterwards, a second case (the "De Becker" Case), was referred to the Court by the Commission. The Court held its first public hearing in October 1960, and gave its first judgment on 14th November.

It was also in 1960 that a tenth State – the Kingdom of the Netherlands – recognised the competence of the Commission to receive individual applications. Thus, of the fourteen States which have ratified the Convention, ten have recognised that "any person, non-governmental organisation or group of individuals" within their jurisdiction, have the right to apply to the Commission when they claim that they have been the victim of a violation by one of these States of the rights set forth in the Convention.

The arrangement of this Volume of the Yearbook is substantially the same as that of Volume II.

Part I contains texts relating to the application of the Convention and the jurisdiction of the Commission and Court.

Part II is devoted to the jurisprudence of the Commission and the Court, which are the two organs called on to ensure the observance of the engagements set out in the Convention.

Part III deals with the effect of the Convention within the Member States. This Part continues to grow as a result of the increasing impact of the Convention upon municipal law.

Part IV, which did not exist in the previous volume, has been entitled "The Influence of the Convention". The editors felt that a separate place should be given to the influence of the Convention outside the Council of Europe and especially on the constitutions of the newly independent States. This Part will be of particular interest to those who, being concerned with the effective safeguard of human rights, are considering whether this experiment by the Council of Europe might appropriately be followed in other parts of the world. In this connection, the proposed Inter-American Convention on Human Rights is also worthy of mention.

1961. XV and 773 pages. roy. 8vo.

Cloth Guilders 62.50 = **$ 17.40** / **$ 18.**— postpaid

YEARBOOK OF THE EUROPEAN CONVENTION ON HUMAN RIGHTS

★

ANNUAIRE DE LA CONVENTION EUROPEENNE DES DROITS DE L'HOMME

YEARBOOK OF THE EUROPEAN CONVENTION ON HUMAN RIGHTS

THE EUROPEAN COMMISSION AND EUROPEAN COURT OF HUMAN RIGHTS

*

ANNUAIRE DE LA CONVENTION EUROPEENNE DES DROITS DE L'HOMME

COMMISSION ET COUR EUROPEENNES DES DROITS DE L'HOMME

1960

Springer-Science+Business Media, B.V.

Correspondence relating to this Yearbook should be addressed to:
Pour toute correspondance relative à cet Annuaire s'adresser à:

Directorate of Human Rights / Direction des Droits de l'Homme
Council of Europe / Conseil de l'Europe
Strasbourg, France / Strasbourg, France

ISBN 978-94-015-1595-5 ISBN 978-94-015-2719-4 (eBook)
DOI 10.1007/978-94-015-2719-4

Originally published by Martinus Nijhoff, The Hague, Netherlands in 1961.
Softcover reprint of the hardcover 1st edition 1961

Foreword

The Committee of Ministers of the Council of Europe by a Resolution of 6th February 1958, authorised the publication of a Yearbook of the European Convention on Human Rights.

The present Volume of the Yearbook is the third in the series.

The Yearbook, being prepared by the Directorate of Human Rights of the Council of Europe, does not involve the responsibility either of the European Commission or of the European Court of Human Rights. In particular, the summaries of the decisions of the Commission cannot be quoted against the actual texts of these decisions.

Director of Human Rights

April 1961

POLYS MODINOS
Deputy Secretary General

Préface

Par sa Résolution du 6 février 1958, le Comité des Ministres du Conseil de l'Europe a autorisé la publication d'un Annuaire de la Convention européenne des Droits de l'Homme.

Le présent Volume de l'Annuaire est le troisième de la série.

Rédigé par la Direction des Droits de l'Homme du Conseil de l'Europe, l'Annuaire n'engage ni la Commission ni la Cour européennes des Droits de l'Homme. En particulier, les sommaires des décisions de la Commission ne peuvent être cités à l'encontre du texte même de ces décisions.

Directeur des Droits de l'Homme

Avril 1961

POLYS MODINOS
Secrétaire Général Adjoint

Table of contents

Table des matières

Part II

DECISIONS OF THE EUROPEAN COMMISSION AND THE EUROPEAN COURT OF HUMAN RIGHTS

PART III

THE CONVENTION WITHIN THE MEMBER STATES OF THE COUNCIL OF EUROPE

PART IV

THE INFLUENCE OF THE CONVENTION

APPENDIX

DOCUMENTATION AND BIBLIOGRAPHY

Troisieme Partie

LA CONVENTION DANS L'ORDRE INTERNE DES ETATS MEMBRES DU CONSEIL DE L'EUROPE

Quatrieme Partie

LE RAYONNEMENT DE LA CONVENTION

Annexe

DOCUMENTATION ET BIBLIOGRAPHIE

Introduction

This volume of the Yearbook of the European Convention on Human Rights covers the year 1960, which saw the tenth anniversary of the signing of the Convention in Rome on 4th November 1950.

In the history of the international protection of human rights, 1960 will be remembered for the work of the European Court of Human Rights. The Court, which was set up in January 1959, was seized by the European Commission of Human Rights of its first case (the "Lawless" Case) in March 1960. Shortly afterwards, a second case (the "De Becker" Case), was referred to the Court by the Commission. The Court held its first public hearing in October 1960, and gave its first judgment on 14th November.

It was also in 1960 that a tenth State – the Kingdom of the Netherlands – recognised the competence of the Commission to receive individual applications. Thus, of the fourteen States which have ratified the Convention, ten have recognised that "any person, non-governmental organisation or group of individuals" within their jurisdiction, have the right to apply to the Commission when they claim that they have been the victim of a violation by one of these States of the rights set forth in the Convention.

The arrangement of this Volume of the Yearbook is substantially the same as that of Volume II.

Part I contains texts relating to the application of the Convention and the jurisdiction of the Commission and Court.

Part II is devoted to the jurisprudence of the Commission and the Court, which are the two organs called on to ensure the observance of the engagements set out in the Convention.

Part III deals with the effect of the Convention within the Member States. This Part continues to grow as a result of the increasing impact of the Convention upon municipal law.

Introduction

Le présent Volume de l'Annuaire de la Convention européenne des Droits de l'Homme a trait à l'année 1960 qui est celle du 10ème anniversaire de la Convention. C'est en effet le 4 novembre 1950 que celle-ci a été signée à Rome.

Dans l'histoire de la protection internationale des droits de l'homme, l'année 1960 restera marquée par l'activité de la Cour européenne des Droits de l'Homme. Constituée en janvier 1959, la Cour a été saisie dès le mois de mars 1960 par la Commission européenne des Droits de l'Homme de sa première affaire (Affaire "Lawless"). Peu de temps après, une deuxième affaire était portée par la Commission devant la Cour (Affaire "De Becker"). En octobre, 1960 la Cour a tenu sa première audience publique; le 14 novembre elle rendait son premier arrêt.

Un autre fait mérite une mention particulière: l'année 1960 a vu un dixième Etat – le Royaume des Pays-Bas – accepter la compétence de la Commission en matière de requêtes individuelles. Ainsi, sur les quatorze Etats qui ont ratifié la Convention, dix ont reconnu à "toute personne physique, toute organisation non gouvernementale, ou tout groupe de particuliers" relevant de leur juridiction, le droit de s'adresser à la Commission lorsqu'ils s'estiment victimes d'une violation, par l'un de ces Etats, des droits reconnus dans la Convention.

Le plan du présent Volume de l'Annuaire est pratiquement le même que celui du Volume II.

Dans la *Première Partie,* le lecteur trouvera les textes intéressant l'application de la Convention et régissant la compétence de la Commission et de la Cour.

La *Deuxième Partie* est consacrée à la jurisprudence de la Commission et de la Cour, les deux organes chargés d'assurer le respect des engagements résultant de la Convention.

La *Troisième Partie* traite de la Convention dans l'ordre interne des Etats Membres du Conseil de l'Europe. Cette partie ne cesse de gagner en importance, car de plus en plus nombreuses sont les incidences de la Convention sur le droit national des Parties Contractantes.

Part IV, which did not exist in the previous volume, has been entitled "The Influence of the Convention". The editors felt that a separate place should be given to the influence of the Convention outside the Council of Europe and especially on the constitutions of the newly independent States. This Part will be of particular interest to those who, being concerned with the effective safeguard of human rights, are considering whether this experiment by the Council of Europe might appropriately be followed in other parts of the world. In this connection, the proposed Inter-American Convention on Human Rights is also worthy of mention.

Strasbourg, 25th March, 1961.

La *Quatrième Partie* qui n'existait pas dans le Volume précédent, est intitulée "Le Rayonnement de la Convention". Le Comité de Rédaction a estimé, en effet, qu'il fallait faire une place à part à l'influence de la Convention au delà des frontières du Conseil de l'Europe et, en particulier, sur les Constitutions des Etats nouvellement indépendants. Cette partie retiendra l'attention de ceux qui, soucieux de garantir les droits de l'homme d'une manière efficace, se demandent si l'expérience du Conseil de l'Europe est susceptible d'être suivie dans d'autres parties du monde. A cet égard mérite d'être mentionné le projet d'une Convention interaméricaine des Droits de l'Homme.

Strasbourg, le 25 mars 1961.

PART ONE

Basic Texts and General Information

PREMIERE PARTIE

Textes fondamentaux et informations de caractère général

CHAPTER I

BASIC TEXTS

A.

Rules of Procedure of the European Commission of Human Rights [1]

The Commission,

Having regard to the Convention for the Protection of Human Rights and Fundamental Freedoms and Protocol, hereinafter called the Convention;

Pursuant to Article 36 of the Convention;

Adopts the present Rules:

---

[1] As amended by the Commission during its 24th Plenary Session held at Strasbourg from 1st to 5th August 1960. For the original text and subsequent amendments, see Yearbook, Volume I, pp. 58–86; Volume II, pp. 62–64.

TEXTES FONDAMENTAUX

A.

Règlement intérieur de la Commission européenne des Droits de l'Homme [1]

La Commission,

Vu la Convention de sauvegarde des Droits de l'Homme et des Libertés fondamentales et son Protocole additionnel, ci-après dénommés la Convention;

Agissant en vertu de l'article 36 de la Convention;

Arrête le présent Règlement:

---

[1] Tel que la Commission l'a révisé lors de sa 24ème session plénière, tenue à Strasbourg du 1er au 5 août 1960. En ce qui concerne le texte primitif et les amendements subséquents, cf. Annuaire, Volume I, pp. 59–87; Volume II, pp. 63–65.

TITLE I

ORGANISATION AND WORKING OF THE COMMISSION

Chapter 1

Members of the Commission

RULE 1

1. The duration of the term of office of members of the Commission elected on 18th May 1954 shall be calculated as from this date. Similarly, the duration of the term of office of any member elected as a consequence of a State becoming a Party to the Convention after 18th May 1954 shall be calculated as from his election.

2. However, when a member is re-elected on the expiry of his term of office or is elected to replace a member whose term of office has expired or is about to expire, the duration of his term of office shall, in either case, be calculated as from the date of such expiry.

3. In accordance with Article 22, paragraph (3), of the Convention, a member elected to replace a member whose term of office has not expired shall hold office for the remainder of his predecessor's term.

4. In accordance with Article 22, paragraph (4), of the Convention, members shall hold office until replaced. After having been replaced, they shall continue to deal with such cases as they already have under consideration.

RULE 2

Before taking up his duties, each member of the Commission shall, at the first meeting of the Commission at which he is present after his election, make the following oath or solemn declaration:

"I swear", or "I solemnly declare" – "that I will exercise all my powers and duties honourably and faithfully, impartially and conscientiously and that I will keep secret all deliberations".

TITRE I
ORGANISATION ET FONCTIONNEMENT DE LA COMMISSION

Chapitre I
Des Membres de la Commission

ARTICLE 1

1. La durée du mandat des membres de la Commission élus le 18 mai 1954 est comptée à partir de cette date. De même, la durée du mandat de tout membre élu du fait qu'un Etat est devenu Partie à la Convention après le 18 mai 1954 est comptée à partir de l'élection de ce membre.

2. Toutefois, si un membre est réélu à l'expiration de son mandat, ou élu en remplacement d'un membre dont le mandat est expiré ou va expirer, la durée de son mandat est comptée à partir de cette expiration.

3. Conformément à l'article 22, paragraphe 3, de la Convention, le membre élu en remplacement d'un membre dont le mandat n'est pas expiré achève le mandat de son prédécesseur.

4. Conformément à l'article 22, paragraphe 4, de la Convention, les membres restent en fonctions jusqu'à remplacement. Après ce remplacement, ils continuent de connaître des affaires dont ils sont déjà saisis.

ARTICLE 2

Avant d'entrer en fonctions, tout membre de la Commission, à la première séance de la Commission à laquelle il assiste après son élection, doit prêter le serment suivant ou faire la déclaration solennelle suivante:

"Je jure" – ou "je déclare solennellement" – "que j'exercerai tous mes devoirs et attributions en tout honneur et dévouement, en pleine impartialité et en toute conscience, et que j'observerai le secret des délibérations".

RULE 3

1. Members of the Commission shall take precedence after the President and Vice-President according to the length of time they have been in office.

2. Members having the same length of time in office shall take precedence according to age.

3. Re-elected members shall take precedence having regard to the duration of their previous terms of office.

RULE 4

Resignation of a member shall be notified to the President who shall transmit it to the Secretary-General of the Council of Europe. Subject to the provisions of Rule 1, paragraph (4), it shall constitute vacation of office.

Chapter II

Presidency of the Commission

RULE 5

1. The Commission shall elect the President and Vice-President during the month following the date of the entry into office of members elected at periodical elections of part of the Commission in accordance with paragraph (1) of Article 22 of the Convention.

2. If the President or Vice-President, before the normal expiry of his term of office as President or Vice-President, ceases to be a member of the Commission or resigns his office, the Commission shall elect a successor to hold office for the remainder of the said term.

3. The elections referred to in this Rule shall be by secret ballot; only the members present shall take part. Election shall be by an absolute majority of votes.

If no member receives an absolute majority, a second ballot shall take place. The member receiving the most votes shall then be elected. In the case of equal voting the member having precedence under Rule 3 shall be elected.

RULE 6

The President shall direct the work and preside at the meetings of the Commission.

ARTICLE 3

1. Les membres de la Commission prennent rang, après le Président et le Vice-président, suivant leur ancienneté de fonctions.

2. Les membres ayant la même ancienneté de fonctions prennent rang d'après leur ancienneté d'âge.
3. Les membres réélus prennent rang compte tenu de la durée de leurs mandats antérieurs.

ARTICLE 4

La démission d'un membre est adressée au Président qui la transmet au Secrétaire Général du Conseil de l'Europe. Sous réserve de l'application de l'article 1, paragraphe 4, du présent Règlement, elle emporte vacance de siège.

Chapitre II

De la présidence de la Commission

ARTICLE 5

1. La Commission procède à l'élection du Président et du Vice-président dans le mois qui suit le point de départ du mandat des membres élus lors d'un renouvellement partiel effectué conformément à l'article 22, paragraphe 1, de la Convention.
2. Si le Président ou le Vice-président cesse de faire partie de la Commission, ou résigne ses fonctions de Président ou de Vice-président, avant le terme normal de celles-ci, la Commission élit un successeur pour la période restant à courir.

3. Les élections visées au présent article ont lieu au scrutin secret; seuls y participent les membres présents. Le membre qui obtient la majorité absolue est élu.
Si aucun membre ne réunit la majorité absolue, il est procédé à un second tour de scrutin. Le membre ayant le plus grand nombre de voix est élu. En cas de parité des suffrages, est élu le membre qui a préséance aux termes de l'article 3 du présent Règlement.

ARTICLE 6

Le Président dirige les travaux et préside les séances de la Commission.

RULE 7

The Vice-President shall take the place of the President if the latter is unable to carry out his duties or if the office of President is vacant.

RULE 8

If the President and Vice-President are at the same time unable to carry out their duties or if their offices are at the same time vacant, the duties of President shall be carried out by another member according to the order of precedence laid down in Rule 3.

RULE 9

1. If the President is a national of a High Contracting Party which is party to a case brought before the Commission, he shall relinquish the office of President in respect of that case.

2. The President shall also relinquish the office of President in respect of any case in which he has acted in a Sub-commission as member appointed by a party pursuant to Article 29, paragraph (2), of the Convention.

RULE 10

If the President of the Commission for some special reason considers that he should relinquish the office of President in a particular case, he shall so inform the Vice-President or the member acting in his place.

Chapter III

Secretariat of the Commission

RULE 11

1. Pursuant to Article 37 of the Convention, the Secretariat of the Commission shall be provided by the Secretary-General of the Council of Europe.

2. The Secretary-General shall appoint the Secretary of the Commission.

ARTICLE 7

Le Vice-président remplace le Président en cas d'empêchement de celui-ci et en cas de vacance de la présidence.

ARTICLE 8

En cas d'empêchement simultané du Président et du Vice-président, ou en cas de vacance simultanée de leurs fonctions, la présidence est exercée par un autre membre selon l'ordre de préséance établi à l'article 3 du présent Règlement.

ARTICLE 9

1. Si le Président est le ressortissant d'une Haute Partie Contractante en cause dans une affaire soumise à la Commission, il cède la présidence pour cette affaire.

2. Le Président cède également la présidence pour toute affaire dont il a connu en Sous-commission en qualité de membre désigné par une partie conformément à l'article 29, paragraphe 2, de la Convention.

ARTICLE 10

Si, pour une raison spéciale, le Président de la Commission estime devoir céder la présidence dans une affaire déterminée, il en informe le Vice-président ou son remplaçant.

Chapitre III

Du secrétariat de la Commission

ARTICLE 11

1. Conformément à l'article 37 de la Convention, le secrétariat de la Commission est assuré par le Secrétaire Général du Conseil de l'Europe.

2. Le Secrétaire Général désigne le Secrétaire de la Commission.

RULE 12

The Secretary of the Commission

(a) shall assist the Commission, Sub-commissions and the members of the Commission in the fulfilment of their duties;

(b) shall be the channel for all communications concerning the Commission;

(c) shall have custody of the seals, stamps and archives of the Commission.

RULE 13

1. A special register shall be kept at the Secretariat in which all cases, relevant pleadings and exhibits shall be entered in the order of their submission and without intervening spaces or deletions. Nothing shall be written in the register in abbreviated form.

2. A note of the entry in the register shall be endorsed by the Secretary of the Commission on the original documents and, at the request of the parties, on copies presented by them for that purpose.

3. Entries in the register and the notes of entries provided for in paragraph (2) of this Rule shall have effect as certified matters of record.

4. The manner of keeping the register shall be laid down by the President in agreement with the Secretary of the Commission.

RULE 14

The duties of the Secretariat shall be laid down by the President in agreement with the Secretary-General of the Council of Europe.

Chapter IV

Sub-commissions

RULE 15

1. Any party wishing to exercise the right, provided for in paragraph (2) of Article 29 of the Convention, to appoint a member of its choice as a member of a Sub-commission shall give notice of the name of such member within an appropriate time-limit to be laid down by the President.

2. If, before the Sub-commission has been constituted, a member

ARTICLE 12

Le Secrétaire de la Commission
(a) assiste la Commission, les Sous-commissions et les membres de la Commission dans l'exercice de leurs fonctions;
(b) sert d'intermédiaire pour toutes les communications concernant la Commission;
(c) a la garde des sceaux, cachets et archives de la Commission.

ARTICLE 13

1. Il est tenu au secrétariat un registre spécial sur lequel sont inscrits à la suite, sans blancs ni ratures, toutes les causes, les actes de procédure y afférents et les pièces déposées à l'appui dans l'ordre de leur production. Dans le registre, il n'est rien écrit par abréviation.

2. Mention de l'inscription au registre est faite par le Secrétaire de la Commission sur les originaux et, à la demande des parties, sur les copies qu'elles présenteront à cet effet.

3. Le registre fait foi des inscriptions et mentions prévues au paragraphe 2 du présent article.

4. Les modalités suivant lesquelles le registre est tenu sont déterminées par le Président en accord avec le Secrétaire de la Commission.

ARTICLE 14

Les attributions du secrétariat sont réglées par le Président en accord avec le Secrétaire Général du Conseil de l'Europe.

Chapitre IV

Des Sous-commissions

ARTICLE 15

1. Toute partie qui entend exercer la faculté de désigner un membre de son choix pour faire partie d'une Sous-commission, conformément à l'article 29, paragraphe 2, de la Convention, doit notifier le nom du membre choisi dans le délai approprié fixé par le Président.

2. Si, avant la constitution de la Sous-commission, le membre

so appointed is unable to accept the appointment, the President shall notify the party concerned and shall lay down a new and appropriate time-limit within which such party shall, if it so desires, appoint another member.

RULE 16

If the Commission considers that several parties have the same interest, it shall lay down a time-limit within which such parties shall, acting in agreement, appoint a single member of their choice. In the event of a dispute that the same interest exists, the Commission shall decide, if necessary, after receiving the observations of the parties.

RULE 17

In the event of the non-appointment of a member within the time-limit laid down by the President or the Commission, as the case may be, under Rule 15 or 16, the procedure in Rule 18 shall immediately be applied.

RULE 18

1. On the expiry of the time-limits referred to in Rules 15 and 16, the prescribed number of members of the Sub-commission shall be achieved by a drawing of lots which the President shall carry out with the assistance of the Secretary of the Commission.

2. The remaining members of the Commission shall, if necessary, be called upon to sit as substitute members in the order in which they have been chosen by lot in the same manner as provided for in paragraph (1).

3. As soon as a Sub-commission has been constituted the Secretary of the Commission shall communicate its composition to all members of the Commission and to the parties.

RULE 19

If, after the Sub-commission has been constituted, a member appointed by a party is prevented from carrying out his duties, the President shall notify the party concerned and shall lay down a new and appropriate time-limit within which such party shall, if it so desires, appoint another member. In the event of the non-appointment of a member within the time-limit laid down by the President, one of the substitute members provided for in Rule 18, paragraph (2), shall be called upon in accordance with the order in which these members have been chosen by lot.

ainsi désigné se trouve empêché d'accepter sa désignation, le Président en informe la partie intéressée et lui fixe un nouveau délai approprié pour désigner, si elle le désire, un autre membre.

ARTICLE 16

Si la Commission estime que plusieurs parties ont le même intérêt, elle leur fixe un délai pour désigner d'un commun accord un seul membre de leur choix. En cas de contestation sur l'existence d'un tel intérêt, la Commission décide après avoir recueilli, s'il y a lieu, les explications des parties.

ARTICLE 17

En cas de non-désignation d'un membre dans le délai fixé par le Président ou par la Commission conformément à l'article 15 ou à l'article 16 du présent Règlement, la procédure prévue à l'article 18 du présent Règlement est immédiatement appliquée.

ARTICLE 18

1. A l'expiration des délais visés aux articles 15 et 16 du présent Règlement, le nombre requis de membres de la Sous-commission est atteint au moyen d'un tirage au sort que le Président effectue avec l'assistance du Secrétaire de la Commission.

2. Les membres restants de la Commission sont, en cas de besoin, appelés à siéger en qualité de suppléants suivant l'ordre établi par un tirage au sort effectué de la manière prévue au paragraphe 1.

3. Dès constitution d'une Sous-commission, le Secrétaire de la Commission en notifie la composition à tous les membres de la Commission ainsi qu'aux parties.

ARTICLE 19

Si, après la constitution de la Sous-commission, le membre désigné par une partie est empêché de remplir ses fonctions, le Président en informe la partie et lui fixe un nouveau délai approprié pour désigner, si elle le désire, un autre membre. En cas de non-désignation d'un membre dans le délai ainsi fixé par le Président, il est fait appel à l'un des suppléants visés à l'article 18, paragraphe 2 du présent Règlement, suivant l'ordre établi par le tirage au sort.

RULE 20

1. Of those members chosen by lot according to paragraph (1) of Rule 18, the member having precedence under Rule 3 shall preside at the Sub-commission.

2. If the President of the Sub-commission for some special reason considers that he should relinquish the office of President, he shall so inform the Sub-commission. He shall relinquish the office of President in the circumstances set out in paragraph (1) of Rule 9.

RULE 21

If the President of the Sub-commission relinquishes the office of President, that office shall be assumed by another member of the Sub-commission in accordance with the order of precedence laid down in Rule 3.

Chapter V

The working of the Commission and Sub-commissions

RULE 22

The seat of the Commission shall be at the seat of the Council of Europe at Strasbourg. The Commission or any of its organs may, however, if they think fit, carry out their duties elsewhere.

RULE 23

1. The Commission shall meet at the decision of the President when the latter considers that circumstances so require, It shall also meet if at least one-third of its members so request.
2. Pursuant to Article 35 of the Convention, the Commission shall be convened by the Secretary-General of the Council of Europe.

RULE 24

1. The date and time of meetings shall be laid down by the President of the Commission.
2. The date and time of meetings of a Sub-commission shall be laid down by its President.

ARTICLE 20

1. Parmi les membres désignés par le sort conformément à l'article 18, paragraphe 1, du présent Règlement, celui qui a préséance aux termes de l'article 3 dudit Règlement préside la Sous-commission.

2. Si, pour une raison spéciale, le Président de la Sous-commission estime devoir céder la présidence, il en informe la Sous-commission. Il cède la présidence dans le cas prévu à l'article 9, paragraphe 1, du présent Règlement.

ARTICLE 21

Si le Président de la Sous-commission cède la présidence, celle-ci est assumée par un autre membre de la Sous-commission selon l'ordre de préséance établi à l'article 3 du présent Règlement.

Chapitre V

Du fonctionnement de la Commission et des Sous-commissions

ARTICLE 22

Le siège de la Commission est fixé à Strasbourg, siège du Conseil de l'Europe. La Commission et ses organes peuvent toutefois, lorsqu'ils le jugent utile, exercer leurs fonctions en d'autres lieux.

ARTICLE 23

1. La Commission se réunit sur décision de son Président, chaque fois que celui-ci estime que les circonstances l'exigent. Elle doit en outre être réunie si un tiers au moins de ses membres le demandent.

2. Conformément à l'article 35 de la Convention, la Commission est convoquée par le Secrétaire Général du Conseil de l'Europe.

ARTICLE 24

1. Les dates et heures des séances sont fixées par le Président de la Commission.

2. Les dates et heures des séances d'une Sous-commission sont fixées par son Président.

RULE 25

A quorum of the Commission shall be nine members. However, seven members shall constitute a quorum when the Commission considers the admissibility of an application submitted under Article 25 of the Convention and provided that the group of three members referred to in Rule 34 has unanimously reported that the application appears to be inadmissible.

RULE 26

Sessions of the Commission and Sub-commissions shall be held in camera.

RULE 27

1. The Commission and Sub-commissions shall deliberate in private. Their deliberations shall be and shall remain secret.

2. Only the members of the Commission shall take part in the deliberations of the Commission. Only the members of a Sub-commission shall take part in the deliberations of such Sub-commission.

3. The Secretary of the Commission shall as a rule be present at the deliberations. No other person may be admitted except by decision of the Commission or Sub-commission.

RULE 28

Every member present at the deliberations shall state his opinion and the reasons therefor. The junior member according to the order of precedence laid down in Rule 3 shall speak first.

RULE 29

1. Pursuant to Article 34 of the Convention, decisions of the Commission shall be taken by a majority of members present and voting and decisions of a Sub-commission shall be taken by a majority of its members.

2. The votes shall be cast in the inverse order to the order of precedence laid down in Rule 3.

3. If the voting is equal, the President shall have a casting vote.

ARTICLE 25

Le quorum de neuf membres est exigé pour le fonctionnement de la Commission. Toutefois, la Commission peut siéger valablement en présence de sept de ses membres lorsqu'elle examine la recevabilité d'une requête introduite en vertu de l'article 25 de la Convention et que le groupe de trois membres visé à l'article 34 du présent Règlement est unanime à estimer, dans son rapport, que cette requête semble irrecevable.

ARTICLE 26

La Commission et les Sous-commissions siègent à huis clos.

ARTICLE 27

1. La Commission et les Sous-commissions délibèrent en chambre du conseil. Leurs délibérations sont et restent secrètes.

2. Seuls les membres de la Commission prennent part aux délibérations de la Commission. Seuls les membres d'une Sous-commission prennent part aux délibérations de cette Sous-commission.

3. Le Secrétaire de la Commission est, en principe, présent en chambre du conseil. Aucune autre personne ne peut y être admise qu'en vertu d'une décision de la Commission ou de la Sous-commission.

ARTICLE 28

Chacun des membres présents à la délibération exprime son opinion motivée. Le membre dernier en rang, selon l'ordre de préséance établi à l'article 3 du présent Règlement, a la parole le premier.

ARTICLE 29

1. Conformément à l'article 34 de la Convention, les décisions de la Commission sont prises à la majorité des membres présents et votant, et celles d'une Sous-commission à la majorité de ses membres.

2. Les votes sont émis dans l'ordre inverse de l'ordre de préséance établi à l'article 3 du présent Règlement.

3. En cas de partage des voix, la voix du Président est prépondérante.

RULE 30

The minutes of deliberations shall be secret; they shall be limited to a record of the subject of the discussions, the votes taken, the names of those voting for and against a motion and any statements expressly made for insertion in the minutes.

RULE 31

Members who are prevented by illness or other serious reason from taking part in the meetings shall as soon as possible give notice thereof to the Secretary of the Commission who shall inform the President.

RULE 32

1. If a member for some special reason considers that he should not take part in the examination of a particular case, the President and the member concerned shall consult together. In the event of disagreement, the Commission or Sub-commission, as the case may be, shall decide.

2. If the President considers that a member should not, for some special reason, take part in the examination of a particular case, he shall so notify the member concerned and refer the question for a decision by the Commission or Sub-commission, as the case may be.

RULE 33

Members of the Commission may not take part in the examination of any case in which they have previously acted as the agents, advisers or legal representatives of one of the parties or concerning which they have been required to state an opinion as members of a tribunal, commission of enquiry, or in any other capacity. In the event of doubt or dispute, the Commission or Sub-commission, as the case may be, shall decide.

RULE 34

1. The Commission shall, as circumstances require, constitute one or more groups, each consisting of three of its members, to carry out the duties laid down in Rule 45. It shall also appoint two substitute members for each group.

2. During the interval between sessions of the Commission, the

ARTICLE 30

Les procès-verbaux des délibérations sont secrets; ils se bornent à mentionner l'objet des débats, les votes et le nom de ceux qui ont voté pour ou contre une proposition, ainsi que les déclarations expressément faites en vue d'y être insérées.

ARTICLE 31

Les membres empêchés, par suite de maladie ou de circonstances graves, de participer aux séances, en font part, dans le plus bref délai, au Secrétaire de la Commission qui en informe le Président.

ARTICLE 32

1. Si, pour une raison spéciale, un membre estime devoir ne pas participer à l'examen d'une affaire déterminée, le Président et ledit membre confrontent leurs vues à ce sujet. S'il y a désaccord, la décision incombe à la Commission ou à la Sous-commission, suivant le cas.

2. Si le Président estime qu'un membre ne doit pas, pour une raison spéciale, participer à l'examen d'une affaire déterminée, il en avise ledit membre et soumet la question, pour décision, à la Commission ou à la Sous-commission, suivant le cas.

ARTICLE 33

Les membres de la Commission ne peuvent participer à l'examen d'aucune affaire dans laquelle ils sont antérieurement intervenus comme agent, conseil ou avocat de l'une des parties, ou sur laquelle ils ont été appelés à se prononcer comme membre d'un tribunal, d'une commission d'enquête ou à tout autre titre. S'il y a doute ou contestation, la décision incombe à la Commission ou à la Sous-commission, suivant le cas.

ARTICLE 34

1. La Commission constitue, suivant les nécessités, un ou plusieurs groupes composés chacun de trois de ses membres et appelés à exercer les fonctions prévues à l'article 45 du présent Règlement. Elle désigne en outre deux membres suppléants pour chaque groupe.

2. Dans l'intervalle entre les sessions de la Commission, le Pré-

President may, if necessary, either constitute a group or replace any member who is unable to take part in the work of a group already constituted.

3. The President of each group shall be the member of that group who has precedence under Rule 3.

sident peut, en cas de besoin, procéder soit à la constitution d'un tel groupe, soit au remplacement de tout membre qui ce trouverait empêché de participer aux travaux d'un groupe déjà constitué.

3. Chaque groupe est présidé par celui de ses membres qui a préséance aux termes de l'article 3 du présent Règlement.

TITLE II
PROCEDURE

Chapter I
General Rules

RULE 35

1. The official languages of the Commission shall be French and English.

2. The President may authorise a member to speak in another language.

RULE 36

1. The High Contracting Parties shall be represented before the Commission by their agents who may have the assistance of counsel or advocates.

2. The persons, non-governmental organisations and groups of individuals referred to in Article 25 of the Convention may represent their case in person before the Commission. They may be assisted or represented by a member of the Bar, by a solicitor or by a professor of law, or by any other lawyer approved by the Commission.

RULE 37

The Commission or a Sub-commission may, at the request of a party or of a person representing or assisting that party, permit the use by such party or person of a language other than French or English.

RULE 38

1. The Commission shall deal with cases in the order in which they become ready for hearing. It may, however, decide to give precedence to a particular case.

2. The Commission or a Sub-commission or, if it is not in session,

TITRE II
DE LA PROCEDURE

Chapitre I
Règles générales

ARTICLE 35

1. Les langues officielles de la Commission sont le français et l'anglais.
2. Le Président peut autoriser un membre à s'exprimer dans une autre langue.

ARTICLE 36

1. Les Hautes Parties Contractantes sont représentées devant la Commission par leurs agents, qui peuvent se faire assister par des conseils ou des avocats.
2. Les personnes physiques, les organisations non-gouvernementales et les groupes de particuliers, visés à l'article 25 de la Convention, peuvent défendre eux-mêmes leur cause devant la Commission; ils peuvent être assistés ou représentés par un avocat, un avoué ou un professeur de droit, ainsi que par tout autre juriste agréé par la Commission.

ARTICLE 37

La Commission ou une Sous-commission peut, à la demande d'une partie ou de toute personne qui représente ou assiste cette partie, autoriser l'emploi, par cette partie ou personne, d'une langue autre que le français et l'anglais.

ARTICLE 38

1. La Commission traite les affaires dont elle est saisie suivant l'ordre dans lequel elles sont en état. Elle peut toutefois décider de traiter une affaire par priorité.
2. La Commission ou une Sous-commission ou, si elle ne siège

its President may at the request of a party or *ex officio* order a case to be adjourned.

RULE 39

The Commission may, if it considers necessary, order the joinder of two or more cases.

Chapter II

Institution of proceedings

RULE 40

1. Any claims submitted under Article 24 or 25 of the Convention shall be submitted in the form of an application in writing and shall be signed by the applicant or his representative.

2. Where an application is submitted by a non-governmental organisation or by a group of individuals, it shall be signed by those persons competent to represent such organisation or group, if such organisation or group is properly constituted according to the laws of the State to which it is subject. The application shall in all other cases be signed by the persons composing the group submitting the application.

RULE 41

1. The application shall mention:

(a) the name of the applicant;

(b) the name of the High Contracting Party against which the claim is made;

(c) the object of the claim;

(d) as far as possible the provision of the Convention alleged to have been violated;

(e) a statement of the facts and arguments;

(f) any attached documents.

2. The applicant shall provide information enabling it to be shown that the conditions laid down in Article 26 of the Convention have been satisfied.

RULE 42

Where the applicant intends to claim damages for an alleged

pas, son Président, peut, à la demande d'une partie ou d'office, ordonner la remise d'une affaire.

ARTICLE 39

La Commission peut, si elle le juge nécessaire, ordonner la jonction de deux ou plusieurs affaires.

Chapitre II

De l'introduction de l'instance

ARTICLE 40

1. Toute demande présentée en vertu de l'article 24 ou de l'article 25 de la Convention doit l'être sous forme de requête écrite, et être signée par le requérant ou la personne qui le représente.

2. Lorsque la requête est présentée par une organisation non-gouvernementale ou par un groupe de particuliers, elle est signée par les personnes habilitées à représenter l'organisation ou le groupe, si ceux-ci sont régulièrement constitués selon la loi de l'Etat dont ils relèvent. Dans le cas contraire, la requête doit être signée par les personnes physiques formant le groupe requérant.

ARTICLE 41

1. La requête doit indiquer:

(a) la partie requérante;

(b) la Haute Partie Contractante contre laquelle la demande est formée;

(c) l'objet de la demande;

(d) autant que possible, la disposition de la Convention dont la violation est alléguée;

(e) l'exposé des faits et des moyens;

(f) les pièces annexées.

2. La partie requérante doit fournir des éléments permettant d'établir que les conditions de l'article 26 de la Convention se trouvent remplies.

ARTICLE 42

Si la partie requérante entend poursuivre la réparation d'un dominjury, the amount of damages claimed may be stated in the application.

RULE 43

The Secretary-General of the Council of Europe shall transmit the application and any relevant documents to the President of the Commission.

RULE 44

Where, pursuant to Article 24 of the Convention, an application is brought before the Commission by a High Contracting Party, the President of the Commission shall through the Secretary-General of the Council of Europe give notice of such application to the High Contracting Party against which the claim is made and shall invite it to submit to the Commission its observations in writing on the admissibility of such application.

RULE 45

1. Any application submitted pursuant to Article 25 of the Convention shall be referred by the President of the Commission to the group of three members mentioned in Rule 34, which shall make a preliminary examination as to its admissibility. The group of three members shall then submit to the Commission a Report on such preliminary examination.

2. If the group of three members unanimously reports that the application appears to be admissible, the President of the Commission shall through the Secretary-General of the Council of Europe give notice of such application to the High Contracting Party against which the claim is made and shall invite it to submit to the Commission its observations in writing on the admissibility of such application.

3. If the group of three members does not unanimously report that the application appears to be admissible, the Commission shall consider the application and may

(a) either, declare at once that the application is inadmissible,

(b) or, through the Secretary-General of the Council of Europe give notice of such application to the High Contracting Party against which the claim is made and invite it to submit to the Commission its observations in writing on the admissibility of such application.

mage prétendument subi, elle peut indiquer dans la requête le montant de l'indemnité réclamée.

ARTICLE 43

Le Secrétaire Général du Conseil de l'Europe transmet au Président de la Commission la requête et les pièces s'y rapportant.

ARTICLE 44

Si la Commission est saisie par une Haute Partie Contractante en vertu de l'article 24 de la Convention, le Président de la Commission, par l'intermédiaire du Secrétaire Général du Conseil de l'Europe, donne connaissance de la requête à la Haute Partie Contractante mise en cause et invite celle-ci à présenter à la Commission ses observations écrites sur la recevabilité de ladite requête.

ARTICLE 45

1. Toute requête présentée en vertu de l'article 25 de la Convention est soumise par le Président de la Commission au groupe de trois membres visé à l'article 34 du présent Règlement, aux fins d'examen préalable de sa recevabilité. Le résultat de cet examen préalable fait l'objet d'un rapport à la Commission.

2. Si le groupe de trois membres, dans son rapport, est unanime à estimer que la requête semble recevable, le Président de la Commission, par l'intermédiaire du Secrétaire Général du Conseil de l'Europe, donne connaissance de la requête à la Haute Partie Contractante mise en cause et invite celle-ci à présenter à la Commission ses observations écrites sur la recevabilité de ladite requête.

3. Si le groupe de trois membres, dans son rapport, n'est pas unanime à estimer que la requête semble recevable, la Commission examine la requête et peut

(a) soit la déclarer *de plano* irrecevable,

(b) soit, par l'intermédiaire du Secrétaire Général du Conseil de l'Europe, donner connaissance de la requête à la Haute Partie Contractante mise en cause et inviter celle-ci à présenter à la Commission ses observations écrites sur la recevabilité de ladite requête.

RULE 46

1. Except for the case provided for in Rule 45, paragraph (3) (a), the Commission, before it decides as to the admissibility of an application, may, if it thinks fit, invite the parties to submit to it their further comments in writing. It may also invite the parties to make oral explanations.

2. During the interval between sessions of the Commission, the President may, if he thinks fit, exercise the powers mentioned in paragraph (1) of this Rule.

3. The decision of the Commission in regard to the admissibility of the application shall be accompanied by reasons. The Secretary of the Commission shall communicate such decision to the applicant and, except for the case provided for in Rule 45, paragraph (3) (a), to the respondent party.

RULE 47

1. The Commission shall, if it accepts an application, set up a Sub-commission according to the provisions of Chapter IV of Title I of the present Rules.

2. If the Commission accepts an application, the facts of which are connected with those of a case between the same parties for which a Sub-commission has already been set up it may refer the new case to the said Sub-commission with the agreement of the parties.

3. The President shall lay down the time-limits within which the parties shall submit their arguments, evidence and submissions.

RULE 48

1. Each pleading shall be signed in the original by the party or its representative.

2. Each pleading shall be dated. For the purpose of determining any time-limits, the date of the filing of the pleading with the Secretariat-General of the Council of Europe shall alone be taken into consideration.

3. Any document submitted as as appendix and written in a language other than the official languages shall, unless the President otherwise decides, be accompanied by translation into one of the official languages. Translations of extracts may be submitted, however, in the case of lengthy documents. The Commission may at any time require a more complete translation or a certified translation to be submitted.

ARTICLE 46

1. Sauf dans le cas visé au paragraphe 3, alinéa *a*), de l'article 45 du présent Règlement, la Commission, avant de prendre une décision sur la recevabilité, peut inviter les parties, si elle l'estime utile, à lui présenter des observations écrites complémentaires. Elle peut également inviter les parties à lui donner des explications orales.

2. Dans l'intervalle entre les sessions de la Commission, le Président peut, s'il l'estime utile, exercer les pouvoirs définis au paragraphe 1 du présent article.

3. La décision de la Commission sur la recevabilité de la requête est motivée. Le Secrétaire de la Commission la communique à la partie requérante et, sauf dans le cas visé au paragraphe 3, alinéa *a*), de l'article 45 du présent Règlement, à la partie défenderesse.

ARTICLE 47

1. Si la Commission retient la requête, elle procède à la constitution d'une Sous-commission, suivant les prescriptions du Titre I, chapitre IV, du présent Règlement.

2. Si la Commission retient une requête dont les faits sont connexes à ceux d'une affaire opposant les mêmes parties et pour laquelle une Sous-commission a déjà été constituée, elle peut, avec l'accord des parties, renvoyer la nouvelle affaire à ladite Sous-commission.

3. Le Président fixe les délais dans lesquels les parties auront à présenter leurs moyens, offres de preuve et conclusions.

ARTICLE 48

1. L'original de tout acte de procédure est signé par la partie ou la personne qui la représente.

2. Tous les actes de procédure sont datés. Pour la computation des délais, seule la date du dépôt au Secrétariat Général du Conseil de l'Europe est prise en considération.

3. Tout document produit en annexe et rédigé en une langue autre que les langues officielles doit être accompagné d'une traduction dans une de ces langues, sauf dérogation accordée par le Président. Toutefois, dans le cas de documents volumineux, des traductions en extrait peuvent être présentées. A tout moment, la Commission peut exiger une traduction plus complète ou une traduction certifiée conforme.

RULE 49

As soon as a Sub-commission has been set up the file shall be sent to it to enable it to carry out the duties laid down in Article 28 of the Convention.

Chapter III

Procedure before Sub-commissions

RULE 50

1. A Sub-commission may take any measure which it considers expedient in order to carry out the duties laid down in Article 28 of the Convention.

2. A Sub-commission shall take formal note of the refusal of a party to comply with such measures.

RULE 51

A Sub-commission may instruct one or more of its members to undertake an enquiry or any other form of investigation. It may also appoint one of its members as rapporteur.

RULE 52

The President of a Sub-commission shall direct the proceedings.

RULE 53

1. A Sub-commission may put questions to the parties and request them to give explanations.

2. Each member of a Sub-commission shall have the same right and shall give notice to the President if he wishes to exercise it.

RULE 54

1. A Sub-commission may, at the request of a party or *proprio motu,* decide to hear as a witness or expert or in any other capacity any person whose evidence or statements seem likely to assist it in the carrying out of its task.

2. Any witness, expert or other person whom a Sub-commission

ARTICLE 49

Dès qu'une Sous-commission est constituée, le dossier de l'affaire lui est transmis pour qu'elle remplisse les fonctions prévues à l'article 28 de la Convention.

Chapitre III

De la procédure devant les Sous-commissions

ARTICLE 50

1. Chaque Sous-commission peut prendre toutes mesures utiles à l'accomplissement des fonctions prévues à l'article 28 de la Convention.

2. En cas de refus d'une partie de se conformer à une telle mesure, la Sous-commission en prend acte.

ARTICLE 51

La Sous-commission peut charger un ou plusieurs de ses membres de procéder à une enquête ou à toute autre mesure d'instruction. Elle peut également désigner un de ses membres comme rapporteur.

ARTICLE 52

Le Président de la Sous-commission dirige les débats.

ARTICLE 53

1. La Sous-commission peut poser des questions aux parties et leur demander des éclaircissements.

2. La même faculté appartient à chaque membre de la Sous-commission qui, pour l'exercer, fait connaître son intention au Président.

ARTICLE 54

1. La Sous-commission peut, à la demande d'une partie ou d'office, ordonner l'audition, en qualité de témoin ou d'expert ou à un autre titre, de toute personne dont les dépositions, dires ou déclarations lui paraissent utiles à l'accomplissement de sa tâche.

2. Tout témoin, expert ou autre personne dont la Sous-com-

decides to hear shall be summoned by the Secretary of the Commission. The summons shall indicate:

- the names, first names, occupation and domicile of the parties in the case;
- the facts or points regarding which the person concerned will be heard;
- the arrangements made, in accordance with paragraph (3), paragraph (4) or paragraph (5) of this Rule, to reimburse the person concerned for any expenses incurred by him.

3. The expenses incurred by any witness, expert or other person whom a Sub-commission decides to hear at the request of a High Contracting Party shall be borne by that Party.

4. The expenses incurred by any witness, expert or other person whom a Sub-commission decides to hear at the request of a person, non-governmental organisation or group of individuals, which has referred a matter to the Commission under Article 25 of the Convention, shall be borne either by the applicant or by the Council of Europe as the Sub-commission may decide. In the latter case they shall be fixed by the President of the Sub-commission.

5. The expenses incurred by any witness, expert or other person whom a Sub-commission *proprio motu* decides to hear shall be fixed by the President of the Sub-commission and be borne by the Council of Europe.

6. Any witness, expert or other person whom a Sub-commission decides to hear may, if he has not sufficient knowledge of French or English, be authorised by the President to speak in another language.

RULE 55

1. After establishing the identity of the witnesses or experts, the President of a Sub-commission or the member or members mentioned in Rule 51 shall request them to take the following oath:

(a) for witnesses: "I swear that I will speak the truth, the whole truth and nothing but the truth".

(b) for experts: "I swear that my statement will be in accordance with my sincere belief".

2. Instead of taking the oath in the terms set out in paragraph (1) of this Rule, the witnesses or experts may make the following declaration:

(a) for witnesses: "I solemnly declare upon my honour and conscience that I will speak the truth, the whole truth and nothing but the truth".

(b) for experts: "I solemnly declare upon my honour and conscience that my statement will be in accordance with my sincere belief".

mission ordonne l'audition est convoqué par le Secrétaire de la Commission. La convocation indique:
- les nom, prénoms, profession et domicile des parties en cause;
- les faits ou points sur lesquels portera l'audition;
- les dispositions prises, conformément au paragraphe 3, au paragraphe 4 ou au paragraphe 5 du présent article, pour le remboursement des frais encourus par l'intéressé.

3. Les frais encourus par tout témoin, expert ou autre personne dont la Sous-commission ordonne l'audition à la demande d'une Haute Partie Contractante incombent à cette Partie.

4. Les frais encourus par tout témoin, expert ou autre personne dont la Sous-commission ordonne l'audition à la demande d'une personne physique, d'une organisation non-gouvernementale ou d'un groupe de particuliers qui a saisi la Commission en vertu de l'article 25 de la Convention incombent soit à la partie requérante, soit au Conseil de l'Europe, selon ce que la Sous-commission en décide. Dans le second cas, ils sont fixés par le Président de la Sous-commission.

5. Les frais encourus par tout témoin, expert ou autre personne dont la Sous-commission ordonne d'office l'audition sont fixés par le Président de la Sous-commission et incombent au Conseil de l'Europe.

6. Tout témoin, expert ou autre personne dont la Sous-commission ordonne l'audition peut, s'il ne connaît pas suffisamment le français ni l'anglais, être autorisé par le Président à s'exprimer dans une autre langue.

ARTICLE 55

1. Après vérification de l'identité des témoins et experts, le Président de la Sous-commission, ou le ou les membres prévus à l'article 51 du présent Règlement, invitent les témoins et experts à prêter le serment suivant:

(a) pour les témoins: "Je jure que je dirai la vérité, toute la vérité et rien que la vérité".

(b) pour les experts: "Je jure que mon exposé correspondra à ma conviction sincère".

2. Les témoins et experts peuvent, au lieu de prêter le serment mentionné au paragraphe précédent, faire la déclaration suivante:

(a) pour les témoins: "Je déclare solennellement, en tout honneur et en toute conscience, que je dirai la vérité, toute la vérité et rien que la vérité".

(b) pour les experts: "Je déclare solennellement, en tout honneur et en toute conscience, que mon exposé correspondra à ma conviction sincère".

RULE 56

Questions may be put to the witnesses, experts or other persons mentioned in Rule 54, paragraph (1);

(a) by the President or any member of a Sub-commission;

(b) by a party, with the permission of the President of the Sub-commission or of the member or members mentioned in Rule 51.

RULE 57

Where, without good reason, a witness, expert or other person who has been duly required to appear, fails to appear or refuses to give evidence, the Secretary-General of the Council of Europe shall, at the request of the President, so inform that High Contracting Party to whose jurisdiction the person concerned is subject. The same provisions shall apply where a witness or expert has, in the opinion of a Sub-commission, violated the oath or solemn declaration mentioned in Rule 55.

RULE 58

If a Sub-commission considers that it is expedient to examine a case in a place other than the seat of the Council of Europe, it shall, through the Secretary-General of the Council of Europe, request any High Contracting Party concerned to grant it all necessary facilities, as mentioned in paragraph (a) of Article 28 of the Convention, in order that it may carry out its task.

RULE 59

The secretariat of the Commission shall draw up the minutes of the hearings. The minutes shall be signed by the President and by the Secretary of the Commission. The minutes shall constitute certified matters of record.

RULE 60

The Report provided for in Article 30 of the Convention shall contain:

- the date on which it was drawn up;
- the names of the President and members of a Sub-commission;
- a description of the parties;
- the names of the representatives and counsel of the parties;
- a statement of the facts;

the terms of the solution reached.

ARTICLE 56

Les témoins, experts et autres personnes visés à l'article 54, paragraphe 1, du présent Règlement peuvent être interrogés:

(a) par le Président ou tout autre membre de la Sous-commission;

(b) par une partie, sur autorisation du Président de la Sous-commission ou du ou des membres prévus à l'article 51 du présent Règlement.

ARTICLE 57

Lorsque, sans motif légitime, un témoin, expert ou autre personne, dûment invité à comparaître, ne se présente pas ou refuse de déposer, le Secrétaire Général du Conseil de l'Europe, à la demande du Président, signale le fait à la Haute Partie Contractante de la juridiction de laquelle relève l'intéressé. Il en va de même lorsqu'un témoin ou un expert a, de l'avis de la Sous-commission, violé le serment ou la déclaration solennelle prévus à l'article 55 du présent Règlement.

ARTICLE 58

Si la Sous-commission juge utile de poursuivre l'examen d'une affaire en dehors du siège du Conseil de l'Europe, elle demande à toute Haute Partie Contractante que cela concerne, par l'intermédiaire du Secrétaire Général du Conseil de l'Europe, de lui fournir toutes les facilités nécessaires à l'accomplissement de sa mission, comme prévu à l'article 28 (*a*) de la Convention.

ARTICLE 59

Le Secrétariat de la Commission établit le procès-verbal des audiences. Ce procès-verbal est signé par le Président et par le Secrétaire de la Commission. Il fait foi de son contenu.

ARTICLE 60

Le rapport prévu à l'article 30 de la Convention comprend:

- la date à laquelle il est dressé;
- les noms du Président et des membres de la Sous-commission;
- l'indication des parties;
- les noms des représentants et des conseils des parties;
- l'exposé des faits;
- la solution adoptée.

RULE 61

The Report referred to in the preceding Rule shall be signed by the President of a Sub-commission and by the Secretary of the Commission. The Report shall be sent to the High Contracting Parties concerned, to the Committee of Ministers and to the Secretary General of the Council of Europe for publication.

RULE 62

If a Sub-commission fails to effect a friendly settlement, it shall make a Report for the sole use of the Commission. That Report shall, in particular, include:

(a) the facts established, including an account of the proceedings;
(b) the result of the attempt to reach a friendly settlement.

Chapter IV

Procedure before the Commission

RULE 63

The provisions of Chapter III of the present Title shall apply, *mutatis mutandis*, to proceedings before the Commission.

Chapter V

The Report of the Commission

RULE 64

If, with a view to the preparation of the Report provided for in Article 31 of the Convention, the Commission considers it necessary to obtain additional information, it shall in each case determine the manner in which this shall be done.

RULE 65

The Report provided for in Article 31 of the Convention shall be drawn up after deliberation by the Commission in plenary session.

ARTICLE 61

Le rapport visé au précédent article est signé par le Président de la Sous-commission et par le Secrétaire de la Commission. Il est transmis aux Hautes Parties Contractantes intéressées, au Comité des Ministres et au Secrétaire Général du Conseil de l'Europe aux fins de publication.

ARTICLE 62

Si elle ne parvient pas à un règlement amiable, la Sous-commission dresse, à l'usage exclusif de la Commission, un rapport contenant notamment

(a) l'établissement des faits de la cause, y compris un exposé de la procédure suivie;

(b) le résultat de la tentative de règlement amiable.

Chapitre IV

Procédure devant la Commission

ARTICLE 63

Les dispositions du chapitre III du présent Titre s'appliquent, *mutatis mutandis*, aux procédures devant la Commission.

Chapitre V

Du rapport de la Commission

ARTICLE 64

Si, en vue de l'établissement du rapport prévu à l'article 31 de la Convention, la Commission juge nécessaire de réunir des renseignements complémentaires, elle détermine, dans chaque cas, la voie à suivre.

ARTICLE 65

Le rapport prévu à l'article 31 de la Convention est établi après délibération de la Commission en séance plénière.

RULE 66

The Report shall contain:
- the date on which it was drawn up;
- the names of the President and members who took part in the deliberation mentioned in Rule 65;
- a description of the parties;
- the names of the representatives and counsel of the parties;
- a statement of the proceedings;
- a statement of the facts;
- the opinion of the Commission as to whether the facts found disclose a breach by the High Contracting Party concerned of its obligations under the Convention;
- the reasons on which that opinion is based;
- a statement of the number of members forming the majority;
- any proposal which the Commission may consider appropriate.

RULE 67

Each member may, in accordance with paragraph (1) of Article 31 of the Convention, include in the Report a statement of his opinion.

RULE 68

Where the Commission decides to make proposals concerning damages as envisaged in Rule 42, it shall make them in pursuance of paragraph (3) of Article 31 of the Convention.

RULE 69

The Report and any proposals shall be signed by the President and by the Secretary of the Commission. They shall be sent through the Secretary-General of the Council of Europe to the Committee of Ministers and only to those High Contracting Parties which are concerned.

RULE 70

During the period of three months following the transmission of the Report of the Committee of Ministers, the Commission shall consider at a plenary session whether or not to bring the case before the European Court of Human Rights in pursuance of Article 48, paragraph (a), of the Convention.

ARTICLE 66

Le rapport comprend:
- la date à laquelle il est dressé;
- les noms du Président et des membres qui ont pris part à la délibération prévue à l'article 65 du présent Règlement;
- l'indication des parties;
- les noms des représentants et des conseils des parties;
- l'exposé de la procédure;
- l'exposé des faits;
- l'avis de la Commission sur le point de savoir si les faits constatés révèlent, de la part de la Haute Partie Contractante intéressée, une violation des obligations qui lui incombent aux termes de la Convention;
- les motifs sur lesquels se fonde cet avis;
- l'indication du nombre des membres ayant constitué la majorité;
- éventuellement, les propositions que la Commission jugerait approprié de formuler.

ARTICLE 67

Conformément à l'article 31, paragraphe 1, de la Convention, tout membre peut faire inclure dans le rapport l'exposé de son opinion.

ARTICLE 68

Si la Commission décide de formuler des propositions relatives à la réparation prévue à l'article 42 du présent Règlement, elle le fait conformément à l'article 31, paragraphe 3, de la Convention.

ARTICLE 69

Le rapport et les propositions éventuelles sont signés par le Président et par le Secrétaire de la Commission. Par l'intermédiaire du Secrétaire Général du Conseil de l'Europe, ils sont transmis au Comité des Ministres et communiqués aux seules Hautes Parties Contractantes intéressées.

ARTICLE 70

Dans les trois mois qui suivent la transmission de son rapport au Comité des Ministres, la Commission, siégeant en séance plénière, examine s'il y a lieu ou non de saisir la Cour européenne des Droits de l'Homme de l'affaire en vertu de l'article 48 (*a*) de la Convention.

TITLE III

RELATIONS OF THE COMMISSION WITH THE COURT

RULE 71

The Commission shall assist the European Court of Human Rights in any case brought before the Court. For this purpose and in accordance with Rule 29, paragraph (1) of the Rules of Court, the Commission shall as soon as possible appoint, at a planery session, one or more of its members to take part, as a delegate, in the consideration of the case before the Court. These delegates may be assisted by any person appointed by the Commission. In discharging their functions they shall act in accordance with such directives as they may receive from the Commission.

RULE 72

1. When, in pursuance of Article 48, paragraph (a) of the Convention, the Commission decides to bring a case before the Court, it shall, in accordance with Rule 31, paragraph (2) of the Rules of Court, draw up a request indicating in particular:

(a) the parties to the proceedings before the Commission;

(b) the date on which the Commission adopted its Report;

(c) the date on which, as certified by the Secretary of the Commission in a document attached to the request, the Report was transmitted to the Committee of Ministers;

(d) the names and addresses of its delegates.

2. The Secretary of the Commission shall transmit to the Registry of the Court thirty copies of the request referred to in paragraph (1) of this Rule.

RULE 73

When, in pursuance of Article 48, paragraph (b), (c) or (d) of the Convention, a High Contracting Party brings a case before the Court, the Secretary of the Commission shall communicate to the Registry of the Court as soon as possible:

(a) the names and addresses of the Commission's delegates;

(b) any other information which the Commission may consider appropriate.

TITRE III
DES RELATIONS DE LA COMMISSION AVEC LA COUR

ARTICLE 71

La Commission assiste la Cour européenne des Droits de l'Homme dans toute affaire soumise à celle-ci. A cet effet, et conformément à l'article 29, paragraphe 1, du Règlement de la Cour, elle désigne en séance plénière, dès que possible, un ou plusieurs de ses membres chargés de participer, en qualité de délégués, à l'examen de l'affaire devant la Cour. Ces délégués peuvent se faire assister de toute personne désignée par la Commission. Dans l'accomplissement de leurs fonctions, ils se conforment aux directives que la Commission peut leur donner.

ARTICLE 72

1. Lorsque, en vertu de l'article 48 (*a*) de la Convention, la Commission décide de saisir la Cour, elle établit, conformément à l'article 31, paragraphe 2, du Règlement de la Cour, une demande indiquant notamment:

(a) les parties à la procédure suivie devant elle;

(b) la date à laquelle elle a adopté son rapport;

(c) la date à laquelle, suivant certificat du Secrétaire de la Commission joint à la demande, ledit rapport a été transmis au Comité des Ministres;

(d) les nom et adresse de ses délégués.

2. Le Secrétaire de la Commission dépose auprès du Greffe de la Cour l'original et trente copies de la demande prévue au paragraphe 1er du présent article.

ARTICLE 73

Lorsque, en vertu de l'article 48 (*b*), (*c*) ou (*d*) de la Convention, une Haute Partie Contractante saisit la Cour, le Secrétaire de la Commission communique au Greffe de la Cour, dès que possible:

(a) les nom et adresse des délégués de la Commission;

(b) tout autre renseignement ou information que la Commission estimerait utile de fournir à la Cour.

RULE 74

The Secretary of the Commission shall, as soon as he has transmitted the request referred to in Rule 72, paragraph (2) above, or has received the communication mentioned in Rule 32, paragraph (1) (c) of the Rules of Court, file with the Registry of the Court an adequate number of copies of the Commission's Report.

RULE 75

The Commission shall communicate to the Court, at its request, any memorial, evidence, document or information concerning the case, with the exception of documents relating to the attempt to secure a friendly settlement in accordance with Article 28, paragraph (b) of the Convention. The communication of those documents shall be subject in each case to a decision of the Commission.

RULE 76

When a case brought before the Commission in pursuance of Article 25 of the Convention is subsequently referred to the Court, the Secretary of the Commission shall immediately notify the applicant. Unless the Commission shall otherwise decide, the Secretary shall also in due course communicate to him the Commission's Report, informing him that he may, within a time-limit fixed by the President, submit to the Commission his written observations on the said Report. The Commission shall decide what action, if any, shall be taken in respect of those observations.

ARTICLE 74

Dès transmission de la demande visée à l'article 72, paragraphe 2, du présent Règlement, ou dès réception de la communication prévue à l'article 32, paragraphe 1 (*c*), du Règlement de la Cour, le Secrétaire de la Commission dépose auprès du Greffe de la Cour un nombre suffisant d'exemplaires du rapport de la Commission.

ARTICLE 75

La Commission communique à la Cour, sur demande de celle-ci, tout mémoire, pièce, document ou renseignement concernant le dossier de l'affaire, à l'exception des documents relatifs à la tentative de règlement amiable effectuée conformément à l'article 28 (*b*) de la Convention, dont la communication reste subordonnée, dans chaque cas, à une décision de la Commission.

ARTICLE 76

Lorsqu'une affaire portée devant la Commission en vertu de l'article 25 de la Convention est déférée ensuite à la Cour, le Secrétaire de la Commission en avise immédiatement le requérant. Sauf décision de la Commission en sens contraire, il lui communique également, en temps utile, le rapport de la Commission, en l'informant qu'il a la faculté de présenter à la Commission, dans un délai fixé par le Président, ses observations écrites sur ledit rapport. La Commission décide de la suite à donner à ces observations.

INDEX OF THE RULES OF PROCEDURE

INDEX ANALYTIQUE DU REGLEMENT INTERIEUR

	Articles du Règlement intérieur
– De porter une affaire devant la Cour	Art. 70 et 72 § 1.
– De ne pas communiquer à un requérant (art. 25 de la Convention) le rapport de la Commission	Art. 76.
– Diverses (Commission, Sous-commissions ou Président)	cf.: "Communauté d'intérêt" "Communication" (de documents par la Commission à la Cour). "Connexité" "Convocation" "Délais" "Délégués" (art. 71) "Enquêtes, expertises et autres mesures d'instruction" "Frais des témoins, experts et autres comparants" "Groupes de trois" "Jonction de deux ou plusieurs affaires" "Langues officielles" "Observations écrites" (sur la recevabilité des requêtes) "Ordre dans lequel sont examinées les affaires" "Publicité donnée aux activités de la Commission" (sous "Chambre du Conseil") "Rapports" (de la Commission plénière: art. 68). "Récusation" "Représentants et conseils des parties" (art. 36 § 2) "Secrétaire de la Commission" (art. 13 § 4) "Secrétariat de la Commission" (art. 14) "Siège de la Commission".
DECLARATION SOLENNELLE	
– des membres de la Commission – des témoins et experts	cf. "Serment et déclaration solennelle".
DELAIS	
–En général	Art. 48 § 2.
– De six mois (art. 26 de la Convention)	Art. 34 § 2.
– De trois mois (art. 32 et 47 de la Convention)	Art. 70 et 72 § 1 c).
– Accordé aux parties pour la désignation d'un membre de leur choix	Ait. 15, 16, 17, 18 § 1 et 19.
– Fixé par le Président pour la présentation des moyens, offres de preuve et conclusions des parties	Art. 47 § 3.
– Accordé au requérant (art. 25 de la Convention) pour présenter ses observations sur le rapport de la Commission	Art. 76.
– Dans lequel les membres empêchés de participer à une séance doivent en informer le Secrétaire de la Commission	Art. 31.
– Touchant aux relations de la Commission avec la Cour	Art. 71, 73, 74 et 76.

	Articles du Règlement intérieur
DELEGUES de la Commission auprès de la Cour européenne des Droits de l'Homme	Art. 71, 72 § 1 d) et 73 a).
DELIBERATIONS	Art. 27, 28, 29, 30, 65 et 66.
DEMISSION	
– d'un membre	Art. 4.
– du Président et du Vice-Président	Art. 5 § 2. cf. également "Vacance".
DOSSIER (Transmission du ...)	cf. "Transmission".
DUREE DU MANDAT OU DES FONCTIONS	
– de membre de la Commission	Art. 1 et 4.
– de Président et Vice-Président de la Commission	Art. 5 §§ 1 et 2.
ELECTION du Président et du Vice-Président	Art. 5.
EMPECHEMENTS	
– En général	Art. 31 et 34 § 2.
– Président et Vice-Président	Art. 7, 8 et 21.
– Membres désignés par les parties	Art. 15 § 2 et 19. cf. également: "Récusation des membres de la Commission" "Suppléants".
ENQUETES, EXPERTISES et autres mesures d'instruction	
– En général	Art. 22, 49, 50, 51, 53 et 64.
– Audition de témoins ou d'experts	Art. 52, 54, 55, 56 et 57.
– Enquête sur place	Art. 22 et 58. cf. également: "Rapports".
EPUISEMENT DES VOIES DE RECOURS INTERNES (art. 26 de la Convention)	Art. 41 § 2.
EXPERTS	cf. "Témoins, experts et autres comparants".
FAITS DE LA CAUSE (établissement et constatation des ...., art. 28 a), 30 et 31 de la Convention)	Art. 60, 62a) et 66. cf. également: "Enquêtes, expertises et autres mesures d'instruction" "Convention" (ad. art. 28, 30 et 31).
FRAIS des témoins, experts et autres comparants	Art. 54 §§ 3, 4 et 5.
GREFFE DE LA COUR européenne des Droits de l'Homme	Art. 72 § 2, 73 et 74.
GROUPES DE PARTICULIERS	cf. "Individus, organisations non gouvernementales et groupes de particuliers".
GROUPES DE TROIS (examen préalable de la recevabilité des requêtes individuelles)	Art. 25, 34 et 45.

	Articles du Règlement intérieur
HAUTES PARTIES CONTRACTANTES à la Convention	Art. 1 § 1, 9 § 1, 20 § 2 *in fine*, 36 § 1, 41 § 1 b), 44, 45 §§ 2 et 3 b), 46 § 3 *in fine*, 54 § 3, 57, 58, 61, 66, 69 et 73. cf. également: "Parties aux litiges déférés à la Commission".
INDIVIDUS, organisations non gouvernementales et groupes de particuliers (Art. 25 de la Convention)	Art. 36 § 2, 40 § 2, 54 § 4 et 76. cf. également: "Parties aux litiges déférés à la Commission". "Représentants et conseils des parties aux litiges déféiés à la Commission". "Convention de Sauvegarde des Droits de l'Homme et des Libertés fondamentales" (ad. art. 25).
INSTRUCTION	cf. "Enquêtes, expertises et autres mesures d'instruction".
INTRODUCTION DE L'INSTANCE	Art. 40, 41 et 42.
JONCTION de deux ou plusieurs affaires	Art. 39, cf. également: "Connexité".
LANGUES OFFICIELLES de la Commission	Art. 35, 37, 48 § 3 ey 54 § 6.
MAJORITE REQUISE	
– en règle générale	Art. 29.
– pour l'élection du Président et du Vice-Président	Art. 5 § 3.
– dispositions applicables aux "Groupes de trois"	Art. 25 et 45 §§ 2 et 3.
MEMBRES DE LA COMMISSION	
– En général	Art. 1, 2, 3, 4, 5 §§ 1 et 3, 8, 12 a), 23 § 1, 25, 27 § 2, 28, 29, 30, 31, 32, 33, 35 § 2, 53 § 2, 56 a), 60, 66 et 67.
– Membres désignés par les parties pour siéger en Sous-commission	Art. 9 § 2, 15, 16, 17 et 19.
– Membres désignés par tirage au sort pour siéger en Sous-commission	Art. 17, 18 §§ 1 et 2, 19, 20 et 21. cf. également: "Suppléants" "Président" "Vice-Président" "Groupes de trois" "Délégués".
MEMOIRES, contre-mémoires et autres documents	cf. "Procédure écrite".
MOTIVATION	
– des votes des membres de la Commission	Art. 28.
– des décisions sur la recevabilité des requêtes	Art. 46 § 3.
– des avis exprimés par la Commission dans ses rapports	Art. 66.

B.

Declarations of recognition of the competence of the European Commission of Human Rights in respect of individual applications

(Article 25 of the Convention) [1]

ICELAND [2]

On behalf of the Government of Iceland, I hereby declare that, in accordance with Article 25 of the Convention for the Protection of Human Rights and Fundamental Freedoms signed at Rome on 4th November, 1950, the Government of Iceland recognizes, until otherwise decided, the competence of the European Commission of Human Rights to receive petitions addressed to the Secretary-General of the Council of Europe, from any person, non-governmental organization or group of individuals claiming to be the victim of a violation by one of the High Contracting Parties of the rights set forth in the said Convention.

This declaration is valid as from the 25th March, 1960.

Done at Reykjavik, the 11th March 1960.

(*signed*) GUDMUNDUR I. GUDMUNDSSON
(*signed*) HENRIK SV. BJÖRNSSON

NETHERLANDS [3]

(*Translation*)

I hereby declare that, in accordance with Article 25 of the Convention for the Protection of Human Rights and Fundamental Freedoms signed at Rome on 4th November 1950, the Government of the Kingdom of the Netherlands recognises, in respect of the European territory of the Kingdom, as from this day and until 31st August 1964, the competence of the European Commission of Human Rights to receive petitions addressed to the Secretary-

[1] Cf. Yearbook, Volume II, pp. 66–71.
[2] Declaration deposited on 14th April, 1960.
[3] Declaration deposited on 5th July 1960.

B.

Déclarations d'acceptation de la compétence de la Commission Européenne des Droits de l'Homme en matière de requêtes individuelles

(Article 25 de la Convention) [1]

ISLANDE [2]

(*Traduction*)

Au nom du Gouvernement de l'Islande, je déclare par la présente que, conformément à l'article 25 de la Convention de Sauvegarde des Droits de l'Homme et des Libertés fondamentales, signée à Rome le 4 novembre 1950, le Gouvernement de l'Islande reconnaît, jusqu'à décision contraire, la compétence de la Commission européenne des Droits de l'Homme à être saisie d'une requête adressée au Secrétaire Général du Conseil de l'Europe par toute personne physique, toute organisation non gouvernementale ou tout groupe de particuliers, qui se prétend victime d'une violation par l'une des Hautes Parties Contractantes des droits reconnus dans ladite Convention.

La présente déclaration est valable à partir du 25 mars 1960.

Fait à Reykjavik, le 11 mars 1960.

(*signé*) GUDMUNDUR I. GUDMUNDSSON

(*signé*) HENRIK SV. BJÖRNSSON

PAYS-BAS [3]

Je déclare que, conformément à l'article 25 de la Convention de Sauvegarde des Droits de l'Homme et des Libertés fondamentales, Convention signée à Rome le 4 novembre 1950, le Gouvernement du Royaume des Pays-Bas reconnaît, pour le territoire européen du Royaume, à partir de ce jour et pour la période qui se termine le 31 août 1964, la compétence de la Commission européenne des Droits de l'Homme d'être saisie d'une requête adressée au

---

[1] Annuaire, Volume II, pp. 66–71.

[2] Déclaration déposée le 14 avril 1960.

[3] Déclaration déposée le 5 juillet 1960.

General of the Council of Europe from any person, non-governmental organisation or group of individuals claiming to be the victim of a violation by one of the High Contracting Parties of the rights set forth in the said Convention.

The Hague, 28th June 1960.

(*signed*) J. DE QUAY

Acting Minister for Foreign Affairs
of the Kingdom of the Netherlands

Secrétaire Général du Conseil de l'Europe par toute personne physique, toute organisation non gouvernementale ou tout groupe de particuliers, qui se prétend victime d'une violation par l'une des Hautes Parties Contractantes des droits reconnus dans ladite Convention.

La Haye, le 28 juin 1960.

Le Ministre des Affaires étrangères a.i.
du Royaume des Pays-Bas,
(*signé*) J. DE QUAY

C.

Declarations of recognition of the compulsory jurisdiction of the European Court of Human Rights

(Article 46 of the Convention) [1]

NETHERLANDS [2]

(*Translation*)

I hereby declare that the Government of the Kingdom of the Netherlands recognises, for a further period of five years from 31st August 1959, as compulsory *ipso facto* and without special agreement, in respect of any other Contracting Party to the Convention mentioned below which accepts the same obligations, that is to say on condition of reciprocity, the jurisdiction of the European Court of Human Rights, in accordance with Article 46 of the Convention for the Protection of Human Rights and Fundamental Freedoms signed at Rome on 4th November 1950, in all matters concerning the interpretation and application of the said Convention.

The Hague, 28th June 1960

(*signed*) J. DE QUAY
Acting Minister for Foreign Affairs
of the Kingdom of the Netherlands

BELGIUM [3]

(*Translation*)

On behalf of the Belgian Government, I declare, in accordance with Article 46 of the Convention for the Protection of Human Rights and Fundamental Freedoms signed at Rome on 4th November 1950, that I recognise, for a further period of five years from 29th June 1960, as compulsory *ipso facto* and without special agreement the jurisdiction of the European Court of Human Rights in all matters concerning the interpretation and application of the said Convention.

Brussels, 8th June 1960

(*signed*) P. WIGNY
Minister for Foreign Affairs

---

[1] Cf. Yearbook, Volume II, pp. 72–76.
[2] Declaration deposited on 5th July 1960.
Declaration deposited on 5th July 1960.

C.

Déclarations d'acceptation de la compétence obligatoire de la Cour Européenne des Droits de l'Homme

(Article 46 de la Convention) [1]

PAYS-BAS [2]

Je déclare que le Gouvernement du Royaume des Pays-Bas reconnaît comme obligatoire de plein droit et sans convention spéciale, vis-à-vis de toute autre Partie Contractante à la Convention ci-dessous mentionnée acceptant la même obligation, c'est-à-dire sous condition de réciprocité, la juridiction de la Cour européenne des Droits de l'Homme conformément à l'article 46 de la Convention de Sauvegarde des Droits de l'Homme et des Libertés fondamentales, Convention signée à Rome le 4 novembre 1950, pour une nouvelle période de cinq années, à partir du 31 août 1959, sur toutes les affaires concernant l'interprétation et l'application de ladite Convention.

La Haye, le 28 juin 1960.
Le Ministre des Affaires étrangères a.i.
du Royaume des Pays-Bas,
(*signé*) J. DE QUAY

BELGIQUE [3]

Au nom du Gouvernement belge, je déclare, conformément à l'article 46 de la Convention de Sauvegarde des Droits de l'Homme et des Libertés fondamentales, signée à Rome, le 4 novembre 1950, reconnaître pour une nouvelle période de cinq années, à partir du 29 juin 1960, comme obligatoire de plein droit et sans convention spéciale la juridiction de la Cour européenne des Droits de l'Homme sur toutes les affaires concernant l'interprétation et l'application de ladite Convention.

Bruxelles, le 8 juin 1960.
Le Ministre des Affaires étrangères
(*signé*) P. WIGNY

[1] Annuaire, Volume II, pp. 72–76.
[2] Déclaration déposée le 5 juillet 1960.
[3] Déclaration déposée le 5 juillet 1960.

D.

Derogations and withdrawal of derogations [1]

(Article 15 of the Convention)

UNITED KINGDOM

Aden
Derogation and withdrawal of the derogation

Note verbale [2]

1. The United Kingdom Permanent Representative to the Council of Europe presents his compliments to the Secretary-General of the Council and with reference to the provisions of Article 15 of the Convention for the Protection of Human Rights and Fundamental Freedoms signed at Rome on the 4th of November 1950, has the honour to convey the following information.

2. A public emergency threatening the life of the nation has occurred in the Colony of Aden in the following circumstances. In the early part of 1958 a terrorist campaign broke out in the Colony. This campaign, which, it is believed, was organised and fomented by persons who had come from outside the Colony, manifested itself chiefly in the form of bomb-throwing and explosions which were aimed at a variety of targets, including oil pipelines, the local broadcasting service, water and electricity supplies, a bank, the printing press of a local newspaper, a church, cafes frequented by troops and the home of a local police officer. As a result of these outrages there was some loss of life and injury to persons and also some damage to property.

3. For the purpose of bringing the emergency to an end the Government of the Colony of Aden enacted certain emergency regulations conferring powers to detain persons the exercise of which may have involved derogation from obligations imposed by the Convention, and, to the extent strictly required by the exigencies of the situation, have exercised those powers.

4. The relevant emergency regulations (copies of which are annexed) are as follows:

(1) Regulation 4 of the Emergency Regulations, 1958, enacted on the 2nd of May 1958 (as amended by Regulation 2 of the Emergency (Amendment) Regulations, 1958, enacted on the 18th of August 1958). Under this Regulation the Governor was empowered

---

1 Cf. Yearbook, Volume I, pp. 47–51; Volume II, pp. 78–90.

2 Deposited with the Secretariat-General on 5th January 1960.

D.

Dérogations et retrait des dérogations [1]

(Article 15 de la Convention)

ROYAUME UNI

Aden
Dérogation et retrait de la dérogation

Note Verbale [2] (*Traduction*)

1. Le Représentant permanent du Royaume-Uni auprès du Conseil de l'Europe présente ses compliments au Secrétaire Général du Conseil et, se référant aux dispositions de l'article 15 de la Convention de Sauvegarde des Droits de l'Homme et des Libertés fondamentales, signée à Rome le 4 novembre 1950, a l'honneur de l'informer de ce qui suit.

2. Un danger public menaçant la vie de la nation est apparu dans la colonie d'Aden dans les circonstances suivantes. Au début de l'année 1958, une campagne terroriste a éclaté dans la colonie. Cette campagne qui, croit-on, était organisée et fomentée par des personnes venues de l'extérieur, s'est principalement manifestée par des explosions et des lancements de bombes dirigés contre divers objectifs tels que les oléoducs, les services locaux de radiodiffusion, les installations de distribution d'eau et d'électricité, une banque, la presse d'imprimerie d'un journal local, une église, des cafés fréquentés par la troupe et la demeure d'un officier de la police locale. Ces attentats ont causé des pertes en vies humaines, des blessures et aussi des dommages matériels.

3. En vue de mettre fin à cette situation critique, le Gouvernement de la colonie d'Aden a promulgué certains règlements d'exception conférant des pouvoirs de détention dont l'exercice a pu entraîner une dérogation aux obligations imposées par la Convention; il a exercé ces pouvoirs dans la stricte mesure où la situation l'exigeait.

4. Les règlements d'exception dont il s'agit (et dont on trouvera copie en annexe) sont les suivants:

(1) Article 4 du "Règlement d'exception" de 1958, promulgué le 2 mai 1958 (tel qu'amendé par l'article 2 du Règlement promulgué le 18 août 1958, portant amendement audit Règlement d'exception). Aux termes de cet article, le Gouverneur pouvait, par arrêté signé

---

[1] Cf. Annuaire, Volume I, pp. 47–51; Volume II, pp. 79–91.

[2] Déposée au Secrétariat Général le 5 janvier 1960.

to direct, by order under his hand, that any person named in such order should be detained for such period as might be specified in the order.

(2) Regulation 5 of the Emergency Regulations, 1958, (as amended by Regulation 2 of the Emergency (Amendment) (No. 2) Regulations, 1958, which came into force on the 31st of October 1958). This Regulation empowered certain officers to arrest a person in respect of whom they had reason to believe that there were grounds which would justify his detention under the provisions of Regulation 4 or his deportation from the Colony or his prosecution for an offence and to hold such person in custody pending a decision as to whether a detention order should be made against him or whether he should be deported or prosecuted. No person might be held in custody under this Regulation for a period exceeding seven days, excluding the day on which he was arrested.

5. The Emergency having been brought to an end, the Government of the Colony of Aden terminated the operation of the above Regulations on the 1st of October 1959; the powers conferred by these Regulations had, in fact, not been exercised for some time before that date. Accordingly, the United Kingdom Permanent Representative to the Council of Europe has the honour to state that the provisions of the Convention are again being fully executed in the Colony of Aden.

ANNEX

THE EMERGENCY REGULATIONS, 1958

In exercise of the powers contained in the Emergency Powers Orders in Council, 1939 and 1956, Part II of which was brought into operation by Proclamation Number 1 of 1958, and of any other powers thereunto him enabling, His Excellency the Governor hereby orders as follows:

Power to order detention.

4. (1) The Governor may by order under his hand direct that any person named in such order shall be detained for such period and in such place of detention as may be specified in such order:

Provided that nothing contained in this Regulation shall prevent the Governor upon expiration of the period specified in the order from making a further order in respect of the same person for a further period or periods.

de sa main, ordonner que toute personne désignée dans cet arrêté fût détenue pour la période spécifiée par ledit arrêté.

(2) Article 5 du Règlement d'exception de 1958 (tel qu'amendé par l'article 2 du Règlement portant amendement No. 2 audit Règlement d'exception, avec effet au 31 octobre 1958). Cet article disposait que certains agents pouvaient arrêter toute personne dont ils avaient lieu de croire justifiée soit la détention aux termes de l'article 4, soit la déportation hors de la colonie, soit la poursuite pour une infraction, et qu'ils pouvaient maintenir cette personne en état d'arrestation en attendant qu'il fût décidé si une ordonnance de détention serait prise contre ladite personne ou si elle serait déportée ou poursuivie. Nul ne pouvait être détenu en vertu de cet article plus de sept jours, compte non tenu du jour de l'arrestation.

5. Cette situation critique ayant pris fin, le Gouvernement de la colonie d'Aden a abrogé, le 1er octobre 1959, les règlements d'exception mentionnés ci-dessus; en fait, à cette date, les pouvoirs conférés par ces règlements avaient cessé d'être exercés depuis déjà un certain temps. En conséquence, le Représentant permanent du Royaume-Uni auprès du Conseil de l'Europe a l'honneur de faire savoir que les dispositions de la Convention reçoivent de nouveau pleine application dans la Colonie d'Aden.

ANNEXE

REGLEMENT D'EXCEPTION DE 1958

En vertu des pouvoirs définis par les Ordonnances Royales de 1939 et 1956 relatives aux pouvoirs d'exception, dont la Partie II a été mise en vigueur par la Proclamation Numéro 1 de 1958, et de tous autres pouvoirs à lui conférés, Son Excellence le Gouverneur décrète ce qui suit:

Ordonnances de détention

ARTICLE 4

(1) Le Gouverneur peut, par arrêté signé de sa main, ordonner que toute personne désignée dans cet arrêté sera détenue pour la période spécifiée par ledit arrêté:

Etant entendu que rien dans le présent article n'empêche le Gouverneur, à l'expiration de la période indiquée dans l'arrêté, de prononcer une nouvelle ordonnance de détention à l'encontre de la même personne pour une ou plus d'une nouvelle période.

(2) Any person detained under the provisions of this Regulation may from time to time by order of any person authorised by the Governor in that behalf be taken to and detained in such other place of detention as such authorised person may order.

(3) The provisions of the Prisons Ordinance and the Prison Rules shall not apply to any person detained under this Regulation.[1]

Arrest.

5. (1) Any police officer may without warrant arrest any person suspected of committing an offence against these Regulations or of being a person ordered to be detained under the provisions of Regulation 4 of these Regulations.

(2) Any police officer or any member of Her Majesty's Navy, Army or Air Force or of any forces established under any law in force in the Colony may without warrant arrest and for that purpose without warrant enter and search any premises for any person in respect of whom he has reason to believe that there are grounds which would justify his detention under the provisions of Regulation 4 of these Regulations or his deportation under these Regulations or any law in force in the Colony or his prosecution under these Regulations or any law in force in the Colony and any such person may be detained in any prison or in police, military, naval or air force custody or in the custody of members of any force established under any law in force in the Colony for a period not exceeding seven days (excluding the day on which such person was arrested) pending a decision as to whether an order for his detention under the said Regulation 4 or deportation should be made or as to whether he should be prosecuted.[2]

Dated the second day of May 1958.

By His Excellency's Command

J. V. M. SHIELDS
Attorney General

---

[1] Paragraphs (2) and (3) of Regulation 4 are as inserted by the Emergency (Amendment) Regulations, 1958.

[2] Paragraph (2) of Regulation 5 is as amended by the Emergency (Amendment) (No. 2) Regulations, 1958.

(2) Toute personne détenue en vertu du présent article peut, de temps à autre, par ordre d'une personne autorisée à cet effet par le Gouverneur, être transférée et détenue dans tel autre lieu de détention que ladite personne pourra ordonner.

(3) Les dispositions de l'Ordonnance et du Règlement pénitentiaires ne s'appliquent pas aux personnes détenues en vertu du présent article 1.

Arrestation

ARTICLE 5

(1) Tout officier de police peut procéder sans mandat à l'arrestation de toute personne soupçonnée d'avoir commis une infraction au présent Règlement ou d'être une personne dont la détention a été ordonnée en vertu de l'article 4 dudit Règlement.

(2) Tout officier de police ou membre des forces navales, terrestres ou aériennes de Sa Majesté ou de toute autre force établie conformément à une loi en vigueur dans la colonie, peut procéder sans mandat à une arrestation et, à cet effet, pénétrer sans mandat dans tout local pour rechercher toute personne au sujet de laquelle il a lieu de croire qu'il existe des motifs justifiant sa mise en détention en vertu de l'article 4 du présent Règlement, ou sa déportation en vertu dudit Règlement ou de toute autre loi en vigueur dans la colonie, ou sa poursuite en vertu du présent Règlement ou de toute autre loi en vigueur dans la colonie, et cette personne peut être détenue dans toute prison ou sous la garde de toute force de police, militaire, navale ou aérienne, ou sous la garde des membres de toute autre force établie en vertu d'une loi en vigueur dans la Colonie, pour une période ne dépassant pas sept jours (non compris le jour de l'arrestation de ladite personne), en attendant qu'il soit décidé si une ordonnance de détention sera prise contre ladite personne en vertu dudit article 4, ou si elle sera déportée ou poursuivie 2.

Le deux mai 1958.

Par ordre de Son Excellence,

J. V. M. Shields
Attorney General

---

[1] Les paragraphes (2) en (3) de l'article 4 sont conformes au texte figurant dans le Règlement portant amendement au Règlement d'exception de 1958.

[2] Le paragraphe (2) de l'article 5 est conforme au texte figurant dans le Règlement portant amendement no. 2 au Règlement d'exception de 1958.

Singapore
Derogation

Note verbale [1]

The United Kingdom Permanent Representative to the Council of Europe presents his compliments to the Secretary General of the Council, and, with reference to his Note Verbale of the 24th of May, 1954,[2] and the provisions of Article 15 of the Convention for the Protection of Human Rights and Fundamental Freedoms signed at Rome on the 4th of November, 1950, has the honour to convey the following information bringing up to date the contents of the earlier Note.

The Government of the Colony of Singapore (now the State of Singapore) have taken, and, to the extent strictly required by the exigencies of the situation, have exercised or are exercising powers to detain persons, in accordance with the following legislative measures introduced by that Government.

(1) *Regulation 20 of the Emergency Regulations, 1948*

(The Emergency Regulations, 1948, were made on the 28th of July, 1948 and were subsequently amended from time to time. The text of Regulation 20 is appended hereto in the form in which it remained from the 23rd of October, 1953, when the Convention was first extended to Singapore under the provisions of Article 63 thereof, until the 21st of October, 1955, when the Emergency Regulations, 1948, lapsed). Under Regulation 20 the Colonila Secretary (subsequently styled the "Chief Secretary") of the Government of the Colony was empowered to order the detention of any person for a period not exceeding two years in any case where it appeared to him to be necessary or expedient for securing the public safety or for maintaining public order. The Regulation provided for a person so detained to make his objections against such an order to an advisory committee appointed by the Governor and presided over by a person holding or having held the office of Judge or District Judge, and it also provided for the subsequent periodic review of each case by the advisory committee upon application therefor being made by the detainee. (Appendix 1) [3].

---

[1] Deposited with the Secretariat-General on 11th May 1960.

[2] Cf. Yearbook, Volume I, pp. 48–49.

[3] The Appendices have not been reproduced in the present volume owing to considerations of space.

Singapour
Dérogation

Note verbale [1]

Traduction

Le Représentant permanent du Royaume-Uni auprès du Conseil de l'Europe présente ses compliments au Secrétaire Général du Conseil, et, se référant à sa Note verbale du 7 mai 1954 [2] et aux dispositions de l'article 15 de la Convention de Sauvegarde des Droits de l'Homme et des Libertés fondamentales, signée à Rome le 4 novembre 1950, a l'honneur de lui communiquer les informations ci-après qui mettent à jour le contenu de la note précédente:

Le Gouvernement de la Colonie de Singapour (à présent Etat de Singapour) a assumé et, dans la stricte mesure où la situation l'exigeait ou continue de l'exiger, a exercé ou exerce certains pouvoirs en matière de détention des personnes, en vertu des textes législatifs suivants, promulgués par lui:

(1) *Article 20 du Règlement d'exception de 1948*

(Le Règlement d'exception de 1948 a été introduit le 28 juillet 1948, puis modifié de temps à autre. On trouvera en annexe le texte de l'article 20 tel qu'il est resté en vigueur depuis le 23 octobre 1953, date à laquelle l'application de la Convention a été étendue à Singapour en vertu des dispositions de l'article 63, jusqu'au 21 octobre 1955, date à laquelle le Règlement d'exception de 1948 a cessé d'avoir effet). Aux termes de l'article 20, le Secrétaire Colonial (dénommé par la suite "Secrétaire Principal") du Gouvernement de la Colonie était habilité à ordonner la détention de toute personne pour une durée maximale de deux ans dans tous les cas où il le jugeait nécessaire ou utile au maintien de la sécurité ou de l'ordre publics. L'article prévoyait que la personne ainsi détenue pourrait former opposition contre une telle décision devant un comité consultatif constitué par le Gouverneur et présidé par une personne exerçant ou ayant exercé les fonctions de Juge ou de Juge de District; il prévoyait également que, par la suite, le comité consultatif réexaminerait périodiquement chaque cas sur demande du détenu. (Annexe I) [3].

---

[1] Déposée au Secrétariat Général le 11 mai 1960.
[2] Cf. Annuaire, Volume I, pp. 48-49.
[3] Les annexes n'ont pas été reproduites dans le présent Volume faute de place.

(2) *The Preservation of Public Security Ordinance, 1955. (Ordinance No. 25 of 1955).*

In 1955 the Government of the Colony decided to allow the Emergency Regulations, 1948 to lapse but to replace certain of them by Ordinances of temporary duration. Accordingly, the Emergency Regulations, 1948, (including Regulation 20) lapsed on the 21st of October, 1955, and at the same time the Preservation of Public Security Ordinance, 1955, which had been enacted on the 18th of October, 1955, was brought into operation. Its duration has been extended from time to time by amending Ordinances. Section 3 of the Ordinance empowered the Chief Secretary to order the detention of any person for a period not exceeding two years in any case where it appeared to the Governor in Council that it was necessary to do so with a view to preventing that person from acting in any manner prejudicial to the security of Malaya or the maintenance of public order therein or the maintenance therein of essential services. Section 5 of the Ordinance gave any person ordered to be detained the right to appeal to an Appeal Tribunal, which under section 6, was to consist of not less than three persons appointed by the Chief Justice of whom two should be Judges and one a District Judge. Section 7 of the Ordinance provided that the Appeal Tribunal, on hearing an appeal, might in its discretion revoke, amend or confirm a detention order. Section eight of the Ordinance provided for a Reviewing Officer to review each case not less often than once in every six months and to report thereon to the Governor in Council. Section 9 provided that the Reviewing Officer should be a person qualified to be appointed as a Judge. The text of sections 3, 5, 6, 7, 8 and 9 of the Ordinance is appended hereto (Appendix II).

(3) *The Preservation of Public Security (Amendment) Ordinance, 1958, (Ordinance No. 35 of 1958), enacted on the 14th of October, 1958.*

Section 3 of this Ordinance amended subsection (1) of section 3 of the Preservation of Public Security Ordinance, 1955, by permitting the extension of an initial period of detention for further periods not exceeding twelve months at a time. The text of section 3 is appended hereto (Appendix III).

(4) *The Preservation of Public Security (Amendment Ordinance, 1959, (Ordinance No. 65 of 1959) enacted on the 17th of October, 1959.*

Section 3 of this Ordinance further amended section 3 of the Preservation of Public Security Ordinance, 1955, in certain minor respects. Sections 5, 6 and 7 of the Ordinance made certain amend-

(2) *Ordonnance No. 25 de 1955 sur le maintien de la sécurité publique*

En 1955, le Gouvernement de la Colonie décidait de laisser venir à expiration le Règlement d'exception de 1948 mais de remplacer certaines de ses dispositions par des ordonnances provisoires. En conséquence, le Règlement d'exception de 1948 (y compris l'article 20) a cessé d'être en vigueur le 21 octobre 1955, en même temps qu'entrait en application l'ordonnance de 1955 sur le maintien de la sécurité publique, promulguée le 18 octobre 1955. La durée de validité de cette ordonnance a été prorogée de temps à autre par des ordonnances modificatives. L'article 3 de l'Ordonnance habilitait le Secrétaire principal à ordonner la détention de toute personne pour une durée maximale de deux ans dans tous les cas où le Gouverneur en son Conseil jugeait cette détention nécessaire pour empêcher ladite personne d'agir de manière préjudiciable à la sécurité de la Malaisie, au maintien de l'ordre public ou au fonctionnement des services essentiels dans ce territoire. L'article 5 conférait à toute personne dont la détention était ainsi ordonnée le droit d'introduire un recours devant un Tribunal d'appel qui, aux termes de l'article 6, devait se composer d'au moins trois personnes désignées par le "Chief Justice", dont deux devaient être des Juges et une un Juge de District. L'article 7 prévoyait que lorsqu'il aurait à connaître d'un recours, le Tribunal d'appel aurait le pouvoir discrétionnaire de révoquer, modifier ou confirmer un arrêté de détention. L'article 8 stipulait qu'un "Reviewing Officer" réexaminerait chaque cas au moins une fois tous les six mois et ferait rapport à son sujet au Gouverneur. Aux termes de l'article 9, le "Reviewing Officer" devait être une personne qualifiée pour exercer les fonctions de Juge. On trouvera en annexe le texte des articles 3, 5, 6, 7, 8 et 9 de l'Ordonnance (Annexe II).

(3) *Ordonnance modificative de 1958 sur le maintien de la sécurité publique (Ordonnance No. 35 de 1958), promulguée le 14 octobre 1959*

L'article 3 de cette Ordonnance a modifié le paragraphe (1) de l'article 3 de l'Ordonnance de 1955 sur le maintien de la sécurité publique en autorisant la prolongation de la durée initiale de la détention pour de nouvelles périodes d'un maximum de douze mois chacune. On trouvera en annexe le texte de l'article 3 (Annexe III).

(4) *Ordonnance modificative de 1959 sur le maintien de la sécurité publique (Ordonnance No, 65 de 1959) promulguée le 17 octobre 1959*

L'article 3 de cette Ordonnance a de nouveau modifié, sur certains points secondaires, l'article 3 de l'Ordonnance de 1955 sur le maintien de la sécurité publique. Les articles 5, 6 et 7 ont apporté cerments affecting sections 5, 6, 7 and 8 of the Preservation of Public Security Ordinance, 1955. The effect of these amendments was to replace the Appeal Tribunal by an Advisory Committee appointed by the Yang di-Pertuan Negara and presided over by a person qualified to be a judge. The text of sections 3, 5, 6 and 7 is appended hereto (Appendix IV).

(5) *The Criminal Law (Temporary Provisions) Ordinance, 1955. (Ordinance No. 26 of 1955) which was enacted on the 18th of October, 1955, and which came into operation on the 21st of October, 1955.*

This Ordinance was one of those which replaced certain of the Emergency Regulations, 1948. It is of temporary duration but its duration has been extended from time to time by amending Ordinances. In 1958 it was amended by the Criminal Law (Temporary Provisions) (Amendment) Ordinance, 1958, (Ordinance No. 25 of 1958). This added certain new sections to the Criminal Law (Temporary Provisions) Ordinance, 1955, for the purpose of permitting, *inter alia*, the detention of members of secret societies and similar criminal gangs whose activities, including assault and murder, had become a serious threat to the life of the nation in Singapore but against whom it was usually impossible to proceed under the ordinary criminal law because of the intimidation of witnesses. Of the new sections which were added by the Criminal Law (Temporary Provisions) (Amendment) Ordinance, 1958, to the Criminal Law (Temporary Provisions) Ordinance, 1955, section 47 empowered the Chief Secretary, with the consent of the Public Prosecutor, to order the detention of any person for a period not exceeding six months if he was satisfied that that person had been associated with activities of a criminal nature and that it was necessary that he be detained in the interests of public safety, peace and good order; section 48 required each detention order to be referred to an Advisory Committee for a report; section 50 empowered the Governor in Council to extend the validity of a detention order for periods not exceeding six months at any one time up to a maximum total to two years; and section 51 provided for the composition of the Advisory Committee. The text of sections 47, 48, 50 and 51 as added by the Criminal Law (Temporary Provisions) (Amendment) Ordinance, 1958, is appended hereto (Appendix V).

(6) *The Criminal Law (Temporary Provisions) (Amendment No. 2) Ordinance, 1959. (Ordinance No. 56 of 1959) which was enacted on the 8th of September, 1959, and which came into operation on the 25th of September, 1959.*

Section 7 of this Ordinance amended section 47 of the Criminal Law (Temporary Provisions) Ordinance, 1955, (hereafter in this taines modifications aux articles 5, 6, 7 et 8 de l'Ordonnance de 1955 sur le maintien de la sécurité publique. Ces modifications avaient pour effet de remplacer le Tribunal d'appel par un comité consultatif constitué par le Yang di-Pertuan Negara et présidé par une personne qualifiée pour exercer les fonctions de juge. On trouvera en annexe le texte des articles 3, 5, 6 et 7 (Annexe IV).

(5) *Ordonnance de 1955 relative au droit pénal (dispositions provisoires) (Ordonnance No. 26 de 1955), promulguée le 18 octobre 1955 et entrée en vigueur le 21 octobre 1955*

Cette Ordonnance est l'une de celles qui ont remplacé certaines dispositions du Règlement d'exception de 1948. Elle a un caractère provisoire, mais sa durée d'application a été prorogée de temps à autre par des Ordonnances modificatives. En 1958, elle a été modifiée par l'Ordonnance modificative de 1958 relative au droit pénal (dispositions provisoires) (Ordonnance No. 25 de 1958). Celle-ci ajoutait à l'Ordonnance de 1955 relative au droit pénal (dispositions provisoires) certains articles nouveaux tendant à autoriser, notamment, la détention des membres de sociétés secrètes et autres bandes criminelles analogues dont les activités, y compris l'attentat et le meurtre, étaient devenues une grave menace pour la vie de la nation à Singapour, mais qu'il était généralement impossible de poursuivre en vertu du droit pénal ordinaire en raison de l'intimidation des témoins. Parmi les nouveaux articles que l'Ordonnance de 1958 ajoutait à celle de 1955, l'article 47 habilitait le Secrétaire principal à ordonner, avec l'assentiment du Ministère public, la détention de toute personne pour une durée maximale de six mois s'il était convaincu que cette personne avait participé à des activités de caractère criminel et que sa détention était nécessaire dans l'intérêt de la sécurité et de l'ordre publics; aux termes de l'article 48, tout arrêté de détention devait être soumis à un comité consultatif qui devait faire rapport à son sujet; l'article 50 habilitait le Gouverneur en son Conseil à proroger la durée de validité d'un arrêté de détention pour des périodes ne dépassant pas six mois chacune, à concurrence d'un total de deux ans; enfin, l'article 51 fixait la composition du comité consultatif. On trouvera en annexe le texte des articles 47, 48, 50 et 51 ajoutés par l'Ordonnance modificative de 1958 relative au droit pénal (dispositions provisoires) (Annexe V).

(6) *Ordonnance modificative No. 2 de 1959 relative au droit pénal (dispositions provisoires) (Ordonnance No. 56 de 1959), promulguée le 8 septembre 1959 et entrée en vigueur le 25 septembre 1959*

L'article 7 de cette Ordonnance a modifié l'article 47 de l'Ordonnance de 1955 relative au droit pénal (dispositions provisoires) (ci-après dénommée "Ordonnance principale") notamment en portant paragraph referred to as "the principal Ordinance") by, *inter alia,* extending to one year the period for which a person might be ordered under that section to be detained; section 8 made a minor amendment to section 48 of the principal Ordinance; section 11 made certain minor amendments to section 50 of the principal Ordinance, including some amendments consequential on the amendment made to section 47; and section 12 made a minor amendment to a section 51 of the principal Ordinance. The Text of Section 7, 8, 11 and 12 is appended hereto (Appendix VI).

(7) *Regulations 27 and 28 of the Emergency Regulations, 1948.*
These Regulations permitted certain senior police officers in certain circumstances to authorise the extension of the period of detention following arrest for an additional period not exceeding fourteen days (making a maximum period of sixteen days in all). The text of Regulations 27 and 28 as in force between the 23rd of October, 1953, and the 21st of October 1955, is appended hereto (Appendix VII).

(8) *Section 17 of the Preservation of Public Security Ordinance, 1955.*
This repeated with certain minor variations the substance of Emergency Regulations 27 and 28. The text of section 17 is appended hereto (Appendix VIII).

(9) *Section 55 of the Criminal Law (Temporary Provisions) Ordinance, 1955, as added by the Criminal law (Temporary Provisions) (Amendment) Ordinance, 1958.*
This section made provision in respect of the detention following arrest of persons whom it might be necessary to detail under section 47 of the Ordinance equivalent to the provision made by section 17 of the Preservation of Public Security Ordinance, 1955, in respect of the detention following arrest of persons whom it might be necessary to detain under the latter Ordinance. Again, such detention cannot exceed 48 hours save with the authority of certain senior police officers and cannot exceed a period of 16 days in all. The text of section 55 is appended hereto (Appendix IX).

à un an la période pendant laquelle une personne pouvait être détenue en vertu de cet article; l'article 8 a apporté une modification d'ordre secondaire à l'article 48 de l'Ordonnance principale; l'article 11 a apporté à l'article 50 de l'Ordonnance principale certaines modifications d'ordre secondaire, dont certaines découlaient de la modification apportée à l'article 47; enfin, l'article 12 a apporté une modification d'ordre secondaire à l'article 51 de l'Ordonnance principale. On trouvera en annexe le texte des articles 7, 8, 11 et 12 (Annexe VI).

(7) *Articles 27 et 28 du Règlement d'exception de 1948*

Ces articles habilitaient certains fonctionnaires de police de grade supérieur à autoriser, dans certaines circonstances, la prolongation de la détention après arrestation pour une nouvelle période ne dépassant pas quatorze jours (soit une durée maximale de seize jours au total). On trouvera en annexe le texte des articles 27 et 28, tels qu'ils ont été en vigueur du 23 octobre 1953 au 21 octobre 1955 (Annexe VII).

(8) *Article 17 de l'Ordonnance de 1955 sur le maintien de la sécurité publique*

Cet article a repris, avec certaines modifications secondaires, l'essentiel des articles 27 et 28 du Règlement d'exception. On en trouvera le texte en annexe (Annexe VIII).

(9) *Article 55 de l'Ordonnance de 1955 relative au droit pénal (Dispositions provisoires), ajouté par l'Ordonnance modificative de 1958 relative au droit pénal (Dispositions provisoires)*

Cet article a édicté, au sujet de la détention après arrestation des personnes qu'il peut être nécessaire de détenir en vertu de l'article 47 de l'Ordonnance, des dispositions analogues à celles de l'article 17 de l'Ordonnance de 1955 sur le maintien de la sécurité publique. Là encore, cette détention ne peut se prolonger au-delà de 48 heures, sauf avec l'autorisation de certains fonctionnaires de police de grade supérieur, et sa durée ne peut dépasser 16 jours au total. On trouvera en annexe le texte de l'article 55 (Annexe IX).

Kenya
Derogation

Notice of derogation from the European Human Rights Convention [1]

The United Kingdom Permanent Representative to the Council of Europe presents his compliments to the Secretary-General of the Council, and, with reference to the Note Verbale of the 24th of May, 1954,[2] and the provisions of Article 15 of the Convention for the Protection of Human Rights and Fundamental Freedoms, signed at Rome on the 4th of November, 1950, has the honour to convey the following information bringing up to date the contents of the earlier Note referred to above.

The Government of the Colony and Protectorate of Kenya have taken and, to the extent strictly required by the exigencies of the situation, have exercised or are exercising powers to detain persons in accordance with the following legislative measures introduced by that Government.

(1) *Regulation 2 of the Emergency Regulations, 1952*

The Emergency Regulations, 1952, (hereafter referred to as "the principal Regulations") were enacted on the 20th of October, 1952, and were subsequently amended from time to time. Under Regulation 2 of the principal Regulations in the form in which it was in force as at the 23rd of October, 1953, when the Convention was first extended to Kenya under the provisions of Article 63 thereof, the Governor was empowered if he was satisfied that, for the purpose of maintaining public order, it was necessary to exercise control over any person, to make a detention order against that person. The Regulation provided for a person so detained to make his objections to an advisory committee appointed by the Governor and presided over by a person holding or having held judicial office and also to make representations direct to the Governor. Sub-regulation (6) of Regulation 2 also permitted a person who had been arrested in the reasonable belief that there were grounds justifying his detention under the Regulation to be detained for a period not exceeding 28 days pending a decision whether a detention order should be made against him. The text of Regulation 2 as in force on the 23rd of October, 1953 is appended hereto.[3]

---

[1] Note verbale deposited with the Secretariat-General on 21st September 1960.

[2] Cf. Yearbook, Volume I, pp. 48–49.

[3] The regulations have not been reproduced owing to considerations of space.

Kenya
Dérogation

Avis de dérogation aux dispositions de la Convention Européenne des Droits de l'Homme [1]

(*Traduction*)

Le Représentant permanent du Royaume-Uni auprès du Conseil de l'Europe présente ses compliments au Secrétaire Général du Conseil et, se référant à sa Note verbale du 24 mai 1954 [2] et aux dispositions de l'article 15 de la Convention de sauvegarde des Droits de l'Homme et des Libertés fondamentales, signée à Rome le 4 novembre 1950, a l'honneur de lui communiquer les informations ci-après qui mettent à jour le contenu de la note précédente.

Le Gouvernement de la Colonie et du Protectorat du Kenya a assumé et, dans la stricte mesure où la situation l'exigeait ou continue de l'exiger, a exercé ou exerce certains pouvoirs en matière de détention des personnes, en vertu des textes législatifs suivants, promulgués par lui:

(1) *Article 2 du Règlement d'exception de 1952*

Le Règlement d'exception de 1952 (ci-après dénommé "Règlement principal") a été promulgué le 20 octobre 1952, puis modifié de temps à autre. Aux termes de l'article 2 du Règlement principal tel qu'il était en vigueur le 23 octobre 1953, date à laquelle l'application de la Convention a été étendue au Kenya en vertu des dispositions de l'article 63, le Gouverneur était habilité, lorsqu'il avait acquis la conviction qu'il était nécessaire au maintien de l'ordre public d'exercer un contrôle sur une personne, à prendre contre cette personne un arrêté de détention. L'article prévoyait que la personne ainsi détenue pourrait former opposition devant un comité consultatif constitué par le Gouverneur et présidé par une personne exerçant ou ayant exercé des fonctions judiciaires, et faire d'autre part des représentations directement au Gouverneur. Aux termes du paragraphe (6) de l'article 2, une personne arrêtée parce qu'on pouvait raisonnablement estimer qu'il existait des motifs justifiant sa détention en vertu dudit article, pouvait également être détenue pendant 28 jours au maximum en attendant qu'il fût décidé si un arrêté de détention devait être pris à son encontre. On trouvera en annexe [1] le texte dudit article 2, tel qu'il était en vigueur le 23 octobre 1953.

[1] Note verbale déposée au Secrétariat Général le 21 septembre 1960.
[2] Cf. Annuaire, Volume I, pp. 48–49.
[3] Les Règlements n'ont pas été reproduits faute de place.

(2) *Regulation 3 of Emergency Regulations, 1952*

This Regulation (in the form in which it was in force on the 23rd of October, 1953) permitted police officers, in certain circumstances, to detain a person pending enquiries but the Regulation laid down that no such person might be so detained for more than 24 hours without the authority of a Magistrate or certain senior police officers on whose directions he might be detained for a further 48 hours, and in certain circumstances, for a further period not exceeding seven days. The maximum period for which he might be detained under this Regulation was thus 10 days. The text of Regulation 3, as in force on the 23rd of October, is appended hereto.

(3) *The Emergency (Amendment) (No. 39) Regulations, 1953*

Regulation 2 of these Regulations, which were enacted on the 26th of November, 1953, amended sub-regulation (6) of Regulation 2 of the principal Regulations, by permitting persons detained thereunder to be so detained in a place other than a police station. The text of Regulation 2 of these Regulations is appended hereto.

(4) *The Emergency (Amendment) (No. 43) Regulations, 1953*

Regulation 2 of these Regulations, which were enacted on the 31st of December, 1953, amended Regulation 3 of the principal Regulations by extending the classes of officers who might detain a person pending enquiries and by enlarging the period during which such persons might, in certain circumstances, be so detained by a further period of seven days, thus making a maximum total of 17 days in all. The text of Regulation 2 of these Regulations is appended hereto.

(5) *The Emergency (Control of Nairobi) Regulations, 1954*

Regulations 3, 4 and 5 of these Regulations, which were enacted on the 24th of April, 1954, permitted the Governor, in certain circumstances, to make an Evacuation Order, to be effective for a specified period not exceeding six months, in respect of any class or description of the inhabitants of Nairobi who might then be removed to a Reception Centre and there detained under the Order. The text of Regulations 3, 4 and 5 is appended hereto.

(6) *The Emergency (Amendment) (No. 12) Regulations, 1954*

Regulations 2 and 3 of these Regulations, which were enacted on the 10th of May, 1954, made certain minor amendments to Regulation 2 of the principal Regulations. The purpose of thees

(2) *Article 3 du Règlement d'exception de 1952*

Cet article (tel qu'il était en vigueur le 23 octobre 1953) autorisait, dans certaines circonstances, les fonctionnaires de la police à détenir une personne en attendant le résultat de l'enquête, mais stipulait que nul ne pouvait être ainsi détenu pendant plus de 24 heures, sans autorisation d'un magistrat ou de certains fonctionnaires supérieurs de la police, sur les ordres desquels la détention pouvait être prolongée de 48 heures et, dans certaines circonstances, d'une période supplémentaire ne dépassant pas sept jours. La durée maximale d'une détention ordonnée en vertu de cet article était donc de 10 jours. On trouvera en annexe le texte dudit article 3, tel qu'il était en vigueur le 23 octobre 1953.

(3) *Règlement no. 39 de 1953 portant modification du Règlement principal*

L'article 2 de ce Règlement, promulgué le 26 novembre 1953, modifiait le paragraphe (6) de l'article 2 du Règlement principal en stipulant que les personnes détenues en vertu de cet article pouvaient l'être en un lieu autre qu'un poste de police. On trouvera en annexe le texte dudit article 2.

(4) *Règlement no. 43 de 1953 portant modification du Règlement principal*

L'article 2 de ce Règlement, promulgué le 31 décembre 1953, modifiait l'article 3 du Règlement principal en élargissant les catégories de fonctionnaires habilités à détenir une personne en attendant le résultat de l'enquête et en prolongeant de sept jours la période pendant laquelle cette personne pouvait être détenue dans certaines circonstances, portant ainsi à un maximum de 17 jours la durée totale de la détention. On trouvera en annexe le texte dudit article 2.

(5) *Règlement d'exception de 1954 relatif au contrôle de Nairobi*

Les articles 3, 4 et 5 de ce Règlement, promulgué le 24 avril 1954, autorisaient le Gouverneur à prendre, dans certaines circonstances, une ordonnance d'évacuation, applicable pour une durée déterminée ne dépassant pas six mois, à l'égard de toute catégorie d'habitants de Nairobi qui pouvaient alors être transférés dans un centre d'accueil pour y être détenus en vertu de cette ordonnance. On trouvera en annexe le texte desdits articles 3, 4 et 5.

(6) *Règlement no. 12 de 1954 portant modification du Règlement principal*

Les articles 2 et 3 de ce Règlement, promulgué le 10 mai 1954, apportaient certaines modifications d'ordre secondaire à l'article 2 du Règlement principal. Ces modifications avaient pour objet amendments was to widen the qualifications for appointment as chairman of the advisory committee and to transfer certain functions from the Chief Secretary of the Colony and Protectorate to the Minister for Internal Security and Defence. The text of Regulations 2 and 3 of these Regulations is appended hereto.

(7) *The Emergency (Amendment) (No. 17) Regulations, 1954*

Regulation 2 of these Regulations, which were enacted on the 11th of July, 1954, further amended Regulation 2 of the principal Regulations in relation to the designation of places in which detained persons might be held. The text of Regulation 2 is appended hereto.

(8) *The Emergency (Control of Nairobi) (Amendment) Regulations 1954*

Regulation 3 of these Regulations, which were enacted on the 19th of October, 1954, amended the Emergency (Control of Nairobi) Regulations, 1954, by permitting the Governor to order the extension of any current Evacuation Order for a further period not exceeding four months. The text of Regulation 3 is appended hereto.

(9) *The Emergency (Amendment) (No. 6) Regulations, 1955*

Regulations 2 and 3 of these Regulations, which were enacted on the 18th of March, 1955, revoked Regulation 3 of the principal Regulations and replaced sub-regulations (6) of Regulation 2 of the principal Regulations by a new sub-regulation under which a person arrested on reasonable suspicion that he had acted or was about or likely to act in a manner prejudicial to public security or the maintenance of public order might be detained for the purpose of enquiries and pending a decision as to whether a detention order should be made against him. He could not, however, be so detained for more than 24 hours unless his further detention for a period not exceeding 28 days from and including the date of his arrest were authorised in writing by a senior administrative officer or a senior police officer. The text of Regulations 2 and 3 of these Regulations is appended hereto.

(10) *The Emergency (Amendment) (No. 12) Regulations, 1955*

These Regulations were enacted on the 26th of November, 1955. Regulation 4 thereof amended Regulation 28 of the principal Regulations (which provided for the arrest of certain persons for d'élargir les qualifications requises pour être nommé président du comité consultatif et de tranférer certaines attributions du Secrétaire principal de la Colonie et du Protectorat au Ministre de la Sûreté intérieure et de la Défense. On trouvera en annexe le texte desdits articles 2 et 3.

(7) *Règlement no. 17 de 1954 portant modification du Règlement principal*

L'article 2 de ce Règlement, promulgué le 11 juillet 1954, apportait à l'article 2 du Règlement principal de nouvelles modifications ayant trait à la désignation des lieux dans lesquels les personnes arrêtées pouvaient être détenues. On trouvera en annexe le texte dudit article 2.

(8) *Règlement de 1954 portant modification du Règlement d'exception relatif au contrôle de Nairobi*

L'article 3 de ce Règlement, promulgué le 19 octobre 1954, modifiait le Règlement d'exception de 1954 relatif au contrôle de Nairobi en autorisant le Gouverneur à ordonner la prorogation de toute ordonnance d'évacuation pour une période ne dépassant pas quatre mois. On trouvera en annexe le texte dudit article 3.

(9) *Règlement no. 6 de 1955 portant modification du Règlement principal*

Les articles 2 et 3 de ce Règlement, promulgué le 18 mars 1955, annulaient l'article 3 du Règlement principal et remplaçaient le paragraphe (6) de l'article 2 du Règlement principal par un nouveau paragraphe en vertu duquel toute personne arrêtée parce qu'il y avait de bonnes raisons de la soupçonner d'avoir agi, ou d'être sur le point ou susceptible d'agir, d'une manière préjudiciable à la sécurité publique ou au maintien de l'ordre public, pouvait être détenue aux fins d'enquête et en attendant qu'il fût décidé si un arrêté de détention devait être pris à son encontre. Toutefois, l'intéressé ne pouvait être ainsi détenu pendant plus de 24 heures, à moins que son maintien en détention pour une période ne dépassant pas 28 jours à compter de la date de l'arrestation comprise n'ait été autorisé par écrit par un haut fonctionnaire de l'administration ou un fonctionnaire supérieur de la police. On trouvera en annexe le texte desdits articles 2 et 3.

(10) *Règlement no. 12 de 1955 portant modification du Règlement* principal

Ce Règlement a été promulgué le 26 novembre 1955. Son article 4 modifiait l'article 28 du Règlement principal (qui prévoyait l'arrestation de certaines personnes en vue de les traduire devant the purpose of bringing them before a magistrate) so as to permit persons so arrested who volunteered to assist the security forces in their operations against terrorists to be held in police custody for a period not exceeding thirty days and for such further periods, not exceeding fifteen days at any one time, as a magistrate may from time to time order.

Regulation 5 of these Regulations provided for a new regulation to be inserted in the principal Regulations as Regulation 31 A thereof. (It was later renumbered as Regulation 31 B). This new Regulation permitted any police officer of or above the rank of Chief Inspector to detain any person for a period not exceeding five hours for the purpose of checking his credentials if this was considered expedient in the interest of public safety or for the maintenance of public order.

The text of Regulation 28 of the principal Regulations (as in force immediately before the 26th of November, 1955) and of Regulations 4 and 5 of these Regulations is appended hereto.

(11) *The Emergency (Amendment) (No. 1) Regulations, 1956*

Regulation 2 of these Regulations, which were enacted on the 6th of January, 1956, further amended Regulation 2 of the principal Regulations so as to permit persons held under a detention order to be held in police custody for a period not exceeding one month. The text of Regulation 2 of these Regulations is appended hereto.

(12) *The Emergency (Revocation) Regulations, 1957*

These Regulations, which were enacted on the 5th of January, 1957, revoked, *inter alia*, the whole of the Emergency (Control of Nairobi) Regulations, 1954.

(13) *The Detained and Restricted Persons (Special Provisions) Ordinance, 1960 and Regulations made thereunder.*

By early 1960 the security situation in Kenya has so improved that the Government of the Colony and Protectorate felt able to dispense with the powers conferred by the measures described above. Accordingly, on the 12th of January, 1960, the Governor of Kenya issued a proclamation under the Emergency Powers Order in Council 1939 (as amended), the effect of which was to terminate the operation of those measures. A copy of this proclamation is appended hereto. There was however a small number of persons (some of whom were detained immediately before the date of that Proclamation) who were still so fanatically attached to Mau Mau doctrines and practices that it would not be safe, in the present un magistrat) de façon à permettre aux personnes ainsi arrêtées qui s'offraient à aider les forces de sécurité dans leurs opérations contre les terroristes d'être placées sous la garde de la police pour une période ne dépassant pas trente jours et pour telles périodes supplémentaires, ne dépassant pas quinze jours à la fois, qu'un magistrat pourrait ordonner de temps à autre.

L'article 5 de ce Règlement prévoyait l'insertion dans le Règlement principal d'un nouvel article 31 A (devenu par la suite 31 B). Ce nouvel article habilitait tout fonctionnaire de police d'un rang égal ou supérieur à celui d'Inspecteur principal à détenir toute personne pendant un maximum de cinq heures aux fins de vérification de ses papiers d'identité, si cette mesure paraissait conforme à l'intérêt de la sécurité publique ou du maintien de l'ordre public. On trouvera en annexe le texte de l'article 28 du Règlement principal (tel qu'il était en vigueur aussitôt avant le 26 novembre 1955) et celui des articles 4 et 5 du Règlement no. 12 de 1955.

(11) *Règlement no. 1 de 1956 portant modification du Règlement principal*

L'article 2 de ce Règlement, promulgué le 6 janvier 1956, apportait à l'article 2 du Règlement principal de nouvelles modifications, destinées à permettre aux personnes détenues en vertu d'un arrêté de détention d'être placées sous la garde de la police pour une période ne dépassant pas un mois. On trouvera en annexe le texte dudit article 2.

(12) *Règlement de 1957 portant abrogation de certaines dispositions de la réglementation d'exception*

Ce Règlement, promulgué le 5 janvier 1957, abrogeait notamment l'ensemble du Règlement d'exception de 1954 relatif au contrôle de Nairobi.

(13) *Ordonnance de 1960 relative aux personnes détenues et aux personnes assujetties à des mesures restrictives (dispositions spéciales) et Règlement édicté en vertu de cette Ordonnance*

Au début de l'année 1960, la sécurité au Kenya s'était améliorée à un point tel que le Gouvernement de la Colonie et du Protectorat a jugé être en mesure de se passer des pouvoirs qui lui avaient été conférés par les dispositions décrites ci-dessus. Le Gouverneur du Kenya a donc publié le 12 janvier 1960, en vertu de l'Ordonnance de 1939 sur les pouvoirs exceptionnels (modifiée), une proclamation ayant pour effet de mettre fin à l'application de ces dispositions. On trouvera en annexe le texte de cette proclamation. Toutefois, un petit nombre de personnes (dont certaines se trouvaient en détention aussitôt avant la date de cette proclamation) restaient si state of affairs in Kenya, to allow them to be at large there. The Kenya legislature therefore enacted on the 8th of January, 1960, the Detained and Restricted Persons (Special Provisions) Ordinance, 1960 (Ordinance No. 3 of 1960) which was brought into operation on the 11th of January, 1960. Under subsection (1) of section 3 of the Ordinance the Governor is empowered, for securing the public safety and the maintenance of public order, to make regulations to provide, so far as appears to him to be strictly required by the exigencies of the situation in Kenya, for the detention of "specified persons" (as defined in section 2 of the Ordinance); but it is specifically provided that any such Regulations shall also require the case of each detained person to be reviewed at least once in every twelve months with a view to securing his release as soon as this can be done without serious prejudice to the security of the public safety and the maintenance of public order, due regard being paid to the progress of the detained person in rehabilitation (as defined in section 2 of the Ordinance) and to the likely effects of his release on other detained persons. The text of subsection (1) of section 3 of the Ordinance and of the related provisions in section 2 of the Ordinance is appended hereto. The power thus conferred on the Governor has been exercised by the enactment of the Detained and Restricted Persons Regulations, 1960, on the 11th of January, 1960. Regulation 3 of these Regulations empowers the Governor to order the detention of any "specified person" if he is satisfied with respect to that person that it is necessary to exercise control over him for securing the public safety and the maintenance of public order. Regulations 3, 8, 9, 10, 11, 12 and 13 of the Regulations provide for the establishment of an Appeal Tribunal, regulate the mode of appeal by a detained person, and provide for the periodic review of the case of each detained person. The text of Regulations 3, 8, 9, 10, 11, 12 and 13 is appended hereto.

September 19, 1960.

THE OFFICE OF THE
UNITED KINGDOM REPRESENTATIVE
TO THE COUNCIL OF EUROPE,
STRASBOURG

fanatiquement attachées aux doctrines et aux pratiques Mau-Mau qu'il eût été imprudent, dans la situation actuelle du Kenya, de les laisser en liberté sur ce territoire. C'est pourquoi le corps législatif du Kenya a promulgué le 8 janvier 1960 l'Ordonnance sur les personnes détenues et les personnes assujetties à des mesures restrictives (dispositions spéciales) (Ordonnance no. 3 de 1960), qui est entrée en vigueur le 11 janvier 1960. Aux termes du paragraphe (1) de l'article 3 de cette Ordonnance, le Gouverneur peut, afin d'assurer la sécurité publique et le maintien de l'ordre public, édicter des règlements prévoyant, dans la stricte mesure où la situation au Kenya lui paraît l'exiger, la détention de "personnes spécifiées" (au sens de l'article 2 de l'Ordonnance); toutefois, il est expressément stipulé que tout règlement de cet ordre devra également prévoir le réexamen, au moins une fois tous les douze mois, du cas de chaque détenu, en vue de remettre l'intéressé en liberté dès qu'il sera possible de le faire sans compromettre gravement la sécurité publique et le maintien de l'ordre public, compte dûment tenu des progrès de sa rééducation (au sens de l'article 2 de l'Ordonnance) et de l'influence que sa libération est susceptible d'exercer sur les autres détenus. On trouvera en annexe le texte du paragraphe (1) de l'article 3 de l'Ordonnance ainsi que des dispositions connexes de son article 2. Le Gouverneur a exercé le pouvoir qui lui était ainsi conféré en promulguant, le 11 janvier 1960, le Règlement de 1960 relatif aux personnes détenues et aux personnes assujetties à des mesures restrictives. L'article 3 de ce Règlement autorise le Gouverneur à ordonner la détention de toute "personne spécifiée" s'il a acquis la conviction qu'il est nécessaire d'exercer un contrôle sur cette personne pour assurer la sécurité publique et le maintien de l'ordre public. Les articles 3, 8, 9, 10, 11, 12 et 13 du Règlement prévoient l'institution d'un Tribunal d'appel, fixent les modalités d'exercice par le détenu de son droit d'appel et prévoient le réexamen périodique du cas de chaque détenu. On trouvera en annexe le texte desdits articles 3, 8, 9, 10, 11, 12 et 13.

19 septembre 1960.

REPRESENTATION PERMANENTE DU ROYAUME-UNI
AUPRES DU CONSEIL DE L'EUROPE
STRASBOURG

as at 31

Member States of the Council of Europe	Date of deposit of ratification of		Date of deposit of declaration in respect of	
	Convention (entered into force 3 Sept. 1953)	Protocol (entered into force 18 May 1954)	Article 25	Article 46
AUSTRIA [1]	3 Sept. 1958	3 Sept. 1958	3 Sept. 1958 for 3 years	3 Sept. 1958 – for 3 years – on condition of reciprocity
BELGIUM	14 June 1955	14 June 1955	2 July 1959 for 2 years from 30 June 1959	5 July 1960 for 5 years from 29 June 1960
DENMARK	13 Apl. 1953	13 Apl. 1953	4 Apl. 1957 for 5 years from 7 Apl. 1957	20 March 1959 for 3 years from 7 Apl. 1959
FRANCE				
FEDERAL REPUBLIC OF GERMANY [3]	5 Dec. 1952	13 Feb. 1957	21 July 1958 for 3 years [4]	21 July 1958 – for 3 years – on condition of reciprocity [4]
GREECE	28 March 1953	28 March 1953		
ICELAND	29 June 1953	29 June 1953	14 Apl. 1960 from 25 March 1960 until the contrary is decided	3 Sept. 1958 for 3 years
IRELAND	25 Feb. 1953	25 Feb. 1953	25 Feb. 1953	25 Feb. 1953 [5]
ITALY	26 Oct. 1955	26 Oct. 1955		
LUXEMBOURG	3 Sept. 1953	3 Sept. 1953	28 Apl. 1958 for 3 years	28 Apl. 1958 – for 3 years – on condition of reciprocity
NETHERLANDS	31 Aug. 1954	31 Aug. 1954	5 July 1960, from 28 June 1960 to 31 Aug. 1964	5 July 1960 – for 5 years from 31 Aug. 1959 – on conditio of reciprocity
NORWAY	15 Jan. 1952	18 Dec. 1952	7 Dec. 1959 for 2 years from 9 Dec. 1959	
SWEDEN	4 Feb. 1952	22 June 1953	4 Feb. 1952	
TURKEY	18 May 1954	18 May 1954		
UNITED KINGDOM	8 March 1951	3 Nov. 1952		

[1] Austria became a member of the Council of Europe in April 1956. It has signed the Convention and Protocol on 13 December 1957.

[2] Greenland became part of metropolitan Denmark on 5 June 1953.

[3] The Saar, which had deposited its instrument of ratification of the Convention and Protocol on 14 January 1953, became part of the Federal Republic of Germany on 1 January 1957.

DECLARATIONS AND RESERVATIONS

December, 1960

Date of receipt of notification in respect of		Reservations under Artirle 64	Other declarations	Member States of the Council of Europe
Article 63 of Convention	Article 4 of Protocol			
		– Art. 5 and 6 Convention – Art. 1 Protocol		AUSTRIA [1]
			On the possible extension to non-metropolitan territories	BELGIUM
13 Apl. 1953 [2] for Greenland includ. Art. 25	13 Apl. 1953 [2] for Greenland includ. Art. 25			DENMARK
				FRANCE
		Art. 7 Convention para. 2	1) Extension to Berlin (West) Convention and Protocol 2) Article 2 of Protocol	FEDERAL REPUBLIC OF GERMANY [3]
		Art. 2 Protocol		GREECE
				ICELAND
		Art. 6 para. 3 (c) Convention	Notification relating to Art. 15 of Convention	IRELAND
				ITALY
		Art. 1 Protocol		LUXEMBOURG
1 December 1955 for Surinam and Netherlands-Antilles		Art. 6 para. 3 (c) Convention [6]	On the possible extension to non-metropolitan territories	NETHERLANDS
		Art. 9 Convention [7]		NORWAY
		Art. 2 Protocol		SWEDEN
		Art. 2 Protocol		TURKEY
23 Oct. 1953 for 42 territories listed		Art. 2 Protocol	Notifications pursuant to Art. 15 of Convention	UNITED KINGDOM

[4] Also, since 1 January 1957, in respect ot the Saar.

[5] For five years and thereafter until notice to the contrary.

[6] For Surinam and Netherlands-Antilles only and only in respect of the right to legal assistance in criminal proceedings.

[7] This reservation was revoked on 4 December 1956, as a result of the abrogation of the constitutional provision concerned.

ETAT DES RATIFICATIONS, *au 31*

Etats membres du Conseil de l'Europe	Date de dépôt de la ratification		Date de dépôt de la déclaration visée à	
	de la Convention (entrée en vigueur le 3 sept. 1953)	du Protocole (entré en vigueur le 18 mai 1954)	l'article 25	l'article 46
AUTRICHE [1]	3 sept. 1958	3 sept. 1958	3 sept. 1958 pour 3 ans	3 sept. 1958 – pour 3 ans – réciprocité
BELGIQUE	14 juin 1955	14 juin 1955	2 juillet 1959 pour 5 ans à partir du 30 juin 1959	5 juillet 1960 pour 5 ans à partir du 29 juin 1960
DANEMARK	13 avril 1953	13 avril 1953	4 avril 1957 pour 5 ans à partir du 7 avril 1957	20 mars 1959 pour 3 ans à partir du 7 avril 1959
FRANCE				
REPUBLIQUE FEDERALE D'ALLEMAGNE [3]	5 déc. 1952	13 fév. 1957	21 juillet 1958 pour 3 ans [4]	21 juillet 1958 – pour 3 ans – réciprocité [4]
GRECE	28 mars 1953	28 mars 1953		
ISLANDE	29 juin 1953	29 juin 1953	14 avril 1960 à partir du 25 mars 1960 et jusqu'à décision contraire	3 sept. 1958 pour 3 ans
IRLANDE	25 fév. 1953	25 fév. 1953	25 fév. 1953	25 fév. 1953 [5]
ITALIE	26 oct. 1955	26 oct. 1955		
LUXEMBOURG	3 sept. 1953	3 sept. 1953	28 avril 1958 pour 3 ans	28 avril 1958 – pour 3 ans – réciprocité
PAYS-BAS	31 août 1954	31 août 1954	5 juillet 1960 à partir du 28 juin 1960 jusqu'au 31 août 1964	5 juillet 1960 – pour 5 ans à partir du 31 août 1959 – réciprocité
NORVEGE	15 jan. 1952	18 déc. 1952	7 déc. 1959 pour 2 ans à partir du 9 déc. 1959	
SUEDE	4 fév. 1952	22 juin 1953	4 fév. 1952	
TURQUIE	18 mai 1954	18 mai 1954		
ROYAUME-UNI	8 mars 1951	3 nov. 1952		

[1] L'Autriche a adhéré au Conseil de l'Europe en avril 1956. Elle a signé la Convention et le Protocole le 13 décembre 1957.

[2] Le Groenland est devenu partie intégrante du territoire danois le 5 juin 1953.

[3] La Sarre, qui avait déposé son instrument de ratification de la Convention et du Protocole le 14 janvier 1953, est devenue partie intégrante de la République Fédérale d'Allemagne le 1er janvier 1957.

Date de réception de la notification visée à l'article 63 de la Convention	Date de réception de la notification visée à l'article 4 du Protocole	Réserves faites en vertu de l'article 64	Autres déclarations	Etats membres du Conseil de l'Europe
		– art. 5 et 6 Convention – article 1er Protocole		AUTRICHE [1]
			Sur l'extension éventuelle aux territoires non-métropolitains	BELGIQUE
13 avril 1953 pour le Groenland [2] y compris l'article 25	13 avril 1953 pour le Groenland [3] y compris l'article 25			DANEMARK
				FRANCE
		Article 7 par. 2 de la Convention	1) Extension à Berlin-Ouest (Convention et Protocole) 2) Article 2 du Protocole	REPUBLIQUE FEDERALE D'ALLEMAGNE
		Article 2 du Protocole		GRECE
				ISLANDE
		Article 6 par. 3 (c) de la Convention	Notification relative à l'article 15 de la Convention	IRLANDE
				ITALIE
		Article 1 du Protocole		LUXEMBOURG
1er déc. 1955 pour Surinam et les Antilles Néerlandaises		Art. 6 par. 3 (c) de la Convention [6]	Sur l'extension éventuelle aux territoires non-métropolitains	PAYS-BAS
		Article 9 de la Convention [7]		NORVEGE
		Article 2 du Protocole		SUEDE
		Article 2 du Protocole		TURQUIE
23 oct. 1953 pour 42 territoires énumérés		Article 2 du Protocole	Notifications faites en vertu de l'article 15 de la Convention	ROYAUME-UNI

[4] Y compris, depuis le 1er janvier 1957, en ce qui concerne la Sarre.

[5] Pour cinq ans et, par la suite jusqu'à notification du retrait.

[6] Pour Surinam et les Antilles Néerlandaises seulement et uniquement en ce qui concerne le droit à l'assistance en affaires criminelles.

[7] Cette réserve a été révoquée le 4 décembre 1956, à la suite de l'abrogation de la disposition constitutionnelle qui l'avait motivée.

AGREEMENT ON PRIVILEGES AND IMMUNITIES OF THE MEMBERS OF THE EUROPEAN COMMISSION OF HUMAN RIGHTS [1]

(As at 31st December 1960)

Member States of the Council of Europe	Date of Signature	Signed without reservation in respect of ratification	Date of deposit of instrument of ratification
Austria	13th November 1958	13th November 1958	
Belgium	15th December 1956		
Denmark	15th December 1956	15th December 1956	
France	15th December 1956		
Federal Republic of Germany	15th December 1956		7th July 1960
Greece	15th December 1956		
Iceland	15th December 1956	15th December 1956	
Ireland			
Italy	15th December 1956		4th June 1958
Luxembourg	15th December 1956		8th January 1960
Netherlands	29th April 1957	29th April 1957	
Norway	15th December 1956	15th December 1956	
Sweden	15th December 1956	15th December 1956	
Turkey	25th September 1957		7th January 1960
United Kingdom	15th December 1956		8th July 1958

[1] Signed in Paris, 15th December 1956. For text see Yearbook, Vol. 1, pp. 86–91.

PROTOCOLE RELATIF AUX PRIVILEGES ET IMMUNITES DES MEMBRES DE LA COMMISSION EUROPEENNE DES DROITS DE L'HOMME [1]

(Au 31 décembre 1960)

Etats membres du Conseil de l'Europe	Date de la signature	Signé sans réserve de ratification	Date de dépôt de l'instrument de ratification
Autriche	13 novembre 1958	13 novembre 1958	
Belgique	15 décembre 1956		
Danemark	15 décembre 1956	15 décembre 1956	
France	15 décembre 1956		
Rep. Fédérale d'Allemagne	15 décembre 1956		7 juillet 1960
Grèce	15 décembre 1956		
Islande	15 décembre 1956	15 décembre 1956	
Irlande			
Italie	15 décembre 1956		4 juin 1958
Luxembourg	15 décembre 1956		8 janvier 1960
Pays-Bas	29 avril 1957	29 avril 1957	
Norvège	15 décembre 1956	15 décembre 1956	
Suède	15 décembre 1956	15 décembre 1956	
Turquie	25 septembre 1957		7 janvier 1960
Royaume-Uni	15 décembre 1956		8 juillet 1958

1 Signé à Paris, le 15 décembre 1956. Voir le texte dans Annuaire, Vol. I, p. 86-91.

CHAPTER II

THE EUROPEAN COMMISSION OF HUMAN RIGHTS

A.

Composition

The term of office of seven of the members of the European Commission of Human Rights expired on 17th May 1960. A list of candidates prepared by the Bureau of the Consultative Assembly [1] was submitted to the Committee of Ministers who, on 28th April 1960, re-elected the following for a period of six years: Mrs. G. Janssen-Pevtschin, MM. M. Sørensen, A. Süsterhenn, C. Th. Eustathiades, L. J. C. Beaufort, Sir Humphrey Waldock. In place of Mr. P. Berg, who had not offered himself for re-election, the Ministers elected Mr. F. Castberg. [2]

Mr. Georges Pernot, who had been elected a member of the Commission in advisory capacity [3] on 18th May 1954, was not re-elected as France, the country in respect of which he sat, has not ratified the Convention.

After being thus partially re-constituted, the Commission had next to elect a President and Vice-President for the following three years, in accordance with Rule 5 [1] of its Rules of Procedure. This took place in the course of the 23rd plenary session held from 30th May to 3rd June 1960, when Sir Humphrey Waldock and Mr. C. Th. Eustathiades were re-elected President and Vice-President respectively, in the first ballot.

On 30th August 1960, Mr. F. M. Dominedo, resigned from the Commission following his appointment as Under-Secretary of State for Justice in the Italian Government. On 24th October 1960, the Committee of Ministers elected in his place Mr. G. Sperduti, to hold office for the remainder of his predecessor's term.[4]

The membership of the Commission on 31st December 1960 was accordingly as follows:

---

[1] Cf. Article 21 of the Convention.
[2] Resolution (60) 15.
[3] Cf. Yearbook, Vol. I, pp. 106–110.
[4] Resolution (60) 22.

CHAPITRE II

LA COMMISSION EUROPEENNE DES DROITS DE L'HOMME

A.

Composition

Le mandat de sept membres de la Commission Européenne des Droits de l'Homme est venu à expiration le 17 mai 1960. Le Comité des Ministres, saisi de la liste de candidats dressée par le Bureau de l'Assemblée Consultative,[1] a, le 28 avril 1960, réélu pour une période de six ans, Mme G. Janssen-Pevtschin, MM. M. Sørensen, A. Süsterhenn, C. Th. Eustathiades, L. J. C. Beaufort et C. H. M. Waldock. A la place de M. P. Berg qui n'a pas posé sa candidature, le Comité des Ministres a élu M. F. Castberg.[2]

Quant à M. Georges Pernot, élu le 18 mai 1954 à titre consultatif,[3] son mandat n'a pas été renouvelé, la France, au titre de laquelle il a été élu, n'ayant pas ratifié la Convention.

A la suite du renouvellement partiel de ses membres, la Commission était appelée, conformément à l'article 5 § 1 du Règlement intérieur, à élire pour une durée de trois ans son Président et son Vice-Président. Elle y a procédé lors de sa 23ème session plénière tenue du 30 mai au 3 juin 1960. Dès le premier tour de scrutin, MM. C. H. M. Waldock et C. Th. Eustathiades ont été réélus respectivement Président et Vice-Président.

D'autre part, M. F. M. Dominedo, ayant été nommé sous-secrétaire d'Etat à la Justice dans le Gouvernement italien, s'est démis de ses fonctions de membre de la Commission le 30 août 1960. En remplacement de M. Dominedo, le Comité des Ministres a, le 24 octobre 1960, élu M. G. Sperduti, qui achèvera le mandat de son prédécesseur.[4]

Compte tenu de ces différentes modifications, la composition de la Commission se présente au 31 décembre 1960 comme suit:

---

[1] Cf. article 21 de la Convention.
[2] Résolution (60) 15.
[3] Cf. Annuaire, Volume I, pp. 107–111.
[4] Résolution (60) 22.

Order of precedence	*Country*	*Term of office expires*
Sir Humphrey WALDOCK, President	United Kingdom	17th May 1966
MM. C. TH. EUSTATHIADES, Vice-President	Greece	17th May 1966
P. FABER	Grand-Duchy of Luxembourg	17th May 1963
L. J. C. BEAUFORT	Netherlands	17th May 1966
A. SÜSTERHENN	Federal Republic of Germany	17th May 1966
S. PETREN	Sweden	17th May 1966
Mrs. G. JANSSEN-PEVTSCHIN	Belgium	17th May 1966
MM. M. SØRENSEN	Denmark	17th May 1966
J. CROSBIE	Ireland	17th May 1963
F. SKARPHEDINSSON	Iceland	17th May 1963
N. ERIM	Turkey	17th May 1963
F. ERMACORA	Austria	15th Dec. 1964
F. CASTBERG	Norway	17th May 1966
G. SPERDUTI	Italy	17th May 1963

	Ordre de préséance	*Pays*	*Date d'expiration du mandat*
Sir	Humphrey WALDOCK, Président	Royaume-Uni	17 mai 1966
MM.	C. TH. EUSTATHIADES, Vice-Président	Grèce	17 mai 1966
	P. FABER	Grand Duché de Luxembourg	17 mai 1963
	L. J. C. BEAUFORT	Pays-Bas	17 mai 1966
	A. SÜSTERHENN	République Fédérale d'Allemagne	17 mai 1966
	S. PETREN	Suède	17 mai 1963
Mme	G. JANSSEN-PEVTSCHIN	Belgique	17 mai 1966
MM.	M. SØRENSEN	Danemark	17 mai 1966
	J. CROSBIE	Irlande	17 mai 1963
	F. SKARPHEDINSSON	Islande	17 mai 1963
	N. ERIM	Turquie	17 mai 1963
	F. ERMACORA	Autriche	15 déc. 1964
	F. CASTBERG	Norvège	17 mai 1966
	G. SPERDUTI	Italie	17 mai 1963

B.

Biographical Notes

Sir Humphrey Waldock, C.M.G., O.B.E., Q.C.

Born at Colombo (Ceylon) on 30th August 1904.

Early career as barrister and law Fellow at Brasenose College, Oxford.

Chichele Professor of Public International Law at Oxford and a Fellow of All Souls College since 1947 and a Q.C. since 1951.

Assessor in the Chancellor's Court, 1947.

Member of the Hebdomadal Council since 1949.

During the Second World War served at the Admiralty and rose to Principal Assistant Secretary, 1944.

In 1946 was United Kingdon Commissioner on the Italo-Jugoslav Boundary Commission and on the Special Commission for the Free Territory of Trieste set up by the Council of Foreign Ministers.

Member of the Swedish-Finnish Conciliation Commission 1957.

Constantin Th. Eustathiades

Born in Athens on 2nd July 1912.

From 1937 to 1949, *Professeur agrégé* in the Faculty of Law at the University of Athens and Professor of International Law at the Athens School of Political Science and at the Naval School. Ordinary Professor of International Public Law in the Faculty of Law of the University of Salonica (since 1949). Elected Dean in 1952. Was also teacher of Diplomatic History at that University and of Military Law at the National Defence School and Staff Officers' School (War Academy). Taught on several occasions at the Institut des Hautes-Etudes Internationales of the University of Paris and at The Hague Academy of International Law in 1953.

Ordinary Professor of Public International Law at the Faculty of Law of the University of Athens since 1960.

Secretary-General of the Greek Institute of International and Foreign Law, 1939–1940.

Member of the Ministry of Justice Committee, of the Ministry of Foreign Affairs Commission on a draft Charter of the United Nations, of the Ministry of Justice Committee on the organisation of a National Office of War Crimes, and of several other ministerial committees.

B.

Notices biographiques

SIR HUMPHREY WALDOCK, C.M.G., O.B.E., Q.C.

Né à Colombo (Ceylan), le 30 août 1904;

Débute comme avocat et comme chargé de cours de droit à Brasenose College, Oxford;

Professeur de Droit International à Oxford (Fondation Chichele) et Fellow de All Souls College depuis 1947;

Conseiller de la Couronne depuis 1951;

Assesseur à la Chancellor's Court, en 1947;

Membre du Conseil Hebdomadaire, depuis 1949;

Sert dans l'Amirauté au cours de la seconde guerre mondiale et accède en 1944 au poste de Secrétaire principal ajoint;

En 1946, Commissaire du Royaume-Uni à la Commission frontalière italo-yougoslave et à la Commission spéciale du territoire libre de Trieste instituée par le Comité des Ministres des Affaires Etrangères. Membre de la Commission de conciliation suédo-finlandaise en 1957.

CONSTANTIN TH. EUSTATHIADES

Né à Athènes le 2 juillet 1912;

Docteur en droit; lauréat de la Faculté de Droit de Paris, 1936;

Professeur agrégé à la Faculté de Droit de l'Université d'Athènes et Professeur de Droit International à l'Ecole des Sciences Politiques d'Athènes, 1937–1949;

Professeur ordinaire de Droit International Public à la Faculté de Droit de l'Université de Thessalonique depuis 1949, élu Doyen en 1952;

Chargé de cours de l'Histoire Diplomatique à cette Université et du Droit de la guerre à l'Ecole de la Défense Nationale et à l'Ecole des Officiers de l'Etat-Major (Académie de Guerre);

Professeur ordinaire de Droit International Public à la Faculté de Droit de l'Université d'Athènes depuis 1960;

Il a enseigné à plusieurs reprises à l'Institut des Hautes Etudes Internationales de l'Université de Paris;

Cours à l'Académie de Droit International de La Haye en 1953;

Secrétaire Général de l'Institut Hellénique de Droit International et Etranger, 1939–1940;

Membre de la Commission du Ministère de la Justice pour les prises maritimes; de la Commission du Ministère des Affaires

Secretary-General for the Greek Society for International Law since its foundation in 1947. Was Legal Adviser to UNESCO in 1948/49 and has been a member of the Council of the International Union of Lawyers since 1950. Secretary-General of the Greek National Committee for UNESCO since its foundation in 1949 and its Vice-Chairman since 1952.

Member of the Executive Council and, since 1952, President of the Greek Branch of the International Law Association.

Since 1951 honorary Legal Adviser and since 1958 Jurisconsult to the Greek Ministry of Foreign Affairs.

Associate Member of the "Institut de Droit International".

In 1938, took part in the ILO Conference as Legal Expert of the Greek delegation and in 1946 was attached to the Greek delegation to the Peace Conference. Was Greek delegate to several General Conferences of UNESCO.

Greek delegate to the Intergovernmental Conference for the protection of objects of cultural value at The Hague (1954), elected Vice-President of this Conference.

Was Greek delegate on the Committee of Jurists of the Council of Europe on Human Rights, to the United Nations Commission of Human Rights, to the Economic and Social Council and General Assembly of the United Nations.

Member of the Arbitral Commission Switzerland-Portugal.

Member of the Permanent Court of Arbitration.

Paul Faber

Born at Capellan (Luxembourg) on 4th July 1888.

Read law at the Universities of Berlin and Paris.

Doctor of Law, 1913.

Solicitor, 1917.

Attached to the Luxembourg Public Prosecutor's Department.

Magistrate at Echternach.

Deputy Prosecutor at Diekirch and later Luxembourg.

District Court Judge at Luxembourg and Examining Magistrate.

Appointed President of the District Court at Diekirch, 1927 and President of the District Court at Luxembourg, 1937.

Etrangères pour le projet de la Charte des Nations Unies; de la Commission du Ministère de la Justice pour l'organisation d'un Office National des criminels de guerre; membre de plusieurs autres Commissions ministérielles;

Secrétaire Général de la Société Hellénique de Droit International depuis sa fondation en 1947;

Conseiller Juridique de l'UNESCO, 1948–1949;

Membre du Conseil de l'Union Internationale des Avocats depuis 1950;

Secrétaire Général de la Commission Nationale Hellénique pour l'UNESCO depuis sa fondation dès 1949, et depuis 1952, Vice-Président;

Membre du Conseil Exécutif et, depuis 1952, Président de la Branche Hellénique de l'International Law Association;

Conseiller Juridique honoraire depuis 1951 et depuis 1958, Jurisconsulte du Ministère des Affaires Etrangères de Grèce;

Associé de l'Institut de Droit International;

Il participa à la Conférence de l'Organisation Internationale du Travail (1938) comme expert juridique de la Délégation hellénique;

Attaché à la Délégation hellénique à la Conférence de la Paix en 1946;

Délégué de la Grèce à plusieurs Conférences Générales de l'UNESCO;

Délégué de la Grèce à la Conférence Intergouvernementale de La Haye (1954) pour la protection des biens culturels, élu Vice-Président de cette Conférence;

Délégué de la Grèce au Comité des Juristes du Conseil de l'Europe pour les Droits de l'Homme, à la Commission des Droits de l'Homme des Nations Unies, au Conseil Economique et Social et à l'Assemblée Générale des Nations Unies;

Membre de la Commission de Conciliation Suisse-Portugal;

Membre de la Cour Permanente d'Arbitrage.

Paul Faber

Né à Capellen (Luxembourg) le 4 juillet 1888;

Etudes universitaires à Berlin et à Paris;

Docteur en droit, 1913;

Avoué, 1917;

Attaché au Parquet de Luxembourg;

Juge de paix à Echternach;

Substitut du Procureur à Diekirch, puis à Luxembourg;

Juge au tribunal d'arrondissement à Luxembourg et juge d'instruction;

President of the Supreme Court of Justice of the Grand Duchy of Luxembourg (1945–1953).

President of the Pardoning Board and President of the Military High Court 1945–53.

Member of the National Group at the Permanent Arbitration Court at The Hague.

President of the Consultative Committee for the treatment of detained persons.

President of the Institute of Social Defence.

President of the National Committee to combat Crime and Delinquency.

President of the Council of the Resistance Order.

L. J. C. Beaufort

Born at Haarlem on 24th March 1890.

Member of the Upper Chamber of the States General..

Former Member of the Lower Chamber of the States-General.

Former Professor of Ethics at the Franciscan Seminary.

Former Director of the Educational Centre of the Catholic Workers' Trade Unions.

Professor of International Law at the University of Nimwegen.

Member of the Netherlands Delegation to the United Nations Assembly since 1945.

Adolf Süsterhenn

Born at Cologne on 31st May 1905.

Read Law and Political Science at the Universities of Freiburg and Cologne.

Judge at the Courts of Treves and Cologne.

Barrister in Cologne, 1932–1946.

Minister of Justice and Education of the Rhineland-Palatinate and member of the "Landtag" (Provincial Diet) from 1946–51.

Member of the "Parlamentarischer Rat" 1948–1949.

Member of the "Deutscher Bundesrat" and Chairman of the Home Affairs Committee, 1949–1951.

Since 1951: President of the Higher Administrative Court and of the Constitutional Court of the Rhineland-Palatinate, Honorary professor of Constitutional Law at the Faculty of Administrative Science in Speyer.

Nommé Président du tribunal d'arrondissement à Luxembourg, 1937;

Président de la Cour Supérieure de Justice du Grand Duché de Luxembourg (1945–1953);

Président de la Commission de grâce et Président de la Haute Cour Militaire, 1945–1953;

Membre du groupe national à la Cour permanente d'arbitrage à La Haye;

Président de la Commission Consultative pour le traitement des détenus;

Président de l'Institut de Défense sociale;

Président du Comité National d'action contre le crime et la délinquance;

Président du Conseil de l'Ordre de la Résistance.

L. J. C. Beaufort

Né à Haarlem le 24 mars 1890;

Membre de la première Chambre des Etats Généraux;

Ancien membre de la seconde Chambre des Etats Généraux;

Ancien professeur de morale au grand Séminaire des Pères Franciscains;

Ancien directeur du Centre d'Education des Syndicats d'ouvriers catholiques;

Professeur de Droit International à l'Université de Nimègue;

Depuis 1945, membre de la Délégation néerlandaise à la session annuelle régulière de l'Assemblée Générale de l'O.N.U.

Adolf Süsterhenn

Né à Cologne le 31 mai 1905;

Etudes de droit et des sciences politiques aux Universités de Fribourg et Cologne;

Juge aux tribunaux de Trêves et Cologne;

Avocat à Cologne de 1932 à 1946;

Ministre de la Justice et des Cultes du Land Rhénanie-Palatinat et membre du "Landtag" de 1946 à 1951;

Membre du "Parlamentarischer Rat" de 1948 à 1949;

Membre du "Deutscher Bundesrat" et Président de la Commission des Affaires Intérieures (1949–1951);

Président de la Cour administrative supérieure et de la Cour Constitutionnelle du Land Rhénanie-Palatinat depuis 1951;

Professeur Honoraire de théorie du droit public à la Faculté des sciences administratives de Spire, depuis 1951.

Sture Petren

Born 3rd October 1908 in Stockholm.

Bachelor of Laws, 1930.

Assessor judge of the Stockholm Court of Appeal, 1943.

Director in the Legal Department of the Ministry of Foreign Affairs since 1949.

Legal Adviser to the Swedish Delegation to the United Nations' General Assembly, 1948–57.

Deputy Vice-President of the Labour Tribunal of Sweden since 1951.

Member of the Administrative Tribunal of the United Nations since 1952.

Member of the Permanent Court of Arbitration since 1955.

Rank of Ambassador since 1957.

President of the Spanish-French Arbitration Tribunal concerning the lake of Lanoux, 1958.

Geneviève Janssen-Pevtschin

Born at Saint-Gilles, Brussels, on 24th February 1915.

Graduate of the Free University of Brussels.

Barrister at the Brussels Court of Appeal from 1937 to 1948.

First woman barrister to make the inaugural speech at the re-opening of the "Jeune Barreau" (November 1946).

Appointed Judge to the Court of First Instance in Brussels in November 1948.

The first Belgian woman magistrate.

Honorary Member of the Bar.

Member of the Commission on the Reform of Rights and Duties of Spouses and of Marriage Contracts.

Max Sørensen

Born at Copenhagen on 19th February 1913.

Studied Law at the University of Copenhagen and at the Institut des Hautes Etudes Internationales at the University of Geneva.

Joined the Danish Ministry of Foreign Affairs in 1938.

Has held posts in the Danish Legations in Berne and in London.

In 1946 was appointed Assistant Head of the Legal Section of the Ministry.

The following year was appointed Professor of International, Constitutional and Administrative Law at the University of Aarhus.

STURE PETREN

Né le 3 octobre 1908 à Stockholm;
Licencié en droit en 1930;
Juge assesseur à la Cour d'Appel de Stockholm en 1943;
Directeur au Département juridique du Ministère des Affaires Etrangères depuis 1949;
Conseiller juridique de la Délégation suédoise à l'Assemblée Générale des Nations Unies, 1948–1957;
Vice-Président suppléant du Tribunal du Travail de Suède depuis 1951;
Membre du Tribunal Administratif des Nations Unies depuis 1952;
Membre de la Cour Permanente d'Arbitrage depuis 1955;
Ambassadeur de Suède, 1957;
Président du Tribunal d'Arbitrage franco-espagnol concernant le lac Lanoux, 1958.

GENEVIÈVE JANSSEN-PEVTSCHIN

Née à Saint-Gilles, Bruxelles, le 24 février 1915;
Etudes de droit à l'Université libre de Bruxelles;
Avocat à la Cour d'Appel de Bruxelles, de 1937 à 1948;
Premier avocat féminin appelée à prononcer le discours de la séance solennelle de rentrée du Jeune Barreau (novembre 1946);
Nommée Juge au Tribunal de Première Instance de Bruxelles (novembre 1948);
Première femme magistrat belge;
Avocat honoraire;
Membre de la Commission pour la Réforme des Droits et Devoirs respectifs des époux et des conventions matrimoniales.

MAX SØRENSEN

Né à Copenhague le 19 février 1913;
Etudes de droit à l'Université de Copenhague et à l'Institut Universitaire de Hautes Etudes Internationales à Genève;
En 1938, nommé au Ministère des Affaires Etrangères du Danemark;
A occupé des postes aux légations du Danemark à Berne et à Londres;
Sous-Chef de la section juridique du Ministère en 1946;
Professeur de droit international, constitutionnel et administratif à l'Université de Aarhus;

Since 1947 he represented his country on various legal committees of the United Nations and the Council of Europe.

Member of the ILO Committee of Experts on the application of International Labour Conventions, and of the Permanent Court of Arbitration.

James Crosbie

Born in Cork on 27th August 1902.

Barrister-at-Law.

Educated at National University of Ireland (Cork College).

Studied law at King's Inns, Dublin.

Called to the Irish Bar in 1925 and practiced on the Munster circuit.

Newspaper proprietor.

Company Director.

Member of Seanad Eireann (Senate).

Representative of Ireland in the Consultative Assembly of the Council of Europe and Vice-President from 1956 to 1957.

Knight of Sovereign Military Order of Malta and St. John of Jerusalem.

Fridjon Skarphedinsson

Born at Oddstödum on 15th April 1909.

Matriculated at Reykjavik in 1930.

Obtained law degree at University of Iceland in 1935.

Deputy judge at Hafnarfjördur from March to December 1935.

Post-graduate law studies at Copenhagen (1937–1938).

Mayor of Hafnarfjördur from 1938–45.

District judge at Akureyri since 1945.

Elected Member of Parliament in 1956.

Minister of Justice and Social Affairs (1959).

President of Parliament (Althing) since November 1959.

Nihad Erim

Born at Kandira, Turkey, on 30th November 1912.

Studied at the Faculty of Law, Istanbul. Doctor of Law, Paris.

Diploma of the Institute for International Studies of the University of Paris.

Appointed lecturer, Faculty of Law, Ankara, 1939.

Appointed in 1942 to the Chair of Public International Law and

Depuis 1947, représentant de son pays dans diverses Commissions juridiques des Nations Unies et du Conseil de l'Europe;
Membre du Comité d'Experts de l'Organisation Internationale du Travail pour l'application des Conventions internationales du Travail, et membre de la Cour Permanente d'Arbitrage.

James Crosbie

Né à Cork le 27 août 1902;
Avocat;
Etudes à l'Université nationale d'Irlande (Collège de Cork);
Etudes de droit à King's Inns, Dublin;
Inscrit au barreau irlandais en 1925, a exercé dans le "circuit" de Munster;
Propriétaire de journal;
Directeur de société;
Membre du Seanad Eireann (Sénat);
Représentant de l'Irlande à l'Assemblée Consultative du Conseil de l'Europe et Vice-Président de 1956 à 1957;
Chevalier de l'Ordre Souverain Militaire de Malte et de St. John de Jérusalem.

Fridjon Skarphedinsson

Né à Oddstödum le 15 avril 1909;
Baccalauréat à Reykjavik en 1930;
Diplômé de droit à l'Université d'Islande en 1935;
Juge suppléant de Hafnarfjördur de mars à décembre 1935;
Etudes complémentaires de droit à Copenhague en 1937–1938;
Maire de Hafnarfjördur de 1938 à 1945;
Juge de district à Akureyri depuis 1945;
Elu membre du Parlement en 1956;
Ministre de la Justice et des Affaires Sociales (1959);
Président du Parlement (Althing) depuis novembre 1959.

Nihat Erim

Né à Kandira (Turquie) le 30 novembre 1912;
Etudes à la Faculté de Droit d'Istanbul. Docteur en Droit à Paris;
Diplômé de l'Institut des Hautes Etudes Internationales de l'Université de Paris;
Nommé Chargé de Cours à la Faculté de Droit d'Ankara en 1939;

the Chair of Public Law. Also lecturer at Faculty of Political Science Ankara.

In 1943, appointed Legal Adviser to the Ministry of Foreign Affairs.

Attended U.N. Conference at San Francisco as Legal Adviser to Turkish Delegation.

Elected to Turkish Grand National Assembly in 1945; Minister for Public Works, 1949; Vice-President of the Council of Ministers 1949.

Turkish Delegate to final meeting of League of Nations in 1946; Leader of Turkish Delegation to U.N. Conference on Freedom of Information and Press, 1948.

Member of national section of Permanent Arbitration Tribunal, 1947.

Elected member of International Diplomatic Academy 1949 and Chairman of Turkish section of International Law Association, 1949.

Member of group of experts of International Committee of the Red Cross, 1953;

President of Turkish group in U.N. Commission of Human Rights.

Member of the International Law Commission of the United Nations (1959).

Felix Ermacora

Born at Klagenfurt, 13th October 1923.

"Reifeprüfung" (Matriculation) at Ratisbonne, 23rd April 1943.

Doctorate of Law at the University of Innsbruck, 31st July 1948.

Assistant Lecturer at the University of Innsbruck, 1st July 1948 to 30th October 1950.

Lecturer, University of Innsbruck, 1st November 1950 to 30th September 1952.

Permanent member of the staff of the Federal Chancellery (Constitutional Affairs Division), 1st October 1952 to 31st December 1956.

Lecturer in Political Science and Austrian Constitutional Law at the University of Innsbruck, 30th June 1951.

Transferred to University of Vienna on 26th June 1952.

Lecturer in Administrative Law and Austrian Administrative Law at the University of Vienna, 31st July 1956.

Appointed Professor of Jurisprudence and Political Science at the University of Innsbruck on 13th December 1956.

En 1942, nommé titulaire des Chaires de Droit International Public et de Droit Public. Chargé de Cours à la Faculté des Sciences Politiques d'Ankara;

Conseiller Légiste au Ministère des Affaires Etrangères, 1943;

A participé à la Conférence des Nations Unies de San Francisco comme Conseiller Légiste de la Délégation turque;

Député à la Grande Assemblée Nationale de Turquie, 1945;

Ministre des Travaux Publics (1948) et Vice-Président du Conseil des Ministres (1949);

Il a pris part, en 1946, aux travaux de la dernière réunion de la Société des Nations comme Délégué turc et, en 1948, il a présidé la Délégation turque à la Conférence de la Liberté de l'Information et de la Presse des Nations Unies;

Membre du Groupe National de la Cour Permanente d'Arbitrage en 1947;

Membre de l'Académie Diplomatique Internationale (1949) et Président de la Section turque de l'"International Law Association" (1949);

Membre du groupe d'experts du Comité International de la Croix-Rouge (1953);

Président du Groupe Turc des Droits de l'Homme;

Membre de la Commission de Droit International des Nations Unies (1959).

Félix Ermacora

Né à Klagenfurt le 13 octobre 1923;

"Reifeprüfung" (Baccalauréat) à Ratisbonne le 23 avril 1943;

Doctorat en droit à l'Université d'Innsbruck le 31 juillet 1948;

Assistant à l'Université d'Innsbruck du 1er juillet 1948 au 30 octobre 1950;

Chargé de cours à l'Université d'Innsbruck du 1er novembre 1950 au 30 septembre 1952;

Fonctionnaire permanent à la Chancellerie Fédérale (service des questions constitutionnelles) du 1er octobre 1952 au 31 décembre 1956;

Chargé de cours de Sciences Politiques et de Droit Constitutionnel autrichien à l'Université d'Innsbruck le 30 juin 1951;

Muté à l'Université de Vienne le 26 juin 1952;

Chargé de cours de droit administratif et droit administratif autrichien à l'Université de Vienne le 31 juillet 1956;

Nommé Professeur de Droit et de Sciences Politiques à l'Université d'Innsbruck le 13 décembre 1956.

Frede Castberg

Born 1893.

Fellow of the University of Oslo, 1919–1921.

Legal Adviser to the Nobel Institute in Norway, 1921–1945.

Legal Adviser to the Ministry of Foreign Affairs since 1925.

Professor at Oslo Law University since 1928;

Dean of the Law Faculty, Oslo, 1936–1939.

Rector of the University of Oslo, 1952–57.

Doctor *honoris causa* of the University of Upsala and of St. Olaf's College, United States.

Member of the Curatorium of the Academy of International Law, The Hague.

Member of the "Institut de Droit International".

Author of numerous books and monographs on legal subjects, including constitutional law, administrative law, international law and the theory of law.

Holder of several Norwegian and other decorations.

Giuseppe Sperduti

Born 1912.

Doctor of Law, University of Rome, 1934.

Assistant Lecturer in International Law at the University of Rome, 1934.

Lecturer in International Law and the Theory of Law, at the University of Urbino, 1943–1945.

Professor of International Law at the University of Sassari, 1947–1954.

Professor of International Law at the University of Pisa, since 1954.

Member of the Arbitration Commission on property, rights and interests in Germany.

Member of the Italian Commission for UNESCO.

Agent for the Italian Government at the United Nations Tribunal in Erythrea, 1953–54.

Member of the Italian Delegation taking part in the negotiations provided for under the Special Stature for ethnic groups in the Territory of Trieste, 1954–1955.

Member of the Italian Delegation to the Eighth Session of The Hague Conference on Private International Law, 1956.

Member of the International Law Association.

Member of the Italian Government Delegation to the 1959 and 1960 Sessions of the General Assembly of the United Nations.

Co-director of the revue "Rivista di Diritto Internazionale";

Author of numerous publications including "L'individuo nel diritto internazionale" (1950) and a course of lectures on the same subject given at the Academy of International Law at The Hague in 1956.

Frede Castberg

Né en 1893;
Fellow à l'Université d'Oslo (1919–1921);
Conseiller de l'Institut Nobel norvégien (1921–1945);
Jurisconsulte du Ministère des Affaires Etrangères depuis 1925;
Professeur à la Faculté de Droit d'Oslo depuis 1928;
Doyen de la Faculté de Droit d'Oslo (1936–1939);
Recteur de l'Université d'Oslo (1952–1957);
Docteur honoris causa de l'Université d'Upsala et de St. Olaf College, Etats-Unis;
Membre du Curatorium de l'Académie de Droit International de La Haye;
Membre de l'Institut de Droit International;
Auteur de nombreux livres et études juridiques concernant notamment le droit constitutionnel et le droit administratif, le droit international et la philosophie du droit;
Titulaire de plusieurs décorations norvégiennes et étrangères.

Giusseppe Sperduti

Né en 1912;
Docteur en Droit de l'Université de Rome (1934);
Assistant de droit international à l'Université de Rome en 1934;
Chargé de cours de droit international et de philosophie du droit à l'Université d'Urbino (1943–1945);
Professeur titulaire de droit international à l'Université de Sassari (1947–1954);
Professeur titulaire de chaire de droit international à l'Université de Pise depuis 1954;
Membre de la Commission d'Arbitrage pour les biens, les droits et les intérêts en Allemagne;
Membre de la Commission Nationale Italienne pour l'UNESCO;
Agent du Gouvernement italien au Tribunal des Nations Unies en Erythrée (1953–1954);
Membre de la Délégation italienne pour les négociations prévues par le Statut spécial des groupes ethniques du Territoire de Trieste (1954–1955);
Membre de la Délégation italienne à la Huitième session de la Conférence de La Haye de droit international privé (1956);
Membre de "l'International Law Association";
Membre de la Délégation gouvernementale italienne aux sessions de 1959 et 1960 de l'Assemblée Générale des Nations Unies;
Co-directeur de la revue "Rivista di Diritto Internazionale";
Auteur de nombreuses publications, dont l'ouvrage "L'individuo nel diritto internazionale" (1950), et d'un cours à l'Académie de Droit International de La Haye sur le même sujet (1956).

C.

Sub-Commissions

In the event of the Commission accepting an application submitted to it, it undertakes together with the representatives of the parties an examination of the facts; it also places itself at the disposal of the parties with a view to securing a friendly settlement.[1]

There was only one Sub-Commission in 1960. It had been set up on 8th October 1959, after the application by Mr. B. Schouw Nielsen against the Danish Government (No. 343/57) had been declared admissible. Its membership was originally as follows:

Mr. F. M. Dominedo, Chairman
Sir Humphrey Waldock, nominated by the Applicant
Mr. M. Sørensen, nominated by the Danish Government
Mrs. G. Janssen-Pevtschin
MM. S. Petren
F. Ermacora
F. Skarphedinsson

Substitutes:

MM. J. Crosbie
P. Faber
P. Berg

Following the resignation from the Commission of Mr. F. Dominedo, Mr. S. Petren was appointed Chairman of the Sub-Commission.

Applying for the first time the revised Rule 18 of the Rules of Procedure, the President of the Commission drew lots to determine the order in which the remaining members of the Commission, i.e. those who were neither members nor substitutes of the Sub-

[1] Article 28 of the Convention.

C.

Sous-Commissions

Dans le cas où la Commission retient une requête afin d'établir les faits, elle procède à un examen contradictoire de la requête avec les représentants des Parties; elle se met également à la disposition des intéressés en vue de parvenir à un règlement amiable de l'affaire.[1]

Une seule Sous-Commission a fonctionné en 1960. Constituée le 8 octobre 1959 après que la requête de M. B. Schouw Nielsen contre le Gouvernement du Danemark (Requête no. 343/57) a été déclarée recevable, elle comprenait à l'origine les membres suivants:

M. F. M. DOMINEDO, Président
Sir Humphrey WALDOCK, désigné par le requérant
M. M. SØRENSEN, désigné par le Gouvernement du Danemark
Mme G. JANSSEN-PEVTSCHIN
MM. S. PETREN
F. ERMACORA
F. SKARPHEDINSSON

Suppléants:

MM. J. CROSBIE
P. FABER
P. BERG

A la suite de la démission de M. F. DOMINEDO de ses fonctions de membre de la Commission, M. S. PETREN était appelé à présider la Sous-Commission.

Appliquant pour la première fois l'article 18 révisé du Règlement Intérieur, le Président de la Commission a procédé au tirage au sort pour déterminer l'ordre dans lequel les membres restants de la

[1] Article 28 de la Convention.

Commission, should be appointed to serve as substitutes. This gave the following results:

L. J. C. Beaufort
C. Th. Eustathiades
A. Süsterhenn
N. Erim

Commission – c'est-à-dire ceux qui n'étaient pas encore ni membres ni suppléants de la Sous-Commission – seraient éventuellement appelés à siéger en qualité de suppléants:

L. J. C. Beaufort
C. Th. Eustathiades
A. Süsterhenn
N. Erim

D.

Sittings [1]

1. PLENARY SESSIONS OF THE COMMISSION [2]

21st Session: – 4th–8th January 1960
22nd Session: – 28th March–2nd April 1960
23rd Session: – 30th May–3rd June 1960
24th Session: – 1st–5th August 1960
25th Session: – 16th–21st December 1960

2. SESSIONS OF THE SUB-COMMISSION [3]

29th–30th July 1960
26th September 1960
27th–28th September 1960
13th–15th December 1960

3. MEETINGS OF "THREE-MEMBER GROUPS" [4]

9th January (MM. Beaufort, Petren, Erim)
4th–7th March, Paris (MM. Eustathiades, Beaufort, Petren *or* Ermacora)
23rd–25th March (MM. Berg, Faber, Crosbie)
27th–29th July (MM. Beaufort, Süsterhenn, Castberg)
29th–30th September, 1st October (MM. Eustathiades, Faber, Crosbie)
30th November–2nd December, Paris (Mr. Faber, Mrs. Janssen-Pevtschin, Mr. Castberg)

4. OTHER MEETINGS

8th–10th March 1960 in Paris – Working Group
25th–27th May 1960 in Paris – Working Group
11th October 1960 in Paris – Joint Court/Commission Working Group [5]
27th October 1960 – Working Group.

---

[1] Unless otherwise stated, all Sittings referred to took place at the Council of Europe in Strasbourg.
[2] Cf. Yearbook, Vol. I, p. 124; Vol. II, p. 108.
[3] Cf. Yearbook, Vol. I, p. 124: Vol. II, p. 108.
[4] Cf. Yearbook, Vol. II, p. 110.
[5] Cf. above, p. 138.

D.

Réunions [1]

1. SESSIONS PLENIERES DE LA COMMISSION [2]

21ème Session – 4–8 janvier 1960
22ème Session – 28 mars–2 avril 1960
23ème Session – 30 mai–3 juin 1960
24ème Session – 1er–5 août 1960
25ème Session – 16–21 décembre 1960

2. SESSIONS DES SOUS-COMMISSIONS [3]

29–30 juillet 1960
26 septembre 1960
27–28 septembre 1960
13–15 décembre 1960

3. REUNIONS DES "GROUPES DE TROIS" [4]

9 janvier (MM. Beaufort, Petren, Erim)
4–7 mars, Paris (MM. Eustathiades, Beaufort, Petren ou Ermacora)
23–25 mars (MM. Berg, Faber, Crosbie)
27–29 juillet (MM. Beaufort, Süsterhenn, Castberg)
29–30 septembre et 1er octobre (MM. Eustathiades, Faber, Crosbie)
30 novembre–2 décembre, Paris (MM. Faber, Mme Janssen-Pevtschin, M. Castberg).

4. AUTRES REUNIONS

8–10 mars 1960, Paris – Groupe de Travail
25–27 mai 1960, Paris – Groupe de Travail
11 octobre 1960, Paris – Groupe de Travail Mixte Cour/Commission [5]
27 octobre 1960 – Groupe de Travail

---

[1] Sauf indication contraire, toutes les réunions mentionnées se sont tenues à Strasbourg, au siège du Conseil de l'Europe.
[2] Cf. Annuaire, Volume I, p. 125; Volume II, p. 109.
[3] Cf. Annuaire, Volume I, p. 125; Volume II, p. 109.
[4] Cf. Annuaire, Volume II, p. 111.
[5] Cf. *supra*, p. 139.

E.

Secretariat

Under the terms of Article 37 of the Convention, the secretariat of the Commission is provided by the Secretary-General of the Council of Europe, who appoints a responsible representative to direct the secretariat of the Commission.

In December 1959, consequent on Mr. P. Modinos having been elected Registrar of the European Court of Human Rights the Secretary-General appointed Mr. A. B. McNulty, Counsellor at the Directorate of Human Rights, as Secretary of the Commission.

E.

Secrétariat

Conformément à l'article 37 de la Convention, le Secrétariat de la Commission est assuré par le Secrétaire Général du Conseil de l'Europe. Ce dernier désigne l'Agent responsable chargé de la direction du Secrétariat de la Commission.

M. P. Modinos ayant été élu Greffier de la Cour européenne des Droits de l'Homme, le Secrétaire Général a, en décembre 1959, chargé M. A. B. McNulty, Conseiller attaché à la Direction des Droits de l'Homme, des fonctions de Secrétaire de la Commission.

CHART OF DECLARATIONS OF RECOGNITION OF THE COMPETENCE OF THE COMMISSION IN RESPECT OF INDIVIDUAL APPLICATIONS

(As at 31st December 1960)

Member States of the Council of Europe	Declaration dated	Declaration deposited	Period of validity	Right to lodge individual applications in force since
Austria	3rd September 1958	3rd September 1958	Three years	3rd September 1958
Belgium	1) 29th June 1955 2) 29th June 1957 3) 13th June 1959	1) 5th July 1955 2) 16th August 1957 3) 2nd July 1959	1) Two years from 29th June 1955 2) Two years from 30th June 1957 3) Five years from 30th June 1959	5th July 1955
Denmark	1) 7th April 1953 2) 12th March 1955 3) 2nd April 1957	1) 13th April 1953 2) 14th March 1955 3) 4th April 1957	1) Two years 2) Two years from 7th April 1955 3) Five years from 7th April 1957	5th July 1955
France	—	—	—	—
Federal Republic of Germany	1) 1st July 1955 2) 1st July 1958	1) 5th July 1955 2) 21st July 1958	1) Three years 2) Three years	5th July 1955 [1]
Greece	—	—	—	—
Iceland	1) 25th March 1955 2) 11th March 1960	1) 29th March 1955 2) 14th April 1960	1) Five years from 25th March 1955 2) Unlimited	5th July 1955
Ireland	18th February 1953	25th February 1953	Unlimited	5th July 1955
Italy	—	—	—	—
Luxembourg	18th April 1958	28th April 1958	Three years	28th April 1958

[1] With regard to the Saar, since 1st January 1957.

CHART OF DECLARATIONS OF RECOGNITION OF THE COMPETENCE OF THE COMMISSION IN RESPECT OF INDIVIDUAL APPLICATIONS

(As at 31st December 1960)

(Continued)

Member States of the Council of Europe	Declaration dated	Declaration deposited	Period of validity	Right to lodge individual applications in force since
Netherlands	28th June 1960	5th July 1960	From 28th June 1960 to 31st August 1964	28th June
Norway	1) 10th December 1955 2) 3rd December 1957 3) 4th December 1959	1) 13th December 1955 2) 13th December 1957 3) 7th December 1959	1) Two years from 10th December 1955 2) Two years from 9th December 1957 3) Two years from 9th December 1959	10th December 1955
Sweden	15th January 1952	4th February 1952	Unlimited	5th July 1955
Turkey	—	—	—	—
United Kingdom	—	—	—	—

TABLEAU DES DECLARATIONS PORTANT ACCEPTATION DE LA COMPETÉNCE DE LA COMMISSION EN MATIÈRE DE REQUÊTES INDIVIDUELLES

(Au 31 Décembre 1960)

Etats membres du Conseil de l'Europe	Date de la déclaration	Date du dépôt de la déclaration	Durée	Le droit de recours individuel s'exerce depuis le
Autriche	3 septembre 1958	3 septembre 1958	Trois ans	3 septembre 1958
Belgique	1) 29 juin 1955 2) 29 juin 1957 3) 13 juin 1959	1) 5 juillet 1955 2) 16 août 1957 3) 2 juillet 1959	1) Deux ans à partir du 29 juin 1955 2) Deux ans à partir du 30 juin 1957 3) Cinq ans à partir du 30 juin 1959	5 juillet 1955
Danemark	1) 7 avril 1953 2) 12 mars 1955 3) 2 avril 1957	1) 13 avril 1953 2) 14 mars 1955 3) 4 avril 1957	1) Deux ans 2) Deux ans à partir du 7 avril 1955 3) Cinq ans à partir du 7 avril 1957	5 juillet 1955
France	—	—	—	—
République Fédérale d'Allemagne	1) 1er juillet 1955 2) 1er juillet 1958	1) 5 juillet 1955 2) 21 juillet 1958	1) Trois ans 2) Trois ans	5 juillet 1955 [1]
Grèce	—	—	—	—
Islande	1) 25 mars 1955 2) 11 mars 1960	1) 29 mars 1955 2) 14 avril 1960	1) Cinq ans à partir du 25 mars 1955 2) Sans limitation de durée	5 juillet 1955
Irlande	18 février 1953	25 février 1953	Sans limitation de durée	5 juillet 1955
Italie	—	—	—	—
Luxembourg	18 avril 1958	28 avril 1958	Trois ans	28 avril 1958

[1] Depuis le 1er janvier 1957, en ce qui concerne la Sarre.

TABLEAU DES DECLARATIONS PORTANT ACCEPTATION DE LA COMPÉTENCE DE LA COMMISSION EN MATIÈRE DE REQUÊTES INDIVIDUELLES

(Au 31 Décembre 1960)

(suite)

Etats membres du Conseil de l'Europe	Date de la déclaration	Date du dépôt de la déclaration	Durée	Le droit de recours individuel s'exerce depuis le
Pays-Bas	28 juin 1960	5 juillet 1960	A partir du 28 juin 1960 jusqu'au 31 août 1964	28 juin 1960
Norvège	1) 10 décembre 1955 2) 3 décembre 1957 3) 4 décembre 1959	1) 13 décembre 1955 2) 13 décembre 1957 3) 7 décembre 1959	1) Deux ans à partir du 10 décembre 1955 2) Deux ans à partir du 9 décembre 1957 3) Deux ans à partir du 9 décembre 1959	10 décembre 1955
Suède	15 janvier 1952	4 février 1952	Sans limitation de durée	5 juillet 1955
Turquie	—	—	—	—
Royaume-Uni	—	—	—	—

CHAPTER III

THE EUROPEAN COURT OF HUMAN RIGHTS

A.

Membership

The membership of the Court has not changed since the judges were elected by the Consultative Assembly of the Council of Europe on 21st January 1959.[1] It is as follows:

Order of precedence	*Country*	*Date of expiry of term of office*
Lord McNair, President	United Kingdom	20th January 1965
Mr. R. Cassin, Vice-President	France	20th January 1962
Baron F. M. Van Asbeck	The Netherlands	20th January 1968
MM. A. E. V. Holmbäck	Sweden	20th January 1965
A. Verdross	Austria	20th January 1968
G. S. Maridakis	Greece	20th January 1968
H. Rolin	Belgium	20th January 1968
E. Rodenbourg	Luxembourg	20th January 1968
A. N. C. Ross	Denmark	20th January 1962
T. Wold	Norway	20th January 1968
R. McGonigal	Ireland	20th January 1962
G. Balladore-Pallieri	Italy	20th January 1965
E. Arnalds	Iceland	20th January 1962
H. Mosler	Federal Republic of Germany	20th January 1965
K. F. Arik	Turkey	20th January 1968

[1] Cf. Yearbook, Volume II, pp. 118–130.

CHAPITRE III

LA COUR EUROPEENNE DES DROITS DE L'HOMME

A.

Composition

La composition de la Cour n'a pas été modifiée depuis l'élection des Juges par l'Assemblée Consultative du Conseil de l'Europe, le 21 janvier 1959.[1] Elle est la suivante:

Ordre de préséance	*Pays*	*Date d'expiration du mandat*
Lord McNAIR, Président	Royaume-Uni	20 janvier 1965
M. René CASSIN, Vice-Président	France	20 janvier 1962
Baron F. M. VAN ASBECK	Pays-Bas	20 janvier 1968
MM. A. E. V. HOLMBÄCK	Suède	20 janvier 1965
A. VERDROSS	Autriche	20 janvier 1968
G. S. MARIDAKIS	Grèce	20 janvier 1968
H. ROLIN	Belgique	20 janvier 1968
E. RODENBOURG	Luxembourg	20 janvier 1968
A. N. C. ROSS	Danemark	20 janvier 1962
T. WOLD	Norvège	20 janvier 1968
R. McGONIGAL	Irlande	20 janvier 1962
G. BALLADORE-PALLIERI	Italie	20 janvier 1965
E. ARNALDS	Islande	20 janvier 1962
H. MOSLER	République Fédérale d'Allemagne	20 janvier 1965
K. F. ARIK	Turquie	20 janvier 1968

[1] Cf. Annuaire, Volume II, pp. 119–131.

B.

Biographies of Judges

The judges' biographies are to be found in Volume II of the Year Book of the European Convention on Human Rights (pp. 136–150).

B.

Biographies des Juges

Les notices biographiques des Juges se trouvent dans le Volume II de l'Annuaire de la Convention européenne des Droits de l'Homme (pp. 137–151).

C.

Ad hoc Judges

If the Chamber appointed to hear a case does not include an elected judge of the nationality of a Party or if the judge appointed in that capacity is unable to sit or withdraws, the Party concerned may appoint to sit as judge either another elected judge or, as an *ad hoc* judge, any other person satisfying the necessary conditions.[1]

The Chamber appointed to hear the De Becker case thus required a judge of Belgian nationality, since Belgium was a party to the case. When Mr. Henri Rolin begged leave to withdraw, in accordance with Rule 24 (3) of the Rules of Court, the Belgian Government, at the invitation of the Court, appointed on 31st May 1960 as an *ad hoc* judge Baron L. FREDERICQ (Belgium) concerning whom biographical notes are given below.

BARON LOUIS FREDERICQ

Born 25th November 1892 at Ghent (Belgium);

Doctor of Laws of the University of Ghent, 1919;

Barrister at the Ghent Court of Appeal, 1920;

Lecturer in Commercial Law and Maritime Commercial law (1924) and in Comparative Commercial Law (1934) at the Ghent Faculty of Law;

Professor in the Ghent Faculty of Law (1933);

Rector of the University of Ghent (1936–1938);

Honorary Governor of the Province of Eastern Flanders in 1938;

Chef de Cabinet of the King of the Belgians (1939–1945);

Lecturer in Administrative Law at the Brussels Free University (1956);

Occupied the Francqui Chair at the University of Liège in 1950 and at the University of Louvain in 1956;

President of the Order of Barristers in the Ghent Court of Appeal, 1953–1954, 1954–1955;

Appointed in 1947 Assessor to the Legislative Division of the newly established *Conseil d'Etat.u*

Member of the Royal Flemish Academy of Belgium since 1939;

Belgian delegate to various international conferences;

Doctor *honoris causa* of the Universities of Rennes, Lille, Utrecht and Paris.

---

[1] Cf. Article 43 of the Convention and Rule 23 of the Rules of Court.

C.

Juges ad hoc

Si la Chambre appelée à juger une affaire ne compte pas de Juge élu ressortissant d'une Partie, ou si le Juge appelé à siéger à raison de cette qualité se trouve empêché ou se récuse, la Partie intéressée peut désigner pour siéger soit un autre Juge élu, soit, en qualité de Juge *ad hoc*, une autre personne de son choix réunissant les conditions requises.[1]

La Chambre appelée à juger l'affaire "De Becker" devait, par conséquent, comprendre le Juge ressortissant de la Belgique, Partie à l'affaire. M. Henri ROLIN ayant demandé, conformément à l'article 24 § 3 du Règlement, à ne pas siéger dans cette affaire, le Gouvernement belge, sur invitation de la Cour, a désigné, le 31 mai 1960, comme Juge *ad hoc*, le Baron L. FREDERICQ (Belgique).

On trouvera, ci-après, la notice biographique du Juge *ad hoc*.

BARON LOUIS FREDERICQ

Né le 25 novembre 1892 à Gand (Belgique);

Docteur en Droit de l'Université de Gand en 1919;

Avocat à la Cour d'Appel de Gand en 1920;

Chargé des cours de droit commercial terrestre et maritime (1924) et de droit commercial comparé (1934) à la Faculté de Droit de Gand;

Professeur ordinaire à la Faculté de Droit de Gand (1933);

Recteur de l'Université de Gand (1936–1938);

Gouverneur de la Province de Flandre Orientale en 1938; Gouverneur honoraire;

Chef de Cabinet du Roi des Belges, 1939–1945;

Professeur ordinaire à l'Université Libre de Bruxelles (1956) chargé du cours de droit administratif;

A occupé la chaire Francqui à l'Université de Liège en 1950 et à l'Université de Louvain en 1956;

Bâtonnier de l'ordre des avocats près la Cour d'Appel de Gand, 1953–1954 et 1954–1955;

Nommé en 1947 assesseur de la section de législation du Conseil d'Etat nouvellement créé;

Membre de l'Académie Royale flamande de Belgique depuis 1939;

Délégué de la Belgique à plusieurs Conférences internationales;

Docteur honoris causa des Universités de Rennes, Lille, Utrecht et Paris.

---

[1] Cf. Article 43 de la Convention et Article 23 du Règlement de la Cour.

D.

Chambers

When a case is referred to the Court, a Chamber of seven judges is set up. The judge who is a national of the State Party to the case sits as an *ex officio* member of this Chamber, or failing such a judge, another elected judge or an *ad hoc* judge may be nominated by the State concerned. The names of the other judges are drawn by lot.

The President of the Court also draws lots for the three substitute judges among the remaining judges other than the President and Vice-President of the Court. The substitute judges are called upon to sit according to the order determined by the drawing of lots in place of any judges chosen by lot who are unable to sit or have withdrawn.[1]

On 31st December 1960, two cases had been referred to the Court and two Chambers were accordingly set up.

1. As the Irish Government is the Respondent in the LAWLESS case, Mr. Richard McGONIGAL, of Irish nationality, sits *ex officio*.[2] After the drawing of lots by the President of the Court on 18th May 1960, the Chamber set up to hear the Lawless case was as follows, in order of precedence:

MM. R. CASSIN, President [3]
A. HOLMBÄCK
G. MARIDAKIS
E. RODENBOURG
R. McGONIGAL, *ex officio* member
G. BALLADORE-PALLIERI
E. ARNALDS

The names of the substitute judges drawn by lot,[4] in order of precedence are:

MM. H. ROLIN
K. ARIK
A. VERDROSS [5]

---

[1] Cf. Article 43 of the Convention and Rules 21, 22 and 23 of the Rules of Court.

[2] Cf. Rule 21 (1) of the Rules of Court.

[3] Cf. Rule 21 (6) of the Rules of Court.

[4] Cf. Rule 22 of the Rules of Court.

[5] As Mr. HOLMBÄCK and Mr. ROLIN, first substitute, were unable to be present at the hearing on 3rd and 4th October 1960, Mr. ARIK, second substitute, is sitting in the Chamber (Cf. Rule 22 (1) of the Rules of Court).

D.

Chambres

Lorsque la Cour est saisie d'une affaire, elle se constitue en Chambre de sept Juges. Fait partie de plein droit de cette Chambre le Juge ayant la nationalité de l'Etat Partie à l'affaire et, à défaut, un autre Juge élu ou un Juge *ad hoc* désigné par cet Etat. Les noms des autres Juges sont tirés au sort.

Le Président de la Cour tire également au sort le nom des trois Juges suppléants parmi les juges restants, autres que le Président et le Vice-Président de la Cour. Les Juges suppléants sont appelés à siéger suivant l'ordre établi par tirage au sort en remplacement des Juges effectifs désignés par tirage au sort qui sont empêchés ou se récusent.[1]

Au 31 décembre 1960, la Cour ayant été saisie de deux affaires, deux Chambres ont été, en conséquence, constituées.

1. *Dans l'affaire "Lawless"*, le Gouvernement irlandais comparaissant comme Partie, M. Richard McGonigal, Juge de nationalité irlandaise, siège d'office.[2] A la suite du tirage au sort effectué par le Président de la Cour le 18 mai 1960, la Chambre appelée à juger l'affaire "Lawless" a été constituée dans l'ordre suivant:

MM. R. CASSIN, Président [3]
A. HOLMBÄCK
G. MARIDAKIS
E. RODENBOURG
R. MCGONIGAL, membre d'office
G. BALLADORE-PALLIERI
E. ARNALDS

Seront appelés à siéger comme suppléants, dans l'ordre établi par tirage au sort,[4] les Juges suivants:

MM. H. ROLIN
K. ARIK
A. VERDROSS [5]

[1] Cf. Article 43 de la Convention et Articles 21, 22 et 23 du Règlement de la Cour.
[2] Cf. Article 21 § 1 du Règlement de la Cour.
[3] Cf. Article 21 § 6 du Règlement de la Cour.
[4] Cf. Article 22 du Règlement de la Cour.
[5] M. HOLMBÄCK ainsi que M. ROLIN, premier suppléant ayant, été empêchés de prendre part à l'audience des 3 et 4 octobre 1960, c'est M. ARIK, deuxième supléant, qui fait partie de la Chambre (Cf. Article 22 § 1 du Règlement de la Cour).

2. As the Belgian Government is the Respondent in *the De Becker case*, the Belgian judge, Mr. H. ROLIN, having withdrawn, Baron L. FREDERICQ has been appointed to sit as *ad hoc* judge. Following the drawing of lots by the President of the Court on 20th June 1960, the Chamber set up to hear the De Becker case was as follows, in order of precedence:

Mr. R. CASSIN, President
Baron F. VAN ASBECK
MM. A. VERDROSS
A. ROSS
H. MOSLER
K. ARIK
Baron L. FREDERICQ, *Ad hoc* judge

The substitute judges are as follows, in order of precedence:

MM. T. WOLD
G. BALLADORE-PALLIERI
G. MARIDAKIS

2. *Dans l'affaire "De Becker"*, le Gouvernement belge comparaissant comme Partie et le Juge ressortissant de la Belgique, M. H. ROLIN, s'étant récusé, le Baron L. FREDERICQ siège comme Juge *ad hoc*. A la suite du tirage au sort auquel le Président de la Cour a procédé le 20 juin 1960, la Chambre appelée à juger l'affaire "De Becker" a été constituée dans l'ordre suivant:

M. R. CASSIN, Président
Baron F. VAN ASBECK
MM. A. VERDROSS
A. ROSS
H. MOSLER
K. ARIK
Baron L. FREDERICQ, Juge *ad hoc*.

Seront appelés à siéger comme suppléants, dans l'ordre établi par le tirage au sort, les Juges suivants:

MM. T. WOLD
G. BALLADORE-PALLIERI
G. MARIDAKIS

E.

Sessions and Hearings

The European Court of Human Rights held its Fourth Plenary Session in Strasbourg from 11th to 14th April 1960. On this occasion, the Court took certain decisions required to complete its internal organisation.

The Chamber hearing the Lawless case sat twice: the first time from 3rd–5th October 1960, with the hearing on 3rd and 4th October and the second time from 11th to 14th November 1960. It was on 14th November 1960, at the conclusion of this second Session during which the Chamber deliberated that judgment was rendered on the preliminary objections and questions of procedure.

In addition to the above sessions and hearings, a working party consisting of members of the Court and of the Commission (Lord McNair and Mr. R. Cassin for the Court and Mr. Eustathiades for the Commission) met in Paris on 10th October 1960 to examine a draft Protocol designed to confer certain immunities on various categories of persons appearing before the Commission and the Court: agents, Counsel for the Parties, witnesses and experts, individuals applying to the Commission by virtue of Article 25 of the Convention, etc.

E.

Sessions et Audiences

La Cour européenne des Droits de l'Homme a tenu sa quatrième session plénière du 11 au 14 avril 1960 à Strasbourg. Lors de cette session la Cour a notamment pris les décisions nécessaires pour achever son organisation intérieure.

La Chambre appelée à juger l'affaire "Lawless" a siégé à deux reprises: la première fois du 3 au 5 octobre 1960, l'audience ayant eu lieu les 3 et 4 octobre; la seconde fois du 11 au 14 novembre 1960. C'est le 14 novembre 1960, à l'issue de cette deuxième session consacrée aux délibérations que la Chambre a rendu son arrêt sur les exceptions préliminaires et les questions de procédure.

Il y a lieu, en outre, de noter qu'un Groupe de Travail composé de certains membres de la Cour et de la Commission (Lord McNair, M. R. Cassin pour la Cour, M. Eustathiades pour la Commission) s'est réuni le 10 octobre 1960 à Paris, pour examiner un projet de Protocole tendant à accorder certaines immunités à plusieurs catégories de personnes appelées à comparaître devant la Commission et la Cour: agents, conseils et avocats des parties, témoins et experts, particuliers qui saisissent la Commission en vertu de l'article 25 de la Convention, etc.

F.

Registry of the Court

The Court Registry consists of a Registrar and an Assistant Registrar elected by the Court for a period of seven years and re-eligible.

The present Registrar is Mr. Polys MODINOS, Director of Human Rights of the Council of Europe, elected on 16th September 1959; his term of office expires on 15th September 1966. A biographical note on Mr. Modinos is to be found in Volume II of the Year Book (page 152).

As the Fourth Plenary Session from 11th to 14th April 1960, the Court elected as Deputy Registrar, Mr. Heribert GOLSONG, of German nationality.

Mr. H. GOLSONG, born on 23rd October 1927, is a Doctor of Law of the University of Bonn and a graduate of the Academy of International Law in The Hague. From 1950–1951 he was on the staff of the Bonn Faculty of Law and from 1951–1954 a junior magistrate in German Courts. He was appointed to the Council of Europe in 1954 as Secretary in the Directorate of Human Rights and later as Secretary of the Legal Committee of the Consultative Assembly. His term of office as Deputy Registrar expires on 12th April 1967.

F.

Greffe de la Cour

Le Greffe de la Cour est assuré par un Greffier, assisté d'un Greffier-adjoint, élus par la Cour pour sept ans et rééligibles.

Le présent Greffier est M. Polys MODINOS, Directeur des Droits de l'Homme au Conseil de l'Europe, élu le 16 septembre 1959; sa période de fonctions expire le 15 septembre 1966. On trouvera dans le Volume II de l'Annuaire (p. 153) la notice biographique de M. MODINOS.

Lors de sa quatrième session plénière tenue du 11 au 14 avril 1960, la Cour a procédé à l'élection de son Greffier-adjoint. Son choix s'est porté sur M. Heribert GOLSONG, de nationalité allemande.

M. H. GOLSONG, né le 23 octobre 1927, est docteur en droit de l'Université de Bonn et diplômé de l'Académie de Droit International de La Haye. De 1950 à 1951, il a été assistant à la Faculté de Droit de Bonn et de 1951 à 1954, stagiaire auprès des juridictions allemandes. C'est en 1954 qu'il a été nommé au Conseil de l'Europe où il a assumé les fonctions de Secrétaire à la Direction des Droits de l'Homme, puis celles de Secrétaire de la Commission Juridique de l'Assemblée Consultative. Sa période de fonctions expire le 12 avril 1967.

APPENDICES

Speeches delivered at the opening of the first hearing of the Court

Speech delivered by the Secretary-General of the Council of Europe

(*Translation*)

Mr. President, Gentlemen,

When, just over a year ago, we attended the inauguration of the European Court of Human Rights, great was our satisfaction to see that the structure of which the foundations were laid in Rome on 4th November 1950 was now complete. With the corner-stone – the Court – in place, that balance which is essential for all enduring works had been achieved. And now today the Court is ready to open in public its first hearing.

It is not the job of the Secretary-General to expound, during this brief ceremony and in the presence of the eminent jurists who make up the Court, the Convention's contribution in international law. I will content myself with saying that for us Europeans this Convention is the expression of that common heritage of ideals and political traditions which constitute the very heart of the institutions of every country cherishing freedom and the rule of law.

May I make just two points:

According to the Convention, the members of the Commission and the Court sit in their personal capacity. Elected by the organs of the Council of Europe to contribute to the application of a Convention concluded within the Council's framework, they are nevertheless utterly independent, not only of their national allegiance but also with regard to the Council bodies which appointed them. This full independence is the best legal guarantee of the proper administration of justice, which is among the rights protected by the Convention.

My second remark concerns the room where the Court is sitting – that of the Committee of Ministers. I trust that this arrangement is provisional only, since plans have already been laid to prepare a courtroom worthy to receive the high magistrates of the European Court of Human Rights.

I should not like to close without thanking all those owing to whom we may today be prouder than ever of the achievements of the Council of Europe in the field of human rights.

ANNEXES

Allocutions prononcées lors de l'ouverture de la première audience publique de la Cour

Allocution du Secretaire General du Conseil de l'Europe

Monsieur le Président, Messieurs de la Cour,

Lorsque, il y a un peu plus d'un an, nous avons assisté à la constitution de la Cour européenne des Droits de l'Homme, notre satisfaction était grande de voir que l'édifice commencé le 4 novembre 1950 à Rome était achevé. En effet, avec la Cour, pierre angulaire de l'édifice, était réalisé l'équilibre nécessaire aux oeuvres appelées à durer. Voici qu'aujourd'hui la Cour est prête à ouvrir au public sa première audience.

Il n'appartient pas au Secrétaire Général du Conseil de l'Europe, à l'occasion de cette brève cérémonie, de dégager aujourd'hui devant les éminents juristes qui composent la Cour, l'apport de la Convention en droit international. Qu'il lui soit simplement permis de dire que, pour nous Européens, cette Convention est l'expression du patrimoine commun d'idéaux et de traditions politiques qui constituent la base des institutions de tous les pays épris de liberté et de prééminence du droit.

Puis-je préciser deux points:

Aux termes de la Convention, les membres de la Commission et de la Cour siègent à titre individuel. Elus par les organes du Conseil de l'Europe pour participer à la mise en oeuvre d'une Convention conclue dans le cadre du Conseil de l'Europe, ils sont cependant entièrement indépendants non seulement vis-à-vis de leur propre Gouvernement, mais aussi à l'égard des organes du Conseil qui les ont désignés. Leur pleine indépendance est en effet la meilleure garantie du droit à une bonne administration de la justice, qui figure parmi les droits protégés par la Convention.

Ma deuxième remarque a trait à la salle où la Cour siège et qui abrite normalement les réunions du Comité des Ministres. Il s'agit là d'une solution que je souhaite provisoire puisque déjà des plans sont dressés pour l'aménagement des salles d'audience dignes d'accueillir les hauts magistrats de la Cour Européenne des Droits de l'Homme.

Je ne voudrais pas terminer ces quelques mots sans adresser mes remerciements à tous ceux grâce à qui nous pouvons aujourd'hui nous montrer plus que jamais fiers de l'oeuvre réalisée par le Conseil de l'Europe dans le domaine des Droits de l'Homme.

Speech delivered by Lord McNair, President of the Court

Mr. Secretary-General and Gentlemen,

As you have indicated, this day marks another important stage in the development of the European Movement for the Protection of Human Rights. The men who drafted the European Convention, and the Governments which have signed and ratified it, made it clear that they would not be content with a mere declaration of human rights but must also create organs for the application and enforcement of the Convention.

These organs are two – the European Commission, which began its work six years ago, and has already made notable contributions to the interpretation and application of the Convention, and the European Court, which will begin the hearing of its first case today. Article 43 of the Convention reads as follows:

> "For the consideration of each case brought before it the Court shall consist of a Chamber composed of seven judges. There shall sit as an *ex officio* member of the Chamber the judge who is a national of any State party concerned, or, if there is none, a person of its choice who shall sit in the capacity of judge; the names of the other judges shall be chosen by lot by the President before the opening of the case".

These provisions have been complied with and the Chamber consists of the following judges:

MM. Cassin, Maridakis, Rodenbourg, McGonigal, Balladore-Pallieri, Arnalds, Arik, and Mr. Verdross as substitute judge.

Mr. Réné Cassin, as Vice-President of the Court, will preside in this Chamber.

The Court will now adjourn, and the Chamber will meet at once.

ALLOCUTION DE LORD MCNAIR, PRESIDENT DE LA COUR
(*Traduction*)

Monsieur le Secrétaire Général, Messieurs,

Comme l'a indiqué le Secrétaire Général, ce jour marque une nouvelle étape importante dans l'évolution du mouvement européen pour la sauvegarde des Droits de l'Homme. Les auteurs de la Convention européenne et les Gouvernements qui l'ont signée et ratifiée ont bien précisé qu'ils ne sauraient se contenter d'une simple déclaration des Droits de l'Homme, mais qu'il leur fallait aussi créer les organes nécessaires pour assurer l'application effective de la Convention.

Ces organes sont au nombre de deux: la Commission européenne, qui a commencé ses travaux il y a six ans et a déjà contribué notablement à l'interprétation et à l'application de la Convention, et la Cour européenne, qui ouvrira aujourd'hui ses débats sur la première affaire dont elle ait été saisie. L'article 43 de la Convention est ainsi libellé:

> "Pour l'examen de chaque affaire portée devant elle, la Cour est constituée en une Chambre composée de sept juges. En feront partie d'office le juge ressortissant de tout Etat intéressé ou, à défaut, une personne de son choix pour siéger en qualité de juge; les noms des autres juges sont tirés au sort, avant le début de l'examen de l'affaire, par les soins du Président".

Ces dispositions ayant été observées, la Chambre est composée des juges dont les noms suivent:

MM. Cassin, Maridakis, Rodenbourg, McGonigal, Balladore-Pallieri, Arnalds, Arik et M. Verdross en qualité de juge suppléant.

M. René Cassin, en sa qualité de Vice-Président de la Cour, présidera la Chambre ainsi constituée.

La Cour va maintenant s'ajourner et la Chambre se réunira séance tenante.

CHART OF DECLARATIONS RECOGNISING THE COMPULSORY JURISDICTION OF THE EUROPEAN COURT OF HUMAN RIGHTS

(As at 31st December 1960)

Member States of the Council of Europe	Date of the declaration	Date of the deposit of the declaration	Period of validity	Condition of reciprocity, if any [1]
Austria	3rd September 1958	3rd September 1958	Three years	"In relation to any other Contracting Party having made a similar declaration in accordance with Article 46".
Belgium	1) 29th June 1955 2) 8th June 1960	1) 5th July 1955 2) 5th July 1960	1) Five years from 29th June 1955 2) Five years from 29th June 1960	
Denmark	1) 7th April 1953 2) 2nd March 1955 3) 2nd April 1957 4) 20th March 1959	1) 13th April 1953 2) 14th March 1955 3) 4th April 1957 4) 23rd March 1959	1) Two years 2) Two years from 7th April 1955 3) Two years from 7th April 1957 4) Three years from 7th April 1959	—
France	—	—	—	—
Federal Republic of Germany	1) 1st July 1955 2) 1st July 1958	1) 5th July 1955 2) 21st July 1958	1) Three years 2) Three years	"subject to reciprocity"
Greece	—	—	—	—
Iceland	23rd August 1958	3rd September 1958	Three years	—

[1] The wording is that used in the declaration of the States concerned. The declarations of Belgium, Denmark, Iceland and Ireland do not expressly stipulate reciprocity.

CHART OF DECLARATIONS
RECOGNISING THE COMPULSORY JURISDICTION
OF THE EUROPEAN COURT OF HUMAN RIGHTS

(As at 31st December 1960)

(Continued)

Member States of the Council of Europe	Date of the declaration	Dateiof the deposit of the declaration	Period of validity	Condition of reciprocity, if any [1]
Ireland	18th February 1953	25th February 1953	Five years, and thereafter until notice of withdrawal	—
Italy	—	—	—	—
Luxembourg	18th April 1958	28th April 1958	Three years	"In relation to any other Contracting Party accepting the same obligation".
Netherlands	1) 26th August 1954 2) 28th June 1960	1) 31st August 1954 2) 5th July 1960	1) Five years from 31st August 1954 2) Five years from 31st August 1959	"In relation to any other Contracting Party ... accepting the same obligation, i.e. subject to reciprocity".
Norway	—	—	—	—
Sweden	—	—	—	—
Turkey	—	—	—	—
United-Kingd.	—	—	—	—

TABLEAU DES DECLARATIONS PORTANT ACCEPTATION DE LA COMPETENCE OBLIGATOIRE DE LA COUR EUROPEENNE DES DROITS DE L'HOMME

(Au 31 décembre 1960)

Etats membres du Conseil de l'Europe	Date de la déclaration	Date du dépôt de la déclaration	Durée	Condition de réciprocité [1]
Autriche	3 septembre 1958	3 septembre 1958	Trois ans	"Vis-à-vis de toute autre Haute Partie Contractante ayant également fait une déclaration conformément à l'article 46".
Belgique	1) 29 juin 1955 2) 8 juin 1960	1) 5 juillet 1955 2) 5 juillet 1960	1) Cinq ans à partir du 29 juin 1955 2) Cinq ans à partir du 29 juin 1960	—
Danemark	1) 7 avril 1953 2) 2 mars 1955 3) 2 avril 1957 4) 20 mars 1959	1) 13 avril 1953 2) 14 mars 1955 3) 4 avril 1957 4) 23 mars 1959	1) Deux ans 2) Deux ans à partir du 7 avril 1955 3) Deux ans à partir du 7 avril 1957 4) Trois ans à partir du 7 avril 1959	—
France	—	—	—	—
Rép. Fédérale d'Allemagne	1) 1er juillet 1955 2) 1er juillet 1958	1) 5 juillet 1955 2) 21 juillet 1958	1) Trois ans 2) Trois ans	"A condition de réciprocité"
Grèce	—	—	—	—
Islande	23 août 1958	3 septembre 1958	Trois ans	—

[1] Les formules reproduites dans cette colonne sont celles-là mêmes que l'on trouve dans les déclarations des Etats intéressés. Les déclarations de la Belgique, du Danemark de l'Islande et de l'Irlande ne contiennent pas de condition expressede réciprocité.

TABLEAU DES DECLARATIONS PORTANT ACCEPTATION DE LA COMPETENCE OBLIGATOIRE DE LA COUR EUROPEENNE DES DROITS DE L'HOMME

(Au 31 décembre 1960)

(suite)

Etats membres du Conseil de l'Europe	Date de la déclaration	Date du dépôt de la déclaration	Durée	Condition de réciprocité [1]
Irlande	18 février 1953	25 février 1953	Cinq ans et, par la suite, jusqu'à notification de retrait	—
Italie	—	—	—	—
Luxembourg	18 avril 1958	28 avril 1958	Trois ans	"A l'égard de toute autre Partie Contractante acceptant la même obligation".
Pays-Bas	1) 26 août 1954 2) 28 juin 1960	1) 31 août 1954 2) 5 juillet 1960	1) Cinq ans à partir du 31 août 1954 2) Cinq ans à partir du 31 août 1959	"Vis-à-vis de toute autre Partie Contractante ... acceptant la même obligation, c'est-à-dire sous condition de réciprocité"
Norvège	—	—	—	—
Suède	—	—	—	—
Turquie	—	—	—	—
Royaume-Uni	—	—	—	—

PRICIPAL DEVELOPMENTS IN THE COUNCIL OF EUROPE CONCERNING THE PROTECTION OF HUMAN RIGHTS

A.

Chronological list of events

7th January 1960: Deposit by Turkey of instrument of ratification of the Protocol on the privileges and immunities of members of the European Commission of Human Rights.

8the January 1960: Deposit by the Grand Duchy of Luxembourg of instrument of ratification of the Protocol on the privileges and immunities of members of the Commission.

12th April 1960: Reference of first case (Lawless Case) by the Commission to the European Court of Human Rights.

13th April 1960: Election by the Court of its Deputy Registrar (Mr. Heribert Golsong).

14th April 1960: Renewal by Iceland, from 25th March 1960 until notification of withdrawal, of declaration recognising the competence of the Commission to receive individual applications.

28th April 1960: Re-election of some members of the Commission by the Committee of Ministers. MM. Beaufort and Eustathiades, Mrs. Janssen-Pevtschin, MM. Sørensen, Süsterhenn and Waldock re-elected; Mr. Castberg elected to replace Mr. Berg who did not stand for re-election.

29th April 1960: Reference of second case (De Becker Case) by the Commission to the Court.

30th May–3rd June 1960: Election by the Commission, at its 23rd Plenary session, of its President and Vice-President. MM. Waldock and Eustathiades re-elected President and Vice-President respectively.

5th July 1960: Renewal by Belgium, for a period of five years, of declaration recognising the compulsory jurisdiction of the Court.

5th July 1960: Renewal by the Netherlands, for a period of five years, of declaration recognising the compulsory jurisdiction of the Court.

5th July 1960: Deposit by the Netherlands of declaration recognising the competence of the Commission to receive individual applications (Tenth declaration).

7th July 1960: Deposit by the Federal Republic of Germany of

CHAPITRE IV

PRINCIPAUX EVENEMENTS AYANT MARQUE LE DEVELOPPEMENT DE LA PROTECTION DES DROITS DE L'HOMME DANS LE CADRE DU CONSEIL DE L'EUROPE

A.

Liste chronologique des événements

7 janvier 1960: Dépôt par la Turquie de l'instrument de ratification du Protocole relatif aux privilèges et immunités des membres de la Commission européenne des Droits de l'Homme.

8 janvier 1960: Dépôt par le Grand-Duché de Luxembourg de l'instrument de ratification du Protocole relatif aux privilèges et immunités des membres de la Commission.

12 avril 1960: La Cour européenne des Droits de l'Homme est saisie de sa première affaire (affaire "Lawless") par la Commission.

13 avril 1960: La Cour procède à l'élection de son Greffier Adjoint (M. Heribert GOLSONG).

14 avril 1960: Renouvellement par l'Islande, à partir du 25 mars 1960 jusqu'à notification du retrait, de la déclaration d'acceptation de la compétence de la Commission en matière de recours individuels.

28 avril 1960: Renouvellement partiel des membres de la Commission par le Comité des Ministres. MM. Beaufort et Eustathiades, Mme Janssen-Pevtschin, MM. Sørensen, Süsterhenn et Waldock sont réélus, M. Castberg est élu à la place de M. Berg qui ne se représentait pas.

29 avril 1960: La Commission porte une deuxième affaire (affaire "De Becker") devant la Cour.

30 mai–3 juin 1960: Lors de sa 23ème session plénière la Commission procède à l'élection de son Président et de son Vice-Président. MM. Waldock et Eustathiades sont réélus respectivement Président et Vice-Président.

5 juillet 1960: Renouvellement par la Belgique pour une nouvelle période de cinq ans de la déclaration d'acceptation de la juridiction obligatoire de la Cour.

5 juillet 1960: Renouvellement par les Pays-Bas pour une nouvelle période de cinq ans de la déclaration d'acceptation de la juridiction obligatoire de la Cour.

5 juillet 1960: Dépôt par les Pays-Bas de la déclaration d'acceptation de la compétence de la Commission en matière de recours individuels (Dixième déclaration).

7 juillet 1960: Dépôt par la République Fédérale d'Allemagne de instrument of ratification of the Protocol on the privileges and immunities of members of the Commission.

11th July 1960: Lodging with the Commission of third inter-state application (Application by the Government of Austria against the Government of Italy).

3rd–4th October 1960: First public hearing of the European Court of Human Rights.

24th October 1960: Election by the Committee of Ministers of Mr. G. Sperduti, Professor of International Law at the University of Pisa, as member of the Commission to replace Mr. F. M. Dominedo, resigned.

4th November 1960: Tenth Anniversary of signing of the European Convention on Human Rights.

14th November 1960: First decision by the European Court of Human Rights (Lawless Case: Preliminary objections and questions of procedure).

l'instrument de ratification du Protocole relatif aux privilèges et immunités des membres de la Commission.

11 juillet 1960: Introduction devant la Commission de la troisième requête étatique (requête du Gouvernement de l'Autriche visant le Gouvernement de l'Italie).

3–4 octobre 1960: La Cour européenne des Droits de l'Homme tient sa première audience publique.

24 octobre 1960: Election par le Comité des Ministres de M. G. Sperduti, Professeur de droit international à l'Université de Pise, comme membre de la Commission, en remplacement de M. F. M. Dominedo, démisionnaire.

4 novembre 1960: Dixième Anniversaire de la signature de la Convention européenne des Droits de l'Homme.

14 novembre 1960: La Cour européenne des Droits de l'Homme rend son premier arrêt (Affaire Lawless: Exceptions préliminaires et questions de procédure).

B.

Work of Council of Europe organs in the field of Human Rights

The following questions [1] connected with the European Convention on Human Rights were studied during 1960:

- Second Protocol;
- Procedure for the appointment of additional members to the European Court of Human Rights;
- Extension of the competence of the European Court of Human Rights as regards the interpretation of the Convention;
- Procedure whereby the Committee of Ministers should exercise its powers under Article 32 of the Convention;
- Establishment of an International Institute of Human Rights at Strasbourg.

1. Second Protocol [2]

The draft Second Protocol prepared by the Consultative Assembly's Legal Committee would add to the list of rights guaranteed by the Convention and First Protocol six further rights contained in the Universal Declaration of Human Rights.

The Consultative Assembly debated the draft on 22nd January 1960 and recommended [3] to the Committee of Ministers:

(1) That they should convene a Committee of Experts with instructions to draft a Second Protocol to the Convention on Human Rights based on the draft already prepared, in order to protect certain civil and political rights not covered by the original Convention or the First Protocol;

(2) That they should submit the draft prepared by the Committee

---

[1] Attention is also drawn to Order No. 160 (1960) adopted by the Consultative Assembly on 29th April 1960 whereby the Legal Committee was instructed to examine the desirability of drawing up either a new Convention or another Protocol to the existing Convention on Human Rights designed to secure the protection and development of *local government.*

Order No. 160 was examined by the Legal Committee's Sub-committee No. 12 (Human Rights) on 23rd June and 27th August 1960.

On 27th August and 5th December 1960, the Legal Committee's Sub-committee No. 8 (Minorities) examined a draft Order relating to a proposed additional Protocol to the Convention to guarantee the *rights of national minorities.*

[2] Cf. Yearbook, Vol. II, pp. 166–168.

[3] Recommendation 234 (1960).

B.

Travaux des organes du Conseil de l'Europe dans le domaine des Droits de l'Homme

Au cours de l'année 1960, les organes du Conseil de l'Europe ont étudié les questions suivantes [1] se rapportant à la Convention européenne des Droits de l'Homme:

- Deuxième Protocole Additionnel;
- Procédure à suivre pour compléter, le cas échéant, la Cour européenne des Droits de l'Homme;
- Extension de la compétence de la Cour européenne des Droits de l'Homme en ce qui concerne l'interprétation de la Convention;
- Procédure à suivre par le Comité des Ministres lorsque celui-ci exerce les pouvoirs prévus à l'article 32 de la Convention;
- Création à Strasbourg d'un Institut International des Droits de l'Homme.

1. Deuxième Protocole Additionnel [2]

Le projet de Deuxième Protocole Additionnel élaboré par la Commission Juridique de l'Assemblée Consultative a pour but d'inclure dans la liste des droits garantis par la Convention et le Premier Protocole Additionnel six autres droits énoncés dans la Déclaration Universelle des Droits de l'Homme.

L'Assemblée Consultative a examiné ce projet le 22 janvier 1960. A l'issue des débats, elle a recommandé [3] au Comité des Ministres:

(1) de convoquer un Comité d'Experts chargé de rédiger un Deuxième Protocole à la Convention des Droits de l'Homme, sur la base du projet qu'elle a préparé, afin de sauvegarder certains droits civils et politiques non visés par la Convention ou par le Premier Protocole Additionnel;

---

[1] Pour être complet, il convient encore de signaler que le 29 avril 1960, l'Assemblée Consultative a adopté la Directive No. 160 (1960) chargeant la Commission Juridique d'examiner s'il était opportun de conclure soit une nouvelle Convention, soit un nouveau Protocole à la Convention des Droits de l'Homme destiné à assurer la défense et le développement de *l'autonomie locale.*

Cette Directive a été étudiée par la Sous-Commission No. 12 (des Droits de l'Homme) de la Commission Juridique les 23 juin 1960 et 27 août 1960.

Enfin la Sous-Commission No. 8 (des Minorités) de la Commission Juridique a examiné les 27 août 1960 et 5 décembre 1960 une proposition de Directive tendant à compléter la Convention par un Protocole garantissant les *droits des minorités nationales.*

[2] Cf. Annuaire, Volume II, p. 167–169.

[3] Recommandation 234 (1960).

of Experts to the Assembly for an opinion before signature by member Governments.

Following the Assembly's Recommendation, the Committee of Ministers resolved on 22nd March 1960 "to authorise the Secretary-General to convene a Committee of Governmental Experts with instructions to study problems relating to the European Convention on Human Rights".[1]

The Committee of Experts met for the first time from 7th to 11th November 1960 for the purpose chiefly of examining the Assembly's proposals. It will resume work in April 1961.

2. *Procedure for the appointment of additional members to the European Court of Human Rights* [2]

The procedure to be followed for appointing additional members to the Court in the event of the admission of new members to the Council of Europe and for filling casual vacancies was considered in 1959 by the Consultative Assembly's Legal Committee which proposed referring the questions to the Court itself, a proposal adopted by the Consultative Assembly on 12th January 1960. On the grounds that the composition and functions of the Court rendered it "the most qualified body to give an interpretation that would be consistent with the spirit of the Convention", but recalling also that "the matter could not be brought before the Court except by agreement between all the Contracting Parties since the Convention did not confer on the Court the power to give advisory opinions", the Assembly recommended [3] to the Committee of Ministers that they invite the Contracting Parties to conclude a special agreement whereby they would request the Court to decide upon the procedure to be followed for completing the Court in the event of the admission of new members to the Council of Europe and for filling casual vacancies.

The Committee of Ministers has not yet taken a decision on this Recommendation which, it will be seen, raises the same question of principle as the Recommendation relative to the conferring of advisory powers upon the Court (see below).

3. *Extension of the competence of the Court as regards the interpretation of the Convention* [4]

On 22nd January 1960, the Consultative Assembly adopted the Legal Committee's draft Recommendation [5] asking the Committee

[1] Resolution (60) 6.
[2] Cf. Yearbook, Vol. II, pp. 168–170.
[3] Recommendation 235 (1960).
[4] Cf. Yearbook, Vol. II, p. 171.
[5] Recommendation 232 (1960).

(2) de soumettre le projet de Protocole préparé par le Comité d'Experts à l'Assemblée pour avis avant sa signature par les Gouvernements des Etats membres.

Faisant suite à la Recommandation de l'Assemblée, le Comité des Ministres a décidé, le 22 mars 1960, "d'autoriser le Secrétaire Général à convoquer un Comité d'Experts gouvernementaux, qui aura pour mandat d'étudier les problèmes afférents à la Convention européenne des Droits de l'Homme".[1]

Ce Comité d'Experts chargé d'étudier notamment les susdites propositions de l'Assemblée a tenu sa première réunion du 7 au 11 novembre 1960. Il poursuivra ses travaux en avril 1961.

2. *Procédure à suivre pour compléter la Cour européenne des Droits de l'Homme* [2]

Le problème que soulève la procédure à suivre pour compléter la Cour en cas d'admission de nouveaux membres au Conseil de l'Europe et en cas de vacance de sièges, a été étudié en 1959 par la Commission Juridique de l'Assemblée Consultative qui a proposé que la Cour elle-même en fût saisie pour avis.

L'Assemblée Consultative a fait sienne cette proposition de la Commission Juridique le 12 janvier 1960. Estimant que, par sa composition et ses attributions, la Cour est "l'organe le plus qualifié pour donner une interprétation de la Convention conforme à son esprit" mais rappelant que "la Cour ne peut être saisie qu'à la suite d'un accord entre toutes les Parties Contractantes à la Convention, celle-ci ne lui conférant aucune compétence consultative autonome", elle a recommandé [3] au Comité des Ministres d'inviter les Parties Contractantes à conclure un accord spécial, aux termes duquel la Cour serait appelée à se prononcer sur la procédure à suivre en cas d'admission de nouveaux membres au Conseil de l'Europe et en cas de vacance de sièges.

Le Comité des Ministres n'a pas encore pris position sur cette Recommandation. Celle-ci pose, il est vrai, la même question de principe que la Recommandation prévoyant l'attribution d'une compétence consultative à la Cour (cf. *infra*).

3. *Extension de la compétence de la Cour en ce qui concerne l'interprétation de la Convention* [4]

Le 22 janvier 1960 l'Assemblée Consultative a adopté le projet de Recommandation [5] préparé par sa Commission Juridique de-

[1] Résolution (60) 6.
[2] Cf. Annuaire, Volume II, pp. 169–171.
[3] Recommandation 235 (1960).
[4] Cf. Annuaire, Volume II, p. 171.
[5] Recommandation 232 (1960).

of Ministers to "convene a Committee of Experts with instructions to conclude an agreement that would confer on the European Court of Human Rights, in addition to its present competence defined in Article 45 of the Convention, the competence to interpret the Convention on Human Rights, when a doubt had arisen of a legal character, even though no case had been brought".

At their 89th meeting, the Committee of Ministers decided [1] that the Committee of Experts already entrusted with the study of problems relating to the Convention [2] should also be instructed to consider the desirability of concluding an agreement whereby the Court should have competence to render advisory opinions on legal points arising out of interpretation of the Convention.

As already stated [3] the Committee of Experts in question held its first meeting from 7th to 11th November 1960.

4. *Procedure to be followed by the Committee of Ministers for the exercise of its powers under Article 32 of the Convention*

If, within a period of three months from the date of the transmission of the Commission's Report to the Committee of Ministers, the question has not been referred to the European Court of Human Rights, "the Committee of Ministers shall decide, by a majority of two-thirds of the members entitled to sit on the Committee, whether there has been a violation of the Convention" (Article 32 of the Convention).

At its 83rd meeting in March 1960, the Committee of Ministers examined the question of the functions and powers conferred on it by Article 32, and decided to set up a working party to go into it further.

The working party met on 27th and 28th October 1960 and drew up a report to the Committee of Ministers.

5. *Establishment of an International Institute of Human Rights at Strasbourg*

In November 1960, the Council of Europe's Director of Human Rights submitted a proposal for the establishment in Strasbourg of an International Institute of Human Rights.[4] It was thought that such an institute, attached to the Council of Europe and providing a scientific centre for research, documentation and

[1] Resolution (60) 20 of 15th September 1960.

[2] Cf. above, p. 156.

[3] Cf. above, p. 156.

[4] Cf. brochure entitled "Proposal for the establishment of an International Institute of Human Rights".

mandant au Comité des Ministres de "convoquer un Comité d'Experts chargé d'élaborer un accord qui attribuerait à la Cour européenne des Droits de l'Homme, outre sa compétence actuelle définie à l'article 45 de la Convention, le pouvoir d'interpréter, même en l'absence de tout litige, les dispositions de la Convention des Droits de l'Homme s'il existe un doute d'ordre juridique".

Lors de sa 89ème réunion, le Comité des Ministres a décidé [1] que le Comité d'Experts qui a été chargé d'étudier les problèmes afférents à la Convention [2] aura également pour mandat d'examiner s'il est opportun de conclure un accord tendant à conférer à la Cour la compétence d'émettre des avis consultatifs sur les questions juridiques soulevées par l'interprétation de la Convention.

Ainsi qu'il est indiqué ci-dessus,[3] ce Comité d'Experts a tenu sa première réunion du 7 au 11 novembre 1960.

4. *La procédure à suivre par le Comité des Ministres lorsqu'il exerce les pouvoirs prévus à l'article 32 de la Convention*

Si, dans un délai de trois mois à dater de la transmission au Comité des Ministres du rapport de la Commission, l'affaire n'est pas déférée à la Cour européenne des Droits de l'Homme, "le Comité des Ministres prend, par un vote à la majorité des deux tiers des représentants ayant le droit de siéger au Comité, une décision sur la question de savoir s'il y a eu ou non une violation de la Convention" (article 32 de la Convention).

Lors de sa 83ème réunion, en mars 1960, le Comité des Ministres a examiné quels étaient les fonctions et pouvoirs que lui confère l'article 32. Il a décidé de former un groupe de travail chargé d'examiner cette question.

Ce groupe de travail s'est réuni les 27 et 28 octobre 1960 et a préparé un rapport dont il a saisi le Comité des Ministres.

5. *Projet de création à Strasbourg d'un Institut International des Droits de l'Homme*

En novembre 1960, le Directeur des Droits de l'Homme du Conseil de l'Europe a présenté un projet tendant à créer à Strasbourg un Institut International des Droits de l'Homme.[4]

Il a paru, en effet, que l'action d'un tel centre scientifique de recherche, de documentation et d'enseignement qui, du point de vue

---

[1] Résolution (60) 20 du 15 septembre 1960.

[2] Cf. *supra*, p. 157.

[3] Cf. *supra*, p. 157.

[4] Voir la brochure: "Projet de création d'un Institut International des Droits de l'Homme".

education, would be a useful way of associating countries outside the Council with the work being done by the latter in this field.

The Consultative Assembly's Legal Committee, after considering the proposal on 26th September and 3rd December 1960, drew up a draft Recommendation asking the Committee of Ministers to approve the foundation of such an Institute. The Consultative Assembly will discuss the question in the course of 1961.

institutionnel, resterait rattaché au Conseil de l'Europe, pourrait utilement contribuer à associer les pays non membres du Conseil de l'Europe à l'oeuvre que ce dernier a entreprise dans le domaine des droits de l'homme.

La Commission Juridique de l'Assemblée Consultative a examiné cette proposition le 26 septembre 1960 et le 3 décembre 1960. En conclusion de ses débats elle a préparé un projet de Recommandation demandant au Comité des Ministres de faire sien le projet de création d'un tel Institut. L'Assemblée Consultative en discutera dans le courant de l'année 1961.

C.

Directorate of Human Rights

Following the entry into force of the European Convention on Human Rights, a Human Rights Department was set up within the Secretariat-General of the Council of Europe in 1954 and was raised to the status of a Directorate in 1956.

During 1960 the activities of the Directorate continued to expand.

The Directorate gives assistance to the Committee of Ministers, to the Consultative Assembly, and to the Committee of Experts whose function it is to study problems relating to the Convention.[2] In addition, the Directorate prepares this Yearbook.

On 31st December 1960, the following were members of the Human Rights Directorate:

Director:	Mr.	Polys. MODINOS (Greek)
Counsellors:	MM.	A. B. MCNULTY (British)
		Heribert GOLSONG (German)
Administrators:	MM.	Jacques VELU (Belgian)
		Marc-André EISSEN (French)
		Karel VASAK (French)
		Erik HARREMOES (Danish)
		André THILL (Luxembourg)
		John SMYTH (Irish)
Archivist:	Mr.	André LAFUMA (French)
Assistants:	Mmes.	G. RIFF, M. BRUNSTEIN
	Misses	C. RIETH, H. UNDERWOOD, M. SCHMOLKA, V. TURNER

[1] Cf. supra, p. 156.

C.

Direction des Droits de l'Homme

Lors de l'entrée en vigueur de la Convention européenne des Droits de l'Homme, un Service des Droits de l'Homme avait été créé en 1954 au sein du Secrétariat Général du Conseil de l'Europe. En 1956, ce Service a été érigé en Direction.

Durant l'année 1960, les activités de la Direction ont continué à s'accroître.

La Direction apporte son assistance aux travaux du Comité des Ministres, à ceux de l'Assemblée Consultative et à ceux du Comité d'Experts chargé d'étudier les problèmes afférents à la Convention.[2] Il incombe également à la Direction de faire paraître le présent Annuaire.

Au 31 décembre 1960, faisaient partie de la Direction des Droits de l'Homme:

Directeur:	M.	Polys. MODINOS (Grec)
Conseillers:	MM.	A. B. MCNULTY (Britannique)
		Heribert GOLSONG (Allemand)
Administrateurs:	MM.	Jacques VELU (Belge)
		Marc-André EISSEN (Français)
		Karel VASAK (Français)
		Erik HARREMOES (Danois)
		André THILL (Luxembourgeois)
		John SMYTH (Irlandais)
Archiviste:	M.	André LAFUMA (Français)
Assistantes:	Mmes	G. RIFF, M. BRUNSTEIN
	Mlle	C. RIETH, Miss H. UNDERWOOD, Mlle M. SCHMOLKA, Miss V. TURNER

[2] Cf. *supra*, p. 157.

APPENDIX

TENTH ANNIVERSARY OF THE EUROPEAN CONVENTION OF HUMAN RIGHTS:

Declaration by Mr. Jens Otto Krag, Danish Foreign Minister and Chairman-in-Ofice of the Committee of Ministers of the Council of Europe

It is just ten years since the European Convention on Human Rights was signed in Rome, on 4th November 1960.

For the member States of the Council of Europe, "firmly resolved to uphold the spiritual and moral values which are ... the true source of individual freedom, political liberty and the rule of law", the Convention fulfilled the deep-rooted aspirations of their peoples. A joint product of the Consultative Assembly and the Committee of Ministers, it was, and rightly so, the first of all the Council of Europe Conventions.

The Convention added effective legal protection to the political safeguards given to human rights in the Council's Statute.

With the establishment of the European Commission and Court of Human Rights, a new chapter has been opened in the history of international law.

The Convention, which was designed to open the way to the unification of Europe and to preserve our free domocratic institutions, may today be said fully to have attained that twofold aim.

ANNEXE

Dixieme Anniversaire de la Convention Europeenne des Droits de l'Homme:

Message de M. Jens Otto Krag, Ministre des Affaires Etrangères du Danemark et Président du Comité des Ministres du Conseil de l'Europe

Il y a dix ans, le 4 novembre 1950, la Convention européenne des Droits de l'Homme était signée à Rome.

Pour les Etats membres du Conseil de l'Europe, "inébranlablement attachés aux valeurs spirituelles et morales qui sont à l'origine des principes de liberté individuelle, de liberté politique et de prééminence du droit", cette Convention traduisait les aspirations profondes de leurs peuples. Oeuvre commune de l'Assemblée Consultative et du Comité des Ministres, elle est, et se devait d'être, la première des Conventions élaborées dans le cadre du Conseil de l'Europe.

Déjà garantis dans l'ordre politique par le Statut du Conseil de l'Europe, les droits de l'homme bénéficient également, grâce à la Convention, d'une garantie de nature juridique.

Avec la création de la Commission et de la Cour Européennes des Droits de l'Homme, un chapitre nouveau vient d'être ouvert dans l'histoire du droit des gens.

Conçue tant pour ouvrir la voie vers l'unification européenne que pour assurer le libre fonctionnement des institutions démocratiques, la Convention apparaît aujourd'hui comme ayant pleinement atteint ce double but.

PART TWO

Decisions of the European Commission and the European Court of Human Rights

DEUXIEME PARTIE

Décisions de la Commission et de la Cour Européennes des Droits de l'Homme

INTER-STATE APPLICATIONS

Three Applications have been lodged with the Commission under Article 24 of the Convention. The first two, lodged by the Greek Government against the British Government, concerned the application of the Convention to the Island of Cyprus [1]. The third, lodged on 11th July 1960 by the Austrian Government against the Italian Government, is still pending before the Commission.

This Application concerns the sentences passed successively by the Assize Court of Bolzano (16th July 1957), the Court of Appeal of Trent (27th March 1958) and the Italian Court of Cassation (16th January 1960) on six young men of the village of Fundres/Pfunders (Upper Adige) accused of murdering a customs officer, named Falqui, during the night of 15th to 16th August 1956.

The Austrian Government alleges that certain irregularities occurred in the trial procedure, constituting a violation of the European Convention on Human Rights and particularly of Article 6, which sets forth the principles governing a fair administration of justice.

Entered in the special register of the Commission on 11th July 1960 under File No. 788/60 [2], the Application was communicated on 13th July, on the instructions of the President of the Commission, to the Permanent Representative of the Italian Republic to the Council of Europe.

In accordance with Rule 44, the President invited the Italian Government to submit its written observations on the admissibility of the said Application.

On 30th August 1960, the Italian Government presented its written observations to which the Austrian Government replied on 26th October 1960. On 3rd December 1960 the Italian Government submitted further comments in writing. The Austrian Government had the option of submitting a reply to the rejoinder before 4th January 1961 [3].

At its 25th Plenary Session, held in Strasbourg from 16th to

---

1 Cf. Yearbook, Volume I, pp. 129–131, Volume II, pp. 175–199.

2 Cf. Rule 13 of the Rules of Procedure.

3 Cf. Rules 44 and 46 (1) and (2).

CHAPITRE I

REQUETES INTERETATIQUES

Trois requêtes ont été soumises à la Commission en vertu de l'article 24 de la Convention. Les deux premières, introduites par le Gouvernement hellénique contre le Gouvernement britannique, concernaient l'application de la Convention à l'île de Chypre [1]. La troisième requête introduite le 11 juillet 1960 par le Gouvernement autrichien contre le Gouvernement italien est encore pendante devant la Commission.

La requête autrichienne a trait aux peines que la Cour d'Assises de Bolzano (16 juillet 1957), la Cour d'Appel de Trente (27 mars 1958) et la Cour de Cassation d'Italie (16 janvier 1960) ont successivement infligé à six jeunes gens du village de Fundres/Pfunders (Haut-Adige), accusés d'avoir commis, dans la nuit du 15 au 16 août 1956, le crime de meurtre sur la personne du douanier italien Falqui.

Selon le Gouvernement autrichien, la procédure qui a conduit à ces condamnations étant entachée de certaines irrégularités, serait contraire à la Convention européenne des Droits de l'Homme et, notamment, aux prescriptions de l'article 6 qui énonce les règles relatives à une bonne administration de la justice.

Inscrite le 11 juillet 1960 au registre spécial de la Commission sous le numéro de dossier 788/60 [2], la requête a été communiquée le 13 juillet, sur les instructions du Président de la Commission, au Représentant Permanent de la République italienne auprès du Conseil de l'Europe.

Conformément à l'article 44 du Règlement Intérieur de la Commission, le Président a invité le Gouvernement italien à présenter ses observations écrites sur la recevabilité de ladite requête.

C'est le 30 août 1960 que le Gouvernement italien a présenté ses observations écrites auxquelles le Gouvernement autrichien a répondu le 26 octobre 1960. Le Gouvernement italien a déposé, le 3 décembre 1960, des observations écrites complémentaires (réplique), le Gouvernement autrichien ayant la faculté de soumettre une duplique jusqu'au 4 janvier 1961 [3].

---

[1] Cf. Annuaire, Volume I, pp. 129–131, Volume II, pp. 175–199.

[2] Cf. Article 13 du Règlement Intérieur.

[3] Cf. Articles 44 et 46 § § 1 et 2 du Règlement Intérieur.

21st December 1960 the Commission decided to give precedence [1] to the case and to invite the two Governments concerned to give oral explanations relating to the admissibility of the Application at a hearing beginning in Strasbourg on 7th January 1961 [2].

The complainant and respondent Governments nominated as Agents Mr. Hans REICHMANN, Permanent Representative of Austria to the Council of Europe, and Mr. Ricardo MONACO, Head of the Legal Department of the Ministry of Foreign Affairs of Italy, respectively [3].

---

[1] Cf. Rule 38 (1) *in fine.*
[2] Cf. Rule 46 (1) *in fine.*
[3] Cf. Rule 36.

Lors de sa 25ème session plénière, qu'elle a tenue à Strasbourg du 16 au 21 décembre 1960, la Commission a décidé, d'une part, de traiter l'affaire par priorité [1] et, d'autre part, d'inviter les deux Gouvernements intéressés à lui donner au cours d'un examen contradictoire qui se tiendrait à Strasbourg à partir du 7 janvier 1961, des explications orales portant sur la recevabilité de la requête [2].

Le Gouvernement demandeur et le Gouvernement défendeur ont désigné comme Agents respectivement M. Hans REICHMANN, Représentant Permanent de l'Autriche auprès du Conseil de l'Europe, et M. Riccardo MONACO, Chef du Contentieux au Ministère des Affaires Etrangères d'Italie [3].

[1] Cf. Article 38 § 1 in fine du Règlement Intérieur.
[2] Cf. Article 46 § 1 in fine du Règlement Intérieur.
[3] Cf. Article 36 du Règlement Intérieur.

CHAPTER II

INDIVIDUAL APPLICATIONS

A.

Introduction

In 1960 a tenth State, the Kingdom of the Netherlands, accepted the competence of the European Commission on Human Rights to receive individual applications, and on 5th July 1960 its Government deposited the required Declaration, valid for the period 28th June 1960 to 31st August 1964.

By 31st December 1960 therefore ten out of the fourteen States which had ratified the Convention had accepted the right of any individual, non-governmental organisation, or group of individuals, within their jurisdiction, to lodge an application with the Commission directed against themselves. These States were Austria, Belgium, Denmark, The Federal Republic of Germany, Iceland, Ireland, Luxembourg, the Netherlands, Norway and Sweden.

An increasing number of individual applications are being lodged with the Commission: 96 in 1958; 233 in 1959; 291 in 1960.

Since 5th July 1955, the date from which individual applications were first authorised, until 31st December 1960, 963 such applications have been made to the Commission. During the same period, three applications have been lodged by States.[1]

During 1960, eight individual applications were communicated to the Contracting Parties concerned, of which:

- Three were declared admissible after the exchange of written observations between the Parties (Nos. 524/59, 596/59 and 617/59);[2]
- One was declared inadmissible after the exchange of written observations (No. 448/59);[3]
- Four were still pending before the Commission on 31st December 1960 (Nos. 493/59, 712/60, 764/60 and 789/60).

The present volume contains the original text, with a translation, of the major decisions rendered by the Commission during 1960. The decisions are set out in the same way as in Volume II, namely:

- The decisions are given in *chronological order;*
- Each is preceded by a *head-note* briefly indicating its contents;
- *Summaries* in English and French of the decisions published in this Volume are given in a special section.

It is to be noted that the head-notes and summaries are merely for the purpose of facilitating reference and not intended as either a commentary on or an interpretation of the Commission's decisions.

---

1 Cf. *supra*, p. 168.

2 Cf. text of decisions above.

3 Cf. text of decision above, p. 254.

CHAPITRE II

REQUETES INDIVIDUELLES

A.

Introduction

En 1960, un dixième Etat a accepté la compétence de la Commission européenne des Droits de l'Homme en matière de requêtes individuelles. Il s'agit du Royaume des Pays-Bas dont le Gouvernement a déposé, le 5 juillet 1960, une déclaration en ce sens, valable pour la période allant du 28 juin 1960 au 31 août 1964.

Ainsi, au 31 décembre 1960, dix Etats sur les quatorze qui ont ratifié la Convention, ont reconnu à toute personne physique, toute organisation non gouvernementale et à tout groupe de particuliers relevant de leur juridiction, le droit de saisir la Commission d'une requête les mettant en cause. Ces Etats sont: l'Autriche, la Belgique, le Danemark, la République Fédérale d'Allemagne, l'Islande, l'Irlande, le Luxembourg, les Pays-Bas, la Norvège et la Suède.

Le nombre de requêtes individuelles introduites devant la Commission ne cesse d'augmenter: 96 requêtes ont été enregistrées en 1958; 233 en 1959; 291 en 1960.

Depuis le 5 juillet 1955, date à laquelle le droit de recours individuel a commencé à s'exercer, jusqu'au 31 décembre 1960, la Commission a été saisie de 963 requêtes individuelles. Pendant la même période, trois requêtes étatiques ont été portées devant elle.[1]

Au cours de l'année 1960, huit requêtes individuelles ont été communiquées aux Parties Contractantes mises en cause:

- trois ont été déclarées recevables après échange d'observations écrites entre les Parties (Nos. 524/59, 596/59 et 617/59);[2]
- une a été déclarée irrecevable après échange d'observations écrites (No. 448/59);[3]
- quatre étaient encore pendantes devant la Commission au 31 décembre 1960 (Nos. 493/59, 712/60, 764/60, 789/60).

Dans le présent Volume de l'Annuaire, le lecteur trouvera le texte original et la traduction des décisions les plus importantes rendues par la Commission en 1960.

Les décisions sont présentées suivant le même système que dans le deuxième Volume:

- elles sont classées dans l'*ordre chronologique;*
- des *mots-clé* figurent en tête de chacune d'elles et donnent une brève indication sur leur contenu;
- une section particulière du chapitre contient les *sommaires*, en anglais et en français, des décisions publiées dans le présent Volume.

Il est évident que ces indications d'ordre technique ont pour but de permettre au lecteur de consulter plus aisément la jurisprudence de la Commission et ne constituent ni un commentaire, ni une interprétation des décisions de la Commission.

---

[1] Cf. *supra*, p. 169.

[2] Cf. le texte des décisions, *supra*.

[3] Cf. le texte de la décision, *supra*, p. 255.

B.

Texts of selected decisions

Application No. 509/59

Decision of 14th December 1959

I. PRINCIPLE "NON BIS IN IDEM". RELEVANT NEW INFORMATION. ARTICLE 27, PARA. (1) (b) OF THE CONVENTION.

II. RIGHT TO FREE LEGAL ASSISTANCE. FEDERAL REPUBLIC OF GERMANY. DEFENCE CONDUCTED BY A "GERICHTSREFERENDAR" DEPUTISING FOR THE COUNSEL APPOINTED BY THE COURT. ARTICLE 6, PARA. (3) (c) OF THE CONVENTION.

(*Translation*)

HAVING REGARD to the Application lodged on 16th May 1959 by X, represented by Mr. Y, against the Federal Republic of Germany and registered on 19th May 1959;

HAVING REGARD to the Report provided for in Rule 45, paragraph 1 of the Rules of Procedure of the Commission.

Having deliberated,

THE FACTS

1. The Applicant, a German national, residing at ... (Federal Republic of Germany) had already lodged a previous Application (No. 127/55) with the European Commission of Human Rights, which, like the present Application, was submitted on his behalf by Mr. Y, barrister-at-law, of ...

2. The facts of the first Application (No. 127/55) may be summarised as follows: On 26th November 1954, the Prosecutor of the ... District Court (*Landgericht*) instituted proceedings against the Applicant, on a charge of belonging to an illegal organisation which was working against the constitutional order of the Federal Republic of Germany. Contrary to the express wishes of the Applicant, the Court did not appoint his own Counsel, Mr. Y, to defend him but named another barrister. On 1st November 1955, the Court of Appeal (*Oberlandesgericht*) at ... confirmed this decision which, X alleged, was a violation of Article 6, para. (3) (c) of the Convention. The Applicant also protested against Article 74 (a) of the Law of 30th August 1951 (*Gerichtsverfassungsgesetz*) by virtue of which the ... District Court was competent to deal with political cases.

B.

Texte des décisions sélectionnées

Requête No. 509/59

Décision du 14 décembre 1959

I. PRINCIPE "NON BIS IN IDEM". FAITS NOUVEAUX. ARTICLE 27 PAR. 1 b DE LA CONVENTION.

II. DROIT A L'ASSISTANCE GRATUITE D'UN AVOCAT D'OFFICE (FREE LEGAL ASSISTANCE). REPUBLIQUE FEDERALE D'ALLEMAGNE. DEFENSE ASSUREE PAR UN "GERICHTSREFERENDAR" REMPLAÇANT L'AVOCAT COMMIS D'OFFICE. ARTICLE 6 PAR. 3 C DE LA CONVENTION.

VU la requête introduite le 16 mai 1959 par X. représenté par Me Y., contre la République Fédérale d'Allemagne et enregistrée le 19 mai 1959;

VU le rapport prévu à l'article 45 par. 1 du Règlement Intérieur de la Commission;

Après avoir délibéré,

EN FAIT

1. Le requérant, de nationalité allemande, domicilié à ... (République Fédérale d'Allemagne) avait déjà saisi la Commission européenne des Droits de l'Homme d'une première requête (No. 127/55) qui avait été introduite en son nom, comme d'ailleurs la présente requête, par Me Y., avocat à ...

2. Les faits de cette première requête (No. 127/55) peuvent être résumés comme suit: Le 26 novembre 1954, le Procureur près le Tribunal (*Landgericht*) d'... engagea des poursuites contre le requérant accusé d'appartenir à une organisation illégale travaillant contre l'ordre constitutionnel de la République Fédérale d'Allemagne. Malgré ses demandes répétées, le Tribunal ne commit pas d'office pour sa défense son propre avocat, Me Y., mais un autre avocat, et ce contre la volonté expresse du requérant. Le 1er novembre 1955, la Cour d'appel (*Oberlandesgericht*) d'... confirma cette dernière décision qui, selon X., violerait l'article 6 par. 3 c) de la Convention. Par ailleurs, le requérant protestait contre l'article 74 a) de la loi du 30 août 1951 (*Gerichtsverfassungsgesetz*) en vertu duquel le Landgericht d'... avait la compétence pour connaître des affaires politiques.

3. On 30th May 1956, the Commission declared Application No. 127/55 *inadmissible* on the following grounds:

"... Whereas, regarding the alleged violation of Article 6, para. (3) (c), of the Convention, this provision recognises the right of an accused either 'to defend himself in person or through legal assistance of his own choosing or, if he has not sufficient means to pay for legal assistance, to be given it free when the interests of justice so require'; whereas it follows from this that the Convention protects the right to the free choice of legal assistance only if the accused has sufficient means to pay for the said legal assistance; whereas, failing this, the right of the accused is limited to free legal assistance when the interests of justice so require; whereas it appears that this right was respected in the case in question; whereas a general examination of the file does not disclose any *prima facie* violation of any of the rights and freedoms set out in the Convention, and in particular in Article 6; whereas it follows that the Application is in this respect manifestly ill-founded and must be rejected in accordance with Article 27, paragraph (2) of the Convention. Whereas, in so far as the Application relates to the special competence conferred on the ... Court by the German Law of 30th August 1951, an examination of the file does not disclose any *prima facie* violation of the rights and freedoms set out in the Convention, and in Article 6 in particular; whereas it follows that the Application is, in this respect also, manifestly ill-founded and must be rejected in accordance with Article 26, paragraph (2), of the Convention".

4. In the present Application No. 509/59, X repeats the complaints lodged previously, but he sets out the whole case in greater detail, analysing in particular the judicial decisions pronounced since the rejection of his first Application.

The facts of the case, as they appear at present from the documents contained in the file, may be summarised as follows:

(a) Charged with belonging to a secret organisation (Article 128 of the German Penal Code) and to a criminal association (Article 129 of the Penal Code), X requested on 10th March 1955 that Mr. Y, barrister at ..., be appointed by the Court to defend him. On 15th March 1955, however, the District Court at ... decided that X did not require free legal assistance. The Applicant appealed against this decision which was reversed by the Court of Appeal (*Oberlandesgericht*) on 23rd April 1955.

(b) X's request was again brought before the Court of First Instance which, on 18th May 1955, appointed Mr. A as his Counsel. X then appealed to the Court at ... which, on 27th May 1955, quashed the decision of the inferior Court on the ground that an

3. Le 30 mai 1956, la Commission déclara la requête No. 127/55 *irrecevable* pour les motifs suivants:

"... Considérant en ce qui concerne la violation prétendue de l'article 6 par. 3 c) de la Convention, que cette dernière disposition reconnaît à tout accusé le droit de se défendre lui-même ou d'avoir l'assistance d'un défenseur de son choix et, s'il n'a pas les moyens de rémunérer un défenseur, de pouvoir être assisté gratuitement par un avocat d'office, lorsque les intérêts de la justice l'exigent; considérant qu'il ressort de ce texte que la Convention consacre le droit au libre choix d'un défenseur dans le seul cas où l'accusé possède les moyens de rémunérer ledit défenseur; que dans l'hypothèse inverse, le droit de l'accusé se limite à l'assistance gratuite d'un avocat d'office, lorsque les intérêts de la justice l'exigent; qu'il appert que ce droit a été respecté en l'espèce; que, de façon générale, l'examen du dossier ne permet pas de dégager l'apparence d'une violation d'un des droits reconnus dans la Convention, notamment à l'article 6; qu'il y a donc lieu de rejeter de ce chef la requête en vertu de l'article 27, par. 2 de la Convention, comme manifestement mal fondée;

Considérant, pour autant que la requête a trait à la compétence spéciale conférée au Tribunal d'... par la loi allemande du 30 août 1951, que l'examen du dossier ne permet pas de dégager l'apparence d'une violation d'un des droits reconnus dans la Convention, notamment à l'article 6; qu'il y a donc lieu de rejeter la requête également de ce chef en vertu de l'article 27, par. 2 de la Convention, comme manifestement mal fondée...";

4. Dans la présente requête No. 509/59, X. reprend les griefs qu'il avait déjà formulés précédemment, mais il expose toute l'affaire avec plus de détails en analysant, en particulier, les décisions judiciaires intervenues depuis le rejet de sa première requête.

Les faits de la cause tels qu'ils résultent actuellement des documents versés au dossier, peuvent être résumés comme suit:

(a) Poursuivi pour appartenance à une organisation secrète (art. 128 du Code Pénal allemand) et à une association criminelle (art. 129 du Code Pénal), X. demande le 10 mars 1955, que Me Y., avocat à ..., soit commis d'office pour sa défense. Le 15 mars 1955, le Tribunal d'... décide cependant que l'assistance de X. par un avocat commis d'office n'est pas nécessaire. Sur appel du requérant, cette décision est infirmée par la Cour d'... (*Oberlandesgericht*) le 23 avril 1955.

(b) La demande de X. revient devant le Tribunal de première instance qui, le 18 mai 1955, désigne Me A. comme avocat d'office. X. interjette alors appel devant la Cour d'... qui, le 27 mai 1955, infirme la précédente décision pour le motif que la demande d'un accused's application to be assisted by a Counsel mentioned by name cannot be rejected *de plano* unless there are serious reasons for doing so.

(c) On 28th September 1955, the Court at ... appointed Mr. B as Counsel and again dismissed X's request to be assisted by Mr. Y. The Court gave the following reasons for its decision: since Mr. Y occupied a position of trust within the illegal organisation "*Freie Deutsche Jugend*" (FDJ), there could be no certainty that he would conduct the defence of X in the sole interests of the latter. Mr. Y, who had, in fact, already pleaded in numerous cases of the same nature, was considered to be a barrister in the employ of the FDJ whose instructions he would carry out; it was, therefore, not desirable that he should be appointed Counsel since, at the hearing, he would, at the State's expense, defend the anti-constitutional activities of the FDJ.

An appeal by the Applicant against this decision was dismissed by the Court at ... on 1st November 1955.

(d) A further request by X for Mr. Y to be appointed to defend him was rejected on 15th May 1956 by the Penal Chamber of the ... District Court (*Landgericht*) on the ground that he had already been granted legal assistance in the person of Mr. B.

(e) The trial proper took place on 15th May 1956 before the above-mentioned Chamber of the ... Court, which sits at ..., where X resides. Mr. B, the Counsel appointed by the Court, did not appear but was represented by "*Gerichtsreferendar*" G. X alleges that during the hearing he objected repeatedly to the fact that he was being assisted by a Counsel appointed by the Court – or more correctly, by a representative of that Counsel – whom he did not want. But the Court, he contended, had not advised him as to the procedure for challenging a Counsel appointed by the State. X was finally sentenced to three months' imprisonment with benefit of the First Offenders Act.

(f) From this judgment of 15th May 1956, X made an appeal which was, on 13th September 1956, rejected by the Federal Court of Justice (*Bundesgerichtshof*) as manifestly ill-founded.

(g) X then appealed to the Constitutional Court against:

- the ... District Court's decision of 28th September 1955 (cf. (c) supra);
- the ... Court's decision of 1st November 1955 (cf. (c) *in fine* supra);
- the judgment of the Federal Court of Justice of 13th September 1956 (cf. (e) supra).

The appeal was rejected on 16th December 1958 by the First Chamber of the Federal Constitutional Court, which gave the following grounds for its judgment:

A person charged with a criminal offence has no right to free accusé d'être assisté par un avocat d'office nommément désigné ne peut pas être rejetée de plano à moins qu'il n'existe pour cela des raisons sérieuses.

(c) Le 28 septembre 1955, le Tribunal d'... désigne Me B. d'... comme avocat d'office et rejette à nouveau la demande de X. d'être assisté par Me Y. Le Tribunal motive sa décision de la manière suivante: étant donné que Me Y. occupait un poste de confiance au sein de l'organisation illégale *"Freie Deutsche Jugend"* (FDJ), il ne présente pas les garanties nécessaires pour assurer la défense de X. dans le seul intérêt de ce dernier. En effet, Me Y. qui a déjà plaidé de nombreuses affaires du même genre passe pour être l'avocat de la FDJ dont il exécuterait les instructions. Il n'est pas, par conséquent, souhaitable de le désigner comme avocat d'office car, au cours de l'audience, il défendrait, aux frais de l'Etat, les activités anticonstitutionnelles de la FDJ.

Contre cette décision, le requérant introduit un recours qui est rejeté par la Cour d'... le 1er novembre 1955.

(d) Une nouvelle demande de X. tendant à ce que Me Y. soit commis d'office pour sa défense est rejetée le 15 mai 1956 par la Chambre Pénale du Tribunal (*Landgericht*) d'... Le Tribunal constate en effet que X. bénéficie déjà de l'assistance d'un avocat d'office, Me B.

(e) Le procès proprement dit a lieu le 15 mai 1956 devant la Chambre susmentionnée du Tribunal d'... qui siège toutefois à ..., domicile de X. Me B., avocat d'office, ne comparaît pas et se fait remplacer par le *"Gerichtsreferendar"* G. Pendant l'audience, X. aurait protesté à plusieurs reprises contre le fait qu'il était assisté par un avocat d'office – ou plus exactement par le représentant de ce dernier – dont il ne voulait pas, mais le Tribunal ne l'aurait pas conseillé sur la procédure à suivre pour récuser un avocat commis d'office. X. est finalement condamné à trois mois de prison avec sursis.

(f) Contre le jugement de condamnation du 15 mai 1956, X. introduit un pourvoi en cassation qui est rejeté comme manifestement mal fondé le 13 septembre 1956 par la Cour Fédérale de Justice (*Bundesgerichtshof*).

(g) X. introduit alors un recours constitutionnel contre:
- la décision du Tribunal d'... du 28 septembre 1955 (cf. c supra);
- la décision de la Cour d'... du 1er novembre 1955 (cf. c in fine supra);
- contre l'arrêt de la Cour Fédérale de Justice du 13 septembre 1956 (cf. e supra).

Le recours est rejeté le 16 décembre 1958 par la Première Chambre de la Cour Fédérale Constitutionnelle qui motive son arrêt de la manière suivante:

Un accusé n'a pas le droit d'être assisté par un avocat commis legal assistance of his own choosing. The preference of the accused should, naturally, be considered as far as possible, but the State must reserve the right to appoint a Counsel. Hence it is the practice that an accused who requests the assistance of a particular Counsel obtains satisfaction unless there are "particular reasons" to prevent it. The Constitutional Court goes on to explain, in substance, that in the case in question the Courts did not exercise their discretionary powers in a manner contrary to the Constitution. The Court likewise rejects the argument which the Applicant based on Article 6, para. (3) of the Convention, holding that the protection afforded by this provision is no wider than that guaranteed by German law, and, for this reason, there is no point in examining whether an appeal to the Constitutional Court may be based exclusively on the Convention.

5. The Applicant's complaints are as follows:

(a) He contends that the Courts were wrong in refusing to appoint Mr. Y as his Counsel;

(b) X objects to the appointment of Mr. B as Counsel when he had expressly requested Mr. Y. He considers that the Court had no right to force upon him a Counsel whom he did not want, and he points out that:

- during the hearing he objected to this last fact;
- the Counsel appointed, Mr. B, had himself replaced by a "*Gerichtsreferendar*", that is to say, by a jurist "employed by the Government" who, it is alleged, gave no support at the hearing;

(c) Finally, X objects to the fact that he was tried by a special Chamber competent, under Article 74 (a) of the "*Gerichtsverfassungsgesetz*", to deal with political cases.

THE LAW

Whereas, in the present Application, X repeats the complaints put forward in his previous Application No. 127/55; whereas Application No. 509/59, with which the Commission is now dealing, differs from the previous Application only in that the case is presented more fully, while the basic facts remain the same; whereas the new arguments advanced by the Applicant in no way alter the grounds, either as regards facts or law, on which the Commission already declared Application No. 127/55 inadmissible; whereas, therefore, it is evident that the present Application is substantially the same as a matter which has already been examined by the Commission;

Whereas, even if the Applicant's allegations that he was represented at his trial not by Counsel appointed by the Court to defen d'office qu'il aurait lui-même choisi. Il faut, certes, tenir compte autant que possible des préférences de l'accusé, mais la désignation de l'avocat d'office doit rester à l'Etat. Il en résulte qu'en pratique, l'accusé qui demande qu'un certain avocat soit commis d'office, obtient satisfaction à moins que des "raisons particulières" ne s'y opposent. Or, dans le cas d'espèce, poursuit en substance la Cour Constitutionnelle, les tribunaux n'ont pas usé de leur pouvoir d'appréciation d'une manière contraire à la Constitution. La Cour rejette également l'argument que le requérant a tiré de l'article 6 par. 3 de la Convention: en effet, estime la Cour, "la protection accordée par cette disposition ne va pas au-delà de celle garantie par le droit allemand. Il est par conséquent inutile d'examiner si un recours constitutionnel peut être basé exclusivement sur la Convention".

5. Les griefs du requérant sont les suivants:

(a) c'est à tort que les tribunaux auraient refusé de désigner Me Y. comme avocat d'office;

(b) X. proteste contre la désignation de Me B. comme avocat d'office alors qu'il aurait volontairement limité sa demande au seul Me Y. Dans ces conditions, estime le requérant, le tribunal n'avait pas le droit de lui imposer un avocat dont il ne voulait pas. A cet égard, il y aurait lieu de remarquer selon le requérant:

- qu'il a protesté au cours de l'audience contre ce dernier fait;
- que l'avocat commis d'office, Me B., s'est fait remplacer par un "*Gerichtsreferendar*", c'est-à-dire par un juriste "dépendant du gouvernement", qui, d'ailleurs, n'aurait nullement soutenu X. au cours de l'audience;

(c) X. proteste enfin contre le fait d'avoir été jugé par une chambre spéciale compétente pour connaître des affaires politiques et ce, conformément à l'article 74 a) du "*Gerichtsverfassungsgesetz*";

EN DROIT

Considérant, que dans la présente requête, X. réitère les griefs qu'il avait déjà formulés dans sa requête No. 127/55; que la requête No. 509/59 dont la Commission se trouve saisie, ne se distingue de la précédente que par une présentation plus complète de la cause, alors que la base de l'action reste la même; que les arguments nouveaux avancés par le requérant ne modifient nullement les éléments d'appréciation, tant de fait que de droit, à partir desquels la Commission avait déclarée irrecevable la requête No. 127/55; qu'il appert dès lors que la présente requête est essentiellement la même qu'une requête précédemment examinée par la Commission;

Considérant, que même si les allégations du requérant, selon lesquelles il a été représenté à son procès non par un "avocat com-him, but by a "*Gerichtsreferendar*" who is a jurist employed by the Government, could be considered as constituting "relevant new information" within the meaning of Article 27, paragraph (1) (b) of the Convention for the Protection of Human Rights and Fundamental Freedoms, it would still be necessary to examine whether this relevant new information constituted additional material or modified the case presented in the previous Application; whereas it is significant to note that while the French text of paragraph (3) (c) of Article 6 provides that "tout accusé n'ayant par les moyens de rémunérer un *défenseur*, a droit à 'pouvoir être assisté gratuitement par un *avocat* d'office lorsque les intérêts de la justice l'exigent' ", the English text of the same paragraph expresses the same idea in the words: "... if he (everyone charged with a criminal offence) has not sufficient means to pay for *legal assistance*, he has the right to be given *it* free when the interests of justice so require"; whereas the preparatory works on Article 6, paragraph (3) (c), confirm that the word "avocat" (French text) is not to be understood in the technical sense of the term but in the sense of "legal assistance"; whereas in the case in question, although it is clear that *Gerichtsreferendar* G is not an "avocat", he is, nevertheless, a competent "défenseur", when instructed to provide the accused with "legal assistance";

Whereas, moreover, the examination of the file discloses that *Gerichtsreferendar* G was not appointed to defend X either by the Government or even by the Court which, in accordance with the relevant provisions in German law, was required to provide the Applicant with legal assistance; whereas, in fact, the Court appointed as Counsel Mr. B; whereas *Gerichtsreferendar* G was a probationer undergoing statutory training with Mr. B; whereas Mr. B, unable to attend the trial himself, appointed the said *Gerichtsreferendar* G to conduct the defence of the Applicant in his stead; whereas it follows that *Gerichtsreferendar* G was, in fact, acting as Mr. B's representative and conducting the defence of the Applicant in complete freedom and independence;

Whereas, consequently, the mere fact that the Applicant was defended ar his trial by a *Gerichtsreferendar*, namely *Gerichtsreferendar* G, instead of by the Counsel appointed by the Court, does not substantially alter the grounds on which the Commission declared the former Application No. 127/55 inadmissible; whereas it appears that the present Application is substantially the same as a matter already examined by the Commission; whereas it follows that the Application is manifestly ill-founded and must be rejected in accordance with Article 27, paragraph (1) (b), of the Convention;

Now, therefore, the Commission,

DECLARES THIS APPLICATION INADMISSIBLE.

mis d'office pour sa défense" mais par un "*Gerichtsreferendar*" qui est un juriste dépendant du gouvernement, pouvaient être considérées comme constituant des "faits nouveaux" au sens de l'article 27 par. 1 b) de la Convention de Sauvegarde des Droits de l'Homme et des Libertés fondamentales, il n'en resterait pas moins nécessaire d'examiner si ces faits nouveaux apportent une addition matérielle ou une modification à l'affaire présentée dans la requête précédente; qu'il importe de noter que si le texte français du par. 3 c) de l'article 6 prévoit que tout accusé n'ayant pas les moyens de rémunérer un *défenseur*, a droit à "pouvoir être assisté gratuitement par un *avocat* d'office lorsque les intérêts de la justice l'exigent", le texte anglais du même paragraphe utilise le même terme en disposant: "... if he (everyone charged with a criminal offence) has not sufficient means to pay for *legal assistance*, to be given *it* free when the interests of justice so require"; que les travaux préparatoires de l'article 6 par. 3 c) confirment que le mot "avocat" ne doit pas être pris dans le sens technique du terme mais au sens de "défenseur"; qu'en l'espèce, s'il est clair que le *Gerichtsreferendar* G. n'est pas un "avocat", il n'en est pas moins un "défenseur" appelé à fournir la "legal assistance" à l'accusé;

Considérant en outre, que l'examen du dossier révèle que pour défendre X., le *Gerichtsreferendar* G. n'a pas été désigné par le Gouvernement, ni même par le Tribunal qui a été appelé, conformément aux dispositions pertinentes du droit allemand, à fournir l'assistance judiciaire au requérant; qu'en fait, le Tribunal désigna comme avocat d'office Me B.; que le *Gerichtsreferendar* G. faisait son stage réglementaire auprès de ce dernier; que, se trouvant dans l'impossibilité d'assister lui-même au procès, Me B. a désigné comme son remplaçant ledit *Gerichtsreferendar* G. chargé d'assurer la défense du requérant; qu'il s'ensuit qu'en l'espèce, le *Gerichtsreferendar* G. agissait en tant que représentant de Me B. et assumait la défense du requérant en toute liberté et indépendance;

Considérant en conséquence, qu'en l'espèce le simple fait que le requérant ait été défendu à son procès par un *Gerichtsreferendar*, à savoir le *Gerichtsreferendar* G., plutôt que par l'avocat commis d'office ne modifie pas d'une manière substantielle les éléments d'appréciation à partir desquels la Commission avait déclarée irrecevable la requête précédente, No. 127/55; qu'il appert dès lors que la présente requête est essentiellement la même que la requête précédemment examinée par la Commission; qu'il en résulte qu'elle doit être rejetée par application des dispositions de l'article 27, par. 1 b) de la Convention;

Par ces motifs,

DECLARE LA REQUETE IRRECEVABLE.

Application No. 530/59

Decision of 4th January 1960

I. RIGHT OF INDIVIDUAL PETITION. FREEDOM OF CORRESPONDENCE WITH THE COMMISSION. HINDRANCES. ARTICLE 25, PARA. 1 OF THE CONVENTION.

II. FREE ELECTIONS. RIGHT TO VOTE. REGULATION. RIGHTS GUARANTEED BY THE CONVENTION. ARTICLE 1 OF THE CONVENTION AND ARTICLE 3 OF THE PROTOCOL.

III. RIGHT TO RESPECT FOR PRIVATE AND HOME LIFE. INTERFERENCE. SEARCH. SEIZURE OF DOCUMENTS. ARTICLE 8 OF THE CONVENTION.

IV. RIGHT TO RESPECT FOR CORRESPONDENCE INTERFERENCE. CENSORSHIP BY THE PRISON AUTHORITIES. ARTICLE 8 OF THE CONVENTION.

V. RIGHT TO LIBERTY AND SECURITY OF PERSON. PREVENTIVE DETENTION. DURATION. POWER OF APPRAISAL BY THE COMMISSION. ARTICLE 5 OF THE CONVENTION.

VI. RIGHT TO RESPECT FOR PRIVATE LIFE. INTERFERENCE. ARTICLE 175 OF THE GERMAN CRIMINAL CODE. HOMOSEXUALITY. ARTICLE 8 OF THE CONVENTION.

HAVING REGARD to the Application lodged on 16th February 1959 by X against the Federal Republic of Germany, and registered on 2nd July 1959 under File No. 530/59;

HAVING REGARD to the Report provided for in Rule 45, paragraph (1), of the Rules of Procedure of the Commission;

Having deliberated,

THE FACTS

Whereas the facts of the case may be summarised as follows:

1. The Applicant is of German nationality aged 49, domiciled before his arrest at ... in the Saar. He is at present imprisoned in Saarbrücken.

2. The Applicant first wrote to the Commission on 16th February 1959. On 24th June 1959, he addressed a further letter to the Secretariat stating that some difficulties had arisen over the transmission of his correspondence to the Commission. In fact, although the Secretariat received his letter of 24th June on 2nd July 1959, the first letter of application dated 16th February 1959 was not received until 17th July. On 12th August 1959 the Applicant addressed another letter to the Secretariat – received on 17th

Requête No. 530/59

Décision du 4 janvier 1960

I. DROIT DE RECOURS INDIVIDUEL. LIBERTE DE CORRESPONDANCE AVEC LA COMMISSION. ENTRAVES. ARTICLE 25 PAR. I DE LA CONVENTION.

II. ELECTIONS LIBRES. DROIT DE VOTE. REGLEMENTATION. DROITS GARANTIS PAR LA CONVENTION. ARTICLE IER DE LA CONVENTION ET ARTICLE 3 DU PROTOCOLE ADDITIONNEL.

III. DROIT AU RESPECT DE LA VIE PRIVEE ET DU DOMICILE. INGERENCES. PERQUISITION. SAISIE DE DOCUMENTS. ARTICLE 8 DE LA CONVENTION.

IV. DROIT AU RESPECT DE LA CORRESPONDANCE. INGERENCES. CENSURE EFFECTUEE PAR LES AUTORITES PENITENTIAIRES. ARTICLE 8 DE LA CONVENTION.

V. DROIT A LA LIBERTE ET A LA SURETE. DETENTION PREVENTIVE. DUREE. POUVOIR D'APPRECIATION DE LA COMMISSION. ARTICLE 5 DE LA CONVENTION.

VI. DROIT AU RESPECT DE LA VIE PRIVEE. INGERENCES. ARTICLE 175 DU CODE PENAL ALLEMAND. HOMOSEXUALITE. ARTICLE 8 DE LA CONVENTION.

VU la requête introduite le 16 février 1959 par X. contre la République Fédérale d'Allemagne, et enregistrée le 2 juillet 1959 sous le No. de dossier 530/59;
VU le rapport prévu à l'article 45, par. 1 du Règlement Intérieur de la Commission;

Après avoir délibéré,

EN FAIT

Les *faits de la cause* tels qu'ils ressortent du dossier peuvent se résumer comme suit:

1. Le requérant, de nationalité allemande, âgé de 49 ans, était domicilié, avant son arrestation, à ... en Sarre. Il est actuellement détenu à la prison de Sarrebrück.

2. Le requérant a écrit pour la première fois à la Commission le 16 février 1959. Le 24 juin 1959, il a adressé une nouvelle lettre au Secrétariat pour lui signaler que la transmission de sa correspondance destinée à la Commission aurait donné lieu à certaines difficultés. En fait, si le 2 juillet 1959 le Secrétariat a bien reçu la lettre datée du 24 juin, la lettre introductive de requête du 16 février 1959 ne lui est parvenue que le 17 juillet. Le requérant a adressé le 12 août 1959 une autre lettre au Secrétariat – reçue le 17 août –

August – stating that he had despatched the normal application forms duly filled in on 3rd August. The letter of 3rd August, however, did not reach the Secretariat until 1st September 1949. The Applicant's last letter, dated 29th September 1959, was received on 2nd October. The Applicant states that he has taken legal proceedings against the authorities for their refusal to transmit to the Commission his original letter ofapplication of 16th February 1959. The Regional Court (Landgericht) of Saarbrücken, however, decided on 20th February 1959 that his letter should not be transmitted because it contained damaging statements. At its 19th plenary session, the Commission took note of the above facts and requested its Secretariat to draw the attention of the Government of the Federal Republic of Germany to them. The Secretary addressed a letter to this effect dated 11th September 1959, to the Permanent Representative of the Federal Republic of Germany, who replied on 4th January 1960.

3. The subject of X's complaint is Article 175 of the German Penal Code (making homosexual relationships an offence) under which he has twice been convicted.

A. Charged with an offence under the above-mentioned Article, the Applicant was convicted on 5th April 1955 by the Regional Court (*Landgericht*) of Saarbrücken and sentenced to twenty months imprisonment. The judgment was confirmed on appeal on 22nd July 1955 by the Regional Court of Appeal (*Oberlandesgericht*) of Saarbrücken. The Applicant lodged a second appeal (*Revision*) with the same Court at Saarbrücken, which then increased the sentence to 22 months imprisonment. After the Saar became part of the Federal Republic of Germany, X took his case to the Federal Court (*Bundesgerichtshof*) which, on 13th November 1957, reduced the sentence to fifteen months' imprisonment. In fact, however, the Applicant remained in prison for twenty-two months.

B. The Applicant was arrested again on 24th March 1958 for four offences against Article 175 of the Penal Code. The opening indictment by the Public Prosecutor at Saarbrücken of 1st February 1959 was followed by an order made on 21st May 1959 by the Second Criminal Chamber of the Regional Court (*Landgericht*) of Saarbrücken remitting the case to the Juvenile Court (Jugendschutzkammer), as the Applicant had been guilty of offences committed with youths of under 21. On 9th September 1959 he was sentence to thirty months' imprisonment and to detention of indefinite duration as a dangerous and habitual offender.

The Chamber stated in its judgment that the Applicant had been remanded in custody so long (from 25th March 1958 to 9th September 1959, the date of the trial), because he had entered numerous protests against his arrest and against the seizure of the letters pour lui indiquer que le 3 août, il avait expédié les formulaires habituels de requête dûment remplis. La lettre du 3 août n'est toutefois parvenue au Secrétariat que le 1er septembre 1959. La dernière lettre du requérant, datée du 29 septembre 1959, a été reçue le 2 octobre. Le requérant déclare qu'il a engagé une action en justice dirigée contre le refus des autorités de transmettre à la Commission sa lettre introductive de requête du 16 février 1959. Le Tribunal Régional (*Landgericht*) de S. a cependant décidé le 20 février 1959 qu'il n'y avait pas lieu de transmettre la lettre parce qu'elle contenait des déclarations injurieuses. Lors de sa 19ème session plénière, la Commission, après avoir pris connaissance des faits susmentionnés, a chargé son Secrétariat d'attirer l'attention du Gouvernement de la République Fédérale d'Allemagne sur ces faits. En conséquence, le Secrétariat a adressé le 11 septembre 1959 une lettre en ce sens au Représentant Permanent de la République Fédérale d'Allemagne qui a répondu par sa lettre du 4 janvier 1960.

3. Dans sa requête, X. proteste essentiellement contre l'article 175 du Code Pénal allemand (réprimant les rapports homosexuels) sur la base duquel il fut condamné à deux reprises.

A. Poursuivi pour infraction à l'article 175 susmentionné, le requérant fut condamné le 5 avril 1955 par le Tribunal Régional (*Landgericht*) de Sarrebrück à une peine de 20 mois d'emprisonnement. Le jugement fut confirmé en appel, le 22 juillet 1955, par la Cour (*Oberlandesgericht*) de Sarrebrück. Le requérant aurait alors introduit un pourvoi en cassation (*Revision*), porté devant la même Cour de Sarrebrück qui aurait fixé la peine à 22 mois d'emprisonnement. Après le rattachement de la Sarre à la République Fédérale d'Allemagne, X. aurait porté l'affaire devant la Cour Fédérale de Justice (*Bundesgerichtshof*) qui, par son arrêt du 13 novembre 1957, aurait réduit la peine à 15 mois d'emprisonnement. En fait, cependant, le requérant serait resté en prison pendant 22 mois.

B. Le requérant fut arrêté le 24 mars 1958 une nouvelle fois pour infraction à l'article 175 du Code Pénal dans quatre cas. Le réquisitoire introductif du Ministère Public de Sarrebrück du 1er février 1959 fut suivi d'une ordonnance rendue le 21 mai 1959 par la 2ème Chambre Criminelle du Tribunal Régional (*Landgericht*) de Sarrebrück qui renvoya X. devant la Chambre des Mineurs (*Jugendschutzkammer*), le requérant ayant commis l'infraction prévue à l'article 175 du Code Pénal allemand avec des jeunes de moins de 21 ans. Le 9 septembre 1959, X. fut condamné à 30 mois d'emprisonnement et à la détention à durée indéterminée comme dangereux délinquant d'habitude.

La Chambre relève dans son jugement que, si le requérant est resté aussi longtemps en détention préventive (du 25 mars 1958 jusqu'au 9 septembre 1959, date du procès), c'est parce qu'il a introduit de très nombreuses requêtes contre le mandat d'arrêt, he had written to his sister and his friends; (against arrest: decisions of the *Landgericht* dated 1st April 1958, 25th August 1958, 30th October 1958, 7th January 1959, 29th June 1959; against seizure of letters: decisions of 10th April 1959, 7th July 1959, 10th July 1959, 28th August 1959, 1st September 1959).

The Applicant lodged an appeal against the conviction of 9th September 1959 which is still pending.

4. In substance the Applicant's grounds of complaint are as follows:

(a) The Applicant complains of the hindrances which the authorities placed in the way of his right of individual petition and of his right of freedom of correspondence with the Commission, rights guaranteed by Article 25, paragraph 1 *in fine* of the Convention;

(b) The prison authorities prevented him from voting in the referendum of 23rd October 1955, which was contrary to the legislation in force because, having lodged an appeal, he should have been able to vote;

(c) When he was arrested on 24th March 1958 the police searched his home and confiscated books, pamphlets, reviews and his address book and letters, which caused searches to be made at the domiciles of other people. The Applicant maintains that by so acting and in particular by seizing and reading letters, the authorities violated his right to freedom of expression and respect for his private life;

(d) The letters addressed by him to his sister from prison were censored, certain passages being deleted and his letter of 7th March 1959 even being impounded. He had made several complaints which were all rejected as ill-founded;

(e) The Applicant considers the sentences imposed on him as much too severe. He maintains that this is the first time that detention of indefinite duration has been imposed in the case of a homosexual. He claims that the fact that he wrote to the Commission and rebelled against the refusal of the authorities to transmit his application to the Commission explains the severity of his sentence.

5. The Applicant protests in general against Article 175 of the German Criminal Code under which he was convicted. According to him, this provision is merely a survival from Nazi times and is anti-democratic: all democratic States, even Poland, tolerate homosexuality among those who have an innate propensity towards it, which is the case with him. To make it an offence is a violation of the right to life, the corollary of which is the right to love. According to the Applicant, love cannot be denied to homo-

ainsi que contre les décisions de saisie des lettres qu'il a adressées à sa soeur et à ses amis; (contre le mandat d'arrêt: décisions du *Landgericht* datées des 1er avril 1958, 25 août 1958, 30 octobre 1958, 7 janvier 1959, 29 juin 1959; contre la saisie des lettres: décisions des 10 avril 1959, 7 juillet 1959, 10 juillet 1959, 28 août 1959, 1er septembre 1959).

Contre le jugement de condamnation du 9 septembre 1959, le requérant a introduit un pourvoi en cassation qui est encore pendant.

4. Les griefs du requérant sont en substance les suivants:

(a) le requérant se plaint des entraves que les autorités auraient apportées à l'exercice de son droit de recours individuel et de son droit de correspondre librement avec la Commission, droits garantis à l'article 25 par. 1 *in fine* de la Convention;

(b) les autorités pénitentiaires l'auraient empêché d'exercer son droit de vote lors du référendum du 23 octobre 1955, ce qui serait contraire à la législation en vigueur car, s'étant pourvu en cassation, il aurait dû pouvoir voter;

(c) lors de son arrestation, le 24 mars 1958, la police aurait perquisitionné chez lui et aurait saisi des livres, brochures et revues, ainsi que son carnet d'adresses et des lettres, ce qui aurait entraîné des perquisitions chez d'autres personnes. Le requérant soutient qu'en agissant ainsi et, en particulier, en saisissant des lettres et en en prenant connaissance, les autorités ont violé son droit à la liberté d'expression et au respect de la vie privée;

(d) les lettres qu'il a adressées de prison à sa soeur auraient été censurées, certains passages de ces lettres auraient été supprimés et sa lettre du 7 mars 1959 aurait même été saisie. Le requérant a introduit plusieurs requêtes qui auraient été toutes rejetées comme non fondées;

(e) le requérant estime que les condamnations qui lui ont été infligées sont beaucoup trop lourdes. Il soutient que c'est pour la première fois que la mesure de détention à durée indéterminée est prise dans le cas d'un homosexuel. Il prétend que seul le fait qu'il ait saisi la Commission et qu'il se soit insurgé contre le refus des autorités de transmettre sa requête à la Commission, expliquerait la gravité de la peine à laquelle il a été condamné.

5. D'une manière générale, le requérant proteste contre l'article 175 du Code Pénal allemand qui a été appliqué dans son cas. D'après lui, cette disposition qui ne serait qu'une survivance du régime nazi, serait antidémocratique: en effet, tous les Etats démocratiques (et même la Pologne) toléreraient l'homosexualité chez ceux qui y sont prédestinés, ce qui serait son cas. La répression de l'homosexualité constituerait une violation du droit à la vie lequel aurait pour corollaire le droit à l'amour. Or, selon le requérant l'amour ne peut

sexuals since they too are men. The Applicant also invokes Article 3 of the Convention (prohibition of inhuman or degrading punishment), as he considers that Article 175 of the German Penal Code involves violation of these two provisions.

6. The Applicant asks that the judgment be quashed and that he be awarded damages for each month of imprisonment (100,000 Frs. a month).

THE LAW

In so far as the Applicant complains of having been prevented from exercising his right to vote in the referendum of 23rd October 1955.

Whereas according to the terms of Article 3 of the Protocol to the Convention, "the High Contracting Parties undertake to hold free elections at reasonable intervals by secret ballot, under conditions which will ensure the free expression of the opinion of the people in the choice of the legislature"; whereas although, according to this Article, the Contracting Parties undertake to hold free elections, it does not follow that they recognise the right to every individual to take part therein; whereas, in other words, an individual's right to vote is not guaranteed by Article 3; whereas the Application, which raises the question of the regulations concerning the right to vote, must be declared inadmissible as being incompatible with the provisions of the Convention in accordance with Article 27, paragraph 2;

In so far as the Applicant complains of the search of his home and the seizure of documents belonging to him.

Whereas an examination of the documents in the case does not disclose any appearance of a violation of the rights or freedoms protected by the Convention, in particular the right to respect for private life and home guaranteed under Article 8 of the Convention; whereas, according to paragraph 2 of the said Article 8, there can be interference with the exercise of the above-mentioned right in so far as such interference is provided for by law and constitutes a measure which, in a democratic society, is necessary for the prevention of disorder or crime and for the protection of public morals, which was the position in this case; whereas it appears therefore that this part of the application must be declared inadmissible as manifestly ill-founded in accordance with Article 27 (2) of the Convention;

être refusé aux homosexuels qui sont également des hommes. Le requérant invoque également l'article 3 (interdiction des peines inhumaines et dégradantes) de la Convention, car il estime que par ses conséquences, l'article 175 du Code Pénal allemand viole ces deux dispositions.

6. Le requérant demande l'annulation du jugement le condamnant et des dommages-intérêts pour chaque mois d'emprisonnement (100.000 Frs par mois).

EN DROIT

Pour autant que le requérant se plaint d'avoir été empêché d'exercer son droit de vote lors du référendum du 23 octobre 1955

Considérant qu'aux termes de l'article 3 du Protocole Additionnel à la Convention, "les Hautes Parties Contractantes s'engagent à organiser, à des intervalles raisonnables, des élections libres au scrutin secret, dans les conditions qui assurent la libre expression de l'opinion du peuple sur le choix du corps législatif"; que, si, par cet article, les Parties Contractantes s'engagent à organiser des élections libres, il n'en résulte pas qu'elles reconnaissent à toute personne le droit de participer aux élections libres; qu'en d'autres termes le droit de vote d'un individu n'est pas garanti par l'article 3; que la requête qui soulève une question relative à la réglementation du droit de vote doit être déclarée irrecevable comme incompatible avec les dispositions de la Convention par application de l'article 27 par. 2;

Pour autant que le requérant se plaint de la perquisition effectuée à son domicile, et de la saisie des documents lui appartenant

Considérant que l'examen du dossier ne permet pas de dégager, même d'office, l'apparence d'une violation d'un des droits et libertés reconnus par la Convention, notamment du droit au respect de la vie privée et du domicile garanti par l'article 8 de la Convention; que, selon le paragraphe 2 dudit article 8, il peut y avoir ingérence dans l'exercice du droit susmentionné pour autant que cette ingérence est prévue par la loi et constitue une mesure qui, dans une société démocratique, est nécessaire à la prévention des infractions pénales et à la protection de la morale, ce qui était le cas en l'espèce; qu'il appert dès lors que cette partie de la requête doit être déclarée irrecevable comme manifestement mal fondée par application de l'article 27 par. 2 de la Convention;

In so far as the Applicant complains of the censorship of the letters he sent from prison.

Whereas an examination of the documents in the case does not disclose even any appearance of a violation of the rights or freedoms guaranteed by the Convention, in particular in Article 8; whereas, in fact, interference with correspondence can take place in so far as such interference is provided for by law and constitutes a measure which, in a democratic society, is necessary for the defence of order and the prevention of crime and for the protection of health or morality; whereas in this case the censorship of the Applicant's correspondence was a measure which fulfilled the conditions laid down in paragraph (2) of Article 8. whereas it appears, therefore, that this part of the application must be declared inadmissible as manifestly ill-founded in accordance with Article 27 (2) of the Convention.

In so far as the Applicant complains of the length of his remand in custody.

Whereas it is clear from Article 5 (3) of the Convention that the Commission is competent to judge whether a period in custody is of reasonable duration and in order to do so must take into account all the facts of the case and in particular its complexity; whereas in this case it is clear from the documents that the enquiry was difficult exactly because of its complexity, the Applicant being accused of having committed the offences in question in many cities of the Federal Republic and even abroad; whereas, furthermore, the documents in the case show that the reasons for the detention were under constant review by the Courts; whereas the Applicant filed numerous complaints against his arrest and against the seizure of his letters, which prevented the authorities pressing forward the enquiry as the file of the case was constantly being sent from one department to another; whereas it therefore appears that this part of the application is manifestly ill-founded; whereas in consequence it should be rejected in accordance with Article 27 (2) of the Convention;

In so far as the Applicant complains of the judgments pronounced in his case in 1955 and in 1957 and in particular of the judgment of the Federal Court of Justice of 13th November 1957.

Whereas, according to Article 26, application can be made to the Commission only after all domestic remedies have been exhausted and within a period of six months from the date of the final decision; whereas the Applicant did not file his Application until 16th February 1959 although the final judgement was that of the Federal Court of Justice given on 13th November 1957; whereas it

Pour autant que le requérant se plaint de la censure des lettres qu'il a expédiées de prison

Considérant que l'examen du dossier ne permet pas de dégager, même d'office, l'apparence d'une violation d'un des droits et libertés garantis par la Convention, notamment à son article 8; qu'il peut, en effet, y avoir ingérence dans l'exercice du droit au respect de la correspondance pour autant que cette ingérence est prévue par la loi et constitue une mesure qui, dans une société démocratique, est nécessaire à la défense de l'ordre et à la prévention des infractions pénales, à la protection de la santé ou de la morale; qu'en l'espèce, la censure de la correspondance du requérant était une mesure qui remplissait les conditions stipulées au par. 2 de l'article 8; qu'il appert dès lors que cette partie de la requête doit être déclarée irrecevable comme manifestement mal fondée par application de l'article 27 par. 2 de la Convention;

Pour autant que le requérant se plaint de la durée de sa détention préventive

Considérant que si, comme il résulte de l'article 5 par. 3 de la Convention, la Commission est compétente pour apprécier la durée de la détention préventive, elle doit, pour ce faire, tenir compte de tous les éléments de l'affaire, et en particulier de sa complexité; qu'en l'espèce il ressort du dossier que l'instruction de l'affaire s'est révélée malaisée du fait, précisément, de sa complexité, le requérant étant accusé d'avoir perpétré le délit dont s'agit dans plusieurs villes de la République Fédérale et même à l'étranger; qu'au surplus, l'examen du dossier révèle que les motifs de la détention étaient sous le contrôle constant des Tribunaux; qu'en effet, le requérant a introduit de très nombreux recours contre le mandat d'arrêt, ainsi que, d'ailleurs, contre les décisions de saisie de ses lettres, ce qui a empêché de diligenter l'instruction de l'affaire puisque le dossier judiciaire était constamment transmis par un service à un autre; qu'il appert dès lors que cette partie de la requête est manifestement mal fondée; qu'il y a lieu, par conséquent, de la rejeter de ce chef par application de l'article 27 par. 2 de la Convention;

Pour autant que le requérant se plaint des décisions prononcées contre lui en 1955 et en 1957 et, en particulier, de l'arrêt de la Cour Fédérale de Justice du 13 novembre 1957

Considérant qu'aux termes de l'article 26, la Commission ne peut être saisie qu'après l'épuisement des voies de recours internes et dans le délai de six mois à partir de la date de la décision interne définitive; que le requérant n'a introduit sa requête que le 16 février 1959 alors que la décision interne définitive prononcée en la matière est l'arrêt de la Cour Fédérale de Justice rendu le 13 novembre 1957;

follows that this part of the Application must be rejected for non-observance of the six months time limit laid down in Article 27 (3) of the Convention;

Whereas, furthermore, the Commission has already decided on many occasions that the Convention allows a High Contracting Party to punish homosexuality since the right to respect for private life may, in a democratic society, be subject to interference as provided for by the law of that Party for the protection of health or morals (Article 8 (2) of the Convention); whereas it is clear from the foregoing that Article 175 of the German Criminal Code is in no way in contradiction with the provisions of the Convention; whereas it thus appears that this part of the Application is manifestly ill-founded and must be declared inadmissible under Article 27 (2) of the Convention;

In so far as the Applicant complains of the sentence passed upon him under Article 175 of the German Criminal Code on 9th September 1959.

Whereas the ground for the inadmissibility of the Application as being manifestly ill-founded noted in the preceding paragraph applies equally to the sentence passed on the Applicant on 9th September 1959; whereas this part of the Application must therefore also be rejected on this ground in accordance with Article 27 (2) of the Convention;

Whereas in so far as the Applicant seems to complain that the judgment of 9th September 1959 violates the terms of Article 6 of the Convention which entitles everyone to fair administration of justice; whereas neither the allegations of the Applicant nor an examination of the file reveal the slightest appearance of a violation of the rights and liberties guaranteed in Article 6 of the Convention; whereas on this point also the Application is manifestly ill-founded and must be rejected in accordance with the provisions cited in the foregoing paragraph;

Whereas it is superfluous in these circumstances to investigate whether in this case the Applicant has or has not, in so far as his last conviction is concerned, complied with Article 26 of the Convention concerning the exhaustion of domestic remedies;

In so far as the Applicant complains of hindrance in the exercise of his right of individual application.

Whereas although it is true that at the beginning of the proceedings there was a certain delay in the transmission of the Applicant's letters, this was not the case later since he was able to correspond freely with the Secretariat of the Commission; whereas qu'il s'ensuit que cette partie de la requête doit être rejetée pour inobservation du délai de six mois par application de l'article 27 par. 3 de la Convention;

Considérant au surplus que la Commission a déjà décidé à plusieurs reprises que la Convention permet à une Haute Partie Contractante de punir l'homosexualité, le droit au respect de la vie privée pouvant faire l'objet, dans une société démocratique, d'une ingérence prévue par la loi de cette Partie pour la protection de la santé ou de la morale (article 8 par. 2 de la Convention); qu'il ressort de ce qui précède que l'article 175 du Code Pénal allemand n'est nullement contraire aux dispositions de la Convention; qu'il appert dès lors que cette partie de la requête doit, de toute façon, être déclarée irrecevable comme manifestement mal fondée par application de l'article 27 par. 2 de la Convention;

Pour autant que le requérant se plaint de la condamnation prononcée contre lui sur la base de l'article 175 du Code Pénal allemand le 9 septembre 1959

Considérant que le chef d'irrecevabilité de la requête pour manque manifeste de fondement, retenu au paragraphe précédent, vaut également en ce qui concerne la condamnation du requérant intervenue le 9 septembre 1959; que cette partie de la requête doit donc également être rejetée de ce chef par application de l'article 27 par. 2 de la Convention;

Que pour autant que le requérant semble se plaindre du fait que le jugement du 9 septembre 1959 viole les prescriptions de l'article 6 de la Convention protégeant le droit de toute personne à une bonne administration de la justice, que ni les allégations du requérant, ni l'examen d'office du dossier ne permettent de dégager la moindre apparence de violation d'un des droits et libertés reconnus dans la Convention, notamment à l'article 6 de celle-ci; que sur ce point la requête est donc également manifestement mal fondée et qu'il y a lieu de la rejeter aussi de ce chef, en vertu des dispositions citées au paragraphe précédent;

Qu'il est superflu, dans ces conditions, de rechercher en l'espèce si le requérant a observé ou non, quant à sa dernière condamnation, les prescriptions de l'article 26 de la Convention en matière d'épuisement des voies de recours internes;

Pour autant que le requérant se plaint des entraves apportées à l'exercice de son droit de recours individuel

Considérant que s'il est vrai qu'au début de la procédure, certains retards se sont produits dans la transmission des lettres du requérant, il n'en a pas été de même par la suite, X. ayant eu la possibilité de correspondre librement avec le Secrétariat de la Commission;

the information furnished on behalf of his Government by the Permanent Representative of the Federal Republic of Germany to the Council of Europe in the Commission's view confirms that such delay did not constitute a hindrance to the exercise by the Applicant of his right of informing the Commission and of presenting his case to it effectively; whereas therefore this part of the Application must be rejected in accordance with Article 27 (2) of the Convention as manifestly ill-founded;

Now therefore the Commission,

DECLARES THIS APPLICATION INADMISSIBLE.

Application No. 514/59

Decision of 5th January 1960

I. EXHAUSTION OF DOMESTIC REMEDIES. INEFFECTIVE REMEDY, RESULTING IN THE REPETITION OF A DECISION ALREADY TAKEN. ARTICLE 26 OF THE CONVENTION.

II. RIGHT TO RESPECT FOR PRIVATE AND FAMILY LIFE. INTERFERENCE WITH THIS RIGHT. AUSTRIA. RULING ON THE CUSTODY AND EDUCATION OF AN ILLEGITIMATE CHILD. ARTICLE 8 OF THE CONVENTION.

(*Translation*)

HAVING REGARD to the Application lodged on 11th March 1958 by X. against Austria and registered on 25th May 1959 under File No. 514/59;

HAVING REGARD to the report provided for in Rule 45, paragraph 1 of the Rules of procedure of the Commission;

Having deliberated,

THE FACTS

Whereas the facts of the case can be summarised as follows:

The Applicant, an Austrian national, resides at C... in Austria.

On 29th May 1943, the Applicant gave birth to a daughter, Renate, who, at the age of 3, became seriously ill. On the advice of the medical practitioner the Applicant placed the child in the que les indications fournies par le Représentant Permanent de la République Fédérale d'Allemagne auprès du Conseil de l'Europe au nom de son Gouvernement confirment, de l'avis de la Commission, que ces retards n'ont pas revêtu le caractère d'une entrave apportée à l'exercice, par le requérant, de son droit de saisir la Commission et de lui présenter sa cause d'une manière efficace; qu'il y a lieu, dès lors, de rejeter cette partie de la requête comme manifestement mal fondée, par application de l'article 27 par. 2 de la Convention;

Par ces motifs,

DECLARE LA REQUETE IRRECEVABLE.

Requête No. 514/59

Décision du 5 janvier 1960

I. EPUISEMENT DES VOIES DE RECOURS INTERNES. RECOURS INEFFICACE, ABOUTISSANT A LA REPETITION D'UNE DECISION DEJA RENDUE. ARTICLE 26 DE LA CONVENTION.

II. DROIT AU RESPECT DE LA VIE PRIVEE ET FAMILIALE. INGERENCES. AUTRICHE. REGLEMENTATION DE LA GARDE ET DE L'EDUCATION D'UN ENFANT NATUREL. ARTICLE 8 DE LA CONVENTION.

VU la requête introduite le 11 mars 1958 par X. contre l'Autriche et enregistrée le 25 mai 1959 sous le No. de dossier 514/59;

VU le rapport prévu à l'article 45, par. 1 du Règlement Intérieur de la Commission;

Après avoir délibéré,

EN FAIT

Considérant que les faits tels qu'ils se dégagent du dossier peuvent être résumés comme suit:

La requérante, de nationalité autrichienne, est domiciliée à C..., en Autriche.

Le 29 mai 1943, la requérante a mis au monde une fille, Renate, qui, à l'âge de trois ans, est tombée gravement malade. Aussi, sur le conseil du médecin traitant, la requérante l'a-t-elle confiée à sa charge of her sister Josefine, Mrs. H., residing in the country at U... near ... The latter looked after Renate for a time but, later, being obliged to leave U., she entrusted her to the care of her husband's sister, Berta K. with whom the child is still living.

The Applicant claims that due to her own illness she was unable to look after her daughter as much as she would have liked. She states she was in hospital with botulism, for a very long time and then underwent a serious gynaecological operation.

The Applicant has two other children aged 11 and 13 who live with her. On an unspecified date she married Mr. X, a Russian refugee.

The Applicant alleges that she repeatedly asked the above-mentioned family K. to be allowed to take her daughter back, but always in vain. She accuses this family of exploiting her daughter and in particular of conniving at Renate's future marriage with a nephew of K.

In 1958, the child being still a ward of the District Youth Welfare Office (*Bezirksjugendamt*) at ..., the Applicant filed a petition with the ... District Court (*Bezirksgericht*) asking to be granted custody, so that she, the mother, could be responsible for her care and education.

By its decision of 1st December 1958 the ... District Court rejected the Applicant's petition on the grounds that:

- the Applicant had till then showed no interest in her daughter whom she had visited only once, in 1953;
- not till 1958 did the Applicant express any desire to take her daughter with her to C. ...;
- the minor Renate was a complete stranger to her mother and had expressed the desire to stay with Mr. and Mrs. K. who treated her as their own child.

From this decision the Applicant appealed to the ... Regional Court (*Landesgericht*) which, by its judgment of 23rd December 1958, upheld the first decision, stating that:

- there was nothing to justify the transfer of the custody of the minor Renate to her mother, who had made the request only to obtain permission to care for and educate her daughter;
- although, in accordance with Article 169 of the Civil Code, the mother was entitled to care for and educate the child, this right was not unlimited, and that in this respect account must be taken of "the child's choice and the mother's fitness to bring up the child";
- for years the mother had not concerned herself about her daughter;
- the Court of First Instance had rightly attached great importance

soeur Josefine, épouse H., qui habitait à la campagne à U... près de ... Cette dernière a gardé la mineure Renate pendant un certain temps, mais obligée de quitter U., elle a confié l'enfant à la soeur de son mari, Berta K. chez qui l'enfant se trouve encore à l'heure actuelle.

La requérante soutient que, par suite de ses maladies, elle n'a pas pu s'occuper de sa fille autant qu'elle l'aurait voulu. En effet, elle aurait été hospitalisée pendant très longtemps pour botulisme, puis elle aurait subi une grave opération gynécologique.

La requérante a deux autres enfants, âgés de 11 et 13 ans, qui vivent avec elle. Elle s'est mariée à une date non précisée avec un réfugié russe, M. X.

A plusieurs reprises, la requérante aurait demandé à la famille K. susmentionnée de reprendre sa fille, mais toujours sans succès. Elle reproche à cette famille d'exploiter le travail de sa fille et, surtout, de favoriser par des manoeuvres le futur mariage de la jeune Renate avec un neveu de K.

En 1958, la requérante a engagé une action devant le Tribunal d'Arrondissement (*Bezirksgericht*) de ... pour demander que la tutelle de la mineure Renate exercée jusqu'alors par l'Office de Protection des Mineurs (*Bezirksjugendamt*) de ..., ainsi que la garde et l'éducation de l'enfant, fussent confiées à elle, sa mère.

Par sa décision du 1er décembre 1958, le Tribunal d'Arrondissement de ... a rejeté la demande de la requérante en spécifiant:

- que la requérante ne s'est pas jusqu'à maintenant occupée de sa fille à qui elle n'avait rendu visite qu'une fois, en 1953;
- que ce n'est qu'en 1958 que la requérante a exprimé le désir de prendre sa fille avec elle à C... ;
- que la mineure Renate est complètement étrangère à sa mère, et qu'elle a exprimé le désir de rester chez les époux K. qui la traitent comme leur enfant.

Contre cette décision, la requérante a interjeté appel devant le Tribunal Régional (*Landesgericht*) de ... qui, par son arrêt du 23 décembre 1958, a confirmé la première décision. Le Tribunal a précisé:

- que rien ne justifie la levée de la tutelle au profit de la mère de la mineure Renate qui n'a fait cette demande que pour obtenir la garde et l'éducation de l'enfant;
- que si, conformément à l'article 169 du Code Civil, la garde et l'éducation de l'enfant appartiennent à la mère, ce droit n'est pas illimité et qu'à cet égard, il faut tenir compte "du choix de l'enfant et de l'aptitude de la mère à élever l'enfant";
- que pendant des années la mère ne s'est pas souciée de sa fille;
- que c'est avec raison que le Tribunal de Première Instance a

to the attitude of the minor Renate who had no wish to go and live with her mother.

On 5th March 1959 the Applicant instituted new proceedings in the ... District Court (*Bezirksgericht*) applying for custody of her daughter. By its decision of 13th March 1959, the Court rejected this new claim repeating the reasons given for the abovementioned decisions of 1st and 23rd December 1958, and specifying that no relevant new information had been submitted in the meantime to alter the situation.

The Applicant appealed to the ... Regional Court (*Landesgericht*) which, by its judgment of 7th July 1959, upheld the decision pronounced by the Court of the First Instance.

The Applicant then filed a further petition, the third, with the ... Court applying for custody of her daughter. This claim was also dismissed by decision of 14th September 1959. The appeal lodged by the Applicant is still pending before the ... Regional Court.

In her Application, Mrs. X. who considers that her rights as a mother have been infringed, asks that the guardianship and care of her daughter Renate be entrusted to her;

Whereas, at its 19th plenary Session (28th August to 2nd September 1959) the Commission took up the question of admissibility of the present Application but did not consider itself sufficiently well informed to be able to pronounce on it; whereas it consequently instructed its Secretariat to ask the Applicant to complete the file be depositing all the juridical decisions taken in the matter;

Whereas, in the event of the information communicated by the Applicant proving insufficient, the Secretariat was to ask the Austrian Government to furnish the Commission with any information which might shed light on the situation complained of by the Applicant; whereas the Secretariat was to specify that the notification of the Application to the Austrian Government was not made in pursuance of Rule 45, paragraph 3 (b) of the Rules of Procedure of the Commission, but simply constituted a request for information which in no way prejudged the Commission's ultimate decision;

Whereas the Secretariat wrote on two occasions, on 10th and 28th September 1959, to the Applicant who sent a copy of the judgment delivered on 7th July 1959 by the ... Regional Court (*Landesgericht*); whereas, however, Mrs. X. did not communicate to the Secretariat the very first decision pronounced by the ... District Court (*Bezirksgericht*) on the matter, on 1st D.cember 1958;

Whereas the Secretariat consequently applied on 4th November 1959 to the Austrian Permanent Representative at the Council of Europe who had the complete file on the case forwarded on 4th December 1959;

attaché une grande importance à l'opinion de la mineure Renate laquelle ne désire pas aller vivre chez sa mère.

Le 5 mars 1959, la requérante a engagé une nouvelle action devant le Tribunal d'Arrondissement (*Bezirksgericht*) de ... pour demander la garde de sa fille. Par sa décision du 13 mars 1959, le Tribunal rejeta cette nouvelle demande en reprenant les motifs des décisions des 1er et 23 décembre 1958 susmentionnées et en précisant qu'aucun fait nouveau n'avait entre temps modifié la situation.

La requérante a interjeté appel devant le Tribunal régional (*Landesgericht*) de ... qui, par son arrêt du 7 juillet 1959, a confirmé la décision prononcée en première instance.

La requérante a alors engagé une nouvelle action – la troisième – devant le Tribunal de ..., pour demander que la garde de sa fille lui fût confiée. Le Tribunal de ... la débouta par sa décision du 14 septembre 1959. L'appel interjeté par la requérante est encore pendant devant le Tribunal Régional de ...

En formulant l'objet de sa requête, X. qui estime que ses droits de mère avaient été violés, demande que la tutelle et la garde de sa fille Renate lui soient confiées;

Considérant que lors de sa 19ème Session plénière (28 août–2 septembre 1959), la Commission a abordé l'examen de la recevabilité de la présente requête, mais qu'elle ne s'est pas estimée suffisamment informée pour se prononcer sur sa recevabilité; qu'elle a en conséquence chargé son Secrétariat de demander à la requérante de compléter le dossier en y versant en particulier toutes les décisions judiciaires intervenues en la matière;

Qu'au cas où les informations communiquées par la requérante s'avéreraient insuffisantes, le Secrétariat devait prier le Gouvernement autrichien de fournir à la Commission tout élément susceptible de la renseigner davantage sur la situation dont se plaint la requérante; que le Secrétariat devait préciser que la notification de la requête au Gouvernement autrichien n'était pas faite en application de l'article 45, par. 3 b du Règlement Intérieur de la Commission, mais constituait une simple demande d'informations, qui ne préjugeait nullement la décision finale de la Commission;

Que le Secrétariat a écrit à deux reprises, le 10 septembre et le 28 septembre 1959, à la requérante qui lui a envoyé la copie de l'arrêt rendu le 7 juillet 1959 par le Tribunal Régional (*Landesgericht*) de ...; que toutefois, Madame X. n'a pas communiqué au Secrétariat la toute première décision prononcée en la matière, le 1er décembre 1958, par le Tribunal d'Arrondissement (*Bezirksgericht*) de ...,

Que le Secrétariat s'est par conséquent adressé le 4 novembre 1959 au Représentant Permanent de l'Autriche auprès du Conseil de l'Europe qui lui a fait parvenir, le 4 décembre 1959, tout le dossier judiciaire de l'affaire;

THE LAW

Whereas under the terms of Article 26 of the Convention, the Commission may deal with a matter only after all domestic remedies have been exhausted, according to the generally recognised rules of international law; whereas it is the duty of the Commission to verify whether this condition of admissibility has been fulfilled in the case in question; whereas it appears from the file that after her first claim and appeal had been dismissed, Mrs. X., while submitting her Application to the Commission, had filed a further petition in the same case without, however, claiming that the situation had meanwhile been altered; whereas the Court by very reason of this absence of relevant new information and invoking the principle of *res judicata*, dismissed Mrs. X's request by a decision upheld on appeal; whereas the Applicant then filed a further petition with the Court of First Instance which dismissed her claim as *res judicata* on the ground that no new information had come to light to alter the situation, which, indeed, the Applicant did not dispute; whereas Mrs. X. lodged an appeal from this last decision, an appeal which is still pending; whereas the question now arises whether the present Application should not be declared inadmissible on the ground of non-exhaustion of domestic remedies; whereas, however, it should be pointed out that, according to the aforesaid Article 26, it is the generally recognised rules of international law which determine whether a domestic remedy must be exhausted before the international authority can be seized of the case; whereas, as the Permanent Court of International Justice clearly stated in the *Panevezys-Saldutiskis* case (series A/B 76, p. 18) it is not necessary to have recourse to domestic tribunals if the result must inevitably be the repetition of a decision already pronounced; whereas in the case in question, since the situation has not been altered by any relevant new information, decisions taken merely repeat the judgments given on the first petition; whereas this was true in particular of the third petition which was rejected by the Court of the First Instance and in which the appeal is still pending; whereas, however, the Memorandum addressed by the Presidium of the ... Regional Court to the Austrian Ministry of Justice, which was attached to the file of the case sent by the Austrian Permanent Representative at the Council of Europe to the Secretariat of the Commission, specifies that, in view of the absence of any relevant new information, the Applicant's appeal has no chance of success; whereas the third petition lodged by the Applicant is consequently, in effect, a mere repetition of actions brought previously; whereas, therefore, the fact that the third action is still pending before the ... Court of Appeal does not prevent the Applicant claiming to have exhausted all domestic remedies, according to the generally recognised rules of international law;

EN DROIT

Considérant qu'aux termes de l'article 26 de la Convention, la Commission ne peut être saisie qu'après l'épuisement des voies de recours internes, tel qu'il est entendu selon les principes de droit international généralement reconnus; qu'il incombe à la Commission de vérifier si cette condition de recevabilité se trouve remplie en l'espèce; qu'il ressort du dossier qu'après avoir été déboutée en première instance et en appel, Madame X., tout en saisissant la Commission de sa requête, a engagé une nouvelle action dans la même affaire sans prétendre pour autant que la situation a été entre temps modifiée; que, s'appuyant précisément sur cette absence de fait nouveau, le Tribunal, en se référant au principe de l'autorité de la chose jugée, a rejeté la demande de Madame X. par une décision confirmée en appel; que la requérante a alors saisi une nouvelle fois de sa demande le Tribunal de Première Instance qui l'a déboutée pour le motif qu'il y avait chose jugée et qu'aucun fait nouveau n'avait modifié la situation, ce que d'ailleurs la requérante ne contestait pas; que Madame X. a interjeté appel de cette dernière décision, appel qui est encore pendant; que la question se pose dès lors de savoir si la présente requête ne doit pas être déclarée irrecevable pour non épuisement des voies de recours internes; qu'il convient toutefois de relever que, selon l'article 26 précité, ce sont les principes de droit international généralement reconnus qui déterminent si un recours interne doit être épuisé avant que l'instance internationale puisse être saisie de l'affaire; que, ainsi que la Cour Permanente de Justice Internationale l'a précisé dans l'affaire *Panevezys-Saldutiskis* (série A/B 76, p. 18), il n'est pas nécessaire de recourir aux tribunaux internes si le résultat doit être la répétition d'une décision déjà rendue; qu'en l'espèce, comme la situation n'a pas été modifiée par un fait nouveau, les décisions rendues ne font que reprendre les jugements prononcés à la suite de la première demande; qu'il en a été ainsi en particulier pour la troisième demande rejetée en première instance alors que l'appel est encore pendant; que toutefois la note adressée par le Présidium du Tribunal Régional de ... au Ministère autrichien de la Justice, et qui a été jointe au dossier judiciaire de l'affaire communiqué par le Représentant Permanent de l'Autriche auprès du Conseil de l'Europe au Secrétariat de la Commission, précise que, étant donné l'absence de fait nouveau, l'appel interjeté par la requérante n'a aucune chance de succès; que la troisième demande que la requérante a introduite est donc en fait une simple répétition des actions engagées antérieurement; que, dans ces conditions, la circonstance que la troisième procédure est encore pendante devant la Cour d'Appel de ... n'empêche pas la requérante de prétendre avoir épuisé toutes les voies de recours internes tel qu'il est entendu selon les principes de droit international généralement reconnus;

Whereas in the present Application, Mrs. X. complains that her right to respect for family life, guaranteed by Article 8 of the Convention, has been violated by the fact that the guardianship and education of her illegitimate daughter have not been entrusted to her, the mother; whereas under the terms of the aforesaid Article 8, although everyone has the right to respect for his family life, there may be interference with the exercise of this right in so far as such interference is provided for by the law and "is necessary in a democratic society in the interests of national security, public safety or the economic well-being of the country, for the prevention of disorder or crime, for the protection of health or morals, or for the protection of the rights and freedoms of others"; whereas Austrian legislation (*Jugendwohlfahrtgesetz*) provides that an illegitimate child becomes from birth a ward of the Youth Welfare Office of the District in which it was born, which is thus competent to make decisions regarding its care and education; whereas this ruling which takes equal account of the interests of the child and those of the natural mother is in no way contrary to Article 8 of the Convention; whereas in the case in question, the legal guardian has refused to entrust the care and education of the young Renate to her natural mother on the ground that for many years the mother took no interest in the child who, for her part, had no wish to go and live with her; whereas, in endorsing the decision of the legal guardian, the competent Tribunals have in no way applied the law (*Jugendwohlfahrtgesetz*)in a manner contrary to the Convention and in particular to Article 8 therefore; whereas in the case in question, although the measure taken concerning the care and education of the child may, in fact, be considered as constituting interference with the exercise of the right to respect for family life, it is justified as being in the moral interests of the child; whereas it follows that the Application is manifestly ill-founded and must be declared inadmissible in accordance with Article 27, paragraph (2) of the Convention;

Now therefore the Commission,

DECLARES THIS APPLICATION INADMISSIBLE.

Considérant que par la présente requête, Madame X. se plaint de ce que son droit au respect de sa vie familiale, garanti par l'article 8 de la Convention, a été violé du fait que la garde et l'éducation de sa fille naturelle ne lui aient pas été confiées à elle, sa mère; qu'aux termes de l'article 8 précité, si toute personne a droit au respect de sa vie familiale, il peut y avoir ingérence dans l'exercice de ce droit pour autant que cette ingérence est prévue par la loi et qu'elle constitue "une mesure qui, dans une société démocratique, est nécessaire à la sécurité nationale, à la sûreté publique, au bien-être économique du pays, à la défense de l'ordre et à la prévention des infractions pénales, à la protection de la santé et de la morale ou à la protection des droits et libertés d'autrui"; que la législation autrichienne (*Jugendwohlfahrtgesetz*) prévoit que dès la naissance d'un enfant naturel, c'est l'Office de Protection des Mineurs de l'arrondissement où est né cet enfant, qui devient automatiquement son tuteur, lequel est compétent pour décider de la garde et de l'éducation de l'enfant; que cette réglementation qui tient compte tant de l'intérêt de l'enfant que de l'intérêt de la mère naturelle, n'est nullement contraire à l'article 8 de la Convention; qu'en l'espèce, le tuteur légal a refusé de confier la garde et l'éducation de la jeune Renate à sa mère naturelle pour le motif que sa mère s'est désintéressée pendant de longues années de l'enfant qui, d'ailleurs, ne désirait nullement aller vivre avec elle; qu'en approuvant la décision du tuteur légal, les tribunaux compétents n'ont nullement appliqué la loi (*Jugendwohlfahrtgesetz*) d'une manière contraire à la Convention et notamment à son article 8; qu'en l'espèce, en effet, si la mesure prise en ce qui concerne la garde et l'éducation de l'enfant, peut être considérée comme constituant une ingérence dans l'exercice du droit au respect de la vie familiale, elle se justifie par l'intérêt moral de l'enfant; que la requête doit être dès lors déclarée irrecevable comme manifestement mal fondée par application de l'article 27 par. 2 de la Convention;

Par ces motifs,

DECLARE LA REQUETE IRRECEVABLE.

Application No. 472/59

Decision of 8th January 1960

I. RIGHT TO PEACEFUL ENJOYMENT OF POSSESSIONS. PROOF OF TITLE TO PROPERTY. ARTICLE 1 OF THE PROTOCOL.

II. RIGHT TO AN EFFECTIVE REMEDY BEFORE A NATIONAL AUTHORITY. CONDITIONS. ARTICLE 13 OF THE CONVENTION.

III. NON-DISCRIMINATION. RIGHTS GUARANTEED BY THE CONVENTION. ARTICLE 14 OF THE CONVENTION.

HAVING REGARD to the Application lodged on 19th February 1959 against the Federal Republic of Germany and registered on 23rd February 1959 under file No. 472/59;

HAVING REGARD to the Report provided for in Rule 45, paragraph 1 of the Rules of Procedure of the Commission;

After having deliberated;

THE FACTS

The facts may be summarised as follows:

1. The Applicant states that he was formerly a Czechoslovak national and that he acquired Austrian nationality on 23rd January 1947. He was considered by the authorities of the German Federal Republic, in accordance with the Nationality Law of 22nd February 1955, (*Gesetz über Regelung von Fragen der Staatsangehörigkeit*), to have possessed German nationality as from 20th April 1939, until the date when he acquired Austrian nationality.

In 1945 the Applicant was expelled from Czechoslovakia and his property was confiscated by the Czech Government.

2. In view of the fact that he was still regarded as a German national at the time of the confiscation of his property, the Applicant applied for compensation to the Federal Ministry of Finance (*Bundesfinanzamt*) and the Federal Chancellor (*Bundeskanzler*).

The Applicant contended as follows:

(1). In accordance with Allied High Commission Law No. 63, he must be considered to have been a German national at the moment of the confiscation of his property by the Czech authorities

Requête No. 472/59

Décision du 8 janvier 1960

I. DROIT POUR UNE PERSONNE AU RESPECT DE SES BIENS. PREUVE DE L'EXISTENCE DE CE DROIT. ARTICLE IER DU PROTOCOLE ADDITIONNEL.

II. DROIT A L'OCTROI D'UN RECOURS EFFECTIF DEVANT UNE INSTANCE NATIONALE. CONDITIONS DE JOUISSANCE. ARTICLE 13 DE LA CONVENTION.

III. PRINCIPE DE NON-DISCRIMINATION. DROITS GARANTIS PAR LA CONVENTION. ARTICLE 14 DE LA CONVENTION.

(*Traduction*)

VU la requête introduite le 19 février 1959 par X. contre la République Fédérale d'Allemagne et enregistrée le 23 février 1959 sous le no. de dossier 472/59;

VU le rapport prévu à l'article 45 § 1 du Règlement intérieur de la Commission;

Après avoir délibéré,

EN FAIT

Considérant que les faits de la cause peuvent se résumer ainsi;

1. Le requérant déclare avoir été ressortissant tchécoslovaque et avoir acquis la nationalité autrichienne le 23 janvier 1947. Jusqu'à cette date, les autorités de la République Fédérale d'Allemagne, conformément à la loi du 22 février 1955 portant réglementation des questions de nationalité (*Gesetz über Regelung von Fragen der Staatsangehörigkeit*), le considéraient comme possédant la nationalité allemande depuis le 20 avril 1939.

En 1945, le requérant a été expulsé de Tchécoslovaquie et ses biens ont été confisqués par le Gouvernement tchèque.

2. Etant donné qu'à l'époque de la confiscation de ses biens il était toujours considéré comme ressortissant allemand, le requérant a adressé une demande d'indemnisation au Ministère fédéral des Finances (*Bundesfinanzamt*) et au Chancelier fédéral (*Bundeskanzler*).

Le requérant soutenait ce qui suit:

(1). Conformément à la loi no. 63 de la Haute Commission alliée, il devait être considéré comme possédant la nationalité allemande au moment de la confiscation de ses biens par les autorités tchèques and his confiscated property should accordingly be considered as "German property".

(2). Law No. 63 provided that legal proceedings taken after 1st September 1939 by a United Nations Member State as to confiscation of German property have legal force and validity. Any legal proceedings by former owners of German property so confiscated were, therefore, to be rejected as inadmissible and the rights of such persons with regard to their property were extinguished (*erloschen*).

(3). Law No. 63 was expressly maintained in force on the territory of the Federal Republic of Germany by virtue of Article 2 of Chapter Six (Reparations) of the "Convention on the Settlement of Matters arising out of the War and the Occupation" (as amended by Schedule IV of the Protocol on the Termination of the Occupation Régime in the Federal Republic of Germany, signed at Paris on October 23rd 1954) – the so-called "Transitory Agreement". Article 5 of Chapter Six of the "Transitory Agreement" further provided that "The Federal Republic shall ensure that the former owners of property seized pursuant to the measures referred to in Articles 2 and 3 of this Chapter shall be compensated".

(4)' The above-mentioned provision of Article 5 of Chapter Six constitutes, in the view of the Applicant, an "agreement in favour of third parties" (in this category are included the expelled Sudeten inhabitants), and gives them a right to claim compensation from the Federal Republic of Germany for the confiscation of their property. Further, the Federal Republic undertook, in Article 3 of Chapter Six, to "raise no objection to the measures which have been, or will be, carried out with regard to German external assets or other property, seized ...", and agreed that "no claim or action shall be admissible against ... foreign Governments or persons who have acted upon instructions of such organisations or Governments".

(5). Although not originally responsible for the confiscation of the Applicant's property, the Federal Republic of Germany recognised in the Paris Agreements that confiscation had legal validity and undertook to take the necessary steps for compensating the victims concerned. The Federal Republic of Germany was bound in accordance with the principle "*pacta sunt servanda*" to compensate him and such compensation should be fixed in accordance with the criteria set out by the Permanent Court of International Justice in its judgment in the Chorzow Factory Case (PC IJ Series A No. 17), namely to include yields and profits accrued in the meanwhile.

3. The Federal Ministry of Finance replied on 22nd July 1958

et ses biens confisqués devaient donc être considérés comme "biens allemands".

(2). La loi no. 63 disposait que toute action introduite après le 1er septembre 1939 par un Etat membre des Nations Unies relativement à la confiscation de biens allemands était juridiquement valable.

Dès lors, toute action intentée par d'anciens propriétaires de biens allemands ainsi confisqués serait jugé irrecevable et les droits de ces personnes à leurs biens se trouvaient éteints (*erloschen*).

(3). La loi no. 63 avait été expressément maintenue en vigueur sur le territoire de la République Fédérale d'Allemagne en vertu de l'article 2 du Chapitre Sixième (Réparations) de la "Convention sur le Règlement de Questions issues de la Guerre et de l'Occupation" (telle qu'amendée par l'Annexe IV du "Protocole sur la cessation du régime d'occupation dans la République Fédérale d'Allemagne" signé à Paris le 23 octobre 1954).

L'article 5 du Chapitre Sixième de cette Convention, dite "Accord transitoire", stipule en outre que "la République Fédérale veillera à ce que les anciens propriétaires de biens saisis en exécution des mesures visées aux articles 2 et 3 du présent chapitre reçoivent une indemnisation".

(4). La disposition susmentionnée de l'article 5 du Chapitre Sixième constituait, de l'avis du requérant, "une stipulation pour autrui" (cette catégorie comprenant les Sudètes expulsés) et leur conférait le droit de demander à la République Fédérale d'Allemagne une indemnisation pour la confiscation de leurs biens. De plus, la République Fédérale s'était engagée, à l'article 3 du Chapitre Sixième, à ne soulever "aucune objection contre les mesures qui ont été prises ou qui seront prises à l'égard des avoirs allemands à l'étranger ou des autres biens saisis..." et avait reconnu que "ne sont pas recevables les réclamations et les actions dirigées contre ... des gouvernements étrangers ou des personnes qui ont agi sur instructions de ces organismes ou de ces gouvernements étrangers".

(5). Bien qu'elle ne fût pas originellement responsable de la confiscation des biens du requérant, la République Fédérale d'Allemagne avait reconnu dans les Accords de Paris que la confiscation était juridiquement valable et s'était engagée à prendre les mesures nécessaires pour indemniser les victimes. Elle était donc tenue, conformément au principe "pacta sunt servanda" d'indemniser le requérant, et le montant de cette indemnisation devait être fixé d'après les critères définis par la Cour Permanente de Justice Internationale dans son arrêt sur l'affaire de l'usine Chorzow (C.P.I.J., série A, no. 17), c'est-à-dire de façon à inclure les revenus et bénéfices accumulés dans l'intervalle.

3. Le Ministère Fédéral des Finances a répondu le 22 juillet

that agreements in international law had, as a matter of principle, no effect in civil law and that the German legislature alone was competent to enact domestic legislation for compensation; that the Hardship Compensation Law (*Lastenausgleichgesetz*) provided for a separate legal settlement of damages arising out of liquidation; that, therefore, it was not necessary to deal with the question whether the German legislature should provide for compensation in cases where the duty to effect a settlement lay with another State, namely, in the Applicant's case, Austria;

Whereas the Applicant now contends that it is clear from the above letter of the Federal Ministry of Finance that:

(a) the Federal Government, having expressly refused during negotiations with the Austrian Government any responsibility for including in the Hardship Compensation Law expelled persons now living in Austria, is not willing to comply with its undertaking under the Transitory Agreement to make indemnity; the postponement by the Federal Government for nearly five years of its obligations under the Transitory Agreement is tantamount to refusing indemnity;

(b) the Federal Government is unable to state a legal ground which could release it from its liability under the Transitory Agreement;

(c) the Federal Government attempts to rely upon the great extent of the damage concerned as furnishing it with an excuse not to comply with its obligations under the Transitory Agreement.

Whereas the Applicant claims that the German Federal Government by refusing to award him compensation for the loss of his property in Czechoslovakia has violated:

(a) *Article 1 of the Protocol* and the general principles of international law for the reasons which have been stated above;

(b) *Article 6 of the Convention*, on the ground that the Ministry of Finance refused the Applicant's request for compensation without "referring (him) to any course of law";

(c) *Article 14 of the Convention*, in that, according to the "Hardship Compensation Law", the only persons who could benefit under that Law were those at present possessing German nationality, whereas the Applicant, being an Austrian citizen, was excluded. The Law for that reason constituted a breach of the principle of non-discrimination as set out in Article 14 of the Convention;

THE LAW

Whereas in regard to the alleged violation of Article 1 of the Protocol the Applicant has not established that Article 5 of Chapter

1958 que les accords relevant du droit international n'avaient, en principe, aucun effet en droit privé et que le législateur allemand était seul compétent pour édicter des lois nationales en matière d'indemnisation; que la loi sur la péréquation des charges (*Lastenausgleichsgesetz*) prévoyait un règlement juridique séparé pour les dommages résultant de la liquidation des biens; que, dans ces conditions, il était superflu d'examiner la question de savoir si le législateur allemand devait prévoir une indemnisation dans les cas où l'obligation d'effectuer un règlement incombait à un autre Etat, à savoir, dans le cas du requérant, l'Autriche;

Considérant que le requérant soutient qu'il ressort clairement de la lettre susmentionnée du Ministère Fédéral des Finances que:

(a) le Gouvernement fédéral, ayant, durant les négociations avec le Gouvernement autrichien, décliné expressément toute responsabilité quant à l'application de la loi de péréquation des charges aux expulsés résidant actuellement en Autriche, n'est pas disposé à respecter l'engagement qu'il a pris en vertu de l'Accord transitoire, d'accorder une indemnisation; le fait que depuis près de cinq ans il ne se soit pas acquitté des obligations contractées par lui aux termes de l'Accord transitoire équivaut à un refus d'indemnisation.

(b) Le Gouvernement fédéral est dans l'incapacité de fournir des motifs juridiques qui pourraient le dégager de sa responsabilité au titre de l'Accord transitoire;

(c) Le Gouvernement fédéral cherche à prendre prétexte de l'étendue des dommages en question pour ne pas s'acquitter des obligations résultant pour lui de l'Accord transitoire;

Considérant que le requérant allègue que le Gouvernement fédéral d'Allemagne, en refusant de lui accorder une indemnisation pour la perte de ses biens en Tchécoslovaquie, a violé;

(a) *L'article 1er du Protocole Additionnel* et les principes généraux de droit international, pour les raisons exposées ci-dessus;

(b) *L'article 6 de la Convention,* du fait que le Ministère des Finances a rejeté la demande d'indemnisation du requérant sans lui "offrir aucune voie de recours légal";

(c) *L'article 14 de la Convention,* du fait que le bénéfice de la Loi de péréquation des charges est limité aux personnes possédant actuellement la nationalité allemande alors que le requérant, en tant que ressortissant autrichien, en est exclu, ce qui constitue une violation du principe de non-discrimination tel qu'il est défini à l'article 14 de la Convention;

EN DROIT

Considérant, en ce qui concerne la violation alléguée de l'article 1er du Protocole Additionnel, que le requérant n'a pas établi que

Six of the Transitory Agreement created in his favour any property right which might entitle him to invoke the right to the peaceful enjoyment of his possessions guaranteed in Article 1 of the Protocol; and whereas in consequence the Applicant has not established any basis upon which it would be open to the Commission to conclude that he had been the victim of a violation of Article 1 of the Protocol;

Whereas it follows that this part of the Application is manifestly ill-founded and must be rejected in accordance with Article 27, paragraph 2, of the Convention;

Whereas in regard to the alleged violation of Article 6 of the Convention the right to receive compensation for damage suffered is not as such guaranteed by Article 6 or by any other provision of the Convention or Protocol; whereas, furthermore, the effective remedy before a national authority which is guaranteed to everyone under Article 13 of the Convention relates exclusively to a remedy in respect of a violation of one of the rights and freedoms set forth in the Convention; and whereas, the Applicant not having established any violation of the right to peaceful enjoyment of his possessions under Article 1 of the Protocol, there is no basis for the application of Article 13 of the Convention in the present case.

Whereas it follows that the part of the Application relating to the alleged refusal of the Ministry of Finance to grant the Applicant compensation for the confiscation of his property is incompatible with the provisions of the Convention and Protocol and must for this reason be rejected in accordance with Article 27, paragraph (2), of the Convention;

Whereas in regard to the alleged violation of Article 14 of the Convention it is to be observed that this Article guarantees that there shall be no discrimination only with respect to the enjoyment of the rights and freedoms set forth in the Convention and Protocol; whereas the Applicant, as already decided by the Commission, has not established that he possesses any right of property which might entitle him to invoke the right to the peaceful enjoyment of his possessions under Article 1 of the Protocol; and whereas therefore the Applicant has equally failed to establish that the alleged discrimination in the provisions of the Hardship Compensation Law relates to a right or freedom which is guaranteed in the Convention and to which Article 14 is applicable;

Whereas it follows that this part of the Application is incompatible with the provisions of Article 14 and must for this reason be rejected in accordance with Article 27, paragraph 2 of the Convention;

Now therefore the Commission

DECLARES THIS APPLICATION TO BE INADMISSIBLE.

l'article 5 du Chapitre Sixième de l'Accord transitoire créait en sa faveur un droit de propriété qui l'autoriserait à invoquer le droit au respect de ses biens garanti par l'article 1er du Protocole Additionnel; que, par conséquent, le requérant n'a fourni aucune base permettant à la Commission de conclure qu'il a été victime d'une violation de l'article 1er du Protocole Additionnel;

Considérant que cette partie de la requête est donc manifestement mal fondée; qu'il y a lieu, dès lors, de la rejeter de ce chef par application de l'article 27 § 2 de la Convention;

Considérant, en ce qui concerne la violation alléguée de l'article 6 de la Convention, que le droit à l'indemnisation des dommages subis n'est pas en tant que tel garanti par ledit article ni par aucune autre disposition de la Convention ou du Protocole Additionnel; que, de plus, le recours effectif devant une instance nationale prévu par l'article 13 de la Convention n'est garanti à toute personne qu'en cas de violation de l'un des droits et libertés reconnus dans la Convention; que, le requérant n'ayant établi aucune violation du droit au respect de ses biens consacré par l'article 1er du Protocole, il n'existe aucune base permettant d'appliquer en l'espèce l'article 13 de la Convention;

Considérant qu'il s'ensuit que la partie de la requête ayant trait au prétendu refus du Ministère des Finances d'accorder au requérant une indemnisation pour la confiscation de ses biens est incompatible avec les dispositions de la Convention et du Protocole Additionnel; qu'il y a lieu, dès lors, de la rejeter de ce chef par application de l'article 27 § 2 de la Convention;

Considérant, en ce qui concerne la violation alléguée de l'article 14 de la Convention, qu'il échet d'observer qu'aux termes de cet article la jouissance des seuls droits et libertés reconnus dans la Convention et le Protocole Additionnel est garantie sans distinction aucune; que le requérant, ainsi que la Commission en a déjà décidé, n'a pas établi qu'il possédait un droit de propriété qui l'autoriserait à invoquer le droit au respect de ses biens garanti par l'article 1er du Protocole Additionnel; que, par conséquent, le requérant n'a pas non plus établi que la prétendue distinction opérée dans les dispositions de la Loi de péréquation des charges se rapporte à l'un des droits ou libertés garantis par la Convention et auxquels l'article 14 est applicable;

Considérant qu'il s'ensuit que cette partie de la requête est incompatible avec les dispositions de l'article 14; qu'il y a lieu, dès lors, de la rejeter de ce chef par application de l'article 27, paragraphe 2, de la Convention;

Par ces motifs,

DECLARE LA REQUETE IRRECEVABLE.

Application No. 290/57

Decision of 29th March, 1960

INDIVIDUAL APPLICATION. COMPETENCE OF THE COMMISSION TO INVESTIGATE THE COMPATIBILITY OF A LAW WITH THE CONVENTION. VICTIM OF A VIOLATION. ARTICLE 25 OF THE CONVENTION.

HAVING REGARD to the Application lodged on 20th March 1957 by X against Ireland and registered on 3rd June 1957 under file No. 290/57;

HAVING REGARD to the report of 16th December 1957 provided for in Rule 45, paragraph (1) of the Rules of Procedure of the Commission;

HAVING REGARD to the decision of the Commission on 18th December 1957 that notice of the Application be given to the Respondent Government in accordance with Rule 45 paragraph (3) (c) of the Rules of Procedure and that the Government be invited to submit its observations as to the admissibility of the Application;

HAVING REGARD to the written observations submitted by the Respondent Government on 27th January 1958;

HAVING REGARD to the decision of the Commission on 9th January 1959 to adjourn its examination as to the admissibility of the Application until it had finished its examination of Application No. 332/57[1];

HAVING REGARD to the adoption by the Commission on 19th December 1959 of its report on Application No. 332/57;

Having deliberated,

THE FACTS

Whereas the facts of the case may be summarised as follows:

The Applicant is represented by Mrs. Y. He is an Irish citizen born in 1932.

The Applicant is a Sinn Fein Member of Parliament and alleges that the "Offences Against the State Act 1939" and the "Offences Against the State (Amendment) Act 1940" are "unconstitutional and the very negation of democracy and of all human rights" and, in particular, infringe Articles 5 paragraphs (1) and (3), 6, paragraphs (1), (2) and (3) (d), 10, paragraph (1), 11, paragraph (1) and 13 of the Convention. The Applicant alleges that since 14th July

[1] Lawless Application (Cf. Yearbook, Volume II, p. 308 and Volume III, *infra*, p. 474).

Requête No. 290/57

Décision du 29 mars 1960

REQUETE INDIVIDUELLE. COMPETENCE DE LA COMMISSION POUR EXAMINER LA QUESTION DE LA CONFORMITE D'UNE LOI AVEC LA CONVENTION. VICTIME D'UNE VIOLATION. ARTICLE 25 DE LA CONVENTION.

(*Traduction*)

VU la requête introduite le 20 mars 1957 par X. contre l'Irlande et enregistrée le 3 juin 1957 sous le No. de dossier 290/57;

VU le rapport du 16 décembre 1957, prévu à l'Article 45 § 1 du Règlement Intérieur de la Commission;

VU la décision de la Commission, en date du 18 décembre 1957, de donner connaissance de la requête au Gouvernement défendeur conformément à l'Article 45 § 3 b) du Règlement Intérieur et de l'inviter à présenter ses observations sur la recevabilité de ladite requête;

VU les observations écrites présentées par le Gouvernement défendeur le 27 janvier 1958;

VU la décision de la Commission, en date du 9 janvier 1959, d'ajourner l'examen de la recevabilité de cette requête jusqu'à ce que l'examen de la requête No. 332/57[1] soit terminé;

VU l'adoption par la Commission, le 19 décembre 1959, de son rapport sur la requête No. 332/57;

Après avoir délibéré,

EN FAIT

Considérant que les faits de la cause peuvent se résumer comme suit:

Le requérant qui est représenté par Mme Y., est ressortissant irlandais, né en 1932.

Le requérant qui est membre au Parlement irlandais du groupe Sinn Fein prétend que la "Loi de 1939 relative aux atteintes à la sûreté de l'Etat" et la "Loi de 1940 portant modification de la Loi relative aux atteintes à la sûreté de l'Etat" sont "inconstitutionnelles et la négation même de la démocratie et de tous les droits de l'Homme" et violent notamment les Articles 5 §§ 1 et 3, 6 §§ 1, 2 et 3 d), 10 § 1, 11 § 1 et 13 de la Convention. Le requérant prétend que

[1] Requête Lawless (cf. Annuaire, Volume II, p. 309 et Volume III, *infra*, p. 475).

1957 fifty persons including himself were held in detention under the 1939 Act without charge or trial. The Applicant states expressly that he does not claim damages for his detention but asks for an investigation of these Acts.

In particular the Applicant points out that Section 52 (1) of the 1939 Act mentions the right of the police to demand a full account of a prisoner's movements during any specified period and also to demand information relating to the Commission or intended Commission by another person of any offence under the Article. Section 24 states that any incriminating document found on lands or premises owned or occupied by the person charged would constitute proof of membership in an unlawful organisation. He also refers to the special powers of arrest and detention under the 1940 Act.

The Applicant was charged on 2nd January 1957, under Section 52 of the 1939 Act, with refusing, while being detained in custody under Section 30 of the Act, to give a full account of his movements and actions during the period from 30th 31 st December 1956. This charge was dismissed but the Applicant was re-arrested, charged again on 2nd January under the 1939 Act and remanded in custody until 10th January and again until 14th January. On 14th January he was convicted on four counts, i.e.:

(a) under Section 52 of the Act, of failing to give full account of his movements and actions during the period 30th to 31st December 1956 to a member of the Garda Siochana;
(b) under the Firearms Act 1925, of having in his possession unauthorised ammunition;
(c) under Section 12 of the 1939 Act, of having in his possession an incriminating document purporting to be issued by an unlawful organisation, namely the Irish Republican Army;
(d) under Section 21 of the Act, of being a member of that unlawful organisation.
The Applicant was sentenced to 6 months' imprisonment on counts (a) and (b) and to 3 months' on counts (c) and (d), the sentences to run concurrently.

The Applicant alleges that no domestic remedies exist and that on 11th March 1957 he petitioned the Minister for Justice without result.
It is stated on behalf of the Applicant, as a "further example" of the application of the 1939 and 1940 Acts in Ireland that he was again arrested on 22nd November 1959 under Section 30 of the 1939 Act. On that occasion he was detained in custody until 24th No-

depuis le 14 juillet 1957, cinquante personnes y compris lui-même ont été mises en détention, en vertu de la loi de 1939, sans inculpation ni jugement. Le requérant déclare expressément qu'il ne réclame pas de dommages-intérêts pour sa détention mais qu'il demande un examen approfondi desdites Lois.

Le requérant fait observer en particulier que l'Article 52 § 1 de la Loi de 1939 nentionne le droit pour la police de demander à un détenu de rendre compte de son emploi du temps durant une période déterminée et aussi de lui demander des informations relatives à un délit punissable en vertu de cette loi, perpétré ou préparé par une autre personne. L'Article 24 dispose que tout document compromettant trouvé sur des terres et dans les locaux appartenant à un accusé ou occupés par ce dernier, constitue la preuve de son appartenance à une organisation illégale. Le requérant relève également les pouvoirs spéciaux d'arrestation et de détention prévus par la Loi de 1940.

Le 2 janvier 1957, le requérant a été inculpé, conformément à l'Article 52 de la Loi de 1939, pour avoir refusé alors qu'il était détenu conformément à l'Article 30 de la loi de rendre compte de ses déplacements et activités pendant la période du 30 au 31 décembre 1956. Cette inculpation n'a pas eu de suite mais le requérant a été arrêté et inculpé à nouveau le 2 janvier, en vertu de l'Article 30 de la Loi de 1939, et maintenu en détention jusqu'au 10 janvier, puis jusqu'au 14 janvier. Le 14 janvier, il a été jugé sur la base des quatre chefs d'accusation suivants:

(a) en vertu de l'Article 52 de la Loi de 1939, pour avoir refusé de rendre compte à un membre de la police civile (Garda Siochana), de ses déplacements et activités entre le 30 et le 31 décembre 1956;

(b) en vertu de la Loi de 1925 sur les armes à feu, pour détenton illégale de munitions;

(c) en vertu de l'Article 12 de la Loi de 1939, pour détention d'un document compromettant qui semble avoir été publié par une organisation illégale du nom de "Armée Républicaine Irlandaise";

(d) en vertu de l'Article 21 de la Loi de 1939, pour appartenance à cette organisation illégale.

Le requérant a été condamné à une peine de 6 mois d'emprisonnement pour ce qui est des chefs d'accusation (a) et (b) et à une peine de trois mois en ce qui concerne les chefs d'accusation (c) et (d), la confusion des deux peines étant prononcée.

Le requérant soutient qu'il n'existe aucun recours interne contre le jugement précité et que, le 11 mars 1957, il a adressé une requête au Ministre de la Justice mais sans résultat.

Comme un autre exemple de l'application des lois de 1939 et de 1940 en Irlande, il a été déclaré en outre au nom du requérant, qu'il a été de nouveau arrêté le 22 novembre 1959, en vertu de l'Article 30 de la Loi de 1939. A cette occasion, il est resté emprisonvember and remanded until 27th November when he was tried and convicted by the ... District Court on 3 charges under Section 52 of the 1939 Act. He was sentenced to six months' imprisonment on each charge, the sentences to run concurrently.

The charges were that the Applicant, being detained under Part 4 of the 1939 Act, failed to give an account of his movements and actions during the periods:

(a) from 5 p.m. on 17th October to 5 p.m. on 24th October 1959;
(b) from 10 a.m. on 26th October to 10 a.m. on 8th November 1959;
(c) from 12 p.m. on 9th November to 12 p.m. on 22nd November 1959.

The Applicant has submitted a certified record, dated 23rd November 1959, of the questions put to him after his arrest by the police secgeants under Section 52 of the 1939 Act.

The Applicant now alleges:

(a) that he was searched while being detained in the police barracks and that a sum of £187 2s. 71/2d. and all papers in his possession were taken from him. No receipt was given to him. He has protested without success to the Court, police authorities and Department of Justice;

(b) that he was not at any time supplied with a copy of the charges which were read out in court at such a speed and at such a distance that he was unable to understand their contents.

THE LAW

Whereas the Commission notes the Applicant's statement that he does not claim to be released from detention nor damages with respect to his detention; and whereas the claim now presented by him is that the Commission should investigate the compatibility of the "Offences Against the State Act, 1939" and the "Offences Against the State (Amendment) Act 1940" with the provisions of the European Convention on Human Rights;

Whereas it is clear from Article 25 paragraph (1) of the Convention that the Commission can properly receive an application from a person, non-governmental organisation or group of individuals only if such persons, non-governmental organisation or group of individuals claims to be the victim of a violation by one of the High Contracting Parties of the rights set forth in the Convention;

né jusqu'au 24 novembre, puis maintenu en détention jusqu'au 27 novembre, date à laquelle il a été jugé et condamné par le Tribunal de District de ... sur la base de trois chefs d'accusation en vertu de l'Article 52 de la Loi de 1939. Il a été condamné à six mois d'emprisonnement pour chaque chef d'accusation, la confusion des peines étant prononcée.

Les accusations relevées contre le requérant étaient motivées par le fait que, étant détenu en vertu de l'Article 4 de la Loi de 1939 il a refusé de rendre compte de ses déplacements et activités au cours des périodes suivantes:

(a) du 17 octobre 1959, 17 heures, au 24 octobre 1959, 17 heures;
(b) du 26 octobre 1959, 10 heures, au 8 novembre 1959, 10 heures;

(c) du 9 novembre 1959, minuit, au 22 novembre 1959, minuit.

Le requérant a soumis un compte rendu légalisé et daté du 24 novembre 1959, faisant état des questions qui lui ont été posées par les officiers de police après son arrestation en vertu de l'Article 52 de la Loi de 1939.

Le requérant soutient que:

(a) il a été fouillé pendant sa détention dans les locaux de la police et qu'une somme de £187.2 s. 7½ d. et tous les papiers qu'il avait sur lui ont été confisqués. Aucun reçu ne lui a été donné. C'est en vain qu'il a protesté auprès du Tribunal, des autorités de police et du Ministre de la Justice;

(b) à aucun moment, il n'a reçu copie des chefs d'accusation qui ont été lus devant le Tribunal à une rapidité et à une distance telles qu'il lui a été impossible d'en saisir la teneur.

EN DROIT

Considérant que la Commission prend acte de la déclaration du requérant aux termes de laquelle ce dernier ne réclame ni la relaxe ni des dommages-intérêts pour la durée de sa détention; que le requérant demande que la Commission examine si la "Loi de 1939 relative aux atteintes à la sûreté de l'Etat" et de la "Loi de 1940 portant modification de la loi relative aux atteintes à la sûreté de l'Etat" sont conformes aux dispositions de la Convention européenne des Droits de l'Homme;

Considérant qu'il ressort clairement de l'Article 25, § 1 de la Convention que la Commission ne peut être saisie d'une requête par une personne physique, une organisation non-gouvernementale ou un groupe de particuliers que si cette personne physique, cette organisation non-gouvernementale ou ce groupe de particuliers se prétend victime d'une violation par l'un des Hautes Parties Contractantes des droits reconnus dans la Convention;

Whereas it follows that the Commission can examine the compatibility of domestic legislation with the Convention only with respect to its application to a person, non-governmental organisation or group of individuals and only insofar as its application is alleged to constitute a violation of the Convention in regard to the applicant person, organisation or group in question; and whereas, therefore, in a case submitted by an individual under Article 25 of the Commission is not competent to examine *in abstracto* the question of the conformity of domestic legislation with the provisions of the Convention;

Whereas the Commission notes that the Applicant was convicted by the ... Metropolitan Court on 14th January 1957 on charges under Sections 52, 12 and 21 of the 1939 Act, and again after the filing of his Application by the ... District Court on charges under Section 52; whereas it follows that, if these convictions infringed any right or freedom guaranteed in the Convention the Applicant is a "victim" of a violation of the Convention within the meaning of Article 25 and entitled to submit a complaint to the Commission with respect to that violation;

Whereas, therefore, the Commission is competent to examine the question of the conformity of the said Sections 52, 12 and 21 with the Convention with reference to the convictions of the Applicant; whereas, however, an investigation of the circumstances in which the said Sections 52, 12 and 21 were applied to the Applicant in connection with his conviction on 14th January 1957 and Section 52 in connection with his conviction on 27th November 1959 does not disclose any violation of the provisions of the Convention;

Whereas it follows that insofar as it relates to the Applicant's Convictions under Sections 52, 12 and 21 of the 1939 Act, the Application is manifestly ill-founded and must be rejected in accordance with Article 27 paragraph (2) of the Convention;

Whereas, for the reasons stated above, it is not within the competence of the Commission in the present case to examine the question of the conformity of the 1940 Act or of the other provisions of the 1939 Act with the Convention; and whereas, therefore, the Application, insofar as it requests the Commission to examine this question, is incompatible with the provisions of the Convention, in particular with the provisions of Article 25 governing the conditions under which the Commission may receive an application from an individual; whereas it follows that this part of the Application must be rejected in accordance with Article 27 paragraph (2) of the Convention;

Considérant qu'il s'ensuit que la Commission ne peut examiner la conformité d'une loi nationale avec la Convention que pour autant que cette loi est applicable à une personne physique, une organisation non-gouvernementale ou un groupe de particuliers et seulement dans la mesure où son application aurait entraîné une violation de la Convention au préjudice de cette personne physique, de cette organisation ou de ce groupe de particuliers; que par conséquent, lorsqu'il s'agit d'une requête introduite par un individu en vertu de l'Article 25, la Commission n'est pas compétente pour examiner *in abstracto* si une loi est conforme aux dispositions de la Convention;

Considérant que la Commission relève que la requérant a été condamné par le Tribunal métropolitain de ..., le 14 janvier 1957, pour avoir contrevenu aux Articles 52, 12 et 21 de la Loi de 1939, et, de nouveau, après l'introduction de la présente requête, par le Tribunal de District de ... pour avoir contrevenu à l'Article 52; qu'il s'ensuit que si ces condamnations violent l'un des droits et libertés garantis par la Convention, le requérant est "victime" d'une violation de la Convention au sens de l'Article 25 et il a dès lors le droit de saisir la Commission d'une plainte relative à cette violation;

Considérant, par conséquence, que, eu égard aux condamnations du requérant, la Commission est compétente pour examiner la question de la conformité desdits Articles 52, 12 et 21 avec la Convention; que, toutefois l'examen des circonstances dans lesquelles les Articles 52, 12 et 21 pour ce qui est de sa condamnation du 14 janvier 1957, et l'Article 52, en ce qui concerne sa condamnation du 27 novembre 1959 ont été appliqués au requérant, ne permet de dégager aucune apparence de violation des dispositions de la Convention;

Considérant en conséquence que dans la mesure où elle a trait aux condamnations prononcées conformément aux Articles 52, 12 et 21 de la Loi de 1939, la requête est manifestement mal fondée; qu'il convient dès lors de la rejeter de ce chef, par application de l'Article 27, § 2 de la Convention;

Considérant que pour les raisons indiquées ci-dessus la Commission n'est pas compétente dans le cas d'espèce pour examiner la question de la conformité de la Loi de 1940 ou des autres dispositions de la Loi de 1939 avec la Convention; que, par conséquent, dans la mesure où elle demande à la Commission d'examiner cette question, la requête est incompatible avec les dispositions de la Convention, notamment avec les dispositions de l'Article 25 qui posent les conditions dans lesquelles la Commission peut être saisie d'une requête par un individu; qu'il convient dès lors de rejeter cette partie de la requête, par application de l'Article 27, § 2 de la Convention;

Whereas, insofar as the Applicant may allege that he was a victim of violations of the Convention, with respect to any of the proceedings by which he was convicted, it is further to be observed that he did not avail himself of his right to appeal to a higher court against his convictions; and whereas an examination of the case does not disclose the existence of any special circumstances which might have relieved him, according to the generally recognised rules of international law, from the obligation to exhaust the domestic remedies at his disposal;

Whereas, therefore, insofar as the Application may relate to the proceedings which he was convicted, the provisions of Article 26 of the Convention have not been complied with and the Application must be rejected in accordance with Article 27 paragraph (3);

Now therefore the Commission,

DECLARES THIS APPLICATION TO BE INADMISSIBLE

Application No. 458/59

Decision of 29th March 1960

I. COMPETENCE RATIONE TEMPORIS. FACTS OCCURRED PRIOR TO THE ENTRY INTO FORCE OF THE CONVENTION. BELGIUM.

II. SIX MONTH'S RULE. ARTICLE 26 OF THE CONVENTION.

III. EXHAUSTION OF LOCAL REMEDIES. COMPLAINTS RAISED BEFORE THE COMMISSION WHICH HAVE NOT BEEN PREVIOUSLY RAISED BEFORE A DOMESTIC COURT. ARTICLE 26 OF THE CONVENTION.

IV. NON-RETROACTIVITY OF PENAL LEGISLATION. CONCEPT. PREVIOUS CONVICTION. BELGIUM. CONDITIONS OF APPLICATION. ARTICLE 7 OF THE CONVENTION.

V. SIX MONTHS' RULE. FINAL DECISION OF MUNICIPAL COURTS. BELGIUM. APPEAL FOR PARDON. ARTICLE 26 OF THE CONVENTION.

VI. RIGHT TO A PROPER ADMINISTRATION OF JUSTICE. ERRORS OF FACT OR OF LAW COMMITTED BY DOMESTIC COURTS. ARTICLES 6 AND 19 OF THE CONVENTION.

(*Translation*)

HAVING REGARD to the Application lodged on 23rd January 1959 by X. against Belgium and registered on 16th February 1959 under File No. 458/59;

Considérant que, dans la mesure où le requérant peut prétendre qu'il a été victime d'une violation de la Convention à l'occasion de l'une des procédures qui ont abouti à sa condamnation, il convient d'observer qu'il n'a pas fait usage de son droit d'interjeter appel de sa condamnation devant l'instance supérieure; que l'examen du dossier ne permet pas de dégager l'existence de circonstances particulières de nature à relever le requérant, selon les principes de droit international généralement reconnus, de l'obligation d'épuiser les voies de recours internes dont il disposait;

Considérant par conséquent que, dans la mesure où la requête a trait à la procédure ayant entraîné la condamnation du requérant, le requérant n'a pas observé les prescriptions de l'Article 26 de la Convention; qu'il y a lieu dès lors de rejeter la requête, de ce chef, par application de l'Article 27, § 3 de la Convention;

Par ces motifs,

DECLARE LA REQUETE IRRECEVABLE.

Requête No. 458/59

Décision du 29 mars 1960

I. COMPETENCE RATIONE TEMPORIS. FAITS ANTERIEURS A L'ENTREE EN VIGUEUR DE LA CONVENTION. BELGIQUE.

II. DELAI DE SIX MOIS, ARTICLE 26 DE LA CONVENTION.

III. EPUISEMENT DES VOIES DE RECOURS INTERNES. GRIEFS FORMULES DEVANT LA COMMISSION POUR LA PREMIERE FOIS. ARTICLE 26 DE LA CONVENTION.

IV. NON-RETROACTIVITE DE LA LOI PENALE. NOTION. RECIDIVE. BELGIQUE. CONDITIONS D'APPLICATION. ARTICLE 7 DE LA CONVENTION.

V. DELAI DE SIX MOIS. DECISION INTERNE DEFINITIVE. BELGIQUE. RECOURS EN GRACE. ARTICLE 26 DE LA CONVENTION.

VI. DROIT A UNE BONNE ADMINISTRATION DE LA JUSTICE. ERREURS DE FAIT OU DE DROIT COMMISES PAR LES TRIBUNAUX INTERNES. ARTICLES 6 ET 19 DE LA CONVENTION.

VU la requête introduite le 23 janvier 1959 par X. contre la Belgique, et enregistrée le 16 février 1959 sous le No. de dossier 458/59;

HAVING REGARD to the Report provided for in Rule 45 paragraph 1 of the Rules of Procedure of the Commission;

Having deliberated;

THE FACTS

Whereas the facts of the case may be summarised as follows:

I

1. The Applicant, a Belgian citizen, was manager of the "A ..." works in Belgium, a firm engaged in the manufacture and sale of chemical and pharmaceutical products, of which he was the owner; he was at the same time principal shareholder and manager of the Spanish subsidiary of the firm, the ... Company.

2. The Applicant was arrested in Geneva on 6th May 1952 and extradited at the request of the Belgian authorities on the twofold indictment of fraudulent bankruptcy and misappropriation of funds. The Public Prosecutor of ..., however, instituted proceedings for offences which were not enumerated in the extradition warrant and which were not covered by the Belgo-Swiss Extradition Treaty of 15th March 1874, by Article 2 of the Convention of 13th May 1874 or by the Supplementary Convention of 11th September 1882.

3. Consequently the Applicant considers that the Public Prosecutor violated the principle of the speciality of extradition recognised in international law and also contravened Belgian law, in particular Article 6 of the Law of 1st October 1833, the Law of 22nd March 1856 and the Law of 15th March 1874. He claims that proceedings should have been instituted for the offences mentioned in the extradition warrant only.

The Applicant was, however, sentenced to four years' imprisonment by the ... Court of First Instance on 18th May 1954 which he claims was unjustified. He appealed and, by an order dated 18th March 1955, the Appeal Court separated the charges. The Applicant was sentenced to thirty-four months' imprisonment for the offences mentioned in the Extradition warrant after cross-examination in Court and, *in absentia*, to twenty-three months' imprisonment for the offences not mentioned in the Extradition warrant.

The ... Court of Appeal, sentencing the Applicant *in absentia* for the aforementioned offences, stated that in its view extradition should in no way limit the rights of the State existing independently of extradition.

4. As to the substance, the Applicant disputes certain allegations made by the ... Public Prosecutor; in particular he claims that Article 577, paragraph 2 of the Belgian Commercial Code was wrongly applied by the Court of Appeal.

VU le rapport prévu à l'article 45, par. 1 du Règlement Intérieur de la Commission;

Après avoir délibéré,

EN FAIT

Coisidérant que les faits de la cause se présentent comme suit:

I

1. Le requérant, ressortissant belge, dirigeait, en Belgique, les établissements "A ...", une entreprise de fabrication et de vente de produits chimiques et pharmaceutiques dont il était propriétaire; en même temps, il était principal actionnaire et directeur de la filiale espagnole de cette entreprise: la société ...

2. Le requérant fut arrêté à Genève, le 6 mai 1952, et extradé à la demande des autorités belges sous la double inculpation de banqueroute frauduleuse et abus de confiance. Or le Ministère Public de ... engagea des poursuites pour des délits qui ne figuraient pas dans le mandat d'extradition, et qui ne tomberaient sous l'application ni du traité d'extradition belgo-suisse du 15 mars 1874, ni de l'article 2 de la Convention du 13 mai 1874, ni de la Convention additionnelle du 11 septembre 1882.

3. En conséquence, le requérant estime que le Parquet de ... a violé le principe de la spécialité de l'extradition, consacré par le droit international, et a contrevenu aux lois belges, notamment à l'article 6 de la loi du 1er octobre 1833, à la loi du 22 mars 1856 et à la loi du 15 mars 1874. Il prétend ne devoir être poursuivi que pour les délits mentionnés dans le mandat d'extradition.

Toutefois, il fut condamné à 4 ans de prison par un jugement du Tribunal de 1ère Instance de ... du 18 mai 1954 qui, d'après le requérant, n'aurait pas été motivé. Sur appel de sa part, la Cour de ..., par arrêt en date du 18 mars 1955, disjoignit son affaire: le requérant fut condamné à 34 mois de prison pour les délits mentionnés dans le mandat d'extradition, ayant fait l'objet d'un examen contradictoire devant la Cour, et il fut condamné par défaut à 23 mois de prison pour les délits qui ne figuraient pas dans le mandat d'extradition.

La Cour d'Appel de ..., en condamnant le requérant par défaut pour lesdits délits, a déclaré que, selon elle, l'extradition ne devait en aucune manière limiter les droits de l'Etat existant en dehors de l'extradition.

4. Quant au fond, le requérant se défend de certaines accusations formulées par le Parquet de ... Il estime notamment que la Cour d'Appel a fait à tort application de l'article 577, par. 2 du Code de Commerce belge.

The Applicant appealed to the Court of Cassation from that part of the judgment pronounced after cross examination. The appeal was dismissed on 19th September 1955 but the decision was not communicated to the Applicant until September 1958 as he was abroad up to December 1955. He was nevertheless imprisoned on 8th December 1955.

5. On 7th May 1957 the Applicant was allegedly asked to sign the judgment of the ... Court of Appeal dated 18th March 1955, and he appears to have done so. Thus this is said to be tantamount to acknowledging that the judgment given by default was also presented for his signature.

The Applicant appealed against the Court's judgment *in absentia* and the ... Court of Appeal, in an order dated 28th June 1957, annulled the judgment *in absentia* of 18th March 1955, acquitted the Applicant of the relevant offences, discharged him from a proportion of the costs and ordered the costs of the appeal to be paid by the State.

II

6. On 20th January 1956 the Applicant who was then in prison was charged with being an accomplice in forgeries and fraud in connection with the title deeds of the ... company.

The Applicant was found guilty on 30th May 1956 by the Court of First Instance in ... His appeal was refused and he was sentenced on 24th December 1956 to seven years' imprisonment and a fine of Frs. 5,000. The Court of Appeal in ..., finding that the Applicant had a previous conviction, doubled the sentence under Article 56 of the Belgian Penal Code which, *inter alia*, provides that:

> "Whosoever after having been convicted of an offence shall commit another offence may be sentenced to a double penalty ...".

His appeal to the Court of Cassation was refused on 18th February 1957.

7. The Applicant claims to have been the victim during the proceedings of improper procedure and errors of law. He pleads:

(a) that while in prison he and his Counsel were given access to the file only eight days before appearance. They were thus unable to subpoena witnesses for the defence and have the necessary experts' reports prepared; an application for adjournment to allow further information to be produced was refused by the Judge;

(b) that Judge ... was not impartial in respect of the Applicant;

Le requérant a introduit un recours en cassation contre la partie de l'arrêt concernant les délits jugés contradictoirement. Le recours fut rejeté en date du 19 septembre 1955, mais cet arrêt n'aurait été porté à la connaissance du requérant, qui se trouvait à l'étranger jusqu'en décembre 1955, qu'au cours du mois de septembre 1958. Il fut néanmoins incarcéré le 8 décembre 1955.

5. Le 7 mai 1957, le requérant aurait été invité à signer l'arrêt de la Cour d'Appel de ... du 18 mars 1955; ce qu'il semble avoir fait. Il se serait ainsi rendu compte que l'arrêt pris par défaut avait également été présenté à sa signature.

Sur opposition du requérant contre cette décision par défaut, la Cour d'Appel de ..., par un arrêt en date du 28 juin 1957, annula l'arrêt du 18 mars 1955 pris par défaut, acquitta le requérant pour les délits correspondants, le libéra proportionnellement des frais et mit à la charge de l'Etat les frais de l'opposition.

II

6. Le 20 janvier 1956, le requérant, alors qu'il se trouvait en prison, fut inculpé comme co-auteur de faux et d'escroqueries dans l'acte constitutif de la société "...".

Condamné, le 30 mai 1956, par le Tribunal de 1ère Instance de ..., le requérant fit appel devant la Cour qui rejeta ses conclusions et le condamna par arrêt du 24 décembre 1956 à 7 ans de prison et 5.000 Frs. d'amende. La Cour d'Appel de ..., estimant le requérant en état de récidive, doubla sa peine par application de l'article 56 du Code pénal belge disposant, entre autres, ce qui suit:

> "Quiconque, après une condamnation à une peine criminelle, aura commis un délit, pourra être condamné à une peine double ...".

Le recours en cassation introduit par le requérant fut rejeté le 18 février 1957.

7. Le requérant estime avoir été victime, à l'occasion de cette affaire, de plusieurs vices de procédure et erreurs de droit. Il se plaint de ce que:

(a) étant en prison, son avocat et lui-même n'auraient pu avoir connaissance du dossier pénal que huit jours avant la comparution; ainsi il ne leur aurait pas été possible de citer des témoins à décharge et de faire faire les expertises qu'ils estimaient nécessaires; une demande de renvoi pour complément d'information a été rejetée par le juge;

(b) le juge, en l'occurrence le juge D., aurait fait preuve de partialité à l'égard du requérant;

(c) that that part of the judgment by the ... Court of Appeal given by default was taken into consideration by the ... Public Prosecutor;

(d) that both the decision by the ... Court of Appeal stating that the Applicant had a previous conviction, and the sentence subsequently pronounced, were the result of an error since, according to the Applicant, the offences with which he was charged were committed on or before the 10th August 1955 whereas the judgment of the Court of Cassation making final his earlier conviction of 18th March 1955, was not rendered until 19th September 1955; the Applicant claims that only facts which occurred subsequent to 19th September 1955 could be taken into account in order to determine he had a previous conviction.

The Applicant claims that no previous offence can be considered to have been committed until a conviction therefore has become *res judicata*. Therefore, neither the Court of First Instance, nor the Court of Appeal nor the Court of Cassation was justified in arguing that he had a previous conviction and hence invoking Article 56 of the Belgian Penal Code. The Applicant claims that the Public Prosecutor must have known of the judgment delivered by the Court of Cassation on 19th September 1955 which the Minister of Justice is obliged by law to communicate to him.

8. The Applicant claims that he was not informed until September 1958 that his Appeal to the Court of Cassation had been refused on 19th September 1955, and could not in the second case object to the statement that he had a previous conviction. Since by September 1958 all remedies had been exhausted (the decision of the Court of Cassation in the second case is dated 18th February 1957) the Applicant appealed to the Belgian Minister of Justice. This final 'Appeal' was refused on 28th November 1958.

III

9. Having been asked by the Commission to clarify certain points in his Application the Applicant sent a letter to the Secretariat of the Commission on 25th February 1960 in which he confirmed the grievances enumerated above.

10 In the same letter he affirms:

(a) that he had left Belgium on or about 15th August 1955;

(b) that he learned at the end of October or the beginning of November 1955 that his appeal to the Court of Cassation had failed;

(c) that during the proceedings in the 'company' case (December 1955 to May 1956) he made no allowance for the fact that the competent legal authorities considered his previous conviction to

(c) la partie de l'arrêt de la Cour d'Appel de ..., rendue par défaut, aurait été prise en considération par le Parquet de ...;

(d) la décision de la Cour d'Appel de ... déclarant le requérant en état de récidive et la condamnation qui s'en est suivie procéderaient d'une erreur; car, selon le requérant, les délits retenus à sa charge auraient eu lieu au plus tard le 10 août 1955, alors que l'arrêt de la Cour de Cassation, à partir duquel la condamnation antérieure du requérant du 18 mars 1955 devint définitive, date du 19 septembre 1955; de l'avis du requérant, seuls des faits postérieurs à cette dernière date auraient pu être pris en considération pour sa qualification de récidiviste.

Le requérant estime qu'il ne peut y avoir récidive avant que la condamnation en cause ait acquis l'autorité de chose jugée. Ni le Tribunal de 1ère Instance, ni la Cour d'Appel, ni la Cour de Cassation n'auraient donc été fondés à se baser sur la qualification de récidive pour faire application de l'article 56 du Code pénal belge. Le requérant estime que le Parquet ne pouvait ignorer l'existence de l'arrêt de la Cour de Cassation du 19 septembre 1955, que la loi oblige le Ministre de la Justice à lui notifier.

8. Le requérant qui prétend n'avoir été informé du rejet de son recours en cassation du 19 septembre 1955 qu'en septembre 1958, n'aurait pu, dans la deuxième affaire, s'opposer à la qualification de la récidive. Comme en septembre 1958 tous les recours auraient été épuisés (l'arrêt de la Cour de Cassation pour la deuxième affaire date du 18 février 1957), le requérant se serait adressé au Ministre de la Justice de Belgique; cet ultime "recours" aurait été rejeté le 28 novembre 1958.

III

9. Invité par la Commission à préciser certains points de sa requête, le requérant a adressé le 25 février 1960 au Secrétariat de la Commission une lettre dans laquelle il confirmait notamment les griefs qui ont été exposés ci-dessus.

10. Par ailleurs, dans sa lettre du 25 février 1960, le requérant déclare ce qui suit:

(a) qu'il a quitté la Belgique vers le 15 août 1955;

(b) qu'il s'est rendu compte, dès fin octobre – début novembre 1955, que son pourvoi en cassation avait été rejeté;

(c) que lors des poursuites dans l'affaire "..." (décembre 1955 à mai 1956), il n'a attaché aucune importance au fait que les autorités judiciaires compétentes considéraient sa condamnation antébe *res judicata,* which meant that his Appeal to the Court of Cassation was refused;

(d) that neither he nor his successive Counsel learned until 1958 that his Appeal to the Supreme Court had not been refused until September 1955;

(e) that he had not formally raised in Court the argument relating to the statement that he had a previous conviction;

Whereas in substance the Applicant's grievances are directed against the following facts:

(A) his extradition and the alleged violation of the principle of the 'speciality of extradition' by the Belgian authorities in his case (see Sec. I above);

(B) the alleged misapplication by the Belgian courts of criminal provisions governing previous offenders and certain violations of the rights of the defence committed by the same courts (see Secs II and III above).

THE LAW

As regards the first part (I) of the Application

Whereas insofar as the Applicant complains that he was extradited and sentenced by the ... Court of Appeal the facts alleged relate to a period prior to 14th June 1955, the date on which the Convention for the Protection of Human Rights and Fundamental Freedoms entered into force in respect of Belgium; whereas according to the generally recognised rules of international law the said instrument applies only to facts subsequent to its entry into force in respect of the Contracting State party to the case; whereas it follows that this section of the Application is inadmissible *ratione temporis* and should be rejected on that ground;

Whereas, insofar as the Application also attacks judicial decisions made after the above-mentioned date of 14th June 1955 there are grounds for adding that, insofar as the Applicant claims to have been the victim of a violation of the 'principle of the speciality of extradition' and assuming that respect for this principle were guaranteed by one of the provisions of the Convention, such violation did not take place in this particular case; whereas examination of the case as it has been submitted shows that the Belgian Courts rigorously respected the above-mentioned principle in the case of the Applicant by sentencing him first *in absentia* for the offences not mentioned in the extradition warrant (see Section I, 3 (2) of the statement of facts given above) and by acquitting him later on appeal (see Section I, 5 (2) of the statement of facts given above); whereas in this respect the Application is rieure comme ayant acquis force de la chose jugée, ce qui signifiait que son pourvoi en cassation était rejeté;

(d) que ni ses avocats successifs, ni lui-même n'ont eu connaissance avant 1958 du fait que ce recours en cassation n'avait été rejeté qu'en septembre 1955;

(e) qu'il n'a pas, d'une façon formelle, soulevé devant les tribunaux le moyen afférent à sa qualification de récidiviste;

Considérant que les griefs du requérant se dirigent, en substance, contre les faits suivants:

(A) son extradition et la violation prétendument commise à son encontre par les autorités belges, du principe de la "spécialité de l'extradition";

(B) l'application prétendument erronée, par les tribunaux belges, des dispositions pénales régissant la récidive, et certaines violations des droits de la défense que ces mêmes juridictions auraient commises;

EN DROIT

Quant à la première partie (I) de la requête:

Considérant, pour autant que le requérant se plaint du fait même de son extradition et de celui de sa condamnation par la Cour d'Appel de ..., que les faits allégués remontent à une époque antérieure au 14 juin 1955, date de l'entrée en vigueur de la Convention de Sauvegarde des Droits de l'Homme et des Libertés fondamentales à l'égard de la Belgique; que, selon les principes de droit international généralement reconnus, cet instrument ne régit que les faits postérieurs à son entrée en vigueur à l'égard de l'Etat Contractant mis en cause; qu'il appert, dès lors, que cette partie de la requête est irrecevable *ratione temporis* et qu'il y a lieu de la rejeter de ce chef;

Considérant, en tout état de cause et pour autant que la requête s'attaque également à des décisions judiciaires intervenues après la date susmentionnée du 14 juin 1955, qu'il y a lieu d'ajouter que dans la mesure où le requérant se prétend victime d'une violation du "principe de la spécialité de l'extradition", et à supposer même que le respect de ce principe soit garanti par une des dispositions de la Convention, une telle violation n'a pas eu lieu en l'espèce; que l'examen du dossier démontre, en effet, que les tribunaux belges ont, dans le cas du requérant, rigoureusement respecté le susdit principe en condamnant l'intéressé d'abord par défaut pour les délits qui ne figuraient pas sur le mandat d'extradition (cf.: Section I, par. 3, al. 2 de l'exposé des faits qui précède) et en l'acquittant même plus tard sur opposition (cf.: Section I, par. 5, al. 2 de l'exposé des faits qui précède); qu'à cet égard, la requête est donc manitherefore manifestly ill-founded; whereas it must consequently be rejected on these grounds under Article 27, paragraph (2) of the Convention;

Whereas, with regard to all the facts alleged in the first part of the Application relating to a period subsequent to the above-mentioned date of 14th June 1955 the final sentences pronounced in this respect are dated respectively 19th September 1955 (see Section I, 4 (2) of the statement of facts given above) and 28th June 1957 (Section I, 5 (2)); whereas the Applicant did not apply to the Commission until 23rd January 1959; whereas it follows that the Applicant has not in this respect satisfied the condition of the six months' period laid down in Article 26 of the Convention; whereas consequently this part of the Application must also be rejected in pursuance of Article 27, paragraph (3) of the Convention;

As regards the second part (II) of the Application

Whereas insofar as the Applicant alleges that the Belgian Courts in this case misapplied Article 56 of the Penal Code concerning previous convictions the Commission may under Article 26 of the Convention only deal with a matter after all domestic remedies have been exhausted according to the generally recognised rules of international law and within a period of six months from the date on which the final decision was taken; whereas it should be noted in this connection that examination of the case as presented disclosed that by failing to raise the relevant argument neither the Applicant nor his Counsel objected in the various Courts to his being considered by these Courts as subject to the previous Offenders Act; whereas an *ex officio* examination of the case as it has been submitted does not disclose the existence of any special circumstances which might have released the Applicant, under the generally recognised rules of international law to which Article 26 mentioned above refers, from the obligation to exercise the remedy in question by invoking the arguments open to him; whereas consequently this part of the Application must also be rejected in pursuance of Article 27, paragraph (3) of the Convention;

Whereas, even if all domestic remedies had been exhausted it should be stressed that it is not for the Commission to give a ruling on the application and the interpretation of domestic law by national courts unless the law itself constitutes a violation of the Convention or the domestic courts have committed such violation in the application or interpretation of this law; whereas in this particular case no such violation can be found to have taken place; whereas in fact neither examination of the allegations made by the Applicant nor an examination *ex officio* of the case as submitted, festement mal fondée; qu'il y a lieu par conséquent de la rejeter de ce chef par application de l'article 27, par. 2 de la Convention;

Considérant, en ce qui concerne enfin l'ensemble des faits allégués dans la première partie de la requête et postérieurs à la date susmentionnée du 14 juin 1955, que de toute manière, les dernières décisions judiciaires intervenues à ce sujet datent respectivement du 19 septembre 1955 (cf.: Section I, par. 4, al. 2 de l'exposé des faits qui précède) et du 28 juin 1957 (cf.: Section I, par. 5, al. 2 de l'exposé des faits qui précède); que le requérant n'a saisi la Commission que le 23 janvier 1959; qu'il s'ensuit que l'intéressé n'a pas observé, à cet égard, le délai de six mois prévu par l'article 26 de la Convention; qu'il y a lieu, par conséquent, de rejeter cette partie de la requête également, et en tout état de cause, de ce chef, par application de l'article 27, par. 3 de la Convention;

Quant à la deuxième partie (II) de la requête:

Considérant, pour autant que le requérant allègue que les tribunaux belges ont en l'espèce mal appliqué l'article 56 du Code pénal concernant la récidive, qu'aux termes de l'article 26 de la Convention, la Commission ne peut être saisie qu'après l'épuisement des voies de recours internes, tel qu'il est entendu selon les principes de droit international généralement reconnus et dans le délai de six mois à partir de la date de la décision interne définitive; qu'il échet de relever, à ce sujet, que l'examen des pièces versées au dossier démontre qu'en s'abstenant de soulever le moyen afférent, ni le requérant, ni son conseil, ne se sont opposés, au cours des différentes instances, à ce que l'intéressé fût considéré par lesdits tribunaux comme remplissant les conditions légales d'un récidiviste; que l'examen d'office du dossier ne permet pas de dégager l'existence de circonstances particulières de nature à relever le requérant, selon les principes de droit international généralement reconnus et auxquels se réfère l'article 26 susvisé, de l'obligation d'exercer les recours en question en soulevant le moyen qu'il avait la faculté d'invoquer; qu'il y a lieu, dès lors, de rejeter cette partie de la requête, de ce chef, par application de l'article 27, par. 3 de la Convention;

Que même si le requérant avait épuisé les voies de recours internes, il conviendrait de souligner qu'il n'appartient pas à la Commission de se prononcer sur l'application et l'interprétation, par les tribunaux nationaux, des lois internes, à moins que la loi elle-même ne constitue une violation de la Convention ou que les tribunaux internes n'aient commis une telle violation lors de l'application ou de l'interprétation de cette loi; qu'en l'espèce aucune violation de ce genre ne peut être constatée; qu'en effet, ni l'examen des allégations du requérant, ni l'examen d'office du dossier ne permettent disclose even the appearance of a violation of one of the rights and freedoms set forth in the Convention, whereas this part of the Application should therefore also be considered as manifestly ill-founded, whereas consequently it must be rejected in pursuance of Article 27, paragraph (2) of the Convention;

Whereas insofar as the Applicant, in an accessory claim, further appears to invoke Article 7 of the Convention, it should be noted that this provision is also inapplicable in the present instance, and whereas insofar as in the present case the issue is merely the degree of penalty for a criminal offence and not the fact that the act itself constituted an offence, and there is no question of sentence to a 'heavier penalty...' than the one that was applicable at the time the criminal offence was committed, the question whether in a specific case the offender is to be regarded as subject to the Previous Offenders Act should be left to the appreciation of the competent courts; whereas in this respect the Application is also manifestly ill-founded;

Whereas with regard to the Applicant's grievances concerning violation of the rights of defence, which were rejected by the Court of Cassation (see Section III, 7 (1) of the statement of facts given above), neither examination of the Applicant's allegations nor an examination *ex officio* of the case as it has been submitted disclose any apparent violation of the rights and freedoms set forth in the Convention; whereas in this respect the Application is therefore also manifestly ill-founded;

Whereas in respect of the sum of the grievances submitted by the Applicant in the second part of the Application it should be stated that in any event the Applicant did not respect the six months' period provided for under Article 26 of the Convention; whereas in fact he submitted his present Application on 23rd January 1959 although the last domestic decision had been made final on 19th September 1955; whereas the appeal for clemency rejected on 28th November 1958 may not be taken into consideration for the application of Article 26 of the Convention because it is not a "remedy" within the meaning of that Article; whereas, further, no special circumstances exist to justify setting aside the six months' period in this case; whereas the Applicant claims that the text of the judgment of 19th September 1955 was not communicated to him until September 1958; whereas nevertheless it appears from the statements made by the Applicant that he was aware by the end of 1955 that the judgment in question had been delivered; whereas examination of the case as it has been submitted discloses that neither the Applicant nor his Counsel took all the necessary steps to obtain a copy of the said judgment; whereas therefore the second part of the Application is also inadmissible on the ground of failing to observe the six months' period;

de dégager, sur ce point, l'apparence même d'une violation de l'un des droits et libertés protégés par la Convention; que cette partie de la requête devrait donc également être considérée comme manifestement mal fondée; qu'il y aurait lieu dès lors de la rejeter de ce chef par application de l'article 27, par. 2 de la Convention;

Que pour autant que, à titre subsidiaire, le requérant semble par aileurs invoquer, à ce sujet, l'article 7 de la Convention, il y a lieu de tenir compte du fait que cette disposition ne saurait pas non plus s'appliquer en l'espèce; que dans la présente affaire il s'agit, en effet, simplement du calcul du montant d'une peine criminelle et non point de la qualification pénale d'un acte, ni même de la condamnation à une "peine plus forte que celle qui était applicable au moment où l'infraction a été commise", l'examen de la question de savoir si, dans un certain cas déterminé, il y a eu ou non, récidive, selon les règles y afférentes de la loi interne, devant être laissé à l'appréciation des tribunaux compétents; que, sous cet aspect, la requête serait donc également manifestement mal fondée;

Considérant, quant aux griefs formulés par le requérant, visant la violation des droits de la défense, et rejetés par la Cour de Cassation (cf.: Section III, par. 7, al. 1er de l'exposé des faits qui précède), que ni l'examen des allégations de l'interéssé, ni l'examen d'office du dossier ne permettent de dégager l'apparence d'une violation de l'un des droits et libertés garantis par la Convention; qu'à cet égard la requête est donc aussi manifestement mal fondée;

Considérant, quant à la totalité des griefs formulés par l'intéressé dans la deuxième partie de sa requête, qu'il y a lieu, en tout état de cause, de relever que le requérant n'a pas respecté le délai de six mois prévu par l'article 26 de la Convention; qu'il a en effet introduit la présente requête le 23 janvier 1959, tandis que la dernière décision interne définitive date du 19 septembre 1955; que le recours en grâce, rejeté le 28 novembre 1958, ne doit pas être pris en considération pour l'application des règles de l'article 26 de la Convention, du fait qu'il ne s'agit pas d'un "recours" au sens de cette disposition; que, d'autre part, aucune circonstance spéciale, justifiant éventuellement l'interruption du cours du délai de six mois, ne saurait être retenue; qu'il est vrai que le requérant prétend que le texte de la décision du 19 septembre 1955 ne lui a été communiqué qu'en septembre 1958; qu'il ressort toutefois des déclarations mêmes du requérant que celui-ci avait été au courant, dès la fin de l'année 1955, de ce que ladite décision était intervenue; que l'examen du dossier démontre d'ailleurs que ni le requérant, ni ses conseils n'ont fait preuve de toute la diligence désirable pour obtenir copie de cette décision; que, dans ces conditions, la deuxième partie de la requête est donc, de toute manière, également irrecevable pour inobservation du délai de six mois;

Whereas finally, insofar as the Applicant in the second part of his Application more especially attacks the judgments given against him, examination of these judgments discloses no apparent violation of the rights and freedoms set forth in the Convention and in particular of the right to a fair administration of justice under the conditions fixed and the limits laid down in Article 6 of the aforementioned Convention;

Whereas it should be noted, particularly with regard to the aforementioned judgments, that the Commission was set up in pursuance of Article 19 of the Convention to ensure respect for the undertakings assumed by the Contracting States under the Convention; whereas therefore it cannot take cognizance, in examining the admissibility of an Application, of alleged errors of fact or of law committed by the domestic courts of such States save insofar as such errors would appear to have resulted in violation of the rights and freedoms specifically set forth in the Convention and in particular in the first paragraph of Article 6, which provides *inter alia* that 'everyone is entitled to a fair ... hearing ... by an independent and impartial tribunal ...'; whereas no violation of this nature is apparent in respect of the judgments in question;

Whereas it follows that on this point also the Application is manifestly ill-founded; whereas consequently it must be rejected on these grounds also under Article 27, paragraph 2 of the Convention;

Now therefore the Commission,

DECLARES THIS APPLICATION TO BE INADMISSIBLE.

Application No. 604/59

Decision of 2nd April 1960

I. EXHAUSTION OF DOMESTIC REMEDIES. EXCEPTIONS. ARTICLE 26 OF THE CONVENTION.

II. RIGHT TO FREE LEGAL AID. BENEFICIARIES. RIGHTS GUARANTEED BY THE CONVENTION. ARTICLES 1 AND 6 (3) (c) OF THE CONVENTION.

Considérant, enfin, pour autant que le requérant s'attaque, dans la deuxième partie de sa requête, plus particulièrement aux décisions judiciaires prises à son encontre, qu'il y a lieu de relever que l'examen de ces décisions ne permet pas de dégager l'apparence d'une violation de l'un des droits et libertés reconnus dans la Convention, et notamment du droit à une bonne administration de la justice, sous les conditions fixées et dans les limites définies par l'article 6 de ladite Convention;

Qu'il importe spécialement de relever, en ce qui concerne lesdites décisions judiciaires, que la Commission a été instituée selon l'article 19 de la Convention, pour assurer le respect des engagements assumés par les Etats Contractants en vertu de la Convention; que dans ces conditions elle ne saurait connaître, au stade de l'examen de la recevabilité des requêtes, de prétendues erreurs de fait ou de droit commises par les tribunaux internes de ces Etats, que dans la mesure où ces erreurs sembleraient avoir entraîné la violation de l'un des droits et libertés limitativement énumérés dans la Convention, et plus particulièrement au premier paragraphe de l'article 6 de celle-ci disposant, entre autres, que "toute personne a droit à ce que sa cause soit entendue équitablement ... par un tribunal indépendant et impartial ..."; qu'aucune violation de ce genre ne peut être relevée en ce qui concerne les décisions dont il s'agit;

Qu'il appert, dès lors, que sur ce point aussi la requête est manifestement mal fondée; qu'il y a lieu, par conséquent, de la rejeter également de ce chef, par application de l'article 27, par. 2 de la Convention;

Par ces motifs,

DECLARE LA REQUETE IRRECEVABLE.

Requête No. 604/59

Décision du 2 avril 1960

I. EPUISEMENT DES VOIES DE RECOURS INTERNES. EXCEPTIONS. ARTICLE 26 DE LA CONVENTION.

II. DROIT A L'ASSISTANCE JUDICIAIRE. BENEFICIAIRES. DROITS GARANTIS PAR LA CONVENTION. ARTICLES 1 ET 6 § 3 C DE LA CONVENTION.

HAVING REGARD to the Application lodged on 18th October 1959 by X. against the Federal Republic of Germany and registered on 20th October 1959 under file No. 604/59;

HAVING REGARD to the report provided for in Rule 45, paragraph 1 of the Rules of Procedure of the Commission;

Having deliberated,

THE FACTS

Whereas the facts of the case may be summarised as follows:

The Applicant is a German citizen, born in 1924. He has twice been convicted of theft and served terms in prison.

On 24th November 1957 the Applicant was arrested in his home by five policemen. He alleges that he was beaten and maltreated by two police officers. The use of force during the Applicant's arrest and the search of his house was admitted by the Public Prosecutor in a letter of 16th June 1959 and justified on the ground that the Applicant did not obey the orders given by the police and that he was suspected of carrying arms. The Applicant admitted that he had a gas pistol in his pocket.

During the interrogation at the police station the Applicant confessed to theft in 44 cases and named a number of persons as receivers of stolen goods. He alleges that he made these statements only from fear that he would continue to be ill-treated. He maintains that he is guilty of theft in 6 cases but claims ignorance of the remaining 38 cases.

On 10th December 1958 the Applicant was convicted by the Regional Court (*Landgericht*) in Z. and sentenced to eight years, imprisonment. He states that he did not raise the question of the confessions which had been extorted from him as he had been threatened by the police and in any event could not substantiate his allegations.

An appeal to the Federal Court (*Bundesgerichtshof*) in Karlsruhe was rejected on 14th May 1959.

In April 1959 the Applicant addressed a request to the Public Prosecutor in Z. that criminal proceedings be instituted against the police officers. This was refused by the Prosecutor on 10th June 1959 and an appeal against his decision was rejected by the General Public Prosecutor on 13th July 1959.

In the meanwhile, the Applicant had applied for free legal aid in order to bring proceedings against the police officers but this application was rejected on 21st July 1959 and again on appeal, by the Court of Appeal (*Oberlandesgericht*) of N. on 13th August 1959.

The Applicant maintains that he has witnesses as to the treat-

(*Traduction*)

VU la requête introduite le 18 octobre 1959 par X. contre la République Fédérale d'Allemagne et enregistrée le 20 octobre 1959 sous le No. de dossier 604/59;

VU le rapport prévu à l'article 45, paragraphe 1, du Règlement intérieur de la Commission;

Après avoir délibéré,

EN FAIT

Considérant que les faits de la cause peuvent se résumer ainsi:

Le requérant, ressortissant allemand né en 1924, a été deux fois condamné pour vol et a purgé des peines d'emprisonnement.

Arrêté à son domicile le 24 novembre 1957 par cinq policiers, il prétend avoir été frappé et maltraité par deux d'entre eux. Le Procureur a reconnu, dans une lettre en date du 16 juin 1959, qu'il avait fallu recourir à la force lors de l'arrestation du requérant et qu'une perquisition avait été effectuée à son domicile, mais a justifié ces mesures par le fait que le requérant avait refusé d'obéir aux ordres de la police et qu'on le soupçonnait d'être armé. Le requérant a admis qu'il avait un pistolet à gaz dans sa poche.

Au cours de son interrogatoire au poste de police, le requérant avoua 44 vols et donna les noms d'un certain nombre de recéleurs des objets volés. Selon lui, il n'aurait avoué que par crainte de nouveaux sévices. Il affirme n'avoir commis que 6 vols et prétend tout ignorer des 38 autres.

Le 10 décembre 1958, le requérant fut reconnu coupable par le Tribunal régional (*Landgericht*) de .... et condamné à huit ans d'emprisonnement. Il déclare s'être abstenu de soulever la question des aveux extorqués parce que la police l'avait menacé et qu'il ne pouvait, en tout état de cause, apporter de preuves à l'appui de ses dires.

Le requérant interjeta appel auprès de la Cour fédérale de Justice (*Bundesgerichtshof*) de Karlsruhe qui le débouta le 14 mai 1959.

En avril 1959, le requérant adressa une requête au Procureur de ... pour réclamer l'ouverture de poursuites pénales contre les policiers qui l'avaient arrêté. Cette requête fut rejetée le 10 juin 1959 par le Procureur et un recours contre décision devait également être rejeté par le Procureur Général le 13 juillet 1959.

Entretemps, le requérant avait demandé à bénéficier de l'assistance judiciaire en vue d'intenter un procès contre les policiers en cause, mais sa demande fut rejetée le 29 juillet 1959 puis, en appel, le 13 août 1959, par la Cour d'Appel (*Oberlandesgericht*) de ...

Le requérant soutient qu'il possède des témoignages quant au ment which he suffered during his arrest but that it is not possible for him to have this evidence brought before German courts. He states that his retraction of his confession has resulted in the acquittal by four German courts of the persons whom he had named as being receivers of stolen goods;

Whereas the Applicant asks for:

(1) an investigation of the case and an abolition of his sentence;

(2) an investigation of the allegations against the police officers;

(3) his release from prison on the ground that the part of the sentence already served is a sufficient penalty for 6 cases of theft;

Whereas the Applicant alleges violations of Articles 3, 6 and 7, paragraph (1), of the Convention. He asks for an oral hearing as he states that he has information of a confidential nature which he wishes to convey to the Commission;

THE LAW

Whereas in regard to the Applicant's complaints concerning his conviction and sentence it is clear on his own admission that during the proceedings before the Regional Court of Z. he did not raise the question of the extortion of his confession by the police; and whereas an examination of the file indicates that the question was not raised before the Federal Court in Karlsruhe although the Applicant had previously applied for free legal aid to bring proceedings against the police officers with the express intention of raising the question of extortion before the Courts; whereas it follows that the Applicant did not make use of a legal remedy available to him under German law by which he could have challenged the authenticity of his alleged confession; whereas, moreover, an examination of the case as it has been presented does not disclose the existence of any special circumstances which might have relieved the Applicant, under the generally recognised rules of international law, from exhausting the remedies at his disposal; whereas in particular, the Applicant's alleged fear of repercussions or continued ill-treatment by the police cannot be accepted in the present case as constituting such a special circumstance; and whereas the fact that the Applicant tried subsequently without success to raise the question of the alleged extortion of his confession does not alter the fact that he failed at the appropriate time to make use of a remedy then open to him under the local law;

Whereas under Article 26 of the Convention of Human Rights and Fundamental Freedoms the Commission may only deal with a matter after all domestic remedies have been exhausted according to the generally recognised rules of international law;

traitement qui lui a été infligé lors de son arrestation, mais qu'il se trouve dans l'impossibilité de les produire devant les tribunaux allemands. Il affirme qu'à la suite de sa rétractation, quatre tribunaux allemands ont acquitté les individus qu'il avait désignés comme recéleurs;

Considérant que le requérant demande:

(1) une enquête sur l'affaire et l'annulation de la peine qui lui a été infligée;

(2) un examen des accusations qu'il porte contre les policiers;

(3) sa mise en liberté, pour le motif que la partie de la peine déjà purgée par lui constitue une sanction suffisante pour 6 vols;

Considérant que le requérant se prétend victime de violations des articles 3, 6 et 7 paragraphe 1 de la Convention; qu'il réclame une audience contradictoire, se disant en possession de renseignements de caractère confidentiel dont il désire faire part à la Commission;

EN DROIT

Considérant, quant aux griefs formulés par le requérant au sujet de sa condamnation et de la peine qui lui a été infligée, qu'il appert, d'après ses propres déclarations, qu'il n'a pas soulevé la question de l'extorsion de ses aveux au cours de son procès devant le Tribunal régional de . . . ; qu'il ressort de l'examen du dossier que la question n'a pas non plus été soulevée devant la Cour fédérale de Karlsruhe bien que le requérant eût préalablement demandé à bénéficier de l'assistance judiciaire afin de pouvoir intenter un procès contre les policiers, dans l'intention expresse de porter la question de l'extorsion des aveux devant les tribunaux; qu'il s'ensuit que le requérant n'a pas exercé un recours judiciaire que lui accordait la loi allemande pour contester l'authenticité de ses aveux prétendus; qu'au surplus l'examen du dossier tel qu'il se présente ne permet pas de dégager l'existence de circonstances particulières de nature à relever le requérant, selon les principes de droit international généralement reconnus, de l'obligation d'épuiser les recours internes dont il disposait; qu'en particulier la crainte de répercussions ou de nouveaux sévices de la part de la police, qu'aurait éprouvée le requérant ne saurait être considérée en l'espèce comme ayant le caractère d'une telle circonstance particulière; que la tentative infructueuse faite ultérieurement par le requérant pour soulever la question de l'extorsion prétendue de ses aveux ne modifie pas le fait qu'il a omis d'user, au moment opportun, d'une voie de recours qui lui était ouverte par la législation nationale;

Considérant qu'aux termes de l'article 26 de la Convention de sauvegarde des Droits de l'Homme et des Libertés fondamentales la Commission ne peut être saisie qu'après l'épuisement des voies de recours internes, tel qu'il est entendu selon les principes de droit and whereas it is clear from what has been stated in the preceding paragraph that this condition has not been satisfied with respect to the Applicant's complaints concerning his conviction and sentence; whereas, therefore, this part of the Application must be rejected in accordance with Article 27, paragraph (3), of the Convention;

Whereas in regard to the Applicant's complaint that he has been refused free legal aid by the Court of Appeal, N., and that he has thereby not had an effective remedy before a national authority against the police officers concerned in his arrest, it is to be observed that the Convention, by the express terms of Article 1, guarantees only the rights and freedoms set forth in Section 1 of the Convention; and whereas under Article 25, paragraph (1), only the alleged violation of one of those rights and freedoms by a Contracting Party can be made the subject of an application admissible by the Commission; whereas, furthermore, Article 6, paragraph (3), of the Convention guarantees the right to free legal aid only to a person charged with a criminal offence to enable him to defend himself against such charge and only when the interests of justice require the grant of free legal aid; and whereas the Applicant's claim to free legal aid in the present case does not fall within the terms of Article 6, paragraph (3);

Whereas it follows that this part of the Application is incompatible with the provisions of the Convention and must be rejected in accordance with Article 27, paragraph (2), of the Convention;

Whereas, insofar as the Applicant complains of alleged violations of Articles 3, 6 and 7, paragraph (1), of the Convention with respect to his treatment by the police, an examination of the case as it has been submitted, including an examination made *ex officio*, does not disclose any *prima facie* violation of the rights and freedoms set forth in the Convention; and whereas in particular the use of force by the police during the Applicant's arrest in the circumstances described in the Public Prosecutor's letter of 16th June 1959 cannot be regarded as a violation of the Convention;

Whereas it follows that this complaint is manifestly ill-founded and must be rejected in accordance with Article 27, paragraph (2) of the Convention.

Now therefore the Commission

DECLARES THIS APPLICATION INADMISSIBLE.

international généralement reconnus; qu'il ressort du paragraphe précédent que cette prescription n'a pas été observée en ce qui concerne les griefs formulés par le requérant au sujet de sa condamnation et de la peine à lui infligée; qu'il y a lieu, dès lors, de rejeter cette partie de la requête par application de l'article 27, paragraphe 3 de la Convention;

Considérant, pour autant que le requérant se plaint du rejet de sa demande d'assistance judiciaire par la Cour d'Appel de ... et prétend n'avoir pu, de ce fait, disposer d'un recours efficace devant une instance nationale à l'encontre des policiers impliqués dans son arrestation, qu'il échet d'observer qu'aux termes de son article 1er la Convention garantit les seuls droits et libertés reconnus dans son titre premier; que seule la violation prétendue d'un de ces droits et libertés par une Partie Contractante peut, selon l'article 25, paragraphe 1, faire l'objet d'une requête recevable devant la Commission; qu'au surplus l'article 6, paragraphe 3 c, de la Convention ne garantit le droit à l'assistance judiciaire qu'à une personne accusée d'une infraction pénale pour lui permettre de se défendre contre une telle accusation et uniquement lorsque les intérêts de la justice l'exigent; qu'en l'espèce la demande d'assistance judiciaire formulée par le requérant ne tombe pas dans le champ d'application de l'article 6, paragraphe 3 c;

Considérant qu'il s'ensuit que cette partie de la requête est incompatible avec les dispositions de la Convention; qu'il y a lieu, par conséquent, de la rejeter de ce chef par application de l'article 27, paragraphe 2 de la Convention;

Considérant, pour autant que le requérant se prétend victime de violations des articles 3, 6 et 7, paragraphe 1, de la Convention, du fait du traitement qui lui aurait été infligé par la police, que l'examen du dossier tel qu'il se présente ne permet pas de dégager, même d'office, l'apparence d'une violation d'un des droits et libertés reconnus dans la Convention; que, spécialement, le fait que la police aurait recouru à la force lors de l'arrestation du requérant, dans les circonstances décrites dans la lettre du Procureur en date du 16 juin 1959, ne saurait être considéré comme une violation de la Convention;

Considérant qu'il s'ensuit que la requête est, à cet égard, manifestement mal fondée; qu'il y a lieu, dès lors, de la rejeter également de ce chef par application de l'article 27, paragraphe 2, de la Convention;

Par ces motifs

DECLARE LA REQUETE IRRECEVABLE.

Application No. 551/59

Decision of 31st May 1959

I. RIGHT TO PEACEFUL ENJOYMENT OF POSSESSIONS. FEDERAL REPUBLIC OF GERMANY. LIABILITY EQUALISATION ACT (LASTENAUSGLEISGESETZ). MEASURE INTRODUCED IN THE PUBLIC INTEREST AND ADMINISTERED SUBJECT TO THE CONDITIONS PROVIDED FOR BY LAW. RIGHT OF A STATE TO ENFORCE LAWS NECESSARY TO SECURE THE PAYMENT OF TAXES OR OTHER CONTRIBUTIONS OR PENALTIES. ARTICLE 1 OF THE PROTOCOL.

II. PRINCIPLE OF NON-DISCRIMINATION. RIGHTS GUARANTEED BY THE CONVENTION. ARTICLES 1 AND 14 OF THE CONVENTION.

Having regard to the Application lodged on 15th August 1959 by X against the Federal Republic of Germany and registered on 17th August 1959 under file No. 551/59.

Having regard to the report provided for in Rule 45, paragraph 1 of the Rules of Procedure of the Commission;

Having deliberated,

THE FACTS

Whereas the facts of the case may be summarised as follows:

1. The Applicant is a German citizen, born in 1926. He owns a house in ... at ... strasse 81.

On 18th March 1936, L.M., the father of the Applicant raised a loan of RM 7,900 from the National Insurance Company for Employees (*Reichsversicherungsanstalt für Angestellte*) and executed a mortgage deed on his house with interest to be paid at the rate of $4^1/_2$% and, as from 1942, at 4%.

On 30th December 1942, L.M. transferred one half of the house to his son who was at that time 16 years old. L.M. remained the sole mortgage debtor but the deed of conveyance provided that the Applicant should assume the liability to pay the interest and to repay the loan as from the day when the right of occupation then reserved to his parents had terminated. This took place in 1947.

L.M. executed a deed on 27th July 1948 transferring to the Applicant the second half of the house although it was stated in the deed that the Applicant had taken over possession, assets and liabilities as at 23rd October 1944. L.M. continued to be personally

Requête No. 551/59

Décision du 31 mai 1959

I. DROIT POUR UNE PERSONNE AU RESPECT DE SES BIENS. REPUBLIQUE FEDERALE D'ALLEMAGNE. LOI SUR LA PEREQUATION DES CHARGES (LASTENAUSGLEICHSGESETZ). MESURE INTRODUITE POUR CAUSE D'UTILITE PUBLIQUE ET APPLIQUEE DANS LES CONDITIONS PREVUES PAR LA LOI. DROIT POUR UN ETAT DE METTRE EN VIGUEUR DES LOIS QU'IL JUGE NECESSAIRES POUR ASSURER LE PAIEMENT DES IMPOTS OU D'AUTRES CONTRIBUTIONS OU DES AMENDES. ARTICLE 1ER DU PROTOCOLE ADDITIONNEL.

II. PRINCIPE DE NON DISCRIMINATION. DROITS GARANTIS PAR LA CONVENTION. ARTICLE 14 DE LA CONVENTION.

(*Traduction*)

Vu la requête introduite le 15 août 1959 par X. contre la République Fédérale d'Allemagne et enregistrée le 17 août 1959 sous le No. de dossier 551/59;

Vu le rapport prévu à l'article 45, § 1 du Règlement intérieur de la Commission;

Après avoir délibéré,

EN FAIT

Considérant, que les faits de la cause peuvent se résumer ainsi:

1. Le requérant, ressortissant allemand né en 1926, est propriétaire d'un immeuble sis à M.

Le 18 mars 1936, Y., père du requérant, avait contracté un emprunt de 7.900 RM (marks du Reich allemand) auprès de la Compagnie d'assurances du Reich pour les employés (*Reichsversicherungsanstalt für Angestellte*) et souscrit une hypothèque sur l'immeuble, l'intérêt devant être versé au taux de 4½% et, à partir de 1942, de 4%.

Le 30 décembre 1942, Y. céda la moitié de l'immeuble à son fils, alors âgé de 16 ans. Y. restait seul débiteur hypothécaire, mais l'acte translatif de propriété stipulait que le requérant serait tenu au paiement des intérêts et au remboursement de l'emprunt à compter de la date d'extinction du droit d'usufruit réservé à ses parents. Ce droit devait expirer en 1947.

Le 27 juillet 1948, Y. signa un acte par lequel il cédait la deuxième moitié de l'immeuble au requérant mais cet acte portait que le requérant était entré en possession de l'immeuble et avait pris à sa charge l'actif et le passif à dater du 23 octobre 1944. Y. contiliable (*persönliche Haftung*) for the mortgage while the Applicant's liability was restricted to the value of the property (*dingliche Haftung*).

2. On 21st June 1948, the date on which monetary and financial reforms were introduced in Germany, the property was valued at DM 8,700 and at that time the debt on the mortgage had been reduced to RM 6678.71.

In brief, the new measures provided for a replacement of the Reichmark by the Deutschmark and for a reduction by 90% of all capital whether in the form of mortgage deeds, shares, bonds or in bank accounts. The Applicant held at that time mortgages to the value of RM 8,000, secured by gold clauses, and bank deposits of RM 3,000. The Applicant's father also had a claim of RM 2,700 against the same insurance company which had previously granted him a loan. All these assets were reduced to 10% of their previous value. At the same time the mortgagee's claim on the Applicant's house was reduced to 10% of its pre-reform value.

3. The provisional Liability Equalisation Act (*Lastenausgleichsgesetz*) of 2nd September 1948, which became permanent law on 14th August 1952, imposed a special levy on all capital and also a levy on gains accruing to mortgagors from the reduction of their mortgages under the financial reform. It was in pursuance of Section 99, paragraph (1) of this Act that the Applicant was subjected to a 100% levy on his mortgage gains amounting to DM 4,685.93.

4. The Applicant accepted this assessment in a letter of 17th April 1953 to the Taxation Office (*Finanzamt*) in . . . insofar as the levy on capital was concerned. On 28th April 1953 he paid DM 302.43 on condition that he was not considered to be personally liable for the mortgage and was exempted under Section 125. paragraph (3) of the Act. He also proposed that, if he should be made liable to this levy, his losses resulting from the financial reform should be taken into consideration. He submitted that he had not received any net gain which could be regarded as taxable and that the legislation was discriminatory in that it prescribed a different treatment for creditors and debtors.

5. The Applicant's submissions were rejected by the Taxation Office on 30th June 1954 and his subsequent appeal from that decision was rejected by the Finance Court (*Finanzgericht*) on 28th September 1956.

The Applicant then appealed to the Federal Finance Court (*Bundesfinanzhof*) and on 5th November 1958, during those proceedings, the Taxation Office returned to the Applicant the sum nuait d'être personnellement responsable (*persönliche Haftung*) de l'hypothèque, tandis que la responsabilité du requérant était limitée à la valeur du bien grevé (*dingliche Haftung*).

2. Le 21 juin 1948, date à laquelle une réforme monétaire et financière fut introduite en Allemagne, l'immeuble fut évalué à 8.700 DM alors que la dette hypothécaire n'était plus que de 6.678,71 RM.

Les nouvelles mesures prévoyaient en substance le remplacement du Reichsmark par le Deutschmark et une réduction de 90% de tout capital, qu'il soit sous forme de titres hypothécaires, d'actions, d'obligations ou de dépôts en banque. Le requérant possédait à l'époque des titres hypothécaires d'une valeur de 8.000 RM, garantis par des clauses-or, ainsi que des dépôts bancaires d'un montant de 3.000 RM. Le père du requérant avait également une créance de 2.700 RM sur la compagnie d'assurances qui lui avait précédemment consenti le prêt. Tous ces avoirs furent ramenés à 10% de leur ancienne valeur. En même temps, la créance hypothécaire sur l'immeuble du requérant était réduite à 10% de sa valeur d'avant la réforme monétaire.

3. La loi provisoire sur la péréquation des charges (*Lastenausgleichsgesetz*) du 2 septembre 1948, devenue loi permanente le 14 août 1952, instituait un prélèvement spécial sur tout capital ainsi qu'un prélèvement sur les bénéfices réalisés par les débiteurs hypothécaires par suite de la réduction de leurs hypothèques en vertu de la réforme financière. C'est en application du § 1er de l'article 99 de cette loi que le requérant fut soumis à un prélèvement de 100% sur ses bénéfices hypothécaires, lesquels s'élevaient à 4.685,93 DM.

4. Par lettre du 17 avril 1953 adressée au Bureau des contributions directes (*Finanzamt*) de M. le requérant accepta cette imposition pour ce qui concernait le prélèvement sur le capital. Le 28 avril 1953, il versait une somme de 302,43 DM à condition de n'être pas considéré comme personnellement responsable de l'hypothèque et d'être exonéré en vertu du § 3 de l'article 125 de la loi. Il fit également valoir que s'il était assujetti à ce prélèvement, les pertes subies par lui du fait de la réforme monétaire devaient être prises en considération. Il soutint qu'il n'avait réalisé aucun bénéfice net pouvant être considéré comme imposable et que la législation était discriminatoire en ce qu'elle prescrivait un traitement différent pour les créanciers et pour les débiteurs.

5. Les arguments du requérant devaient être rejetés par le Bureau des contributions directes le 30 juin 1954 et, le 28 septembre 1956, le Tribunal des finances (*Finanzgericht*) le déboutait de l'appel qu'il avait interjeté de cette décision.

Le requérant se pourvut alors devant la Cour fédérale des Finances (*Bundesfinanzhof*) et le 5 novembre 1958, au cours de cette procédure, le Bureau des contributions directes reversa au requépaid by him in 1953. The Applicant in his turn sent back the money to the Taxation Office maintaining that he was subject to the levy on capital. He suggests that, by accepting the refund, he would have admitted that the levy on capital did not apply to him and consequently that the levy on mortgage gains could be assessed on his property.

On 16th January 1959, the Federal Finance Court delivered its judgement which was communicated to the Applicant on 19th February 1959. The Court rejected the Applicant's appeal and held that he was properly considered to be personally liable for the mortgage. The Applicant states explicitly that he does not make any allegation regarding this question in his complaint to the Commission. The Court further stated that the Applicant was subject to the levy on mortgage gains and that his loss on other assets, e.g. the mortgages and bank deposits mentioned above, was irrelevant.

The Court, however, sent the case back for reconsideration by the Taxation Office which had overlooked the fact that the Applicant contested not only the principles of the Act but also the actual assessment of the levy. The decision of the Court as to the principles of the Act is binding on the Taxation Office. In his letter of 22nd January 1960 to the Chief Justice of the Federal Finance Court, the Applicant protested against misleading statements and mistakes contained in the decision of the Court. He requested that his case be re-examined but this request was rejected on 9th March 1960.

6. The Applicant had meanwhile brought a constitutional appeal (*Verfassungsbeschwerde*) to the Federal Constitutional Court (*Bundesverfassungsgericht*) in Karlsruhe on 29th July 1953. This appeal was reinstated by him on 8th March 1959 but rejected on 14th October 1959 without any grounds being given.

7. The Applicant's allegations may be summarised as follows:

He complains that his assets have been reduced to 10% of their value whereas his liabilities have not been subjected to any devaluation. The capital owned by him prior to the finance reform exceeded the mortgage on his house, whereas his capital, as now converted does not cover more than a small amount of the mortgage at present held by the State;

8. *Whereas* the Applicant alleges violations of Articles 5 (security), 6 (administration of justice), 18 (limitation of restrictions to rights and freedoms), and of Article 1 of the Protocol (right of property). In particular he contends that his personal security and his right to use of property have been infringed in that the legislation imposing financial reform deprived him of a substantial part of his capital.

rant la somme qu'il avait payée en 1953. Le requérant renvoya à son tour cette somme au Bureau des contributions directes en faisant valoir qu'il était assujetti au prélèvement sur le capital. Il prétend qu'en acceptant ce remboursement, il aurait admis que le prélèvement sur le capital ne lui était pas applicable et que, par conséquent, le prélèvement sur les bénéfices hypothécaires pouvait lui être imposé à raison de sa propriété.

Le 16 janvier 1959, la Cour fédérale des Finances rendit son arrêt qui était signifié au requérant le 19 février 1959. La Cour rejetait l'appel du requérant pour le motif qu'il y avait lieu de considérer celui-ci comme personnellement responsable de l'hypothèque. Le requérant déclare expressément ne faire aucune allégation à ce sujet dans sa requête à la Commission. La Cour déclarait en outre que le requérant était assujetti au prélèvement sur les bénéfices hypothécaires et que ses pertes sur d'autres avoirs, tels que les créances hypothécaires et les dépôts bancaires susmentionnés n'entraient pas en ligne de compte.

Toutefois, la Cour renvoyait l'affaire pour nouvel examen au Bureau des contributions directes, qui avait négligé le fait que le requérant contestait non seulement la validité des principes sur lesquels se fondait la loi, mais aussi l'assiette même du prélèvement. La décision de la Cour concernant les principes de la loi a force obligatoire pour le Bureau des contributions directes. Dans sa lettre du 22 janvier 1960 adressée au Juge qui présidait la Cour fédérale des Finances, le requérant a protesté contre les affirmations trompeuses et les erreurs contenues dans la décision de la Cour. Il a demandé que son affaire fût réexaminée, mais cette demande a été rejetée le 9 mars 1960.

6. Le requérant avait entretemps introduit un recours constitutionnel (*Verfassungsbeschwerde*) auprès de la Cour fédérale constitutionnelle (*Bundesverfassungsgericht*) à Karlsruhe, le 29 juillet 1953. Il a confirmé ce recours le 8 mars 1959, mais celui-ci fut rejeté le 14 octobre 1959 sans que les motifs du rejet fussent indiqués.

7. Les allégations du requérant peuvent se résumer ainsi:

Il soutient que ses avoirs ont été ramenés à 10% de leur valeur alors que ses dettes n'ont fait l'objet d'aucune dévaluation. Supérieur avant la réforme monétaire à l'hypothèque qui grevait sa maison, son capital ne couvre plus, après conversion, qu'une petite fraction de l'hypothèque actuellement détenue par l'Etat;

8. *Considérant* que le requérant se prétend victime d'une violation des articles 5 (sécurité de la personne), 6 (administration de la justice) et 18 (limitation des restrictions aux droits et libertés garantis) ainsi que de l'article 1 du Protocole additionnel (droit au respect des biens); qu'il affirme en particulier que sa sécurité personnelle et son droit à la jouissance de ses biens ont subi des at-

He furthermore alleges that his case was not fairly dealt with by the courts and that the decision of the Federal Finance Court contained a number of mis-statements regarding the facts of the case.

Whereas the Applicant claims either that an equal treatment of debtors and of creditors be instituted or that, by way of compensation, damages be awarded to him of DM 3,885.93 namely:

Levy on mortgage gains.	4,685.93
reduction for old age savings bonds (*Altsparerguthaben*) received	800
	3.885.93

THE LAW

Whereas with regard to the Applicant's complaint of an alleged violation of Article 1 of the Protocol it is to be observed that the second sentence of paragraph (1) of that Article expressly contemplates, as an exception to the right to peaceful enjoyment of possessions, that a person may be deprived of his possessions "in the public interest and subject to the conditions provided for by law and by the general principles of international law"; and whereas the Liability Equalisation Act was introduced by the competent authorities as a measure forming part of financial and monetary reforms in Germany after the Second World War, and considered to be necessary for establishing a sound economic basis for a new democratic society in that country; whereas, furthermore, it was an express purpose of the said financial and monetary reforms to ensure that the economic burdens arising out of the war and out of the changes in the value of German currency should be distributed proportionately amongst the citizens; whereas it follows that the financial measure of which the Applicant complains was introduced in the public interest and was administered to the Applicant subject to the conditions provided by the relevant law, namely the Liability Equalisation Act; whereas it follows that the measure in question complied with the conditions laid down in the second sentence of paragraph (1) of Article 1 of the Protocol, and was not inconsistent with the right to peaceful enjoyment of possessions guaranteed under Article 1 of the Protocol;

Whereas in any event the second paragraph of Article 1 of the Protocol expressly lays down that the provisions in the first paragraph do not "in any way impair the right of a State to enforce such teintes du fait que la législation instituant la réforme monétaire l'a privé d'une partie substantielle de son capital; qu'il allègue en outre que son cas n'a pas été jugé équitablement devant les tribunaux et que la décision de la Cour fédérale des Finances contenait un certain nombre d'assertions inexactes concernant les faits de la cause;

Considérant que le requérant demande, ou bien que soit institué l'égalité de traitement entre débiteurs et créanciers, ou bien que lui soient alloués, à titre d'indemnité, des dommages-intérêts d'un montant de 3.885,93 DM calculés comme suit:

Prélèvement sur les bénéfices hypothécaires . . .	4.685,93
Réduction pour bons d'épargne-vieillesse (*Altsparerguthaben*) reçus	800.—
	3.885,93

EN DROIT

Considérant, pour autant que le requérant se plaint d'une violation de l'article 1er du Protocole additionnel, qu'il échet d'observer que la deuxième phrase du § 1er de cet article prévoit expressément, à titre d'exception au droit au respect des biens, qu'une personne peut être privée de sa propriété "pour cause d'utilité publique et dans les conditions prévues par la loi et les principes généraux du droit international"; que la Loi sur la péréquation des charges a été promulguée par les autorités compétentes dans le cadre d'un ensemble de réformes financières et monétaires introduites en Allemagne après la deuxième guerre mondiale et jugées nécessaires pour assainir la situation économique en vue d'établir une nouvelle société démocratique dans ce pays; que, de plus, lesdites réformes financières et monétaires avaient expressément pour objet d'assurer une répartition proportionnelle entre tous les citoyens des charges économiques résultant de la guerre et de la dépréciation de la monnaie allemande; qu'il s'ensuit que la mesure financière incriminée par le requérant a été introduite pour cause d'utilité publique et appliquée au requérant dans les conditions prévues par la loi, en l'espèce la Loi sur la péréquation des charges; que, dès lors, la mesure en question répondait aux conditions spécifiées dans la deuxième phrase du § 1 de l'article 1er du Protocole additionnel et n'était pas contraire au droit au respect des biens garanti par l'article 1er du Protocole additionnel;

Considérant qu'en tout état de cause, le deuxième paragraphe de l'article 1er du Protocole additionnel stipule expressément que les dispositions du premier paragraphe "ne portent pas atteinte au laws as it deems necessary ... to secure the payment of taxes or other contributions or penalties"; and whereas it is clear from what has already been stated above concerning the Liability Equalisation Act that the measure of which the Applicant complains is one falling within the terms of paragraph (2) of Article 1;

Whereas it follows that the Applicant's complaint of an alleged violation of Article 1 of the Protocol is manifestly ill-founded and must be rejected in accordance with Article 27, paragraph (2) of the Convention;

Whereas with regard to the Applicant's complaint of an alleged discrimination in the application of the Liability Equalisation Act to creditors and debtors it is clear from the express terms of Article 14 of the Convention that the principle of non-discrimination is guaranteed in that Article only in relation to rights and freedoms set forth in the Convention; and whereas the right claimed by the Applicant to have been violated by the Liability Equalisation Act has already been held by the Commission not to be a right guaranteed under Article 1 of the Protocol; whereas therefore Article 14 of the Convention has no application in the circumstances of the present case; and whereas it follows that the complaint in regard to a violation of Article 14 of the Convention is manifestly ill-founded and must be rejected in accordance with Article 27, paragraph (2) of the Convention;

Whereas with regard to the Applicant's complaint of alleged violations of Articles 5, 6 and 18 of the Convention, an examination of the case as it has been submitted, including an examination made *ex officio*, does not disclose any appearance of a violation of any of the rights and freedoms guaranteed in the Convention; whereas it follows that this complaint also is manifestly ill-founded and must be rejected in accordance with Article 27, paragraph (2) of the Convention;

Now therefore the Commission

DECLARES THIS APPLICATION INADMISSIBLE.

droit que possèdent les Etats de mettre en vigueur les lois qu'ils jugent nécessaires ... pour assurer le paiement des impôts ou d'autres contributions ou des amendes" et qu'il ressort clairement de ce qui a été dit précédemment au sujet de la Loi sur la péréquation des charges que la mesure incriminée par le requérant rentre dans le cadre du § 2 de l'article 1er;

Considérant qu'il s'ensuit que le grief du requérant relatif à une prétendue violation de l'article 1er du Protocole additionnel est manifestement mal fondé et qu'il y a donc lieu de le rejeter de ce chef par application de l'article 27 § 2 de la Convention;

Considérant, pour autant que le requérant se prétend victime d'une discrimination entre créanciers et débiteurs dans l'application de la Loi sur la péréquation des charges, qu'il ressort des termes exprès de l'article 14 de la Convention que le principe de non-discrimination n'est garanti par cet article qu'à l'égard des droits et libertés énoncés dans la Convention; que, s'agissant du droit qui, selon le requérant, aurait été violé par la Loi sur la péréquation des charges, la Commission a déjà décidé que ce droit n'est pas garanti par l'article 1er du Protocole additionnel; que, dès lors, l'article 14 de la Convention n'est pas applicable dans les circonstances de la présente affaire; qu'il s'ensuit que le grief relatif à une violation de l'article 14 de la Convention est manifestement mal fondé et doit être rejeté de ce chef par application de l'article 27 § 2 de la Convention;

Considérant, pour autant que le requérant se prétend victime de violation des articles 5, 6 et 18 de la Convention, que l'examen du dossier tel qu'il se présente, ne permet pas de dégager, même d'office, l'apparence d'une violation de l'un des droits et libertés garantis par la Convention; qu'il s'ensuit que ce grief est lui aussi manifestement mal fondé et qu'il y a donc lieu de le rejeter par application de l'article 27 § 2 de la Convention;

Par ces motifs,

DECLARE LA REQUETE IRRECEVABLE.

Application No. 448/59

Decision of 2nd June, 1960

I. RIGHT TO A PROPER ADMINISTRATION OF JUSTICE. JUDGEMENT RENDERED BY A TRIBUNAL WHOSE ACTIVITIES DO NOT FALL WITHIN THE COMPETENCE OF THE COMMISSION. INSCRIPTION BY A CONTRACTING PARTY OF A CONVICTION BY SUCH TRIBUNAL IN THE APPLICANT'S CRIMINAL REGISTER (STRAFREGISTER). FEDERAL REPUBLIC OF GERMANY. JUDICIAL AND ADMINISTRATIVE ASSISTANCE IN CRIMINAL MATTERS ACT OF 2ND MAY 1953. COMPATIBILITY WITH THE CONVENTION. ARTICLE 6 OF THE CONVENTION.

II. NON-RETROACTIVITY OF PENAL LEGISLATION. CONVICTION OF THE APPLICANT ON CHARGES WHICH DO NOT CONSTITUTE CRIMINAL OFFENCES ON THE TERRITORY OF THE RESPONDENT CONTRACTING PARTY. INSCRIPTION OF CONVICTION IN THE APPLICANT'S "STRAFREGISTER". ARTICLE 7 OF THE CONVENTION.

III. REGULATIONS BY THE CONTRACTING PARTIES REGARDING RIGHT OF APPEAL. CONSTITUTIONAL COURT. FEDERAL REPUBLIC OF GERMANY. CONDITIONS ON WHICH APPEAL TO THE CONSTITUTIONAL COURT CAN BE LODGED. DECISION BY THE BENCH OF TYREE JUDGES. ARTICLE 6, PARAGRAPH (1) OF THE CONVENTION.

(*Translation*)

HAVING REGARD to the Application lodged on 15th January 1959 by X, represented by Mr. Y, barrister, against the Federal Republic of Germany, and registered on 19th January 1959;

HAVING REGARD to the report submitted in pursuance of Rule 45 (1) of the Rules of Procedure of the Commission;

Having deliberated;

THE FACTS

Whereas the facts of the case as they emerge from the documents presented to the Commission may be summed up as follows:

1. The Applicant, a German national and a farmer by profession is at present resident in the Federal Republic of Germany. While still residing in the territory of the Eastern Zone of Germany, the Applicant had been convicted:

(a) on 16th February 1953 by the ... District Criminal Court and sentenced to a fine of 400 DM (East) for negligence in allowing more than 50 quintals of potatoes to be frozen;

Requête No. 448/59

Décision du 2 juin 1960

I. DROIT A UNE BONNE ADMINISTRATION DE LA JUSTICE. JUGEMENT RENDU PAR UN TRIBUNAL DONT LES ACTIVITES NE RELEVENT PAS DE LA COMPETENCE DE LA COMMISSION. INSCRIPTION, PAR UNE PARTIE CONTRACTANTE, DUDIT JUGEMENT AU CASIER JUDICIAIRE DU REQUERANT. REPUBLIQUE FEDERALE D'ALLEMAGNE. LOI D'ASSISTANCE DE JUSTICE ET D'ADMINISTRATION EN MATIERE PENALE DU 2 MAI 1953. COMPATIBILITE AVEC LA CONVENTION. ARTICLE 6 DE LA CONVENTION.

II. LEGALITE DES DELITS ET DES PEINES. CONDAMNATION DU REQUERANT POUR UN ACTE NE CONSTITUANT PAS UN DELIT SUR LE TERRITOIRE DE LA PARTIE CONTRACTANTE MISE EN CAUSE. INSCRIPTION DU JUGEMENT DE CONDAMNATION AU CASIER JUDICIAIRE DU REQUERANT. ARTICLE 7 DE LA CONVENTION.

III. ORGANISATION DES VOIES DE RECOURS PAR LES PARTIES CONTRACTANTES. TRIBUNAL CONSTITUTIONNEL. REPUBLIQUE FEDERALE D'ALLEMAGNE. CONDITIONS DANS LESQUELLES LA COUR FEDERALE CONSTITUTIONNELLE PEUT ETRE SAISIE. DECISION DU COMITE DES TROIS JUGES DE LADITE COUR. ARTICLE 6 PAR. I DE LA CONVENTION.

VU la requête introduite le 15 janvier 1959 par X. représenté par Me Y., avocat à S. ..., contre la République Fédérale d'Allemagne, enregistrée le 19 janvier 1959;

VU le rapport prévu à l'Article 45, par. 1 du Règlement Intérieur de la Commission;

Après avoir délibéré,

EN FAIT:

Considérant que les faits de la cause tels qu'ils ressortent des documents versés au dossier, peuvent se résumer comme suit:

1. Le requérant, ressortissant allemand, et de profession cultivateur, réside actuellement en République Fédérale d'Allemagne. Alors qu'il résidait encore sur le territoire de la zone orientale d'Allemagne, le requérant avait été condamné:

(a) par un jugement rendu le 16 février 1953 par la Chambre correctionnelle du Tribunal régional de ..., à une amende de 400.— DM (orientaux) pour avoir laissé geler par négligence plus de 50 quintaux de pommes de terre;

(b) on 13th May 1955 by the ... District Criminal Court, and sentenced to one year and eight months imprisonment for several economic offences.

2. The Applicant contends that he was convicted because he refused to join the local agricultural co-operative of his place of residence in Eastern Germany.

3. After serving his term of imprisonment, he escaped to Western Germany where he applied for admission as a refugee in category C. This, he states, was refused on the grounds that in the Federal Republic the two above-mentioned convictions appeared in the "Strafregister". The Applicant accordingly appealed to the competent judicial authority, namely "*Generalstaatsanwalt*" (Public Prosecutor) at ..., requesting that these convictions be declared null and void and that they be expunged from the "*Strafregister*", in accordance with the Judicial and Administrative Assistance in Criminal Matters Act (*Gesetz über die Rechts und Amtshilfe in Strafsachen*) of 2nd May 1953 (BGBl 1953, I, p. 161).

4. By a decision of 24th October 1957, the "*Generalstaatsanwalt*" of ... agreed to strike out the entry in the case of the conviction referred to in 1 (b) above, but not in the case of the other conviction of 16th February 1953.

5. In accordance with the provisions of the above-mentioned Act, the Applicant lodged an appeal against this decision with the ... Court of Appeal (*Oberlandesgericht*). This was rejected by a decision (*Besuchluss*) of 10th December 1957, the grounds for which were not stated.

6. On 14th January 1958, the Applicant lodged with the Constitutional Court an appeal against the above-mentioned decisions of the "*Generalstaatsanwalt*" and the Court of Appeal of ... This was rejected on 18th September 1958 by a Committee of three Judges of the Federal Constitutional Court under the terms of Article 91a (2) of the Federal Constitutional Court Act.

Whereas the chief legal arguments advanced by the Applicant, whose plea rests chiefly on the terms of Article 6 of the Convention, may be summed up as follows:

(1) By recognising the legal consequences of a judgement rendered in the Eastern Zone of Germany by Courts well-known to be neither independent nor impartial, the authorities of the Federal Republic of Germany may be regarded as having committed a breach of Article 6 (1). The Applicant also claims that these Courts to a large extent ignore the principles of natural justice and the recognition, in the Federal Republic of Germany, of judgements rendered by such courts therefore constitutes a breach of Article 6 (3).

(2) The above-mentioned Act of 2nd May 1953 is incompatible

(b) par un jugement rendu le 13 mai 1955 par la 2ème Chambre correctionnelle du Tribunal de District de ..., à un an et huit mois de prison, pour avoir commis plusieurs délits économiques.

2. Le requérant soutient que ces condamnations lui ont été infligées parce qu'il a refusé d'adhérer à la coopérative agricole du lieu de son domicile en Allemagne orientale.

3. Après avoir purgé sa peine privative de liberté, le requérant s'est réfugié en Allemagne occidentale. Il y demanda le statut "C" de réfugié, ce qui lui aurait été cependant refusé pour le motif qu'en République Fédérale d'Allemagne, les deux condamnations précitées figuraient à son casier judiciaire. Le requérant saisit alors l'autorité judiciaire compétente, en l'occurence le Procureur Général de ..., d'une demande tendant à ce que ces deux condamnations soient déclarées nulles et non avenues et que leur inscription soit rayée du casier judiciaire, conformément à la loi d'Assistance de Justice et d'Administration en matière pénale du 2 mai 1953 (BGBl. 1953, I, p. 161).

4. Par décision en date du 24 octobre 1957, le Procureur Général de ... accueillit favorablement la demande du requérant en ce qui concerne le jugement mentionné ci-dessus, au point 1 b), mais la rejeta pour ce qui est du jugement du 16 février 1953.

5. Conformément aux prescriptions de la loi précitée, le requérant a attaqué cette décision par voie de requête devant la Cour d'Appel (*Oberlandesgericht*) de .... Cette requête fut rejetée par une décision (*Beschluss*) non motivée, datée du 10 décembre 1957.

6. Le 14 janvier 1958, le requérant exerça un recours constitutionnel contre les décisions précitées du Procureur Général et de la Cour d'Appel de .... Ce recours fut rejeté le 18 septembre 1958 par un Comité de trois Juges de la Cour Fédérale Constitutionnelle en application de l'article 91 a, al. 2 de la Loi sur la Cour Fédérale Constitutionnelle;

Considérant que les principaux arguments juridiques avancés par le requérant qui invoque essentiellement l'article 6 de la Convention, peuvent se résumer comme suit:

(1) En reconnaissant les effets juridiques d'un jugement rendu en zone orientale d'Allemagne par des tribunaux qui, notoirement, ne sont ni *indépendants*, ni *impartiaux*, les autorités de la République Fédérale d'Allemagne auraient violé l'alinéa 1er de l'article 6. Le requérant soutient par ailleurs que devant ces tribunaux les droits de la défense sont, en matière pénale, largement battus en brèche et la reconnaissance, en République Fédérale d'Allemagne, de jugements émanant de tels tribunaux constituerait donc une violation, notamment des dispositions de l'alinéa 3, c) dudit article 6.

(2) La loi précitée du 2 mai 1953 relative à l'Assistance de Justice

with Article 6 (2), since it means that a judgement rendered in the Eastern Zone is held to constitute proof of guilt.

(3) The time-limit of one week fixed in the Act of 2nd May 1953 for lodging an appeal against a decision by the "*Generalstaatsanwalt*" recognising a judgement of this kind, is too short and constitutes a breach of Article 6 (3) (b).

(4) The Applicant considers that in the Federal Republic his case should have been heard by a Magistrates' Court and not by a Court of Appeal, which, in the circumstances, was to be regarded as a special Court, and that he had accordingly been prevented from appearing before the normal judicial authority, which fact constitutes a breach of Article 6 of the Convention.

(5) The fact that proceedings before the Court of Appeal under the terms of the aforesaid Act are never public and that no oral pleading is allowed constitutes a violation of Article 6 (1) of the Convention.

(6) The Applicant submits that the failure of the Federal Constitutional Court to give reasons for refusing to hear his case also constitutes a violation of Article 6.

(7) The documents in the case show that the Applicant complains of having been interrogated on 11th October 1957 by order of the "*Generalstaatsanwalt*" in the absence of his legal representative, which may be considered as an allegation that Article 6 (3) (c) of the Convention has been infringed.

(8) It appears, further, from the documents presented, that the Applicant alleges a breach of Article 7 of the Convention, arguing that the acts for which he was convicted in the Eastern Zone of Germany by a judgement recognised as valid in the Federal Republic do not constitute offences under the criminal law of the Federal Republic of Germany;

Whereas, on 21st September 1959, at the Commission's request, the Government of the Federal Republic replied to the Applicant's submissions as follows:

1. Even in its widest interpretation, Article 6 of the Convention cannot apply to legal procedure in the Federal Republic in pursuance of the aforesaid Act of 2nd May 1953, since no "criminal charge" had been brought against the Applicant by the Federal Republic of Germany, within the meaning of Article 1 of the Convention. The administrative and legal action taken by the Applicant before the appropriate authorities in the Federal Republic was designed simply to establish whether the trials in which the Applicant was

et d'Administration en matière pénale serait incompatible avec l'alinéa 2 de l'article 6, car elle partirait du principe qu'un jugement rendu en zone orientale dans des conditions très équivoques peut être considéré comme la preuve de la culpabilité d'une personne.

(3) Le délai d'une semaine fixé par la Loi du 2 mai 1953 pour attaquer devant la Cour d'Appel compétente la décision du Parquet quant à la reconnaissance d'un tel jugement, serait trop court; il en résulterait une violation de l'alinéa 3, b) de l'article 6 de la Convention.

(4) Le requérant estime qu'en République Fédérale d'Allemagne son affaire aurait dû être examinée par un tribunal correctionnel et non par une Cour d'Appel qui, dans le cas d'espèce, jouerait le rôle d'une juridiction d'exception; ainsi, le requérant aurait été soustrait à son juge naturel, ce qui constituerait une violation de l'article 6 de la Convention.

(5) La procédure devant la Cour d'Appel saisie d'une affaire par application de la loi susmentionnée n'étant en réalité jamais publique et ne comportant pas de débats oraux, il en résulterait une violation de l'alinéa 1er de l'article 6 de la Convention.

(6) Le requérant soutient qu'il y a eu également violation de l'article 6 du fait que la Cour Fédérale Constitutionnelle avait refusé, sans motiver sa décision, que son affaire fît l'objet de débats oraux.

(7) Il ressort des pièces versées au dossier que le requérant paraît également se plaindre d'avoir été interrogé, le 11 octobre 1957, par ordre du Procureur Général de ... en l'absence de son avocat, ce qui peut être considéré comme l'allégation d'une violation des dispositions de l'alinéa 3, c), de l'article 6.

(8) Il ressort enfin, des pièces versées au dossier que le requérant paraît aussi faire allusion à une violation de l'article 7 de la Convention, car il estime que les faits pour lesquels il avait été condamné en zone orientale d'Allemagne par un jugement qui a été reconnu comme valable en République Fédérale d'Allemagne, ne peuvent être constitutifs d'une infraction punissable en vertu du droit pénal de la République Fédérale;

Considérant qu'à la demande de la Commission, le Gouvernement de la République Fédérale d'Allemagne a répondu, le 21 septembre 1959, à l'argumentation du requérant comme suit:

1. Même lorsqu'on l'interprète d'une manière très large, l'article 6 de la Convention ne saurait s'appliquer aux procédures engagées, en République Fédérale d'Allemagne, en vertu de la loi précitée du 2 mai 1953, puisque dans le cas du requérant il ne s'agit pas d'une accusation pénale dont celui-ci aurait fait l'objet dans la sphère de juridiction de la République Fédérale d'Allemagne au sens de l'article 1 de la Convention. Les procédures administratives et judiciaires engagées par le requérant devant les instances compé-

concerned and which took place in territory where the Convention did not apply, were in conflict with the basic rights recognised in the Convention and whether it followed that, in pursuance of the aforesaid Act, all the effects of decisions rendered in Eastern Germany should be set aside in future within the territory of the Federal Republic. The terms of the Act of 2nd May 1953 constituted, it was claimed, an additional legal safeguard for the Applicant; this was shown by the fact that if the Applicant had been convicted by a Court in any other country, and if this conviction had been entered on the "*Strafregister*" in the Federal Republic, he would have had no way of appeal open to him, such as that provided by the Act of 2nd May 1953, to have that entry struck out. Articles 6 and 7 of the Convention cannot therefore apply to this supplementary procedure.

2. The same reasoning applies to the Applicant's complaints regarding the investigation of his case by the Federal Constitutional Court. It should be noted that the possibility of appeal on the grounds of unconstitutionality (*Verfassungsbeschwerde*) is also an additional safeguard which no Contracting Party to the Convention is obliged to provide for its nationals.

3. Nor is there any question of a breach of Article 7, since the act of which the Applicant was accused in Eastern Germany constituted an offence under the law applicable to it at the time when it was committed. Article 7 could not be taken to mean that a Contracting Party was obliged to declare null and void any judgement rendered outside its own jurisdiction against persons subject to another jurisdiction for an act which, at the time when it was committed, did not constitute an offence under the law of the said Contracting Party.

4. The Applicant's complaints regarding the terms of the abovementioned Act whereby cases such as that of the Applicant have to be dealt with by the Court of Appeal having jurisdiction in that area are unjustified, since that Court was clearly a "tribunal established by law" within the meaning of Article 6.

5. The Applicant's criticism that the hearings of a Court of Appeal dealing with cases such as his are not public is also un-

tentes en Allemagne occidentale auraient eu uniquement pour objet de déterminer s'il pouvait être établi en faveur du requérant que les procès auxquels il avait été partie et qui avaient été menés à leur terme en dehors du domaine d'application de la Convention, se trouvent en contradiction avec les principes fondamentaux de droit reconnus notamment dans la Convention et s'il convenait donc, par application de la loi susmentionnée, d'écarter pour l'avemir seulement, en ce qui concerne le territoire de la République Fédérale d'Allemagne, tous les effets des décisions prononcées en Allemagne orientale. Les dispositions de la Loi du 2 mai 1953 constitueraient un système de protection juridique complémentaire établi en faveur du requérant; ce caractère particulier de la loi serait d'ailleurs prouvé par le fait que si le requérant avait été condamné par le tribunal d'un autre pays et si cette condamnation avait été inscrite au casier judiciaire tenu en République Fédérale d'Allemagne, il n'aurait eu à sa disposition aucun moyen de droit semblable à ceux de la Loi du 2 mai 1953 pour obtenir la radiation d'une telle inscription. Les articles 6 et 7 de la Convention ne sauraient, par conséquent, s'appliquer à cette procédure complémentaire.

2. Le même raisonnement devrait être fait en ce qui concerne les griefs formulés par le requérant à l'égard de l'examen de son affaire par la Cour Fédérale Constitutionnelle. A ce sujet, il conviendrait de noter que le recours constitutionnel constitue également un moyen de protection juridique complémentaire qu'aucune des Hautes Parties Contractantes à la Convention n'est obligée d'ouvrir à ses ressortissants.

3. Il serait également impossible de retenir une violation des dispositions de l'article 7 de la Convention, puisque l'acte dont le requérant avait été accusé en Allemagne orientale, constituait une infraction selon le droit y applicable, au moment où il avait été commis. L'article 7 ne saurait signifier qu'une Haute Partie Contractante est obligée de tenir pour nul et non avenu tout jugement pénal rendu en dehors de sa propre sphère de juridiction, à l'encontre de personnes soumises à une autre juridiction, pour avoir commis un acte qui, au moment où il a été commis, ne constituait pas une infraction aux termes de la législation de ladite Partie Contractante.

4. Les griefs que le requérant formule au sujet des dispositions de la loi susmentionnée, en vertu desquelles la Cour d'Appel compétente *ratione loci* aura à connaître des affaires semblables à celle du requérant, sont sans fondement puisqu'il s'agit de, toute évidence, d' "un tribunal ... établi par la loi" au sens de l'article 6 de la Convention.

5. Les critiques du requérant à l'égard du caractère non public des audiences d'une Cour d'Appel pendant lesquelles sont examinées

justified, since the relevant clauses of the above-mentioned Act were inserted to avoid exposing those concerned, and especially persons still living in Eastern Germany, to dangerous publicity.

6. With regard to the Applicant's complaint regarding the time-limit of one week for lodging an appeal, this is unfounded, since the regulation applies only to the formality of giving notice, and the submissions can be completed later.

7. In connection with the Applicant's complaint that his representative was not present when he was interrogated on 11th October 1957, the Government argued that he had failed to bring his complaint to the notice of the competent authorities and that even to the Commission he had not satisfactorily explained how his statements would have differed if they had been made in the presence of his lawyer.

8. With regard to the judgement rendered on 10th December 1957 by the ... Court of Appeal, the Federal Government hold that the Applicant has not justified his belief that basic rights were violated by the rejection of his request that the entry concerning the fine of 400 marks to which he was sentenced in Eastern Germany for what was an offence under the law of that country be struck off the "Strafregister".

9. Lastly it should be pointed out that the above-mentioned Act of 2nd May 1953 in no sense assumes that criminal judgements rendered in Eastern Germany will always conform to the basic principles of law applicable in Western countries and will consequently suffice to establish guilt. On the contrary, the whole purpose of the Act is to allow for the doubtful justice of many judgements rendered in Eastern Germany, to prevent their execution and to set aside in the Federal Republic any of their other effects;

Whereas, on 18th November 1959, the Applicant at, the Commission's invitation, replied to the submissions of the Federal Government; whereas reverting in the main to his former arguments, he put his case substantially as follows:

1. The Federal Republic is clearly responsible for the entry in the West German "*Strafregister*" regarding the fine of DM 400 which is the Applicant's chief cause of complaint.

2. Articles 3 and 7 of the German Penal Code and Articles 152 and 153 (b) of the Code of Penal Procedure show that convictions of German citizens abroad are not normally recognised, and such

des affaires identiques à celle du requérant, ne seraient pas non plus fondées, puisque les dispositions y afférentes de la loi susmentionnée ont été adoptées par le législateur pour éviter que la publicité des débats ne mette en danger l'intéressé lui-même et surtout d'autres personne résidant encore en Allemagne orientale.

6. Quant à l'allégation du requérant au sujet du délai d'une semaine pour introduire le recours devant la Cour d'Appel, ce moyen ne serait pas fondé puisque le délai en question ne s'applique qu'à l'introduction formelle du recours, celui-ci pouvant être complété postérieurement par des conclusions supplémentaires.

7. En ce qui concerne le grief du requérant relatif au fait que son représentant n'a pas été convoqué à son interrogatoire du 11 octobre 1957, il aurait omis de faire valoir ce moyen devant l'instance compétente, et même devant la Commission il n'aurait point établi en quoi ses déclarations faites en l'absence de son avocat ont pu être différentes de celles qu'il aurait faites en la présence de ce dernier.

8. Quant à la décision rendue le 10 décembre 1957 par la Cour d'Appel de ..., le requérant ne démontre nullement, de l'avis du Gouvernement Fédéral, pourquoi il estime qu'en l'espèce, les principes fondamentaux de droit ont été violés par suite du rejet de sa demande de radiation, sur son casier judiciaire, d'une condamnation à une amende de 400 marks à raison d'un acte constitutif d'une infraction en Allemagne orientale.

9. Enfin, il y aurait lieu d'observer que la loi susmentionnée du 2 mai 1953 ne contient nullement la présomption que les jugements pénaux rendus en Allemagne orientale sont toujours conformes aux principes fondamentaux de droit applicables dans les pays occidentaux et que ces jugements sont suffisants dans tous les cas pour établir la culpabilité des intéressés. Bien au contraire, cette loi aurait précisément pour objet de tenir compte de la valeur douteuse de nombre de décisions judiciaires prononcées en Allemagne orientale, d'en empêcher l'exécution et d'écarter en République Fédérale d'Allemagne leurs autres effets;

Considérant que sur invitation de la Commission, le requérant a pris position, le 18 novembre 1959, au sujet des observations du Gouvernement Fédéral; que, tout en reprenant essentiellement les arguments déjà présentés, il a exposé en substance ce qui suit:

1. La mesure incriminée dans la requête, c'est-à-dire l'inscription au casier judiciaire en Allemagne occidentale de la condamnation à une amende de 400.— DM., est bien un acte imputable à la République Fédérale d'Allemagne.

2. Il ressortirait des articles 3 et 7 du Code pénal allemand et des articles 152 et 153 b) du Code allemand de procédure pénale que les condamnations de citoyens allemands prononcées à l'étranger ne

cases are usually reconsidered by the competent criminal Courts.

3. With regard to the nature of proceedings before a Court of Appeal, of which the Federal Government themselves said in their submission that the press and public were *normally* excluded, the Applicant claimed that this was in conflict with the terms of Article 6 of the Convention whereby the press and public could be excluded only in special circumstances.

4. The Applicant also complained that the proceedings before the Federal Constitutional Court were not public, although that Court too was bound by the terms of the Convention. The fact that no State which was a party to the Convention was obliged to set up a Constitutional Court did not alter the situation. No country was in fact bound to provide its judicial system with several instances. But, if any country did so, it should make certain that all the Courts so set up were bound by the Convention. Courts of first instance might perhaps not always provide sufficient guarantees, but if the terms of the Convention were not respected in the higher Courts, and especially in the final Court of Appeal, it would be tantamount to ignoring them altogether.

5. As regards the other points mentioned in his Application, the Applicant considered that the Federal Government had not answered his arguments;

THE LAW

Whereas the Applicant's principal complaint relates to the refusal of the authorities of the Federal Republic of Germany to delete from his "*Strafregister*" (police record) the decision of a Court in the Eastern Zone of Germany sentencing him to pay a fine of 400 marks, which decision he claims to have been rendered under conditions that do not accord with the terms of the Convention, especially those of Article 6;

Whereas the decision in question was that of a tribunal whose activities do not fall within the competence of the Commission; whereas, therefore, the Commission is not concerned in the present case to determine the actual conformity or otherwise of the proceedings of that tribunal with the provisions of the Convention, but is only concerned to examine, in the light of the provisions of the Convention, the action of the authorities of the Federal Republic in inscribing the Applicant's conviction by that tribunal in the "Strafregister" and their subsequent refusal to delete from it the conviction so inscribed;

sont pas, en principe, reconnues et qu'elles font l'objet d'un nouvel examen par les juridictions répressives compétentes.

3. En ce qui concerne la procédure appliquée en l'espèce devant une Cour d'Appel, procédure à propos de laquelle le Gouvernement Fédéral aurait, dans ses observations, reconnu lui-même que la publicité des débats y est *en général* exclue, il y aurait effectivement violation de l'article 6 de la Convention; car selon cette prescription, la publicité ne pourrait être exclue que dans des cas particuliers.

4. Devant la Cour Fédérale Constitutionnelle, la procédure n'aurait pas été non plus publique. Or, cette juridiction devrait, elle aussi, respecter les principes de la Convention. Le fait qu'aucun Etat signataire de cet instrument n'a l'obligation d'instituer une Cour constitutionnelle ne serait pas en contradiction avec cette affirmation. D'ailleurs aucune Haute Partie Contractante ne serait tenue d'instituer plusieurs instances dans son système judiciaire. Mais, si elle le faisait, elle devrait s'assurer que les principes de la Convention sont respectés devant toutes les jurisdictions. On pourrait, à la rigueur, admettre que devant les jurisdictions inférieures, il n'y ait pas de garanties de procédure suffisantes. Mais, si devant les juridictions supérieures, et en particulier devant les plus hautes Cours, la Convention n'était pas applicable, on en viendrait pratiquement à ne plus tenir compte du tout des exigences de cet instrument.

5. Sur les autres points soulevés dans sa requête, le requérant estime que le Gouvernement Fédéral n'a pas répondu à son argumentation;

EN DROIT

Considérant que le principal grief du requérant concerne le refus des autorités de la République Fédérale d'Allemagne de rayer de son casier judiciaire le jugement d'un tribunal de la zone orientale d'Allemagne le condamnant à payer une amende de 400 marks, jugement qui aurait été rendu dans des conditions incompatibles avec les dispositions de la Convention, notamment celles de l'article 6;

Considérant que le jugement en question a été prononcé par un tribunal dont les activités ne relèvent pas de la compétence de la Commission; qu'en conséquence celle-ci n'a pas, en l'espèce, à déterminer si les actes de ce tribunal sont conformes aux dispositions de la Convention, mais qu'il lui appartient seulement d'examiner, à la lumière des dispositions de la Convention, l'acte par lequel les autorités de la République Fédérale ont inscrit au casier judiciaire du requérant sa condamnation par ce tribunal et leur refus subséquent de rayer cette inscription;

Whereas the Applicant represents that it is a matter of notoriety that in the Eastern Zone of Germany the decisions of Courts applying criminal law are rendered under conditions and by procedures which may not accord with the fundamental principles of the rule of law enshrined in the Convention and, in particular, may not give to an accused person the guarantees of fair trial contained in Article 6 of the Convention; whereas he contends that, by inscribing on his "*Strafregister*" a conviction by a court in the Eastern Zone and by refusing afterwards to order its deletion from his "*Strafregister*" the Government of the Federal Republic gave a certain measure of legal effect within its own territory to a decision rendered in a criminal case under conditions which violate the guarantees provided by Article 6 of the Convention; and whereas he further contends that, by so doing, the Government of the Federal Republic itself committed a violation of the Convention;

Whereas neither Article 6 nor any other Article of the Convention contains any provision dealing specifically with the inscription of previous convictions in a person's "*Strafregister*"; and whereas the inscription in a person's "*Strafregister*" of a conviction rendered against him in previous criminal proceedings cannot be considered to constitute bringing a "criminal charge against him" within the meaning of Article 6, paragraph 1, of the Convention; whereas, similarly, a person concerning whom a previous conviction has been inscribed in the "*Strafregister*" cannot be considered to be a person "charged with a criminal offence" within the meaning of paragraphs 2 and 3 of the same Article; whereas accordingly the inscription of previous convictions in the "*Strafregister*" is not, as such, subject to any specific guarantee under the Convention;

Whereas, moreover, the Federal Republic of Germany in its Law of 2nd May 1953, introduced special provisions for regulating the inscription in the "*Strafregister*" of convictions rendered by courts in the Eastern Zone of Germany with the very purpose of guarding against the inscription of convictions rendered under conditions violating the principles of natural justice and the rule of law enshrined in the Convention; whereas under these provisions it was the duty of the competent authority to question the Applicant in regard to his previous convictions in the Eastern Zone before entering them in the "*Strafregister*"; whereas, further, it was the duty of the competent authority, in case of doubt or in case of objection being made by the Applicant, to refer the matter to the competent "*Generalstaatsanwalt*" for decision; whereas these provisions also conferred on the Applicant the right to challenge any decision of the "Generalstaatsanwalt" to inscribe a conviction in the "*Strafregister*" by appeal to the competent Court of Appeal;

Whereas the above-mentioned provisions of the Law of 2nd May

Considérant que le requérant soutient qu'il est notoire que, dans la zone orientale d'Allemagne, les jugements des tribunaux en matière pénale sont rendus dans des conditions et selon des procédures qui peuvent n'être pas conformes aux principes fondamentaux de la prééminence du droit, consacrés par la Convention, et qui, notamment, n'offrent pas à l'accusé les garanties d'un procès équitable prévues à l'article 6 de la Convention; que le requérant soutient qu'en inscrivant à son casier judiciaire une condamnation prononcée par un tribunal de la zone orientale et en refusant ensuite d'ordonner la radiation de cette inscription, le Gouvernement de la République Fédérale a conféré un certain effet juridique, sur son territoire, à un jugement pénal rendu dans des conditions contraires aux garanties prévues par l'article 6 de la Convention; qu'il soutient en outre que, de ce fait, le Gouvernement de la République Fédérale a luimême violé la Convention;

Considérant que ni l'article 6 ni aucun autre article de la Convention ne visent expressément l'inscription des condamnations au casier judiciaire; que le fait d'inscrire au casier judiciaire d'une personne une condamnation prononcée contre elle dans un procès criminel ne saurait être considéré comme constituant une "accusation en matière pénale dirigée contre elle" au sens de l'article 6, paragraphe 1 de la Convention; que, de même, la personne au casier judiciaire de laquelle une condamnation a été inscrite ne saurait être considérée comme "accusée" au sens des paragraphes 2 et 3 de cet article; qu'en conséquence, l'inscription de condamnation au casier judiciaire ne bénéficie pas, en tant que telle, d'une garantie particulière dans la Convention;

Considérant de plus que si, par la Loi du 2 mai 1953, la République Fédérale d'Allemagne a mis en vigueur des dispositions spéciales régissant l'inscription au casier judiciaire des condamnations prononcées par les tribunaux de la zone orientale d'Allemagne, c'est précisément pour éviter que soient inscrites au casier judiciaire des condamnations prononcées dans des conditions contraires aux principes de l'équité et de la prééminence du droit consacrés par la Convention; que, selon ces dispositions, l'autorité compétente était tenue d'interroger le requérant sur les condamnations antérieures prononcées contre lui en zone orientale avant de les inscrire à son casier judiciaire; que, en cas de doute ou en cas d'objection formulée par le requérant, l'autorité compétente était en outre tenue de soumettre l'affaire pour décision au Procureur Général compétent; que ces dispositions donnaient également au requérant le droit de faire appel de la décision du Procureur Général d'inscrire une condamnation à son casier judiciaire devant la Cour d'Appel compétente;

Considérant que les dispositions susmentionnées de la Loi du 2

1953, appear to the Commission to create adequate safeguards against the inscription in the "*Strafregister*" of a conviction rendered in the Eastern Zone of Germany under conditions violating the principles of natural justice and of the rule of law enshrined in the Convention; whereas, moreover, these provisions were given full effect in the present case, the Applicant's objections to the inscription of the conviction in the "*Strafregister*" having been considered by the competent authority and having been subsequently examined and pronounced upon first by the competent "Generalstaatsanwalt" and then by the competent Court of Appeal; and whereas the substantial character of the safeguards created by the Law of 2nd May 1953, is in some measure confirmed by the fact that the "Generalstaatsanwalt" while maintaining in the "*Strafregister*" the Applicant's conviction of 16th February 1953, by a tribunal of ..., upheld his objections to the inscription of another conviction of 13th May 1955, by a tribunal at ... in the Eastern Zone;

Whereas it is further to be observed that the Applicant has not explained to the Commission what particular rights guaranteed to an accused by Article 6 of the Convention were violated in his case by the refusals of the "*Generalstaatsanwalt*" and the Court of Appeal of ... to order the deletion of the conviction of 16th February 1953, from the "*Strafregister*";

Whereas, accordingly, the case presented by the Applicant does not disclose any ground upon which the inscription of the conviction of 16th February 1953 in the "*Strafregister*" could by itself be considered to be a violation of the obligations of the Federal Republic under the Convention and, in particular, of its obligations under Article 6; whereas it follows that on this point the Application is manifestly ill-founded and must be rejected in accordance with Article 27, paragraph 2, of the Convention;

Whereas, however, the Applicant also complains that the procedures established by the Law of 2nd May 1953, for regulating the inscription on a "*Strafregister*" of convictions rendered by tribunals in the Eastern Zone are themselves in certain respects in conflict with the provisions of Article 6 of the Convention; whereas, in particular, he alleges as violations of Article 6 the facts that under the Law of 2nd May 1953 (1) his case was not tried by his natural tribunal, a criminal court of first instance, but only by a Court of Appeal exercising an "exceptional jurisdiction" (2) the process before the Court of Appeal was not public and did not include an oral hearing, and (3) he was questioned on 11th October 1957, by order of the "*Generalstaatsanwalt*" without his lawyer being present;

Whereas the inscription of a criminal conviction on a person's mai 1953 semblent offrir des garanties suffisantes contre l'inscription au casier judiciaire d'une condamnation prononcée dans la zone orientale d'Allemagne dans des conditions contraires aux principes de l'équité et de la prééminence du droit consacrés par la Convention; que, de surcroît, ces dispositions ont été pleinement appliquées en l'espèce, les objections du requérant contre l'inscription de la condamnation à son casier judiciaire ayant été prises en considération par l'autorité compétente puis ayant fait l'objet d'un examen et d'une décision d'abord du Procureur Général compétent, ensuite de la Cour d'Appel compétente; que l'efficacité des garanties offertes par la Loi du 2 mai 1953 se trouve, dans une certaine mesure, confirmée par le fait que le Procureur Général, tout en maintenant l'inscription au casier judiciaire du requérant de la condamnation prononcée le 16 février 1953 par un tribunal de ..., a retenu les objections du requérant contre l'inscription d'une autre condamnation prononcée le 13 mai 1955 par un tribunal de ..., en zone orientale;

Considérant qu'il convient en outre d'observer que le requérant n'a pas indiqué à la Commission quels droits particuliers garantis à un accusé par l'article 6 de la Convention ont été violés en l'espèce par le refus du Procureur Général et de la Cour d'Appel de ... d'ordonner la radiation de la condamnation du 16 février 1953 de son casier judiciaire;

Considérant, en conséquence, que l'argumentation du requérant ne fait apparaître aucun motif permettant d'estimer que l'inscription à son casier judiciaire de la condamnation du 16 février 1953 pourrait être considérée en soi comme une violation des obligations assumées par la République Fédérale aux termes de la Convention, notamment de son article 6; qu'il s'ensuit que sur ce point la requête est manifestement mal fondée et doit être rejetée par application de l'article 27, paragraphe 2, de la Convention;

Considérant toutefois que le requérant allègue également que les procédures établies par la Loi du 2 mai 1953 et régissant l'inscription au casier judiciaire de condamnations prononcées par les tribunaux d'Allemagne orientale sont elles-mêmes, à certains égards, contraires aux dispositions de l'article 6 de la Convention; qu'il allègue notamment que les faits suivants, découlant de l'application de la Loi du 2 mai 1953, violent l'article 6:

(1) sa cause n'a pas été entendue par son juge naturel, à savoir le tribunal de première instance, mais seulement par une Cour d'Appel exerçant une juridiction d'exception;

(2) la procédure devant la Cour d'Appel n'a pas été publique, ni orale;

(3) il a été interrogé, le 11 octobre 1957, par ordre du Procureur Général, hors de la présence de son avocat;

Considérant que, comme il a déjà été indiqué dans la présente

"Strafregister", as already pointed out in this decision, does not constitute the bringing of a "criminal charge against him" within the meaning of Article 6 of the Convention; and whereas, equally, it does not constitute a "determination of his civil rights" within the meaning of that same Article; whereas, on the contrary, it is an exceptional procedure which does not fall within the ambit of Article 6; whereas, therefore, the Applicant's complaints that these procedures violate Article 6 of the Convention are incompatible with the provisions of that Article and must therefore be rejected in accordance with Article 27, paragraph 2.

Whereas the Applicant's further complaint of an alleged violation of Article 7 of the Convention appears to be founded on the fact that the matters in respect of which he was convicted in the Eastern Zone do not constitute criminal offences under the criminal law of the Federal Republic; whereas this complaint, in common with the Applicant's complaints in regard to alleged violations of Article 6, is based upon a misconception of the measure of inscribing a previous conviction upon a person's "*Strafregister*"; whereas the inscription on the Applicant's "*Strafregister*" of his previous conviction of 16th February 1953, cannot legitimately be considered as meaning that he was put on trial by the authority inscribing the conviction on his "*Strafregister*" and "held guilty of a criminal offence" within the meaning of Article 7 of the Convention; and whereas the Applicant has not disputed that the conviction inscribed on his "Strafregister" by the competent authorities of the Federal Republic was in regard to matters which did constitute a criminal offence under the law applicable at the place where and at the time when he was convicted; whereas, therefore, the Applicant's complaint of an alleged violation of Article 7 of the Convention is incompatible with the provisions of that Article and must be rejected in accordance with Article 27, paragraph 2, of the Convention.

Whereas it remains to consider the Applicant's complaint that the Federal Constitutional Court violated Article 6 of the Convention when it rejected his constitutional appeal to that Court without granting an oral hearing of his case;

Whereas no clause of the Convention obliges a High Contracting Party to allow its citizens access to a Constitutional Court as well as to the normal court of appeal, and whereas if a High Contracting Party sets up a Supreme Constitutional Court, as has been done by the Federal Republic of Germany, it is entitled to lay down its own regulations regarding the right of appeal to that Court;

Whereas in the Act setting up the Federal Constitutional Court décision, l'inscription d'une condamnation au casier judiciaire d'une personne ne constitue pas une "accusation en matière pénale dirigée contre elle" au sens de l'article 6 de la Convention; que cette inscription ne constitue pas non plus une décision "sur ses droits et obligations de caractère civil" au sens du même article; qu'il s'agit au contraire d'une procédure exceptionnelle ne relevant pas du domaine de l'article 6; qu'en conséquence, les griefs du requérant selon lesquels ces procédures violent l'article 6 de la Convention, sont incompatibles avec les dispositions dudit article et doivent donc être rejetés par application de l'article 27, par. 2;

Considérant en outre que la plainte du requérant en violation de l'article 7 de la Convention paraît fondée sur le fait que les actes pour lesquels il a été condamné en Allemagne orientale ne constituent pas des infractions au sens du droit pénal de la République Fédérale; que, comme les griefs du requérant relatifs à la violation de l'article 6, ce grief se fonde sur une interprétation erronée de la mesure d'inscription d'une condamnation au casier judiciaire; que l'inscription de la condamnation du 16 février 1953 au casier judiciaire du requérant ne saurait être légitimement considérée comme signifiant qu'il a été traduit en justice par l'autorité procédant à cette inscription et qu'il a été condamné au sens de l'article 7 de la Convention; que le requérant n'a pas contesté que la condamnation inscrite à son casier judiciaire par les autorités compétentes de la République Fédérale vise des actes qui constituaient bien une infraction selon le droit applicable dans le pays et au moment où il a été condamné; qu'en conséquence, la plainte du requérant en violation de l'article 7 de la Convention est incompatible avec les dispositions de cet article et doit être rejetée par application de l'article 27, par. 2, de la Convention;

Considérant qu'il reste à examiner le grief du requérant selon lequel la Cour Fédérale Constitutionnelle aurait violé l'article 6 de la Convention en rejetant son recours sans accepter que son cas fasse l'objet d'un débat oral;

Considérant qu'aucune disposition de la Convention n'oblige une Haute Partie Contractante à octroyer aux personnes relevant de sa juridiction une voie de recours devant un tribunal constitutionnel en plus des recours qu'elles peuvent exercer devant les tribunaux ordinaires; que, si une Haute Partie Contractante institue, comme l'a fait la République Fédérale d'Allemagne, une Cour Suprême compétente en matière constitutionnelle, elle est habilitée à édicter des prescriptions réglementant le droit de recours devant cette Cour;

Considérant que dans la loi instituant la Cour Constitutionnelle the Federal Government laid down certain rules defining the circumstances in which an appeal could be lodged with that Court, and that Article 91 (a) of the said Act provides that any appeal to the Court shall br examined by a bench of three judges, to determine whether it complies with the requirements for bringing a case before the Court;

Whereas, consequently, in the present case, the function of the aforesaid three judges was not to hear the case but solely to decide whether the requirements for lodging an appeal with the Court had been fulfilled; whereas this decision did not relate to "the determination of civil rights and obligations" or to "any criminal charge", within the meaning of Article 6 of the Convention; whereas therefore the bench of three judges appointed to decide whether the Applicant was entirled to appeal to the Federal Constitutional Court did not constitute a tribunal to which the terms of Article 6 of the Convention could apply;

Whereas it follows that the Application is manifestly ill-founded and must be rejected in accordance with Article 27, (2) of the Convention;

Now therefore the Commission

DECLARES THIS APPLICATION INADMISSIBLE.

Application No. 646/59

Decision of 2nd June 1960

I. RIGHT TO HAVE A JUDGMENT PRONOUNCED PUBLICLY. ARTICLE 6, PARA. (1) OF THE CONVENTION.

II. RIGHT TO A FAIR ADMINISTRATION OF JUSTICE. ERRORS OF FACT OR LAW COMMITTED BY NATIONAL TRIBUNALS. COMPETENCE OF THE COMMISSION. ARTICLES 6 AND 19 OF THE CONVENTION.

III. RIGHT TO FREE LEGAL AID. CONDITIONS ON WHICH FREE LEGAL AID MAY BE CLAIMED. ARTICLE 6, PARA. (3) (c) OF THE CONVENTION.

Fédérale, la République Fédérale d'Allemagne a établi certaines règles définissant les conditions dans lesquelles un recours peut être introduit devant cette Cour; que l'article 91 (a) de la loi susmentionnée prévoit également que tout recours devant la Cour Constitutionnelle Fédérale sera examiné par un Comité de Trois Juges qui peut avoir à vérifier si le recours remplit les conditions régissant la saisine de la Cour;

Considérant, en conséquence, que dans le présent cas, le Comité de Trois Juges n'avait pas pour fonction de juger l'affaire elle-même, mais uniquement de décider si les conditions régissant la saisine de la Cour avaient bien été remplies; considérant que cette décision ne constitue pas "une décision relative soit à une contestation sur les droits et obligations de caractère civil, soit au bien-fondé d'une accusation en matière pénale" au sens de l'article 6 alinéa 1 de la Convention; qu'il en résulte qu'en se prononçant sur la question de savoir si, dans le cas d'espèce, le requérant avait la faculté d'introduire un recours devant la Cour Constitutionnelle Fédérale, le Comité de Trois Juges n'était pas un tribunal auquel sont applicables les dispositions de l'article 6 de la Convention;

Qu'il appert, dès lors, que sur ce point la requête est également manifestement mal fondée; qu'il y a lieu, par conséquent, de la rejeter aussi de ce chef, par application de l'article 27 par. 2 de la Convention;

Par ces motifs,

DECLARE LA REQUETE IRRECEVABLE.

Requête No. 646/59

Décision du 2 juin 1960

I. DROIT A CE QUE LE JUGEMENT SOIT RENDU PUBLIQUEMENT. ARTICLE 6 § 1 DE LA CONVENTION.

II. DROIT A UNE BONNE ADMINISTRATION DE LA JUSTICE. ERREURS DE FAIT OU DE DROIT COMMISES PAR LES TRIBUNAUX INTERNES. COMPETENCE DE LA COMMISSION. ARTICLES 6 ET 19 DE LA CONVENTION.

III. DROIT A L'ASSISTANCE JUDICIAIRE. CONDITIONS DE JOUISSANCE. ARTICLE 6 § 3 C DE LA CONVENTION.

IV. RIGHT TO RESPECT FOR CORRESPONDENCE. CENSORSHIP OF THE CORRESPONDENCE OF PRISONERS BY PRISON AUTHORITIES. ARTICLE 8 OF THE CONVENTION.

Having regard to the Application lodged on 17th October 1959 by X. against the Federal Republic of Germany and registered on 26th November 1959 under file No. 646/59;

Having regard to the report provided for in Rule 45, paragraph 1, of the Rules of Procedure of the Commission;

Having deliberated,

THE FACTS

Whereas the facts presented by the Applicant may be summarised as follows:

The Applicant is a German citizen born in 1922. He suffers from tuberculosis and is at present detained in the tuberculosis block of a B. prison.

The Applicant was detained by decision of an examining magistrate of 8th December 1958 on suspicion of having committed sexual crimes against two girls who were minors. He appealed from this decision but without success.

On 27th April 1959 the Applicant was convicted by the Regional Court (*Landgericht*) of B. on charges regarding the above offences and sentenced to three and a half years imprisonment. He appealed from this decision to the Federal Court (*Bundesgerichthof*) Karlsruhe which rejected his appeal on 1st September 1959. His application for a retrial of the case was also rejected on 27th October 1959 by the Regional Court.

The Applicant states that he is not guilty of the crimes and that his conviction was based on perjured evidence on the part of the girls concerned. He complains that the judgment of 27th April 1959 was not pronounced in a public session of the Court. The official transcript of the proceedings supplied by the Applicant shows however that although the Court sat in private during the hearing the judgment was pronounced in public. The Applicant also alleges the Convention has been violated in that his request that a new lawyer should be appointed was rejected on 22nd June 1959 by the Regional Court.

The Applicant complains that his correspondence is censored and that two of his letters have not been despatched but were returned to him by the Regional Court. One of the letters which was addressed to two friends of the Applicant contained libellous statements. The other, which was written in Polish, violated the

IV. DROIT AU RESPECT DE LA CORRESPONDANCE. CENSURE PAR LES AUTORITES PENITENTIAIRES DE LA CORRESPONDANCE DU DETENU. ARTICLE 8 DE LA CONVENTION.

(*Traduction*)

Vu la requête introduite le 17 octobre 1959 par X. contre la République Fédérale d'Allemagne et enregistrée le 26 novembre 1959 sous le No. de dossier 646/59;

Vu le rapport prévu à l'article 45, paragraphe 1, du Règlement intérieur de la Commission,

Après avoir délibéré,

EN FAIT

Considérant que les faits de la cause se présentent comme suit:

Le requérant est citoyen allemand, né en 1922. Il souffre de tuberculose et est actuellement détenu dans le bloc des tuberculeux de la prison de Berlin.

Le requérant a été mis en détention en vertu de la décision, prise le 8 décembre 1958 par un juge d'instruction pour avoir commis des délits sexuels sur la personne de deux jeunes filles mineures. Il a fait, sans succès, appel de cette décision.

Le 27 avril 1959, le requérant a été jugé coupable par le Tribunal régional (*Landgericht*) de ... des délits mentionnés ci-dessus et condamné à trois ans et six mois d'emprisonnement. Il a fait appel de cette décision devant la Cour Fédérale (*Bundesgerichtshof*) de Karlsruhe, qui a rejeté son appel le 1er septembre 1959. La requête qu'il a présentée pour obtenir un nouvel examen de l'affaire a également été rejetée le 27 octobre 1959 par le Tribunal régional.

Le requérant déclare qu'il n'est pas coupable des délits dont il est accusé et qu'il a été condamné sur la base de faux témoignages de ces jeunes filles. Il se plaint de ce que le jugement du 27 avril 1959 n'ait pas été rendu en audience publique du Tribunal. Le compte rendu officiel des débats produit par le requétant montre cependant que, si le Tribunal a délibéré à huis-clos, le jugement a été rendu en public. Le requérant allègue également que la Convention a été violée, du fait que, lorsqu'il a réclamé qu'un nouvel avocat soit désigné, cette demande a été rejetée le 22 juin 1959 par le Tribunal régional.

Le requérant se plaint du fait que sa correspondance a été censurée et que deux de ses lettres n'ont pas été expédiées mais lui ont été retournées par le Tribunal régional. L'une de ces lettres, qui était adressée à deux amis du requérant, contenait des déclarations injurieuses. L'autre, écrite en polonais, n'était pas conforme à la rule that all letters written by prisoners should be in German.

The Applicant also complains that he has been refused an aquarium and a microscope.

Whereas the Applicant alleges violations of Articles 3, 5, 6, 8 and 10 of the Convention and further requests the revocation of his sentence and compensation for the period of time which he has spent in prison;

THE LAW

Whereas, with regard to the Applicant's complaint of an alleged violation of Article 6 of the Convention in that the above judgment of 27th April 1959 was not pronounced in a public session of the Court, an examination of the evidence submitted by the Applicant and, in particular, of the official transcript of the proceedings in question discloses that this was not the case; whereas it follows that this part of the Application is manifestly ill-founded and must be rejected in accordance with Article 27, paragraph (2), of the Convention;

Whereas, with regard to the Applicant's complaint that he was convicted of crimes for which he claims not to have been responsible, it is to be observed that the European Commission of Human Rights was not set up as a higher court to examine alleged errors of law or facts committed by the domestic courts of the Contracting Parties acting wholly within their jurisdiction but, in accordance with Article 19 of the Convention, to ensure observance of the obligations undertaken by the Parties in the Convention;

Whereas errors of law or of fact committed by domestic courts concern the Commission during its examination of the admissibility of applications only insofar as they appear to have resulted in the violation of one of the rights and freedoms limitatively listed in the Convention;

Whereas an examination of the facts relating to this complaint, including an examination made *ex officio*, does not disclose any appearance of such a violation, whereas it follows that this part of the Application is manifestly ill-founded and must be rejected in accordance with Article 27, paragraph (2), of the Convention;

Whereas, in regard to the Applicant's complaint that the Regional Court of B. rejected his request for a new lawyer of his own choosing, the Commission has previously held, in its decision of 30th May 1956, concerning the admissibility of Application No. 127/55, that Article 6, paragraph (3) (c) of the Convention does not guarantee to an individual legal assistance of his own choosing except in cases règle qui veut que toutes les lettres écrites par les prisonniers détenus soient rédigées en allemand.

Le requérant se plaint également de ce qu'on lui a refusé la permission d'avoir un aquarium et un microscope;

Considérant que le requérant allègue la violation des articles 3, 6, 8 et 10 de la Convention et demande en outre l'annulation de sa peine et le versement d'une indemnité pour la période de son emprisonnement;

EN DROIT

Considérant, quant à la plainte du requérant relative à une prétendue violation de l'article 6 de la Convention, du fait que le jugement du 27 avril 1959 n'aurait pas été prononcé en audience publique du Tribunal, que l'examen des renseignements soumis par le requérant et en particulier la copie du compte rendu officiel des débats en question infirment cette allégation; qu'il s'ensuit que cette partie de la requête est manifestement mal fondée et doit être rejetée conformément à l'article 27, paragraphe 2 de la Convention;

Considérant, pour autant que le requérant se plaint d'avoir été condamné pour des délits dont il prétend n'être pas l'auteur, qu'il convient d'observer que la Commission des Droits de l'Homme n'a pas été créée comme instance supérieure pour examiner les prétendues erreurs de droit ou de fait commises par les tribunaux nationaux des Parties Contractantes agissant entièrement dans les limites de leur compétence, mais, que, conformément à l'article 19 de la Convention, elle a pour mission d'assurer le respect des engagements résultant pour les Hautes Parties Contractantes de la Convention;

Que les erreurs de droit ou de fait commises par les tribunaux nationaux n'intéressent la Commission, au stade de l'examen de la recevabilité, que dans la mesure où elles paraissent avoir entraîné la violation de l'un des droits ou de l'une des libertés limitativement énumérés dans la Convention;

Que l'examen des faits relatifs à ce grief, y compris l'examen d'office, ne révèle rien qui pourrait indiquer qu'une violation de cette nature a été commise; qu'il s'ensuit que cette partie de la requête est manifestement mal fondée et doit être rejetée, conformément à l'article 27, paragraphe 2 de la Convention;

Considérant, quant à la plainte du requérant relative au refus opposé par le Tribunal régional de B. à sa demande tendant à obtenir un nouvel avocat de son choix, que la Commission a précédemment décidé, dans sa décision du 30 mai 1956 sur la recevabilité de la requête no. 127/55, que le paragraphe 3 c) de l'article 6 de la Convention ne garantit pas à une personne l'assistance d'un défenseur where the fees are to be paid by the individual himself; whereas in the present case the Applicant did not have sufficient means to pay the fees of a lawyer; and whereas the assignment of Counsel to assist the Applicant in the present case was made in accordance with the provisions of the law applicable to the grant of legal assistance in the Federal Republic; whereas accordingly an examination of the case as it has been submitted does not disclose any appearance of a violation of the Convention with respect to the grant of legal assistance to the Applicant; whereas it follows that this part also of the Application is manifestly ill-founded and must be rejected in accordance with Article 27, paragraph (2) of the Convention;

Whereas, with regard to the Applicant's complaint that his right to respect for his correspondence guaranteed in Article of the Convention has been violated, paragraph (2) of that Article expressly excepts from the guarantee an interference with this right by a public authority which "is in accordance with the law and is necessary in a democratic society in the interests of national security, public safety, or the economic wellbeing of the country, for the prevention of disorder or crime, for the protection of health or morals, or for the protection of the rights and freedoms of others", and whereas in the view of the Commission the measure commonly adopted in the law of democratic societies of permitting prison authorities to examine the correspondence of the prisoners under their charge clearly falls within the exceptions permitted in this paragraph of Article 8; whereas, furthermore, an examination of the case does not disclose any reason for considering that this measure was applied in the present instance otherwise than by a public authority and in accordance with the law; whereas it follows that the Applicant's complaint of an alleged violation of Article 8 is manifestly ill-founded and must be rejected in accordance with Article 27, paragraph (2) of the Convention;

Now therefore the Commission

DECLARES THIS APPLICATION TO BE INADMISSIBLE.

de son choix, sauf dans le cas où les honoraires de l'avocat sont versés par cette personne; que dans le présent cas, le requérant ne disposait pas de moyens suffisants pour payer les honoraires d'un avocat; que la désignation d'un conseil chargé d'assister le requérant dans la présente affaire a été faite en conformité avec les dispositions de la loi applicables à l'octroi de l'assistance judiciaire en République Fédérale; qu'en conséquence, l'examen de l'affaire, telle qu'elle a été soumise, ne révèle aucune apparence de violation de la Convention quant à l'octroi de l'assistance judiciaire; qu'il s'ensuit que cette partie de la requête doit également être considérée comme manifestement mal fondée et doit être rejetée conformément à l'article 27, paragraphe 2 de la Convention;

Considérant quant à la plainte du requérant concernant la violation prétendue du droit au respect de la correspondance, garanti par l'article 8 de la Convention, que le paragraphe 2 dudit article exclut expressément de cette garantie, l'ingérence d'une autorité publique, "pour autant que cette ingérence est prévue par la loi et qu'elle constitue une mesure qui, dans une société démocratique, est nécessaire à la sécurité nationale, à la sûreté publique, au bien-être économique du pays, à la défense de l'ordre et à la prévention des infractions pénales, à la protection de la santé ou de la morale, ou à la protection des droits et libertés d'autrui"; que, de l'avis de la Commission, la règle généralement admise dans la législation des sociétés démocratiques, en vertu de laquelle les autorités pénitentiaires peuvent examiner la correspondance des détenus dont elles ont la charge tombe de toute évidence dans le champ d'application des exceptions autorisées par ledit paragraphe 2 de l'article 8; que, en outre, l'examen du présent cas ne révèle aucun élément permettant de croire qu'en l'espèce, cette règle n'a pas été appliquée par une autorité publique et conformément à la loi; qu'il s'ensuit que la plainte du requérant relative à une violation de l'article 8 est manifestement mal fondée et doit être rejetée conformément au paragraphe 2 de l'article 27 de la Convention;

Par ces motifs,

DECLARE LA REQUETE IRRECEVABLE.

Application No. 655/59

Decision of 3rd June, 1960

COMPETENCE OF THE COMMISSION RATIONE TEMPORIS AND RATIONE PERSONAE. REVISION OF CRIMINAL PROCEEDINGS. FEDERAL REPUBLIC OF GERMANY. CONVICTION BY ALLIED TRIBUNALS. CONVENTION ON THE SETTLEMENT OF MATTERS ARISING OUT OF THE WAR AND THE OCCUPATION. COMPETENCE OF THE GERMAN COURTS. RES JUDICATA BEFORE NATIONAL TRIBUNALS. EFFECTIVE REMEDY BEFORE A NATIONAL AUTHORITY. ARTICLE 13 OF THE CONVENTION.

Having regard to the Application lodged on 20th September 1959 by X against the Federal Republic of Germany and registered on 10th December 1959 under file No. 655/59;

Having regard to the Report provided for in Rule 45, paragraph 1 of the Rules of Procedure of the Commission;

Having deliberated,

THE FACTS

Whereas the facts of the case may be summarised as follows:

The Applicant is a Hungarian citizen born in 1908..

On 23rd August 1946 the Applicant was convicted by the General Military Court of ...... (a tribunal established by the American Occupation Forces in Germany) on charges of two murders, theft and other crimes and was condemned to death. On 12th August 1947 his sentence was commuted to life imprisonment by the Board of Review.

The Applicant alleges that the proceedings before the Military Court constituted a violation of the Convention. He did not understand English or German and was refused the assistance of an interpreter. Further, he did not know the nature of the charges against him and was not able to follow the proceedings in Court. He also alleges that the witnesses were present in Court during the proceedings and were thus able to give consistent evidence.

The Applicant has always maintained his innocence. He repeatedly petitioned the American authorities for pardon but his applications were always rejected.

On 10th July 1956 the Applicant was informed by the American

Requête No. 655/59

Décision du 3 juin 1960

COMPETENCE DE LA COMMISSION RATIONE TEMPORIS ET RATIONE PERSONAE. REVISION D'UN PROCES PENAL. REPUBLIQUE FEDERALE D'ALLEMAGNE. CONDAMNATION PRONONCEE PAR LES TRIBUNAUX ALLIES. CONVENTION RELATIVE AU REGLEMENT DE QUESTIONS ISSUES DE LA GUERRE ET DE L'OCCUPATION. COMPETENCE DES TRIBUNAUX ALLEMANDS. AUTORITE DE CHOSE JUGEE. RECOURS EFFECTIF DEVANT UNE INSTANCE NATIONALE. ARTICLE 13 DE LA CONVENTION.

(*Traduction*)

Vu la requête introduite le 20 septembre 1959 par X. contre la République Fédérale d'Allemagne et enregistrée le 10 décembre 1959 sous le No. de dossier 655/59;

Vu le rapport prévu à l'article 45, paragraphe 1, du Règlement intérieur de la Commission;

Après avoir délibéré,

EN FAIT

Considérant que les faits de la cause peuvent se résumer comme suit:

Le requérant est ressortissant hongrois né en 1908.

Le 23 août 1946, le Tribunal militaire général d' ... (Tribunal établi par les forces d'occupation américaines en Allemagne) l'a reconnu coupable de deux meurtres, de vol et d'autres infractions et l'a condamné à mort. Le 12 août 1947, sa peine a été commuée en emprisonnement à perpétuité par la Cour d'Appel américaine (appelée „*Board of Review*").

Le requérant prétend que le procès devant le Tribunal militaire a constitué une violation de la Convention. Il ne comprenait ni l'anglais ni l'allemand et s'est vu refuser l'assistance d'un interprète. De plus, il ignorait la nature des charges retenues contre lui et n'a pas été à même de suivre les débats devant le Tribunal. Il soutient également que les témoins étaient présents dans la salle d'audience pendant les débats ce qui leur a permis de faire des dépositions concordantes.

Le requérant a toujours protesté de son innocence. Il a demandé sa grâce à plusieurs reprises aux autorités américaines, mais ses requêtes se sont toujours heurtées à une fin de non-recevoir.

Le 10 juillet 1956, le requérant était informé par les autorités authorities that they were no longer competent to deal with his case. He then applied on 8th May 1957 to the Federal Court (*Bundesgerichthof*) for a decision as to which court had competence to deal with his request for a reconsideration of the case. On 31st May 1957 the Federal Court (3rd Chamber) designated for this purpose the Regional Court (*Landgericht*) of ......

On 8th November 1957 the Regional Court, nevertheless, declined to reconsider the case on the ground that the Applicant had not presented any new facts or evidence. This decision was upheld on appeal by the Regional Court of Appeal (*Oberlandesgericht*) of ...... on 7th February 1958. It does not appear that the Applicant was ever heard by either of these courts.

The Applicant now states that German law required him to be represented by a lawyer but that, having been in prison for 12 years, he could not afford to pay for legal representation and there had been no reply to his request of 12th July 1957 to the Regional Court that a lawyer, preferably with knowledge of Hungarian, be appointed. He states that, in fact he tried to engage a lawyer in order to convince the Court that he had new evidence available but that he was not allowed to do so.

On 26th November 1958 the Applicant again applied to the Regional Court and was represented on this occasion by a lawyer whose fees were paid by the Catholic Relief Service. This lawyer submitted that new evidence had been produced and the Court proposed that the case be transferred to the Regional Court of ...... as an inspection of the premises might be necessary during the new trial. His lawyer accordingly made a formal request to the Federal Court that the case be transferred but, on 23rd January 1959, the Federal Court (2nd Chamber) decided that the German Courts were not competent to review decisions pronounced by American Tribunals. The Court thereby overruled its former decision of 31st May 1957 and relied instead on a decision which it had taken of 9th January 1959 in an analogous case. On 16th May 1959 the Applicant's lawyer brought a constitutional appeal (*Verfassungsbeschwerde*) against this decision but this was rejected by the Federal Constitutional Court (*Bundesverfassungsgericht*) on 18th June 1959.

The Applicant states that he has now no possibility of pleading his case before any court of justice. The American authorities have declared that they have no competence in the matter and the German courts decline to review his case.

On 4th May 1960, the Applicant was informed by the Catholic Relief Service that the American Embassy in Bonn was willing to consider a request for ' unconditional pardon". The Applicant reaméricaines que son affaire ne relevait plus de leur compétence. Il s'adressa alors, le 8 mai 1957, à la Cour Fédérale de Justice (*Bundesgerichthof*) en la priant de désigner le Tribunal compétent pour connaître de sa demande en révision. Le 31 mai 1957, la Cour Fédérale de Justice (Troisième Chambre) désigna à cette fin le Tribunal régional (*Landgericht*) de ...

Le 8 novembre 1957, toutefois, le Tribunal régional refusa de reprendre l'examen de l'affaire pour le motif que le requérant n'avait présenté aucun fait ou élément de preuve nouveau. Cette décision fut confirmée en appel, le 7 février 1958, par la Cour (*Oberlandesgericht*) de ... Il ne semble pas que le requérant ait été entendu par l'un ou l'autre de ces tribunaux.

Le requérant déclare que le droit allemand l'obligeait à se faire représenter par un avocat mais que, après avoir passé douze ans en prison, il n'avait pas les moyens de rémunérer un défenseur et que sa demande du 12 juillet 1957 au Tribunal régional tendant à ce que soit commis un avocat d'office, connaissant de préférence le hongrois, était restée sans réponse. Il affirme qu'en fait il a bien essayé d'engager un avocat pour convaincre le tribunal qu'il était en mesure de produire de nouveaux moyens de preuve, mais qu'il n'a pas été autorisé à le faire.

Le 26 novembre 1958, le requérant s'adressa de nouveau au Tribunal régional et fut représenté à cette occasion par un avocat rémunéré par le Service de Secours catholique. Cet avocat fit valoir que de nouveaux éléments de preuve avaient été produits et le Tribunal proposa le renvoi de l'affaire au Tribunal régional d' ..., une descente sur les lieux pouvant être nécessaire au cours du nouveau procès. L'avocat introduisit donc une requête formelle auprès de la Cour Fédérale de Justice pour demander le renvoi de l'affaire, mais, le 23 janvier 1959, la Cour Fédérale de Justice (2ème Chambre) décida que les tribunaux allemands n'étaient pas compétents pour réviser les jugements prononcés par des tribunaux américains. La Cour revenait ainsi sur sa décisions antérieure du 31 mai 1957 et se fondait sur une décision qu'elle avait prise le 9 janvier 1959 dans une affaire analogue. Le 16 mai 1959, l'avocat du requérant forma un recours constitutionnel (*Verfassungsbeschwerde*) contre cette décision, mais ce recours fur rejeté par la Cour Fédérale Constitutionnelle (*Bundesverfassungsgericht*) le 18 juin 1959.

Le requérant soutient qu'il n'a plus la possibilité de plaider sa cause devant aucun tribunal. Les autorités américaines ont déclaré qu'elles n'étaient point compétentes en la matière et les tribunaux allemands refusent de réviser son procès.

Le 4 mai 1960, le requérant a été informé par le Service de Secours catholique que l'Ambassade des Etats-Unis à Bonn était disposée à examiner une demande de "grâce inconditionnelle". Le fused, however, to lodge such a request as he considered this to be tantamount to a confession of guilt. He insists that, as he is not guilty of the charges on which he had been convicted, he should be granted a new trial and duly acquitted;

Whereas the Applicant claims that he is not guilty of the crimes for which he has been convicted and alleges violations of Articles 3, 5 paragraphs (2) and (3) and 6 of the Convention, whereas the Applicant asks the Commission to designate a court competent to review his case and to appoint a lawyer who has knowledge of the Hungarian language;

THE LAW

Whereas the facts alleged by the Applicant in regard to his trial, conviction and sentence occurred more than six years before 3rd September 1953, the date of the entry into force of the Convention with respect to the Federal Republic of Germany; and whereas, in accordance with the generally recognised rules of international law the Convention only governs, for each Contracting Party, facts subsequent to its entry into force with respect to that Party; whereas it follows that the Application, insofar as it relates to the said facts, must be rejected *ratione temporis;*

Whereas, insofar as the Applicant's complaint relates to the refusal of the Courts and authorities of the Federal Republic to undertake a revision of his case, it is to be observed that the Courts of the Federal Republic have based their refusal to grant to the Applicant a revision of his case on the Convention of 23rd October 1954 on the Settlement of Matters Arising out of the War and the Occupation, concluded between the Government of the Federal Republic of Germany and the Governments of the United States of America, the United Kingdom and France; whereas this Convention, which entered into force on 5th May 1955, regulates *inter alia* the jurisdictional questions arising out of the provisional transfer of full authority in internal and external affairs to the Federal Government; and whereas the Convention, as was expressly recognised by the Federal Court in its decision of 9th January 1959, does not permit the Federal Government to review cases decided by the tribunals established by the three Powers during the period of the occupation of Germany; whereas accordingly any such review of cases decided by those tribunals falls outside the scope of the authority transferred to the Federal Republic by the three above-mentioned Powers;

Whereas it is true that the Federal Republic, when concluding the Convention on the Settlement of Matters arising out of the War and the Occupation, was legally bound to take account of its obligations under its existing international agreements; whereas requérant a, cependant, refusé de formuler une telle demande qui équivaudrait, selon lui, à un aveu de culpabilité. Il insiste sur le fait que, n'étant pas coupable des infractions pour lesquelles il a été condamné, il devrait être jugé à nouveau et être dûment acquitté;

Considérant que le requérant prétend qu'il n'est pas coupable des infractions pour lesquelles il a été condamné et allègue la violation des articles 3, 5 §§ 2 et 3, et 6 de la Convention; qu'il demande à la Commission de désigner un tribunal compétent pour réviser son procès et de commettre un avocat d'office connaissant le hongrois;

EN DROIT

Considérant que les faits allégués par le requérant en ce qui concerne son procès et sa condamnation sont antérieurs de plus de six ans au 3 septembre 1953, date d'entrée en vigueur de la Convention à l'égard de la République Fédérale d'Allemagne; que, selon les principes de droit international généralement reconnus, la Convention ne régit, pour chaque Partie Contractante, que les faits postérieurs à son entrée en vigueur à l'égard de cette Partie; que, pour autant qu'elle a trait auxdits faits, il y a donc bien lieu de rejeter la requête, de ce chef, comme irrecevable *ratione temporis;*

Considérant, pour autant que le requérant se plaint du refus des tribunaux et des autorités de la République Fédérale de procéder à une révision de son procès, qu'il échet d'observer que les tribunaux de la République Fédérale ont fondé leur refus de faire droit à sa demande en révision sur la Convention du 23 octobre 1954 relative au règlement de questions issues de la guerre et de l'occupation, conclue entre le Gouvernement de la République Fédérale d'Allemagne et les Gouvernements des Etats-Unis d'Amérique, du Royaume-Uni et de la France; que cette Convention, qui est entrée en vigueur le 5 mai 1955, réglemente notamment les questions d'ordre juridictionnel découlant du transfert provisoire au Gouvernement fédéral, de la pleine autorité sur les affaires intérieures et extérieures; que la Convention, ainsi que la Cour Fédérale de Justice l'a expressément admis dans sa décision du 9 janvier 1959, ne permet pas au Gouvernement fédéral de revenir sur les affaires tranchées par les tribunaux établis par les trois Puissances au cours de la période d'occupation de l'Allemagne; que, par conséquent, une telle révision des décisions prises par ces tribunaux ne relève pas de l'autorité transférée à la République Fédérale par les trois Puissances susmentionnées;

Considérant qu'il est vrai que, lors de la conclusion de la Convention relative au règlement de questions issues de la guerre et de l'occupation, la République Fédérale était légalement tenue de prendre en considération les obligations assumées par elle en vertu one of these agreements was the European Convention of Human Rights and Fundamental Freedoms, which came into force with respect to Germany on the 3rd September 1953; whereas under Article 1 of the said Convention the Federal Republic undertakes to secure to everyone within its jurisdiction the rights and freedoms defined in Section 1 of the Convention; whereas accordingly the Federal Republic, when concluding the Convention on the Settlement of Matters arising out of the War and the Occupation, was bound not to disable itself from giving effect to the rights and freedoms which it had guaranteed by entering into the European Convention;

Whereas under the terms of Article 1, the Convention guarantees only the rights and freedoms set forth in Section 1 of the Convention; and whereas under Article 25, paragraph 1, only the alleged violation of one of those rights and freedoms by a Contracting Party can be the subject of an Application admissible by the Commission; whereas it follows that the essential point in the present case is whether or not the European Convention, when it entered into force with respect to Germany on 3rd September 1953, can be regarded as having guaranteed to the Applicant any such right of revision of his case as he now claims;

Whereas Article 13 of the European Convention provides that everyone whose rights and freedoms as set forth in the Convention are violated shall have an effective remedy before a national authority notwithstanding that the violation has been committed by persons acting in an official capacity; whereas, however, the denial of justice, of which the Applicant alleges himself to have been the victim, assuming that it in fact occurred, took place more than six years before 3rd September 1953, the date when the Convention first came into force; and whereas the proceedings in his case had been completed and had become *res judicata* long before that date; whereas the Commission also notes that at the time when the denial of justice is alleged to have taken place the Federal Government did not possess full authority in its internal and external affairs and, in particular, did not have authority with respect to the proceedings in question;

Whereas it clearly emerges from the foregoing that the right which the Applicant claims is a right to call for the redress of an injury alleged to have been done to him in past years when the Convention was not in force; whereas in a series of previous cases the Commission has consistently held that the right to obtain compensation for an injury suffered in past years when the Convention was not in force is not a right guaranteed by any of the provisions of the Convention; whereas, similarly, the right to obtain a reopening or revision of proceedings alleged to have resulted in a des traités internationaux auxquels elle était Partie; que l'un de ces traités était la Convention européenne des Droits de l'Homme et des Libertés fondamentales, entrée en vigueur à l'égard de l'Allemagne le 3 septembre 1953; qu'aux termes de l'article 1er de ladite Convention, la République Fédérale s'était engagée à reconnaître à toute personne relevant de sa juridiction les droits et libertés définis au titre premier de celle-ci; que, par conséquent, en concluant la Convention relative au règlement de questions issues de la guerre et de l'occupation, la République Fédérale d'Allemagne était tenue de ne pas se mettre hors d'état de donner effet aux droits et libertés qu'elle avait garantis en devenant partie à la Convention européenne;

Considérant qu'aux termes de son article 1er la Convention garantit les seuls droits et libertés reconnus en son titre premier; que seule la violation d'un de ces droits et libertés par une Partie Contractante peut, selon l'article 25, § 1, faire l'objet d'une requête recevable devant la Commission; que, dès lors, le point essentiel dans la présente affaire est de savoir si l'on peut ou non considérer que, à partir du moment où elle est entrée en vigueur à l'égard de l'Allemagne, le 3 septembre 1953, la Convention européenne a garanti au requérant le droit à la révision de son procès qu'il revendique maintenant;

Considérant que l'article 13 de la Convention européenne dispose que toute personne dont les droits et libertés reconnus dans la Convention ont été violés, a droit à l'octroi d'un recours effectif devant une instance nationale, alors même que la violation aurait été commise par des personnes agissant dans l'exercice de leurs fonctions officielles; que, toutefois, le déni de justice dont le requérant prétend avoir été victime à supposer qu'il soit réel, remonte à une période antérieure de plus de six ans au 3 septembre 1953, date de l'entrée en vigueur de la Convention; que la procédure intentée contre le requérant a été menée à terme et a acquis l'autorité de la chose jugée bien avant cette date; qu'il échet également d'observer que, au moment où le déni de justice se serait produit, le Gouvernement fédéral ne jouissait pas de la pleine autorité sur ces affaires intérieures et extérieures et était notamment incompétent à l'égard de la procédure en question;

Considérant qu'il ressort clairement de ce qui précède que le droit revendiqué par le requérant est le droit de demander réparation d'un préjudice qui lui aurait été causé alors que la Convention n'était pas en vigueur; que, dans une série d'affaires antérieures, la Commission a toujours déclaré que le droit d'obtenir réparation pour un préjudice subi avant l'entrée en vigueur de la Convention n'est pas un droit garanti par l'une quelconque des dispositions de la Convention; que, de même, le droit d'obtenir la réouverture ou la révision d'un procès qui aurait donné lieu à un denial of justice at a date in the past when the Convention was not yet in existence is not a right guaranteed by Article 13 or by any other provision of the Convention;

Whereas it follows that the Federal Republic, when it entered into the Convention for the Settlement of Matters Arising out of the War and the Occupation, did not have any existing obligations towards the Applicant under the European Convention with respect to the proceedings of which he complains and, in consequence, did not infringe any right possessed by him by giving up, in that Convention, the power to review cases decided by tribunals established by the three Powers during the period of the occupation;

Whereas it equally follows that the present Application is incompatible with the provisions of the European Convention of Human Rights and Fundamental Freedoms and must be rejected under Article 27, paragraph 2, of the Convention;

Now therefore the Commission

DECLARES THIS APPLICATION INADMISSIBLE.

Application No. 556/59

Decision of 4th August 1960

I. RIGHT TO BE HEARD BY AN IMPARTIAL TRIBUNAL. AUSTRIA. ARTICLE 21, PARA. 2 OF THE AUSTRIAN JUDICIAL ORGANISATION ACT. LIMITATION OF THE RIGHT OF CHALLENGE. ARTICLE 6 PARA (1) OF THE CONVENTION.

II. APPLICATION MANIFESTLY ILL-FOUNDED. COMPETENCE OF THE COMMISSION ON THE STAGE OF ADMISSIBILITY. ARTICLE 27, PARA (2) OF THE CONVENTION.

(*Translation*)

HAVING REGARD to the application lodged on 26th August 1959 by Dr. X. against Austria and registered on 1st September 1959 under file No. 556/59;

HAVING REGARD to the report provided for under Rule 45, paragraph 1 of the Rules of Procedure of the Commission;

Having deliberated;

déni de justice à une date antérieure à l'entrée en vigueur de la Convention n'est pas un droit garanti par l'article 13 ou par une autre disposition de la Convention;

Considérant qu'il s'ensuit que, au moment où elle a conclu la Convention relative au règlement de questions issues de la guerre et de l'occupation, la République Fédérale n'avait, en vertu de la Convention européenne, aucune obligation envers le requérant relativement au procès incriminé par lui et n'a donc pas porté atteinte à un droit du requérant en renonçant, dans cette Convention, au pouvoir de réviser les jugements prononcés par les tribunaux établis par les trois Puissances pendant la période d'occupation;

Considérant qu'il s'ensuit que la présente requête est incompatible avec les dispositions de la Convention européenne des Droits de l'Homme et des Libertés fondamentales; qu'il y a lieu, par conséquent, de la rejeter de ce chef par application de l'article 27, § 2 de la Convention;

Par ces motifs

DECLARE LA REQUETE IRRECEVABLE.

Requête No. 556/59

Décision du 4 août 1960

I. DROIT A CE QUE LA CAUSE SOIT ENTENDUE PAR UN TRIBUNAL IMPARTIAL. AUTRICHE. ARTICLE 21 PAR. 2 DE LA LOI AUTRICHIENNE D'ORGANISATION JUDICIAIRE. LIMITATION DU DROIT DE RECUSATION POUR CAUSE DE PARTIALITE. ARTICLE 6 PAR. 1 DE LA CONVENTION.

II. REQUETE MANIFESTEMENT MAL FONDEE. COMPETENCE DE LA COMMISSION AU STADE DE L'EXAMEN DE LA RECEVABILITE. ARTICLE 27 PAR. 2 DE LA CONVENTION.

VU la requête introduite le 26 août 1959 par Dr X. contre l'Autriche et enregistrée le 1er septembre 1959 sous le No. de dossier 556/59;

VU le rapport prévu à l'article 45, par. 1 du Règlement Intérieur de la Commission;

Après avoir délibéré,

THE FACTS

The Applicant is an Austrian citizen and a barrister-at-law. ...

On 10th July 1959, in accordance with Article 19 of the Austrian Judicial Organisation Act (*Jurisdictionsnorm*), the Applicant, who was party to a divorce suit against his wife, entered a challenge *propter affectum* against the judge appointed to hear the case (*Ablehnung wegen Befangenheit*).

In support of his challenge the Applicant put forward a number of grounds all of which were based on the difference between the judge's attitude towards himself and his wife. He stated, in particular, that after the hearing of 2nd June 1959 – which incidentally did not bring the proceedings to an end – and when everyone had left the Court, the judge remained behind with the Applicant's wife and spoke with her, whereas a few days earlier he had refused to speak with the Applicant who was anxious to draw his attention "to the opinions expressed in the legal text books and to the relevant case law".

The Applicant in support of his right of challenge *propter affectum,* referred both to Article 19 of the above-mentioned Act and Article 6 of the Convention on Human Rights and Fundamental Freedoms which provides that "everyone is entitled to a fair and public hearing within a reasonable time by an independent and impartial tribunal established by law".

The Applicant's challenge was rejected by the Civil Court of ... Province (*Landesgericht für Zivilrechtliche Sachen*) in its decision of 21st July 1959. The Tribunal stated:

– that, inasmuch as the grounds for challenge referred to events prior to the hearing of 2nd June 1959, at which the Applicant appeared although without making any reference to the said grounds, the plea must be rejected in accordance with Article 21, paragraph 2 of the Austrian Judicial Organisation Act which provides that the right of challenge *propter affectum* cannot be exercised as long as the party concerned continues to take part in the hearing;

– that the other reasons put forward by the Applicant, and in particular the conversation of the judge with the Applicant's wife after the hearing, did not constitute sufficient grounds for challenge. Finally the Court stated that there was no reason to suppose that the judge was influenced in his decision by "personal considerations".

The Applicant appealed from the decision of 21st July 1959. He reiterated and indeed supplemented the list of grounds for challenge indicated in his initial plea. He also pointed out that, by

EN FAIT

Le requérant, de nationalité autrichienne, est avocat au barreau de ...

Partie au procès en divorce qui l'oppose à sa femme, le requérant demande, le 10 juillet 1959, conformément à l'Article 19 de la Loi autrichienne d'organisation judiciaire (*Jurisdictionsnorm*), la récusation pour cause de partialité (*Ablehnung wegen Befangenheit*) du juge saisi de son affaire.

A l'appui de sa demande, le requérant soumet toute une série de motifs qui ont tous pour base la différence d'attitude du juge envers lui, d'un côté, envers sa femme, de l'autre. Le requérant déclare en particulier qu'après l'audience du 2 juin 1959 – qui d'ailleurs n'a pas mis fin au procès –, lorsque tout le monde a quitté la salle d'audience, le juge est resté avec sa femme et a parlé avec elle, alors que, quelques jours auparavant, il a refusé de parler avec le requérant qui voulait attirer son attention sur "l'opinion de la doctrine et sur la jurisprudence".

Le requérant justifie son droit de récusation pour cause de partialité en se référant tant à l'Article 19 de la loi d'organisation judiciaire susmentionnée qu'à l'Article 6 de la Convention de Sauvegarde des Droits de l'Homme et des Libertés fondamentales, qui prévoit que "toute personne a droit à ce que sa cause soit entendue équitablement, publiquement et dans un délai raisonnable, par un Tribunal indépendant et impartial, établi par la loi. ...".

La demande du requérant est rejetée par le Tribunal civil de ... (*Landesgericht für Zivilrechtliche Sachen*) dans sa décision du 21 juillet 1959. Le Tribunal relève:

– que, pour autant que les motifs de récusation ont trait à des événements antérieurs à l'audience du 2 juin 1959, à laquelle le requérant a comparu sans faire valoir lesdits motifs, la demande doit être rejetée conformément à l'Article 21, par. 2 de la Loi autrichienne d'organisation judiciaire qui prévoit que le droit de récusation pour cause de partialité ne peut plus être exercé lorsque la partie intéressée a continué à prendre part à l'audience;

– que les autres motifs soulevés par le requérant, et en particulier la conversation du juge avec la femme du requérant après l'audience, ne constituent pas une base suffisante pour la récusation. Le Tribunal conclut en précisant qu'il n'y a pas lieu de craindre que le juge soit influencé dans sa décision par "des considérations personnelles".

Le requérant fit appel de la décision du 21 juillet 1959. Il reprit et compléta même la liste des motifs de récusation indiqués dans la demande introductive d'instance. Il releva, en outre, que du virtue of the entry into force of the Convention (notably Article 6), Article 21 paragraph 2 of the above-mentioned Austrian Act had been modified and that, in consequence, his challenge *propter affectum* was no longer subject to certain conditions. The lower Court was therefore wrong in introducing the time factor as ground for rejecting one part of his application.

In its decision of 18th August 1959, the Provincial Court of Appeal (*Oberlandesgericht*) held that the said Article 21, paragraph 2 was in no way inconsistent with Article 6 of the Convention. It pointed out in particular that "the two reservations (made by Austria) expressly prevented any interpretation to the effect that Austrian laws should be modified in the light of Article 6 of the Convention". For the rest the Court adopted all the reasons of the Court of first instance.

In his Application, Mr. X. maintains that the Convention, which has become an integral part of Austrian law and the provisions of which are "unconditional", has been violated in this case. He emphasises that the divorce proceedings have been going on for more than a year and a half. He asks the Commission to find that "the Convention had been violated in his case";

Whereas the Applicant complains that his right "to a fair hearing ... by an independent and impartial tribunal" guaranteed by Article 6 of the Convention, has been violated in his case; whereas in his view this violation has resulted from the rejection, by application of Article 21, paragraph 2 of the Austrian Judicial Organisation Act of the grounds for challenge based on events prior to the hearing of 2nd June 1959 and the rejection, as insufficient to justify challenging the judge, of the grounds relating to events subsequent to the above-mentioned hearing of 2nd June 1959.

THE LAW

In regard to the first ground;

Whereas, inasmuch as the Applicant in support of his challenge referred to events prior to the hearing of 2nd June 1959, his claim was rejected in accordance with Article 21, paragraph 2 of the Austrian Judicial Organisation Act; whereas the said article provides substantially that the right of challenge *propter affectum* does not apply when the allegedly injured party continues to take part in the hearing; whereas, therefore, the issue is whether or not Article 21 paragraph 2 is compatible with Article 6, paragraph 1 of the Convention, which guarantees to all litigants the right to be heard by an impartial Tribunal; Whereas the limitation of the right fait de l'entrée en vigueur de la Convention et notamment de son Article 6, l'Article 21, par. 2 de la Loi autrichienne d'organisation judiciaire susmentionné se trouve modifié et qu'en conséquence la demande de récusation pour cause de partialité ne peut plus être soumise à certaines conditions comme c'était le cas auparavant. C'est à tort donc que le premier Tribunal aurait rejeté une partie de sa demande pour cause de tardiveté.

Dans sa décision du 18 août 1959, la Cour d'Appel de ... (*Oberlandesgericht*) estime que l'Article 21, par. 2 de la Loi d'organisation judiciaire n'est nullement en contradiction avec l'Article 6 de la Convention. La Cour relève en particulier que "les deux réserves (formulées par l'Autriche) ne permettent pas l'interprétaion selon laquelle les lois autrichiennes devraient être modifiées eu égard à l'Article 6 de la Convention". Pour le restant, la Cour reprend dans l'ensemble l'argumentation développée par le Tribunal de première instance.

Dans l'acte introductif de requête, Me X. estime que la Convention qui est devenue partie intégrante du droit autrichien et dont les dispositions sont "inconditionnelles", a été violée en l'espèce. Il souligne que la procédure en divorce dure déjà depuis plus d'un an et demi. Il demande à la Commission de constater que "la Convention a été violée dans son cas";

Considérant que le requérant se plaint de ce que son droit à ce que "sa cause soit entendue équitablement ... par un Tribunal indépendant et impartial ..." garanti par l'Article 6 de la Convention a été violé dans l'affaire le concernant; qu'à son avis cette violation résulte, d'une part, du rejet, par application de l'Article 21 par. 2 de la Loi autrichienne d'organisation judiciaire, des motifs de récusation ayant trait à des événements antérieurs à l'audience du 2 juin 1959 et, d'autre part, du rejet, comme insuffisants pour entraîner la récusation du Juge, des motifs se rapportant à des événements postérieurs à l'audience du 2 juin 1959 susmentionnés;

EN DROIT

Sur le premier moyen

Considérant que pour autant que le requérant invoquait à l'appui de sa demande en récusation des événements antérieurs à l'audience du 2 juin 1959, son action a été rejetée par application de l'Article 21 par. 2 de la "Loi autrichienne d'organisation judiciaire"; que ladite disposition prévoit en substance que le droit de récusation pour cause de partialité ne peut plus être exercé lorsque la partie prétendument lésée a continué à prendre part à l'audience; que la question se pose dès lors de savoir si l'Article 21 par. 2 est ou n'est pas compatible avec l'Article 6 par. 1 de la Convention qui garantit à tous les justiciables le droit d'être jugé par un tribunal impartial;

of challenge *propter affectum* provided for by the said Article 21, paragraph 2 does not appear to the Commission to be contrary to Article 6 paragraph 1 of the Convention; whereas the intention of the Austrian legislator in imposing such a limitation was to prevent the course of law being constantly interrupted by interlocutory judgments; whereas the said limitation was likewise justified by reason of the implicit renunciation by the interested party of his right of challenge in regard to facts which might reasonably be considered to be established, in that without objecting to them, he continued to take part in the hearing; whereas, moreover, the examination of the file shows that by rejecting the challenge entered by the applicant, the Austrian Tribunals were not applying Article 21 paragraph 2 of the Austrian Judicial Organisation Act in a manner contrary to the Convention, in particular Article 6 paragraph 1; and whereas therefore this part of the Application must be rejected as manifestly ill-founded in accordance with Article 27 paragraph (2) of the Convention;

In regard to the second ground

Whereas, inasmuch as the Applicant supports his Application with grounds based on events subsequent to the hearing of 2nd June 1959, his plea was rejected as ill-founded; whereas in the opinion of the Commission the facts as submitted by the Applicant in particular the judge's conversation in private with the Applicant's wife, are not sufficient to justify the presumption that the Court was no longer impartial; whereas, in other words, the Applicant has failed to submit sufficient factual elements to enable the Commission to find *prima facie* evidence of the partiality of the Court hearing his case; whereas it follows that the Application must be rejected immediately its admissibility is examined, as manifestly ill-founded in accordance with Article 27 paragraph (2) of the Convention;

Now therefore the Commission

DECLARES THIS APPLICATION INADMISSIBLE.

que la limitation du droit de récusation pour cause de partialité prévue par l'Article 21 par. 2 susmentionné ne paraît à la Commission nullement contraire à l'Article 6 par. 1 de la Convention; qu'en effet, en l'instituant, le législateur autrichien a voulu éviter que la marche de la justice ne puisse à tout moment être troublée par la nécessité d'attendre le prononcé de jugements incidents; que, d'autre part, ladite limitation se justifie également par la renonciation implicite de l'intéressé de se prévaloir du droit de récusation en ce qui concerne les faits qui peuvent raisonnablement être considérés comme acquis pour le motif que, sans soulever aucune objection y relative, l'intéressé a continué à prendre part à l'audience; que, par ailleurs, l'examen du dossier révèle qu'en rejetant l'action en récusation engagée par le requérant, les tribunaux autrichiens n'ont pas appliqué l'Article 21 par. 2 de la "Loi autrichienne d'organisation judiciaire" d'une manière contraire à la Convention et notamment à son Article 6 par. 1; qu'il en résulte que cette partie de la requête doit être rejetée comme manifestement mal fondée par application de l'Article 27 par. 2 de la Convention;

Sur le deuxième moyen

Considérant que, pour autant que le requérant invoquait à l'appui de sa demande en récusation des motifs ayant trait à des événements postérieurs à l'audience du 2 juin 1959, son action a été rejetée comme mal fondée; que, de l'avis de la Commission, les faits tels qu'ils sont rapportés par le requérant et en particulier la conversation, en privé, du Juge avec la femme du requérant ne permettent pas d'en déduire la présomption que le tribunal a cessé d'être impartial; qu'en d'autres termes, le requérant n'a pas fourni des éléments de fait suffisants pour que la Commission soit en mesure de considérer qu'il existe un commencement de preuve de la partialité du tribunal appelé à juger l'affaire du requérant; qu'il s'ensuit que la requête doit être rejetée, dès le stade de l'examen de sa recevabilité, comme manifestement mal fondée par application de l'Article 27 par. 2 de la Convention;

Par ces motifs,

DECLARE LA REQUETE IRRECEVABLE.

Application No. 603/59

Decision of 4th August 1960

EXHAUSTION OF DOMESTIC REMEDIES. FEDERAL REPUBLIC OF GERMANY. DECISION OF THE GERMAN-RUMANIAN MIXED ARBITRAL TRIBUNAL IN 1930. REFUSAL TO ENFORCE. AVAILABLE REMEDIES. ARTICLE 26 OF THE CONVENTION.

HAVING REGARD to the Application lodged on 15th September 1959 by X. against the Federal Republic of Germany, and registered on 20th October 1959 under File No. 603/59;

HAVING REGARD to the Report provided for in Rule 45, paragraph (1), of the Rules of Procedure of the Commission;

Having deliberated,

THE FACTS

Whereas the facts of the case, as they appear from the documents submitted by the Applicant between 15th September 1959 and 26th June 1960, may be summarised as follows:

1. The Applicant claims to possess dual nationality, Rumanian and Israeli. She resides at present in Israel. She has lodged this application as heiress of A.K., and in this capacity claims the enforcement by the Federal Republic of Germany of an international judgment mentioned below.

2. A.K., a stateless person domiciled in Rumania, was a cloth-merchant at J. In 1916 he had purchased from different German firms two consignments of goods, which could not be sent to him before Rumania declared war on the Empire in August of the same year and were seized as enemy property by the German authorities.

The first consignment, to a value of 392.6 gold marks, was sold in April 1917, and eventually payment was made of 533.25 marks in compensation.

The second consignment was sold and the proceeds went to the Imperial Authorities.

3. The successors of Mr. K. made application for their rights before the German-Rumanian Mixed Arbitral Tribunal created under the Treaty of Versailles for the settlement of disputes arising from the war.

On 2nd April 1930 this Tribunal made an award in favour of the successors in question whereby the German State was to pay them:

Requête No. 603/59

Décision du 4 août 1960

EPUISEMENT DES VOIES DE RECOURS INTERNES. REPUBLIQUE FEDERALE D'ALLEMAGNE. DECISION DU TRIBUNAL ARBITRAL MIXTE GERMANO-ROUMAIN DE 1930. REFUS D'EXECUTION. RECOURS DISPONIBLES. ARTICLE 26 DE LA CONVENTION.

VU la requête introduite le 15 septembre 1959 par X. contre la République Fédérale d'Allemagne et enregistré le 20 octobre 1959 sous le No. de dossier 603/59;

VU le rapport prévu à l'Article 45, par. 1 du Règlement Intérieur de la Commission;

Après avoir délibéré,

EN FAIT

Considérant que les faits de la cause, tels qu'ils ressortent des pièces que la requérante a versées au dossier entre le 15 septembre 1959 et le 26 juin 1960, peuvent se résumer comme suit:

1. La requérante déclare posséder les deux nationalités roumaine et israélienne. Elle réside actuellement en Israël. L'intéressée a introduit sa présente requête en qualité d'héritière d'A. K. et réclame à ce titre l'exécution, par la République Fédérale d'Allemagne, d'un jugement international dont il est fait mention ci-dessous.

2. A. K. apatride domicilié en Roumanie, était négociant en tissus à J. Il avait acquis, en 1916, de diverses maisons allemandes, deux lots de marchandises qui ne purent être expédiées avant la déclaration de guerre de la Roumanie à l'Empire en août de la même année et furent saisis comme biens ennemis par les autorités allemandes.

Le premier lot, d'une valeur de 392,60 Marks-or fut liquidé en avril 1917 et donna lieu ultérieurement au paiement d'une indemnité de 533,25 M.

Le second fut vendu au profit de l'administration impériale.

3. Les successeurs de M. K. firent valoir leurs droits devant le Tribunal arbitral mixte germano-roumain constitué pour le règlement du contentieux né de la guerre, en application du Traité de Versailles.

Le 2 avril 1930, cette juridiction rendit un arrêt donnant satisfaction auxdits successeurs et condamnant l'Etat allemand à leur payer:

for the first consignment: "The sum of 392.6 gold marks with interest at 5% as from 1st December 1918".

for the second consignment: "The sum of 119,039.5 lei, at the rate of exchange of 14th March 1921, that is to say, 7.25 Swiss centimes to the leu (present value), with interest at 5% as from 27th August 1917".

The Government of the Third Reich failed to execute this award.

When in 1949 the Federal Republic of Germany was founded, the Applicant requested several authorities in that State (Federal Chancery, Federal Ministry of Finance, etc.) to enforce the award and to fulfil the obligations thereby imposed upon the German State. Her request was rejected by the aforesaid authorities in a series of decisions between 11th November 1953 and 3rd June 1960.

The earlier decisions were founded on the fact that the enforcement of the London Agreements of 27th February 1953 between the Federal Republic and 20 other States for the settlement of German debts would not permit former obligations to be taken into consideration; these Agreements, it was claimed, established a prearranged plan whereby the Federal Republic should settle its international debts and hence the repayment of any debts not provided for by the London Agreements might be considered as a violation of the international undertaking given pursuant thereto and, in addition, as a precedent for other similar cases. The funds at the Chancellor's disposal allegedly did not make it possible for him to consider an *ex gratia* payment; and finally, the Federal Republic had in other ways given sufficient evidence of its goodwill towards the injured parties and towards the State of Israel. In short, these original decisions appear to have left open the question of the very existence of the debt due to the Applicant, as well as of the possibility of later repayment.

However, the latest decisions communicated to the Applicant on 16th September 1959 and 3rd June 1960 by the Federal Ministry of Finance denied the very existence of "any right based on the award" of a joint arbitral tribunal.

5. On 22nd March 1960 the Applicant addressed a letter to the Federal Constitutional Court in which she complained of the Federal Republic's failure to enforce the award of 2nd April 1930. The Court replied on 12th April 1960 giving the Applicant the following explanation:

(a) That her appeal was manifestly not of a constitutional nature;

(b) That she did not allege the violation of any of the rights protected by the Convention;

pour le 1er lot: "La somme de 392,60 Marks-or, avec intérêts de 5% à compter du 1er décembre 1918";
pour le 2ème lot: "La somme de 119.039,50 lei, valeur au 14 mars 1921, soit 7,25 centimes suisses le lei (valeur actuelle), avec intérêts de 5% à compter du 27 août 1917".

Le Gouvernement du IIIème Reich n'exécuta pas ce jugement. Dès la constitution, en 1949, de la République Fédérale d'Allemagne, la requérante a demandé à diverses autorités de cet Etat (Chancellerie Fédérale, Ministère Fédéral des Finances, etc. ...) de pourvoir à l'exécution de l'arrêt et de satisfaire aux obligations ainsi imposées à l'Etat allemand.

Cette demande fut repoussée par les autorités susmentionnées, conformément à une série de décisions rendues du 11 novembre 1953 au 3 juin 1960.

Les premières de ces décisions étaient motivées par le fait que l'exécution des Accords de Londres conclus le 27 février 1953 entre la République Fédérale et vingt autres Etats en vue d'un règlement des dettes allemandes, s'opposerait à la prise en considération d'obligations antérieures; lesdits Accords auraient, en effet, prévu un plan préfixe selon lequel la République Fédérale devrait s'acquitter de ses dettes internationales; le remboursement de dettes non prévues par les Accords de Londres risquerait donc d'être considéré comme une violation de cet engagement international et pourrait, par ailleurs, être pris comme précédent pour d'autres cas semblables. De plus, les fonds dont dispose le Chancelier ne lui permettraient pas d'envisager le versement d'un secours; et enfin, la République Fédérale témoignerait assez, par ailleurs, de sa bonne volonté en faveur des individus lésés et de l'Etat d'Israël. Enfin, ces premières décisions laissaient, semble-t-il, ouverte la question de l'existence même de la créance de la requérante ainsi que de l'éventualité d'un remboursement ultérieur.

Toutefois, les dernières prises de position communiquées à la requérante les 16 septembre 1959 et 3 juin 1960 par le Ministère Fédéral des Finances finirent par nier l'existence même de "tout droit basé sur la sentence" d'un tribunal mixte d'arbitrage.

5. Le 22 mars 1960, la requérante a adressé à la Cour Fédérale Constitutionnelle une lettre dans laquelle elle se plaignait de l'inexécution, par la République Fédérale d'Allemagne, de la sentence susmentionnée du 2 avril 1930. La Cour lui répondit le 12 avril 1960; dans cette réponse il est expliqué à la requérante notamment:

(a) que sa demande n'est manifestement pas un recours constitutionnel;

(b) qu'elle n'allègue aucune violation de l'un des droits protégés par la Convention;

(c) That in principle all previous remedies must first be exhausted;

(d) That moreoever it would be necessary to specify which act of the public authorities was contested by the Applicant;

(e) That the date of that act must be stated so that it might be seen whether she had observed the time-limit of one month laid down by current legislation for the lodging of a constitutional appeal;

(f) That even in the course of procedure connected with a constitutional remedy, the Court would not be in a position to give orders to the courts or administrative departments, or to check the correctness of their decisions;

(g) That under such procedure all that could be done was to allege the violation of one of the rights protected by the Constitution;

(h) That the Court was not competent to give legal opinions.

6. The Applicant also mentions her many approaches to different people soliciting their help in her case; for the same reason she also appealed, in vain, to the French Ministry of Foreign Affairs, as depositary of the archives of the Mixed Arbitral Tribunals.

7. In specifying *the reason for her Application,* the Applicant invokes Article 1 of the Protocol to the Convention for the Protection of Human Rights and Fundamental Freedoms; she requests the annulment of the decision of 16th December 1959; she further asks that the German State should be ordered to pay her the amount stipulated in the award of the Mixed Arbitral Tribunal on the terms therein specified; that is to say, 1,500 gold marks for the first item of compensation, and 35,753 Swiss francs for the second.

8. The Applicant finally declares that she has exhausted all domestic remedies "in accordance with all principles of justice";

THE LAW

Whereas under Article 26 of the Convention for the Protection of Human Rights and Fundamental Freedoms the Commission may only deal with a case after all domestic remedies have been exhausted according to the generally recognised rules of international law and within a period of six months from the date on which the final decision was taken; whereas, in this particular case the question arises whether according to the domestic legal system of the Federal Republic of Germany the Applicant had at her disposal a remedy that would allow her to seek on the one hand recognition of the rights accorded to her by the award of the German-Rumanian Mixed Arbitral Tribunal in 1930 and on the other hand the enforce-

(c) qu'en principe, il y aurait lieu d'épuiser d'abord les voies de recours antérieures;

(d) que, d'autre part, il serait nécessaire de préciser l'acte de l'autorité publique que la requérante entend attaquer;

(e) qu'il faudrait indiquer la date de cet acte pour que l'on puisse voir si elle a respecté le délai d'un mois prévu, par la législation en vigueur, pour l'introduction d'un recours constitutionnel;

(f) que, même dans le cadre d'une procédure relative à un recours constitutionnel, la Cour n'aurait pas la possibilité de donner des ordres aux tribunaux ou aux services administratifs, ou de contrôler l'exactitude de leurs décisions;

(g) que, dans une telle procédure, on ne pourrait que s'attaquer à la violation de l'un des droits protégés dans la Constitution;

(h) que la Cour n'est pas compétente pour donner des avis juridiques.

6. La requérante fait également état de nombreuses démarches qu'elle a entreprises auprès de certaines personnalités, afin d'obtenir leur aide dans son affaire; dans le même but, elle s'est également adressée, en vain, au Ministère français des Affaires Etrangères, chargé de la garde des archives des Tribunaux Arbitraux Mixtes.

7. En précisant *l'objet de sa requête*, l'intéressée invoque l'Article 1er du Protocole Additionnel à la Convention de Sauvegarde des Droits de l'Homme et des Libertés Fondamentales; elle demande l'annulation de la décision du 16 septembre 1959; en outre, elle réclame la condamnation de l'Etat allemand à lui payer les sommes visées par l'Arrêt du Tribunal arbitral mixte, dans les conditions stipulées par celui-ci, soit 1.500 Marks-or pour le premier chef d'indemnité, et 35.753 francs suisses pour le second.

8. En outre, la requérante affirme avoir épuisé toutes les voies de recours internes "conformément à tout principe de justice";

EN DROIT

Considérant qu'aux termes de l'Article 26 de la Convention de Sauvegarde des Droits de l'Homme et des Libertés Fondamentales, la Commission ne peut être saisie qu'après l'épuisement des voies de recours internes tel qu'il est entendu selon les principes de droit international généralement reconnus et dans le délai de six mois à partir de la date de la décision interne définitive; qu'en l'espèce la question se pose de savoir si, dans le système du droit interne de la République Fédérale d'Allemagne, la requérante disposait d'une voie de recours lui permettant d'obtenir d'une part la reconnaissance des droits qui découlent pour elle de l'arrêt du Tribunal arbitral mixte germano-roumain de 1930 et, d'autre part, l'exécution ment of that award; whereas it appears from the aforementioned letter from the Federal Constitutional Court that the Applicant cannot be considered as having exhausted the normal remedies ("Rechtsweg", according to the Court's phraseology) that the law of the Federal Republic puts at her disposal; whereas it follows that under the law of the Federal Republic a remedy appears to be available to the Applicant which would enable her to obtain recognition of the rights that she claims as hers; whereas the Applicant has not proved that such a remedy does not exist; whereas hitherto the Applicant has not brought any case before the Courts of the Federal Republic of Germany to claim her rights; whereas moreover an examination *ex officio* of the case as it is submitted does not appear to disclose the existence of any special circumstances such as would relieve the Applicant of the obligation of exhausting all domestic remedies according to the generally recognised rules of international law; whereas it appears from the foregoing that the Applicant has not yet fulfilled the obligations of Article 26 of the Convention regarding the exhaustion of domestic remedies; whereas therefore the application should be rejected on this ground in accordance with Article 27 paragraph (3) of the Convention.

Now therefore the Commission

DECLARES THIS APPLICATION INADMISSIBLE.

Application No. 727/60

Decision of 5th August 1960

I. RIGHT TO A FAIR ADMINISTRATION OF JUSTICE. ERRORS OF LAW OR FACT COMMITTED BY DOMESTIC COURTS. COMPETENCE OF THE COMMISSION TO TAKE COGNISANCE. ARTICLES 6 AND 19 OF THE CONVENTION.

II. RIGHT TO FREE LEGAL ASSISTANCE. CONDITIONS ON WHICH THE RIGHT MAY BE CLAIMED. ARTICLE 6, PARA. (3) (C) OF THE CONVENTION.

III. RIGHT TO A FAIR TRIAL. RIGHT OF ACCUSED TO DEFEND HIMSELF IN PERSON OR THROUGH LEGAL ASSISTANCE OF HIS OWN CHOOSING. FEDERAL REPUBLIC OF GERMANY. FEDERAL SUPREME COURT. OBLIGATION TO BE REPRESENTED BY COUNSEL ON THE REGISTER OF THAT COURT. ARTICLE 6, (1) AND (3) (C) OF THE CONVENTION.

dudit arrêt; qu'il semble ressortir de la lettre précitée de la Cour Fédérale Constitutionnelle que la requérante ne saurait être considérée comme ayant épuisé les voies de recours ordinaires ("Rechtsweg", selon la terminologie employée par la Cour) que la législation de la République Fédérale met à sa disposition; qu'il s'ensuit qu'en vertu du droit de la République Fédérale une voie de recours semble être ouverte à la requérante lui permettant d'obtenir la reconnaissance des droits qu'elle allègue posséder; que la requérante n'a pas établi qu'une telle voie de recours n'existait pas; que, jusqu'à présent, la requérante n'a intenté aucune action devant les Tribunaux de la République Fédérale d'Allemagne pour faire valoir ses droits; qu'en outre, l'examen d'office du dossier, tel qu'il se présente, ne permet pas de dégager l'existence de circonstances particulières de nature à relever la requérante de l'obligation d'épuiser les voies de recours internes, selon les principes de droit international généralement reconnus; qu'il résulte de ce qui précède que la requérante n'a pas encore satisfait aux obligations de l'Article 26 de la Convention relatives à l'épuisement des voies de recours internes; qu'il y a lieu, dès lors, de rejeter la requête de ce chef par application de l'Article 27 par. 3 de la Convention;

Par ces motifs,

DECLARE LA REQUETE IRRECEVABLE.

Requête No. 727/60

Décision du 5 août 1960

I. DROIT A UNE BONNE ADMINISTRATION DE LA JUSTICE. ERREURS DE FAITS OU DE DROIT COMMISES PAR LES TRIBUNAUX INTERNES. COMPETENCE DE LA COMMISSION POUR EN CONNAITRE. ARTICLES 6 ET 19 DE LA CONVENTION.

II. DROIT A L'ASSISTANCE GRATUITE D'UN AVOCAT. CONDITIONS DE JOUISSANCE. ARTICLE 6 PAR. 3 C DE LA CONVENTION.

III. DROIT A UN PROCES EQUITABLE. DROIT POUR UN ACCUSE DE SE DEFENDRE LUI-MEME OU D'AVOIR L'ASSISTANCE D'UN DEFENSEUR DE SON CHOIX. REPUBLIQUE FEDERALE D'ALLEMAGNE. COUR SUPREME FEDERALE. OBLIGATION D'ETRE REPRESENTE PAR UN AVOCAT ADMIS A PLAIDER DEVANT CETTE COUR. ARTICLE 6 PAR. 1 ET 3 C DE LA CONVENTION.

(*Translation*)

Having regard to the Application lodged on 12th December 1959 by X against the Federal Republic of Germany and registered on 14th March 1960 under file No. 727/60;

Having regard to the Report provided for in Rule 45, paragraph 1 of the Rules of Procedure of the Commission;

Having deliberated,

THE FACTS

Whereas the facts of the case may be summarised as follows:

The Applicant, a German citizen, resides at ... where he carries on business.

On 22nd December 1950, the Applicant was the victim of a serious traffic accident, since when he has been unable to move about without the aid of crutches. The Applicant alleges that the accident was due entirely to the negligence of the motorist, a certain Mr. M who, owing to the defective operation of his headlights became aware of the presence on the road of the Applicant's bicycle only when the latter was about to be struck by the bonnet of the car. It appears, however, that the Court did not accept this version of the accident in full, and that it decided that liability was divided, apparently on the ground that the Applicant had cut across the motorist's path in order to turn.

The Applicant, who has not submitted the judgments given in first instance by the Regional Court of ... and on appeal by the Court of ... on 1st August 1959, maintains that the accident was due exclusively to the defective operation of the headlights of the motorist, who should therefore bear full liability.

In order to support his appeal for the quashing of the aforementioned judgment of the Court of ... the Applicant on a number of occasions applied for legal assistance, since it would be obligatory on him to be represented by one of Counsel registered at the Bar of the Federal Court of Justice (*Bundesgerichtshof*). On 19th December 1958, 17th March 1959, 24th November 1959 and 22nd January 1960, his applications for legal assistance were refused on the ground that his appeal would be bound to fail.

The Applicant not being represented by counsel, his appeal was accordingly dismissed by the Federal Court of Justice in a judgment given by default on 1st December 1959.

The Applicant's contentions are as follows:

(a) The Applicant claims that his right to a fair hearing was not respected because, notwithstanding his numerous applications

Vu la requête introduite le 12 décembre 1959 par X. contre la République Fédérale d'Allemagne et enregistrée le 14 mars 1960 sous le No. de dossier 727/60;

Vu le rapport prévu à l'Article 45, par. 1 du Règlement Intérieur de la Commission;

Après avoir délibéré,

EN FAIT

Considérant que les faits de la cause se résument ainsi:

Le requérant, de nationalité allemande, est domicilié à ... où il exerce la profession de commerçant.

Le 22 décembre 1950, le requérant a été victime d'un grave accident de la circulation. Depuis lors, il ne peut plus se déplacer qu'à l'aide de béquilles. Le requérant déclare que l'accident est dû entièrement à la faute de l'automobiliste, un certain M. M. qui, par suite du mauvais fonctionnement de ses phares, ne se serait rendu compte de la présence sur la route du tricycle du requérant qu'au moment précis où ce dernier allait être accroché par le capot de la voiture. Il semble, toutefois, que le Tribunal n'ait pas fait entièrement sienne cette thèse de l'accident et qu'il se soit prononcé pour un partage des responsabilités justifié apparemment par la manoeuvre du requérant qui aurait coupé la route à l'automobiliste, car il voulait tourner.

Le requérant, qui n'a pas joint au dossier les décisions rendues en première instance par le Tribunal Régional de ... et en appel par la Cour de ... le 1er août 1959, persiste à dire que l'accident n'est dû qu'au mauvais fonctionnement des phares de l'automobiliste qui serait, par conséquent, le seul responsable.

Pour pouvoir soutenir son pourvoi en cassation contre l'arrêt précité de la Cour de ..., le requérant a demandé à plusieurs reprises l'assistance judiciaire car il devait, en effet, être obligatoirement représenté par un des avocats inscrits au barreau de la Cour Fédérale de Justice (*Bundesgerichtshof*). Les 19 décembre 1958, 17 mars 1959, 24 novembre 1959 et 22 janvier 1960, les demandes d'assistance judiciaire ont été rejetées pour le motif que le pourvoi que le requérant se proposait d'introduire n'avait aucune chance de succès.

Le requérant n'étant pas assisté d'un avocat, son pourvoi fut, dans ces conditions, rejeté par un jugement prononcé par défaut le 1er décembre 1959 par la Cour Fédérale de Justice.

Les griefs du requérant sont les suivants:

(a) Le requérant estime que son droit à ce que sa cause soit entendue équitablement n'a pas été respecté parce que, malgré to that effect, the Court did not seek to establish whether the accident was in fact due exclusively to the defective operation of the motorist's headlights. X states moreover, that the vehicle used in the reconstruction of the accident was not that which had actually been involved in the accident. He maintains that if the Court had taken care to examine all the circumstances of the accident in detail it could not have failed to accept his argument and that the Court was therefore wrong to admit division of liability, no negligence having been proved against him.

(b) The Applicant maintains that the obligation imposed on him to be represented by counsel before the Federal Court of Justice on pain of dismissal of his appeal in a judgment by default constitutes a violation of Article 6 of the Convention in that he was unable to state his case in person. Furthermore, his applications for legal assistance having been refused, he was also unable to present his case through counsel.

(c) He alleges further that the rule whereby counsel must be chosen from among the barristers on the Register of the Federal Court of Justice likewise violates Article 6 of the Convention, and he requests that the said rule be amended to allow all counsel of the Federal Republic to conduct cases before the Federal Court of Justice.

Whereas X asks the Commission to find that the Convention has been violated in his case and to recognise his right to compensation for the injury he has suffered;

THE LAW

Whereas insofar as the Applicant complains of the different judgments relating to the accident of which, he was a victim, an examination of the case as it has been submitted, including an examination made *ex officio*, does not disclose any appearance of a violation of the rights and freedoms set forth in the Convention for the Protection of Human Rights and Fundamental Freedoms, and in particular of the right to a fair administration of justice on the conditions laid down and within the limits defined in Article 6 of the said Convention;

Whereas it must be recalled, with regard to the judicial decisions complained of by the Applicant, that the European Commission of Human Rights was set up in accordance with Article 19 of the Convention to ensure observance of the obligations undertaken by the Contracting Parties in the Convention; whereas alleged errors of law or fact committed by the domestic courts of the said Contracting Parties accordingly concern the Commission during its examination plusieurs demandes en ce sens, le Tribunal n'a pas cherché à éclaircir la question de savoir si l'accident était vraiment dû au seul défaut de fonctionnement des phares de l'automobiliste. X. précise, par ailleurs, que lors de la reconstitution de l'accident, la voiture utilisée n'était pas celle que conduisait l'auteur de l'accident. Il déclare que si le Tribunal avait pris soin d'examiner en détail toutes les circonstances de l'accident, il n'aurait pas pu ne pas lui donner raison. C'est donc à tort que le Tribunal aurait admis un partage de responsabilités alors qu'aucune faute n'aurait été prouvée à la charge du requérant.

(b) Le requérant estime que l'obligation qui pesait sur lui d'être représenté devant la Cour Fédérale de Justice par un avocat, sous peine de voir son pourvoi rejeté par un jugement par défaut, constitue une violation de l'Article 6 de la Convention, étant donné qu'il n'a pas eu la possibilité d'exposer sa cause lui-même. Par ailleurs, ses demandes d'assistance judiciaire ayant été rejetées, il n'a pas eu non plus la possibilité de présenter sa cause par l'intermédiaire d'un avocat.

(c) Il précise d'autre part que la règle en vertu de laquelle l'avocat doit être obligatoirement pris parmi les avocats admis à plaider devant la Cour Fédérale de Justice viole également l'Article 6 de la Convention, et il demande que cette règle soit modifiée de manière que tous les avocats de la République Fédérale soient admis à plaider devant la Cour Fédérale de Justice;

Considérant que X. demande à la Commission de constater que la Convention a été violée dans son cas, et de lui reconnaître le droit à être indemnisé pour les dommages qu'il a subis;

EN DROIT

Considérant, pour autant que le requérant se plaint des différents jugements relatifs à l'accident dont il a été victime, que l'examen du dossier, tel que celui-ci se présente, ne permet pas de dégager, même d'office, l'apparence d'une violation d'un des droits et libertés reconnus dans la Convention de Sauvegarde des Droits de l'Homme et des Libertés fondamentales, et notamment du droit à une bonne administration de la justice, sous les conditions fixées et dans les limites définies par l'Article 6 de ladite Convention;

Qu'il importe spécialement de relever, en ce qui concerne les décisions judiciaires incriminées par le requérant, que la Commission européenne des Droits de l'Homme a été instituée selon l'Article 19 de la Convention, pour assurer le respect des engagements assumés par les Parties Contractantes en vertu de la Convention; que, dans ces conditions, elle ne saurait connaître, au stade de l'examen de la recevabilité des requêtes, de prétendues erreurs of the admissibility of an application only insofar as they appear to involve violation of any of the rights or freedoms limitatively listed in the Convention, and more especially in the first paragraph of Article 6 which provides, *inter alia,* that "everyone is entitled to a fair ... hearing ... by an independent and impartial tribunal ..."; and whereas no such violation can be established as regards the judicial decisions given in the Applicant's case;

Whereas it follows that this part of the Application is manifestly ill-founded and must therefore be rejected in accordance with Article 27 (2) of the Convention;

Whereas, with regard to the Applicant's complaint that he has not received legal assistance, Article 6 (3) (c) of the Conventions sets forth the right to free legal assistance only for a person "charged", i.e. a person charged with a criminal offence, provided that such person has not sufficient means to pay for legal assistance of his own choosing and if the interests of justice so require; whereas, except in the case referred to in the said Article 6 (3) (c) of the Convention, free legal assistance is not set forth in the Convention as a right available to everyone or one the refusal of which would *ipso facto* constitute a violation of the Convention; whereas in the present case the Applicant did not fulfil the conditions laid down in Article 6 (3) (c), since his status was that, not of a person "charged" but of "plaintiff" appealing for a quashing of the judgment; whereas it follows that, on this point, the Application is incompatible with the provisions of the Convention; and whereas it must therefore be rejected on this head in accordance with Article 27 (2) of the Convention;

Whereas, insofar as the Applicant complains of the obligation to be represented by counsel before the Federal Court of Justice and of the fact that, owing to his failure to comply with that obligation, the Federal Court of Justice dismissed his appeal in a judgment given by default, it should be noted that the right to a fair hearing guaranteed by Article 6 (1) of the Convention does not imply an obligation on the Contracting Party to allow litigants free access to the Court of last resort; whereas, in other words, Article 6 (1) does not debar Contracting Parties from making regulations governing the access of litigants to the said Court, provided that such regulations do not deviate from their exclusive purpose of assuring justice according to law; whereas the afore-mentioned condition has been complied with in full, since the regulations governing access to the Federal Court of Justice were introduced for that very purpose of assuring justice according to law; whereas, de fait ou de droit commises par les tribunaux internes de ces Parties Contractantes que dans la mesure où ces erreurs sembleraient avoir entraîné la violation de l'un des droits et libertés limitativement énumérés dans la Convention et plus particulièrement au premier paragraphe de l'Article 6 de celle-ci disposant, entre autres, que "toute personne a droit à ce que sa cause soit entendue équitablement ... par un tribunal indépendant et impartial ..."; qu'aucune violation de ce genre ne peut être relevée en ce qui concerne les décisions judiciaires intervenues dans l'affaire du requérant;

Qu'il appert, dès lors, que cette partie de la requête est manifestement mal fondée; qu'il y a lieu, par conséquent, de la rejeter de ce chef, par application de l'Article 27, par. 2 de la Convention;

Considérant, pour autant que le requérant se plaint de ne pas avoir bénéficié de l'assistance judiciaire, qu'aux termes de l'Article 6, par. 3 c de la Convention, le droit à l'assistance gratuite d'un avocat d'office n'est reconnu qu'en faveur de tout "accusé", c'est-à-dire d'une personne accusée d'une infraction pénale, à condition que l'accusé n'ait pas les moyens de rémunérer un défenseur de son choix et dans la mesure où les intérêts de la justice exigent l'assistance d'un défenseur; qu'en dehors du cas prévu au susdit Article 6, par. 3 c de la Convention, le bénéfice de l'assistance judiciaire n'est pas reconnu par la Convention comme un droit que toute personne pourrait invoquer et dont le refus par l'autorité compétente constituerait par lui-même une violation de la Convention; qu'en l'espèce le requérant ne remplissait pas les conditions fixées à l'Article 6, par. 3 c susmentionné puisqu'il n'avait point la qualité d' "accusé", mais celle de "demandeur" au pourvoi en cassation; qu'il appert donc que, sur ce point, la requête est incompatible avec les dispositions de la Convention; qu'il y a lieu, par conséquent de la rejeter également de ce chef, en vertu de l'Article 27, par. 2 de la Convention;

Considérant, pour autant que le requérant se plaint de l'obligation d'être représenté devant la Cour Fédérale de Justice par un avocat et d'avoir vu, du fait qu'il n'a pas respecté cette obligation, son pourvoi rejeté par la Cour Fédérale de Justice par un jugement rendu par défaut, qu'il convient de souligner que le droit à ce que la cause soit entendue équitablement garanti par l'Article 6 par. 1 de la Convention n'implique pas pour les Parties Contractantes l'obligation de réserver aux justiciables la liberté absolue d'accès devant la Cour compétente en dernier ressort; qu'en d'autres termes, l'Article 6 par. 1 ne s'oppose pas à ce que les Parties Contractantes réglementent l'accès des justiciables devant ladite Cour à condition toutefois que cette réglementation ne soit pas détournée de son but unique qui est d'assurer une bonne administration de la justice; que la condition précitée a été pleinement respectée puisque la réglementation du droit d'accès devant la Cour Fédérale de Justice a été in the present case, the Applicant's requests for legal assistance were refused in accordance with the relevant legislation of the Federal Republic of Germany, and it was following this refusal that the Applicant was unable to present his case before the Federal Court of Justice; and whereas it follows from the foregoing that this point of the Application is manifestly ill-founded and must be rejected in accordance with Article 27 (2) of the Convention;

Whereas the foregoing observations concerning Article 6 (1) of the Convention apply also to the Applicant's complaint with regard to the rule whereby counsel who conduct an appeal to a court of cassation (*Revision*) must be chosen from among the barristers on the Register of the Federal Court of Justice, the sole purpose of that rule being to ensure that an appellant is assisted by a lawyer familiar with the somewhat special procedure involved; whereas it follows from the foregoing that this part of the Application is likewise manifestly ill-founded and must therefore be rejected in accordance with Article 27 (2) of the Convention;

Now therefore the Commission

DECLARES THIS APPLICATION INADMISSIBLE.

Application No. 753/60

Decision of 5th August 1960

I. FREEDOM OF EXPRESSION. RESTRICTIONS. PROTECTION OF THE REPUTATION OF OTHERS. AUSTRIA. SECTIONS 491, 493 and 495, PARA. 1 OF THE PENAL CODE. ABUSE OF POWER. ARTICLES 10 AND 18 OF THE CONVENTION.

II. RIGHT TO A FAIR ADMINISTRATION OF JUSTICE. RIGHT OF ANYONE CHARGED WITH A CRIMINAL OFFENCE TO OBTAIN THE ATTENDANCE AND EXAMINATION OF WITNESSES ON HIS BEHALF. ARTICLE 6, PARA. (3) (d) OF THE CONVENTION.

III. RIGHT TO A FAIR ADMINISTRATION OF JUSTICE. ERRORS OF LAW COMMITTED BY DOMESTIC COURTS. COMPETENCE OF THE COMMISSION. ARTICLE 6 OF THE CONVENTION.

instituée précisément dans le but d'assurer une bonne administration de la justice; qu'en l'espèce, les demandes d'assistance judiciaire du requérant ont été rejetées conformément à la législation applicable en la matière dans la République Fédérale d'Allemagne et c'est par suite du refus d'assistance judiciaire que le requérant n'a pu présenter sa cause devant la Cour Fédérale de Justice; qu'il résulte de tout ce qui précède que cette partie de la requête est manifestement mal fondée et qu'il y a lieu dès lors de la rejeter par application de l'Article 27 par. 2 de la Convention;

Considérant que les observations précitées relatives à l'Article 6 par. 1 de la Convention sont également valables pour le grief du requérant visant la règle en vertu de laquelle l'avocat qui soutient le pourvoi en cassation (*Révision*) doit être obligatoirement pris parmi les avocats admis à plaider devant la Cour Fédérale de Justice; qu'il convient simplement d'ajouter que cette règle a pour but d'assurer que le demandeur au pourvoi soit assisté par un homme de loi connaissant la technique de cette voie de recours assez particulière qu'est le pourvoi en cassation; qu'il résulte de ce qui précède que cette partie de la requête est aussi manifestement mal fondée; qu'il y a lieu, par conséquent, de la rejeter par application de l'Article 27 par. 2 de la Convention;

Par ces motifs,

DECLARE LA REQUETE IRRECEVABLE.

Requête No. 753/60

Décision du 5 août 1960

I. LIBERTE D'EXPRESSION. RESTRICTIONS. PROTECTION DE LA REPUTATION D'AUTRUI. AUTRICHE. ARTICLES 491, 493 ET 495 PAR. I DU CODE PENAL. DETOURNEMENT DE POUVOIR. ARTICLES 10 ET 18 DE LA CONVENTION.

II. DROIT A UNE BONNE ADMINISTRATION DE LA JUSTICE. DROIT POUR UN ACCUSE D'OBTENIR LA CONVOCATION ET L'INTERROGATION DES TEMOINS A DECHARGE. ARTICLE 6 PAR. 3 d) DE LA CONVENTION.

III. DROIT A UNE BONNE ADMINISTRATION DE LA JUSTICE. ERREURS DE DROIT COMMISES PAR LES TRIBUNAUX INTERNES. COMPETENCE DE LA COMMISSION. ARTICLE 6 DE LA CONVENTION.

(*Translation*)

HAVING REGARD to the Application lodged on 3rd March 1960 by X. against Austria and registered on 2nd May 1960 under file number 753/60;

HAVING REGARD to the Report prepared in accordance with Rule 45 (1) of the Rules of Procedure of the Commission;

Having deliberated,

THE FACTS

1. The Applicant, of Austrian nationality, born in 1897, is domiciled in Vienna. She is editor-in-chief of the "Antimilitarist" a publication which appears two or three times per month. The proprietors of this publication are the Austrian section of the War Resisters' International.

2. In No. 16/1959 of the "Antimilitarist" the Applicant published two articles entitled respectively, "Militärischer Pranger" (The Military whipping Post) and "Leonore und die "Militärkappelle" (Leonore and the Military Band). The Public Prosecutor held that these articles were defamatory to the Austrian Army, and proceedings were instituted against the Applicant. The relevant passages are quoted below:

a) "Was die Burschen dort lernen, ist nicht Disziplin, sondern unwürdiges Kadavergehorsam, sind nicht gute Manieren, sondern ordinäre Ausdrücksweisen, Schimpfwörter, die sie ihr ganzes Leben noch nie gehört haben. Was sie wirklich lernen ist: sauffen, fluchen und, vor allem: mördern".

(What the boys learn (i.e. in the Army) is not discipline but shameful, corpse-like obedience, not good manners but vulgar expressions, oaths they have never heard before, in fact what they really learn is to booze, swear and above all, to kill).

b) "Die Pazifisten sind der Meinung, dass bei einer Institution zur Erlernung der Technik des Massenmordes überhaupt "kein Licht ist, sondern nur Schatten".

(Pacifists feel that in an institution designed to teach the technique of mass murder there is no good; all is evil).

c) "Diesen zum Mord gedrillten Marionetten ..."

(These puppets trained to kill ... (referring to the soldiers))

d) "Warum kann nicht Österreich jenes Land sein, dass diese Pionierstat (Abschaffung des atavistischen Militärapparates) vollbringt?"

Why can Austria not take the pioneer step of doing away with the atavistic military machine?)

VU la requête introduite le 3 mars 1960 par X. contre l'Autriche et enregistrée le 2 mai 1960 sous le No. de dossier 753/60;

VU le rapport prévu à l'article 45, par. 1 du Règlement Intérieur de la Commission;

Après avoir délibéré,

EN FAIT

1. La requérante, de nationalité autrichienne, née en 1897, est domiciliée à Vienne. Elle est rédacteur en chef d'une publication paraissant deux à trois fois par mois: "Antimilitarist". Le propriétaire de cette publication est la "Section Autrichienne de l'Internationale des Résistants à la Guerre" (War Resisters' International).

2. La requérante a fait paraître dans le numéro 16/1959 de l' "Antimilitarist" deux articles intitulés respectivement "Militärischer Pranger" (Le carcan militaire) et "Leonore und die Militärkappelle" (Leonore et l'orchestre militaire). Estimant que plusieurs passages de ces articles étaient diffamatoires envers l'armée autrichienne, le Ministère Public a engagé les poursuites contre la requérante. Il s'agit des passages suivants:

a) "Was die Burschen dort lernen, ist nicht Disziplin, sondern unwürdiges Kadavergehorsam, sind nicht gute Manieren, sondern ordinäre Ausdrucksweisen, Schimpfwörter, die sie ihr ganzes Leben noch nie gehört haben. Was sie wirklich lernen ist: sauffen, fluchen und, vor allem: mördern".

(Ce que les garçons y (c. à d. à l'armée) apprennent, ce n'est pas la discipline, mais l'indigne obéissance de cadavre; ce ne sont pas les bonnes manières, mais les expressions ordinaires, les jurons qu'ils n'ont encore jamais entendus; ce qu'ils apprennent en réalité, c'est se saoûler, jurer et, avant tout, tuer).

b) "Die Pazifisten sind der Meinung, dass bei einer Institution zur Erlernung der Technik des Massenmordes überhaupt "kein Licht ist, sondern nur Schatten"."

(Les pacifistes estiment qu'une institution destinée à enseigner la technique du meurtre collectif n'a rien du tout de bon, elle est seulement mauvaise).

c) "Diesen zum Mord gedrillten Marionetten ...".

(Ces marionettes dressées pour tuer ... (en parlant des soldats).

d) "Warum kann nicht Österreich jenes Land sein, dass diese Pionierstat (Abschaffung des atavistischen Militärapparates) vollbringt?".

(Pourquoi l'Autriche ne peut-elle pas faire ce pas de précurseur et supprimer l'appareil militaire traditionnel?).

3. The Applicant was tried on 2nd July 1959 by the Vienna District Penal Court (*Strafbezirksgericht*) and acquitted in respect of the passage quoted at (d) above. She was found guilty, in respect of the other passages, of libelling the Austrian army and sentenced to a fine of 500 Austrian schillings, under Sections 495, para. 1, 491 and 493 of the Penal Code. The Court further ordered the seizure of No. 16/1959 of the "Antimilitarist".

Giving judgment, the Court makes the point that while it is permissible for the Applicant to criticise certain aspects of military life she is not entitled to make general statements, as she appears to have done, implying per example, that the *sole* aim of the army is to teach men to kill. The Court considers that the Applicant exceeded the limits of permitted criticism and consequently libelled the Austrian army.

The Applicant stressed both in Court and in the memorial lodged when giving notice of appeal against her sentence:

– that her first article was in fact only a report of a Press Conference organised in Vienna by young trade unionists who had just been released from military service;

– that her articles criticised specific cases and that she should have been allowed to bring evidence in support of her statements;

– that the words "to kill" were not to be taken in their legal, but in their philosophic, sense as in all pacifist literature;

– that her criticism was not directed against the Austrian army in particular but against militarism in general;

– that her freedom of expression guaranteed by Article 14 of the Austrian Constitution (*Staatsgrundgesetz*) and by Article 10 of the European Convention of Human Rights had been violated.

In brief, the Applicant contended:

– that her articles did not go beyond the limits of permitted criticism;

– that the rights of defence had been violated since the Court had refused to hear witnesses in support of her statements.

With regard to the final point, the Court of First Instance noted in its judgment that there were no grounds for calling the Applicant's witnesses since it would have been impossible for them to prove the truth of general statements made by the Applicant.

4. The Applicant's appeal was refused by the Vienna Regional Court of Criminal Appeal (*Landesgericht für Strafsachen*) in its decree dated 2nd November 1959 which repeats in substance the

3. Jugée le 2 juillet 1959 par le Tribunal Pénal d'Arrondissement (*Strafbezirksgericht*) de Vienne, la requérante est acquitée pour ce qui est du passage reproduit ci-dessus sous d); elle est condamnée en ce qui concerne les autres passages, pour avoir diffamé l'armée autrichienne, à une amende de 500 schillings, conformément aux Articles 495, par. 1, 491 et 493 du Code Pénal. Le Tribunal ordonna par ailleurs la saisie du numéro 16/1959 de l' "Antimilitarist".

Dans son jugement, le Tribunal relève en particulier que s'il est loisible à la requérante de critiquer certains aspects de la vie militaire, il ne lui est pas permis, par contre, de généraliser certaines affirmations, ce que la requérante aurait fait en laissant, par exemple, entendre que le but *unique* de l'armée était d'enseigner l'assassinat. Le Tribunal estime que la requérante a dépassé les limites de la critique admise et que, de ce fait, elle a diffamé l'armée autrichienne.

Tant devant le Tribunal que dans le mémoire déposé à l'appui de l'appel qu'elle a interjeté de la décision susmentionnée, la requérante a souligné:

– que son premier article n'était en fait qu'un compte rendu d'une conférence de presse organisée à Vienne par les jeunes syndicalistes qui venaient d'être libérés du service militaire;

– que ce qu'elle critiquait dans ses articles c'était des cas d'espèce et qu'elle aurait dû avoir la possibilité d'apporter la preuve de ses affirmations;

– que le mot "tuer" ne doit pas être pris au sens juridique du terme, mais dans son sens philosophique, comme le fait toute la littérature pacifiste;

– que ses critiques n'étaient pas dirigées contre l'armée autrichienne en particulier, mais contre le militarisme en général;

– que sa liberté d'expression, garantie par l'Article 14 de la Constitution (*Staatsgrundgesetz*) autrichienne et par l'Article 10 de la Convention européenne des Droits de l'Homme, a été violée.

En résumé, la requérante estimait:

– que ses articles n'allaient pas au-delà des limites permises de la critique;

– que les droits de la défense ont été violés, puisque le Tribunal a refusé d'entendre les témoins a décharge susceptibles de prouver la véracité de ses affirmations.

Quant à ce dernier point, le Tribunal de Première Instance a noté dans le jugement qu'il n'y avait pas lieu d'entendre les témoins de la requérante, puisque, en aucune manière, ceux-ci n'auraient pu prouver la véracité d'affirmations générales avancées par la requérante.

4. L'appel de la requérante a été rejeté par le Tribunal Régional Correctionnel de Vienne (*Landesgericht für Strafsachen*) dans son arrêt du 2 novembre 1959 qui reprend, en substance, l'argumen-

arguments of the judgment given by the Court of first Instance. The Court makes the following points:

– that while freedom of expression is guaranteed in principle, its limits are nevertheless fixed by law, and in particular by the Penal Code;

– that the Applicant far exceeded the limits of permitted criticism and that she was guilty of the offence of libel;

– that even if the Court had heard the Applicant's witnesses their evidence would not have been pertinent since the truth of the Applicant's *general* statements cannot be proved.

5. In a letter to the Public Prosecutor dated 9th December 1959 the Applicant asked permission in accordance with current legislation, to lodge an action for reversal of the sentence in the interests of the law. (*Nichtigkeitsbeschwerde zur Wahrung des Gesetzes*). Her appeal was motivated by the fact that contrary to section 495 of the Penal Code, authorization to prosecute her for defamation of the army was not given by the President of the Republic but by the Federal Minister of Defence.

Section 495 of the Penal Code (1929 edition) provides: "sec. 495 Defamation punishable under sections 487 to 494 shall be indictable *ex officio* when directed against the President of the Federal State, the National Council, the Federal Council, the Federal Assembly or a provincial Diet, against the army, an autonomous section of the army or against a public administration. Consent to the proceedings shall be requested from the person, body or administration attacked and when the offences are against the army or an autonomous section of the army, from the State Chancellor. In all other cases proceedings shall be instituted only on application of the injured party".

The Applicant considered that since the functions of the State Chancellor (referred to in the article) were now exercised by the President of the Republic, it was for the latter to authorize the institution of proceedings and not for the Minister of Defence.

On 4th February 1960 the Public Prosecutor informed the Applicant's counsel that there was no case for lodging an action for annulment in the interests of the law.

6. The Applicant declares that she has been a victim of the violation of the following provisions of the Convention:

- *Article 10*, since she had merely used her right to criticise and report specific cases, capable of proof;
- *Article 6, paras. 2 and 3*, by the fact of the Court's refusal to hear witnesses on her behalf;
- *Article 9*, her freedom of conscience as a pacifist having been violated;

ation du jugement de première instance. Le Tribunal relève ent particulier:

– que si la liberté d'expression est en principe garantie, ses limites sont toutefois fixées par les lois, et, notamment, par le Code Pénal;

– que la requérante a largement dépassé les limites permises de la critique et qu'elle s'est rendue coupable de l'infraction de diffamation;

– que même si le Tribunal avait entendu les témoins de la requérante, leurs dépositions n'auraient pas pu être pertinentes, puisqu'il est impossible de prouver l'exactitude des affirmations *générales* de la requérante.

5. Par sa lettre du 9 décembre 1959, la requérante a demandé au Procureur Général, conformément à la législation en vigueur, d'introduire un recours en annulation dans l'intérêt de la loi, (*Nichtigkeitsbeschwerde zur Wahrung des Gesetzes*). Elle motivait sa demande par le fait que, contrairement à l'Article 495 du Code Pénal, l'autorisation d'engager des poursuites contre elle pour diffamation envers l'armée n'a pas été donnée par le Président de la République, mais par le Ministre Fédéral de la Défense.

L'Article 495 du Code Pénal (version de 1929) prévoit: "par. 495. Les atteintes à l'honneur punissables aux termes des par. 487 à 494 seront poursuivies d'office lorsqu'elles sont dirigées contre le Président de l'Etat fédéral, le Conseil national, le Conseil fédéral, l'Assemblée fédérale ou une Diète provinciale, contre l'armée, une section autonome de l'armée ou contre une administration publique. Le consentement à la poursuite devra être demandé à la personne, au corps ou à l'administration outragés et lorsqu'il s'agit d'offenses à l'armée ou à une section autonome de l'armée, au chancelier de l'Etat. Dans tous les autres cas les poursuites n'auront lieu qu'à la requête de la partie offensée".

La requérante estimait que, comme les fonctions de Chancelier de l'Etat (visé dans l'article) étaient maintenant exercées par le Président de la République, c'était à ce dernier de donner l'autorisation d'engager des poursuites et non au Ministre de la Défense.

Le 4 février 1960, le Procureur Général informa l'avocat de la requérante qu'il n'y avait pas lieu d'introduite le recours en annulation dans l'intérêt de la loi.

6. La requérante déclare qu'elle a été victime de la violation des dispositions suivantes de la Convention:

– *Article 10*, puisqu'elle n'avait fait qu'user de son droit de critique et de rapporter des cas précis, susceptibles d'être prouvés;

– *Article 6, par. 2 et 3*, du fait du refus des Tribunaux d'entendre des témoins à décharge;

Article 9, sa liberté de conscience en tant que pacifiste ayant été violée;

- *Article 14*, since Professor UDE, who had used the same expressions in another article, was not proceeded against, whereas she has sentenced;
- *Article 17*, according to the Applicant, because the Courts appeared to have disregarded completely the provisions of the Convention.

7. X. requests that her innocence be recognised, that she receive compensation for damage incurred as a result of the trial and that the order for seizure of No. 16/1959 of the publication "Antimilitarist" be repealed;

THE LAW

Whereas insofar as the Applicant complains that Article 10 of the Convention was violated it should first be noted that the Commission is fully competent – and indeed has the duty – to appreciate, in each case referred to it, whether interference by the public authority with the right to freedom of expression guaranteed under Article 10 fulfils the conditions defined in paragraph 2 of the said Article; whereas a close study of all its provisions shows that Article 10 leaves Contracting Parties a certain margin of appreciation in determining the limits that may be placed on freedom of expression; whereas, in exercising supervision the Commission must always bear in mind not only the extent of such limits, which must not exceed the margin of appreciation granted to the States, but also the aim of the said limits, since under Article 18 of the Convention such restrictions shall not be applied for any purpose other than those for which they have been prescribed; whereas it appears from examination of the file that the Applicant was sentenced under sections 495, para. 1, 491 and 493 of the austrian Penal Code, which penalize, *inter alia*, attacks on the honour of the army made through the medium of printed matter; whereas the Commission is convinced that the said provisions of the Austrian Penal Code constitute restrictions on freedom of expression such as are authorized under paragraph (2) of Article 10, since they are provided for by law and represent measures necessary "for the protection of the reputation of others"; whereas, moreover, examination of the file shows that the said provisions of the Austrian Penal Code have not been applied in a manner contrary to the Convention and in particular to Article 18; whereas it follows from the foregoing that this part of the Application must be considered to be manifestly ill-founded; whereas consequently it must be rejected on these grounds in accordance with Article 27, para. 2 of the Convention;

Whereas insofar as the Applicant complains that Article 6, paras. 2 and 3 of the Convention have been violated inasmuch as

- *Article 14*, puisque le Professeur UDE, qui a pourtant utilisé dans un autre article les mêmes expressions qu'elle, n'a pas été poursuivi alors qu'elle-même a été condamnée;
- *Article 17*, selon la requérante, parce que les Tribunaux n'auraient absolument pas tenu compte des dispositions de la Convention.

7. X. demande que son innocence soit reconnue, qu'elle soit indemnisée pour les dommages subis du fait du procès et que l'ordre de saisie concernant le numéro 16/1959 du journal "Antimilitarist" soit levé;

EN DROIT

Considérant, pour autant que la requérante se plaint de la violation de l'Article 10 de la Convention, qu'il convient tout d'abord de noter que la Commission est très certainement compétente pour apprécier – elle a même le devoir de le faire – dans chaque cas dont elle est saisie, si l'ingérence de l'autorité publique dans l'exercice du droit à la liberté d'expression garanti par l'Article 10 remplit les conditions définies au par. 2 dudit Article; que l'étude attentive de l'ensemble de ses dispositions montre que l'Article 10 laisse aux Etats Contractants une certaine marge d'appréciation pour déterminer les limites du droit à la liberté d'expression; que le contrôle de la Commission doit toutefois porter tant sur l'étendue des limites qui ne doivent pas dépasser la marge d'appréciation laissée aux Etats, que sur le but de ces limites car, aux termes de l'Article 18 de la Convention, ces dernières ne peuvent être appliquées que dans le but pour lequel elles ont été prévues; qu'il ressort de l'examen du dossier que la requérante a été condamnée par application des Articles 495 par. 1, 491 et 493 du Code Pénal autrichien qui répriment, entre autres, les atteintes à l'honneur de l'armée, commises par voie d'imprimés; que la Commission n'éprouve aucun doute pour estimer que les dispositions susvisées du Code Pénal autrichien constituent des restrictions à la liberté d'expression autorisées par le par. 2 de l'Article 10 puisque, d'une part, elles sont prévues par la loi et que, d'autre part, il s'agit de mesures nécessaires "à la protection de la réputation d'autrui"; que, par ailleurs, l'examen du dossier montre que les dispositions susmentionnées du Code Pénal autrichien n'ont pas été appliquées d'une manière contraire à la Convention et notamment à son Article 18; qu'il résulte de tout ce qui précède que cette partie de la requête doit être considérée comme manifestement mal fondée; qu'il convient dès lors de la rejeter de ce chef par application de l'Article 27 par. 2 de la Convention;

Considérant, pour autant que la requérante se plaint de la violation de l'Article 6, par. 2 et 3 de la Convention du fait que le the Court refused to hear witnesses whom she proposed to call on her behalf, and while admittedly, according to paragraph 3 (d), everyone charged with a criminal offence is entitled "to obtain the attendance and examination of witnesses on his behalf under the same conditions as witnesses against him", this provision nevertheless does not permit an accused person to obtain the attendance of any and every person and in particular of one who is not in a position by his evidence to assist in establishing the truth; whereas conversely, paragraph 3 (d) does not forbid the Court to refuse to call persons who cannot be "witnesses on behalf [of the person charged] "in the sense of para. 3 (d); whereas in the circumstances the Court refused to call the persons cited by the Applicant, on the ground that they could not prove the accuracy of such general statements as those made by her; whereas, in the opinion of the Commission, examination of the file shows that the above said decision of the Court does not constitute a violation of Article 6, paras. 2 and 3 of the Convention; whereas it follows that this part of the Application must be held to be manifestly ill-founded; whereas consequently it must be rejected on these grounds in accordance with Article 27, para. 2, of the Convention;

Whereas the Applicant complains that, in violation of section 495 of the Austrian Penal Code authority to institute proceedings against her for defamation of the army was given by the Federal Minister of Defence, although she asserts that it should have been given by the President of the Republic, and whereas at the stage of examining the admissibility of applications the Commission can not take cognisance of alleged errors of law committed by domestic courts except insofar as such errors would appear to have involved violation of one of the rights and freedoms enumerated in the Convention, and more particularly in paragraph 1 of Article 6 which provides, *inter alia* that "everyone is entitled to a fair ... hearing ... by an independent and impartial tribunal ..."; whereas no such violation can be established in regard to the judicial decisions given in the Applicant's case; whereas it follows that on this point the Application is manifestly ill-founded; whereas consequently it must be rejected on these grounds in accordance with Article 27, para. 2, of the Convention;

Whereas moreover examination of the file including examination *ex Officio*, reveals no apparent violation of any of the rights and freedoms guaranteed by the Convention and in particular by Articles 9, 14 and 17; whereas as follows that the Application is manifestly ill-founded; whereas consequently it must be rejected on these grounds in accordance with Article 27, para. 2 of the Convention;

Now therefore the Commission

DECLARES THIS APPLICATION INADMISSIBLE.

Tribunal aurait refusé d'entendre les témoins à décharge dont elle a proposé l'audition, que s'il est certain que selon le par. 3 d) tout accusé a droit à "obtenir la convocation et l'interrogation des témoins à décharge dans les mêmes conditions que les témoins à charge", cette disposition ne permet toutefois pas à l'accusé d'obtenir la convocation de n'importe quelle personne et notamment de celle qui n'est pas en mesure, par ses déclarations, d'aider à la manifestation de la vérité; qu'en d'autres termes, le par. 3 d) n'interdit pas au Tribunal de refuser de convoquer des personnes qui ne peuvent pas être des "témoins à décharge" au sens du par. 3 d); qu'en l'espèce, le Tribunal a refusé de convoquer les personnes citées par la requérante pour le motif qu'elles ne pouvaient pas apporter la preuve de l'exactitude des affirmations aussi générales que celles employées par la requérante; que, de l'avis de la Commission, l'examen du dossier montre que la décision précitée du Tribunal ne constitue pas une violation de l'Article 6 par. 2 et 3 de la Convention; qu'il en résulte que cette partie de la requête doit être considérée comme manifestement mal fondée; qu'il convient de la rejeter de ce chef par application de l'Article 27 par. 2 de la Convention;

Considérant, pour autant que la requérante se plaint de ce que, en violation de l'Article 495 du Code Pénal autrichien, l'autorisation d'engager des poursuites contre elle pour diffamation envers l'armée a été donnée par le Ministre Fédéral de la Défense alors que, selon elle, elle aurait dû l'être par le Président de la République, qu'au stade de l'examen de la recevabilité des requêtes la Commission ne saurait connaître des prétendues erreurs de droit commises par les tribunaux internes que dans la mesure où ces erreurs sembleraient avoir entraîné la violation d'un des droits et libertés limitativement énumérés dans la Convention et plus particulièrement au par. 1er de l'Article 6 qui dispose, entre autres, que "toute personne a droit à ce que sa cause soit entendue équitablement ... par un tribunal indépendant et impartial ..."; qu'aucune violation de ce genre ne peut être relevée en ce qui concerne les décisions judiciaires intervenues dans l'affaire de la requérante; qu'il appert dès lors que sur ce point la requête est manifestement mal fondée; qu'il y a lieu par conséquent de la rejeter de ce chef par application de l'Article 27 par. 2 de la Convention;

Considérant, pour le surplus, que l'examen du dossier ne permet pas de dégager, même d'office, l'apparence de violation d'un des droits et libertés garantis par la Convention notamment aux Articles 9, 14 et 17; qu'il s'ensuit que la requête est manifestement mal fondée; qu'il y a lieu, par conséquent, de la rejeter de ce chef par application de l'Article 27 par. 2 de la Convention;

Par ces motifs,

DECLARE LA REQUETE IRRECEVABLE.

Application No. 524/59

Decision of 19th December 1960

I. RIGHT TO A PUBLIC HEARING. RESERVATION MADE BY RESPONDENT CONTRACTING PARTY (AUSTRIA). ARTICLES 6, PARA. (1) AND 64 OF THE CONVENTION.

II. RIGHT TO A FAIR HEARING. RIGHT FOR AN ACCUSED PERSON TO DEFEND HIMSELF, IN PERSON OR THROUGH LEGAL ASSISTANCE OF HIS OWN CHOOSING. AUSTRIA. APPEAL PROCEEDINGS (BERUFUNG) AND ANNULMENT PROCEEDINGS (NICHTIGKEITSBESCHWERDE). SUPREME COURT. STATUS OF PUBLIC PROSECUTOR. APPLICATION MANIFESTLY ILL-FOUNDED. ROLE OF THE COMMISSION ON THE STAGE OF EXAMINATION AS TO THE ADMISSIBILITY OF APPLICATIONS. ARTICLES 6, PARAS. (1) AND (3) (c) AND 27, PARA. (2) OF THE CONVENTION.

III. NON-RETROACTIVITY OF PENAL LEGISLATION. ARTICLE 7 OF THE CONVENTION.

IV. RIGHT TO BE INFORMED OF THE NATURE AND CAUSE OF ACCUSATION. NATURE OF ACCUSATION. CAUSE OF ACCUSATION. CHANGE OF LEGAL QUALIFICATION OF FACTS UPON WHICH THE CHARGES ARE BASED. ARTICLE 6, PARA. (3) (a) OF THE CONVENTION.

V. RIGHT TO HAVE ADEQUATE TIME AND FACILITIES FOR PREPARATION OF THE DEFENCE. CONSULTATION OF CASE-FILE. RIGHTS OF THE DEFENCE. BENEFICIARIES. ARTICLE 6, PARA (3) (b) OF THE CONVENTION.

(*Translation*)

HAVING REGARD to the Application lodged on 29th May 1959 by Herbert OFNER against Austria and registered on 24th June 1959 under File No. 524/59;

HAVING REGARD to the Declaration made in accordance with Article 25 of the European Convention of Human Rights on 3rd September 1958, whereby the Government of the Republic of Austria recognised for a period of three years the competence of the European Commission of Human Rights to receive petitions from any person, non-governmental organisation or group of individuals claiming to be the victim of a violation by one of the High Contracting Parties of the rights set forth in this Convention;

Requête No. 524/59

Décision du 19 décembre 1960

I. DROIT A CE QUE LA CAUSE SOIT ENTENDUE PUBLIQUEMENT. RESERVE FORMULEE PAR LA PARTIE CONTRACTANTE MISE EN CAUSE (AUTRICHE). ARTICLES 6 § 1 ET 64 DE LA CONVENTION.

II. DROIT A CE QUE LA CAUSE SOIT ENTENDUE EQUITABLEMENT. DROIT POUR TOUT ACCUSE DE SE DEFENDRE LUI-MEME OU D'AVOIR L'ASSISTANCE D'UN DEFENSEUR DE SON CHOIX. AUTRICHE. PROCEDURE D'APPEL (BERUFUNG) ET DE RECOURS EN ANNULATION (NICHTIGKEITSBESCHWERDE). COUR SUPREME. STATUT DU PROCUREUR GENERAL. REQUETE MANIFESTEMENT MAL FONDEE. ROLE DE LA COMMISSION AU STADE DE L'EXAMEN DE LA RECEVABILITE DES REQUETES. ARTICLE 6 §§ 1 ET 3 c ET ARTICLE 27 § 2 DE LA CONVENTION.

III. NON RETROACTIVITE DE LA LOI PENALE. LEGALITE DES DELITS ET DES PEINES. ARTICLE 7 DE LA CONVENTION.

IV. DROIT A ETRE INFORME DE LA NATURE ET DE LA CAUSE DE L'ACCUSATION. NATURE DE L'ACCUSATION. CAUSE DE L'ACCUSATION. CHANGEMENT DE QUALIFICATION JURIDIQUE DES FAITS MIS A LA CHARGE DU REQUERANT. ARTICLE 6 § 3 a DE LA CONVENTION.

V. DROIT A DISPOSER DU TEMPS ET DES FACILITES NECESSAIRES POUR LA PREPARATION DE LA DEFENSE. CONSULTATION DU DOSSIER. DROITS DE LA DEFENSE. BENEFICIAIRES. ARTICLE 6 § 3 b DE LA CONVENTION.

VU la requête introduite le 29 mai 1959 par Herbert OFNER contre l'Autriche et enregistrée le 24 juin 1959 sous le No. de dossier 524/59;

VU la déclaration du 3 septembre 1958 par laquelle le Gouvernement de la République d'Autriche a, conformément à l'article 25 de la Convention européenne des Droits de l'Homme, reconnu pour une période de trois ans la compétence de la Commission européenne des Droits de l'Homme à être saisie d'une requête par toute personne physique, toute organisation non gouvernementale ou tout groupe de particuliers qui se prétend victime d'une violation par l'une des Hautes Parties Contractantes, des droits reconnus dans ladite Convention;

After deliberating,

THE FACTS

Whereas the facts of the case may be briefly stated as follows:

The Applicant is an Austrian citizen born in 1923, and is by profession a journalist. He is at present detained in the Garsten Prison.

On 22nd January 1959, the Applicant appeared before the Regional Criminal Court of Vienna (*Landesgericht für Strafsachen*) on six charges of fraud and misappropriation, for which he was sentenced to four years' imprisonment.

The Applicant appealed (*Berufung*) from this judgment entering, at the same time, a plea of nullity (*Nichtigkeitsbeschwerde*). He claimed that in respect of three of the six charges brought against him, his acts had not amounted to fraud since all he had done had been to offset against his debts the sums owing to him.

The Supreme Court (*Oberster Gerichtshof*) examined the appeal and the plea of nullity on 30th April 1959 in the absence of the Applicant and his lawyer at a non-public hearing where, however, it heard the arguments of the Attorney-General (*Generalprokurator*). The Court did not accept the Applicant's arguments and dismissed his plea of nullity. It did, however, allow the appeal and, in view of Ofner's family situation, reduced his sentence to three years' imprisonment aggravated by a more severe "sleeping hard" régime (*hartes Lager*) once every three months. The date of this decision was 27th May 1959;

THE COMPLAINTS OF THE APPLICANT

Whereas the Applicant alleges violations of
- Article 6, paragraph 1, in that his case was not heard publicly before the Supreme Court;
- Article 6, paragraphs 1 and 3 (c) in that the proceedings before the Supreme Court did not constitute a full hearing;
- Article 7, paragraph 1, in that he had been sentenced for acts which did not constitute offences under national or international law;
- Article 6, paragraph 3 (b), in that not having been informed of the change in the legal classification of the offences with which he was charged, he was unable to prepare his defence;
- Article 6, paragraph 3 (b), in that he was, on several occasions, denied the right to consult his case-file and, in particular, to take written notes thereof;

Whereas in substance the Applicant requests that the Austrian

Aprés avoir délibéré,

FAITS DE LA CAUSE

Considérant que les faits de la cause peuvent être résumés comme suit:

Le requérant, de nationalité autrichienne, né en 1923, est journaliste de profession. Il est actuellement détenu à la prison de Garsten.

Le 22 janvier 1959 le requérant a été condamné par le Tribunal correctionnel régional (*Landesgericht für Strafsachen*) de Vienne pour escroquerie et abus de confiance dans six cas à une peine de quatre ans d'emprisonnement.

Contre ce jugement, le requérant interjeta appel (*Berufung*) en même temps qu'il introduisit un recours en annulation (*Nichtigkeitsbeschwerde*). Il soutenait en effet que dans trois des six cas retenus contre lui, ses actes n'étaient pas constitutifs du délit d'abus de confiance puisqu'il n'aurait fait qu'opérer une compensation entre ses créances et les sommes dont il était redevable.

La Cour Suprême (*Oberster Gerichtshof*) examina l'appel et le recours en annulation le 30 avril 1959 en l'absence du requérant et de son avocat pendant une audience non publique à laquelle elle entendit toutefois le Procureur Général (*Generalprokurator*) en ses explications. La Cour n'a pas suivi l'argumentation du requérant et rejeta son recours en annulation. Elle accueillit cependant l'appel, et compte tenu de la situation de famille d'Ofner, elle réduisit la peine à trois ans de prison, aggravée d'un régime de "couche dure" (*hartes Lager*) une fois par trimestre. L'arrêt de la Cour Suprême fut prononcé le 27 mai 1959;

GRIEFS DU REQUERANT

Considérant que le requérant allègue la violation

– de l'article 6 § 1 de la Convention, sa cause n'ayant pas été entendue publiquement par la Cour Suprême;

– de l'article 6 §§ 1 et 3 c de la Convention, la procédure suivie devant la Cour Suprême n'ayant pas un caractère contradictoire;

– de l'article 7 § 1 de la Convention du fait qu'il aurait été condamné pour avoir commis des actions qui ne constitueraient pas des infractions d'après le droit national ou international;

– de l'article 6 § 3 b de la Convention du fait que, n'ayant pas été informé du changement de qualification juridique des faits dont il était accusé, il n'aurait pas pu préparer sa défense;

– de l'article 6 § 3 b de la Convention du fait qu'il se serait vu refuser, à plusieurs reprises, le droit de consulter le dossier et, surtout, de prendre des notes écrites lors de la consultation;

Considérant que le requérant demande en substance que sa cause courts review his case in accordance with the provisions of the Convention, while reserving the right to sue for damages at a later date;

THE PROCEEDINGS BEFORE THE COMMISSION

HAVING REGARD to the reports of 9th January 1960 and 24th March 1960 prepared in accordance with Rule 45 (1) of the Rules of Procedure of the Commission;

HAVING REGARD to the decision of 2nd June 1960 by which the Commission:

– declared inadmissible as being incompatible with the provisions of the Convention that part of the Application which relates to the non-public character of the proceedings before the Supreme Court, and as manifestly ill-founded, that part of the Application which relates to the alleged violation of Article 7 (1) of the Convention, and

– invited the Respondent Government, in accordance with Rule 45 (3)(b) of the Rules of Procedure, to submit before 10th July 1960 its written observations as to the admissibility of the Applicant's other complaints;

HAVING REGARD to the written observations of the Respondent Government dated 18th July 1960 and 25th July 1960;

HAVING REGARD to the Report of 3rd August 1960 prepared in accordance with Rule 45 (1) of the Rules of Procedure;

HAVING REGARD to the decision of the Commission of 5th August 1960

– to invite the Respondent Government, in accordance with Rule 46 of the Rules of Procedure, to submit before 8th October 1960 its further comments in writing concerning the admissibility of the complaints that the proceedings before the Supreme Court did not constitute a full hearing and on the refusal with which the Applicant is said to have met when he asked to be allowed to consult his file and to make a copy thereof;

– to communicate to the Applicant the written observations of the Respondent Government dated 25th July 1960 and to invite him to send it before 8th October 1960 any comments he wishes to make on this matter;

– to leave it to the President of the Commission to decide whether the further comments of the Respondent Government should be communicated to the Applicant who would then be asked to reply thereto and whether the Applicants's comments should be communicated to the Respondent Government;

HAVING REGARD to the Applicant's observations dated 21st September 1960 in reply to the Respondent Government's observations of 25th July 1960;

soit réexaminée par les tribunaux autrichiens dans les conditions conformes aux prescriptions de la Convention, se réservant le droit de demander ultérieurement des dommages-intérêts;

PROCEDURE

VU les rapports des 9 janvier 1960 et 24 mars 1960 établis conformément au paragraphe 1 de l'article 45 du Règlement Intérieur de la Commission;

VU la décision du 2 juin 1960 par laquelle la Commission:

- a déclaré irrecevable comme incompatible avec les dispositions de la Convention la partie de la requête concernant le caractère non public de la procédure devant la Cour Suprême, et comme manifestement mal fondée la partie de la requête visant la violation prétendue de l'article 7 § 1 de la Convention, et

- a invité le Gouvernement défendeur, conformément à l'article 45 § 3 b du Règlement Intérieur, à présenter avant le 10 juillet 1960 ses observations écrites sur la recevabilité des autres griefs du requérant;

VU les observations écrites du Gouvernement défendeur en date du 18 juillet 1960 et du 25 juillet 1960;

VU le rapport du 3 août 1960 établi conformément au paragraphe 1 de l'article 45 du Règlement Intérieur;

VU la décision de la Commission du 5 août 1960

- d'inviter le Gouvernement défendeur, conformément au paragraphe 1 de l'article 46 du Règlement Intérieur, à soumettre avant le 8 octobre 1960 ses observations écrites complémentaires sur la recevabilité des griefs relatifs au caractère non contradictoire de la procédure devant la Cour Suprême et au refus qui aurait été opposé au requérant de consulter son dossier et d'en prendre copie;

- de communiquer au requérant les observations écrites du Gouvernement défendeur en date du 25 juillet 1960, et de l'inviter à lui faire parvenir avant le 8 octobre 1960 toutes remarques qu'il estimerait utiles de faire à ce sujet;
- de laisser au Président de la Commission le soin de décider si les observations complémentaires du Gouvernement défendeur doivent être communiquées au requérant qui serait invité à y répondre et si les observations du requérant doivent être communiquées au Gouvernement défendeur;

VU les observations du requérant datées du 21 septembre 1960 en réponse aux observations du Gouvernement défendeur du 25 juillet 1960;

HAVING REGARD to the further written comments of the Respondent Government dated 3rd October 1960 and 10th October 1960;

HAVING REGARD to the decision of the President of the Commission, dated 14th October 1960, instructing the Secretary of the Commission

– to communicate to the Respondent Government, for its information, the Applicant's comments of 21st September 1960;

– to communicate to the Applicant the observations of the Respondent Government of 18th July 1960, 3rd October 1960 and 10th October 1960 and to invite him to submit his reply before 7th November 1960;

HAVING REGARD to the Applicant's observations dated 2nd November 1960;

HAVING REGARD to the decision of the President of the Commission instructing the Secretary of the Commission to communicate the Applicant's observations, dated 2nd November 1960, to the Respondent Government for its information;

HAVING REGARD to the Report of 1st December 1960 prepared in accordance with Rule 45 (1) of the Rules of Procedure;

DECISION OF THE COMMISSION

Regarding the Applicant's complaint that the Proceedings before the Supreme Court were not public

Whereas under Article 64 (1) of the Convention, any State may, when signing the Convention or when depositing its instrument of ratification, make a reservation in respect of any particular provision of the Convention to the extent that any law then in force in its territory is not in conformity with the provision; whereas when depositing its instrument of ratification of the Convention with the Secretary-General of the Council of Europe, the Austrian Government made, *inter alia*, "the reservations that ... the provisions of Article 6 of the Convention shall be so applied that there shall be no prejudice to the principles governing public court hearings laid down in Article 90 of the 1929 version of the Federal Constitutional Law; whereas the said Article 90 states in particular that "...... hearings of proceedings in civil and criminal cases shall be oral and public. Exceptions may be prescribed by law..."; whereas the proceedings before the Supreme Court took place in accordance with Article 296 of the Austrian Code of Criminal Procedure which provides that: "If, in addition to an appeal, either of the parties has presented a plea of nullity, all the relevant legal documents including those concerning the appeal must be transmitted to the Supreme Court. In such a case, the Supreme Court shall also rule on the appeal, either before or after

VU les observations écrites complémentaires du Gouvernement défendeur en date du 3 octobre 1960 et du 10 octobre 1960;

VU la décision du Président de la Commission en date du 14 octobre 1960 chargeant le Secrétaire de la Commission

– de communiquer au Gouvernement défendeur, pour son information, les observations du requérant du 21 septembre 1960;
– de communiquer au requérant les observations du Gouvernement défendeur en date des 18 juillet 1960, 3 octobre 1960 et 10 octobre 1960 et de l'inviter à présenter sa réponse avant le 7 novembre 1960;

VU les observations du requérant datées du 2 novembre 1960;

VU la décision du Président de la Commission chargeant le Secrétaire de la Commission de communiquer les observations du requérant, en date du 2 novembre 1960, au Gouvernement défendeur pour son information;

VU le rapport du 1er décembre 1960 établi conformément au paragraphe 1 de l'article 45 du Règlement Intérieur;

DECISION DE LA COMMISSION

Pour autant que le requérant se plaint du caractère non public de la procédure devant la Cour Suprême

Considérant qu'aux termes de l'article 64 § 1 de la Convention, tout Etat peut, au moment de la signature ou du dépôt de l'instrument de ratification de la Convention, formuler une réserve au sujet d'une disposition particulière de la Convention dans la mesure où une loi alors en vigueur sur son territoire n'est pas conforme à cette disposition; qu'en déposant son instrument de ratification de la Convention auprès du Secrétaire Général du Conseil de l'Europe, le Gouvernement autrichien a formulé, entre autres, "la réserve que ... les dispositions de l'article 6 de la Convention seront appliquées dans la mesure où elles ne portent atteinte, en aucune façon, aux principes, relatifs à la publicité de la procédure judiciaire énoncés à l'article 90 de la loi fédérale constitutionnelle dans sa version de 1929"; que ledit article 90 prescrit notamment que "... les débats devant les tribunaux en matière civile et pénale sont oraux et publics, sauf les exceptions prévues par la loi ..."; que la procédure devant la Cour Suprême s'est déroulée conformément à l'article 296 du Code autrichien de Procédure Pénale qui prévoit: "Si, en dehors de l'appel, l'une ou l'autre Partie a introduit un recours en annulation, tous les actes judiciaires, y compris ceux relatifs à l'appel, doivent être transmis à la Cour Suprême. Dans ce cas, la Cour Suprême se prononce également sur l'appel, soit avant, having ruled on the plea of nullity, at a non-public hearing, after hearing the Attorney-General; whereas, having regard to the foregoing, the reservation made by Austria is applicable in the case under review; whereas it follows that this part of the Application is incompatible with the provisions of the Convention insofar as these are applicable to Austria; whereas it should accordingly be rejected in pursuance of Article 27 (2) of the Convention;

Regarding the Applicant's complaint that the proceedings before the Supreme Court did not constitute a full hearing.

Whereas under article 280 of the Austrian Code of Criminal Procedure a judgment delivered by a Court of first instance may be appealed against (*Berufung*) before the Court of Appeal (*Gerichtshof zweiter Instanz*) or may give rise to a plea of nullity (*Nichtigkeitsbeschwerde*) before the Supreme Court (*Oberster Gerichtshof*); whereas, according to article 283 of the Code, the appeal can only relate to the part of the judgment that concerns the actual sentence and the interests of the civil plaintiff; whereas a plea of nullity makes it possible to contest the legality of the decision of the Court of first instance on one of the twelve grounds enumerated in Article 281 of the Code of Criminal Procedure; whereas the above-mentioned article 296 states that if the plea of nullity is presented at the same time as the appeal, the Supreme Court shall rule on both; whereas under articles 285 and 294 of the Code of Criminal Procedure, the appellant, after entering his plea of nullity and lodging an appeal, has fourteen days in which to present his case in writing; whereas, before the Supreme Court, the proceedings take place in accordance with article 286 of the Code, as amended and supplemented by the Act of 31st December 1877 (RGBl, No. 3 of 1878); whereas, in conformity with article 3 of the above-mentioned Act, the Supreme Court examines the plea of nullity at a non-public hearing, in the absence of the appellant and his lawyer and after hearing the Attorney-General, only if the Attorney-General or the Judge appointed by the President of the Supreme Court asks that the plea be dismissed in accordance with article 4 of the Act of 31st December 1877; that under this article 4, the plea of nullity may be dismissed immediately at a non-public hearing, without the appellant and/or his lawyer being given a hearing:

(1) If the appeal should already have been dismissed by the Court of First Instance in accordance with article 1 of the above-mentioned Act or if the ground on which the plea of nullity is based has already been rejected by the Supreme Court;

soit après s'être prononcée sur le recours en annulation, et ce, au cours d'une audience non publique, après avoir entendu le Procureur Général"; qu'il résulte de ce qui précède que la réserve formulée par l'Autriche trouve application dans le présent cas d'espèce; que cette partie de la requête est donc incompatible avec les dispositions de la Convention telles qu'elles sont applicables à l'égard de l'Autriche; qu'il convient dès lors de la rejeter de ce chef par application de l'article 27, § 2 de la Convention;

Pour autant que le requérant se plaint du caractère non contradictoire de la procédure devant la Cour Suprême

Considérant qu'aux termes de l'article 280 du Code autrichien de Procédure Pénale le jugement de condamnation prononcé par un Tribunal de Première Instance peut être frappé soit d'appel (*Berufung*) devant le Tribunal de deuxième instance (*Gerichtshof zweiter Instanz*) soit du recours en annulation (*Nichtigkeitsbeschwerde*) devant la Cour Suprême (*Oberster Gerichtshof*); que, selon l'article 283 du Code, l'appel ne peut viser que la partie de la décision relative au montant de la peine et aux intérêts de la partie civile; que le recours en annulation permet de contester la légalité de la décision du Tribunal de Première Instance pour l'un des douze motifs limitativement énumérés par l'article 281 du Code de Procédure Pénale; qu'il ressort de l'article 296 précité que si le recours en annulation est introduit en même temps qu'est interjeté l'appel, la Cour Suprême se prononce sur l'un et l'autre; qu'aux termes des articles 285 et 294 du Code de Procédure Pénale, après avoir introduit le recours en annulation et interjeté appel, le requérant dispose d'un délai de quatorze jours pour développer par écrit les motifs de ses recours; que, devant la Cour Suprême, la procédure se déroule conformément à l'article 286 du Code, tel qu'il a été modifié et complété par la loi du 31 décembre 1877 (RGBl No. 3 de 1878); que, selon l'article 3 de la loi précitée, la Cour Suprême examine le recours en annulation en audience non publique, en l'absence du requérant et de son avocat, après avoir entendu le Procureur Général en ses explications, seulement si le Procureur Général ou le Juge rapporteur désigné par le Président de la Cour Suprême demande que le recours en annulation soit rejeté conformément à l'article 4 de la loi du 31 décembre 1877; qu'en vertu de cet article 4, le recours en annulation peut être rejeté immédiatement au cours d'une audience non publique, sans que le requérant et/ou son avocat aient été entendus:

(1) si le recours aurait déjà dû être rejeté par le Tribunal de Première Instance conformément à l'article 1 de la loi précitée ou si le motif du recours en annulation a déjà fait l'objet d'une décision de rejet rendue dans la même affaire par la Cour Suprême;

(2) If the plea of nullity is based on one of the grounds listed in article 281 (1 to 8) of the Code of Criminal Procedure and the Supreme Court unanimously considers that this plea should be dismissed as being manifestly ill-founded;

Whereas it is only in the absence of any of the above-mentioned reasons for dismissing the appeal or the plea that the Supreme Court, in accordance with article 3 (2) of the Act of 31st December 1877, orders the appeal to be examined at a public hearing at which the appellant and his lawyer will be invited to appear; whereas it also follows from the above-mentioned article 296 of the Code of Criminal Procedure, that if the Supreme Court has before it both the plea of nullity and the appeal, it shall give a ruling on the appeal, either before or after having ruled on the plea of nullity, at a non-public hearing, in the absence of the appellant and of his lawyer, after hearing the Attorney-General.

Whereas in the present instance, Ofner lodged an appeal at the same time as he entered a plea of nullity based partly on article 281, paragraph 5 (imprecision or insufficiency of important points in the judgment delivered by the Court of first instance, or contradictory grounds) and partly on paragraph 9 (a) of the same article (that in ruling on the question whether the acts with which the Applicant was charged constituted an offence which came within its province, the Court of first instance is said to have violated or wrongly interpreted the law); whereas the Supreme Court, considering that the grounds for the appeal lodged by the Applicant permitted application of article 4 of the above-mentioned Act of 31st December 1877, dismissed Ofner's appeal at a non-public hearing, without hearing the Applicant or his lawyer, but after hearing the Attorney-General; whereas Ofner's appeal was examined under the same conditions. i.e. after the Attorney-General was heard in the absence of the Applicant and his lawyer, in accordance with Article 296 of the Code of Criminal Procedure;

Whereas the Applicant considers that the proceedings in the Supreme Court were contrary to Article 6 (1), according to which: "everyone is entitled to a fair ... hearing" and Article 6 (3c), whereby any accused person has the right to defend himself in person or through legal assistance of his own choosing; whereas, indeed, both the appeal and the plea of nullity were examined by the Supreme Court in the absence of the Applicant but in the presence of the Attorney-General, who was heard by the Court; whereas since these proceedings did not constitute a full hearing, the balance between the two parties was upset in favour of one of the parties with the result that the hearing was no longer fair;

Whereas the arguments of the Respondent Government, as set forth in the written observations of 18th July 1960 and 3rd October 1960 may be summed up as follows:

(2) si le recours en annulation est fondé sur l'un des motifs énumérés à l'article 281, chiffres 1 à 8 du Code de Procédure Pénale et que la Cour Suprême estime à l'unanimité que ledit recours doit être rejeté comme manifestement mal fondé;

que c'est seulement s'il n'existe aucun des motifs de rejet sus-mentionnés que la Cour Suprême ordonne, conformément au paragraphe 2 de l'article 3 de la loi du 31 décembre 1877, que le recours sera examiné en audience publique à laquelle le requérant et son avocat seront invités à comparaître; qu'il ressort par ailleurs de l'article 296 précité du Code de Procédure Pénale que si la Cour Suprême est saisie aussi bien du recours en annulation que de l'appel, elle se prononce sur l'appel, soit avant, soit après s'être prononcée sur le recours en annulation, au cours d'une audience non publique, en l'absence du requérant et de son avocat, après avoir entendu le Procureur Général;

Considérant que dans la présente espèce, Ofner a interjeté appel en même temps qu'il a introduit le recours en annulation fondé d'une part sur le chiffre 5 de l'article 281 (imprécision ou insuffisance des éléments importants dans la décision de première instance, ou contrariété de motifs) et d'autre part sur le chiffre 9a du même article (le Tribunal de Première Instance en se prononçant sur la question de savoir si les faits mis à la charge du requérant étaient constitutifs d'une infraction qui rentre dans le cadre de sa compétence, aurait violé la loi ou l'aurait mal interprétée); que la Cour Suprême, estimant que les motifs du recours introduit par le requérant sont ceux qui permettent l'application de l'article 4 de la loi du 31 décembre 1877 précitée, a rejeté le recours d'Ofner au cours d'une audience non publique, sans entendre le requérant ni son avocat mais après avoir procédé à l'audition du Procureur Général; que l'appel d'Ofner a été examiné dans les mêmes conditions, c'est-à-dire après que le Procureur Général a été entendu en l'absence du requérant et de son avocat, conformément à l'article 296 du Code de Procédure Pénale;

Considérant que le requérant estime que la procédure suivie devant la Cour Suprême viole l'article 6 § 1 en vertu duquel "toute personne a droit à ce que sa cause soit entendue équitablement", et l'article 6 § 3 c qui garantit à tout accusé le droit de se défendre lui-même ou d'avoir l'assistance d'un défenseur de son choix; qu'en effet l'appel et le recours en annulation ont été examinés par la Cour Suprême en l'absence du requérant et de son avocat mais en présence du Procureur Général qui a été entendu par la Cour; que, du fait du caractère non contradictoire de la procédure, l'équilibre entre les Parties est rompu au profit de l'une d'elles ce qui a pour conséquence que la cause n'est plus entendue équitablement;

Considérant que l'argumentation du Gouvernement défendeur, contenue dans les observations écrites des 18 juillet 1960 et 3 octobre 1960, peut être résumée comme suit:

that, firstly, both paragraph 1 and paragraph 3 (c) of Article 6 apply only to the proceedings in the Court of first instance; that it is before this Court that the facts of the case are established, whereas subsequent proceedings at which new facts or evidence can no longer be invoked ("*Novaverbot*") involve only consideration of facts already established by the lower Court; that, this being so, the plea of nullity is presented either by the Applicant, in which case the written plea contains all his arguments, or by the Attorney-General, in which case the accused is notified that he has fourteen days in which to submit his observations that in all cases, the Supreme Court hears the views (*Stellungnahme*) of the accused;

that, secondly, the Attorney-General, who is heard by the Supreme Court in the absence of the Applicant and of his lawyer, is not a prosecutor (*Ankläger*) unlike the other officials of the Department of Public Prosecutions, namely Prosecutors and Advocates-General and also contrary to other legal systems, he is a law officer required, under Article 3 of the Code of Criminal Procedure, to be completely objective which, of course, an accused person need not be; that administratively he is quite independent of the office of prosecution; that, before the Supreme Court, his task is simply to express his opinion in criminal cases; that the fact that he is heard by the Supreme Court is of no advantage to the office of the Public Prosecutor;

that, thirdly, even if the Attorney-General is heard by the Supreme Court, it does not follow that he is *present* at the deliberation and the vote, since all he can do is to express an opinion; that it must not be forgotten that under the Austrian system of criminal procedure, the Department of Public Prosecutions is required to take into consideration all the circumstances of the case including those militating in favour of the accused;

that, in conclusion, the Respondent Government considers that an examination of the present case does not disclose any violation of the principle of treatment on an "equal footing" (*Waffenfgleichheit*) of the accused and the Prosecution and that the Application must accordingly be dismissed as being manifestly ill-founded;

Whereas in his reply of 2nd November 1960 to the above comments of the Respondent Government, the Applicant contests the interpretation whereby paragraphs 1 and 3 (c) of Article 6 of the Convention are applicable only to proceedings in Courts of first instance; whereas, in the Applicant's opinion, the Convention does not guarantee Human Rights only in respect of Courts of first instance; whereas a trial whether followed or not by an appeal, will always concern the "case" of the accused and this state of que, d'une part, tant le paragraphe 1 que le paragraphe 3 c de l'article 6 ne s'appliquent, selon le Gouvernement défendeur, qu'à la procédure en première instance; qu'en effet, c'est en première instance que les faits de la cause sont établis, alors que les instances ultérieures, au cours desquelles des faits nouveaux et de nouveaux moyens de preuve ne peuvent plus être invoqués ("*Novaverbot*"), comportent seulement l'examen juridique des faits déjà établis en première instance; que, dans ces conditions, ou bien le recours en annulation est introduit par le requérant et dans ce cas, l'écrit contient toute son argumentation, ou bien il est introduit par le Procureur et dans ce cas il est notifié à l'inculpé qui dispose alors d'un délai de 14 jours pour faire valoir ses observations; que dans tous les cas, la Cour Suprême entend la prise de position (*Stellungnahme*) de l'inculpé;

que, d'autre part, le Procureur Général qui est entendu par la Cour Suprême en l'absence du requérant et de son avocat n'est pas du tout un accusateur (*Ankläger*), à la différence des autres fonctionnaires du Ministère Public, Procureurs et Avocats Généraux, et aussi contrairement à d'autres systèmes juridiques, mais qu'il est un organe judiciaire tenu, selon l'article 3 du Code de Procédure Pénale, à une objectivité totale alors que, évidemment, l'inculpé ne l'est pas; qu'il est tout à fait indépendant, du point de vue administratif, des organes de l'accusation; que, devant la Cour Suprême, il a simplement pour mission de donner son avis dans les affaires pénales; que le fait qu'il est entendu par la Cour Suprême ne constitue pas un avantage pour le Ministère Public;

que, du reste, si le Procureur Général est entendu par la Cour Suprême, il ne s'ensuit pas qu'il *soit présent* à la délibération et au vote, puisqu'il a seulement la possibilité de donner son avis; qu'il ne faut pas non plus oublier que dans le cadre de la procédure pénale autrichienne le Ministère Public est tenu de prendre en considération toutes les circonstances de l'affaire, y compris celles qui peuvent servir l'accusé;

que le Gouvernement défendeur estime en conclusion que l'examen de la présente affaire ne permet pas de dégager l'apparence de violation du principe de l'égalité des armes (*Waffengleichheit*) dont disposent l'inculpé et le Ministère Public et que la requête doit dès lors être rejetée comme manifestement mal fondée;

Considérant que dans sa réponse du 2 novembre 1960 aux observations précitées du Gouvernement défendeur, le requérant conteste l'interprétation selon laquelle l'article 6 §§ 1 et 3 c de la Convention ne serait applicable qu'aux procédures en première instance; que, de l'avis du requérant, la Convention ne garantirait pas les droits de l'homme seulement en première instance; qu'un procès serait toujours, en appel ou en dernier ressort, une "affaire" de l'accusé et qu'il en serait ainsi aussi longtemps qu'un jugement affairs will persist until a judgment having the force of *res judicata* has been rendered which does not violate the Convention; whereas any other interpretation would be contrary to the aims of the Convention and dangerous; whereas, in any case, the absence from the Convention of a special provision concerning appeals could not in any way excuse or justify the violation of Human Rights.

Whereas, secondly, to affirm, as the Respondent Government does, that the Department of the Public Prosecutor is required to be objective, is to state a principle but does not prove that this principle has been applied in the proceedings against Ofner; whereas reference to the fact that the Attorney-General does not take part in either the deliberation or the vote obviously proves that he is acting as a Prosecutor; whereas, even if it is considered that the Attorney-General only acts as a "consultant" (*Begutachtende Rolle*), the prejudice thereby caused to the rights of the defence is greater than would be the case if the Attorney-General openly appeared as a party to the trial; whereas, in Ofner's opinion, a court will feel much more bound by an "opinion" than by the simple affirmations of a party, in this case by only one party;

Whereas unilateral expressions of views or opinions given by a single party would be suspect in non-public and secret proceedings and incompatible with the legal system provided for in the Convention;

Whereas, in conclusion, the Applicant asks the Commission to declare his Application admissible and to retain it accordingly;

Whereas it is not disputed by either party that the appeal and the plea of nullity made by Ofner were examined at proceedings which did not constitute a full hearing, in the absence of the Applicant and of his lawyer, but in the presence of the Attorney-General who put forward his arguments; whereas this procedure is provided for under the Code of Criminal Procedure as amended and supplemented by the Act of 31st December 1877; whereas the question therefore arises whether the proceedings in the Supreme Court in respect of the appeal and the plea of nullity as, laid down in the Code of Criminal Procedure and in the Act of 31st December 1877, are consistent with Article 6 (1) and (3)(c) of the Convention;

Whereas while it is true that Article 27 (2) of the Convention stipulates that the Commission shall declare inadmissible any application which it considers "manifestly ill-founded", a study of the "travaux préparatoires" on the Convention reveals that the introduction of this special ground of inadmissibility into the Convention was due to the concern of the High Contracting Parties to ensure that the Commission shall not have to examine applications which do not merit its attention; whereas it follows that at the present stage of the proceedings, the Commission is not to determine whether an examination of the case submitted by the Applicant ayant acquis l'autorité de chose jugée n'est pas intervenu, et qui ne viole pas la Convention; que toute autre interprétation ne correspondrait pas au but de la Convention et serait dangereuse; qu'en tout cas, l'absence dans la Convention d'une disposition particulière relative à la seconde instance ne pourrait en aucune façon excuser ou justifier la violation des droits de l'homme;

que, d'autre part, dire, comme le fait le Gouvernement défendeur, que le Ministère Public est tenu à l'objectivité constituerait l'affirmation d'un principe mais non la preuve de son application dans la procédure dirigée contre Ofner; que le rappel du fait que le Procureur Général ne participe ni aux délibérations ni au vote serait la preuve évidente de sa position d'accusateur; que même si l'on considère que le Procureur Général n'a qu'un rôle de "consultant" (*begutachtende Rolle*), l'atteinte aux droits de la défense qui en résulterait serait plus grave que si le Procureur Général apparaissait ouvertement comme une partie au procès; qu'un tribunal se sentira, selon Ofner, beaucoup plus lié par un "avis" que par de simples affirmations d'une partie, encore que, en l'espèce, il ne pourrait s'agir que d'affirmations émanant d'une seule partie;

que des prises de position unilatérales ou des avis d'une seule partie seraient suspects dans des débats non publics et secrets, et inconciliables avec le système juridique tel qu'il ressort de la Convention;

qu'en conclusion, le requérant demande à la Commission de déclarer recevable sa requête et de la retenir en conséquence;

Considérant qu'il n'est pas contesté entre les Parties que l'appel et le recours en annulation interjetés par Ofner ont été examinés au cours d'une audience non contradictoire, en l'absence du requérant et de son avocat, mais en présence du Procureur Général qui a été entendu en ses explications; que cette procédure est prévue par le Code de Procédure Pénale, tel qu'il a été modifié et complété par la loi du 31 décembre 1877; que la question se pose dès lors de savoir si la procédure suivie devant la Cour Suprême pour l'examen de l'appel et du recours en annulation, telle qu'elle est organisée par le Code de Procédure Pénale et par la loi du 31 décembre 1877, est conforme ou non à l'article 6 § 1 et § 3 c de la Convention;

Considérant que s'il est vrai que le paragraphe 2 de l'article 27 de la Convention stipule que la Commission déclare irrecevable toute requête individuelle qu'elle estime "manifestement mal fondée", l'étude des travaux préparatoires de la Convention montre que l'introduction de ce chef particulier d'irrecevabilité dans la Convention témoigne de la volonté des Hautes Parties Contractantes d'empêcher que la Commission n'ait à examiner des requêtes qui ne méritent pas de retenir son attention; qu'il s'ensuit qu'au stade actuel de la procédure, la Commission n'a pas à déterminer si l'examen de l'affaire qui lui est soumise par le requérant révèle discloses the actual existence of a violation of one of the rights and freedoms guaranteed by the Convention but only to determine whether it excludes any possibility of the existence of such violations; whereas, moreover, in many previous decisions the Commission has held that an Application should be declared inadmissible, as being manifestly ill-founded, only when a preliminary examination of the case does not disclose any appearance of a violation of the Convention; whereas it is in the light of this principle that the Commission decided not to reject as being manifestly ill-founded, but to retain for examination in substance, some of the complaints contained in Applications Nos. 214/59 (De Becker v. Belgium), 332/57 (Lawless v. Ireland), 343/57 (Schouw Nielsen v. Denmark);

Whereas in the present case the Parties have submitted in writing their observations concerning the admissibility of the Applicant's complaint concerning the proceedings in the Supreme Court; whereas, however, on a first examination of the case as presented by the Parties the Commission cannot say outright that the facts rule out any possibility of a violation of the Convention;

Whereas to examine more fully this part of the Application whether by written submissions or oral proceedings, would necessarily mean entering upon the merits of the case; whereas it follows that the Applicant's complaint concerning the proceedings in the Supreme Court in dealing with the appeal and the plea of nullity cannot be considered ill-founded for the purposes of Article 27 (2) of the Convention;

The Commission accordingly rejects the contention of the Respondent Government that this part of the Application is manifestly ill-founded;

Regarding the Applicant's complaint of a breach of Article 7 (1) of the Convention

Whereas the Applicant alleges that he was sentenced for acts which are not offences under national or international law; whereas he claims that in regard to three of the six charges brought against him, his acts did not amount to fraud or misappropriation since it was a matter of off-setting against his debts the sums he considered were owing to him from his creditors; whereas in its decision of 27th May 1959 the Supreme Court rejected this argument on the grounds that the conditions for such an operation did not exist;

Whereas when examining the admissibility of an Application, the Commission cannot deal with alleged errors of fact or law l'existence d'une violation de l'un des droits et libertés garantis par la Convention mais seulement à déterminer si cet examen exclut toute possibilité d'une telle violation; que, d'ailleurs, il ressort d'un grand nombre de décisions antérieures que la Commission a toujours estimé qu'une requête ne peut être déclarée irrecevable comme manifestement mal fondée que lorsqu'un premier examen de l'affaire ne permet pas de dégager l'apparence même de violation de la Convention; que c'est en application de ce principe que la Commission a décidé de ne pas rejeter comme manifestement mal fondés, mais de les retenir pour un examen au fond, certains des griefs soulevés dans les requêtes Nos. 214/56 (De Becker c. Belgique), 332/57 (Lawless c. Irlande) et 343/57 (Schouw Nielsen c. Danemark);

Considérant qu'en l'espèce, les Parties ont soumis leurs observations écrites sur la recevabilité du grief concernant la procédure suivie devant la Cour Suprême; que, toutefois, le premier examen des informations et des arguments y contenus ne permet pas à la Commission de conclure d'ores et déjà que les faits de la cause excluent toute possibilité d'une violation de la Convention; que, de plus, si la Commission voulait poursuivre l'examen de cette partie de la requête, en ayant recours soit à la procédure écrite soit à la procédure orale, elle serait nécessairement amenée à aborder le fond de l'affaire; qu'il s'ensuit que ce grief du requérant relatif à la procédure suivie par la Cour Suprême pour examiner l'appel et le recours en annulation ne peut être considéré comme manifestement mal fondé au sens de l'article 27, paragraphe 2 de la Convention;

La Commission décide en conséquence de rejeter les conclusions du Gouvernement défendeur selon lesquelles cette partie de la requête serait manifestement mal fondée;

Pour autant que le requérant se plaint de la violation de l'article 7 § 1 de la Convention

Considérant que le requérant allègue avoir été condamné pour des actions qui ne constitueraient pas des infractions d'après le droit national ou international; qu'il soutient en effet que dans trois des six cas retenus contre lui les éléments constitutifs des délits d'escroquerie et d'abus de confiance n'étaient pas réunis puisqu'il y avait lieu d'opérer une compensation entre les dettes d'Ofner et les créances qu'il estimait avoir à l'encontre de ses créanciers; que dans l'arrêt du 27 mai 1959 la Cour Suprême a rejeté cette argumentation du requérant pour le motif que les conditions d'une compensation n'existaient pas;

Considérant qu'au stade de l'examen de la recevabilité des requêtes, la Commission ne saurait connaître de prétendues erreurs committed by domestic courts except in so far as they appear to have resulted in the violation of one of the rights and freedoms limitatively listed in the Convention; whereas an examination of the documents does not disclose any appearance of a violation of Article 7 of the Convention; whereas it therefore appears that this part of the Application is manifestly ill-founded; whereas it should accordingly be rejected in accordance with Article 27 of the Convention;

Concerning the Applicant's complaint that, not having been informed of the change in the legal classification of the acts of which he was accused, he was unable to prepare his defence accordingly

Whereas, according to the Applicant, on two counts on which he was charged with having committed fraud (*Betrug*), he was in fact sentenced for misappropriation (*Veruntreuung*); whereas the basis of the proceedings having been modified, Ofner feels that he should have had the right to prepare his defence accordingly; whereas the judge is said to have omitted to inform Ofner of this change, which, Ofner claims, constitutes a violation of article 262 of the Austrian Code of Criminal Procedure; whereas, as may be seen from the indictment, these two cases are as follows:

(1) *The Franz Fritz case:* the Applicant purchased from Fritz, a furrier, a fur coat for his wife costing 9,000 Austrian Schillings. He paid 2,000 Schillings on account and for the remainder he signed five banker's drafts for a total of 7,000 Schillings. Three weeks later Ofner acquired from Fritz another fur coat valued at 4,000 Schillings for one of his relatives. Of the agreed price, Ofner is said to have paid only 800 Schillings.

(2) *The Franz Brazda case:* Ofner purchased on credit from Brazda, a watchmaker, two wrist-watches costing 4,815 Schillings. He paid 315 Schillings on account but the remainder is still outstanding;

Whereas the indictment clearly states that in both cases proceedings are being taken against Ofner on a charge of fraud (*Betrug*) in accordance with articles 197, 200, 201 and 203 of the Criminal Code; whereas the said article 197 defines fraud as follows: "Anyone who by fraudulent representation or practice, deceives another person or exploits the deception or ignorance of another person with the intention of causing damage to property or other rights whether of the State, a municipality or another person, shall be deemed to have committed a fraud, irrespective of whether the said person was moved by self-interest or emotion or whether his act was designed to favour another person in violation of the law or for any other reason";

de fait ou de droit commises par les Tribunaux internes que dans la mesure où ces erreurs sembleraient avoir entraîné la violation de l'un des droits et libertés limitativement énumérés dans la Convention; qu'en l'espèce l'examen du dossier ne permet pas de dégager l'apparence même d'une violation de l'article 7 de la Convention; qu'il appert dès lors que cette partie de la requête est sous ce rapport manifestement mal fondée; qu'il y a lieu de la rejeter de ce chef par application de l'article 27 § 2 de la Convention;

Pour autant que le requérant se plaint de ce que, n'ayant pas été informé du changement de qualification des faits dont il était accusé, il n'a pas eu la possibilité de préparer sa défense en conséquence

Considérant que, selon le requérant, si dans deux cas l'acte d'accusation lui reprochait d'avoir commis une escroquerie (*Betrug*), il a été condamné dans ces deux cas pour abus de confiance (*Veruntreuung*); que, comme la base de l'action avait été modifiée, Ofner estime qu'il aurait dû avoir le droit de préparer sa défense en conséquence; que le Juge aurait omis d'informer la défense du changement de qualification intervenu, ce qui constituerait une violation de l'article 262 du Code autrichien de Procédure Pénale; que comme il ressort de l'acte d'accusation, les deux cas dont s'agit sont les suivants:

(1) *Affaire Franz Fritz:* le requérant acquit chez Fritz, pelletier, pour sa femme, un manteau de fourrure d'une valeur de 9.000 schillings. Il paya comptant 2.000 schillings et pour le restant, il souscrivit 5 traites d'une valeur globale de 7.000 schillings. Trois semaines plus tard, Ofner se fit confier par le commerçant un autre manteau de fourrure d'une valeur de 4.000 schillings pour une de ses parentes. Mis à part le paiement d'une somme de 800 schillings, Ofner n'aurait jamais payé le prix convenu.

(2) *Affaire Franz Brazda:* Ofner acheta à crédit chez Brazda, horloger, deux montres-bracelet d'une valeur de 4.815 schillings. Il paya une somme de 315 schillings et resta redevable de la somme de 4.500 schillings;

Considérant que l'acte d'accusation précise effectivement que Ofner est poursuivi dans ces deux cas pour escroquerie (*Betrug*) conformément aux articles 197, 200, 201 et 203 du Code Pénal; que l'article 197 donne la définition suivante de l'escroquerie: "Quiconque, par représentations ou manoeuvres frauduleuses, induit un tiers en erreur ou de cette manière exploite l'erreur ou l'ignorance d'un tiers dans l'intention de causer un dommage aux biens ou autres droits que ce soit de l'Etat, d'une commune ou d'une autre personne, commet une escroquerie, qu'il ait agi par intérêt, passion, dans le but de favoriser quelqu'un en violation de la loi ou mû par tout autre mobile";

Whereas under article 202 fraud is punishable by a term of imprisonment from six months to one year and, in aggravating circumstances, defined under articles 198, 199 and 200, from one to five years;

Whereas the judgement of the Regional Court of first instance of Vienna dated 22nd January 1959 clearly shows that in the two above-mentioned cases, the Applicant was sentenced for misappropriation (*Veruntreuung*) in accordance with articles 183 and 184 of the Penal Code; whereas article 183 stipulates: "Anyone who, apart from the case mentioned in article 181, retains possession of or converts to his own use property entrusted to him and valued at over 1,500 Schillings shall also be deemed guilty of misappropriation"; whereas according to article 184 this offence is punishable by a term of imprisonment from six months to one year, and, in aggravating circumstances, from one to five years' solitary confinement;

Whereas article 262 of the Austrian Code of Criminal Procedure, which – the Applicant claims – was not observed by the Regional Court of first instance, provides:

> "If the Court considers that the acts which form the grounds for the indictment in themselves call for, or necessitate in the light of circumstances arising in the course of the proceedings before the Court, a classification other than that given in the indictment, without referring the offence to a higher Court, the Court must hear the parties on the question of the change in the legal classification and give a ruling on any application that might be made for the adjournment of the case.
>
> The Court shall base its decision on its legal convictions without being bound by the classification of the offence given in the indictment";

Whereas in its comments of 25th July 1960, the Respondent Government submits that its investigations showed that during the main hearing (*Hauptverhandlung*) in the Ofner case, the provisions of article 262 of the Code of Criminal Procedure were respected; whereas in particular Ofner's lawyer was given the opportunity of expressing an opinion on the Attorney General's comments that, in certain cases, Ofner's acts did not perhaps amount to fraud (*Betrug*) but called for a conviction for misappropriation (*Veruntreuung*); Whereas according to the Respondent Government this point is recorded in the minutes of the main hearing;

Whereas in his reply of 21st September 1960 the Applicant contests the affirmation that the Attorney-General made the observations reported by the Respondent Government in its comments; whereas in his opinion, a simple allusion by the Attorney-qu'en vertu de l'article 202 la peine frappant l'escroquerie est la peine de la réclusion de six mois à un an et en cas de circonstances aggravantes, définies aux articles 198, 199 et 200, d'un à cinq ans;

Considérant qu'il ressort clairement du jugement du Tribunal correctionnel régional de Vienne en date du 22 janvier 1959 que dans les deux cas précités le requérant a été condamné pour abus de confiance (*Veruntreuung*) conformément aux articles 183 et 184 du Code Pénal; que l'article 183 stipule: "Se rend également coupable du crime d'abus de confiance, quiconque, en dehors du cas visé à l'article 181, retient par devers soi ou s'approprie un bien à lui confié d'un montant supérieur à 1.500 schillings"; que selon l'article 184 l'abus de confiance est puni de six mois à un an, et en cas de circonstances aggravantes, d'un à cinq ans de réclusion de rigueur;

Considérant que l'article 262 du Code autrichien de Procédure Pénale qui, selon le requérant, n'aurait pas été respecté par le Tribunal correctionnel régional prévoit:

> "Si le Tribunal estime que les faits qui sont à la base de l'accusation méritent en eux-mêmes, ou nécessitent par suite des circonstances qui se sont révélées lors des débats devant le Tribunal, une qualification autre que celle retenue par l'acte d'accusation, sans faire rentrer pour autant l'acte délictueux dans la compétence d'un Tribunal supérieur, le Tribunal doit entendre les parties sur le changement de qualification juridique et décider sur une éventuelle demande de remise de l'affaire.
>
> Le Tribunal basera sa décision sur sa conviction juridique, sans être lié par la qualification des faits délictueux donnée par l'acte d'accusation";

Considérant que dans ses observations en date du 25 juillet 1960 le Gouvernement défendeur soutient que les recherches auxquelles ses services avaient procédé ont montré qu'au cours de l'audience principale (*Hauptverhandlung*) dans l'affaire Ofner, les prescriptions de l'article 262 du Code de Procédure Pénale ont été respectées; qu'en particulier, l'avocat d'Ofner avait eu la possibilité de prendre position sur la remarque du Procureur selon lequel, dans certains cas, les faits n'étaient peut-être pas constitutifs d'une escroquerie (*Betrug*) mais nécessitaient la condamnation pour abus de confiance (*Veruntreuung*): que ce point ressort, selon le Gouvernement défendeur, du procès-verbal de l'audience principale;

Considérant que dans sa réponse du 21 septembre 1961, le requérant conteste que le Procureur aurait fait la remarque rapportée par le Gouvernement défendeur dans ses observations; qu'à son avis, une simple allusion du Procureur concernant un éventuel

General to a possible change in the classification of the acts in question would not in any case have sufficed to cause his lawyer to modify his defence; whereas, he considered that it was not for his lawyer to express an opinion on new arguments put forward by the Attorney-General until the judge himself accepted the change in the classification; whereas, if the judge had done so, he would have been obliged to hear the parties on this point, in accordance with article 262 of the Code of Criminal Procedure; whereas this was not the case here, thereby resulting in a violation of article 262 of the Code of Criminal Procedure and, consequently, of Article 6 of the Convention;

Whereas the Commission is not required to determine whether the provisions of article 262 of the Austrian Code of Criminal Procedure have been respected in the Applicant's case; whereas as may be seen from its jurisprudence the Commission is competent to deal with errors of law committed by domestic courts only in so far as such errors appear to have resulted in a violation of one of the rights or freedoms protected by the Convention;

Whereas in the present instance the question arises whether the facts disclose an appearance of a violation of Article 6, paragraphs (3) (a) and (b) of the Convention; whereas according to paragraph (3) (a) every accused person has the right "to be informed promptly, in a language which he understands and in detail, of the nature and cause of the accusation against him"; whereas it follows from this provision that as part of the right to a fair trial guaranteed by the provisions of Article 6 as a whole, an accused person has the right to be informed not only of the grounds for the accusation, that is, not only the acts with which he is charged and on which his indictment is based, but also of the *nature* of the accusation, namely, the legal classification of the acts in question; whereas this information on the nature of and grounds for the accusation seems all the more necessary as under paragraph (3) (b) of Article 6, any accused person has the right "to have adequate time and facilities for the preparation of his defence"; whereas, in fact, there is a logical connection between paragraphs (3) (a) and (3) (b) of Article 6; whereas, consequently, the information on the nature of and grounds for the accusation should contain such particulars as will enable the accused to prepare his defence accordingly;

Whereas in the present case the Applicant affirms that he was not informed of the change in the legal classification of his acts and was therefore unable to prepare his defence in the light of the new classification adopted by the Court; whereas the Government on the other hand holds that in reality the Applicant was not unaware of the position of the Attorney-General as regards the classification of the acts, so that he actually had the opportunity changement de qualification des faits ne serait pas, de toute manière, suffisante pour amener l'avocat à modifier le système de défense; que, selon Ofner, il n'incombait nullement à son avocat de prendre position sur une nouvelle argumentation du Procureur avant que le juge n'eût lui-même admis le changement de qualification; que si le juge l'avait fait, il se fût trouvé dans l'obligation d'entendre les parties sur ce point, conformément à l'article 262 du Code de procédure pénale; que tel n'a pas été le cas en l'espèce, ce qui a entraîné la violation de l'article 262 du Code de Procédure Pénale, et par voie de conséquence l'article 6 de la Convention;

Considérant que la Commission estime qu'il convient tout d'abord de souligner qu'elle n'a pas à examiner si les prescriptions de l'article 262 du Code autrichien de Procédure Pénale ont été respectées ou non dans l'affaire du requérant; que, ainsi qu'il ressort de sa jurisprudence constante, la Commission n'est compétente pour connaître des erreurs de droit commises par les Tribunaux internes que dans la mesure où ces erreurs sembleraient avoir entraîné une violation d'un des droits et libertés énumérés dans la Convention;

Considérant qu'en l'espèce, la question se pose de savoir si les faits de la cause révèlent ou non une apparence de violation de l'article 6, §§ 3 a et b de la Convention; que selon le § 3 a tout accusé a droit à "être informé, dans le plus court délai, dans une langue qu'il comprend et d'une manière détaillée, de la nature et de la cause de l'accusation portée contre lui"; qu'il résulte à l'évidence de cette disposition que dans le cadre du droit à un procès équitable garanti par l'ensemble des prescriptions de l'article 6, l'accusé a droit à être informé non seulement de la *cause* de l'accusation, c'est-à-dire des faits matériels qui sont mis à sa charge et qui sont à l'origine de son inculpation, mais aussi de la *nature* de l'accusation, c'est-à-dire de la qualification juridique des faits matériels; que cette information sur la nature et la cause de l'accusation paraît d'autant plus nécessaire qu'aux termes du § 3 b de l'article 6, tout accusé a droit à "disposer du temps et des facilités nécessaires à la préparation de sa défense"; qu'il existe en effet un lien logique entre les paragraphes 3 a et 3 b de l'article 6; que l'information sur la nature et la cause de l'accusation doit dès lors contenir les éléments nécessaires permettant à l'accusé de préparer sa défense en conséquence;

Considérant qu'en l'espèce, le requérant soutient qu'il n'a pas été informé du changement de qualification des faits de sorte qu'il n'a pas pu préparer sa défense en fonction de la nouvelle qualification retenue par le Tribunal; que le Gouvernement soutient par contre qu'en réalité le requérant n'ignorait pas la position du Procureur sur la question de la qualification des faits, de sorte qu'il avait la possibilité d'y adapter son système de défense; que, selon le Gouverof adapting his defence thereto; whereas according to the Respondent Government the minutes of the hearing specifically mention this point;

Whereas it is clear from the foregoing that the question whether the rights to which Ofner is entitled under paragraphs 3 (a) and (3) (b) of Article 6 have been respected can only be settled after a more thorough examination of the facts of the case; whereas, in particular, the Respondent Government's offer of evidence should be accepted; whereas it follows that this part of Ofner's Application does not appear manifestly ill-founded and cannot be rejected as inadmissible in accordance with Article 27 (2) of the Convention;

The Commission accordingly rejects the contention of the Respondent Government that this part of the Application is manifestly ill-founded;

Regarding the Applicant's complaint that he was not allowed to consult his case-file or to take written notes thereof

Whereas the Applicant states that he was repeatedly refused permission to examine his case-file and make notes thereof; that having been indicted on 18th November 1958, he should, as from that time, have had the right, by virtue of article 45 (2) of the Austrian Code of Criminal Procedure, to consult his case-file and to make a copy thereof; that the said article 45 (2) provides, in part: "after the indictment has been issued, the accused may consult his counsel without a legal official being present and both have the right to consult all the documents of the file, except the minutes of the Court's proceedings, and to make a copy thereof";

Whereas the Applicant gives the following particulars of this complaint:

(a) It was in December 1958 that he asked, for the first time, to be allowed to consult his file and to take written notes. This request was granted on 17th and 19th December 1958 but the official in charge forbade him to take notes despite the express authorisation of the judge.

(b) On 22nd December 1958, Ofner again asked to be allowed to consult his file and take written notes. Referring to the refusal he met with on 17th and 19th December, Ofner pointed out in his request that this was an infringement of his rights under article 45 (2) of the Code of Criminal Procedure and seriously hampered his defence. He received no reply to that request.

nement défendeur, le procès-verbal de l'audience contiendrait des indications précises à cet égard;

Considérant qu'il ressort à l'évidence de ce qui précède que la question de savoir si les droits garantis à l'accusé Ofner par les paragraphes 3 a et 3 b de l'article 6 ont été respectés ou non ne peut être tranchée qu'après un examen plus approfondi des éléments de fait de l'affaire; qu'en particulier, il conviendra de donner suite aux offres de preuve présentées par le Gouvernement défendeur; qu'il s'ensuit que cette partie de la requête d'Ofner n'apparaît pas manifestement mal fondée pour qu'elle puisse être rejetée dès le stade de la recevabilité par application de l'article 27 § 2 de la Convention;

La Commission décide en conséquence de rejeter les conclusions du Gouvernement défendeur selon lesquelles cette partie de la requête serait manifestement mal fondée;

Pour autant que le requérant se plaint du refus qui lui aurait été opposé de prendre connaissance de son dossier et de prendre, lors de la consultation, des notes écrites

Considérant que le requérant déclare qu'il s'était vu, à plusieurs reprises, refuser le droit de prendre connaissance de son dossier, et, surtout, de prendre des notes en consultant son dossier; que, ayant été inculpé le 18 novembre 1958, il aurait dû avoir, selon lui, à partir de ce jour, le droit, conformément à l'article 45 § 2 du Code autrichien de Procédure Pénale, de consulter son dossier et d'en prendre même copie; que ledit article 45 § 2 prévoit entre autres: "Après la signification de l'acte d'accusation, l'inculpé peut s'entretenir avec son défenseur hors de la présence d'un fonctionnaire judiciaire et tous les deux ont le droit de consulter les pièces du dossier, à l'exception des procès-verbaux de délibérations du Tribunal, et d'en prendre copie";

que le requérant expose les faits relatifs à ce grief comme suit:

(a) Il aurait demandé à consulter son dossier et à prendre des notes écrites pour la première fois en décembre 1958. Il aurait eu satisfaction les 17 et 19 décembre 1958, mais le fonctionnaire compétent lui aurait interdit de prendre des notes écrites, malgré l'autorisation expresse du juge.

(b) Le 22 décembre 1958, Ofner fait une nouvelle demande de consulter son dossier et de prendre des notes écrites. Se référant au refus qui lui a été opposé les 17 et 19 décembre, Ofner relève dans sa demande que son droit visé à l'article 45 § 2 du Code de Procédure Pénale a été violé et qu'il "est de ce fait fortement gêné dans sa défense". Cette demande n'aurait jamais reçu de réponse.

(c) On 11th February 1959, Ofner repeated his request. It was not until 3rd March 1959 that the authorisation was granted him; yet, when on 9th March he approached the official in charge for this purpose, the latter again forbade him to take written notes. Ofner therefore refused to sign the document certifying that he had acquainted himself with his case-file.

(d) On 4th March 1959, the judgment of the Regional Court of first instance was notified to his lawyer. On that day began the fourteen-day period in which the Applicant had to make his plea of nullity (*Nichtigkeitsbeschwerde*); this time-limit was therefore due to expire on 17th March 1959. On 10th March 1959 Ofner asked to be allowed to consult his file and to take written notes. In this request he mentioned the circumstances referred to under the foregoing paragraph (c), requested the intervention of the judge and said that he was not prepared to waive his right to consult his file and to take notes. On 11th and 12th March 1959, Ofner's lawyer approached the judge asking him to grant the Applicant's request. The judge signed the necessary authorisation on 12th March but this was not handed to Ofner until 17th March 1959. Hence the Applicant could not make effective use of these notes for his defence since the time-limit for putting forward his legal arguments was due to expire in a few hours. Hence the plea of nullity entered by his counsel on 17th March was of necessity not fully supported.

(e) On 27th April 1959, the Applicant submitted to the Supreme Court his views on the various points of the judgment of 22nd January 1959. His letter was not delivered until 4th May 1959, although the Supreme Court began the hearing of Ofner's appeal on 30th April 1959.

(f) On 10th May 1959, Ofner wrote to the Vienna Regional Court of first instance to complain of the delay in delivering his letter to the Supreme Court and a letter of 27th April 1959 to the Federal Ministry of Justice. In his letter to the Vienna Court the Applicant mentioned all the difficulties he had encountered when he had tried to consult his file and to take written notes;

Whereas in its written observations of 25th July 1960 and 10th October 1960, the Respondent Government stated that according to its records Ofner had been able to consult his file for the main hearing (held from 20th to 22nd January 1959) on the following dates: on 17th December 1958, from 12 to 2.30 p.m. and on 18th December 1958 from 8.45 a.m. to 12.45 p.m.; after the judgment of the Court of first instance had been delivered but before the decision of the Supreme Court of 30th April 1959, Ofner had been able to consult his file on 9th March 1959 from 12.50 p.m., to 2.15

(c) Le 11 février 1959, Ofner aurait demandé une nouvelle fois à consulter son dossier. Il n'aurait reçu l'autorisation nécessaire que le 3 mars 1959; toutefois, lorsqu'il s'est présenté le 9 mars au fonctionnaire compétent, celui-ci lui aurait de nouveau interdit de prendre des notes écrites. En conséquence, Ofner aurait refusé de signer le document certifiant qu'il avait pris connaissance de son dossier.

(d) Le 4 mars 1959, le jugement du Tribunal correctionnel régional aurait été signifié à son avocat. A partir de ce jour, courait le délai de 14 jours pour l'introduction du recours en annulation (*Nichtigkeitsbeschwerde*); ce délai expirait donc le 17 mars 1959. Le 10 mars 1959, Ofner demande à consulter son dossier et à prendre des notes écrites. Dans la demande, il expose l'incident rapporté ci-dessus sous (c), sollicite l'intervention du juge et souligne qu'il ne peut pas renoncer à son droit de consulter son dossier et de prendre des notes. Les 11 et 12 mars 1959, l'avocat de Ofner serait intervenu auprès du juge pour que satisfaction fût donnée au requérant. Le juge a signé l'autorisation nécessaire le 12 mars, mais celle-ci n'aurait été remise à Ofner que le 17 mars 1959. De ce fait, le requérant n'aurait pas pu utiliser efficacement les notes pour sa défense puisque le délai pour produire les derniers moyens de droit expirait quelques heures après. Le recours en annulation introduit par son avocat le 17 mars serait donc nécessairement incomplet.

(e) Le 27 avril 1959, le requérant adresse à la Cour Suprême une "prise de position" sur les différents points du jugement du 22 janvier 1959. La lettre n'aurait été expédiée que le 4 mai 1959 alors que la Cour Suprême a examiné le recours de Ofner dès le 30 avril 1959.

(f) Le 10 mai 1959, Ofner adresse une lettre au Tribunal correctionnel régional de Vienne pour se plaindre du retard apporté à l'expédition de sa lettre à la Cour Suprême et d'une lettre du 27 avril 1959 destinée au Ministère Fédéral de la Justice. Dans sa lettre au Tribunal de Vienne, le requérant expose toutes les difficultés qu'il a rencontrées lorsqu'il voulait consulter son dossier et prendre des notes écrites;

Considérant que dans ses observations écrites en date du 25 juillet 1960 et du 10 octobre 1960, le Gouvernement défendeur indique que l'enquête à laquelle ses services avaient procédé a montré que Ofner a pu consulter son dossier avant l'audience principale qui s'est déroulée du 20 au 22 janvier 1959 aux dates suivantes: le 17 décembre 1958 de 12 à 14 heures 30 et le 18 décembre 1958 de 8 heures 45 à 12 heures 45; qu'après le prononcé du jugement de première instance, mais avant l'arrêt de la Cour Suprême du 30 avril 1959, Ofner a pu consulter son dossier le 9 p.m. and on 16th March 1959 from 11.30 a.m. to 2.15 p.m.; that on 9th March 1959 Ofner had simply asked to be allowed to consult his case-file which was the reason why the decision did not provide for authorisation to take notes; whereas, however, according to the Respondent Government, despite the authorisation granted him by the trial judge, the Applicant had been forbidden to take notes when he had consulted his file on 17th and 18th December 1958 this was in order "in order to avoid disturbance to the service"; whereas, in fact, requests by prisoners to be allowed to consult their case-file and to take notes led to abuses and, as the administration lacked sufficient staff to transfer prisoners from the prison to the court and to supervise them while they were consulting their case-file, the President of the Vienna Court of first instance had had to decide that prisoners who were assisted by a lawyer would not "at peak periods" be authorised to take notes when consulting their case file so that this right could be accorded to prisoners who had no legal assistance; whereas, as Ofner had been represented during both the investigation and at the main hearing as well as in the course of the proceedings before the Supreme Court by his lawyer Dr. Josef Stürzenbaum, he had been authorised on 17th and 18th December 1958 to consult the case-file but not to take notes; whereas, furthermore, the plea of nullity, which was very detailed, showed that Dr. Stürzenbaum had consulted the case-file and had a precise and thorough knowledge of it; whereas, in conclusion, the Respondent Government considered that, as during the whole proceedings, Ofner was assisted by his lawyer who had the right to consult the case-file and to obtain a copy thereof – it was never contended that Dr. Stürzenbaum had been denied this right – and as the Applicant had himself had a fairly long time in which to consult his case-file and to take notes, there were no grounds for claiming that his right "to have adequate time for the preparation of his defence" had been violated;

Whereas in his reply of 2nd November 1960 to the observations of the Respondent Government, the Applicant pointed out that under article 45 (2) of the Austrian Code of Criminal Procedure, both the accused and his lawyer have the right to examine the case-file and to make a copy thereof; that when the one or the other is denied this right, this amounts to a denial of natural justice; that, furthermore, the grounds for the decision taken by the President of the Vienna Court of first instance to give permission to take notes only to prisoners who had no legal aid, did not in any way alter the fact that the rights of the defence had been violated in this case; that in any case these grounds did not entirely correspond to the facts; whereas in order to understand the role played mars 1959 de 12 heures 50 à 14 heures 15 et le 16 mars 1959 de 11 heures 30 à 14 heures 15; que le 9 mars 1959, Ofner a simplement demandé à consulter le dossier et c'est pourquoi la décision judiciaire ne contient pas l'autorisation de prendre des notes; que, cependant, selon le Gouvernement défendeur, malgré l'autorisation qui lui avait été accordée par le magistrat compétent, le requérant s'est vu interdire de prendre des notes lors de la consultation de son dossier les 17 et 18 décembre 1958 et ce "pour éviter une perturbation du service"; qu'en effet, les demandes des détenus de consulter leur dossier et de prendre des notes conduisant à des abus, et l'administration ne disposant pas d'un personnel suffisant pour assurer d'une part le transfèrement des détenus de la maison d'arrêt au Palais de Justice et d'autre part leur surveillance pendant qu'ils consultaient leur dossier, le Président du Tribunal correctionnel de Vienne a été contraint de décider que les détenus qui étaient assistés d'un avocat, ne seraient pas, "aux moments de pointe", autorisés à prendre des notes en consultant leur dossier afin que ce droit puisse être garanti aux détenus qui n'avaient pas d'avocat; qu'Ofner ayant été représenté tant au cours de l'instruction que pendant l'audience principale et pendant la procédure devant la Cour Suprême par l'avocat Dr. Josef Stürzenbaum il a été autorisé les 17 et 18 décembre 1958 à consulter le dossier, mais non à prendre des notes; que, d'ailleurs, l'importance du recours en annulation qui est très détaillé, montre que le Dr. Stürzenbaum, pour avoir consulté le dossier, le connaissait d'une manière précise et approfondie; qu'en conclusion, le Gouvernement défendeur estime que, comme pendant toute la procédure Ofner a été assisté par un avocat qui avait le droit de consulter le dossier et de s'en faire délivrer une copie – il n'a jamais été prétendu que le Dr. Stürzenbaum aurait été empêché dans l'exercice de ce droit – et comme le requérant a pu pendant un temps assez long consulter lui-même le dossier et prendre des notes, il n'y a aucune raison de penser que son droit "de disposer du temps nécessaire pour préparer sa défense" a été violé;

Considérant que dans sa réponse du 2 novembre 1960 aux observations du Gouvernement défendeur le requérant souligne que l'article 45 § 2 du Code autrichien de Procédure Pénale, garantit tant à l'avocat qu'à l'inculpé lui-même, le droit de prendre connaissance du dossier et d'en prendre copie; que lorsque ce droit est refusé à l'un d'eux, il y a atteinte aux droits de la défense; que, de plus, les motifs de la décision prise par le Président du Tribunal correctionnel de Vienne de limiter l'autorisation de prendre des notes aux seuls détenus qui ne sent pas assistés par un avocat, ne changent rien au fait que les droits de la défense ont été violés dans l'affaire le concernant; que d'ailleurs ces motifs ne correspondraient pas entièrement à la réalité; qu'enfin, pour apprécier le rôle de son by his lawyer throughout the whole proceedings it must be realised that for financial reasons, the Applicant was obliged, as far as possible, to dispense with the services of his lawyer because, at the time of his arrest, Ofner's family was in very necessitous circumstances; in conclusion, the Applicant requests the Commission to declare admissible his complaint concerning the violation of Article 6, paragraph (3) (b) of the Convention;

Whereas, as it has already had occasion to point out, the Commission was not set up to deal, as a higher instance, with alleged errors of law committed by the domestic courts of the Contracting Party; whereas it follows that it is not for the Commission to determine whether article 45 (2) of the Austrian Code of Penal Procedure has been respected in the Applicants' case; whereas, instructed to ensure the observance of undertakings entered into by the Contracting Parties under the Convention, the Commission, at this stage of the proceedings, is required to determine whether the provisions of the Convention appear to have been violated in the case under consideration;

Whereas according to paragraph (3) (b) of Article 6 of the Convention, everyone has the right to have adequate time and facilities for the preparation of his defence; whereas according to paragraph (3) (c) of the same Article, he can defend himself in person or through legal assistance of his own choosing; whereas it follows that the rights guaranteed by Article 6, paragraph (3) are both those of the accused and of the defence in general; whereas, in other words, a defending counsel, whether the legal representative of the accused or simply a person acting on his behalf, is entitled, *mutatis mutandis*, to the rights mentioned in the said paragraph (3) since these rights are intended to ensure the proper defence of the accused; whereas as a consequence of the foregoing, in order to determine whether the right to have adequate time and facilities for the preparation of the defence has been respected, account must be taken of the general situation of the defence and not only of the situation of the accused;

Whereas it is not disputed that Ofner's lawyer freely consulted his client's case-file; whereas he could have obtained a copy thereof and sent it to Ofner; whereas the Applicant himself consulted his case-file on several occasions; whereas nothing in the case-file and, in particular, of the plea of nullity and the appeal discloses even a *prima facie* violation of the right of the *defence* to have adequate time and facilities to prepare its case; whereas this part of the Application is therefore manifestly ill-founded and should accordingly be rejected in accordance with Article 27 (2) of the Convention;

avocat dans toute la procédure il faut tenir compte du fait que pour des raisons financières, le requérant s'est vu dans l'obligation de renoncer dans toute la mesure du possible au concours de son avocat, la famille d'Ofner se trouvant au moment de son arrestation dans le plus grand besoin; qu'en conclusion, le requérant demande à la Commission de déclarer recevable le grief concernant la violation de l'article 6 § 3 b de la Convention;

Considérant que, ainsi qu'elle a déjà eu l'occasion de le souligner, la Commission n'a pas été instituée pour connaître, en tant qu'instance supérieure des erreurs prétendues de droit commises par les tribunaux internes des Parties Contractantes; qu'il s'ensuit que la Commission n'a pas à apprécier si l'article 45 § 2 du Code autrichien de Procédure Pénale a été, ou non respecté dans l'affaire du requérant; que, chargée d'assurer le respect des engagements assumés par les Parties Contractantes en vertu de la Convention, la Commission a, à ce stade de la procédure, pour compétence de rechercher si les dispositions de la Convention semblent ou non avoir été violées dans l'affaire du requérant;

Considérant qu'aux termes du paragraphe 3 b de l'article 6 de la Convention, tout accusé a droit à "disposer du temps et des facilités nécessaires pour la préparation de sa défense"; que selon le paragraphe 3 c du même article, il peut assurer sa défense lui-même ou avec l'assistance d'un défenseur de son choix; qu'il s'ensuit que les droits garantis par le paragraphe 3 de l'article 6 sont aussi bien ceux de l'accusé que ceux de la défense en général; qu'en d'autres termes, un défenseur, qu'il soit juridiquement représentant de l'accusé ou qu'il soit simplement son mandataire, bénéficie, mutatis mutandis, des droits visés au paragraphe 3 puisque ces droits doivent permettre la défense efficace de l'accusé; qu'il résulte de ce qui précède que pour examiner si le droit à disposer du temps et des facilités nécessaires pour la préparation de la défense a été respecté, il faut tenir compte de l'ensemble de la situation faite à la défense et ne pas l'apprécier seulement en la personne de l'accusé;

Considérant qu'il n'est pas contesté que l'avocat d'Ofner a librement consulté le dossier de son client; qu'il aurait pu s'en faire délivrer copie et la communiquer à Ofner; que le requérant lui-même a consulté son dossier à plusieurs reprises; que l'examen de l'ensemble du dossier et en particulier du recours en annulation et de l'appel ne permet pas de dégager l'apparence même de violation du droit pour la *défense* de disposer du temps et des facilités nécessaires pour préparer le dossier de l'affaire; que cette partie de la requête se révèle donc manifestement mal fondée; qu'il convient dès lors de la rejeter par application de l'article 27 § 2 de la Convention;

Whereas in brief

1. Regarding the Applicant's complaint of the non-public character of the proceedings before the Supreme Court (Article 6, paragraph 1 of the Convention),

The Commission declares this part of the Application inadmissible as being incompatible with the provisions of the Convention and rejects it in accordance with Article 27, paragraph (2).

2. Regarding the Applicant's complaint that the proceedings before the Supreme Court did not constitute a full hearing (Article 6, paragraphs 1 and 3 (c)).

The Commission rejects the contention of the Respondent Government that this part of the Application is manifestly ill-founded;

3. Regarding the Applicant's complaint that he was sentenced for committing acts which are not offences under national or international law (Article 7, paragraph 1),

The Commission declares this part of the Application inadmissible as being manifestly ill-founded and rejects it in accordance with Article 27 (2) of the Convention;

4. Regarding the Applicant's complaint that, not having been informed of the change in the legal classification of the acts of which he was accused, he was unable to prepare his defence (Article 6, paragraphs 3 (a) and (b)),

The Commission rejects the claim of the Respondent Government that this part of the Application is manifestly ill-founded.

5. Regarding the Applicant's complaint that he was not allowed to consult his case-file and take notes thereon (Article 6, paragraph 3 (b)),

The Commission declares this part of the Application inadmissible as being manifestly ill-founded and rejects it in accordance with Article 27 (2) of the Convention;

Whereas no other ground for inadmissibility has been alleged in the observation of the Respondent Government or found by the Commission *ex officio*,

For these reasons, and without in any way prejudging the merits of the case,

Declares admissible and retains the part of the Application that relates to the absence of a full hearing before the Supreme Court and also the part that relates to the Applicant's complaint that, not having been informed of the change in the legal classification of the acts of which he was accused, he was unable to prepare his defence.

Considérant en résumé que

1. Pour autant que le requérant se plaint du caractère non public de la procédure devant la Cour Suprême (article 6 § 1 de la Convention),

La Commission déclare cette partie de la requête irrecevable comme incompatible avec les dispositions de la Convention et la rejette par application de l'article 27 § 2;

2. Pour autant que le requérant se plaint du caractère non contradictoire de la procédure devant la Cour Suprême (article 6 §§ 1 et 3 c),

La Commission rejette les conclusions du Gouvernement défendeur selon lesquelles cette partie de la requête serait manifestement mal fondée;

3. Pour autant que le requérant se plaint d'avoir été condamné pour avoir commis des actions qui ne constitueraient pas des infractions d'après le droit national ou international (article 7 § 1),

La Commission déclare cette partie de la requête irrecevable comme manifestement mal fondée et la rejette par application de l'article 27 § 2 de la Convention;

4. Pour autant que le requérant se plaint du fait que, n'ayant pas été informé du changement de qualification juridique des faits dont il était accusé, il n'a pas pu préparer sa défense (article 6 § 3 a et b),

La Commission rejette les conclusions du Gouvernement défendeur selon lesquelles cette partie de la requête serait manifestement mal fondée;

5. Pour autant que le requérant se plaint de n'avoir pas pu consulter son dossier et prendre des notes lors de la consultation (article 6 § 3 b),

La Commission déclare cette partie de la requête irrecevable comme manifestement mal fondée et la rejette par application de l'article 27 § 2 de la Convention;

Par ces motifs,

Aucun autre chef d'irrecevabilité n'étant soulevé par le Gouvernement défendeur dans ses observations, ni, d'office, par la Commission;

Tout moyen de fond étant réservé,

Déclare recevable et retient la requête pour autant qu'elle vise le caractère non contradictoire de la procédure devant la Cour Suprême et pour autant que le requérant se plaint du fait que, n'ayant pas été informé du changement de qualification juridique des faits dont il était accusé, il n'a pas pu préparer sa défense.

Application No. 596/59

Decision of 19th December 1960

I. RIGHT TO OBTAIN THE ATTENDANCE AND EXAMINATION OF WITNESSES FOR THE DEFENCE. EXHAUSTION OF DOMESTIC REMEDIES. ARTICLES 6, PARA. (3) (d) AND 26 OF THE CONVENTION.

II. RIGHT TO A PUBLIC HEARING. RESERVATION MADE BY RESPONDENT CONTRACTING PARTY (AUSTRIA). ARTICLES 6, PARA. (1) AND 64 OF THE CONVENTION.

III. RIGHT TO A FAIR HEARING. RIGHT OF AN ACCUSED PERSON TE DEFEND HIMSELF, IN PERSON OR THROUGH LEGAL ASSISTANCU OF HIS OWN CHOOSING. AUSTRIA. APPEAL PROCEEDINGS (BERUFUNG). COURT OF APPEAL (OBERLANDESGERICHT). STATUS OF PUBLIC PROSECUTOR. APPLICATION MANIFESTLY ILL-FOUNDED. ROLE OF THE COMMISSION ON THE STAGE OF EXAMINATION AS TO THE ADMISSIBILITY OF APPLICATIONS. ARTICLES 6, PARAS. (1) AND (3) (c) AND 27, PARA. (2) OF THE CONVENTION.

HAVING REGARD to the Application lodged on 30th August 1959 by Franz PATAKI against Austria and registered on 12th October 1959 under file No. 596/59.

HAVING REGARD to the Declaration made in accordance with Article 25 of the Convention for the Protection of Human Rights and Fundamental Freedoms on 3rd September 1958, whereby the Government of Austria recognised for a period of three years the competence of the European Commission of Human Rights to receive petitions from any person, non-governmental organisation or group of individuals claiming to be the victim of a violation by one of the High Contracting Parties of the rights set forth in the Convention;

Having deliberated,

THE FACTS

Whereas the facts of the case may be summarised as follows:

The Applicant is an Austrian citizen, born in 1920 in Hungary. He had previously been convicted several times on various charges and was released from detention on 9th December 1957.

Requête No. 596/59

Décision du 19 décembre 1960

I. DROIT A OBTENIR LA CONVOCATION ET L'INTERROGATION DES TEMOINS A DECHARGE. EPUISEMENT DES VOIES DE RECOURS INTERNES. ARTICLES 6 § 3 d ET 26 DE LA CONVENTION.

II. DROIT A CE QUE LA CAUSE SOIT ENTENDUE PUBLIQUEMENT. RESERVE FORMULEE PAR LA PARTIE CONTRACTANTE MISE EN CAUSE (AUTRICHE). ARTICLES 6 § 1 ET 64 DE LA CONVENTION.

III. DROIT A CE QUE LA CAUSE SOIT ENTENDUE EQUITABLEMENT. DROIT POUR TOUT ACCUSE DE SE DEFENDRE LUI-MEME OU D'AVOIR L'ASSISTANCE D'UN DEFENSEUR DE SON CHOIX. AUTRICHE. PROCEDURE D'APPEL (BERUFUNG). COUR D'APPEL (OBERLANDESGERICHT). STATUT DU MINISTERE PUBLIC. REQUETE MANIFESTEMENT MAL FONDEE. ROLE DE LA COMMISSION AU STADE DE L'EXAMEN DE LA RECEVABILITE DES REQUETES. ARTICLE 6 §§ 1 ET 3 c ET ARTICLE 27 § 2 DE LA CONVENTION.

(*Traduction*)

VU la requête introduite le 30 août 1959 par Franz PATAKI contre l'Autriche et enregistrée le 12 octobre 1959 sous le No. de dossier 596/59;

VU la déclaration du 3 septembre 1958 par laquelle le Gouvernement de la République d'Autriche a, conformément à l'article 25 de la Convention européenne des Droits de l'Homme, reconnu pour une période de trois ans la compétence de la Commission européenne des Droits de l'Homme à être saisie d'une requête par toute personne physique, toute organisation non gouvernementale ou tout groupe de particuliers qui se prétend victime d'une violation, par l'une des Hautes Parties Contractantes, des droits reconnus dans ladite Convention;

Après avoir délibéré,

EN FAIT

Considérant que les faits de la cause peuvent se résumer comme suit:

Le requérant, de nationalité autrichienne, est né en Hongrie en 1920. Après avoir subi plusieurs condamnations pour divers délits, il a été mis en liberté le 9 décembre 1957.

After his release, the Applicant went to France and Belgium but owing to his criminal record was not able to obtain steady employment He received information in Paris that his mother, who lived in Israel, had recently suffered a stroke and he decided to go to Haifa to visit her. In order to pay for the voyage, he obtained money by committing crimes in various countries. After a month in Israel (the duration of his visa) he returned to Turkey in June 1958 where he was taken ill with meningitis. He states that he committed theft to pay for the hospital bill.

On his return to Austria, the Applicant was indicted by the Austrian authorities on several charges of theft and fraud committed during the period from December 1957 to June 1958. He was convicted on 24th March 1959 by the Regional Criminal Court of Vienna (*Landsgericht für Strafsachen*), and was sentenced to three years' imprisonment (*schwerer Kerker*).

The Applicant states that he wished to call a medical expert during the proceedings to testify as to his health and recent diseases but that the Court rejected his request. However, the Court recognised that there were extenuating circumstances in the case and expressly took them into account when fixing the sentence at three years' imprisonment, the normal penalty for habitual criminals being between five and ten years.

The Applicant states that for this reason he did not appeal from the decision of the Regional Court. The Public Prosecutor, on the other hand, did appeal to the Regional Court of Appeal which on 29th April 1959 increased the sentence from three to six years' imprisonment, setting aside the lower court's grounds for its reduction.

The Applicant alleges that the trial was not held in public that neither the Applicant himself nor his lawyer was present and that the Court only heard the arguments of the Prosecutor. The judgment of the Court itself indicates that the session was not in public and that only the Public Prosecutor was heard. It also confirms that the Applicant's sentence was increased on the ground that the Court did not accept the existence of any extenuating circumstances.

The Applicant subsequently applied to the District Court (*Kreisgericht*) of Krems on 16th September 1959 for a reconsideration of his case but this application was rejected on 30th September 1959;

THE ALLEGATIONS OF THE APPLICANT

Whereas the Applicant alleges violations of:

1. Article 6, paragraph (3) (d) and Article 13 of the Convention

Après sa libération, le requérant se rendit en France et en Belgique, mais, en raison de son casier judiciaire, il ne put obtenir un emploi stable. Ayant appris à Paris que sa mère, qui demeurait en Israël, venait d'être frappée d'une attaque, il décida d'aller à Haïfa pour lui rendre visite. Pour payer ses frais de voyage, il se procura de l'argent en commettant des délits dans divers pays. Après un séjour d'un mois en Israël (correspondant à la durée de son visa), il repartit en juin 1958 pour la Turquie où il fut atteint de méningite. Il déclare avoir commis un vol pour régler sa note d'hôpital.

A son retour en Autriche, le requérant a été inculpé par les autorités autrichiennes de plusieurs délits de vol et abus de confiance commis entre décembre 1957 et juin 1958. Le 24 mars 1959, le Tribunal correctionnel régional de Vienne (*Landesgericht für Strafsachen*) l'a reconnu coupable et condamné à trois ans d'emprisonnement (*schwerer Kerker*).

Le requérant déclare qu'il désirait faire entendre un expert médical au cours de la procédure pour que ce dernier témoignât de son état de santé et de ses récentes maladies, mais que le tribunal a rejeté sa demande. Toutefois, celui-ci a reconnu qu'il existait dans son cas des circonstances atténuantes et il les a prises expressément en considération lorsqu'il a fixé la peine à trois ans d'emprisonnement, la peine normale pour les récidivistes étant de cinq à dix ans.

Le requérant déclare que, pour ce motif, il n'a pas interjeté appel de la décision du Tribunal régional. Le Ministère public, en revanche, a interjeté appel auprès de la Cour d'appel régionale qui, le 29 avril 1959, a porté la peine de trois à six ans d'emprisonnement, écartant ainsi les motifs invoqués par le Tribunal précédent pour la réduire.

Le requérant allègue que le procès n'a pas eu lieu en public, que ni lui-même ni son avocat n'étaient présents et que la Cour a seulement entendu le Ministère Public. L'arrêt de la Cour indique d'ailleurs que les audiences n'ont pas été publiques et que seul le Procureur a été entendu. Il confirme également que la peine infligée au requérant a été aggravée du fait que la Cour n'a admis l'existence d'aucune circonstance atténuante.

Le requérant a, par la suite, demandé au Tribunal de district (*Kreisgericht*) de Krems, le 16 septembre 1959, de réexaminer sa cause, mais cette demande a été rejetée le 30 septembre 1959;

GRIEFS DU REQUERANT

Considérant que le requérant allègue la violation:

1. de l'article 6, paragraphe 3 d), et de l'article 13 de la Con-

in that during the proceedings the Regional Court of Vienna rejected his request for the calling of a medical expert as witness;

2. Article 6 of the Convention in that the proceedings before the Regional Court of Appeal were not held in public;

3. Article 6 of the Convention in that neither the Applicant himself nor his lawyer were allowed to be present during the proceedings before the Regional Court of Appeal and in that only the arguments of the Public Prosecutor were heard.

Whereas the Applicant now claims a new trial on the grounds of the alleged violation of Article 6 as described above;

THE PROCEEDINGS BEFORE THE COMMISSION

Having regard to the Report dated 3rd August 1960 prepared in conformity with Rule 45, paragraph 1, of the Rules of Procedure of the Commission;

Having regard to the Commission's decision of 5th August 1960, in which:

(a) it rejected that part of the Application which relates to alleged violations of Article 6, paragraph (3) (d), Article 13 and Article 6 (the non-public character of the proceedings at the hearing of the Appeal) of the Convention;

(b) it decided to give notice, in accordance with Rule 45, paragraph (3) (b) of the Rules of Procedure, of the Application to the Government of Austria and to invite the Government to submit to the Commission, within a period of six weeks, its observations in writing as to the admissibility of the remainder of the Application which relates to the Applicant's allegations that Article 6, paragraphs (1) ("fair hearing") and (3) (c) were violated in that the Public Prosecutor, but not the Applicant or his counsel was heard when the Court of Appeal (*Oberlandesgericht*) of Vienna considered and upheld the Public Prosecutor's appeal and increased the sentence from three to six years;

Whereas the Respondent Government submitted its observations on 3rd October 1960, to which the Applicant replied in a letter of 4th November 1960;

THE LAW

As regards the alleged violations of Articles 6, paragraph (3) (d) and 13 of the Convention:

Whereas under Article 26 of the Convention on Human Rights and Fundamental Freedoms the Commission may only deal with a vention, du fait qu'au cours de la procédure le Tribunal régional de Vienne a rejeté sa demande tendant à faire entendre un expert médical comme témoin;

2. de l'article 6 de la Convention, du fait que les débats devant la Cour d'appel régionale ne se sont pas déroulés en public;

3. de l'article 6 de la Convention, du fait que ni le requérant lui-même ni son avocat n'ont été autorisés à être présents aux débats devant la Cour d'appel régionale et que celle-ci n'a entendu que les arguments du Ministère Public;

Considérant que le requérant réclame maintenant un nouveau procès en se fondant sur la violation prétendue de l'article 6 ci-dessus exposée;

PROCEDURE DEVANT LA COMMISSION

Vu le rapport du 3 août 1960 établi conformément au paragraphe 1 de l'article 45 du Règlement intérieur de la Commission;

Vu la décision du 5 août 1960 par laquelle la Commission

(a) a rejeté la partie de la requête concernant les violations prétendues de l'article 6 paragraphe 3 d), de l'article 13 et de l'article 6 de la Convention (caractère non public de la procédure lors de l'audience devant la Cour d'appel);

(b) a décidé, conformément à l'article 45, paragraphe 3 b), du Règlement intérieur, de donner connaissance de la requête au Gouvernement autrichien et d'inviter celui-ci à présenter à la Commission, dans un délai de six semaines, ses observations écrites sur la recevabilité des autres parties de la requête, concernant les allégations du requérant selon lesquelles les dispositions de l'article 6, paragraphe 1 ("droit à ce que la cause soit entendue équitablement") et paragraphe 3 c), auraient été violées du fait que le Procureur supérieur, mais non le requérant ou son avocat, a été entendu lorsque la Cour d'appel régionale (*Oberlandesgericht*) de Vienne a examiné l'appel du Ministère Public et aggravé la peine en la portant de trois à six ans;

Considérant que le Gouvernement défendeur a, le 3 octobre 1960, soumis ses observations, auxquelles le requérant a répondu par sa lettre du 4 novembre 1960;

EN DROIT

En ce qui concerne les violations prétendues des articles 6, paragraphe 3 d), et 13 de la Convention

Considérant qu'aux termes de l'article 26 de la Convention de sauvegarde des Droits de l'Homme et des Libertés fondamentales matter after all domestic remedies have been exhausted according to the generally recognised rules of international law; and whereas under Austrian law the Applicant had the right to appeal to a higher court against the rejection of his request that a medical expert should be called to give evidence during the proceedings before the Regional Court of Vienna but he did not avail himself of this remedy; whereas, moreover, an examination of the case as it has been submitted, including an examination *ex officio*, does not disclose the existence of any special circumstances which might have absolved the Applicant, according to the generally recognised rules of international law, from exhausting the domestic remedies at his disposal; whereas it follows that the condition as to the exhaustion of domestic remedies laid down in Article 26 has not been complied with by the Applicant; whereas, therefore, this part of the Application must be rejected in accordance with Article 27, paragraph (3), of the Convention;

As regards the alleged violation of Article 6 of the Convention in that the proceedings before the Regional Court of Appeal were not held in public

Whereas the instrument of ratification deposited by Austria contains the following reservation:

"The provisions of article 6 of the Convention shall be so applied that there shall be no prejudice to the principles governing public court hearings laid down in article 90 of the 1929 version of the Federal Constitutional Law";

Whereas the said article 90 provides that:

"Hearings of proceedings in civil and criminal cases before the trial court shall be oral and public. Exceptions may be prescribed by law".

Whereas article 294, paragraph 3, of the Austrian Code of Criminal Procedure does expressly prescribe that the Court of Appeal "takes the decision in a closed session ..."; whereas, therefore, the Applicant's complaint in regard to the non-public character of the proceedings at the hearing of his appeal falls under the reservation made by the Austrian Government at the time of its ratification of the Convention; whereas it follows that this part of the Application is incompatible with the provisions of the Convention as they apply to the Respondent Government and must be rejected in accordance with Article 27, paragraph (2) of the Convention;

la Commission ne peut être saisie qu'après l'épuisement des voies de recours internes, tel qu'il est entendu selon les principes de droit international généralement reconnus; qu'en vertu du droit autrichien le requérant avait la faculté d'interjeter appel auprès d'une juridiction supérieure contre le rejet de sa demande tendant à ce qu'un expert médical soit entendu comme témoin au cours de la procédure devant le Tribunal régional de Vienne, mais qu'il n'a pas exercé ce recours; qu'au surplus, l'examen du dossier tel qu'il se présente ne permet pas de dégager, même d'office, l'existence de circonstances particulières de nature à relever le requérant, selon les principes de droit international généralement reconnus, de l'obligation d'épuiser les voies de recours internes dont il disposait; qu'il appert donc que le requérant n'a pas observé la prescription précitée de l'article 26 en ce qui concerne l'épuisement des voies de recours internes; qu'il y a lieu, dès lors, de rejeter cette partie de la requête de ce chef, par application de l'article 27, paragraphe 3, de la Convention;

En ce qui concerne la violation prétendue de l'article 6 de la Convention résultant du fait que la procédure devant la Cour d'appel régionale ne s'est pas déroulée en public

Considérant que l'instrument de ratification déposé par l'Autriche contient la réserve suivante:

"... les dispositions de l'article 6 de la Convention seront appliquées dans la mesure où elles ne portent atteinte en aucune façon aux principes relatifs à la publicité de la procédure judiciaire, énoncés à l'article 90 de la Loi fédérale constitutionnelle dans sa version de 1929";

Considérant que ledit article 90 stipule que:

"... les débats devant les tribunaux en matière civile et pénale sont oraux et publics, sauf les exceptions prévues par la loi";

Considérant que l'article 294, paragraphe 3, du Code autrichien de Procédure Pénale prescrit expressément que la Cour d'appel "prend la décision à huis clos ..."; qu'en conséquence, le grief du requérant relatif au caractère non public de la procédure lors de l'audience d'appel tombe sous le coup de la réserve formulée par le Gouvernement autrichien au moment où il a ratifié la Convention; qu'il s'ensuit que cette partie de la requête est incompatible avec les dispositions de la Convention telles qu'elles sont applicables à l'égard du Gouvernement défendeur; qu'il y a lieu, dès lors, de la rejeter de ce chef, par application de l'article 27, paragraphe 2, de la Convention;

As regards the alleged violations of Article 6, paragraphs (1) and (3) (c) of the Convention

Whereas article 6, paragraph (1) of the Convention provides *inter alia:*

> "In the determination ... of any criminal charge against him everyone is entitled to a fair ... hearing ...".

and whereas Article 6, paragraph (3) (c) provides:

> "Everyone charged with a criminal offence has the following minimum rights: ... to defend himself in person or through legal assistance of his own choosing ...".

Whereas article 294 of the Austrian Code of Criminal Procedure provides:

1. The appeal shall be lodged with the Court of first instance within the time-limit specified in Section 284. It shall have staying effect only if it is directed against the type of penalty, or, where the accused is appealing against the severity of the penalty, if he does not himself declare his readiness to begin serving the sentence in the meantime.
2. A copy of the judgment must be served upon the appellant if this has not already been done. The appellant shall have the right to submit in duplicate a memorial stating the grounds for his appeal to the Court within fourteen days after notice of appeal has been given or, if a copy of the judgment has not been served upon him until after the lodging of the appeal, within fourteen days after such service. Either in his memorial, or in the notice of appeal, he must clearly state the circumstances on which the appeal is founded, otherwise no consideration can be given to it by the Court of second instance. Notice of appeal, containing the grounds therefor, or the appellant's memorial lodged within the prescribed time-limit, shall be communicated to the other party with the intimation that he may submit his rejoinder within fourteen days.
3. After the rejoinder has been submitted, or after expiry of the prescribed time-limit therefor, all the documents in the case shall be laid before the Court of second instance which, sitting in camera, shall give judgment on the appeal after hearing the Public Prosecutor (*Oberstaatsanwalt*);

Whereas the Applicant alleges that the requirements of Article 6 of the Convention were not complied with in his case, in that when the Regional Court of Appeal heard the appeal neither he nor his lawyer was present although the Public Prosecutor was heard; that where the accused has had previous convictions, the prosecuting authorities, who go by the strict letter of the law, are *a*

En ce qui concerne les violations prétendues de l'article 6, paragraphes 1 et 3 c), de la Convention

Considérant que l'article 6, paragraphe 1 de la Convention prévoit notamment que:

> "toute personne a droit à ce que sa cause soit entendue équitablement ... par un tribunal ... qui décidera ... du bien-fondé de toute accusation en matière pénale dirigée contre elle ...".

et que l'article 6, paragraphe 3 c), dispose:

> "tout accusé a droit notamment à ... se défendre lui-même ou avoir l'assistance d'un défenseur de son choix ...";

Considérant que l'article 294 du Code autrichien de Procédure Pénale prescrit ce qui suit:

1. L'appel est interjeté devant le Tribunal de première instance dans le délai spécifié à l'article 284. Il n'a effet suspensif que s'il est dirigé contre la nature de la peine prononcée ou, lorsque le prévenu fait appel du montant de la peine, s'il ne déclare pas lui-même qu'il est disposé à commencer à la purger entre-temps.

2. Le jugement doit être signifié à l'appelant si cela n'a déjà été fait. L'appelant a le droit de soumettre au Tribunal, en double exemplaire, un mémoire exposant ses moyens d'appel dans les quatorze jours qui suivent la notification de l'appel ou, si le jugement ne lui a été signifié qu'après l'introduction de l'appel, dans les quatorze jours qui suivent cette signification. L'appelant doit, soit dans son mémoire, soit dans l'acte d'appel, exposer clairement les circonstances sur lesquelles se fonde l'appel, faute de quoi celui-ci ne peut être pris en considération par le Tribunal de deuxième instance. L'acte d'appel, contenant les moyens à l'appui, ou le mémoire de l'appelant déposé dans le délai prescrit, doit être communiqué à l'autre partie, à qui il est intimé qu'elle peut soumettre sa réplique dans les quatorze jours.

3. Après la soumission de la réplique, ou après l'expiration du délai prescrit à ce sujet, toutes les pièces du dossier sont transmises au Tribunal de deuxième instance qui, siégeant à huis clos, statue sur l'appel après avoir entendu le Procureur supérieur (*Oberstaatsanwalt*);

Considérant que le requérant allègue que les prescriptions de l'article 6 de la Convention n'ont pas été observées dans son cas du fait que, lorsque la Cour d'appel régionale a examiné l'appel, ni lui ni son avocat n'étaient présents alors que le Procureur supérieur a été entendu; que, lorsque le prévenu a déjà subi des condamnations, le Ministère Public, qui s'en tient à la lettre stricte de la *priori* prejudiced; that he was denied the possibility of defending himself before a tribunal which rejected the existence of the extenuating circumstances considered relevant by the Court of first instance; that when the Court of first instance which bases its judgment partly on its personal impression of the responsibility of the accused grants a mitigation of sentence on the grounds of extenuating circumstances, this impression and the human circumstances involved in the responsibility of the accused constitute the decisive elements in the deliberations at which the sentence is determined; that the submission of a rejoinder to the Attorney-General's appeal within 14 days does not in any way equal the effect of the presence of the accused or his lawyer and does not enable the Court to form its impression of the accused; that the Public Prosecutor could not be objective in his presentation of the arguments before the Regional Court of Appeal as the aim of an appeal lodged by the Public Prosecutor is an attempt to secure from the Court of Appeal an aggravation of the sentence; that so far as he is aware no case has yet arisen where the Attorney-General has in any way corrected or withdrawn in the defendant's favour a petition for an aggravation of the sentence; that the present rules of procedure have been severely criticised by the Austrian Law Society and by the Press as being obsolete and in need of a reform.

Whereas the Respondent Government submits that the proceedings before the Regional Court of Appeal do not infringe the rights guaranteed in Article 6 of the Convention; that when the Public Prosecutor appeals against a sentence rendered by a Court of first instance notice of appeal must, under Section 294 (2) of the Austrian Code of Criminal Procedure, be communicated to the convicted person together with the information that he may submit a rejoinder within a period of 14 days; that the Court of Appeal thus takes cognisance of his objections to the Public Prosecutor's appeal and the two parties are then on an equal footing; that the defendant enjoys an advantage over the Public Prosecutor that, unlike the latter, he is not required to be objective; in that the prosecuting organs are not merely prosecutors, but like all other "authorities involved in criminal proceedings", required to adopt an objective attitude, and to give equal consideration to the circumstances militating in favour of or against the accused; that the fact that the Court of Appeal hears the Attorney-General before taking a decision does not mean that the latter is present when the voting takes place, but only that he is given an opportunity to express an opinion; that the Attorney-General in his statement may not, in any way, broaden the grounds of the public prosecutor's appeal or intensify the charge; that the effect of hearing the Attorney-General, who is bound by the rule of objectivity, is rather to give him the loi a, *a priori*, des préventions à son encontre; que la possibilité lui a été refusée de se défendre devant une Cour qui n'a pas admis l'existence des circonstances atténuantes considérées comme pertinentes par le Tribunal de première instance; que, lorsque ce tribunal, qui fonde son jugement en partie sur l'impression personnelle qu'il a de la responsabilité de l'inculpé, accorde une atténuation de la peine en raison de circonstances atténuantes, cette impression et les facteurs humains qui entrent en jeu dans la responsabilité de l'inculpé constituent les éléments déterminants des délibérations au cours desquelles la peine est fixée; que la soumission d'une réplique à l'appel du Ministère Public dans un délai de 14 jours n'équivaut en aucune manière à la présence du prévenu ou de son avocat et ne permet pas à la Cour de se faire une opinion sur le prévenu; que le Procureur supérieur ne pouvait être objectif en présentant ses arguments devant la Cour d'appel régionale étant donné que l'objet d'un appel interjeté par le Ministère Public est d'obtenir de la Cour d'appel une aggravation de la peine; qu'à sa connaissance il ne s'est encore produit aucun cas où le Procureur supérieur ait en quelque façon modifié ou retiré, en faveur de l'intimé, une demande d'aggravation de la peine; que les règles de procédure en vigueur ont été sévèrement critiquées par l'Association des avocats autrichiens et par la presse comme périmées et nécessitant une réforme;

Considérant que le Gouvernement défendeur fait valoir que la procédure devant la Cour d'appel régionale ne porte pas atteinte aux droits garantis par l'article 6 de la Convention; que, lorsque le Ministère Public appelle d'un jugement rendu par un Tribunal de première instance, notification de l'appel doit, en vertu de l'article 294, paragraphe 2) du Code autrichien de Procédure Pénale, être faite au prévenu, qui doit être en même temps informé qu'il peut présenter une réplique dans un délai de 14 jours; que la Cour d'appel prend ainsi connaissance des objections élevées par lui contre l'appel du Ministère Public et que les deux parties sont alors placées sur un pied d'égalité; que l'intimé a un avantage sur le Ministère Public du fait que, contrairement à ce dernier, il n'est pas tenu à l'objectivité; que les autorités de poursuite ne sont pas seulement des accusateurs mais doivent, comme toutes les autres "autorités qui interviennent dans la procédure pénale", adopter une attitude objective et accorder une égale considération aux circonstances qui militent pour ou contre le prévenu; que le fait que la Cour d'appel entend le Procureur supérieur avant de prendre une décision ne signifie pas que ce dernier soit présent lorsque le vote a lieu, mais seulement qu'il a la possibilité de donner son avis; que, dans son exposé, le Procureur supérieur ne peut en aucune façon développer les moyens d'appel du Ministère Public ou renforcer l'accusation; que l'audition du Procureur supérieur, qui est tenu à l'objectivité, a plutôt pour effet opportunity to withdraw any unjustified appeal lodged by a subordinate public prosecutor or to ensure that the law is upheld by entering an appeal for the annulment of erroneous judicial decisions injurious to the accused.

Whereas it is not contested that in the present case the appeal was decided after hearing the arguments of the representative of the Public Prosecutor in the absence both of the accused and his lawyer, in accordance with the procedure laid down in Section 294 (2) of the Austrian Code of Criminal Procedure; whereas therefore the question for determination in the present Application is the conformity or otherwise of this Section of the Code of Criminal Procedure with Article 6 of the Convention and, in particular, paragraphs (1) and (3) (c) thereof;

Whereas it is true that Article 27, paragraph (2), of the Convention requires the Commission to declare inadmissible any application from an individual which it considers to be "manifestly ill-founded"; and whereas the "travaux préparatoires" of the Convention reveal that the introduction of this special ground of inadmissibility into Article 27 of the Convention was due to the concern of the Contracting Parties to exclude from the consideration of the Commission applications which do not merit its attention; whereas it follows that at the present stage of the proceedings the task of the Commission is not to determine whether an examination of the case submitted by the Applicant discloses the actual existence of a violation of one of the rights and freedoms guaranteed by the Convention but only to determine whether it excludes any possibility of the existence of such a violation; whereas, moreover, in a long series of previous decisions the Commission has consistently acted on the principle that an application should be declared inadmissible as being manifestly ill-founded only when a preliminary examination of the case does not disclose any appearance of a violation of the Convention; and whereas in Applications Nos. 214/56 (De Becker against Belgium), 332/57 (Lawless against Ireland) and 343/57 (Schouw Nielsen against Denmark) it was on the basis of this principle that the Commission decided not to reject as manifestly ill-founded but to retain for closer examination certain of the complaints contained in those Applications;

Whereas in the present case the Parties have submitted in writing their observations concerning the admissibility of the Applicant's complaint in regard to the procedure followed by the Regional Court of Appeal; whereas, however, a preliminary examination of the information and arguments submitted by the Parties does not enable the Commission to determine here and now whether the facts of this complaint exclude any possibility of a violation of the Convention; whereas, moreover, to carry the preliminary examination of the complaint beyond the point which it has now reached de lui donner l'occasion de retirer tout appel injustifié, interjeté par un Procureur qui lui est subordonné, ou d'assurer le respect de la loi en introduisant un recours en annulation de décisions judiciaires erronées qui lèsent les intérêts du prévenu;

Considérant qu'il n'est pas contesté que, dans la présente affaire, il a été statué sur l'appel après audition du représentant du Ministère Public, en l'absence à la fois du prévenu et de son avocat, conformément à la procédure fixée par l'article 294, paragraphe 2 du Code autrichien de Procédure Pénale; que la question à trancher au sujet de la présente requête est donc de savoir si cet article du Code de Procédure Pénale est conforme ou non à l'article 6 de la Convention et, en particulier, aux paragraphes 1 et 3 c) de celui-ci;

Considérant que, s'il est vrai que le paragraphe 2 de l'article 27 de la Convention stipule que la Commission déclare irrecevable toute requête individuelle qu'elle estime "manifestement mal fondée", l'étude des travaux préparatoires de la Convention montre que l'introduction de ce chef particulier d'irrecevabilité dans l'article 27 de la Convention témoigne de la volonté des Hautes Parties Contractantes d'empêcher que la Commission ait à examiner des requêtes qui ne méritent pas de retenir son attention; qu'il s'ensuit qu'au stade actuel de la procédure, la Commission n'a pas à déterminer si l'examen de l'affaire qui lui est soumise par le requérant révèle l'existence d'une violation de l'un des droits et libertés garantis par la Convention, mais seulement à déterminer si cet examen exclut toute possibilité d'une telle violation; que, d'ailleurs, il ressort d'un grand nombre de décisions antérieures que la Commission a toujours estimé qu'une requête ne peut être déclarée irrecevable comme manifestement mal fondée que lorsqu'un premier examen de l'affaire ne permet pas de dégager l'apparence même d'une violation de la Convention; que c'est en application de ce principe que la Commission a décidé de ne pas rejeter comme manifestement mal fondés, mais de retenir pour un examen au fond, certains des griefs soulevés dans les requêtes Nos. 214/56 (De Becker c. Belgique), 332/57 (Lawless c. Irlande) et 343/57 (Schouw Nielsen c. Danemark);

Considérant qu'en l'espèce, les Parties ont soumis leurs observations écrites sur la recevabilité du grief formulé par le requérant au sujet de la procédure suivie devant la Cour d'appel régionale; que, toutefois, un premier examen des informations et des arguments soumis par les Parties ne permet pas à la Commission de conclure d'ores et déjà que les faits de la cause excluent toute possibilité d'une violation de la Convention; que, de plus, si la Commission voulait pousser plus avant le premier examen de ce grief en ayant recours soit à la procédure écrite, soit à la procédure orale, elle by pursuing the matter further, whether in written or oral proceedings, would necessarily entail going fully into the merits of the case; whereas it follows that the Applicant's complaint in regard to the procedure followed by the Regional Court of Appeal in dealing with the appeal in his case cannot be regarded as manifestly ill-founded within the meaning of Article 27, paragraph 2, of the Convention and cannot be declared inadmissible on that ground;

Whereas no other ground for inadmissibility has been alleged in the pleadings of the Government or found by the Commission *ex officio;*

For these reasons, and without in any way prejudging the merits of the case the Commission

Declares admissible and retains that part of the Application which relates to the compatibility of Section 294, paragraph 3, of the Austrian Code of Criminal Procedure and of the procedure followed by the Regional Court of Appeal in the present case with the provisions of Article 6, paragraphs (1) and (3) (c), of the Convention.

Application No. 617/59

Decision of 19th December 1960

I. RIGHT TO A PUBLIC HEARING. RESERVATION MADE BY RESPONDENT CONTRACTING PARTY (AUSTRIA). ARTICLES 6, PARA. (1) AND 64 OF THE CONVENTION.

II. RIGHT TO A FAIR HEARING. RIGHT OF AN ACCUSED PERSON TO DEFEND HIMSELF, IN PERSON OR THROUGH LEGAL ASSISTANCE OF HIS OWN CHOOSING. AUSTRIA. APPEAL PROCEEDINGS (BERUFUNG) AND ANNULMENT PROCEEDINGS (NICHTIGKEITSBESCHWERDE). SUPREME COURT. STATUS OF PUBLIC PROSECUTOR. APPLICATION MANIFESTLY ILL-FOUNDED. ROLE OF THE COMMISSION ON THE STAGE OF EXAMINATION AS TO THE ADMISSIBILITY OF APPLICATIONS. ARTICLES 6, PARAS. (1) AND (3) (c), AND 27, PARA. (2) OF THE CONVENTION.

III. RIGHT TO HAVE ADEQUATE TIME AND FACILITIES FOR THE PREPARATION OF THE DEFENCE. CONSULTATION OF CASE-FILE. EXHAUSTION OF DOMESTIC REMEDIES. ALLEGATION NOT RAISED BEFORE THE DOMESTIC COURT OF LAST RESORT. ARTICLES 6, PARA. (3) (b) AND 26 OF THE CONVENTION.

serait nécessairement amenée à aborder le fond de l'affaire; qu'il s'ensuit que le grief du requérant relatif à la procédure suivie par la Cour d'appel régionale pour examiner l'appel interjeté dans son cas ne peut être considéré comme manifestement mal fondé au sens de l'article 27, paragraphe 2 de la Convention, et ne peut être déclaré irrecevable pour ce motif;

Considérant qu'aucun autre chef d'irrecevabilité n'a été soulevé par le Gouvernement dans ses observations, ni, d'office, par la Commission;

Par ces motifs, et tout moyen de fond étant réservé, la Commission

Déclare recevable et retient la partie de la requête concernant la compatibilité de l'article 294, paragraphe 3 du Code autrichien de Procédure Pénale et de la procédure suivie par la Cour d'appel régionale dans la présente affaire avec les dispositions de l'article 6, paragraphes 1 et 3 c) de la Convention.

Requête No. 617/59

Décision du 19 décembre 1960

I. DROIT A CE QUE LA CAUSE SOIT ENTENDUE PUBLIQUEMENT. RESERVE FORMULEE PAR LA PARTIE CONTRACTANTE MISE EN CAUSE (AUTRICHE). ARTICLES 6 § 1 ET 64 DE LA CONVENTION.

II. DROIT A CE QUE LA CAUSE SOIT ENTENDUE EQUITABLEMENT. DROIT POUR TOUT ACCUSE DE SE DEFENDRE LUI-MEME OU D'AVOIR L'ASSISTANCE D'UN DEFENSEUR DE SON CHOIX. AUTRICHE. PROCEDURE D'APPEL (BERUFUNG) ET DE RECOURS EN ANNULATION (NICHTIGKEITSBESCHWERDE). COUR SUPREME. STATUT DU PROCUREUR GENERAL. REQUETE MANIFESTEMENT MAL FONDEE. ROLE DE LA COMMISSION AU STADE DE L'EXAMEN DE LA RECEVABILITE DES REQUETES. ARTICLE 6 §§ 1 ET 3 C ET ARTICLE 27 § 2 DE LA CONVENTION.

III. DROIT A DISPOSER DU TEMPS ET DES FACILITES NECESSAIRES POUR LA PREPARATION DE LA DEFENSE. CONSULTATION DU DOSSIER. EPUISEMENT DES VOIES DE RECOURS INTERNES. GRIEF NON SOULEVE DEVANT LA COUR COMPETENTE EN DERNIER RESSORT. ARTICLES 6 §§ 3 b ET 26 DE LA CONVENON.

IV. RIGHT TO OBTAIN THE ATTENDANCE AND EXAMINATION OF WITNESSES FOR THE DEFENCE. REFUSAL BY THE COURT TO CALL WITNESSES REQUESTED BY THE DEFENCE. ARTICLE 6, PARA. (3) (d) OF THE COURT.

(*Translation*)

HAVING REGARD to the Application lodged on 24th September 1959 by Alois HOPFINGER against Austria and registered on 30th October 1959 under File No. 617/59,

HAVING REGARD to the declaration made in accordance with Article 25 of the Convention for the Protection of Human Rights and Fundamental Freedoms on 3rd September 1958 whereby the Government of Austria recognised for a period of three years the competence of the European Commission of Human Rights to receive petitions from any person, non-governmental organisation or group of individuals claiming to be the victim of a violation by one of the High Contracting Parties of the rights set forth in the Convention;

Having deliberated,

THE FACTS

Whereas the facts of the case may be summarised as follows:

The Applicant is an Austrian citizen born in 1924 and is at present detained in prison at Stein/Donau where he is serving a sentence of seven years passed upon him on 3rd February 1959 by the Criminal Court of Vienna (*Landesgericht für Strafsachen*) for having defrauded his employer of a sum of Austrian Sch. equivalent to £2,812 sterling.

Hopfinger, who has already been convicted on several occasions for theft, false pretences and fraudulent conversion was engaged, on account of his knowledge of foreign languages, in February 1955 by Messrs. Böhler and Company who have business relations with, among other firms, Messrs. Taylor and Company in London. On a certain date Taylor and Company owed the sum of £6,812 to Böhler and Company. The Applicant is alleged to have written a personal letter to the manager of the English company leading him to believe that Messrs. Böhler, being desirous, in particular for political reasons, of obtaining the rapid settlement of the above-mentioned sum, would be prepared to waive payment of £4,000 on condition of the immediate payment of the balance of £2,812.

When Messrs. Taylor requested confirmation of this proposal, Hopfinger inserted into a letter already signed by his superior a

IV. DROIT A OBTENIR LA CONVOCATION ET L'INTERROGATION DES TEMOINS A DECHARGE. REFUS DU TRIBUNAL DE CONVOQUER LES PERSONNES CITEES PAR LA DEFENSE. ARTICLE 6 § 3 d DE LA CONVENTION.

VU la requête introduite le 24 septembre 1959 par Alois HOPFINGER contre l'Autriche et enregistrée le 30 octobre 1959 sous le no. de dossier 617/59;

VU la déclaration du 3 septembre 1958 par laquelle le Gouvernement de la République d'Autriche a, conformément à l'article 25 de la Convention européenne des Droits de l'Homme, reconnu pour une période de trois ans la compétence de la Commission européenne des Droits de l'Homme à être saisie d'une requête par toute personne physique, toute organisation non gouvernementale ou tout groupe de particuliers qui se prétend victime d'une violation par l'une des Hautes Parties Contractantes, des droits reconnus dans ladite Convention;

Après avoir délibéré,

FAITS DE LA CAUSE

Considérant que les faits de la cause peuvent être résumés comme suit:

Le requérant, de nationalité autrichienne, né en 1924, est actuellement détenu à la prison de Stein/Donau où il purge une peine de 7 ans de réclusion à laquelle il a été condamné le 3 février 1959 par le Tribunal correctionnel régional de Vienne (*Landesgericht für Strafsachen*) pour avoir escroqué, au détriment de son employeur, l'équivalent en schillings autrichiens de la somme de 2.812 livres anglaises.

Hopfinger qui a déjà été condamné à plusieurs reprises pour vol, escroquerie et abus de confiance, a été engagé, grâce à ses connaissances de langues étrangères, en février 1955, par la Société Böhler à Vienne qui était en relations d'affaires, entre autres, avec la Société Taylor à Londres. A un moment donné, la Société Böhler avait un crédit de 6.812 livres sur la Société Taylor. Le requérant aurait alors fait croire dans une lettre personnelle au Directeur de la société anglaise que désirant obtenir, notamment pour des raisons politiques, le règlement rapide de la somme susmentionnée, la Société Böhler serait disposée à renoncer au paiement de 4.000 livres à condition que les 2.812 livres restantes soient payées immédiatement.

Lorsque la Société Taylor demanda confirmation de cette proposition, Hopfinger inséra dans une lettre déjà signée par son paragraph giving Hopfinger full authority to receive payment of the sum of £2,812. Later he sent to Messrs. Taylor a further letter in which his employers, whose signature he forged, requested the manager of the English firm to pay the £2,812 into the banking account of a certain Herka. The English firm then paid 203,025 Schs. into the account of Herka. The latter, who was a friend of Hopfinger, then paid the sum of 200,000 Schs. over to Hopfinger, receiving 2,000 Schs. for his services.

During the trial in the Court of first instance, the Applicant pleaded not guilty and requested that several witnesses should be heard, including the manager of Taylor and Company, and that the accounts of Böhler and Company should be inspected. His requests were refused.

He lodged an appeal (*Berufung*) against his conviction by the Vienna Court and at the same time entered a plea of nullity (*Nichtigkeitsbeschwerde*). At the appeal, he claimed that the Court of first instance had only heard the witnesses for the prosecution, that it had refused to call the witnesses whose attendance had been requested by the defence, that it had not caused the accounts of Böhler and Company to be inspected, and that in the circumstances of the case the sentence was too severe.

The Supreme Court (*Oberster Gerichtshof*) examined the appeal and the plea of nullity on 30th May 1959, in the absence of the Applicant and his counsel, at a non-public hearing at which, however, it heard the arguments of the Attorney-General (*Generalprokurator*). The Court dismissed the Applicant's plea of nullity and appeal;

THE ALLEGATIONS OF THE APPLICANT

Whereas the Applicant alleges violation of:

- Article 6 (1) of the Convention in that his case was not given a public hearing by the Supreme Court;
- Article 6 (1) and (3) (c) of the Convention, in that the proceedings before the Supreme Court did not constitute a full hearing;
- Article 6 (3) (b) in that he was denied the right to consult his case-file and to take written notes thereof;

- Article 6 (3) (d) in that he was unable to obtain the attendance and examination of witnesses on his behalf under the same conditions as witnesses against him;

Whereas in substance the Applicant requests his acquittal and, as compensation for the loss and damage suffered, payment of a sum the amount of which he reserves the right to fix later.

supérieur un paragraphe donnant à Hopfinger les pleins pouvoirs pour obtenir le règlement des 2.812 livres. Il adressa plus tard à la Société Taylor une nouvelle lettre dans laquelle ses supérieurs, dont il imita la signature, demandaient au directeur de la société anglaise que les 2.812 livres fussent versées au compte en banque d'un nommé Herka. La société anglaise versa alors 203.025 schillings au compte de Herka. Ce dernier qui était un ami de Hopfinger, remit à celui-ci la somme de 200.000 schillings et reçut pour le prix de son service 2.000 schillings.

Au cours du procès en première instance, le requérant qui aurait protesté de son innocence, aurait demandé l'audition de plusieurs témoins, dont le directeur de la Société Taylor, ainsi que l'examen de la comptabilité de la Société Böhler. Ses demandes auraient été rejetées.

Contre le jugement du Tribunal de Vienne, Hopfinger interjeta appel (*Berufung*) en même temps qu'il introduisit le recours en annulation (*Nichtigkeitsbeschwerde*). Dans ces recours, il soutenait notamment que le Tribunal de Première Instance n'a entendu que des témoins à charge, qu'il a refusé de citer les témoins à décharge dont l'audition était demandée par la défense, qu'il n'a pas procédé à l'examen de la comptabilité de la Société Böhler et que, vu les circonstances de l'affaire, il aurait prononcé une peine trop élevée.

La Cour Suprême (*Oberster Gerichtshof*) examina l'appel et le recours en annulation le 30 mai 1959 en l'absence du requérant et de son avocat pendant une audience non publique à laquelle elle entendit toutefois le Procureur Général (*Generalprokurator*) en ses explications. La Cour n'a pas suivi l'argumentation du requérant et rejeta le recours en annulation et l'appel;

GRIEFS DU REQUERANT

Considérant que le requérant allègue la violation

- de l'article 6 § 1 de la Convention, sa cause n'ayant pas été entendue publiquement par la Cour Suprême;
- de l'article 6 §§ 1 et 3 c de la Convention, la procédure suivie devant la Cour Suprême n'ayant pas un caractère contradictoire;
- de l'article 6 § 3 b, du fait qu'il se serait vu refuser le droit de consulter son dossier et de prendre des notes écrites lors de la consultation;
- de l'article 6 § 3 d, du fait qu'il n'aurait pas pu obtenir la convocation et l'interrogation des témoins à décharge dans les mêmes conditions que les témoins à charge;

Considérant que le requérant demande, en substance, son acquittement et, pour le préjudice subi, le paiement d'une indemnité dont il se réserve de fixer le montant ultérieurement;

THE PROCEEDINGS BEFORE THE COMMISSION

HAVING REGARD to the Report of 5th March 1960, prepared in conformity with Rule 45 (1) of the Rules of Procedure of the Commission;

HAVING REGARD to the Decision of 1st June 1960, by which the Commission:

- declared inadmissible as being incompatible with the provisions of the Convention that part of the Application which relates to the non-public character of the proceedings before the Supreme Court, and as manifestly ill-founded that part of the Application which relates to the alleged violation of Article 6 (3) (d) of the Convention, and
- invited the Respondent Government, in accordance with Rule 45 (3, b) of the Rules of Procedure, to submit before 20th July 1960 its written observations as to the admissibility of the Applicant's complaint that the proceedings before the Supreme Court did not constitute a full hearing;

HAVING REGARD to the written observations of the Respondent Government dated 18th July 1960;

HAVING REGARD to the Report of 3rd August 1960, prepared in conformity with Rule 45 (3) of the Rules of Procedure;

HAVING REGARD to the Decision of 5th August 1960; by which the Commission:

- declared inadmissible on the ground of failure to exhaust domestic remedies that part of the Application relating to the alleged violation of Article 6 (3) (b) of the Convention;
- invited the Respondent Government in accordance with Rule 46 (1) of the Rules of Procedure to submit before 8th October 1960 its written observations as to the admissibility of the complaint that the proceedings before the Supreme Court did not constitute a full hearing;

HAVING REGARD to the supplementary written observations of the Respondent Government, dated 3rd October 1960;

HAVING REGARD to the Decision of the President of the Commission, dated 14th October 1960, instructing the Secretary of the Commission to communicate to the Applicant the observations of the Respondent Government, dated 18th July 1960 and 3rd October 1960, and to invite him to submit his reply before 7th November 1960;

HAVING REGARD to the observations of the Applicant, dated 21st October 1960;

HAVING REGARD to the Decision of the President of the Commission instructing the Secretary of the Commission to communicate the observations of the Applicant dated 21st October 1960 to the Respondent Government for its information, and

PROCEDURE

VU le rapport du 5 mars 1960 établi conformément au paragraphe 1 de l'article 45 du Règlement Intérieur de la Commission;

VU la décision du 1er juin 1960 par laquelle la Commission:

– a déclaré irrecevable comme incompatible avec les dispositions de la Convention la partie de la requête concernant le caractère non public de la procédure devant la Cour Suprême, et comme manifestement mal fondée la partie de la requête visant la violation prétendue de l'article 6 § 3 d de la Convention, et

– a invité le Gouvernement défendeur, conformément à l'article 45 § 3 b du Règlement intérieur, à présenter avant le 20 juillet 1960 ses observations écrites sur la recevabilité du grief du requérant concernant le caractère non contradictoire de la procédure devant la Cour Suprême;

VU les observations écrites du Gouvernement défendeur en date du 18 juillet 1960;

VU le rapport du 3 août 1960 établi conformément au paragraphe 1 de l'article 45 du Règlement Intérieur;

VU la décision du 5 août 1960 par laquelle la Commission

– a déclaré irrecevable pour non épuisement des voies de recours internes la partie de la requête visant la violation prétendue de l'article 6 § 3 b de la Convention;

– a invité le Gouvernement défendeur, conformément au paragraphe 1 de l'article 46 du Règlement Intérieur, à soumettre avant le 8 octobre 1960 ses observations écrites complémentaires sur la recevabilité du grief relatif au caractère non contradictoire de la procédure devant la Cour Suprême;

VU les observations écrites complémentaires du Gouvernement défendeur en date du 3 octobre 1960;

VU la décision du Président de la Commission en date du 14 octobre 1960 chargeant le Secrétaire de la Commission de communiquer au requérant les observations du Gouvernement défendeur en date des 18 juillet 1960 et 3 octobre 1960 et de l'inviter à présenter sa réponse avant le 7 novembre 1960;

VU les observations du requérant datées du 21 octobre 1960;

VU la décision du Président de la Commission chargeant le Secrétaire de la Commission de communiquer les observations du requérant, en date du 21 octobre 1960, au Gouvernement défendeur pour son information;

HAVING REGARD to the Report of 1st December 1960 prepared in conformity with Rule 45 (1) of the Rules of Procedure;

DECISION OF THE COMMISSION

Regarding the Applicant's complaint that the proceedings before the Supreme Court were not public

Whereas under Article 64 (1) of the Convention any State may, when signing the Convention or when depositing its instrument of ratification, make a reservation in respect of any particular provision of the Convention to the extent that any law then in force in its territory is not in conformity with the provision; whereas when depositing its instrument of ratification of the Convention with the Secretary-General of the Council of Europe, the Austrian Government made, *inter alia,* "the reservation that ...... the provisions of Article 6 of the Convention shall be so applied that there shall be no prejudice to the principles governing the public court hearings laid down in Article 90 of the Federal Constitutional Act as amended in 1929"; whereas the said Article 90 provides that "... Hearings of proceedings in civil and criminal cases before the trial court shall be oral and public. Exceptions may be prescribed by law ..."; whereas the proceedings before the Supreme Court took place in accordance with Article 296 of the Austrian Code of Criminal Procedure which provides that:

"If, in addition to an appeal, either of the parties has submitted a plea of nullity all the relevant legal documents including those concerning the appeal shall be transmitted to the Supreme Court. In such a case the Supreme Court shall also rule on the appeal, either before or after having ruled on the plea of nullity, at a hearing not held in public, after hearing the Attorney-General"; whereas, having regard to the foregoing, the reservation made by Austria is applicable in the case under review; whereas it follows that this part of the Application is incompatible with the provisions of the Convention insofar as these are applicable to Austria and it should accordingly be rejected in accordance with Article 27 (2) of the Convention;

Regarding the Applicant's complaint that the hearings before the Supreme Court did not constitute a full hearing

Whereas under article 280 of the Austrian Code of Criminal Procedure a judgement delivered by a court of first instance may be appealed against (*Berufung*) before the Court of second instance (*Gerichtshof zweiter Instanz*), or may give trise to a plea of nullity (*Nichtigkeitsbeschwerde*) before the Supreme Court (*Oberster Gerichtshof*); whereas according to article 283 of the Code the appeal can vu le rapport du 1er décembre 1960 établi conformément au paragraphe 1 de l'article 45 du Règlement Intérieur;

DECISION DE LA COMMISSION

Pour autant que le requérant se plaint du caractère non public de la procédure devant la Cour Suprême

Considérant qu'aux termes de l'article 64 § 1 de la Convention, tout Etat peut, au moment de la signature ou du dépôt de l'instrument de ratification de la Convention, formuler une réserve au sujet d'une disposition particulière de la Convention dans la mesure où une loi alors en vigueur sur son territoire n'est pas conforme à cette disposition; qu'en déposant son instrument de ratification de la Convention auprès du Secrétaire Général du Conseil de l'Europe, le Gouvernement autrichien a formulé, entre autres, "la réserve que ... les dispositions de l'article 6 de la Convention seront appliquées dans la mesure où elles ne portent atteinte, en aucune façon, aux principes relatifs à la publicité de la procédure judiciaire énoncés à l'article 90 de la loi fédérale constitutionnelle dans sa version de 1929"; que ledit article 90 prescrit notamment que "... les débats devant les tribunaux en matière civile et pénale sont oraux et publics, sauf les exceptions prévues par la loi ..."; que la procédure devant la Cour Suprême s'est déroulée conformément à l'article 296 du Code autrichien de Procédure Pénale qui prévoit: "Si, en dehors de l'appel, l'une ou l'autre Partie a introduit un recours en annulation, tous les actes judiciaires y compris ceux relatifs à l'appel, doivent être transmis à la Cour Suprême. Dans ce cas, la Cour Suprême se prononce également sur l'appel, soit avant, soit après s'être prononcée sur le recours en annulation, et ce, au cours d'une audience non publique, après avoir entendu le Procureur Général"; qu'il résulte de ce qui précède que la réserve formulée par l'Autriche trouve application dans le présent cas d'espèce; que cette partie de la requête est donc incompatible avec les dispositions de la Convention telles qu'elles sont applicables à l'égard de l'Autriche; qu'il convient dès lors de la rejeter de ce chef par application de l'article 27 § 2 de la Convention;

Pour autant que le requérant se plaint du caractère non contradictoire de la procédure devant la Cour Suprême

Considérant qu'aux termes de l'article 280 du Code autrichien de Procédure Pénale le jugement de condamnation prononcé par un Tribunal de Première Instance peut être frappé soit d'appel (*Berufung*) devant le Tribunal de Deuxième Instance (*Gerichtshof zweiter Instanz*) soit du recours en annulation (*Nichtigkeitsbeschwerde*) devant la Cour Suprême (*Oberster Gerichtshof*); que, selon l'article only relate to that part of the judgement that concerns the amount or duration of the penalty and the interests of any third party joining in the proceedings in a civil action; whereas a plea of nullity makes it possible to contest the legality of the decision of the Court of first instance on one of the twelve grounds enumerated limitatively in article 281 of the Code of Criminal Procedure; whereas the above-mentioned article 296 provides that if the plea of nullity is presented at the same time as the appeal, the Supreme Court shall rule on both; whereas under articles 285 and 294 of the Code of Criminal Procedure the appellant, after having entered his plea of nullity and lodged his appeal, has 14 days in which to present his case in writing; whereas the proceedings before the Supreme Court take place in accordance with article 286 of the Code, as amended and supplemented by the Act of 31st December 1877, (RGBI No. 3 of 1878); whereas in conformity with article 3 of the above-mentioned Act, the Supreme Court examines the plea of nullity at a non-public hearing, in the absence of the appellant and his counsel, and after hearing the Attorney-General, only if the Attorney-General or the judge appointed by the President of the Supreme Court to report on the case, asks that the plea be dismissed in accordance with article 4 of the Act of 31st December 1877; whereas under the said article 4 the plea of nullity may be dismissed immediately at a non-public hearing, at which neither the Applicant nor his counsel is heard;

1. if the appeal should already have been dismissed by the Court of first instance in accordance with article 1 of the Act above-mentioned or if the ground on which the plea of nullity is based has already been rejected in that same case by the Supreme Court;

2. if the plea of nullity is based on one of the grounds enumerated in article 281, (1 to 8) of the Code of Criminal Procedure and the Supreme Court unanimously considers that this plea should be dismissed as being manifestly ill-founded;

Whereas, it is only in the absence of any of the above-mentioned reasons for dismissing the appeal or the plea that the Supreme Court in accordance with article 3 (2) of the Act of 31st December 1877, orders the appeal to be examined at a public hearing at which the appellant and his counsel will be invited to appear; whereas, it also follows from the above-mentioned article 296 of the Code of Criminal Procedure that if the Supreme Court has before it both the plea of nullity and the appeal it shall give a ruling on the appeal either before or after having ruled on the plea of nullity at a non-public hearing, in the absence of the appellant and his counsel, after hearing the Attorney-General;

Whereas, in the present case, Hopfinger, lodged an appeal at the same time as he entered a plea of nullity based on article 281 (4) (violation of the provision governing the main hearing, the Court

283 du Code, l'appel ne peut viser que la partie de la décision relative au montant de la peine et aux intérêts de la partie civile; que le recours en annulation permet de contester la légalité de la décision du Tribunal de Première Instance pour l'un des douze motifs limitativement énumérés par l'article 281 du Code de Procédure Pénale; qu'il ressort de l'article 296 précité que si le recours en annulation est introduit en même temps qu'est interjeté l'appel, la Cour Suprême se prononce sur l'un et l'autre; qu'aux termes des articles 285 et 294 du Code de Procédure Pénale, après avoir introduit le recours en annulation et interjeté appel, le requérant dispose d'un délai de quatorze jours pour développer par écrit les motifs de ses recours; que, devant la Cour Suprême, la procédure se déroule conformément à l'article 286 du Code, tel qu'il a été modifié et complété par la loi du 31 décembre 1877 (RGBl No. 3 de 1878); que, selon l'article 3 de la loi précitée, la Cour Suprême examine le recours en annulation en audience non publique, en l'absence du requérant et de son avocat, après avoir entendu le Procureur Général en ses explications, seulement si le Procureur Général ou le Juge rapporteur désigné par le Président de la Cour Suprême demande que le recours en annulation soit rejeté conformément à l'article 4 de la loi du 31 décembre 1877; qu'en vertu de cet article 4, le recours en annulation peut être rejeté immédiatement au cours d'une audience non publique, sans que le requérant et/ou son avocat aient été entendus:

1. si le recours aurait déjà dû être rejeté par le Tribunal de Première Instance conformément à l'article 1 de la loi précitée ou si le motif du recours en annulation a déjà fait l'objet d'une décision de rejet rendue dans la même affaire par la Cour Suprême;
2. si le recours en annulation est fondé sur l'un des motifs énumérés à l'article 281, chiffres 1 à 8 du Code de Procédure Pénale et que la Cour Suprême estime à l'unanimité que ledit recours doit être rejeté comme manifestement mal fondé;

que c'est seulement s'il n'existe aucun des motifs de rejet susmentionnés que la Cour Suprême ordonne, conformément au paragraphe 2 de l'article 3 de la loi du 31 décembre 1877, que le recours sera examiné en audience publique à laquelle le requérant et son avocat seront invités à comparaître; qu'il ressort par ailleurs de l'article 296 précité du Code de Procédure Pénale que si la Cour Suprême est saisie aussi bien du recours en annulation que de l'appel, elle se prononce sur l'appel, soit avant, soit après s'être prononcée sur le recours en annulation, au cours d'une audience non publique, en l'absence du requérant et de son avocat, après avoir entendu le Procureur Général;

Considérant que dans la présente espèce, Hopfinger a interjeté appel en même temps qu'il a introduit le recours en annulation fondé sur le chiffre 4 de l'article 281 (violation des prescriptions having rejected the submissions of the defence); whereas, the Supreme Court, considering that the grounds for the appeal lodged by the Applicant are such as to permit of the application of article 4 (2) of the above-mentioned Act of 31st December 1877, dismissed Hopfinger's appeal at a non-public hearing without hearing the appellant or his counsel but after hearing the Attorney-General; whereas Hopfinger's appeal was examined under the same conditions, that is to say, after the Attorney-General was heard in the absence of the Applicant and his counsel in accordance with Article 296 of the Code of Criminal Procedure;

Whereas, the Applicant considers that the proceedings in the Supreme Court were contrary to Article 6 (1) according to which: "everyone is entitled to a fair hearing", and Article 6 (3) (c) under which every accused person has the right to defend himself in person or through legal assistance of his own choosing; whereas, both the appeal and the plea of nullity were examined by the Supreme Court in the absence of the Applicant and of his counsel but in the presence of the Attorney-General who was heard by the Court;

Whereas, the argument of the Respondent Government as set forth in the written observations of 18th July 1960 and 3rd October 1960 may be summed up as follows:

that, firstly, both paragraph (1) and paragraph (3) (c) of Article 6 apply only to the proceedings in the Court of first instance; that it is before this Court that the facts of the case are established, since in subsequent proceedings before the higher Courts new facts or evidence may not be adduced ("*Novaverbot*") but only facts already established by the lower Court may be considered; that this being so the plea of nullity is presented either by the Applicant, in which case the written plea contains all his arguments, or by the Attorney-General in which case the accused person is notified that he has 14 days in which to submit his observations; that in all cases the Supreme Court hears the views (*Stellungnahme*) of the accused;

that, secondly, the Attorney-General, who is heard by the Supreme Court in the absence of the Applicant and his counsel, is not a prosecutor (*Ankläger*), unlike the other officials of the Department of Public Prosecution, namely, prosecutors and advocates-General, but – also contrary to other legal systems – is a law officer who under article 3 of the Code of Criminal Procedure must observe complete impartiality, while of course the accused is under no such obligation; that, administratively he is fully independent of the Department of Public Prosecution; that, before the Supreme Court, it is his duty merely to express his opinion in criminal cases, that réglementant l'audience principale du fait que le Tribunal a rejeté les demandes de la défense); que la Cour Suprême, estimant que les motifs du recours introduit par le requérant sont ceux qui permettent l'application de l'article 4 § 2 de la loi du 31 décembre 1877 précitée, a rejeté le recours de Hopfinger au cours d'une audience non publique, sans entendre le requérant ni son avocat après avoir procédé à l'audition du Procureur Général; que l'appel de Hopfinger a été examiné dans les mêmes conditions, c'est-à-dire après que le Procureur Général a été entendu en l'absence du requérant et de son avocat, conformément à l'article 296 du Code de Procédure Pénale;

Considérant que le requérant estime que la procédure suivie devant la Cour Suprême viole l'article 6 § 1 en vertu duquel "toute personne a droit à ce que sa cause soit entendue équitablement", et l'article 6 § 3 c qui garantit à tout accusé le droit de se défendre lui-même ou d'avoir l'assistance d'un défendeur de son choix; qu'en effet l'appel et le recours en annulation ont été examinés par la Cour Suprême en l'absence du requérant et de son avocat mais en présence du Procureur Général qui a été entendu par la Cour;

Considérant que l'argumentation du Gouvernement défendeur, contenue dans les observations écrites des 18 juillet 1960 et 3 octobre 1960, peut être résumée comme suit:

que, d'une part, tant le paragraphe 1 que le paragraphe 3 c de l'article 6 ne s'appliquent, selon le Gouvernement défendeur, qu'à la procédure en première instance; qu'en effet, c'est en première instance que les faits de la cause sont établis, alors que les instances ultérieures, au cours desquelles des faits nouveaux et de nouveaux moyens de preuve ne peuvent plus être invoqués ("*Novaverbot*"), comportent seulement l'examen juridique des faits déjà établis en première instance; que, dans ces conditions, ou bien le recours en annulation est introduit par le requérant et dans ce cas, l'écrit contient toute son argumentation, ou bien il est introduit par le Procureur et dans ce cas il est notifié à l'inculpé qui dispose alors d'un délai de 14 jours pour faire valoir ses observations; que dans tous les cas, la Cour Suprême entend la prise de position (*Stellungnahme*) de l'inculpé;

que, d'autre part, le Procureur Général qui est entendu par la Cour Suprême en l'absence du requérant et de son avocat n'est pas du tout un accusateur (*Ankläger*), à la différence des autres fonctionnaires du Ministère Public, Procureurs et Avocats Généraux, et aussi contrairement à d'autres systèmes juridiques, mais qu'il est un organe judiciaire tenu selon l'article 3 du Code de Procédure Pénale à une objectivité totale alors que, évidemment, l'inculpé ne l'est pas; qu'il est tout à fait indépendant, du point de vue administratif, des organes de l'accusation; que, devant la Cour Suprême il a simplement pour mission de donner son avis dans les affaires the fact that he is heard by the Supreme Court is of no advantage to the Department of Public Prosecution;

that, thirdly, even if the Attorney-General is heard by the Supreme Court it does not follow that he is *present* at the deliberation and the vote, since all he can do is to express an opinion; that it must not be forgotten that under the Austrian system of criminal procedure the Department of Public Prosecution is bound to take into consideration all the circumstances of the case including those which are in favour of the accused;

that, in conclusion the Respondent Government considers that an examination of this case does not disclose any violation of the principle of treatment on an "equal footing" (*Waffengleichheit*) of the accused and the Department of Public Prosecution and that the Application must be dismissed as being manifestly ill-founded;

Whereas, in his reply of 21st October 1960 to the above-mentioned observation of the Respondent Government the Applicant contests the interpretation whereby Article 6 (1) and (3) (c) of the Convention is applicable only to proceedings in Courts of first instance; whereas in the opinion of the Applicant the Convention does not lend itself to such an interpretation which Article 13 even seems to contradict; whereas this interpretation hardly agrees with the spirit of the Convention, which could easily be evaded; whereas it can be imagined that a case should be dealt with in a Court of first instance in very summary fashion, but in public, even at the risk of some defect of procedure; whereas if the accused enters a plea of nullity, then in the Court of second instance, when sitting *in camera*, it is possible to put forward all kinds of argument which were doubtless already in the case-file but which were not advanced in the Court of first instance; whereas by these means it is possible to obtain any kind of a decision without the accused being able to defend himself and without the public being able to follow the proceedings;

Whereas, according to the Applicant this argument is equally valid with respect to the violation of Article 6 (3) (c) of the Convention; whereas if the plea of nullity is entered by the accused, the State-Attorney (and if necessary the Attorney-General) may in his reply submit new arguments which are indeed recorded in the case-file (and thus are not new within the meaning of the Act) but which have not been discussed during the proceedings before the Court of first instance; whereas, the accused did not at any time take cognisance of these arguments and was thus unable to refute them; whereas under these conditions there can be no question of treatment on an equal footing;

Whereas the statement of the Respondent Government that the Attorney-General is not a member of the Department of Public Prosecution, but a law officer entirely independent, evenly ad-pénales; que le fait qu'il est entendu par la Cour Suprême ne constitue pas un avantage pour le Ministère Public;

que, du reste, si le Procureur Général est entendu par la Cour Suprême, il ne s'ensuit pas qu'il *soit présent* à la délibération et au vote, puisqu'il a seulement la possibilité de donner son avis; qu'il ne faut pas non plus oublier que dans le cadre de la procédure pénale autrichienne le Ministère Public est tenu de prendre en considération toutes les circonstances de l'affaire, y compris celles qui peuvent servir l'accusé;

que le Gouvernement défendeur estime en conclusion que l'examen de la présente affaire ne permet pas de dégager l'apparence de violation du principe de l'égalité des armes (*Waffengleichheit*) dont disposent l'inculpé et le Ministère Public et que la requête doit dès lors être rejetée comme manifestement mal fondée;

Considérant que dans sa réponse du 21 octobre 1960 aux observations précitées du Gouvernement défendeur, le requérant conteste l'interprétation selon laquelle l'article 6 §§ 1 et 3 c de la Convention ne serait applicable qu'aux procédures en première instance; que, de l'avis du requérant, le texte de la Convention, ne se prête pas à une telle interprétation que l'Article 13 semble même contredire; que cette interprétation ne serait guère conforme à l'esprit de la Convention qui pourrait très facilement être tournée; que l'on peut imaginer qu'une affaire soit traitée en première instance de façon très sommaire mais en public, même au risque de commettre des vices de procédure; que si l'inculpé exerce alors le recours en annulation, on peut alors faire valoir, en seconde instance, lorsque la Cour siège à huis clos, toutes sortes d'arguments qui se trouvaient sans doute consignés au dossier, mais qui n'ont pas été développés en première instance; que par ce moyen on pourrait obtenir n'importe quelle décision sans que l'accusé puisse se défendre et que le public puisse suivre la procédure;

que, selon le requérant, cette argumentation est également valable en ce qui concerne la violation de l'article 6, § 3 c de la Convention; que si le recours en annulation émane de l'inculpé, le Procureur (et éventuellement le Procureur Général) peut, dans sa réponse, faire état d'arguments nouveaux qui, certes, figurent au dossier (et ainsi, ne sont pas nouveaux au sens de la loi), mais qui n'ont pas été discutés lors des débats en première instance; que l'inculpé n'a jamais connaissance de ces arguments et ne peut pas, dès lors, les réfuter; que, dans ces conditions, il ne saurait donc être question d'une égalité des armes;

que, d'autre part, l'affirmation du Gouvernement défendeur selon laquelle le Procureur Général n'est pas un membre du Ministère Public mais un organe judiciaire tout à fait indépendant, même ministratively, of that Department, a kind of neutral "expert", is partly inaccurate and partly erroneous; whereas it is true that the Attorney-General has *also* the duty to deliver an opinion to the Federal Ministry of Justice whenever the latter is notified of a breach of the law; whereas, nevertheless, the status and duties of the Attorney-General are explicitly laid down in the relevant provisions of the Code of Criminal Procedure:

"*Part III: The Department of Public Prosecution* (*Staatsanwaltschaft*)

Article 29 – A State Attorney (*Staatsanwalt*) shall be appointed to every Court of first instance, a Superior State Attorney (*Oberstaatsanwalt*) to every Court of second instance and an Attorney-General (*Generalprokurator*) to the Supreme Court and they shall have under their orders the requisite number of Deputies ...

Article 30 (1) – The members of the Department of Public Prosecution shall be responsible for safeguarding the interests of theState; in the performance of their duties they shall be independent of the Court to which they are appointed.

(2) The State-Attorneys appointed to the Courts of first instance shall be directly subordinate (*unmittelbar untergeordnet*) to the Superior State Attorney attached to the Courts of second instance and these latter and the Attorney-General attached to the Supreme Court shall be directly subordinate to the Federal Ministry of Justice.

Article 33. – The proceedings before the Supreme Court shall be within the competence of the Attorney-General or his Deputies ..."

Whereas in conclusion the Applicant draws the attention of the Commission to a statement which the Federal Minister of Justice is said to have made on 10th November 1960 on the occasion of the opening of the Austrian Barristers' Day; whereas in this statement the Minister declared that his Ministry would shortly submit to the legislative bodies a Bill for the reform of criminal proceedings and on that occasion in view of the commitments accepted by Austria by its accession to the European Convention for the Protection of Human Rights, certain fundamental principles will be taken into consideration; *inter alia* full account must be taken in criminal proceedings of the principle of "treatment on an equal footing" as between the Department of Public Prosecution and the defence, and an attempt will be made to put an end to the discussion, nearly a century old, on the necessity of reforming the procedure with respect to a plea of nullity in criminal law;

Whereas, in conclusion, the Applicant asks the Commission to declare his Application admissible and to retain it accordingly;

organiquement, de celui-ci, une sorte d' "expert" neutre, serait en partie inexacte et en partie erronée; qu'il est vrai que le Procureur Général a *également* pour mission de donner son avis au Ministère Fédéral de la Justice lorsque celui-ci a connaissance d'une violation de la loi; que, cependant, le statut et le rôle du Procureur Général résultent clairement des dispositions pertinentes du Code de Procédure Pénale;

"*IIe Partie: Du Ministère Public* (*Staatsanwaltschaft*)

Article 29. Auprès de chaque tribunal de première instance, il sera nommé un Procureur (*Staatsanwalt*), auprès de chaque tribunal de deuxième instance un Procureur Supérieur (*Oberstaatsanwalt*) et auprès de la Cour Suprême un Procureur Général (*Generalprokurator*), lesquels auront sous leurs ordres le nombre nécessaire de substituts ...

Article 30 (1). Les membres du Ministère Public auront dans leur domaine de compétence respectif à veiller aux intérêts de l'Etat; dans l'exercice de leurs fonctions, ils sont indépendants des tribunaux auprès desquels ils sont nommés.

(2). Les Procureurs près des tribunaux de premier instance sont directement soumis (*unmittelbar untergeordnet*) à l'autorité des Procureurs Supérieurs près des tribunaux de deuxième instance, ces derniers ainsi que le Procureur Général près de la Cour Suprême sont directement soumis à l'autorité du Ministère Fédéral de la Justice.

Article 33. Les débats devant la Cour Suprême sont de la compétence du Procureur Général ou de ses substituts ...";

que le requérant attire enfin l'attention de la Commission sur une déclaration que le Ministre Fédéral de la Justice aurait faite le 10 novembre 1960 à l'occasion de l'ouverture de la Journée des Avocats autrichiens; que dans cette déclaration le Ministre aurait précisé que son Ministère présenterait prochainement aux organes législatifs un projet de réforme de la procédure pénale et qu'à cette occasion, étant donné les engagements de l'Autriche du fait de son adhésion à la Convention européenne des Droits de l'Homme, quelques principes fondamentaux seront surtout pris en considération; qu'entre autres, il devra être pleinement tenu compte, dans le procès pénal, du principe de "l'égalité des armes" entre le Ministère Public et la défense et que l'on essaiera également de mettre fin à la discussion presque centenaire sur la nécessité de réformer la procédure en annulation en droit pénal;

qu'en conclusion, le requérant demande à la Commission de déclarer sa requête recevable et de la retenir en conséquence;

Whereas, it is not disputed by either party that the appeal and the plea of nullity made by Hopfinger were examined at proceedings which did not constitute a full hearing, in the absence of the Applicant and his counsel, but in the presence of the Attorney-General who submitted his arguments; whereas this procedure is provided for under the Code of Criminal Procedure as amended and supplemented by the Act of 31st December 1877; whereas the question therefore arises whether the procedure in the Supreme Court in respect of the appeal and the plea of nullity, as laid down in the Code of Criminal Procedure and the Act of 31st December 1877 is consistent with Article 6 (1) and (3) (c) of the Convention;

Whereas, although it is true that Article 27 (2) of the Convention requires the Commission to declare inadmissible any application which is considered to be "manifestly ill-founded", a study of the "travaux préparatoires" of the Convention reveal that the introduction of this particular ground for inadmissibility in the Convention was due to the concern of the High Contracting Parties to ensure that the Commission shall not have to examine applications which do not merit its attention; whereas it follows that at the present stage of the proceedings the Commission is not required to determine whether an examination of the case submitted to it by the Applicant discloses the actual existence of a violation of one of the rights and freedoms guaranteed by the Convention but only to determine whether it excludes any possibility of the existence of such violation; whereas, moreover, in many previous decisions the Commission has held that an application should be declared inadmissible, as being manifestly ill-founded, only when a preliminary examination of the case discloses no appearance of a violation of the Convention; whereas, it is in the light of this principle that the Commission decided not to reject as manifestly ill-founded but to retain for examination as to substance some of the complaints contained in Applications numbered 214/56 (De Becker v. Belgium), 332/57 (Lawless v. Ireland) and 343/57 (Schouw Nielsen v. Denmark);

Whereas, in the present case, the Parties have submitted in writing their observations concerning the admissibility of the Applicant's complaint cocerning the procedure followed in the Supreme Court, whereas, however, on a preliminary examination of the facts and submissions presented by the Parties the Commission cannot say outright that the facts exclude any possibility of a violation of the Convention; whereas, moreover, if the Commission were to exaimne this part of the Application more fully, whether by written submissions or in oral proceedings, it would necessarily entail entering upon the merits of the case; whereas, it follows that the complaint of the Applicant concerning the proceedings in the Supreme Court when dealing with the appeal and the plea of nullity cannot be

Considérant qu'il n'est pas contesté entre les Parties que l'appel et le recours en annulation interjetés par Hopfinger ont été examinés au cours d'une audience non contradictoire, en l'absence du requérant et de son avocat, mais en présence du Procureur Général qui a été entendu en ses explications; que cette procédure est prévue par le Code de Procédure Pénale, tel qu'il a été modifié et complété par la loi du 31 décembre 1877; que la question se pose dès lors de savoir si la procédure suivie devant la Cour Suprême pour l'examen de l'appel et du recours en annulation, telle qu'elle est organisée par le Code de Procédure Pénale et par la loi du 31 décembre 1877, est conforme ou non à l'article 6 § 1 et § 3 c de la Convention;

Considérant que s'il est vrai que le paragraphe 2 de l'article 27 de la Convention stipule que la Commission déclare irrecevable toute requête individuelle qu'elle estime "manifestement mal fondée", l'étude des travaux préparatoires de la Convention montre que l'introduction de ce chef particulier d'irrecevabilité dans la Convention témoigne de la volonté des Hautes Parties Contractantes d'empêcher que la Commission n'ait à examiner des requêtes qui ne méritent pas de retenir son attention; qu'il s'ensuit qu'au stade actuel de la procédure, la Commission n'a pas à déterminer si l'examen de l'affaire qui lui est soumise par le requérant révèle l'existence d'une violation de l'un des droits et libertés garantis par la Convention mais seulement à déterminer si cet examen exclut toute possibilité d'une telle violation; que, d'ailleurs, il ressort d'un grand nombre de décisions antérieures que la Commission a toujours estimé qu'une requête ne peut être déclarée irrecevable comme manifestement mal fondée que lorsqu'un premier examen de l'affaire ne permet pas de dégager l'apparence même de violation de la Convention; que c'est en application de ce principe que la Commission a décidé de ne pas rejeter comme manifestement mal fondés, mais de les retenir pour un examen au fond, certains des griefs soulevés dans les requêtes no. 214/56 (De Becker c. Belgique), 332/57 (Lawless c. Irlande) et 343/57 (Schouw Nielsen c. Danemark);

Considérant qu'en l'espèce, les Parties ont soumis leurs observations écrites sur la recevabilité du grief concernant la procédure suivie devant la Cour Suprême; que, toutefois, le premier examen des informations et des arguments y contenus ne permet pas à la Commission de conclure d'ores et déjà que les faits de la cause excluent toute possibilité d'une violation de la Convention; que, de plus, si la Commission voulait poursuivre l'examen de cette partie de la requête, en ayant recours soit à la procédure écrite soit à la procédure orale, elle serait nécessairement amenée à aborder le fond de l'affaire; qu'il s'ensuit que ce grief du requérant relatif à la procédure suivie par la Cour Suprême pour examiner l'appel et le recours en annulation ne peut être considéré comme maniconsidered ill-founded within the meaning of Article 27 (2) of the Convention; the Commission accordingly rejects the contention of the Respondent Government that this part of the Application is manifestly ill-founded;

Regarding the complaint of the Applicant that he was not allowed to consult his case-file or to take written notes thereof

Whereas under Article 26 of the Convention, the Commission may only deal with the matter after all domestic remedies have been exhausted, according to the generally recognised rules of international law, and within a period of six months from the date on which the final decision was taken; whereas in order to comply with the provisions of this Article, it is not enough that the Applicant should have submitted his case to the various courts to which as required by the said Article the case should be referred; whereas, in default of any possibility or any obstacle and to the extent to which that depends reasonably upon himself, the Applicant should also plead before the higher Court the rights which he alleges were violated in this present case by the lower Court; whereas it is clear from the case-file that he omitted to lodge with the Supreme Court the complaint that he was refused permission to consult his file and to take written notes thereon; whereas it was open was open to him to lay the complaint before the Supreme Court by means of a plea of nullity; whereas moreover an examination of the case-file does not reveal any special circumstances such as would absolve the Applicant, according to the generally recognised rules of international law, from the obligation to exhaust all domestic remedies at his disposal in the Supreme Court; whereas it appears therefore that Hopfinger has failed in this regard to observe the above-mentioned provisions of Article 26 of the Convention respecting the exhaustion of domestic remedies; whereas therefore this part of the Application should be rejected on these grouds in accordance with Article 27 (3) of the Convention;

Regarding the Applicant's complaint that he was unable to obtain the attendance and examination of witnesses on his behalf

Whereas it is provided in Article 6 (3) (d) of the Convention that every accused person is entitled "to examine or have examined witnesses against him and to obtain the attendance and examination of witnesses on his behalf under the same conditions at witnesses against him" this provision does not allow the accused to call everyone, in particular persons who are not in a position to assist festement mal fondé au sens de l'article 27, paragraphe 2 de la Convention;

La Commission décide en conséquence de rejeter les conclusions du Gouvernement défendeur selon lesquelles cette partie de la requête serait manifestement mal fondée;

Pour autant que le requérant se plaint du refus qui lui aurait été opposé de prendre connaissance de son dossier et de prendre, lors de la consultation, des notes écrites

Considérant qu'aux termes de l'article 26 de la Convention, la Commission ne peut être saisie qu'après l'épuisement des voies de recours internes, tel qu'il est entendu selon les principes de droit international généralement reconnus et dans le délai de six mois, à partir de la date de la décision interne définitive; que pour se conformer aux dispositions de cet article, il ne suffit pas que le requérant ait soumis son cas aux diverses juridictions dont ledit article exige en principe la saisine; qu'à défaut d'impossibilité ou d'empêchement, et dans la mesure où cela dépendait raisonnablement de lui, le requérant doit également faire valoir, devant la juridiction supérieure, les droits dont il allègue actuellement la violation par la juridiction inférieure; qu'il ressort du dossier qu'il a omis de soulever, devant la Cour Suprême, le grief concernant le refus qui lui aurait été opposé de prendre connaissance de son dossier et de prendre, lors de la consultation, des notes écrites; qu'il avait pourtant la faculté d'invoquer ce grief devant la Cour Suprême par voie de recours en annulation; qu'au surplus l'examen du dossier ne permet pas de dégager, même d'office, l'existence de circonstances particulières de nature à relever le requérant, selon les principes de droit international généralement reconnus de l'obligation d'épuiser la voie de recours interne dont il disposait en la matière auprès de la Cour Suprême; qu'il appert donc que Hopfinger n'a pas observé, à cet égard, les prescriptions précitées de l'article 26 de la Convention en ce qui concerne l'épuisement des voies de recours internes; qu'il y a lieu, dès lors, de rejeter cette partie de la requête de ce chef, par application de l'article 27 § 3 de la Convention;

Pour autant que le requérant se plaint de n'avoir pu obtenir la convocation et l'interrogation des témoins à décharge

Considérant que s'il est certain que selon le paragraphe 3 d) de l'article 6 de la Convention, tout accusé a droit à "obtenir la convocation et l'interrogation des témoins à décharge dans les mêmes conditions que les témoins à charge", cette disposition ne permet toutefois pas à l'accusé d'obtenir la convocation de n'importe quelle personne et notamment de celle qui n'est pas en me-by their statements in elucidating the truth; whereas, in other words, paragraph 3 (d) does not prohibit the Court from refusing to summon persons who cannot be "witnesses on his behalf" within the meaning of that same paragraph; whereas in this case the Regional Criminal Court of Vienna refused to summon to the Court the persons called by the Applicant on the grounds that their evidence would not have disproved the charges made against the Applicant; whereas in the opinion of the Commission the examination of the case-file showed that the above-mentioned decision of the Vienna Court confirmed by the Supreme Court does not constitute a violation of Article 6 (3) (d) of the Convention; whereas therefore this part of the Application should be considered manifestly ill-founded and should accordingly be rejected in accordance with Article 27 (2) of the Convention;

Whereas, in brief;

1. Regarding the Applicant's complaint of the non-public character of the proceedings before the Supreme Court (Article 6 (1) of the Convention),

The Commission declares this part of the Application inadmissible as being incompatible with the provisions of the Convention and rejects it in pursuance of Article 27 (2).

2. Regarding the Applicant's complaint that the proceedings before the Supreme Court did not constitute a full hearing (Article 6 (1) and (3) (c),

The Commission rejects the contention of the Respondent Government that this part of the Application is manifestly ill-founded.

3. Regarding the Applicant's complaint that he was not allowed to consult his case-file and take notes thereon (Article 6, (3) (b);

The Commission declares this part of the Application inadmissible on the ground of failure to exhaust domestic remedies and rejects it in pursuance of Article 27 (3) of the Convention.

4. Regarding the Applicant's complaint that he was unable to obtain the attendance and examination of witnesses on his behalf (Article 6 (3) (d),

The Commission declares this part of the Application inadmissible as manifestly ill-founded and rejects it in pursuance of Article 27 (2) of the Convention.

Now therefore,

No other ground for inadmissibility having been alleged, by the Respondent Government in its observations nor *ex officio* by the Commission;

Without in any way pre-judging the merrits of the case,

Declares admissible and retains the Application in so far as it relates to the absence of a full hearing before the Supreme Court.

sure, par ses déclarations, d'aider à la manifestation de la vérité; qu'en d'autres termes, le paragraphe 3 d) n'interdit pas au Tribunal de refuser de convoquer des personnes qui ne peuvent pas être des "témoins à décharge" au sens du paragraphe 3 d); qu'en l'espèce, le Tribunal correctionnel régional de Vienne a refusé de convoquer les personnes citées par le requérant pour le motif que leurs déclarations n'auraient pu infirmer la preuve des faits mis à la charge du requérant; que, de l'avis de la Commission, l'examen du dossier montre que la décision précitée du Tribunal de Vienne, confirmée par la Cour Suprême, ne constitue pas une violation de l'article 6 § 3 d) de la Convention; qu'il en résulte que cette partie de la requête doit être considérée comme manifestement mal fondée; qu'il convient de la rejeter de ce chef par application de l'article 27 § 2 de la Convention;

Considérant en résumé que

1. Pour autant que le requérant se plaint du caractère non public de la procédure devant la Cour Suprême (article 6 § 1 de la Convention),

La Commission déclare cette partie de la requête irrecevable comme incompatible avec les dispositions de la Convention et la rejette par application de l'article 27 § 2;

2. Pour autant que le requérant se plaint du caractère non contradictoire de la procédure devant la Cour Suprême (article 6 §§ 1 et 3 c),

La Commission rejette les conclusions du Gouvernement défendeur selon lesquelles cette partie de la requête serait manifestement mal fondée;

3. Pour autant que le requérant se plaint de n'avoir pu consulter son dossier et prendre des notes lors de la consultation (article 6 § 3 b),

La Commission déclare cette partie de la requête irrecevable pour non épuisement des voies de recours internes et la rejette par application de l'article 27 § 3 de la Convention;

4. Pour autant que le requérant se plaint de n'avoir pu obtenir la convocation et l'interrogation des témoins à décharge (article 6 § 3 d),

La Commission déclare cette partie de la requête irrecevable comme manifestement mal fondée et la rejette par application de l'article 27 § 2 de la Convention;

Par ces motifs,

Aucun autre chef d'irrecevabilité n'étant soulevé par le Gouvernement défendeur dans ses observations, ni, d'office, par la Commission;

Tout moyen de fond étant réservé,

Déclare recevable et retient la requête pour autant qu'elle vise le caractère non contradictoire de la procédure devant la Cour Suprême.

Application No. 511/59

Decision of 20th December 1960

I. RIGHTS TO PEACEFUL ENJOYMENT OF POSSESSIONS ICELAND. LAW NO. 44 OF 1957. TAXATION ON LARGE PROPERTIES. CONFISCATION OF PROPERTY. MEASURE INTRODUCED IN THE PUBLIC INTEREST AND ADMINISTERED SUBJECT TO THE CONDITIONS PROVIDED FOR BY LAW. COMPENSATION TO NATIONALS. GENERAL PRINCIPLES OF INTERNATIONAL LAW. ARTICLE I OF THE PROTOCOL.

II. NON DISCRIMINATION. STOCK COMPANIES AND CO-OPERATIVE SOCIETIES. ARTICLE 14 OF THE CONVENTION.

III. COMPETENCE OF THE COMMISSION JUDICIAL REVIEW OF CONSTITUTIONALITY OF NATIONAL LEGISLATION. ARTICLE 19 OF THE CONVENTION.

Having regard to the Application lodged on 23rd May 1959 by Gudmundur Gudmundsson against Iceland and registered on 26th May 1959 under file No. 511/59;

Having regard to the report provided for in Rule 45, paragraph (1) of the Rules of Procedure of the Commission;

Having deliberated,

THE FACTS

Whereas the facts of the case as presented by the Applicants' counsel, Messrs. Pall Magnusson and Gustaf Sveinsson, may be summarised as follows:

1. The Applicants are Mr. Gudmundur Gudmundsson, an Icelandic citizen, and the company in which he has a majority shareholding namely Tresmidjan Vidir.

The Applicant's case relates to *Law. No. 44* of 3rd June 1957, which provided for taxation on large properties and which imposed a special tax on the properties of individuals exceeding one million kronur.

The Law complained of provides *inter alia* as follows:

Section 4:

(a) The assets of companies shall be apportioned among the owners of the companies *pro rata* their holdings in the share or

Requête No. 511/59

Décision du 20 décembre 1960

I. DROIT POUR UNE PERSONNE AU RESPECT DE SES BIENS. ISLANDE. LOI NO. 44 DE 1957. TAXATION DE GROSSES FORTUNES. CONFISCATION DE BIENS. MESURE INTRODUITE POUR CAUSE D'UTILITE PUBLIQUE ET APPLIQUEE DANS LES CONDITIONS PREVUES PAR LA LOI. INDEMNISATION DES PROPRIETAIRES NATIONAUX. PRINCIPES GENERAUX DU DROIT INTERNATIONAL. ARTICLE IER DU PROTOCOLE ADDITIONNEL.

II. NON DISCRIMINATION. SOCIETES COOPERATIVES ET SOCIETES DE CAPITAUX. ARTICLE 14 DE LA CONVENTION.

III. COMPETENCE DE LA COMMISSION. CONTROLE JUDICIAIRE DE LA CONSTITUTIONNALITE DES LOIS NATIONALES. ARTICLE 19 DE LA CONVENTION.

(*Traduction*)

Vu la requête introduite le 23 mai 1959 par Gudmundur Gudmundsson contre l'Islande et enregistrée le 26 mai 1959 sous le No. de dossier 511/59;

Vu le rapport prévu à l'article 45, paragraphe 1, du Règlement intérieur de la Commission;

Après avoir délibéré,

EN FAIT

Considérant que les faits de la cause, tels qu'ils ont été présentés par les conseils des requérants, MM. Pall Magnusson et Gustaf Sveinsson, peuvent se résumer ainsi:

1. Les requérants sont M. Gudmundur Gudmundsson, de nationalité islandaise, et la Société Tresmidjan Vidir où M. Gudmundsson est majoritaire.

La requête est dirigée contre la *Loi No. 44* du 3 juin 1957, prévoyant la taxation des grosses fortunes et frappant d'un impôt spécial les fortunes des personnes physiques d'un montant supérieur à un million de couronnes.

La loi incriminée stipule notamment ce qui suit:

Article 4:

(a) L'actif des sociétés est réparti entre les associés au prorata de leur participation dans le capital social; l'avoir ainsi calculé est foundation capital, and that the holding so calculated shall for tax purposes be reckoned with any other property of the person concerned;

(b) Credit balance in joint property funds shall be excluded.

Section 5: Tax on individuals shall be assessed as follows:

net property of 1 million Kr	no tax
property exceeding 1 but less than 1.5 million Kr. . .	15% on excess
property exceeding 1.5 but less than 3 million Kr.:	
in respect of 1 million Kr	75,000 Kr
in respect of remainder	20%
property exceeding 3 million Kr.:	
in respect of 3 million Kr	375,000 Kr
in respect of remainder	25%

Section 7: The companies are responsible to the Treasury for the payment of the tax levied on their individual shareholders from whom the company concerned can, if necessary, reclaim the payable tax. This may be settled by the transfer to the company of the individual's shareholding.

Section 9: The revenue should be appropriated, as to 1/3, to the Mortgage Department of the Rural Bank of Iceland and, as to 2/3, to the State Building Fund.

Section 10: The Director of Taxes shall determine the tax and an appeal lies against his decision to the State Tax Commission and thereafter to the Courts.

2. The Director of Taxes originally assessed the basic taxable property of the Applicant at Kr. 4,126,024. This sum was calculated as follows:

Applicant's shareholding in Tresmidjan Vidir assessed under Section 4, paragraph 1, (being a nominal value of Kr. 52,000 out of a total nominal share capital of Kr. 60,000). . . .	Kr. 563,474
Applicant's remaining property.	Kr. 3,562,550
Total	Kr. 4,126,024

compté aux fins d'imposition avec les autres éléments de la fortune de l'intéressé;

(b) Le solde créditeur des fonds en co-propriété n'est pas pris en considération.

Article 5: L'impôt dû par les personnes physiques est établi comme suit:

– fortune nette d'un million de Kr	non imposée
– fortune supérieure à un million de Kr mais inférieure à 1,5 million de Kr.	15% sur l'excédent
– fortune supérieure à 1,5 million de Kr mais inférieure à 3 millions de Kr:	
sur un million de Kr.	75.000 Kr
sur le restant.	20%
– fortune supérieure à 3 millions de Kr:	
sur 3 millions de Kr.	375.000 Kr
sur le restant.	25%

Article 7: Les sociétés sont responsables envers le Trésor de l'acquittement de l'impôt dû personnellement par les associés sur qui elles peuvent, le cas échéant, récupérer le montant exigible. Ce règlement peut se faire par le transfert à la société de la participation de l'intéressé.

Article 9: Les recettes sont affectées dans la proportion d'un tiers au Service des hypothèques de la Banque rurale d'Islande et dans la proportion des deux tiers au Fonds national de l'Habitat.

Article 10: Le Directeur des impôts détermine le montant de l'impôt; il peut être fait appel de sa décision devant la Commission fiscale de l'Etat et, par la suite, devant les tribunaux".

2. Le Directeur des impôts avait initialement fixé à Kr. 4.126.024 la fortune de base imposable du premier requérant. Cette somme était calculée comme suit:

Participation du requérant dans la Société Tresmidjan Vidir, déterminée conformément à l'article 4, paragraphe 1 (d'une valeur nominale de Kr. 52.000 sur un capital social nominal total de Kr. 60.000	Kr 563.474
Autres éléments de la fortune du requérant. . . .	Kr 3.562.550
Total.	Kr 4.126.024

The Applicant's tax on this sum calculated under Section 5 amounted to Kr. 656,505.

This sum, being apportioned under Section 7, represented:

Tax in respect of shareholding	Kr.	140,868
to be paid by Tresmidjan Vidir as to Kr. 129,910		
to be paid by the company Idnadarbanki Islands as to Kr. 10,833		
Tax in respect of other property	Kr.	515,657
Total	Kr.	656,505

3. The Applicants received notice of the tax by letter dated 15th February 1958 and lodged complaints, under Section 10, paragraph 1, to the Director of Taxes concerning that assessment.

These complaints were rejected by the Director of Taxes and the assessment was increased to Kr. 694,448 i.e.,

Tax in respect of shareholding	Kr.	130,000
Tax in respect of other property	Kr.	564,448
Total	Kr.	694,448

4. On 9th April 1959 the Applicants appealed from the amended assessment to the State Tax Commission which fixed the tax payable by Mr. Gudmundsson at Kr. 662,598 representing:

Tax in respect of shareholding	Kr.	98,150
to be paid by Tresmidjan Vidir as to Kr. 93,895		
and by Idnadarbanki Islands as to Kr. 4,255		
Tax in respect of other property	Kr.	564,448
Total	Kr.	662,598

5. Meanwhile, by summons dated 16th May 1958, the Applicants had brought an action in the Reykjavik Town Court against the Minister of Finance (representing the Treasury) in regard to their tax assessment. The applicants claimed:

(a) that the tax assessment of Kr. 656,505 be wholly quashed;

(b) alternatively, that Mr. Gudmundsson's shares in Tresmidjan Vidir be assessed, according to Section 19 (e) of Law No. 46 of 1954, at the nominal value of Kr. 52,000 and the tax reduced accordingly; if this were not assented to by the Court, the present tax assessment

L'impôt dû par le requérant sur cette somme, calculé en application des dispositions de l'article 5, s'élevait à Kr. 656.505.

Ventilé conformément à l'article 7, ce montant se décomposait comme suit:

Impôt assis sur les parts sociales	Kr	140.868
dont 129.910 à verser par la Société Tresmidjan Vidir		
et Kr 10.833 à verser par la Société Idnadarbanki Islands		
Impôt assis sur les autres éléments de la fortune .	Kr	515.657
Total.	Kr	656.505

3. Les requérants reçurent, par lettre datée du 15 février 1958, notification du montant dû par eux et, conformément au paragraphe 1 de l'article 10, adressèrent au Directeur des impôts des réclamations contre cette imposition.

Ces réclamations furent rejetées par le Directeur des impôts, qui porta l'imposition à Kr 694.448, soit:

Impôt assis sur les parts sociales	Kr	130.000
Impôt assis sur les autres éléments de la fortune .	Kr	564.448
Total.	Kr	694.448

4. Le 9 avril 1959, les requérants se pourvurent contre cette imposition modifiée devant la Commission fiscale de l'Etat, qui fixa à Kr 662.598 le montant de l'impôt dû par M. Gudmundsson, soit:

Impôt assis sur les parts sociales	Kr	98.150
dont Kr 93.895 à verser par la Société Tresmidjan Vidir		
et Kr 4.255 à verser par la Société Idnadarbanki Islands		
Impôt assis sur les autres éléments de la fortune .	Kr	564.448
Total.	Kr	662.598

5. Entretemps, les requérants avaient, par citation datée du 16 mai 1958, assigné le Ministre des Finances (représentant le Trésor) devant le Tribunal municipal de Reykjavik à raison de leur imposition. Les requérants demandaient:

(a) que l'imposition de Kr 656.505 fût complètement annulée;

(b) subsidiairement, que les parts détenues par M. Gudmundsson dans la Société Tresmidjan Vidir fussent, conformément à l'article 19 (e) de la Loi No. 46 de 1954, cotées à leur valeur nominale de Kr 52.000 et que le montant de l'impôt fût réduit en conséto be quashed and the taxing authorities ordered to assess the tax according to the true value of the shares;

(c) that the tax be very substantially reduced in other respects according to an assessment to be ordered by the Court;

By agreement between the parties, the Court restricted itself to the principal claims, namely, the claim that the tax be quashed and the alternative claim that the first Applicant's shareholding be assessed at its nominal value or, alternatively, at its true value.

6. The Applicants made the following submissions during the proceedings before the Town Court and the subsequent proceedings before the Supreme Court in support of their claim:

(a) The tax policy of Law No. 44 infringed Article 67 of the Icelandic Constitution which protects the right to private property.

(b) Law No. 44, by reason of its provisions for excessive and discriminatory taxation, amounted to a measure for expropriation of property. This tax had been imposed upon 604 individuals, 674 limited companies (including 5 foreign limited companies) and 20 co-operative societies. Consequently it was thus imposed on so few taxpayers that, having regard to Article 67 of the Constitution, it amounted to expropriation or confiscation. In this connection, it was recalled that the Applicants had not yet paid two-thirds of the property tax imposed upon them under a previous tax law of 1950. Moreover, Section 9 of Law No. 44 which appropriated tax, as to one-third, to the Mortgage Department of the Rural Bank of Iceland and, as to two-thirds, to the State Building Fund, was not procuring an income for the Treasury but for funds with independent spheres of activities. Such appropriation was not justified by the general rules concerning the authority to impose taxes and Law No. 44 should, according to Article 67 of the Constitution, be held invalid.

(c) Law No. 44 clearly provided that tax should be levied on individuals and not on companies. The individual is, therefore, the tax-payer although the company is responsible for the effective payment and can recover from the shareholder the tax paid. It is consequently unlawful to apportion net properties of companies among the shareholders and, for tax purposes, to reckon such holdings with other property of the individual shareholders. Such shareholdings should be taxed according to Section 19 (e) of Law No. 46 of 1954 or, alternatively, according to a true valuation of the assets.

quence; au cas où le tribunal n'accèderait pas à cette demande, l'imposition actuelle devrait être annulée et ordre devrait être donné aux autorités fiscales de fixer le montant de l'impôt sur la base de la valeur réelle des parts sociales;

(c) que l'impôt fût très sensiblement réduit à d'autres égards sur la base d'une évaluation à ordonner par le Tribunal.

A la suite d'un accord entre les parties, le Tribunal se borna à examiner les revendications principales, à savoir que l'imposition fût annulée et, subsidiairement, que les parts sociales détenues par le premier requérant fussent imposées sur la base de leur valeur nominale ou encore de leur valeur réelle.

6. Au cours des débats devant le Tribunal municipal et, ultérieurement, devant la Cour Suprême, les requérants prirent les conclusions suivantes à l'appui de leurs revendications:

(a) La politique fiscale définie dans le Loi No. 44 était contraire à l'article 67 de la Constitution islandaise, qui protège le droit à la propriété privée.

(b) Par ses dispositions prévoyant une taxation excessive et discriminatoire, la Loi No. 44 équivalait à une mesure d'expropriation. Le nombre des contribuables assujettis à cet impôt, soit 604 personnes physiques, 674 sociétés à responsabilité limitée (dont 5 sociétés étrangères) et 20 sociétés coopératives, était si restreint que, au regard de l'article 67 de la Constitution, il s'agissait en fait d'une expropriation ou d'une confiscation. Les requérants rappelaient à ce propos qu'ils n'avaient pas encore versé les deux tiers du montant dont ils étaient redevables au titre de l'impôt sur la fortune, institué par une loi fiscale antérieure de 1950. En outre, l'article 9 de la Loi No. 44, qui affectait le produit de l'impôt pour un tiers au Service des hypothèques de la Banque rurale d'Islande et pour les deux autres tiers au Fonds national de l'Habitat, procurait des ressources non pas au Trésor mais à des institutions aux sphères d'activités indépendantes. Cette affectation n'était pas justifiée par les règles générales régissant le pouvoir d'imposition et la Loi No. 44 devait, en vertu de l'article 67 de la Constitution, être tenue pour nulle et non avenue.

(c) La Loi No. 44 stipulait clairement que l'impôt devait être perçu sur les personnes physiques et non sur les sociétés. Le contribuable était donc la personne physique bien que la société fût responsable du paiement effectif et pût récupérer sur l'associé le montant acquitté par elle. Il était donc illégal de répartir l'actif net des sociétés entre les associés et de compter, aux fins d'imposition, ces avoirs avec les autres éléments de la fortune des intéressés. Ces avoirs devaient être imposés conformément aux dispositions de l'article 19 (e) de la Loi No. 46 de 1954, ou encore, sur la base de la valeur réelle des participations.

7. The Town Court gave its judgment on 14th August 1958 to the following effect:

(a) The principal claim against the Minister of Finance to be dismissed.

(b) The tax assessment on Mr. Gudmundsson's shareholding in Tresmidjan Vidir to be quashed and the tax authorities ordered to re-assess the tax on the true value of the shares and not on the nominal value, as claimed by the Applicant.

8. The Applicants, by summons dated 16th August 1958, appealed to the Supreme Court against the Town Court's judgment. The Minister of Finance counter-appealed by summons dated 18th August 1958 and the Supreme Court delivered its judgment on 29th November 1958 upholding the decision of the Town Court. Two of the judges voted separately but assented to the majority judgment.

9. The Supreme Court found, in general, that the principal claim of the Applicants could not be upheld as the defects of Law No. 44 were not so great as to invalidate the Law as a whole having regard to Article 67 of the Constitution. In particular, it found:

(a) As regards the question of discrimination:

Section 2 gives preferential treatment to owners of freezing plants, slaughterhouses, properties used for processing fishery and agricultural products, aircraft and ships. (Page 33 of translation of judgment).

Section 3 exempts savings in banks, savings departments of co-operative societies and Government bonds from tax while the owners of real or personal property remain liable. (Page 32 of translation of judgment).

Section 4 paragraph 2 of Law No. 44 excluded co-operative societies from the application of that Law although they were liable to general property tax under Law No. 46 of 1954. This provision was a deviation from the basis of the general property tax and there was unequal treatment as between limited companies and co-operative societies. This discrimination was, however, not sufficient to invalidate the law. (Page 31 of translation of judgment).

Law No. 44 and *Section 4* must be interpreted to the effect that a member's shareholding in a limited company was based upon the true value of his shares. (Pages 31, 32 and 37 of translation of judgment).

(b) As regards the question of the amount of the tax:

Section 5 of Law No. 44 provided for taxation of net property in excess of one million kronur. Maximum taxation under this provision was 25% on the property assessed. However, as found

7. Le Tribunal municipal rendit le 14 août 1958 la décision suivante:

(a) La revendication principale, dirigée contre le Ministre des Finances, était rejetée.

(b) L'imposition des parts détenues par M. Gudmundsson dans la Société Tresmidjan Vidir était annulée et les autorités fiscales devaient recalculer le montant de l'impôt sur la base de la valeur réelle des parts sociales, et non de leur valeur nominale comme le demandait le premier requérant.

8. Les requérants, par citation datée du 16 août 1958, firent appel de la décision du Tribunal municipal devant la Cour Suprême. Le Ministre des Finances forma, à son tour, un appel incident par citation datée du 18 août 1956 et la Cour Suprême rendit le 29 novembre 1958, un arrêt qui confirmait la décision du Tribunal municipal. Deux des juges avaient voté séparément mais s'étaient ralliés à l'opinion de la majorité.

9. La Cour Suprême jugea, d'une manière générale, que la revendication principale des requérants était insoutenable, les imperfections de la Loi No. 44 n'étant pas assez accusées pour invalider la loi dans son ensemble, eu égard à l'article 67 de la Constitution. Elle déclara, en particulier, ce qui suit:

(a) Quant à la question de la discrimination:

L'article 2 accordait un traitement préférentiel aux propriétaires d'installations frigorifiques, d'abattoirs, de matériel utilisé pour le traitement des produits de la pêche et de l'agriculture, d'aéronefs et de navires (Page 33 de la traduction de l'arrêt).

L'article 3 exonérait de l'impôt les dépôts bancaires, les comptes d'épargne des sociétés coopératives et les rentes sur l'Etat, tandis que les biens immobiliers ou personnels demeuraient imposables. (Page 32 de la traduction de l'arrêt).

L'article 4, paragraphe 2, de la Loi No. 44 excluait les sociétés coopératives du champ d'application de cette loi bien qu'elles fussent assujetties à l'impôt général sur la fortune en vertu de la Loi No. 46 de 1954. Cette disposition s'écartait du principe de base de l'impôt général sur la fortune et créait une inégalité de traitement entre les sociétés à responsabilité limitée et les sociétés coopératives. Cette discrimination n'était cependant pas suffisante pour invalider la loi (Page 31 de la traduction de l'arrêt).

La Loi No. 44 et *l'article 4* devaient être interprétés de telle sorte que le montant de participation d'un associé d'une société à responsabilité limitée fût établi sur la base de la valeur réelle de ses parts (Pages 31, 32 et 37 de la traduction de l'arrêt).

(b) Quant à la question du montant de l'impôt:

L'article 5 de la Loi No. 44 prévoyait la taxation des fortunes nettes supérieures à un million de couronnes. Aux termes de cet article, le taux maximum de l'imposition atteignait 25% des biens by the Town Court, the tax was not so high as to be compared with a confiscation of funds as envisaged by the Constitution, although the imposition of high property taxes, as under Laws Nos. 22 and 44, at short annual intervals could come in conflict with Article 67 of the Constitution. These Laws were not, however, for that reason invalid.

(c) As regards the appropriation of the tax:
Section 9 of Law No. 44 was to be considered as merely disposing in advance of the Treasury income and did not cause that Law to be invalid.
The Supreme Court also confirmed the Town Court's finding in respect of the alternative claim of the first Applicant (i.e. that tax should be assessed on the nominal value of shareholding) and, in particular, upheld its interpretation that the liability to taxation rested upon shareholders and not upon limited companies.

It further upheld the Town Court's finding that tax on shareholding should be based upon the true value of shares on the ground that Section 4, paragraph 1, of Law No. 44 was in that respect incompatible with Article 67 of the Constitution.

10. On 22nd July 1959, the second part of the first Applicant's claim (i.e. for a substantial tax reduction on other property) having been submitted on 26th June 1959, the Town Court gave judgment that his taxable property be assessed on the basis indicated by the Supreme Court. The Applicant was then assessed as follows:

Tax payable by Mr. Gudmundsson . . . . Kr. 427,571
Tax paid by Tresmidjan Vidir as to Kr. 89,035
and by Idnadarbanki Islands as to Kr. 3,860

11. On 11th February 1960, Counsel for the Applicant's informed the Secretariat that, as a result of the Supreme Court's decision of 29th November 1958 the rules of assessment under Section 4 of Law No. 44 violated Article 67 of the Constitution and should be revoked; the State Tax Appeals Committee on 28th May 1959 had declared those rules void and had drafted new rules according to which capital levy should be recalculated. This re-assessment was not completed until 11th December 1959. The total amount of the levy was reduced from Kr. 136,606,101 to Kr. 73,886, 777 and the number of taxpayers fell from 604 to 447.

The Applicants' Counsel submitted four statements by chartered accountants to demonstrate the effect of the taxation concerned on large property owners. These statements were apparently sur lesquels elle était assise. Cependant, comme l'avait dit le Tribunal municipal, l'impôt n'était pas assez élevé pour pouvoir être assimilé à une confiscation de fonds au sens de la Constitution, bien que le fait d'établir des impôts élevés sur la fortune, comme ceux prévus par les Lois No. 22 et 44 à peu d'années de distance pût être contraire à l'article 7 de la Constitution. En tout état de cause, ces lois n'en étaient pas pour autant nulles et non avenues.

(c) Quant à l'affectation du produit de l'impôt:

L'article 9 de la Loi No. 44 devait simplement être considéré comme disposant à l'avance de recettes du Trésor et n'entraînait pas l'invalidité de cette loi.

La Cour Suprême confirmait également la conclusion du Tribunal municipal relative à la revendication subsidiaire du premier requérant (à savoir que le montant de l'impôt fût fixé sur la base de la valeur nominale des parts sociales) et, notamment, son interprétation selon laquelle les redevables de l'impôt étaient les associés et non les sociétés à responsabilité limitée.

Elle confirmait en outre la conclusion du Tribunal municipal pour qui l'impôt sur les parts sociales devait être basé sur la valeur réelle de cellies-ci, motif pris de ce que l'article 4, paragraphe 1, de la Loi No. 44 était incompatible sur ce point avec l'article 67 de la Constitution.

10. Saisi le 26 juin 1959 de la deuxième partie de la demande du premier requérant (relative à une réduction sensible de l'impôt sur les autres éléments de la fortune), le Tribunal municipal ordonna le 22 juillet 1959 que sa fortune imposable fût déterminée sur la base indiquée par la Cour Suprême. Le requérant fut alors imposé comme suit:

Impôt dû par M. Gudmundsson.	Kr 427.571
Impôt acquitté par la Société Tresmidjan Vidir. . .	Kr 89.035
Impôt acquitté par la Société Idnadarbanki Islands	Kr 3.860

11. Le 11 février 1960, les conseils des requérants informèrent le Secrétariat que, à la suite de la décision du 29 novembre 1958 de la Cour Suprême selon laquelle les règles d'imposition fixées par l'article 4 de la Loi No. 44 violaient l'article 67 de la Constitution et devaient être annulées, la Commission des réclamations fiscales de l'Etat avait, le 28 mai 1959, déclaré ces règles nulles et non avenues et en avait établi de nouvelles en vue de la révision de l'assiette du prélèvement sur le capital. Ces nouveaux calculs ne devaient être achevés que le 11 décembre 1959. Le produit total du prélèvement était ramené de Kr 136.606.101 à Kr 73.886.777 et le nombre des contribuables était réduit de 604 à 447.

Les conseils des requérants ont produit quatre déclarations d'experts comptables pour montrer l'incidence de l'imposition en question sur les possesseurs de grosses fortunes, Ces déclarations obtained on behalf of the Association of Large Property Taxpayers, the Chairman of which is the Applicants' Counsel. The results of the new assessment are given by examples of which two are quoted.

	Original assessment	Present assessment
Taxable property in the form of shares	I 374,436	56,240
Other than shares	II 379,021	377,671
	I 478,567	200,425
	II 475,032	466,764

THE ARGUMENTS SUBMITTED TO THE COMMISSION ON BEHALF OF THE APPLICANTS

12. The Applicants' contentions may be summarised as follows:

13. They refer in general to the judgments of the Town Court and Supreme Court which set out the arguments of the parties in those proceedings.

Concerning post-war legislation on taxation, the Applicants have further submitted as follows:

The general law as to income and property tax is Law No. 46 of 14th April 1954 which has since been amended.

Law No. 67 of 5th June 1947 provided for a special survey of taxable property and for a special levy on properties which have been excluded from tax returns.

Law No. 128 of 29th December 1947 provided for a tax on "Property augmentations occurring between 1st January 1940 and 31st December 1947". This tax was levied but not collected.

Law No. 22 of 19th March 1950 provided for a "tax on large properties" to be assessed as at 31st December 1949. The reasons given for this tax was that it was designed to balance the profits made on the exchange devaluation and it was expressly stated that such a tax would only be imposed on one occasion. (The exchange of Kr. 9.4 = \$1 was devalued on 19th March 1950 to Kr. 16.3 = \$1).

Section 12 set out the basis of assessment on various categories of property including a provision which does not impose a tax on a company but imposes a *pro rata* tax on its shareholders. In regard to individuals, the tax scale was as follows:

avaient été apparemment recueillies pour le compte de l'Association des contribuables assujettis à l'impôt sur les grosses fortunes, association que préside l'un des conseils des requérants. Les résultats du nouveau système d'imposition sont indiqués sous forme d'exemples, dont voici deux:

		Imposition initiale	Imposition actuelle
Fortune imposable sous forme de participations dans des sociétés.	I	374.436	56.240
Autres éléments de la fortune	II	379.021	377.671
	I	478.567	200.425
	II	475.032	466.764

ARGUMENTS PRESENTES A LA COMMISSION AU NOM DES REQUERANTS

12. La thèse des requérants peut se résumer comme suit:

13. Les requérants se réfèrent, d'une manière générale, aux jugements du Tribunal municipal et de la Cour Suprême, qui exposent les arguments invoqués par les parties au cours des débats.

En ce qui concerne la législation fiscale d'après-guerre, les requérants ont en outre soutenu ce qui suit:

La loi générale régissant l'impôt sur le revenu et sur la fortune est la Loi No. 46 du 14 avril 1954, qui a été modifiée depuis lors.

La Loi No. 67 du 5 juin 1947 prévoyait un inventaire spécial de la fortune imposable et un prélèvement spécial sur les fortunes exclues des déclarations fiscales.

La Loi No. 128 du 29 décembre 1947 instituait un impôt sur les "augmentations de fortune survenues entre le 1er janvier 1940 et le 31 décembre 1947". Cet impôt a été établi mais non recouvré.

La Loi No. 22 du 19 mars 1950 instituait un "impôt sur les grosses fortunes" dont l'assiette devait être fixée au 31 décembre 1949. L'exposé des motifs de la loi précisait que cet impôt était destiné à compenser les bénéfices réalisés du fait de la dévaluation de la monnaie islandaise et déclarait expressément qu'il ne serait perçu qu'une seule fois. (Le taux de change de la couronne islandaise par rapport au dollar avait été porté le 19 mars 1950 de 9,4 à 16,3).

L'article 12 fixait la base d'imposition pour diverses catégories de biens et contenait notamment une disposition aux termes de laquelle les redevables n'étaient pas les sociétés, mais les associés qui étaient assujettis à un impôt proportionnel. Pour les personnes physiques, le barème était le suivant:

up to Kr. 300,000		no tax
from Kr. 300,000 to Kr. 500,000		10%
from Kr. 500,000 to Kr. 1 million on Kr. 500,000	Kr.	20,000
on remainder		15%
from Kr. 1 million to Kr. 1.5 million on Kr. 1 million	Kr.	95,000
on remainder		20%
from Kr. 1.5 million upwards, on Kr. 1.5 million	Kr.	195,000
on remainder		25%

It also provided that tax should be paid within six months after notice and tax exceeding Kr. 2,000 might be paid, as up to 90%, in bonds issued by the tax-payer and payable with 4% interest in equal instalments over a maximum period of 20 years. As security, the taxed properties should be mortgaged to the Treasury for a sum corresponding to their tax assessment value. Tax might also be paid by the handing over of property valued as for tax assessment. Co-operative societies and joint stock companies should pay the portion of tax payable by their owners or shareholders in respect of their holdings.

Provisions were also contained for the appropriation of the tax collected to the Fisherman's Share Compensation Fund, the Treasury's floating debt and to two types of building subsidies.

Section 13 provided that Kr. 10 million should be applied "to compensate the depreciation of the savings of individuals which has taken place".

About one-third of the tax thus levied had been paid when Law No. 44 of 3rd June 1957 was enacted.

Law No. 44 of 3rd June 1957 (see paragraph 1 above) provided for tax of almost 25% on property exceeding Kr. 1 million almost immediately after Law No. 22 had also provided for a similar tax of almost 25%.

14. The Applicants have submitted on the following grounds that Law No. 44 violates Article 1 of the Protocol to the Convention and Article 14 of the Convention:

- that the levy was unconstitutional (15);
- that the levy was of a confiscatory measure (16);
- that the imposition of the levy was not justified (17);
- that the levy was not capable of acting as a remedy for the financial system of the State (18);

jusqu'à concurrence de Kr 300.000	exonération
de Kr 300.000 à Kr 500.000	10%
de Kr 500.000 à Kr 1.000.000:	
sur Kr 500.000	Kr 20.000
sur le restant	15%
de Kr 1.000.000 à 1.500.000:	
sur Kr 1.000.000	Kr 95.000
sur le restant	20%
à partir de Kr 1.500.000:	
sur Kr 1.500.000	Kr 195.000
sur le restant	25%

L'article 12 stipulait également que l'impôt devrait être payé dans les six mois suivant la réception de l'avis et que les montants supérieurs à Kr 2.000 pourraient, jusqu'à concurrence de 90%, être acquittés sous forme d'obligations émises par le contribuable et payables avec 4% d'intérêt en termes égaux échelonnés sur 20 ans au maximum. A titre de garantie, les biens imposés devaient être hypothéqués au profit du Trésor pour un montant correspondant à leur valeur d'imposition. L'impôt pourrait également être acquitté par la cession de biens estimés à leur valeur d'imposition. Les sociétés coopératives et les sociétés de capitaux devaient acquitter la fraction de l'impôt due par les associés ou actionnaires au titre de leurs participations.

D'autres dispositions prévoyaient l'affectation du produit de l'impôt à la Caisse mutuelle de compensation des pêcheurs, à la couverture de la dette flottante du Trésor et à deux catégories de subventions à la construction.

L'article 13 stipulait que 10 millions de couronnes serviraient "à compenser la dépréciation subie par l'épargne individuelle". Le tiers environ de l'impôt ainsi établi avait été perçu lorsque la Loi No. 44 du 3 juin 1957 a été promulguée.

La Loi No. 44 du 3 juin 1957 (voir paragraphe 1 ci-dessus) est venue frapper d'un impôt de près de 25% les fortunes supérieures à un million de couronnes presque aussitôt après que la Loi No. 22 eut institué un impôt analogue de près de 25%.

14. De l'avis des requérants, la Loi No. 44 viole l'article 1er du Protocole additionnel à la Convention et l'article 14 de la Convention, pour les raisons suivantes:

- le prélèvement est inconstitutionnel (15);
- le prélèvement constitue une mesure de confiscation (16);
- l'établissement du prélèvement n'est pas justifié (17);
- le prélèvement n'est pas propre à assainir le système financier de l'Etat (18);

- That the levy was not a "tax" within the generally recognised meaning of this word (19);
- that the levy was discriminatory (20);
- that under the rules of international law the imposition of the levy violated the provisions of the Universal Declaration of Human Rights and the European Convention of Human Rights, notably Article 1 of the Protocol to the Convention (21);
- that the levy was a politically inspired measure (22).

15. Law No. 44 of 3rd June 1957 infringed the Icelandic Constitution and should be invalidated for the following reasons:

(a) as regards its form, a Bill containing a modification of the Constitution should have an appropriate title or it should be rejected by the speaker of the Althing. This provision was not complied with.

Article 79 of the Constitution also provided that the Althing should be dissolved and new elections take place if an amendment of the Constitution was passed. This was not carried out although Law No. 44 amounted to an amendment of the Constitution.

(b) Law No. 44 violated Articles 67 and 69 of the Constitution. Article 67 states:

> "The right of ownership is inviolate. No one shall be compelled to part with his property unless demanded by public necessity; for this legal provisions are required and full compensation shall be paid".

Article 69 states:

> "No fetter may be placed upon people's liberty of industry unless demanded by the common welfare, and legal provisions for this are required".

Articles 41, 42 and 67 of the Constitution provide for taxation by legislation and under the authority of the Budget. This "tax on large properties" was not entered in the Budget for 1958 and 1959 not were the corresponding payments to the Rural Bank of Iceland and the State Building Fund.

16. Law No. 44 contained provisions for imposition of taxes which amounted to confiscation of property and not, as was mistakenly suggested by Applicants' Counsel before the Supreme Court, expropriation.

In the case of expropriation, full value is paid for the property expropriated while in the case of confiscation no payment is made. Confiscation may only be lawfully effected after the commission of a crime in regard to:

(a) any article used or suitable for use in the committing of a crime;

- le prélèvement n'est pas un "impôt" au sens généralement admis du terme (19);
- le prélèvement est discriminatoire (20);
- sur le plan du droit international, l'établissement du prélèvement viole les dispositions de la Déclaration universelle des Droits de l'Homme et de la Convention européenne des Droits de l'Homme, notamment de l'article 1er du Protocole additionnel à cette Convention (21);
- le prélèvement est une mesure d'inspiration politique (22).

15. La Loi No. 44 de juin 1957 est contraire à la Constitution islandaise et devrait être invalidée pour les raisons suivantes:

(a) Du point de vue formel, un projet de loi tendant à modifier la Constitution doit porter un titre approprié ou être rejeté par le Président de l'Althing. Cette disposition n'a pas été respectée. L'article 79 de la Constitution prévoit également que l'Althing sera dissous et qu'il sera procédé à de nouvelles élections si une modification de la Constitution est adoptée. Cette procédure n'a pas été suivie bien que la Loi No. 44 équivaille à une modification de la Constitution.

(b) La Loi No. 44 viole les articles 67 et 69 de la Constitution. L'article 67 dispose: "La propriété privée est inviolable. Nul ne peut être contraint d'aliéner ses biens que pour cause d'utilité publique; dans ce cas une loi spéciale doit être votée et une complète indemnité versée".

L'article 69 dispose:

> "Des restrictions à la liberté du travail ne peuvent être imposées que si le bien public l'exige et des dispositions législatives sont nécessaires à cette fin".

Les articles 41, 42 et 67 de la Constitution stipulent que les impôts doivent être établis par la loi et dans le cadre du budget. Or, le budget pour 1958 et 1959 n'a pas fait état de cet "impôt sur les grosses fortunes" ni des versements correspondants à la Banque rurale d'Islande et au Fonds national de l'Habitat.

16. La Loi No. 44 institue des mesures fiscales qui équivalent non pas, comme l'avocat des requérants a soutenu par erreur devant la Cour Suprême, à une expropriation, mais à une confiscation de biens.

En cas d'expropriation, l'intéressé perçoit une indemnité couvrant intégralement la valeur des biens expropriés, alors que la confiscation ne donne lieu à aucun remboursement. Une confiscation ne peut être légalement opérée qu'à la suite d'une infraction et porte sur:

(a) tous objets ayant servi ou pouvant avoir servi à la commission de l'infraction;

(b) anything produced by a criminal act, including any profit accruing to the criminal.
Neither of these conditions applied in the present case and confiscation could not, therefore, be lawfully carried out.

The tax imposed on the Applicants of Kr. 427,571 of which Kr. 92.895 is in respect of shareholding, is so high as to amount to confiscation and no longer constitutes pure taxation. The fact that it is exorbitant is obviously accepted by the legislature which has laid down under Law No. 22 a period of 20 years to pay the charges concerned and under Law No. 44 a period of 10 years. Even by payment by means of instalments, it would be impossible to settle these tax demands without selling all or part of the properties taxed.

It is admitted that "property tax" has always been levied in Iceland but in effect it has been the same as income tax. It has been based on income derived from property and has not been so high as to make it impossible to be paid out of income.

In this connection, the first Applicant is unable to pay these charges out of his income within a period of 10 years. It is not only unlawful to order the two companies concerned to pay a proportion of the charges but it is also of no benefit to the first Applicant as these companies can immediately recover from him the tax so paid.

Tax which cannot be paid out of income should be regarded as confiscation and thereby amounts to an infringement of Article 67 of the Constitution and of Article 1 of the Protocol to the Convention of Human Rights.

In regard to the second paragraph of Article 1 of the Protocol which provides for an exception in respect of laws enacted to secure the payment of taxes, the present charges do not constitute taxes but amount to an unlawful confiscation and are therefore a matter falling within the jurisdiction of the European Commission and Court.

17. Out of 604 payers of "tax on large properties" under Law No. 44, 94 are women, mostly widows. The value of the properties owned by the majority of them has exactly the same value as at the time of their inheritance of those properties. The owners have not profited by any general monetary inflation nor for any other reason has confiscation been justified.

18. Defence counsel stated in the Town Court proceedings that the tax was imposed in connection with comprehensive measures intended to act as a remedy for the financial system of the State and was largely a tax resulting from increased prices.

The Applicants now state that this is incorrect. Law No. 44

(b) le produit de l'acte délictueux, y compris tous bénéfices réalisés par le délinquant.
Aucune de ces conditions ne se trouvait remplie en l'espèce et une confiscation ne pouvait donc être légalement opérée.

L'impôt réclamé aux requérants – Kr 427.571, dont Kr 92.895 à raison des parts sociales détenues par eux – est si lourd qu'il équivaut à une confiscation et ne constitue plus une simple mesure d'imposition. Son caractère exorbitant est manifestement admis par le législateur, qui a prévu dans la Loi No. 22 un délai de 20 ans et dans la Loi No. 44 un délai de 10 ans pour le paiement des sommes réclamées. Même en s'acquittant par versements échelonnés, il serait impossible de satisfaire à ces exigences fiscales sans vendre tout ou partie des biens imposés.

Sans doute un "impôt sur la fortune" a-t-il toujours été perçu en Islande, mais cet impôt était en fait identique à l'impôt sur le revenu. Il était assis sur le revenu tiré de la fortune et son montant n'était pas assez élevé pour qu'il ne pût être acquitté sur ce revenu.

A ce propos, le premier requérant est dans l'incapacité de payer la somme réclamée sur son revenu en l'espace de dix ans. Il n'est pas seulement illégal d'ordonner aux deux sociétés intéressées de verser une partie de cette somme, mais le premier requérant n'en retire aucun profit puisque ces sociétés peuvent se faire rembourser immédiatement par lui.

Tout impôt qui ne peut être payé sur le revenu doit être considéré comme une confiscation et constitue donc une violation de l'article 67 de la Constitution et de l'article 1er du Protocole Additionnel à la Convention des Droits de l'Homme.

Pour ce qui est du second paragraphe de l'article 1er du Protocole, qui prévoit une exception à l'égard des lois mises en vigueur pour assurer le paiement des impôts, la mesure dont il s'agit ne constitue par un impôt mais équivaut à une confiscation illégale et relève donc de la compétence de la Commission et de la Cour européennes.

17. Sur les 604 personnes physiques redevables de l' "impôt sur les grosses fortunes" en application de la Loi No. 44, 94 sont des femmes, veuves pour la plupart. La valeur des biens détenus par la majorité d'entre elles est exactement la même qu'à l'époque où elles les ont hérités. Les propriétaires de ces biens n'ont profité d'aucune inflation monétaire générale et une confiscation ne se justifie pas non plus par d'autres raisons.

18. L'avocat de la défense a déclaré au cours des débats devant le Tribunal municipal que l'impôt avait été institué dans le cadre d'un ensemble de mesures destinées à assainir le système financier de l'Etat et qu'il s'expliquait, dans une large mesure, par la hausse des prix.

Les requérants s'inscrivent en faux contre cette thèse. La Loi provided that the tax be appropriated to the Rural Bank of Iceland and to the State Building Fund. It could not, therefore, assist the recovery of the financial system of the State but would in fact, increase inflation as the funds were to be applied to capital investment. Further, the tax was not due to increased prices but was mostly levied on the same properties which had been owned by tax-payers before the inflation and had not been levied on persons who had benefited from inflation. Many individuals and business enterprises borrow money from banks for use as capital and thereby profit considerably from inflation. The Federation of Iceland Co-operative Societies and other co-operative societies are the most important of such concerns.

The Applicants' business, however, is not such as to make the borrowing of money easy.

19. Applicants' Counsel had submitted erroneously to the Supreme Court that tax is "a due to the authorities". Both institutions mentioned in the Section 9 of the law as beneficiaries of the tax are State-owned but cannot by their character be considered as "authorities". The charges are levied for the benefit of these institutions and do not, therefore, constitute a tax. Even if that charge was collected by the Treasury and then appropriated to the above concerns it would still not constitute a tax.

20. Law No. 44 is discriminating in that it does not impose a charge on all those whose financial circumstancs are similar. The tax is levied (Section 1) on "the properties of all individuals" exceeding one million kronur. Companies are not liable to this tax although their assets are often far greater than those of individuals.

Section 4 provides for tax assessment on company shareholdings but exempts "credit balances in joint property funds", thereby favouring co-operative societies.

Companies became liable to pay taxes on behalf of their individual shareholders for a total sum of over 81 million kronur, which was later reduced by re-assessments, while co-operative societies became liable only for a total sum of 312 thousand kronur.

21. On 11th February 1960 the Applicants' Counsel submitted to the Commission a memorandum by Dr. Gunnlaugur Thordarson, an international lawyer and a member of the Althing. This memorandum consisted mostly of a dissertation on the economically disastrous effects of the legislation. It also referred to the provision in Article 1 of the Protocol that: "No one shall be deprived of his possessions except ... subject to the conditions provided for ... by the general principles of international law". In this respect, it

No. 44 prévoit l'attribution du produit de l'impôt à la Banque rurale d'Islande et au Fonds national de l'Habitat. Il ne saurait donc contribuer à l'assainissement du système financier de l'Etat mais accentuerait plutôt l'inflation, les recettes devant être affectées à des investissements. En outre, l'impôt n'a pas été institué en raison de la hausse des prix; il frappe, le plus souvent, des biens que les contribuables possédaient déjà avant l'inflation et ne touche pas les bénéficiaires de celle-ci. Un grand nombre de particuliers et d'entreprises industrielles et commerciales empruntent de l'argent aux banques pour procéder à des immobilisations et profitent ainsi largement de l'inflation. La Fédération des Sociétés coopératives d'Islande et d'autres sociétés coopératives en sont les principaux exemples.

L'affaire des requérants, en revanche, n'est pas de nature à faciliter les emprunts d'argent.

19. L'avocat des requérants a déclaré par erreur devant la Cour Suprême que cet impôt était "dû aux autorités". Les deux institutions désignées dans l'article 9 de la loi comme bénéficiaires du produit de l'impôt relèvent de l'Etat mais ne peuvent, de par leur nature, être considérées comme des "autorités". Les sommes réclamées sont perçues au profit de ces institutions et ne constituent donc pas un impôt; même si elles étaient recouvrées par le Trésor pour être attribuées ensuite auxdites institutions, elles ne constitueraient toujours pas un impôt.

20. La Loi No. 44 est discriminatoire du fait qu'elle ne taxe pas tous ceux dont la situation financière est analogue. L'impôt frappe (article 1er) les "fortunes de toutes les personnes physiques" d'un montant supérieur à un million de couronnes. Les sociétés n'y sont pas assujetties bien que la valeur de leurs avoirs dépasse souvent de beaucoup celle des fortunes individuelles.

L'article 4 prévoit l'imposition des participations dans une société mais exonère "les soldes créditeurs des fonds en co-propriété", favorisant ainsi les coopératives.

Les sociétés ont été astreintes à acquitter les impôts dus personnellement par les associés pour un montant total de plus de 81 millions de couronnes, montant réduit ultérieurement à la suite de nouveaux calculs, tandis que les coopératives n'étaient redevables que pour un montant total de 312.000 couronnes.

21. Le 11 février 1960, les conseils des requérants ont soumis à la Commission un mémoire de M. Gunnlaugur Thordarson, spécialiste du droit international et membre de l'Althing. Ce mémoire consiste essentiellement en un exposé des effets économiques désastreux de la législation. Il se réfère également à la disposition de l'article 1er du Protocole selon laquelle "nul ne peut être privé de sa propriété que ... dans les conditions prévues par ... les principes généraux du droit international". A ce propos, M. Thordarson

was pointed out that Iceland is a member of the United Nations and thereby a party to the United Nations Declaration of Human Rights. Article 17, paragraph 2, of the Declaration states that "No one may at will be deprived of his property" and it was suggested that Law No. 44 comes close to violating this provision. The stipulation that the rules of international law should be observed includes the rules that the right of ownership is inviolate.

Further, in regard to Article 1 of the Protocol to the European Convention, this memorandum suggested that confiscation is only justified when it is required by "public necessity". In the present case, the intention that confiscated sums should accrue to a specific group of people in the community does not constitute "public necessity".

The second paragraph of Article 1 makes reservations as to taxation, in particular as to property tax. It was submitted in Dr. Thordarson's memorandum that property tax is not a tax on property but on the benefit and indirect income derived from the property concerned. The Icelandic legislation provides for taxation on large properties and provides for confiscation rather than taxation. If the Icelandic Constitution is not adequate to prevent confiscation, the Convention should itself do so.

Finally, by letter of 18th July 1960, the Applicants' Counsel submitted to the Commission a copy of the decision in the case "Olafsson against the Ministry of Finance", an analogous case decided on 28th June 1960 by the Town Court of Reykjavik.

The plaintiff in that case, also represented by Messrs. Sveinsson and Magnusson, apparently asked similarly that the tax imposed upon him by Law No. 44 of 1957 should be quashed on the ground that it violated the United Nations Declaration of Human Rights and the European Convention of Human Rights.

In regard to the question of the constitutionality of the Law, the Court relied upon the findings of the Supreme Court in the Gudmundsson case in 1958 and confirmed its constitutionality.

In respect of the alleged violation of the Convention of Human Rights, the Court held:

> "insofar as the European Convention on the Protection of Human Rights and Fundamental Freedoms is concerned, Althing has by a parliamentary resolution of 19th December 1952, granted the Government authority to become a party to it, and on the part of Iceland a document of ratification was delivered on the 29th July 1953. On the other hand, this Convention has not been legalised in this country, neither as general law nor as constitutional law. Plaintiff cannot, therefore, base his claims here in Court, upon the said Convention granting him any such right to a release from the tax provisions

fait observer que l'Islande est membre des Nations Unies et donc partie à la Déclaration universelle des Droits de l'Homme dont l'article 17, paragraphe 2, stipule que "nul ne peut être arbitrairement privé de sa propriété"; or, la Loi No. 44 est bien près de violer cette disposition. La stipulation selon laquelle les principes du droit international doivent être respectés vise également le principe de l'inviolabilité du droit à la propriété.

Au sujet de l'article 1er du Protocole additionnel à la Convention européenne, M. Thordarson déclare en outre que la confiscation n'est justifiée que pour cause d' "utilité publique". En l'espèce, l'intention d'attribuer les sommes confisquées à une catégorie particulière de membres de la collectivité ne s'explique par aucune cause d' "utilité publique".

Le second paragraphe de l'article 1er apporte des réserves en ce qui concerne le pouvoir d'imposition, réserves intéressant plus particulièrement l'impôt sur la fortune. Selon le mémoire de M. Thordarson, l'impôt sur la fortune ne frappe pas la fortune en tant que telle mais les bénéfices et revenus indirects qui en sont retirés. Quand la législation islandaise prévoit la taxation des grosses fortunes, en fait elle institue des mesures de confiscation plutôt que d'imposition. Si la Constitution islandaise ne permet pas d'empêcher la confiscation, la Convention, elle, devrait le permettre.

Enfin, par lettre du 18 juillet 1960, les conseils des requérants ont fait tenir à la Commission le texte de la décision rendue le 28 juin 1960 par le Tribunal municipal de Reykjavik dans une affaire analogue: l'affaire "Olafsson contre le Ministère des Finances".

Le plaignant, représenté lui aussi par MM. Sveinsson et Magnusson, avait, semble-t-il, demandé également l'annulation de la charge fiscale que lui imposait la Loi No. 44 de 1957, en alléguant une violation de la Déclaration des Droits de l'Homme des Nations Unies et de la Convention européenne des Droits de l'Homme.

Quant à la constitutionnalité de la Loi, le Tribunal l'avait confirmée en s'appuyant sur l'arrêt rendu en 1958 par la Cour Suprême dans l'affaire Gudmundsson.

Quant à la violation alléguée de la Convention des Droits de l'Homme, le Tribunal avait estimé:

> "En ce qui concerne la Convention européenne de sauvegarde des Droits de l'Homme et des Libertés fondamentales, l'Althing a, par une résolution adoptée le 19 décembre 1952, autorisé le gouvernement à y devenir partie et l'instrument de ratification de l'Islande a été déposé le 29 juillet 1953. Cependant, cette Convention n'a pas acquis force de loi en Islande, ni comme loi ordinaire, ni comme loi constitutionnelle. Le plaignant ne peut donc faire valoir devant le Tribunal que ladite Convention lui accorderait un droit d'être exempté des obligations fiscales découlant de la Loi No. 44/1957 dont,

of Law No. 44/1957 as [presumably meaning "which"] according to the foregoing, he does not enjoy, according to Iceland Constitutional Law".

The Court thus rejected all the arguments set forth by Mr. Olafsson's Counsel.

Commenting upon this decision, the Applicants' lawyer, Mr. Sveinsson, submitted to the Commission that the Convention is a "lawful and confirmed international treaty" and therefore binding on the Althing in all matters concerning legislation. Laws contravening the provisions of the Convention are "lawlessness".

The provisions of the Convention confirm those of the Constitution. It has been shown that Law No. 44, by reason of its confiscatory nature, contravenes Articles 67 of the Constitution and it is submitted that it thereby contravenes the Convention.

22. The Applicants contended that the levy was a politically inspired abuse of the right of a State to tax its subjects. It amounted to an attempt on the part of a Communist-influenced Parliament and of a Government in which two ministers out of six belonged to the Communist Party to take over private enterprise for the purpose of suppressing the institution of private property. A pursuit of a policy of nationalisation will eventually lead to a complete denial of the human rights which are fu ndamental for the preservation of Western Democracy;

23. *Whereas* the Applicants' Counsel, in his letters of 7th May and 23rd November 1960 finally summarised his arguments in the case as follows:

(a) The Supreme Court recognised that the application of the tax had been discriminatory in that the taxpayers had been in many ways treated unequally.

(b) The Supreme Court's finding that Law No. 44 did not violate Article 67 was due to a mistaken definition of the terms "tax" and "official due" and was untenable.

(c) Such taxation, discriminatory in application and confiscatory in effect, is a violation of the United Nations Declaration of Human Rights and of the European Convention, both of which are law in Iceland. Neither the legislature by means of subsequent legislation nor the courts can invalidate an international treaty. The claim before the Court should have been judged with due regard to the principles concerning property and discriminatory treatment set out in Articles 17 and 7 of the United Nations Declaration, Article 1 of the Protocol to the European Convention, and Article 14 of the Convention itself. The prevailing international law on these issues is set out in those Articles and has been totally infringed by the Supreme Court judgment in which it was admitted that taxpayers were in many ways not treated as equal before the law.

eu égard à ce qui précède, il ne jouit pas d'après le droit constitutionnel islandais".

Le Tribunal avait ainsi rejeté tous les arguments invoqués par l'avocat de M. Olafsson.

Commentant cette décision, M. Sveinsson, conseil des requérants, a soutenu devant la Commission que la Convention est un "traité international légal et confirmé", qui lie donc l'Althing dans toutes les questions d'ordre législatif. Toute loi contraire aux dispositions de la Convention est en fait "contraire à la légalité".

Les dispositions de la Convention confirment celles de la Constitution. Il a été démontré que, de par son caractère de mesure de confiscation, la Loi No. 44 contrevient à l'article 67 de la Constitution et, de ce fait, elle contrevient également à la Convention.

22. Les requérants ont soutenu que le prélèvement incriminé constitue un abus, d'inspiration politique, du droit que possède un Etat d'imposer ses sujets. Il se ramène à une tentative, de la part d'un Parlement influencé par les communistes et d'un gouvernement comptant deux ministres communistes sur six, pour s'emparer de l'entreprise privée dans le dessein de supprimer la propriété privée. La poursuite d'une politique de nationalisation aboutira finalement à la négation complète des droits de l'homme qui sont essentiels à la sauvegarde de la démocratie occidentale;

23. *Considérant* que, dans ses lettres du 7 mai et du 23 novembre 1960, l'un des conseils des requérants a finalement résumé son argumentation comme suit:

(a) La Cour Suprême a reconnu que l'application de l'impôt avait été discriminatoire, les contribuables ayant été, à bien des égards, traités inégalement.

(b) La conclusion de la Cour Suprême selon laquelle la Loi No. 44 ne viole pas l'article 67 s'explique par une définition erronée des termes "impôt" et "redevance officielle" et est insoutenable.

(c) Une telle imposition, discriminatoire dans son application et équivalent par ses effets à une mesure de confiscation, constitue une violation de la Déclaration des Droits de l'Homme des Nations Unies et de la Convention européenne des Droits de l'Homme, qui, l'une et l'autre, ont force de loi en Islande. Ni le corps législatif, au moyen de lois ultérieures, ni les tribunaux ne peuvent invalider un traité international. La Cour aurait dû se prononcer en tenant dûment compte des principes relatifs à la propriété et au traitement discriminatoire que posent les articles 17 et 7 de la Déclaration des Nations Unies, l'article 1er du Protocole additionnel à la Convention européenne et l'article 14 de la Convention elle-même. Les règles de droit international applicables en ces matières sont énoncées dans ces articles et la Cour Suprême les a totalement enfreintes dans son arrêt, où elle a admis que, à bien des égards, les

(d) No other western democratic countries have imposed confiscatory taxes which clearly emanate from Communist elements in Iceland. The conclusion of this case is of great importance not only to the Applicants but also to Iceland as it concerns the democratic freedom of the nation in financial and professional matters and also its "constitutional welfare". If no rectification of the Supreme Court judgment is obtained, then the "road is open for the opponents of democracy ... for the benefit of Communist nationalisation, dictatorship and trampling of human rights *without* any changes to the constitutional law of the country";

24. *Whereas the Applicants claim:*
(a) that Law No. 44 of 1957 violates Article 67 of the Icelandic Constitution and at the same time Article 1 of the Protocol to the Convention and Article 14 of the Convention;
(b) that the decision of the Town Court of 29th November 1958 in its application of Law No. 44 contravened Article 67 of the Icelandic Constitution and at the same time Article 1 of the Protocol to the Convention and Article 14 of the Convention;

25. *Whereas the Applicants ask the Commission:*
(a) to negotiate a settlement;
(b) failing a settlement and having regard to Article 31 of the Convention and Rule 66 of the Rules of Procedure, to declare:

(i) that Law No. 44 infringes Article 67 of the Constitution of Iceland (No. 33) of 17th June 1944, and Article 1 of the Protocol to the Convention;
(ii) that the first Applicant's claims before the Town Court should be upheld.
(c) to submit the matter to the European Court for solution on the basis of their above-mentioned submissions, namely:

(i) that Law No. 44 infringes Article 67 of the Constitution and Article 1 of the Protocol to the Convention;
(ii) that all the Applicants' claims before the Town Court should be upheld;

THE LAW

Whereas, with respect to the complaint of an alleged violation of Article 1 of the Protocol, it is necessary first to recall the precise terms of that Article:

contribuables ne bénéficiaient pas d'un traitement égal devant la loi.

(d) Aucun autre pays démocratique occidental n'a institué des impôts équivalant à des mesures de confiscation, qui, de toute évidence, émanent des éléments communistes d'Islande. L'issue de cette affaire revêt une grande importance non seulement pour les requérants mais aussi pour l'Islande, car elle met en jeu la liberté démocratique de la nation dans les questions d'ordre financier et professionnel ainsi que son "équilibre constitutionnel". Si aucune rectification de l'arrêt de la Cour Suprême n'est obtenue, "la voie sera libre pour les adversaires de la démocratie ... au profit des nationalisations communistes, de la dictature et du mépris absolu des droits de l'homme, *sans* aucune modification du droit constitutionnel du pays";

24. *Considérant que les requérants allèguent:*

(a) que la Loi No. 44 de 1957 viole l'article 67 de la Constitution islandaise et, en même temps, l'article 1er du Protocole additionnel à la Convention et l'article 14 de la Convention;

(b) que la décision rendue le 29 novembre 1958 par le Tribunal municipal quant à l'application de la Loi No. 44 contrevenait à l'article 67 de la Constitution islandaise et, en même temps, à l'article 1er du Protocole additionnel à la Convention et à l'article 14 de la Convention;

25. *Considérant que les requérants demandent à la Commission:*

(a) de négocier un règlement de l'affaire;

(b) à défaut d'un règlement et compte tenu des dispositions de l'article 31 de la Convention et de l'article 66 du Règlement intérieur, de déclarer:

(i) que la Loi No. 44 enfreint l'article 67 de la Constitution islandaise (No. 33) du 17 juin 1954 et l'article 1er du Protocole additionnel à la Convention;

(ii) qu'il échet de faire droit aux revendications émises par le premier requérant devant le Tribunal municipal;

(c) de saisir la Cour européenne de l'affaire afin qu'elle y apporte une solution sur la base de leurs conclusions susmentionnées, à savoir:

(i) que la Loi No. 44 enfreint l'article 67 de la Convention et l'article 1er du Protocole additionnel à la Convention;

(ii) qu'il échet de faire droit à toutes les revendications émises par les requérants devant le Tribunal municipal;

EN DROIT

Considérant, quant au grief relatif à la violation alléguée de l'article 1er du Protocole Additionnel, qu'il importe tout d'abord de rappeler les termes précis de cet article:

> "Every natural or legal person is entitled to the peaceful enjoyment of his possessions. No one shall be deprived of his possessions except in the public interest and subject to the conditions provided for by law and by the general principles of international law.
>
> The preceding provisions shall not, however, in any way impair the right of a State to enforce such laws as it deems necessary to control the use of property in accordance with the general interest or to secure the payment of taxes or other contributions or penalties".

Whereas it is undoubtedly within the sovereign power of a State to enact legislation for the purpose of imposing taxes or other contributions the proceeds of which are to be appropriated to public purposes; whereas the tax complained of by the Applicants was levied in pursuance of Law No. 44 of 1957 for the express purpose of achieving monetary and economic stability within the State and was therefore clearly a measure introduced with a public purpose and considered by the Government to be in the public interest; whereas it is true that this tax took the form of a levy on capital assets; whereas, however, under Law No. 44, the maximum incidence of the tax could not exceed 25 per cent of the real value of the taxable assets and, further, it was permitted to pay the tax claim by instalments over a period of ten years; whereas, in view of the general purpose of the law, the maximum percentage and terms of payment affecting the particular category of taxpayers were not such, even in combination with other applicable fiscal legislation, as could deprive Law No. 44 of the character of a tax imposed with the view of furthering the public interest;

Whereas the direct appropriation of the proceeds of this tax, as to one-third, to the Mortgage Department of the Rural Bank of Iceland and, as to two-thirds, to the State Building Fund, was merely a method of appropriating this portion of the public funds to particular public purposes, and in no way affected the character of the tax as being a tax in the public interest;

Whereas, the term "law" within the meaning of the Convention covers all laws including constitutional law, which make provision for taxation; whereas Law No. 44 of 1957 was duly enacted by the Parliament of Iceland (Althing) and signed by the President of the Republic of Iceland in accordance with the relevant provisions of the Constitution of Iceland; and whereas it is not disputed by the Applicants that the taxation of which they complain was duly applied to them subject to the conditions laid down by Law No. 44 of 1957 and the applicable provisions of the Constitution;

Whereas, the general principles of international law, referred to in Article 1, are the principles which have been established in general international law concerning the confiscation of the property

"Toute personne physique ou morale a droit au respect de ses biens. Nul ne peut être privé de sa propriété que pour cause d'utilité publique et dans les conditions prévues par la loi et les principes généraux du droit international.

Les dispositions précédentes ne portent pas atteinte au droit que possèdent les Etats de mettre en vigueur les lois qu'ils jugent nécessaires pour réglementer l'usage des biens conformément à l'intérêt général ou pour assurer le paiement des impôts ou d'autres contributions ou des amendes".

Considérant que la promulgation de lois instituant des impôts ou autres contributions dont le produit doit être affecté à des fins d'ordre public relève incontestablement du pouvoir souverain d'un Etat; que l'impôt incriminé par les requérants a été établi en application de la Loi No. 44 de 1957 dans le dessein exprès d'assurer la stabilité monétaire et économique de l'Etat et constituait donc, de toute évidence, une mesure visant un objectif public et considérée par le Gouvernement comme d'utilité publique; qu'il est vrai que cet impôt a revêtu la forme d'un prélèvement sur le capital; que toutefois, la Loi No. 44 prévoyait que son incidence maximum ne pourrait dépasser 25% de la valeur réelle des biens imposables et autorisait en outre les redevables à s'acquitter par versements échelonnés sur une période de dix ans; que, eu égard à l'objectif général de la loi, le taux maximum et les conditions de paiement applicables à la catégorie particulière de contribuables en question n'étaient pas de nature, même combinés avec d'autres dispositions de la législation fiscale en vigueur, à ôter à l'impôt prévu par la Loi No. 44 le caractère d'un impôt institué pour cause d'utilité publique;

Considérant que l'attribution directe du produit de cet impôt pour un tiers au Service des hypothèques de la Banque rurale d'Islande et pour les deux autres tiers au Fonds national de l'Habitat constituait simplement un moyen d'affecter cette partie des fonds publics à des objectifs publics particuliers et n'affectait en rien son caractère d'impôt institué pour cause d'utilité publique;

Considérant que le terme "loi", au sens de la Convention, recouvre toutes les lois, y compris les lois constitutionnelles, instituant des impôts; que la Loi No. 44 de 1957 a été dûment adoptée par le Parlement islandais (Althing) et signée par le Président de la République islandaise conformément aux dispositions pertinentes de la Constitution de l'Islande; que les requérants ne contestent pas que l'impôt incriminé leur a été dûment appliqué sous les conditions fixées par la Loi No. 44 de 1957 et les dispositions applicables de la Constitution;

Considérant que les principes généraux du droit international visés à l'article 1er sont les principes qui ont été établis en droit international général relativement à la confiscation de biens étranof foreigners; whereas it follows that measures taken by a State with respect to the property of its own nationals are not subject to these general principles of international law in the absence of a particular treaty clause specifically so providing; whereas, moreover, in the present instance, the records of the preparatory work concerning the drafting and adoption of Article 1 of the Protocol confirm that the High Contracting Parties had no intention of extending the application of these principles to the case of the taking of the property of nationals; and whereas the first Applicant is an Icelandic national and the second Applicant is an Icelandic Company;

Whereas, accordingly, the taxes or contributions imposed by Law No. 44 of 1957 are in every way consistent with what are contemplated in paragraph one of Article 1 of the Protocol, as permissible interferences with a person's right to the peaceful enjoyment of his possessions;

Whereas, in any event, paragraph two of Article 1 of the Protocol expressly declares that the provisions of paragraph one shall not "in any way impair the right of a State ... to secure the payment of taxes or other contributions ..."; and whereas it clearly emerges from what has already been stated that Law No. 44 of 1957 of which the Applicants complain, is a measure "to secure the payment of taxes or other contributions" within the meaning of paragraph two of Article 1;

Whereas, accordingly, the taxes or contributions imposed by Law No. 44 of 1957 also fall within the power to levy taxes or other contributions which is expressly reserved to States in paragraph two of Article 1 of the Protocol;

Whereas it follows that the right claimed by the Applicants is not such a right as is guaranteed by the provisions of Article 1 of the Protocol;

Whereas, with regard to the complaint that Law No. 44 of 1957 violates Article 14 of the Convention in that it accords differential treatment to co-operative societies and joint stock companies, it is to be observed that it is a common incident of taxation laws that they apply in different ways or in different degrees to different persons or entities in the community; whereas, accordingly, the mere fact that Law No. 44 may not act upon co-operative societies and joint stock companies in exactly the same way does not afford any sufficient basis for calling in question its character as a legitimate means of taxation for the purposes of Article 1 of the Protocol; whereas, furthermore, Article 14, by its express terms, forbids discrimination only with respect to the enjoyment of the rights and freedoms guaranteed in the Convention or Protocol and whereas the gers; qu'il s'ensuit que les mesures prises par un Etat à l'égard des biens de ses propres ressortissants ne sont pas soumises à ces principes généraux du droit international en l'absence d'une clause contraire expressément inscrite dans un traité; que, de plus, en l'espèce, les travaux préparatoires concernant l'élaboration de l'article 1er du Protocole Additionnel confirment que les Hautes Parties Contractantes n'avaient nullement l'intention d'étendre l'application de ces principes au cas de l'expropriation des biens appartenant à des nationaux; que le premier requérant est un ressortissant islandais et le second requérant une société islandaise;

Considérant, en conséquence, que les impôts ou contributions institués par la Loi No. 44 de 1957 sont en tous points compatibles avec les limitations autorisées par le paragraphe 1 de l'article 1er du Protocole Additionnel quant au droit de toute personne au respect de ses biens;

Considérant, en tout état de cause, que le paragraphe 2 de l'article 1er du Protocole Additionnel stipule expressément que les dispositions du paragraphe 1 "ne portent pas atteinte au droit que possèdent les Etats de mettre en vigueur les lois nécessaires ... pour assurer le paiement des impôts ou d'autres contributions ..."; qu'il ressort clairement de ce qui précède que la Loi No. 44 de 1957, incriminée par les requérants, constitue une mesure destinée à "assurer le paiement des impôts ou d'autres contributions" au sens du paragraphe 2 de l'article 1er;

Considérant, par conséquent, que les impôts ou contributions institués par la Loi No. 44 de 1957 relèvent également du pouvoir d'établir des impôts ou d'autres contributions que le paragraphe 2 de l'article 1er du Protocole Additionnel réserve expressément aux Etats;

Considérant qu'il s'ensuit que le droit revendiqué par les requérants ne figure pas parmi les droits garantis par les dispositions de l'article 1er du Protocole Additionnel;

Considérant, quant au grief selon lequel la Loi No. 44 de 1957 viole l'article 14 de la Convention du fait qu'elle traite différemment les sociétés coopératives et les sociétés de capitaux, qu'il échet d'observer que la législation fiscale s'applique communément de différentes manières ou à des degrés différents aux diverses personnes ou entités constituant la collectivité; que, dès lors, le simple fait que la Loi No. 44 n'aurait pas exactement la même incidence sur les sociétés coopératives et sur les sociétés de capitaux ne constitue pas une base suffisante pour mettre en doute son caractère de mesure fiscale légitime au sens de l'article 1er du Protocole Additionnel; qu'au surplus l'article 14 n'interdit expressément toute discrimination qu'en ce qui concerne la jouissance des droits et libertés garantis par la Convention ou par le Protocole Additionnel et que right claimed by the Applicants, as the Commission has already held, is not a right guaranteed either in the Convention or Protocol;

Whereas, it follows from all that has been said above that the Applicant's complaints that Law No. 44 of 1957 violates Article 1 of the Protocol and Article 14 of the Convention are manifestly ill-founded and must be rejected in accordance with Article 27, paragraph 2, of the Convention.

Whereas in regard to the Applicants' complaint that Law No. 44 is an infringement of Article 67 of the Icelandic Constitution and that the Icelandic Courts, in particular the Supreme Court, in its judgment of 29th November 1958, were in error in deciding that Law No. 44 did not so infringe the Constitution, the Commission has frequently stated in previous decisions that it was not set up as a higher court to examine alleged errors of law or fact committed by the domestic courts of the Contracting Parties acting wholly within their jurisdiction, but, in accordance with Article 19 of the Convention, to ensure observance of the obligations undertaken by the Parties in the Convention; and whereas errors of law or fact, including errors as to the question of the constitutionality of acts passed by a national Parliament, committed by the domestic courts, accordingly concern the Commission during its examination of the admissibility of an application only insofar as they appear to involve the possible violation of any of the rights and freedoms limitatively listed in the Convention;

Whereas on the grounds set out above, an examination of the case as it has been submitted including an examination made *ex officio* does not disclose any apparent violation of the rights and freedoms set forth in the Convention;

Whereas it follows that whether the allegations of the Applicants that the Icelandic Courts were in error are correct or incorrect the Application to the Commission is manifestly ill-founded and must be rejected in accordance with Article 27 paragraph (2) of the Convention;

Now therefore the Commission

DECLARES THIS APPLICATION INADMISSIBLE.

le droit revendiqué par les requérants ne figure pas, comme la Commission l'a déjà relevé, parmi les droits garantis soit par la Convention soit par le Protocole Additionnel;

Considérant qu'il résulte de tout ce qui précède que les griefs des requérants selon lesquels la Loi No. 44 de 1957 viole d'article 1er du Protocole Additionnel et l'article 14 de la Convention sont manifestement mal fondés et doivent être rejetés de ce chef par application de l'article 27, § 2 de la Convention;

Considérant, pour autant que les requérants se plaignent de ce que la Loi No. 44 enfreint l'article 67 de la Constitution islandaise et de ce que les tribunaux islandais, en particulier la Cour Suprême dans son arrêt du 29 novembre 1958, ont été dans l'erreur en décidant que la Loi No. 44 n'enfreignait pas la Constitution, que la Commission a maintes fois déclaré dans des décisions antérieures qu'elle n'a pas été instituée pour connaître, en tant qu'instance supérieure, des erreurs prétendues de droit ou de fait commises par les tribunaux internes des Parties Contractantes, alors que leurs décisions sont rendues dans la plénitude de leur juridiction, mais, selon l'article 19 de la Convention, pour assurer le respect des engagements assumés par les Parties en vertu de la Convention; que les erreurs de droit ou de fait commises par les tribunaux nationaux, y compris les erreurs relatives à la question de la constitutionnalité des lois adoptées par un Parlement national, n'intéressent donc la Commission, au stade de l'examen de la recevabilité des requêtes, que dans la mesure où elles sembleraient avoir entraîné la violation de l'un des droits et libertés limitativement énumérés dans la Convention;

Considérant que, pour les motifs ci-dessus exposés, l'examen du dossier tel qu'il se présente ne permet pas de dégager, même d'office, l'apparence d'une violation d'un des droits et libertés reconnus dans la Convention;

Considérant qu'il s'ensuit que, indépendamment de la question de savoir si les allégations des requérants selon lesquelles les tribunaux islandais auraient commis des erreurs sont exactes ou non, la requête est manifestement mal fondée; qu'il y a lieu, dès lors, de la rejeter de ce chef par application de l'article 27, § 2 de la Convention;

Par ces motifs,

DECLARE LA REQUETE IRRECEVABLE.

Application No. 833/60

Decision of 20th December 1960

I. EXHAUSTION OF DOMESTIC REMEDIES. MANIFESTLY ILL-FOUNDED ARTICLES 26 AND 27, PARA. (2) OF THE CONVENTION.

II. PROHIBITION OF FORCED AND COMPULSORY LABOUR. WORK REQUIRED IN THE ORDINARY COURSE OF DETENTION. ARTICLE 4 OF THE CONVENTION.

III. RIGHT TO FREE LEGAL AID. CONDITIONS ON WHICH SUCH RIGHT MAY BE CLAIMED. ARTICLE 6, PARA. (3) (c) OF THE CONVENTION.

IV. RIGHT OF PETITION TO THE COMMISSION. DETAINED PERSON. FREEDOM OF CORRESPONDENCE WITH THE COMMISSION. CENSORSHIP OF CORRESPONDENCE BY PRISON AUTHORITIES. PUNISHMENT OF DETAINED APPLICANT. ABUSIVE APPLICATION. ARTICLES 25 AND 27, PARA. (2) OF THE CONVENTION.

(*Translation*)

Having regard to the Application lodged on 13th June 1960 by X. against Austria and registered on 12th August 1960 under File No. 833/60;

Having regard to the Report provided for in Rule 45, paragraph 1, of the Rules of Procedure of the Commission;

Having deliberated,

THE FACTS

Whereas the facts of the case as outlined by the Applicant may be summarised as follows:

1. The Applicant, an Austrian national and an electrician by profession – who before being last arrested exercised the profession of commercial traveller – was born in 1920. He is at present serving a sentence at the S. reformatory (*Arbeitshaus*) in Austria.

2. X affirms that before the last war he was prosecuted because of his socialist views, arrested several times around 1936 by the police and even sentenced to 4 months' imprisonment for illicit activities (*Geheimbündelei*). He claims that at the instigation of the police his employer dismissed him in 1937. In 1950 he was convicted on a charge of having committed several offences against property and the court ordered him to be detained in a reformatory. He was granted a conditional release on 8th February 1958, but was

Requête No. 833/60

Décision du 20 décembre 1960

I. EPUISEMENT DES VOIES DE RECOURS INTERNES. DEFAUT MANIFESTE DE FONDEMENT. ARTICLES 26 ET 27 § 2 DE LA CONVENTION.

II. INTERDICTION DU TRAVAIL FORCE ET OBLIGATOIRE. TRAVAIL REQUIS D'UNE PERSONNE SOUMISE A LA DETENTION. ARTICLE 4 DE LA CONVENTION.

III. DROIT A L'ASSISTANCE GRATUITE D'UN AVOCAT D'OFFICE. CONDITIONS DE JOUISSANCE. ARTICLE 6 § 3 C DE LA CONVENTION.

IV. DROIT DE RECOURS INDIVIDUEL A LA COMMISSION. REQUERANT DETENU. LIBERTE DE CORRESPONDANCE AVEC LA COMMISSION. CENSURE DE LA CORRESPONDANCE PAR LES AUTORITES PENITENTIAIRES. PUNITION INFLIGEE AU REQUERANT DETENU. REQUETE ABUSIVE. ARTICLES 25 ET 27 § 2 DE LA CONVENTION.

Vu la requête introduite le 13 juin 1960 par X. contre l'Autriche, et enregistrée le 12 août 1960 sous le No. de dossier 833/60;

Vu le rapport prévu à l'article 45 § 1 du Règlement Intérieur de la Commission;

Après avoir délibéré,

EN FAIT

Considérant que les faits de la cause tels qu'ils ont été exposés par le requérant peuvent être résumés comme suit:

1. Le requérant, de nationalité autrichienne, électro-mécanicien de profession – ayant toutefois exercé avant sa dernière arrestation la profession de représentant de commerce – est né en 1920. Il est actuellement détenu à la maison de travail (*Arbeitshaus*) de ... en Autriche.

2. X. expose qu'avant la guerre il aurait été poursuivi à cause de ses opinions socialistes, arrêté à plusieurs reprises vers les années 1936 par la police de Dollfuss et même condamné à 4 mois d'emprisonnement pour activité illégale (*Geheimbündelei*). A la demande de la police, son employeur l'aurait renvoyé en 1937. En 1950, il aurait été condamné pour avoir commis plusieurs délits contre la propriété et le Tribunal aurait ordonné sa détention dans une maison de travail. Bénéficiant de la libération conditionnelle, le 8 février

re-arrested shortly after and sentenced on 15th July 1959, on a charge of swindle and embezzlement, to 14 months' imprisonment. As a result of this conviction his previous conditional release, was cancelled, so that after completing his sentence of 14 months' i.e. on 16th June 1960, X. will have to remain in the S. reformatory for another 21 months and 24 days.

3. The Applicant, who does not seem to have lodged any appeal against the above-mentioned judgment of 15th July 1959 – all he did was to send on 18th February 1960 a petition to the President of the Republic asking that his conditional release should not be cancelled, despite his conviction – makes the following complaints:

(a) Under the law of reformatories an offender can be detained in such establishments only if he was previously sentenced to terms of imprisonment of six months or more and if the offences are of the same nature and show that the offender has a deep-rooted inability to lead an honest and law-abiding life. The Applicant claims that his whole life prior to his conviction testified to his willingness to work and that if he came in conflict with the law it was solely by force of circumstances. He also argues that this second conviction was not for offences against property laws, but for acts of a political nature.

It should be noted that the Applicant has not included in his case-file any of the judgments mentioned in his Application.

(b) The Applicant complains of life in the reformatory and in particular, of the wage he is paid for his work, i.e. 0.10 Schillings per hour of work. His earnings thus average about 140 Schillings a month, which is equivalent to the cost of 4 kg. of bread. He therefore considers that in addition to being deprived of his freedom he is being subjected to forced labour. In his view this constitutes a violation not only of Article 4 of the Convention but also of Article 1 of the Protocol thereto on the ground that he is paid an inadequate wage. True, the Austrian Constitution is said to prohibit concentration camps; "these should not exist in free Europe, yet detention in a reformatory is reminiscent of a concentration camp, without gas chambers, but for how long?"

(c) The Applicant states that because of this last sentence which appears in the statement of his case, attached to the application form, dated 12th August 1960, he was sentenced on the instructions of the Austrian Ministry of Justice to 10 days corrective imprisonment (*Korrektionshaft*) of which 3 days short rations (*Fasttage*) and

1958, le requérant est réincarcéré peu de temps après et condamné le 15 juillet 1959 pour escroquerie et abus de confiance à 14 mois de prison. Cette condamnation a pour conséquence que la mesure de libération conditionnelle dont il a bénéficié est annulée, de sorte qu'après voir purgé sa peine de 14 mois – le 16 juin 1960 – X. restera détenu à la maison de travail de ... pendant encore 21 mois et 24 jours.

3. Le requérant qui ne semble pas avoir introduit de voie de recours contre le jugement du 15 juillet 1959 précité – il a simplement adressé le 18 février 1960 une supplique au Président de la République tendant à ce que la mesure de libération conditionnelle ne soit pas révoquée malgré sa condamnation – expose les griefs suivants:

(a) En vertu de la loi sur les maisons de travail un délinquant ne peut être incarcéré dans un tel établissement que s'il avait été précédemment condamné à des peines égales ou supérieures à 6 mois de prison et si les délits sont de même nature et révèlent que leur auteur a une tendance profondément ancrée à ne pas mener une vie d'honnête travailleur et conforme au droit. Or, le requérant soutient que toute sa vie antérieure à la condamnation démontre son désir de travailler et que s'il s'était mis en conflit avec la loi, c'est uniquement par nécessité. D'autre part, sa deuxième condamnation n'aurait pas été motivée par des infractions au droit de propriété mais par des actes de nature politique.

Il importe de noter que le requérant n'a versé au dossier aucun des jugements auxquels il fait allusion dans sa requête.

(b) Le requérant se plaint de la vie dans la maison de travail et, en particulier, du montant du salaire qu'il touche pour le travail fourni: 0,10 schilling pour une heure de travail. Il arrive ainsi à gagner en moyenne 140 schillings par mois, somme correspondante au prix d'achat de 4 kilos de pain. Il estime que dans ces conditions, le travail qu'il doit fournir équivaut au travail forcé et qu'il est par conséquent obligé de subir non pas une peine privative de liberté mais une peine de travail forcé. A son avis, il en résulte non seulement une violation de l'article 4 de la Convention mais aussi de l'article 1er du Protocole Additionnel du fait qu'il est insuffisamment rémunéré. Certes, la Constitution autrichienne interdirait l'existence de camps de concentration; "néanmoins, il ne devrait jamais y en avoir en Europe libre et la détention dans une maison de travail permet de penser à un camp de concentration, sans chambre à gaz, mais pour combien de temps?"

(c) A cause de la phrase précitée, qui figure dans l'exposé de son cas joint au formulaire de requête en date du 12 août 1960, le requérant aurait été condamné, sur instructions du Ministère autrichien de la Justice, à 10 jours de "*Korrektionshaft*", dont 3 jours de jeûne (*Fasttage*) et 3 jours de "couche dure" (*hartes Lager*). Le requérant

3 days sleeping hard (*hartes Lager*). The Applicant protests against this conviction which he considers to be contrary to Articles 10 and 25 of the Convention.

He points out that on several occasions the Austrian press and radio have stated that no-one can be prosecuted or convicted for having complained to the European Commission of Human Rights.

By letter, of 26th October 1960 the Secretariat invited the Applicant to furnish further details of the above-mentioned sentence of 10 days. The Applicant replied on 30th October that he could not supply any documents, since he had never had access to the official documents concerning the case. He added that he had again been given 6 days *Korrektionshaft*, including 2 days "short rations" and 2 days "sleeping hard" for having written on 21st December 1960, a letter in which he criticised the Head Physician of the S. hospital. The Applicant served this sentence between 18th and 24th October 1960.

In his above-mentioned letter of 30th October the Applicant said that he was afraid of being punished again if he went on writing to the Secretariat of the Commission. Considering that this case was of a somewhat urgent nature, the Secretary of the Commission informed Mr. WALDOCK of the facts concerning X.'s *Korrektionshaft*. On the instructions of the President, the Secretary of the Commission sent on 16th November 1960, a letter to the Permanent Representative of Austria informing the Austrian Government of the above-mentioned facts, drawing its attention to the provisions of Article 25 of the Convention and asking it whether, in order to enable the Commission to examine the Application with a full knowledge of the facts, it might not wish to make a statement on this matter.

4. To sump up, X., invoking the provisions of Articles 4, 5, 8 10 and 25 of the Convention and Article 1 of the Protocol, asks that the Commission carry out an enquiry on the spot; that it provide him with a lawyer to help him secure his release from the reformatory and intervene on his behalf to that end.

Whereas, in its reply dated 17th December 1960 sent by the Permanent Representative of Austria to the Council of Europe to the Secretary of the Commission, the Austrian Government makes the following observations:

5. The Applicant, who has been convicted eleven times, was, in connection with his eighth conviction, sentenced to detention in a reformatory. Detention did not, however, actually take place, the Applicant having been put on probation for 3 years.

Following his ninth conviction the conditional postponement of detention was cancelled and the Applicant was sent to a reformatory. After spending over 2 years there, he was granted a conditional release.

proteste contre cette condamnation qu'il estime contraire à l'article 10 de la Convention, ainsi qu'à l'article 25. Il souligne qu'à plusieurs reprises la presse et la radio autrichiennes ont souligné le fait que personne ne pouvait être poursuivi ni condamné pour avoir saisi la Commission européenne des Droits de l'Homme de ses griefs.

Par sa lettre du 26 octobre 1960, le Secrétariat a invité le requérant à fournir des précisions supplémentaires sur la peine de 10 jours susmentionnée. Or, le requérant a répondu le 30 octobre qu'il ne pourrait verser aucune pièce justificative, car il n'aurait jamais eu accès aux documents officiels relatifs à cette affaire. Il ajoutait qu'il avait été puni une nouvelle fois de 6 jours de "*Korrektionshaft*", dont 2 jours de jeûne et 2 jours de couche dure pour avoir écrit le 23 septembre au Secrétariat une lettre dans laquelle il critiquait le médecin-chef de l'Hôpital de S. ... Le requérant a purgé sa peine du 18 au 24 octobre 1960.

Dans sa lettre du 30 octobre précitée, le requérant déclarait qu'il craignait d'être puni à nouveau, s'il écrivait encore au Secrétariat de la Commission. Estimant que l'affaire avait un certain caractère d'urgence, le Secrétaire de la Commission a mis le Président WALDOCK au courant de la partie des faits relatifs aux peines de "*Korrektionshaft*" infligées à X. Sur instructions du Président, le Secrétaire de la Commission a adressé, le 16 novembre 1960, une lettre au Représentant Permanent de l'Autriche pour informer le Gouvernement autrichien des faits susmentionnés, attirer son attention sur les dispositions de l'article 25 de la Convention et lui demander si, pour permettre à la Commission d'examiner la requête en connaissance de cause, le Gouvernement autrichien ne désirait pas faire une déclaration à ce sujet.

4. En résumé X., qui invoque les dispositions des articles 4, 5, 8, 10 et 25 de la Convention et de l'article 1er du Protocole Additionnel, demande que la Commission vienne enquêter sur place, qu'elle lui désigne un avocat susceptible de l'aider à obtenir sa libération et qu'elle intervienne pour qu'il soit libéré de la maison de travail;

Considérant que dans sa réponse datée du 17 décembre 1960, que le Représentant Permanent de l'Autriche au Conseil de l'Europe a fait parvenir au Secrétaire de la Commission, le Gouvernement autrichien formule les observations suivantes:

5. "Le requérant qui a été jugé coupable onze fois, fut condamné lors de sa huitième condamnation, à la détention dans une maison de travail. La détention effective a été cependant ajournée sous condition d'une période probatoire de 3 ans.

Par suite de sa 9ème condamnation, l'ajournement conditionnel de la détention a été révoqué et le requérant a été placé dans une maison de travail. Après une détention de presque plus de deux ans dans la maison de travail, il fut mis en liberté conditionnelle.

Following a tenth conviction, this conditional release was cancelled and the Applicant was sent back to the reformatory for another 2 years. Despite his previous record, he was again granted a conditional release. After committing further offences, however, this provisional release was cancelled and since 16th June 1960 he has been detained at the S. reformatory.

In July of this year the Applicant lodged with the European Commission of Human Rights an Application in which he complains of his detention. In this Application he affirms, *inter alia,* that he is being unlawfully subjected to forced labour; that judgments such as those rendered against him should be a source of shame to a State which calls itself a law-abiding State; that detention in a reformatory is remarkably similar to detention in a concentration camp without the gas chambers or crematoria, but for how long? Because of these allegations disciplinary measures were taken against the Applicant who was punished by being confined to his cell for 10 days, including 3 days' "sleeping hard" and 3 days "short rations". This punishment was duly carried out.

On 23rd September of this year, the Applicant sent a further letter to the Commission of Human Rights in which he made unwarranted remarks concerning his punishment and maintained his false and offensive allegations. The director of the reformatory, as a disciplinary measure, again sentenced the Applicant to 6 days' confinement in his cell, including 2 days "sleeping hard" and 2 days "short rations". This punishment too was carried out.

This state of affairs is regarded by the Applicant as constituting a violation of the European Convention of Human Rights.

6. In accordance with paragraph 16 (1) of the law on reformatories, offences committed by persons during their detention in such establishments, do not come within the province of the ordinary courts, but are subject to the disciplinary powers of the Director of the reformatory. According to paragraph 36 Z 8 and paragraph 39 Z 2 of the Rules of Procedure enacted by the Federal Ministry of Justice in respect of the G. and S. reformatories, idle, improper or false complaints are punishable by means of a disciplinary sentence to be fixed by the Director of the establishment. These provisions were applied in X's case.

In accordance with paragraph 39 Z 6 of the Rules of Procedure, it is possible to appeal against such punishment to the superintendent of the reformatory (*Hauskommissär*) and subsequently, to the highest authority, the Federal Ministry of Justice. *The Applicant did not, however, avail himself of any of these remedies.* As the European Commission of Human Rights can deal with a case only *after all domestic remedies have been exhausted* (Article 26 of the Convention

A cause de sa 10ème condamnation, la libération conditionnelle a été révoquée et le requérant fut à nouveau gardé deux ans dans la maison de travail. Malgré ses antécédents, il fut remis en liberté conditionnelle, mais il récidivait de nouveau. C'est pourquoi sa dernière mise en liberté provisoire fut révoquée et il est détenu depuis le 16 juin 1960 à la maison de travail de ...

Le requérant a saisi la Commission européenne des Droits de l'Homme en juillet de cette année d'une requête dans laquelle il se plaignait de sa détention. Dans la requête il expose entre autres qu'il est astreint illégalement aux travaux forcés, que des jugements tels que ceux prononcés contre lui sont honteux pour un Etat qui se qualifie d'Etat de Droit et que la détention dans un camp de travail ressemble d'étrange façon à un camp de concentration sans chambre à gaz ni four crématoire, mais pour combien de temps encore? A cause de ces allégations contenues dans sa requête, le requérant a été puni disciplinairement de 10 jours d'arrêt cellulaire aggravé par 3 jours de "couche dure" et trois jours "maigres". Cette punition a été exécutée.

Le 23 septembre de cette année, le requérant a adressé une nouvelle lettre à la Commission des Droits de l'Homme. Il y tenait des propos très déplacés relatifs à sa punition et maintenait ses fausses affirmations qui, par ailleurs, sont outrageantes. Le directeur de la maison de travail punissait donc de nouveau le requérant d'une peine disciplinaire de 6 jours de cellule, aggravée par deux jours de "couche dure", et 2 jours "maigres". Cette punition a été également exécutée.

Cet état de fait est considéré par le requérant comme une violation de la Convention européenne des Droits de l'Homme.

6. Conformément au paragraphe 16 al. 1er de la loi sur les maisons de travail, les personnes détenues dans pareilles maisons relèvent, pendant le temps qu'elles y passent, pour les contraventions et délits y commis par eux, non de la compétence des tribunaux ordinaires, mais seulement du pouvoir disciplinaire du directeur de l'établissement. Selon les § 36 Z 8 et § 39 Z 2 du Règlement intérieur édicté par le Ministère Fédéral de la Justice pour les maisons de travail à Göllersdorf et Suben, les plaintes futiles, abusives et contraires à la vérité sont à réprimer par une peine disciplinaire à fixer par le directeur de l'établissement. Il a été fait usage de ces dispositions dans le cas de X.

Conformément au § 39 Z 6 du Règlement intérieur, il est possible d'introduite un recours contre pareille punition disciplinaire auprès du commissaire de la maison de travail (*Hauskommissär*) et, par la suite, auprès de l'autorité supérieure de contrôle, c'est-à-dire le Ministère Fédéral de la Justice. *Le requérant n'a cependant usé d'aucun de ces moyens de recours.* Comme la Commission européenne des Droits de l'Homme ne peut cependant se saisir d'une affaire of Human Rights), the Austrian Government considers that the present Application should be rejected as being inadmissible in pursuance of Article 27, paragraph 3 of the Convention.

7. The Austrian Government is, moreover, of the opinion that the punishment inflicted on the Applicant does not constitute a violation of municipal law and that the provisions of municipal law permitting such punishment do not affect the freedom to lodge an application within the meaning of Article 25, para. 1 of the Convention.

The Applicant, who has formally invoked the Convention, must have realised when drawing up his Application that the Convention, in its Article 4, paragraphs 2 and 3, draws a distinction between hard labour and the work normally required of a person detained under the conditions mentioned in Article 5 of the Convention. He must also have known that the work he was required to do was part of a prison system which is consistent with these provisions and in nature and scope, conforms to the international standard of the Convention. To describe this work as "unlawful forced labour" is therefore improper and false. Even if he had not known this, this false allegation would still have been improper, for the differences between forced labour as such and the work done in reformatories which are run in a humanitarian spirit must be obvious to everyone.

Similarly, the Applicant's affirmation that the decisions rendered in his case constitute a shameful act on the part of a State which regards itself as law-abiding, is anything but objective criticism.

In his subsequent allegation that the reformatory "is remarkably similar to a concentration camp, as yet without gas chambers and crematoria, but for how much longer?", the Applicant assumes that the persons responsible for running this establishment are not imbued with the humanitarian spirit that should prevail in a law-abiding State, but act as officials at the service of authorities exercising an arbitrary reign of terror. This really monstrous and slanderous accusation justified the disciplinary measures taken against the Applicant.

There can be no question in the present case of the Applicant having been prevented from lodging his Application with the European Commission of Human Rights, since in both cases the documents containing the Application were transmitted. Similarly, as stated above, the punishment legitimately inflicted on the Applicant for making a number of false and offensive allegations in his complaint, cannot be regarded as having prevented him from appealing to the European Commission of Human Rights. Indeed, the Applicant was not punished for making such a complaint but *qu'après l'épuisement des voies de recours internes* (article 26 de la Convention des Droits de l'Homme), le Gouvernement autrichien estime que la présente requête est à rejeter comme irrecevable en vertu de l'article 27 al. 3 de la Convention.

7. Le Gouvernement autrichien est également d'avis que les punitions infligées au requérant ne constituent pas une violation du système juridique interne, et il estime en outre que les dispositions du droit interne permettant pareille punition ne constituent point une atteinte au libre exercice d'introduire une requête au sens de l'article 25 al. 1er de la Convention.

Le requérant, qui a formellement invoqué la Convention, a dû savoir en rédigeant sa plainte, que la Convention distingue clairement dans ses articles 4 al. 2 et 3 a) entre le travail forcé et le travail exigé normalement d'une personne détenue dans les conditions prévues par l'article 5 de la Convention. Il devait, en outre, savoir que le travail que l'on exigeait de lui résultait d'un régime de détention qui est conforme à ces dispositions et qui correspond dans sa nature et son étendue à cette norme internationale qu'est la Convention. Désigner les travaux qui lui sont imposés comme des "travaux forcés illégaux" est par conséquent à la fois abusif et faux. Mais même s'il n'avait pas su cela, sa fausse affirmation aurait été abusive, étant donné que les différences entre un véritable travail forcé et les maisons de travail autrichiennes qui sont dirigées dans un esprit humanitaire, sont évidentes pour tout le monde.

De même, l'affirmation du requérant que les décisions prises à son encontre sont honteuses pour un Etat qui se qualifie d'Etat de Droit, dépasse délibérément la mesure d'une critique objective.

Dans son affirmation ultérieure, que la détention dans la maison d'arrêt "ressemble d'étrange façon à un camp de concentration, encore sans chambre à gaz et four crématoire à l'heure actuelle, mais pour combien de temps encore?", le requérant présuppose que les personnes responsables de l'aménagement et de la direction de la maison de travail ne s'inspirent point de l'esprit humanitaire devant régner dans un Etat de Droit, mais agissent comme des fonctionnaires au service d'un régime arbitraire de terreur. C'est aussi cette accusation vraiment monstrueuse et calomnieuse qui justifiait la punition disciplinaire du requérant.

Il ne saurait être question dans la présente affaire d'un empêchement effectif du droit de présenter efficacement sa plainte à la Commission européenne des Droits de l'Homme, puisque les écrits contenant la plainte du requérant ont été transmis dans les deux cas. De même, ainsi qu'il a été exposé ci-dessus, les punitions qui ont été légitimement infligées au requérant du chef de certaines allégations fausses et outrageantes contenues dans la plainte, ne sauraient être considérées comme un empêchement de porter plainte devant la Commission européenne des Droits de l'Homme. Car le because in exercising his right to do so he had put himself in the wrong by making defamatory and false allegations. The punishment inflicted on the Applicant did not prejudice the exercise of his personal right to engage in objective criticism. It would be contrary to the spirit of the Convention to suppose that any person who has the right to complain to the Commission may with impunity make offensive remarks about third parties or State institutions";

THE LAW

With regard to the Applicant's complaint of his detention in a reformatory

Whereas, under Article 26 of the European Convention on the Protection of Human Rights and Fundamental Freedoms the Commission may only deal with a matter after all domestic remedies have been exhausted, according to the generally recognised rules of international law;

Whereas the Applicant did not avail himself of the remedies open to him in regard to the various judgments of which he complains and, in particular, the judgment of 15th July 1959 cancelling the conditional release previously granted him;

Whereas, moreover, an examination of the case-file does not reveal the existence of any special circumstances such as might dispense the Applicant, according to the generally recognised rules of international law, from the obligation to avail himself of the remedies open to him;

Whereas, it appears therefore, that the Applicant has not complied with the above-mentioned stipulations of Article 26 of the Convention;

Whereas the Application must therefore be rejected in pursuance of Article 27, paragraph 3, of the Convention;

Whereas, furthermore, examination of the file does not disclose any apparent violation of one of the rights and freedoms recognised in the Convention, in particular under Articles 5 and 6 thereof; whereas it is therefore apparent that this part of the Application is in any case manifestly ill-founded;

Whereas, it should accordingly be rejected in pursuance of Article 27, paragraph 2, of the Convention;

requérant n'a pas été puni pour avoir porté plainte mais parce que, sous le couvert de l'exercice du droit de porter plainte, il s'est mis dans le tort en alléguant abusivement des choses diffamatoires et contraires à la vérité. Les punitions infligées au requérant n'ont pas porté préjudice à l'exercice du droit personnel du requérant à une critique objective. Ce serait méconnaître l'esprit de la Convention, si l'on admettait que le droit y reconnu à toute personne physique de porter plainte devant la Commission donne la possibilité de diriger impunément des critiques outrageantes contre des tiers ou des organes de l'Etat";

EN DROIT

Pour autant que le requérant se plaint de sa détention dans une maison de travail

Considérant que la Commission ne peut être saisie, aux termes de l'article 26 de la Convention européenne des Droits de l'Homme et des Libertés fondamentales, qu'après l'épuisement des voies de recours internes, tel qu'il est entendu selon les principes de droit international généralement reconnus;

Que le requérant n'a pas introduit les voies de recours qui lui étaient ouvertes contre les différents jugements dont il se plaint et, en particulier, contre le jugement du 15 juillet 1959 qui a eu pour conséquence la révocation de la mesure de libération conditionnelle;

Qu'au surplus l'examen du dossier ne permet pas en l'état de dégager, même d'office, l'existence de circonstances particulières de nature à relever le requérant, selon les principes de droit international généralement reconnus, de l'obligation d'exercer les recours dont il disposait;

Qu'il appert donc que le requérant n'a pas observé les prescriptions précitées de l'article 26 de la Convention;

Qu'il y a lieu, dès lors, de rejeter la requête par application de l'article 27 § 3 de la Convention;

Coisidérant au surplus que l'examen du dossier ne permet pas en l'état de dégager, même d'office, l'apparence d'une violation de l'un des droits et libertés reconnus dans la Convention, notamment aux articles 5 et 6; qu'il appert, dès lors, que cette partie de la requête est, en tout état de cause, manifestement mal fondée; qu'il y a lieu, par conséquent, de la rejeter également par application de l'article 27 § 2 de la Convention;

With regard to the Applicant's complaints as to his living conditions in the reformatory and, in particular, the wage he is paid for his work

Whereas an examination of the case-file does not disclose even the appearance of a violation of one of the rights and freedoms guaranteed under the Convention, in particular under Article 4 of the Convention and Article 1 of the Protocol; whereas, therefore, this part of the Application is manifestly ill-founded; whereas it must accordingly be rejected in this respect in pursuance of Article 27, paragraph 2, of the Convention;

With regard to the Applicant's request for legal assistance

Whereas under Article 6, paragraph (3) (c) of the Convention, everyone charged with a criminal offence has the right to "defend himself in person or through legal assistance of his own choosing or, if he has not sufficient means to pay for legal assistance, to be given it free when the interests of justice so require"; whereas the right to free legal assistance is recognised only in respect of an "accused" i.e. a person accused of a criminal offence, provided that the accused cannot afford to pay for legal assistance and in so far as the interests of justice call for such assistance; whereas, apart from the case provided for in the above-mentioned Article 6 of the Convention, the right of legal assistance is not recognised under the Convention as one that may be invoked by any person, the refusal of which by the competent authority would in itself constitute a violation of the Convention; whereas in the case under review the Applicant asks for legal assistance although he has not proved that he fulfils the requirements set forth in Article 6, paragraph (3) (c); whereas it therefore appears that this part of the Application is incompatible with the provisions of the Convention; whereas, it must accordingly be rejected in this respect; whereas it must therefore also be rejected in pursuance of Article 27, paragraph 2, of the Convention;

With regard to the Applicant's complaint of having been punished on two occasions for having made known certain facts to the Com-Commossion

Whereas Article 25, paragraph 1, of the Convention states that a Contracting Party which has accepted the competence of the Commission to deal with individual Applications thereby undertakes not to hinder in any way the effective exercise of the right by any person, non-governmental organisation or group of individuals to submit its complaints to the Commission and to plead its cause in an effective manner;

Whereas in the present case the Applicant's complaint raises in

Pour autant que le requérant se plaint des conditions de vie dans la maison de travail et, en particulier, du montant du salaire qu'il touche pour le travail fourni

Considérant que l'examen du dossier tel qu'il se présente ne permet pas de dégager, même d'office, l'apparence d'une violation de l'un des droits et libertés garantis par la Convention, notamment à l'article 4 de la Convention et à l'article 1er du Protocole Additionnel; qu'il s'avère, dès lors, que cette partie de la requête est manifestement mal fondée; qu'il y a lieu, par conséquent, de la rejeter de ce chef par application de l'article 27 § 2 de la Convention;

Pour autant que le requérant demande l'assistance d'un avocat

Considérant qu'aux termes de l'article 6 § 3 c) de la Convention, tout accusé a droit notamment à "se défendre lui-même ou avoir l'assistance d'un défenseur de son choix et, s'il n'a pas les moyens de rémunérer un défenseur, pouvoir être assisté gratuitement par un avocat d'office, lorsque les intérêts de la justice l'exigent"; que le droit à l'assistance gratuite d'un avocat d'office n'est donc reconnu qu'en faveur de tout "accusé" c'est-à-dire d'une personne accusée d'une infraction pénale, à condition que l'accusé n'ait pas les moyens de rémunérer un défenseur de son choix et dans la mesure où les intérêts de la justice exigent l'assistance d'un défenseur; qu'en dehors du cas prévu au susdit article 6 de la Convention, le bénéfice de l'assistance judiciaire n'est pas reconnu par la Convention comme un droit que toute personne pourrait invoquer et dont le refus par l'autorité compétente constituerait par lui-même une violation de la Convention; qu'en l'espèce le requérant demande l'assistance d'un avocat alors qu'il n'a pas apporté la preuve qu'il remplit les conditions posées par l'article 6 § 3 c; qu'il appert donc que cette partie de la requête est incompatible avec les dispositions de la Convention; qu'il y a lieu, par conséquent, de la rejeter également de ce chef, en vertu de l'article 27 § 2 de la Convention;

Pour autant que le requérant se plaint d'avoir été puni à deux reprises pour avoir, selon lui, exposé certains faits à la Commission

Considérant qu'il ressort de l'article 25 § 1 de la Convention qu'une Partie Contractante qui a accepté la compétence de la Commission en matière de requêtes individuelles, s'engage par là même à n'entraver par aucune mesure l'exercice efficace du droit pour une personne physique, une organisation non gouvernementale ou un groupe de particuliers, de saisir la Commission de ses griefs et de lui présenter sa cause d'une manière efficace;

Considérant qu'en l'espèce le grief du requérant soulève tout the first place the question whether the censoring of his correspondence with the Commission constitutes a violation of the exercise of the right of individual application; whereas, in view of the Commission, the consequence of recognition by a Contracting Party of the right of the individual to appeal is that any Applicant, even if emprisoned, has the right freely to correspond with the Commission; whereas this right does not, however, necessarily imply that the correspondence between a detained Applicant and the Commission shall not be subject to any control by prison authorities, so long as any censorship imposed by the latter does not in itself or through any undue, arbitrary or abusive effect on the fate of the person concerned, hinder the effective exercise of the right of individual application;

Whereas it has been found that on two occasions the Applicant was punished for having made in letters sent to the Secretariat of the Commission remarks regarded as unwarranted by the administration of the reformatory; whereas in the view of the Commission the punishment inflicted on X. raises a serious problem when it is considered that the exercise by an Applicant of his right to correspond with the Commission has led to such serious repercussions as his punishment by decision of the prison authorities;

Whereas, however, the Commission considers that it is not required, in the present case, to examine this question; whereas there is, indeed, no doubt that X., in addressing himself to the Commission in such inadmissible terms as those used by him in stating his complaints regarding living conditions in the reformatory – complaints considered by the Commission to be manifestly ill-founded – the Applicant has manifestly abused his right of appeal; whereas this part of the Application must therefore be rejected without considering the question whether X had the possibility of appealing against the decision of the administrative authority of the reformatory;

Now therefore the Commission

DECLARES THIS APPLICATION INADMISSIBLE.

d'abord la question de savoir si la censure de sa correspondance avec la Commission constitue une entrave à l'exercice du droit de recours individuel; que, de l'avis de la Commission, la reconnaissance par une Partie Contractante du droit de recours individuel, a pour conséquence que tout requérant, fût-il détenu, a le droit de correspondre librement avec la Commission; que ce droit n'implique cependant pas nécessairement que la correspondance d'un requérant détenu, avec la Commission, doive échapper à tout contrôle de la part des autorités pénitentiaires, aussi longtemps que la censure opérée par ces dernières ne revêt pas, soit par elle-même, soit par des répercussions indues, arbitraires ou abusives sur le sort de l'intéressé, le caractère d'une entrave à l'exercice efficace du droit de recours individuel;

Considérant qu'il est établi qu'à deux reprises le requérant a été puni pour avoir tenu, dans des lettres adressées au Secrétariat de la Commission, des propos jugés déplacés par l'administration de la maison de travail; que, de l'avis de la Commission, la punition infligée à X. pose un sérieux problème si l'on considère que l'exercice, par un requérant, de son droit de correspondre avec la Commission a pu entraîner des répercussions aussi graves que sa punition par décision des autorités de la maison de travail;

Considérant, toutefois, que la Commission estime qu'elle n'est pas appelée, dans le présent cas, à examiner cette question; qu'en effet il ne fait aucun doute qu'en s'adressant à la Commission dans des termes aussi inadmissibles que ceux que X. a utilisés pour exposer ses griefs concernant les conditions de vie dans la maison de travail – lesquels griefs ont été au demeurant jugés manifestement mal fondés par la Commission – le requérant a commis un abus manifeste et caractérisé de son droit de recours; qu'il y a lieu, dès lors, de rejeter cette partie de la requête de ce chef sans examiner la question de savoir si X. avait la possibilité d'introduire une voie de recours contre les décisions de l'administration de la maison de travail;

Par ces motifs,

DECLARE LA REQUETE IRRECEVABLE.

Application No. 793/60

Decision of 21st December 1960

I. COMPETENCE OF THE COMMISSION RATIONE TEMPORIS. FACTS OCCURRED PRIOR TO THE DATE OF ENTRY INTO FORCE OF THE CONVENTION.

II. EXHAUSTION OF DOMESTIC REMEDIES. ARTICLE 26 OF THE CONVENTION.

III. RIGHT TO RESPECT OF CORRESPONDENCE. DETAINED PERSON. CENSORSHIP OF CORRESPONDENCE BY PRISON AUTHORITIES. RIGHT OF PETITION TO THE COMMISSION. FREEDOM OF CORRESPONDENCE WITH THE COMMISSION. OBSTACLES. ARTICLES 8 AND 25 PARAGRAPH (1) OF THE CONVENTION.

(*Translation*)

Having regard to the Application lodged on 20th June 1960 by X. against Belgium, and registered on 13th July 1960 under file No. 793/60;

Having regard to the Report provided for in Article 45 (1) of the Rules of Procedure of the Commission;

Having deliberated,

THE FACTS

Whereas the facts of the case may be summarised as follows:

The Applicant, a Belgian national, born in 1913, is at present in detention in the Medical Centre of the prison at ... On 6th October 1947, the Court Martial of the Province of Brabant is said to have sentenced him wrongly, apparently by default, to seven years' imprisonment for disloyalty. X. being arrested on the same day, on the following day lodged a protest with the ... prison authorities. However, the protest did not reach the proper quarter, so that the Applicant never had the opportunity of putting his case.

Twenty-two months before the expiry of his sentence X was released on probation. On 9th November 1959, however, he was sentenced to three months' imprisonment for misappropriating a sum of 1,545 Belgian francs belonging to a dyer, who, however, withdrew his charge once he was repaid. This sentence involved cancelling the release on probation that had been granted to the Applicant, and he will not normally be discharged until 22nd March 1962.

X addressed "hundreds of letters" to the Belgian authorities,

Requête No. 793/60

Décision du 21 décembre 1960

I. COMPETENCE DE LA COMMISSION RATIONE TEMPORIS. FAITS ANTERIEURS A L'ENTREE EN VIGUEUR DE LA CONVENTION.

II. EPUISEMENT DES VOIES DE RECOURS INTERNES. ARTICLE 26 DE LA CONVENTION.

III. DROIT AU RESPECT DE LA CORRESPONDANCE. PERSONNE DETENUE. CENSURE DE LA CORRESPONDANCE PAR LES AUTORITES PENITENTIAIRES. DROIT DE RECOURS A LA COMMISSION. LIBERTE DE CORRESPONDANCE AVEC LA COMMISSION. ENTRAVES. ARTICLES 8 ET 25 § 1 DE LA CONVENTION.

Vu la requête introduite le 20 juin 1960 par X. contre la Belgique, et enregistrée le 13 juillet 1960 sous le No. de dossier 793/60;

Vu le rapport prévu à l'article 45, § 1 du Règlement Intérieur de la Commission;

Après avoir délibéré,

EN FAIT

Considérant que les faits de la cause peuvent se résumer ainsi:
Le requérant, ressortissant belge né en 1913, se trouve actuellement détenu au Centre Médical de la prison de ... Le 6 octobre 1947, le Conseil de Guerre de la province de Brabant l'aurait condamné à tort, apparemment par défaut, à sept ans de détention pour incivisme. Arrêté le jour même X. aurait, dès le lendemain, formé opposition auprès du Greffe de la prison de ... Néanmoins, l'acte d'opposition se serait égaré de sorte que le requérant n'aurait jamais eu la faculté de défendre sa cause.

Vingt-deux mois avant l'expiration de la durée de sa peine, X. aurait bénéficié d'une mesure de libération conditionnelle. Le 9 novembre 1959, cependant, il se serait vu infliger trois mois d'emprisonnement pour avoir dilapidé une somme de 1.545 francs belges appartenant à un teinturier, lequel avait pourtant retiré sa plainte une fois remboursé. Cette sentence aurait entraîné la révocation de la libération conditionnelle accordée au requérant, dont l'élargissement n'aura lieu en principe que le 22 mars 1962.

X. aurait adressé "des centaines de lettres" aux autorités belges, in particular to the Ministry of Justice and on 27th June 1960 to the Council of State, but all to no avail. He states that he has not the means to pay the three advocates without whose help he cannot legally request that his case be re-opened (Article 443 of the Criminal Code).

The Applicant, who says that during the war he suffered fourteen months' imprisonment in Germany for illegally wearing a uniform and for economic sabotage, complains primarily of his sentence in 1947, which he says has ruined his health and prevented him from earning an honest living. He also blames the prison services for opening a letter sent to him by the Secretariat on 23rd November 1960.

X requests his release, on probation if need be, and the recognition of his civil and political rights;

THE LAW

Whereas certain facts in the case, and in particular the sentence pronounced on 6th October 1947 by the Court Martial of the Province of Brabant, relate to a period prior to 14th June 1955, the date of the entry into force of the Convention for the Protection of Human Rights and Fundamental Freedoms with respect to Belgium; whereas in accordance with the generally recognised principles of international law the said Convention only governs for each Contracting Party facts subsequent to its entry into force with respect to that Party; whereas it follows that the Application is, insofar as it relates to these facts, inadmissible *ratione temporis* and should be rejected on this ground;

Whereas, so far as the sentence passed on the Applicant on 9th November 1959 is concerned, application to the Commission, according to Article 26 of the Convention, can only be made after all domestic remedies have been exhausted according to the generally recognised rules of international law; whereas the Applicant did not lodge an appeal against that sentence although he was entitled to do so under Belgian law; whereas, moreover, an examination of the case made *ex officio* does not disclose the existence of any special circumstances which might absolve X, according to the generally recognised rules of international law, from the obligation of lodging such an appeal; whereas, thus, the Applicant on this point has not complied with the provisions of Article 26; whereas the petition should be rejected on this ground in accordance with Article 27, (3) of the Convention;

Whereas, finally, so far as the censorship complained of is concerned, an examination of the file even made *ex officio* does not disclose any apparent violation of the rights and freedoms set forth in the Convention;

notamment au Ministère de la Justice et, le 27 juin 1960, au Conseil d'Etat, mais en vain. Il déclare que ses ressources ne lui permettent pas de rétribuer les trois avocats sans le ministère desquels il ne peut valablement demander la révision de son procès (article 443 du Code d'instruction criminelle).

Le requérant, qui affirme avoir subi en Allemagne, pendant la guerre, quatorze mois de détention pour port illégal d'uniforme et sabotage économique, se plaint essentiellement de sa condamnation de 1947 qui aurait ruiné sa santé et l'empêcherait de gagner honnêtement sa vie. Il reproche en outre aux services pénitentiaires d'avoir ouvert une lettre que le Secrétariat lui avait envoyée le 23 novembre 1960.

X. réclame sa libération, conditionnelle au besoin, ainsi que la reconnaissance de ses droits civils et politiques;

EN DROIT

Considérant que certains faits de la cause, et notamment le jugement prononcé le 6 octobre 1947 par le Conseil de Guerre de la province de Brabant, remontent à une période antérieure au 14 juin 1955, date d'entrée en vigueur de la Convention de Sauvegarde des Droits de l'Homme et des Libertés fondamentales à l'égard de la Belgique; que, selon les principes de droit international généralement reconnus, ladite Convention ne régit, pour chaque Etat Contractant, que les faits postérieurs à son entrée en vigueur à l'égard de cet Etat; qu'il appert donc que la requête est, pour une part, irrecevable *ratione temporis* et qu'il y a lieu de la rejeter de ce chef;

Considérant, en ce qui concerne la condamnation infligée au requérant le 9 novembre 1959, que la Commission, aux termes de l'article 26 de la Convention, ne peut être saisie qu'après l'épuisement des voies de recours internes, tel qu'il est entendu selon les principes de droit international généralement reconnus; que le requérant n'a point interjeté appel contre ladite condamnation, alors que la législation belge lui en offrait la faculté; qu'au surplus, l'examen du dossier ne permet pas en l'état de dégager, même d'office, l'existence de circonstances particulières de nature à relever X., selon les principes de droit international généralement reconnus, de l'obligation d'exercer ce recours; que, par conséquent, le requérant n'a pas observé, sur ce point, les prescriptions précitées de l'article 26; qu'il y a lieu, dans ces conditions, de rejeter la requête de ce chef par application de l'article 27 § 3 de la Convention;

Considérant enfin, quant à la censure incriminée, que l'examen du dossier ne permet pas en l'état de dégager, même d'office, l'apparence d'une violation de l'un des droits et libertés reconnus dans la Convention;

Whereas, in particular it should be noted that, although Article 8 of the Convention in its first paragraph proclaims that everyone has the right to respect for his correspondence, the second paragraph of the same Article authorises interference by a public authority with the exercise of this right, if such interference is in accordance with the law and is necessary in a demccratic society in the interests of national security, public safety, or the economic well-being of the country, for the prevention of disorder or crime, for the protection of health or morals, or for the protection of the rights and freedoms of others: whereas the Commission has no knowledge of any circumstance that would cause it to doubt whether in this case the conditions laid down in the above-mentioned paragraph 2 applied;

Whereas Article 25 of the Convention, it is true, provides at the end of its first paragraph that any Contracting Party which, like Belgium, has accepted the right of petition to the Commission by any person, non-governmental organisation or group of individuals, undertakes not to hinder in any way the effective exercise of this right; whereas, it follows from this, among other things, that any applicant, even if imprisoned, has the right to correspond freely with the Commission; whereas this right does not necessarily imply however, that correspondence between an imprisoned applicant and the Commission should be free of all control by the prison authorities, provided that any censorship on the part of these authorities does not, either in itself or because of undue, arbitrary or damaging effect on the fate of the Applicant, constitute a hindrance to the effective exercise of the right of individual petition; whereas the Commission notes in this particular case that the Applicant replied on 28th November 1960 to a letter from the Secretariat, posted 5 days earlier; whereas the censorship alleged by X thus did not involve any undue delay, particularly since the letter in question had been addressed to the prison at N. ..., where the petitioner had spent some time before his transfer to ..., so that it had to be re-addressed to him; whereas, in a general way an examination of the file made *ex officio* does not disclose any appearance of a violation of the provisions of Article 25 (1) *in fine* of the Convention;

Whereas, it is thus clear that the Application is on this point manifestly ill-founded, so that it must be rejected on this ground also in accordance with Article 27 (2) of the Convention;

Now therefore the Commission

DECLARES THIS APPLICATION INADMISSIBLE.

Qu'il importe en particulier d'observer que si l'article 8 de la Convention proclame, en son paragraphe 1er, le droit de toute personne au respect de sa correspondance, le paragraphe 2 du même article autorise l'ingérence d'une autorité publique dans l'exercice de ce droit pour autant qu'il s'agit d'une ingérence prévue par la loi et constituant une mesure nécessaire, dans une société démocratique, à la sécurité nationale, à la sûreté publique, au bien-être économique du pays, à la défense de l'ordre et à la prévention des infractions pénales, à la protection de la santé ou de la morale ou à celle des droits et libertés d'autrui; que la Commission ne dispose actuellement d'aucun élément qui lui permette de douter que les conditions d'application dudit paragraphe 2 se soient trouvées réunies en l'espèce;

Que l'article 25 de la Convention dispose, il est vrai, à la fin de son paragraphe 1er, que tout Etat Contractant qui, comme la Belgique, déclare accepter le droit de recours des personnes physiques, organisations non gouvernementales et groupes de particuliers auprès de la Commission, s'engage à n'entraver par aucune mesure l'exercice efficace de ce droit; qu'il en résulte, entre autres, que tout requérant, fût-il détenu, a le droit de correspondre librement avec la Commission; que ce droit n'implique cependant pas nécessairement que la correspondance d'un requérant détenu avec la Commission doive échapper à tout contrôle de la part des autorités pénitentiaires, aussi longtemps que la censure opérée par ses dernières ne revêt pas, soit par elle-même, soit par des répercussions indues, arbitraires ou abusives sur le sort de l'intéressé, le caractère d'une entrave à l'exercice efficace du droit de recours individuel; que la Commission constate, en l'espèce, que le requérant a répondu dès le 28 novembre 1960 à une lettre du Secrétariat postée cinq jours plut tôt; que la censure dénoncée par X. n'a entraîné par conséquent aucun retard anormal, d'autant que la lettre en question avait été expédiée à la prison de N., où le requérant avait séjourné quelque temps avant son transfèrement à . . . et d'où il a fallu la faire suivre; que, plus généralement, l'examen du dossier ne permet pas en l'état de déceler, même d'office, l'apparence d'une infraction aux prescriptions précitées de l'article 25 § 1 *in fine* de la Convention;

Qu'il s'avère donc que la requête est, sous ce rapport, manifestement mal fondée, de sorte qu'il échet de la rejeter également de ce dernier chef par application de l'article 27 § 2 de la Convention;

Par ces motifs,

DECLARE LA REQUETE IRRECEVABLE.

C.

Summaries of the decisions

Administration of justice (Right to the proper ...)

1. The right to a fair hearing guaranteed by Article 6 (1) of the Convention does not imply an obligation on the Contracting Party to allow litigants free access to the Court of last resort. In other words, Article 6 (1) does not debar Contracting Parties from making regulations governing the access of litigants to the said Court, provided that such regulations do not deviate from their exclusive purpose of assuring justice according to law. The afore-mentioned condition has been complied with in full by the Federal Republic of Germany, since the regulations governing access to the Federal Court of Justice were introduced for that very purpose of assuring justice according to law.

(III, p. 302, No. 727)[1]

2. Article 21, paragraph 2 of the Austrian Judicial Organisation Act (*Jurisdictionsnorm*) provides substantially that the right of challenge *propter affectum* (*Ablehnung wegen Befangenheit*) does not apply when the allegedly injured party continues to take part in the hearing. This limitation of the right of challenge *propter affectum* does not appear to the Commission to be contrary to Article 6, paragraph 1 of the Convention. The intention of the Austrian legislator in imposing such a limitation was to prevent the course of law being constantly interrupted by interlocutory judgments. The said limitation was likewise justified by reason of the implicit renunciation by the interested party of his right of challenge in regard to facts which might reasonably be considered to be established, in that without objecting to them, he continued to take part in the hearing.

(III, p, 288, No. 556)

3. Neither Article 6 nor any other Article of the Convention contains any provision dealing specifically with the inscription of previous convictions in a person's "Strafregister". The inscription in a person's "Strafregister" of a conviction rendered against him in previous criminal proceedings cannot be considered to constitute bringing a "criminal charge against him" within the meaning of Article 6, paragraph 1, of the Convention. Similarly, a person concerning whom a previous conviction has been inscribed in the

[1] The references given are to the number and page of the Volume and the number of the Application.

C.

Sommaires des décisions

Administration de la justice (Droit à une bonne ...)

1. Le droit à ce que la cause soit entendue équitablement, garanti par l'article 6, par. 1 de la Convention, n'implique pas pour les Parties Contractantes l'obligation de réserver aux justiciables la liberté absolue d'accès devant la Cour compétente en dernier ressort. En d'autres termes, l'article 6, par. 1 ne s'oppose pas à ce que les Parties Contractantes règlement ent l'accès des justiciables devant ladite Cour à condition, toutefois, que cette réglementation ne soit pas détournée de son but unique qui est d'assurer une bonne administration de la justice.

Cette condition a été pleinement respectée par la République Fédérale d'Allemagne puisque la réglementation du droit d'accès devant la Cour Fédérale de Justice, en vertu de laquelle les justiciables doivent, obligatoirement, être représentés par un avocat pris parmi les avocats admis à plaider devant la Cour Fédérale de Justice, a été instituée précisément dans le but d'assurer une bonne administration de la Justice.

(III, p. 303, No. 727)[1]

2. L'article 21 § 2 de la Loi autrichienne d'organisation judiciaire (*Jurisdictionsnorm*) prévoit que le droit de récusation d'un Juge pour cause de partialité (*Ablehnung wegen Befangenheit*) ne peut plus être exercé lorsque la Partie prétendument lésée a continué à prendre part à l'audience. Cette limitation du droit de récusation pour cause de partialité ne paraît à la Commission nullement contraire à l'article 6, par. 1 de la Convention. En effet, en l'instituant, le législateur autrichien a voulu éviter que la marche de la justice ne puisse, à tout moment, être troublée par la nécessité d'attendre le prononcé de jugements incidents. D'autre part, ladite limitation se justifie également par la renonciation implicite de l'intéressé de se prévaloir du droit de récusation en ce qui conconcerne les faits qui peuvent raisonnablement être considérés comme acquis pour le motif que, sans soulever aucune objection y relative, l'intéressé a continué à prendre part à l'audience.

(III, p. 289, No. 556)

3. Ni l'article 6 ni aucun autre article de la Convention ne visent expressément l'inscription des condamnations au casier judiciaire.

[1] Les chiffres renvoient au numéro du Volume, à la page et au numéro de la requête.

"Strafregister" cannot be considered to be a person "charged with a criminal offence" within the meaning of paragraphs 2 and 3 of the same Article. Accordingly the inscription of previous convictions in the "Strafregister" is not, as such, subject to any specific guarantee under the Convention.

(III, p. 254, No. 448)

4. Within the meaning of the Convention, the inscription of a criminal conviction on a person's "Strafregister" does not constitute the bringing of a "criminal charge against him" nor a "determination of his civil rights and obligations". It follows that the procedure in the Federal Republic of Germany in accordance with the Judicial and Administrative Assistance in Criminal Matters Act (*Rechtshilfegesetz*) of 2nd May 1953, determining the inscription in a person's "Strafregister" of a conviction rendered against him by courts in Eastern Germany, is an exceptional procedure to which Article 6 of the Convention does not apply.

(III, p. 254, No. 448)

5. According to paragraph 3 (a) of Article 6 of the Convention every accused person has the right "to be informed promptly, in a language which he understands and in detail, of the nature and cause of the accusation against him". It follows from this provision that as part of the right to a fair trial guaranteed by the provisions of Article 6 as a whole, an accused person has the right to be informed not only of the grounds for the accusation, that is, not only the acts with which he is charged and on which his indictment is based, but also of the *nature* of the accusation, namely, the legal classification of the acts in question. This information on the nature of and grounds for the accusation seems all the more necessary as under paragraph 3 (b) of Article 6, any accused person has the right "to have adequate time and facilities for the preparation of his defence". In fact, there is a logical connection between paragraphs 3 (a) and 3 (b) of Article 6. Consequently, the information on the nature of and grounds for the accusation should contain such particulars as will enable the accused to prepare his defence accordingly.

(III, p. 322, No. 524)

6. According to paragraph 3 (b) of Article 6 of the Convention, everyone has the right to have adequate time and facilities for the preparation of his defence. According to paragraph 3 (c) of the same Article, he can defend himself in person or through legal assistance of his own choosing. It follows that the rights guaranteed by Article 6, paragraph 3 are both those of the accused and of the defence in general. In other words, a defending counsel, whether

Le fait d'inscrire au casier judiciaire d'une personne une condamnation prononcée contre elle dans un procès criminel ne saurait être considéré comme constituant une "accusation en matière pénale dirigée contre elle" au sens de l'article 6, paragraphe 1 de la Convention. De même, la personne au casier judiciaire de laquelle une condamnation a été inscrite, ne saurait être considérée comme "accusée" au sens des paragraphes 2 et 3 de cet article. En conséquence, l'inscription de condamnations au casier judiciaire ne bénéficie pas, en tant que telle, d'une garantie particulière dans la Convention.

(III, p. 255, No. 448)

4. Au sens de la Convention, l'inscription d'une condamnation au casier judiciaire d'une personne ne constitue pas une "accusation en matière pénale dirigée contre elle", pas plus qu'une décision "sur ses droits et obligations de caractère civil". Il s'ensuit que la procédure régissant dans la République Fédérale d'Allemagne conformément à la loi du 2 mai 1953 (*Rechtshilfegesetz*) l'inscription au casier judiciaire de condamnations prononcées par les tribunaux de l'Allemagne orientale, est une procédure exceptionnelle qui ne relève pas du domaine d'application de l'article 6 de la Convention.

(III, p. 255, No. 448)

5. Selon le § 3 a) de l'article 6 de la Convention, tout accusé a droit "à être informé, dans le plus court délai, dans une langue qu'il comprend, et d'une manière détaillée, de la nature et de la cause de l'accusation portée contre lui". Il résulte de cette disposition que, dans le cadre du droit à un procès équitable garanti par l'ensemble des prescriptions de l'article 6, l'accusé doit être informé non suelement de la *cause* de l'accusation, c'est-à-dire des faits matériels qui sont mis à sa charge et qui sont à l'origine de son inculpation, mais aussi de la *nature* de l'accusation, c'est-à-dire de la qualification juridique des faits matériels. Cette information sur la nature et la cause de l'accusation paraît d'autant plus nécessaire qu'aux termes du § 3 b) de l'article 6, tout accusé a droit "à disposer du temps et des facilités nécessaires à la préparation de sa défense". Il existe, en effet, un lien logique entre les paragraphes 3 a) et 3 b) de l'article 6. L'information sur la nature et la cause de l'accusation doit, dès lors, contenir les éléments nécessaires permettant à l'accusé de préparer sa défense en conséquence.

(III, p. 323, No. 524)

6. Aux termes du § 3 b) de l'article 6 de la Convention, tout accusé a droit "à disposer du temps et des facilités nécessaires pour la préparation de sa défense". Selon le § 3 c) du même article, il

the legal representative of the accused or simply a person acting on his behalf, is entitled, *mutatis mutandis*, to the rights mentioned in the said paragraph 3 since these rights are intended to ensure the proper defence of the accused. As a consequence of the foregoing, in order to determine whether the right to have adequate time and facilities for the preparation of the defence has been respected, account must be taken of the general situation of the defence and not only of the situation of the accused.

(III, p. 322, No. 524)

7. Article 6, paragraph 3 (c) of the Convention does not guarantee to an individual legal assistance of his own choosing except in cases where the fees are to be paid by the individual himself.

(III, p. 272, No. 646)

8. While the French text of paragraph 3 (c) of Article 6 provides that "tout accusé n'ayant pas les moyens de rémunérer un *défenseur*, a droit à 'pouvoir être assisté gratuitement par un *avocat* d'office lorsque les intérêts de la justice l'exigent' ", the English text of the same paragraph expresses the same idea in the words: "... if he (everyone charged with a criminal offence) has not sufficient means to pay for *legal assistance*, he has the right to be given *it* free when the interests of justice so require". The preparatory works on Article 6, paragraph 3 (c), confirm that the word "avocat" (French text) is not to be understood in the technical sense of the term but in the sense of "legal assistance". In the case in question, although it is clear that a *Gerichtsreferendar* is not an "avocat", he is, nevertheless, a competent "défenseur", when instructed to provide the accused with "legal assistance";

(III, p. 174, No. 509)

9. It is provided in Article 6, paragraph 3 (d) of the Convention that every accused person is entitled "to examine or have examined witnesses against him and to obtain the attendance and examination of witnesses on his behalf under the same conditions as witnesses against him", this provision does not allow the accused to call everyone, in particular persons who are not in a position to assist by their statements in elucidating the truth. In other words, paragraph 3 (d) does not prohibit the Court from refusing to summon persons who cannot be "witnesses on his behalf" within the meaning of that same paragraph.

(III, p. 310, No. 753)
(III, p. 370, No. 617)

10. The Commission has frequently stated in previous decisions that it was not set up as a higher court to examine alleged errors

peut assurer sa défense lui-même ou avec l'assistance d'un défenseur de son choix. Il s'ensuit que les droits garantis par le § 3 de l'article 6 sont aussi bien ceux de l'accusé que ceux de la défense en général. En d'autres termes, un défenseur, qu'il soit juridiquement représentant de l'accusé ou qu'il soit simplement son mandataire, bénéficie, mutatis mutandis, des droits visés au § 3, puisque ces droits doivent permettre la défense efficace de l'accusé. Il résulte de ce qui précède que, pour examiner si le droit à disposer du temps et des facilités nécessaires pour la préparation de la défense a été respecté, il faut tenir compte de l'ensemble de la situation faite à la défense et ne pas l'apprécier seulement en la personne de l'accusé.

(III, p. 233, No. 524)

7. L'article 6 § 3 c) de la Convention ne consacre le droit au libre choix d'un défenseur que dans le cas où l'accusé possède les moyens de rémunérer ledit défenseur.

(III, p. 273, No. 646)

8. Si le texte français du § 3 c) de l'article 6 prévoit que tout accusé n'ayant pas les moyens de rémunérer un *défenseur*, a droit à "pouvoir être assisté gratuitement par un *avocat* d'office lorsque les intérêts de la justice l'exigent", le texte anglais du même paragraphe utilise le même terme en disposant: "... if he (everyone charged with a criminal offence) has not sufficient means to pay for *legal assistance*, to be given *it* free when the interests of justice so require". Les travaux préparatoires de l'article 6 § 3 c) confirment que le mot "avocat" ne doit pas être pris dans le sens technique du terme mais au sens de "défenseur". En l'espèce, s'il est clair que le *Gerichtsreferendar* G. n'est pas un "avocat", il n'en est pas moins un "défenseur" appelé à fournir la "legal assistance" à l'accusé. (III, p. 175, No. 509)

9. S'il est certain que, selon le § 3 d) de l'article 6, tout accusé a droit "à obtenir la convocation et l'interrogation des témoins à décharge dans les mêmes conditions que les témoins à charge", cette disposition ne permet toutefois pas à l'accusé d'obtenir la convocation de n'importe quelle personne et, notamment, de celle qui n'est pas en mesure par ses déclarations d'aider à la manifestation de la vérité. En d'autres termes, le § 3 d) n'interdit pas au Tribunal de refuser de convoquer des personnes qui ne peuvent pas être des "témoins à décharge" au sens du § 3 d).

(III, p. 311, No. 753)
(III, p. 371, No. 617)

10. La Commission a maintes fois déclaré, dans des décisions antérieures, qu'elle n'a pas été instituée pour connaître, en tant

of law or fact committed by the domestic courts of the Contracting Parties acting wholly within their jurisdiction, but, in accordance with Article 19 of the Convention, to ensure observance of the obligations undertaken by the Parties in the Convention. Errors of law or fact, including errors as to the question of the constitutionality of acts passed by a national Parliament, committed by the domestic courts, accordingly concern the Commission during its examination of the admissibility of an application only insofar as they appear to involve the possible violation of any of the rights and freedoms limitatively listed in the Convention.

(III, p. 394, No. 511)

Application manifestly ill-founded

It is true that Article 27, paragraph 2, of the Convention requires the Commission to declare inadmissible any application from an individual which it considers to be "manifestly ill-founded". The "travaux préparatoires" of the Convention reveal that the introduction of this special ground of inadmissibility into Article 27 of the Convention was due to the concern of the Contracting Parties to exclude from the consideration of the Commission applications which do not merit its attention.

It follows that at the present stage of the proceedings the task of the Commission is not to determine whether an examination of the case submitted by the Applicant discloses the actual existence of a violation of one of the rights and freedoms guaranteed by the Convention but only to determine whether it excludes any possibility of the existence of such a violation. Moreover, in a long series of previous decisions the Commission has consistently acted on the principle that an application should be declared inadmissible as being manifestly ill-founded only when a preliminary examination of the case does not disclose any appearance of a violation of the Convention. In Applications Nos. 214/56 (De Becker against Belgium), 332/57 (Lawless against Ireland) and 343/57 (Schouw Nielsen against Denmark) it was on the basis of this principle that the Commission decided not to reject as manifestly ill-founded but to retain for closer examination certain of the complaints contained in those Applications.

(III, p. 322, No. 524)
(III, p. 356, No. 596)
(III, p. 370, No. 617)

Competence of the Commission

1. It is not for the Commission to give a ruling on the application and the interpretation of domestic law by national courts unless the law itself constitutes a violation of the Convention or

qu'instance supérieure, des erreurs prétendues de droit ou de fait commises par les tribunaux internes des Parties Contractantes, alors que leurs décisions sont rendues dans la plénitude de leur juridiction mais, selon l'article 19 de la Convention, pour assurer le respect des engagements assumés par les Parties en vertu de la Convention. Les erreurs de droit ou de fait commises par les tribunaux nationaux, y compris les erreurs relatives à la question de la constitutionnalité des lois adoptées par un Parlement national, n'intéressent donc la Commission, au stade de l'examen de la recevabilité des requêtes, que dans la mesure où elles sembleraient avoir entraîné la violation de l'un des droits et libertés limitativement énumérés dans la Convention.

(III, p. 395, No. 511)

Apparence de violation voir *Requête manifestement mal fondée*
Assistance judiciaire voir *Administration de la justice*
Avocat d'office voir *Administration de la justice*
Circonstances de nature à relever le requérant de l'obligation d'épuiser les voies de recours internes voir *Epuissement des voies de recours internes*
Compatibilité des lois des Parties Contractantes avec la Convention voir *Compétence de la Commission*

Compétence de la Commission

1. Il n'appartient pas à la Commission de se prononcer sur l'application et l'interprétation, par les Tribunaux nationaux, des lois internes à moins que la loi elle-même ne constitue une violation de la Convention ou que les Tribunaux internes n'aient commis une telle violation lors de l'application ou de l'interprétation de cette loi.

(III, p. 223, No. 458)

2. Il ressort clairement de l'article 25 § 1 de la Convention que la Commission ne peut être saisie d'une requête par une personne physique, une organisation non gouvernementale ou un groupe de particuliers que si cette personne physique, cette organisation non gouvernementale ou ce groupe de particuliers se prétend victime d'une violation, par l'une des Hautes Parties Contractantes, des droits reconnus dans la Convention.

Il s'ensuit que la Commission ne peut examiner la conformité d'une loi nationale avec la Convention que pour autant que cette loi est applicable à une personne physique, une organisation non gouvernementale ou un groupe de particuliers, et seulement dans la mesure où son application aurait entraîné une violation de la Convention au préjudice de cette personne physique, de cette the domestic courts have committed such violation in the application or interpretation of this law.

(III, p. 222, No. 458)

2. It is clear from Article 25, paragraph 1 of the Convention that the Commission can properly receive an application from a person, non-governmental organisation or group of individuals only if such persons, non-governmental organisation or group of individuals claims to be the victim of a violation by one of the High Contracting Parties of the rights set forth in the Convention.

It follows that the Commission can examine the compatibility of domestic legislation with the Convention only with respect to its application to a person, non-governmental organisation or group of individuals and only insofar as its application is alleged to constitute a violation of the Convention in regard to the applicant person, organisation or group in question. Therefore, in a case submitted by an individual under Article 25 the Commission is not competent to examine *in abstracto* the question of the conformity of domestic legislation with the provisions of the Convention.

(III, p. 214, No. 290)

Correspondence (Right to respect for ...)

1. In the view of the Commission, the measure commonly adopted in the law of democratic societies of permitting prison authorities to examine the correspondence of the prisoners under their charge clearly falls within the exceptions permitted in paragraph 2 of Article 8.

(III, p. 272, No. 646)

2. Article 25 of the Convention provides at the end of its first paragraph that any Contracting Party which has accepted the right of petition to the Commission by any person, non-governmental organisation or group of individuals, undertakes not to hinder in any way the effective exercise of this right. It follows from this, among other things, that any applicant, even if imprisoned, has the right to correspond freely with the Commission. This right does not necessarily imply, however, that correspondence between an imprisoned applicant and the Commission should be free of all control by the prison authorities, provided that any censorship on the part of these authorities, does not, either in itself or because of undue, arbitrary or damaging effect on the fate of the Applicant, constitute a hindrance to the effective exercise of the right of individual petition.

(III, p. 428, No. 833)
(III, p. 444, No. 793)

organisation non gouvernementale ou de ce groupe de particuliers. Par conséquent, lorsqu'il s'agit d'une requête introduite en vertu de l'article 25, la Commission n'est pas compétente pour examiner *in abstracto* si une loi est conforme aux dispositions de la Convention.

(III, p. 215, No. 290)

Correspondance (Droit au respect de la ...)

1. De l'avis de la Commission, la règle généralement admise dans la législation des sociétés démocratiques, en vertu de laquelle les autorités pénitentiaires peuvent examiner la correspondance des détenus dont elles ont la charge, tombe dans le champ d'application des exceptions autorisées par le paragraphe 2 de l'article 8 de la Convention.

(III, p. 273, No. 646)

2. L'article 25 de la Convention dispose, à la fin de son paragraphe 1er, que tout Etat Contractant qui déclare accepter le droit de recours des personnes physiques, organisations non gouvernementales et groupes de particuliers auprès de la Commission, s'engage à n'entraver par aucune mesure l'exercice efficace de ce droit. Il en résulte, entre autres, que tout requérant, fût-il détenu, a le droit de correspondre librement avec la Commission. Ce droit n'implique cependant pas nécessairement que la correspondance d'un requérant détenu, avec la Commission, doive échapper à tout contrôle de la part des autorités pénitentiaires, aussi longtemps que la censure opérée par ces dernières ne revêt pas, soit par elle-même, soit par des répercussions indues, arbitraires ou abusives sur le sort de l'intéressé, le caractère d'une entrave à l'exercice efficace du droit de recours individual. (III, p. 429, No. 833,
III, p. 445, No. 793)

Droits de la défense voir *Administration de la justice*

Droits garantis par la Convention

1. Aux termes de son article 1er, la Convention garantit les seuls droits et libertés définis à son Titre Premier. Seule la violation alléguée d'un de ces droits et libertés peut, selon l'article 25 § 1, faire l'objet d'une requête recevable devant la Commission.

(III, p. 185, No. 530; III, p. 207, No. 472)

2. Par conséquent, est déclarée irrecevable comme incompatible avec les dispositions de la Convention, une requête qui a pour objet la violation d'un des droits et libertés qui ne sont pas, en tant que tels, garantis par la Convention:

Defence (Right to ...) see *Administration of Justice*

Elections, free

In Article 3 of the Protocol the Contracting Parties have undertaken to hold free elections at reasonable intervals by secret ballot, under conditions which will ensure the free expression of the opinion of the people in the choice of the legislature. It does not, however, follow that it grants the right for every person to participate in free elections. An application which raises a question relating to the exercise of the right to vote should consequently be declared inadmissible as being incompatible with the provisions of the Convention.

(III, p. 184, No. 530)

Errors of law or fact committed by the domestic courts
See *Administration of Justice*

Exhaustion of domestic remedies

1. It is not necessary to have recourse to domestic tribunals if the result will inevitably be the repetition of a decision already pronounced.

(III, p. 194, No. 514)

2. *Belgium:* The appeal for clemency (recours en grâce) may not be taken into consideration for the application of Article 26 because it is not a "remedy" within the meaning of that Article.

(III, p. 222, No. 458)

3. Under Article 26 of the Convention, the Commission may only deal with the matter after all domestic remedies have been exhausted according to the generally recognised rules of international law, and within a period of six months from the date on which the final decision was taken. In order to comply with the provisions of this Article, it is not enough that the Applicant should have submitted his case to the various courts to which as required by the said Article the case should be referred. In default of any possibility or any obstacle and to the extent to which that depends reasonably upon himself, the Applicant should also plead before the higher Court the rights which he alleges were violated in this present case by the lower Court.

(III, p. 370, No. 617)

Expression (Freedom of)

The Commission is fully competent – and indeed has the duty – to ap reciate, in each case referred to it, whether interference by

– droit à une indemnité correspondante à des dommages subis
(III, p. 207, No. 472)

– droit de participer aux élections libres
(III, p. 185, No. 530)

Elections libres

Par l'article 3 du Protocole Additionnel, les Parties Contractantes s'engagent à organiser, à des intervalles raisonnables, des élections libres, au scrutin secret, dans les conditions qui assurent la libre expression de l'opinion du peuple sur le choix du corps législatif. Il n'en résulte pas toutefois qu'elles reconnaissent à toute personne le droit de participer aux élections libres. Une requête qui soulève une question relative à la réglementation du droit de vote doit donc être déclarée irrecevable comme incompatible avec les dispositions de la Convention.
(III, p. 185, No. 530)

Epuisement des voies de recours internes

1. Il n'est pas nécessaire de recourir aux tribunaux internes si le résultat doit être la répétition d'une décision déjà rendue.
(III, p. 197, No. 514)

2. *Belgique:* Le recours en grâce ne doit pas être pris en considération pour l'application des règles de l'article 26 puisqu'il ne s'agit pas d'un recours au sens de cette disposition.
(III, p. 223, No. 458)

3. Aux termes de l'article 26 de la Convention, la Commission ne peut être saisie qu'après épuisement des voies de recours internes, tel qu'il est entendu selon les principes de droit international généralement reconnus, et dans le délai de six mois à partir de la date de la décision interne définitive. Pour se conformer aux dispositions de cet article, il ne suffit pas que le requérant ait soumis son cas aux diverses juridictions dont ledit article exige, en principe, la saisine; à défaut d'impossibilité ou d'empêchement, et dans la mesure où cela dépendait raisonnablement de lui, le requérant doit également faire valoir, devant la juridiction supérieure, les droits dont il allègue la violation par la juridiction inférieure.
(III, p. 371, No. 617)

Erreurs de fait ou de droit commises par les Tribunaux internes voir *Administration de la justice*

Expression (Liberté d' ...)

La Commission est compétente pour apprécier – elle a même le devoir de le faire – dans chaque cas dont elle est saisie, si l'ingérence the public authority with the right to freedom of expression, guaranteed under Article 10, fulfils the conditions defined in paragraph 2 of the said Article. A close study of all its provisions shows that Article 10 leaves Contracting Parties a certain margin of appreciation in determining the limits that may be placed on freedom of expression. In exercising supervision, the Commission must always bear in mind not only the extent of such limits, which must not exceed the margin of appreciation granted to the States, but also the aim of the said limits, since, under Article 18 of the Convention, such restrictions shall not be applied for any purpose other than those for which they have been prescribed.

The provisions of Sections 495, para. 1, 491 and 493 of the Austrian Penal Code, which penalise attacks on the honour of the Army made through the medium of printed matter, constitute restrictions on freedom of expression such as are authorised under paragraph 2 of Article 10, since they are provided for by law and represent measures necessary "for the protection of the reputation of others".

(III, p. 310, No. 753)

Family life (Right to respect for private and) see *Private and family life, right to respect for*
Freedoms guaranteed by the Convention see *Rights guaranteed by the Convention*
Legal Aid see *Administration of Justice*

Liberty (Right to ... and security of person)

It is clear, from Article 5, paragraph 3, of the Convention that the Commission is competent to judge whether a period in custody is of reasonable duration and, in order to do so, must take into account all the facts of the case and, in particular, its complexity.

(III, p. 184, No. 530)

Manifestly ill-founded see *Application manifestly ill-founded*
Prima facie violation see *Application manifestly ill-founded*

Private and family life (Right to respect for)

Although everyone has the right to respect for his family life, there may be interference with the exercise of this right in so far as such interference is provided for by the law and "is necessary in a democratic society in the interests of national security, public safety or the economic well-being of the country, for the prevention of disorder or crime, for the protection of health or morals, or for the protection of the rights and freedoms of others". Austrian legislation (*Jugendwohlfahrtgesetz*) provides that an illegitimate de l'autorité publique dans l'exercice du droit à la liberté d'expression garanti par l'article 10, remplit les conditions définies au § 2 dudit article. L'étude attentive de l'ensemble de ses dispositions montre que l'article 10 laisse aux Etats Contractants une certaine marge d'appréciation pour déterminer les restrictions du droit à la liberté d'expression. Le contrôle de la Commission doit toutefois porter tant sur l'étendue des restrictions – celles-ci ne doivent pas dépasser la marge d'appréciation laissée aux Etats – que sur le but de ces restrictions car, aux termes de l'article 18 de la Convention, ces dernières ne peuvent être appliquées que dans le but pour lequel elles ont été prévues.

Les dispositions des articles 491, 493 et 495, par. 1 du Code Pénal autrichien réprimant les atteintes à l'honneur de l'armée par voie d'imprimés, constituent des restrictions à la liberté d'expression, autorisées par le § 2 de l'article 10 puisque, d'une part, elles sont prévues par la loi et que, d'autre part, il s'agit de mesures nécessaires "à la protection de la réputation d'autrui".

(III, p. 311, No. 753)

Liberté (Droit à la ... et à la sûreté)

Si, comme il résulte de l'article 5 § 3 de la Convention, la Commission est compétente pour apprécier la durée de la détention préventive, elle doit, pour ce faire, tenir compte de tous les éléments de l'affaire et, en particulier, de sa complexité.

(III, p. 185, No. 530)

Libertés garanties par la Convention voir *Droits garantis par la Convention*

Manifestement mal fondée (Requête ...) voir *Requête manifestement mal fondée*

Propriété (Droit de ...)

1. Le requérant qui se prétend victime d'une violation de l'article 1er du Protocole Additionnel, doit d'abord apporter la preuve de son droit de propriété.

(III, p. 207, No. 472)

2. A titre d'exception au droit au respect des biens, l'article 1er du Protocole Additionnel prévoit, à son paragraphe 1er, deuxième phrase, qu'une personne peut être privée de sa propriété "pour cause d'utilité publique et dans les conditions prévues par la loi et les principes généraux du droit international". En République Fédérale d'Allemagne, la Loi sur la péréquation des charges (*Lastenausgleichsgesetz* a été promulguée par les autorités compétentes dans le cadre d'un ensemble de réformes financières et monétaires

child becomes from birth a ward of the Youth Welfare Office of the district in which it was born, which is thus competent to make decisions regarding its care and education. This ruling, which takes equal account of the interests of the child and those of the natural mother, is in no way contrary to Article 8 of the Convention.

(III, p. 196, No. 514)

Property (Right of)

1. An Applicant who claims to be the victim of a violation of Article 1 of the Protocol must first prove his title to the property in question.

(III, p. 206, No. 472)

2. The second sentence of paragraph 1 of Article 1 of the Protocol expressly contemplates, as an exception to the right to peaceful enjoyment of possessions, that a person may be deprived of his possessions "in the public interest and subject to the conditions provided for by law by the general principles of international law". In the Federal Republic of Germany, the Liability Equalisation Act (*Lastenausgleichsgesetz*) was introduced by the competent authorities as a measure forming part of financial and monetary reforms in Germany after the Second World War, and considered to be necessary for establishing a sound economic basis for a new democratic society in that country. Furthermore, it was an express purpose of the said financial and monetary reforms to ensure that the economic burdens arising out of the war and out of the changes in the value of German currency should be distributed proportionately amongst the citizens. It follows that the Act was introduced in the public interest and complied with the conditions laid down in the second sentence of paragraph 1 of Article 1 of the Protocol. Therefore, the Act was not inconsistent with the right to peaceful enjoyment of possessions guaranteed under Article 1 of the Protocol.

In any event, the second paragraph of Article 1 of the Protocol expressly lays down that the provisions in the first paragraph do not "in any way impair the right of a State to enforce such laws as it deems necessary ... to secure the payment of taxes or other contributions or penalties"; and, it is clear from what has already been stated above, the Liability Equalisation Act is one falling within the terms of paragraph 2 of Article 1.

(III, p. 244, No. 551)

3. It is undoubtedly within the sovereign power of a State to enact legislation for the purpose of imposing taxes or other contributions, the proceeds of which are to be appropriated to public purposes. The tax complained of by the Applicants was levied in

introduites après la deuxième guerre mondiale et jugées nécessaires pour assainir la situation économique en vue d'établir en Allemagne une nouvelle société démocratique. De plus, lesdites réformes financières et monétaires avaient expressément pour objet d'assurer une répartition proportionnelle entre tous les citoyens des charges économiques résultant de la guerre et de la dépréciation de la monnaie allemande.

Il s'ensuit que la Loi sur la péréquation des charges a été introduite pour cause d'utilité publique et, dès lors, elle répondait aux conditions posées dans la deuxième phrase du paragraphe 1 de l'article 1er du Protocole Additionnel. Elle n'est pas, par conséquent, contraire au droit au respect des biens garanti par l'article 1er du Protocole Additionnel.

En tout état de cause, la Loi sur la péréquation des charges rentre dans le cadre du § 2 de l'article 1er, en vertu duquel les dispositions du premier paragraphe "ne portent pas atteinte au droit que possèdent les Etats de mettre en vigueur les lois qu'ils jugent nécessaires ... pour assurer le paiement des impôts ou d'autres contributions ou des amendes".

(III, p. 245, No. 551)

3. La promulgation de lois instituant des impôts ou autres contributions, dont le produit doit être affecté à des fins d'ordre public, relève incontestablement du pouvoir souverain d'un Etat. L'impôt établi en application de la Loi islandaise No. 44 de 1957, l'a été dans le dessein exprès d'assurer la stabilité monétaire et économique de l'Etat et constituait donc, de toute évidence, une mesure visant un objectif public et considérée par le Gouvernement comme d'utilité publique. Il est vrai que cet impôt a revêtu la forme d'un prélèvement sur le capital; toutefois, la Loi No. 44 prévoyait que son incidence maximum ne pourrait dépasser 25% de la valeur réelle des biens imposables et autorisait, en outre, les redevables à s'acquitter par versements échelonnés sur une période de dix ans. Eu égard à l'objectif général de la loi, le taux maximum et les conditions de paiement applicables à la catégorie particulière de contribuables en question, n'étaient pas de nature, même combinés avec d'autres dispositions de la législation fiscale en vigueur, à ôter à l'impôt prévu par la Loi No. 44 le caractère d'un impôt institué pour cause d'utilité publique.

L'attribution directe du produit de cet impôt, pour un tiers, au Service des Hypothèques de la Banque Rurale d'Islande et, pour les deux autres tiers, au Fonds National de l'Habitat, constituait simplement un moyen d'affecter cette partie des fonds publics à des objectifs publics particuliers et n'affectait en rien son caractère d'impôt institué pour cause d'utilité publique.

... Le terme "loi", au sens de la Convention, recouvre toutes pursuance of Law No. 44 of 1957 of Iceland for the express purpose of achieving monetary and economic stability within the State and was therefore clearly a measure introduced with a public purpose and considered by the Government to be in the public interest. It is true that this tax took the form of a levy on capital assets; however, under Law No. 44, the maximum incidence of the tax could not exceed 25 per cent. of the real value of the taxable assets and, further, it was permitted to pay the tax claim by instalments over a period of ten years. In view of the general purpose of the law, the maximum percentage and terms of payment affecting the particular category of taxpayers were not such, even in combination with other applicable fiscal legislation, as could deprive Law No. 44 of the character of a tax imposed with the view of furthering the public interest.

The direct appropriation of the proceeds of this tax, as to one-third, to the Mortgage Department of the Rural Bank of Iceland and, as to two-thirds, to the State Building Fund, was merely a method of appropriating this portion of the public funds to particular public purposes, and in no way affected the character of the tax as being a tax in the public interest.

The term "law" within the meaning of the Convention covers all laws including constitutional law, which make provision for taxation; Law No. 44 of 1957 was duly enacted by the Parliament of Iceland (Althing) and signed by the President of the Republic of Iceland in accordance with the relevant provisions of the Constitution of Iceland.

The general principles of international law, referred to in Article 1, are the principles which have been established in general international law concerning the confiscation of the property of foreigners. It follows that measures taken by a State with respect to the property of its own nationals are not subject to these general principles of international law in the absence of a particular treaty clause specifically so providing. Moreover, in the present instance, the records of the preparatory work concerning the drafting and adoption of Article 1 of the Protocol confirm that the High Contracting Parties had no intention of extending the application of these principles to the case of the taking of the property of nationals.

Accordingly, the taxes or contributions imposed by Law No. 44 of 1957 are in every way consistent with what are contemplated in paragraph 1 of Article 1 of the Protocol, as permissible interferences with a person's right to the peaceful enjoyment of his possessions.

In any event paragraph 2 of Article 1 of the Protocol expressly declares that the provisions of paragraph 1 shall not "in any way impair the right of a State .... to secure the payment of taxes or other contributions ...."; it clearly emerges from what has already les lois y compris les lois constitutionnelles instituant des impôts; la Loi No. 44 de 1957 a été dûment adoptée par le Parlement islandais (Althing) et signée par le Président de la République islandaise, conformément aux dispositions pertinentes de la Constitution de l'Islande.

... Les principes généraux du droit international, visés à l'article 1er, sont les principes qui ont été établis en droit international général relativement à la confiscation de biens étrangers. Il s'ensuit que les mesures prises par un Etat à l'égard des biens de ses propres ressortissants ne sont pas soumises à ces principes généraux du droit international en l'absence d'une clause contraire expressément inscrite dans un Traité. De plus, les travaux préparatoires de l'article 1er du Protocole Additionnel confirment que les Haures Parties Contractantes n'avaient nullement l'intention d'étendre l'application de ces principes au cas de l'expropriation des biens appartenant à des nationaux.

... En conséquence, les impôts ou contributions institués par la Loi No. 44 de 1957 sont en tous points compatibles avec les limitations autorisées par le paragraphe 1 de l'article 1er du Protocole Additionnel quant au droit de toute personne au respect de ses biens.

En tout état de cause, le paragraphe 2 de l'article 1er du Protocole Additionnel stipule expressément que les dispositions du paragraphe 1 "ne portent pas atteinte au droit que possèdent les Etats de mettre en vigueur les lois nécessaires ... pour assurer le paiement des impôts ou d'autres contributions ..."; il ressort clairement de ce qui précède que la Loi No. 44 de 1957 constitue une mesure destinée à "assurer le paiement des impôts ou d'autres contributions" au sens du paragraphe 2 de l'article 1er.

(III, p. 395, No. 511)

Recours effectif (Droit à l'octroi d'un ...)

Le recours effectif devant une instance nationale, prévu par l'article 13 de la Convention, est garanti à toute personne qui se prétend victime d'une violation de l'un des droits et libertés reconnus dans la Convention.

(III, p. 207, No. 472)

Requête manifestement mal fondée

S'il est vrai que le paragraphe 2 de l'article 27 de la Convention stipule que la Commission déclare irrecevable toute requête individuelle qu'elle stime "manifestement mal fondée", l'étude des travaux préparatoires de la Convention montre que l'introduction de ce chef particulier d'irrecevabilité dans la Convention témoigne de la volonté des Hautes Parties Contractantes d'empêcher que la been stated that Law No. 44 of 1957 is a measure "to secure the payment of taxes or other contributions" within the meaning of paragraph 2 of Article 1.

(III, p. 394, No. 511)

Remedy, effective

The effective remedy before a national authority which is guaranteed to everyone under Article 13 of the Convention relates exclusively to a remedy in respect of a violation of one of the rights and freedoms set forth in the Convention.

(III, p. 206, No. 472)

Rights guaranteed by the Convention

1. Under the terms of Article 1, the Convention guarantees only the rights and freedoms defined in Section I. Only an alleged violation of one of these rights and freedoms may, according to Article 25, paragraph 1, be the subject of an admissible application.

(III, p. 184, No. 530; III, p. 206, No. 472)

2. An application shall therefore be declared inadmissible as being incompatible with the provisions of the Convention, if it concerns a violation of one of the rights and freedoms which are not, as such, guaranteed by the Convention:

– right to receive compensation for damage suffered

(III, p. 206, No. 472)

– right to take part in free elections

(III, p. 184, No. 530)

Security (Right to liberty and ... of person) see *Liberty, right to ... and security of person*

Special circumstances releasing the Applicant from the obligation to exhaust domestic remedies see *Exhaustion of domestic remedies*

Commission n'ait à examiner des requêtes qui ne méritent pas de retenir son attention. Il s'ensuit qu'au stade de la recevabilité, la Commission n'a pas à déterminer si l'examen de l'affaire qui lui est soumise par le requérant révèle l'existence d'une violation de l'un des droits et libertés garantis par la Convention, mais seulement à déterminer si cet examen exclut toute possibilité d'une telle violation. D'ailleurs, il ressort d'un grand nombre de décisions antérieures, que la Commission a toujours estimé qu'une requête ne peut être déclarée irrecevable comme manifestement mal fondée que lorsqu'un premier examen de l'affaire ne permet pas de dégager l'apparence même de violation de la Convention. C'est en application de ce principe que la Commission a décidé de ne pas rejeter comme manifestement mal fondés, mais de les retenir pour un examen au fond, certains des griefs soulevés dans les requêtes Nos. 214/56 (De Becker c/Belgique), 332/57 (Lawless c/Irlande) et 343/57 (Schouw Nielsen c/Danemark).

(III, p. 323, No. 524, III, p. 357, No. 596; III, p. 371, No. 617)

Sûreté (Droit à la liberté et à la ...)voir *Liberté*

Vie privée et familiale (Droit au respect de la ...)

Si toute personne a droit au respect de sa vie familiale, il peut y avoir ingérence dans l'exercice de ce droit pour autant que cette ingérence est prévue par la loi et qu'elle constitue "une mesure qui, dans une société démocratique, est nécessaire à la sécurité nationale, à la sûreté publique, au bien-être économique du pays, à la défense de l'ordre et à la prévention des infractions pénales, à la protection de la santé et de la morale ou à la protection des droits et libertés d'autrui". La législation autrichienne (*Jugendwohlfahrtgesetz*) prévoit que dès la naissance d'un enfant naturel, c'est l'Office de Protection des Mineurs de l'arrondissement où est né cet enfant, qui devient automatiquement son tuteur, lequel est compétent pour décider de la garde et de l'éducation de l'enfant. Cette réglementation qui tient compte tant de l'intérêt de l'enfant que de l'intérêt de la mère naturelle, n'est nullement contraire à l'article 8 de la Convention.

(III, p. 197, No. 514)

Appendix

STATISTICAL CHARTS

Annexe

TABLEAUX STATISTIQUES

DECISIONS ON THE ADMISSIBILITY OF INDIVIDUAL APPLICATIONS / DECISIONS SUR LA RECEVABILITE DES REQUETES INDIVIDUELLES

	1955	1956	1957	1958	1959	1960	Total
Applications filed / Requêtes enregistrées	138	104	101	96	233	291	963
Decisions taken / Décisions rendues	84	93	96	47	130	265	715
Applications rejected de plano / Requêtes rejetées de plano	84	92	94	43	128	261	702
Applications rejected after communication to the Respondent Government / Requêtes rejetées après communication au Gouvernement mis en cause	—	1	2	2	1	1	7
Applications declared admissible / Requêtes déclarées recevables	0	0	0	2	1	3	6
Applications struck off / Requêtes rayées du rôle	5	4	6	1	2	7	25

BREAKDOWN OF APPLICATIONS BY RESPONDENT GOVERNMENT / REQUETES PAR PAYS DEFENDEUR

State / Pays	*Date of inception of right of individual applications / Date depuis laquelle s'exerce le droit de recours individuel*	Applications filed / Requêtes enregistrées																	
		1955			1956			1957			1958			1959			1960		
		N[1]	A[1]	T[1]	N	A	T	N	A	T	N	A	T	N	A	T	N	A	T
Austria / Autriche	3rd September 1958 / 3 septembre 1958	—	—	—	—	—	—	—	—	—	11	5	16	47	9	56	39	6	45
Belgium / Belgique	5th July 1955 / 5 juillet 1955	11	3	14	6	1	7	9	3	12	9	4	13	26	6	32	20	2	22
Denmark / Danemark	5th July 1955 / 5 juillet 1955	.	.	.	1	.	1	2	2	4	1	.	1	5	.	5	8	.	8
Fed. Rep. of Germany / Rép. Fédérale d'Allemagne	5th July 1955 / 5 juillet 1955	109	12	121	79	15	94	73	8	81	45	9	54	105	26	131	149	36	185
Iceland / Islande	5th July 1955 / 5 juillet 1955	.	.	.	.	.	.	.	.	.	.	.	.	1	.	1	.	.	.
Ireland / Irlande	5th July 1955 / 5 juillet 1955	1	.	1	1	.	1	3	.	3	1	.	1	3	.	3	3	.	3
Luxemburg / Luxembourg	28th April 1958 / 28 avril 1958	—	—	—	—	—	—	—	—	—	6	2	8	.	.	.	.	1	1
Netherlands / Pays-Bas	28th June 1960 / 28 juin 1960	—	—	—	—	—	—	—	—	—	—	—	—	—	—	—	13	8	21
Norway / Norvège	10th December 1955 / 10 décembre 1955	.	.	.	.	.	.	.	.	.	1	.	1	3	.	3	2	.	2
Sweden / Suède	5th July 1955 / 5 juillet 1955	2	.	2	.	1	1	1	.	1	1	1	2	1	1	2	2	2	4
Total		123	15	138	87	17	104	88	13	101	75	21	96	191	42	233	236	55	291

[1] N: Nationals of Respondent State / Ressortissants du pays défendeur
A: Aliens / Etrangers
T: Total.

NATIONALITY OF APPLICANTS/
REQUERANTS PAR NATIONALITE

Applicants / Requérants	1955	1956	1957	1958	1959	1960
Argentinians / Argentins	—	—	—	—	1	—
Austrians / Autrichiens	—	1	1	12	56	49
Belgians / Belges	12	6	9	10	25	21
British / Anglais	1	—	1	—	—	—
Czechs / Tchèques	1	—	1	1	1	3
Danes / Danois	—	1	2	1	5	10
Dutch / Néerlandais	1	—	—	1	1	14
Esthonians / Estoniens	—	—	—	—	1	—
French / Français	2	4	2	1	3	4
Germans / Allemands	112	80	75	50	108	148
Greeks / Grecs	—	—	—	1	2	1
Hungarians / Hongrois	1	—	—	—	4	4
Icelandics / Islandais	—	—	—	—	1	—
Irish / Irlandais	1	1	3	1	3	3
Israelis / Israéliens	—	1	—	—	1	1
Italians / Italiens	1	—	2	—	1	—
Luxemburgers / Luxembourgeois	—	—	—	7	—	2
Nigerians / Nigériens	—	—	—	—	1	—
Norwegians / Norvégiens	—	—	—	1	1	2
Poles / Polonais	2	8	1	2	4	12
Rumanians / Roumains	—	—	—	—	1	1
Russians / Russes	—	—	—	—	1	3
Swedes / Suédois	2	—	1	1	1	2
Swiss / Suisses	—	—	—	1	—	—
Yugoslavs / Yougoslaves	—	—	—	2	1	3
Stateless / Apatrides	2	2	3	3	5	6
Uncertain / Indéterminée	—	—	—	1	3	2
Total	138	104	101	96	233	291

APPLICANTS REPRESENTED BY COUNSEL / REQUETES INTRODUITES PAR LE MINISTERE D'UN AVOCAT

	1955	1956	1957	1958	1959	1960
Number of applications / Nombre total des requêtes	138	104	101	96	233	291
Applicants represented by Counsel / Requêtes introduites par le ministère d'un avocat	5	6	12	14	23	27

PERCENTAGE OF APPLICANTS DETAINED OR INTERNED/ POURCENTAGE DE REQUERANTS DETENUS OU INTERNES

	Number of applications / Nombre de requêtes	*Applicants detained or interned / Requérants détenus ou internés*	*Percentage* of applicants detained or interned / *Pourcentage* de requérants détenus ou internés
1955	138	24	17%
1956	104	20	20%
1957	101	25	25%
1958	96	22	24%
1959	233	71	30%
1960	291	67	23%

CHAPTER III

CASES BROUGHT BEFORE THE COURT

For the European Court of Human Rights to be seized of a case, three conditions are required:

- the case must have been examined by the Commission and the latter have failed to secure a friendly settlement;
- the case must be referred to the Court within a period of three months from the date of the transmission of the Commission's Report to the Committee of Ministers;
- the Contracting Party concerned must have recognised the jurisdiction of the Court as compulsory, or, failing this, have given its consent to the case being referred to the Court.

Two cases have so far been referred to the Court: the "Lawless" case involving the Republic of Ireland and the "De Becker" case involving the Kingdom of Belgium. Both these States had recognised the compulsory jurisdiction of the Court.

In both cases, the Court was seized of the matter by the Commission by virtue of the powers conferred on the latter by Article 48 of the Convention.

While the Commission sits in private [1], the hearings of the Court are public "unless the Court in exceptional circumstances decides otherwise" [2].

As a result, while a full report can be given of the proceedings before the Court, the information on the proceedings in the Commission is necessarily incomplete. It is recalled that on 31st December 1960 both cases were still pending before the Court.

A.

The "Lawless" case

(1) FACTS OF THE CASE

On 8th November 1957 an Irish national, Mr. Gerard R. LAWLESS, aged 22 and a native of Dublin, lodged an Application with the

---

[1] Article 33 of the Convention.

[2] Rule 18 of the Rules of Court.

CHAPITRE III

AFFAIRES PORTEES DEVANT LA COUR

Pour que la Cour européenne des Droits de l'Homme puisse être saisie d'une affaire, trois conditions doivent être remplies:

- l'affaire doit avoir été examinée au préalable par la Commission sans que cette dernière ait pu aboutir à son règlement amiable;
- l'affaire doit être portée devant la Cour au plus tard dans les trois mois à dater de la transmission du rapport de la Commission au Comité des Ministres;
- la Partie Contractante intéressée doit avoir reconnu la compétence obligatoire de la Cour ou, à défaut, avoir donné son consentement ou son agrément.

Deux affaires ont été jusqu'ici déférées à la Cour: l'affaire "LAWLESS" qui concerne la République de l'Irlande, et l'affaire "DE BECKER" qui concerne le Royaume de Belgique. Les deux Etats intéressés avaient accepté la compétence obligatoire de la Cour.

Dans les deux cas la Cour a été saisie par la Commission qui a ainsi usé du pouvoir que lui donne l'article 48 de la Convention.

Alors que la Commission siège à huis clos [1], les audiences tenues par la Cour sont publiques "à moins que la Cour n'en décide autrement en raison de circonstances exceptionnelles" [2].

Il en résulte que, dans les deux affaires dont la Cour se trouve saisie, s'il est possible de donner d'amples précisions sur la procédure devant la Cour, les indications concernant la procédure devant la Commission devront être plus sommaires. Sans doute convient-il également de ne pas perdre de vue qu'au 31 décembre 1960 les deux affaires dont il s'agit étaient encore pendantes devant la Cour.

A.

Affaire "Lawless"

(1) FAITS DE LA CAUSE

Le 8 novembre 1957 un ressortissant irlandais, M. Gerard R. LAWLESS, âgé de 22 ans et originaire de Dublin, a introduit devant

---

[1] Cf. article 33 de la Convention.

[2] Cf. Article 18 du Règlement de la Cour.

European Commission of Human Rights against the Republic of Ireland.

His principal complaint was that, on 11th July 1957, he was arrested on suspicion of being a member of an illegal organisation (IRA) and that, from 13th July 1957, he was detained without charge or trial in the Curragh Internment Camp, County Kildare, by an Order of the Minister for Justice made on 12th July 1957 under Section 4 of the "Offences against the State (Amendment) Act 1940". The Applicant alleged that his detention constituted a breach of the Convention and, in particular, of Articles 5 and 6 thereof (right to liberty and security of person and to the proper administration of justice). The Applicant was released on 11th December 1957 and claimed damages for wrongful imprisonment.

(2) PROCEEDINGS IN THE COMMISSION

After there had been an exchange of written pleadings, and after it had heard the Parties on the admissibility of the Application, the Commission, on 30th August 1958, declared the Application admissible [1].

As required by the Convention, the Commission set up a Sub-Commission consisting of seven members to ascertain the facts and endeavour to secure a friendly settlement between the Parties. The Sub-Commission was presided over by Mr. C. Th. EUSTATHIADES, Vice-President of the Commission.

Having examined the case in the presence of the Parties, and having failed to secure a friendly settlement, the Sub-Commission drew up a report for the Commission which used it as the basis of its own Report, adopted on 19th December 1959.

By a majority, the Commission reached the opinion that the detention of Gerard Richard Lawless from 13th July to 11th December 1957, as the result of an Order of the Minister for Justice under the Offences against the State (Amendment) Act 1940, did not constitute a violation of the provisions of the European Convention of Human Rights, in view of the state of emergency existing in the Republic of Ireland at the time and of the right of the Irish Government, under Article 15 of the Convention, to take measures derogating from its obligations under the Convention, to the extent strictly required by the exigencies of the situation.

After having transmitted its Report to the Committee of Minis-

[1] For decision on admissibility, cf. Yearbook, Vol. II, pp. 308–340.

la Commission européenne des Droits de l'Homme une requête dirigée contre la République d'Irlande.

Le requérant se plaignait principalement d'avoir été arrêté le 11 juillet 1957, comme suspect d'appartenir à une organisation illégale (IRA), et d'avoir été détenu depuis le 13 juillet 1957, sans inculpation ni jugement, au camp d'internement de Curragh (Comté de Kildare). La détention du requérant avait été ordonnée le 12 juillet 1957, par le Ministre de la Justice, en vertu de l'article 4 de la loi de 1940 modifiant la Loi relative aux atteintes à la sûreté de l'Etat ("The Offences against the State (Amendment) Act"). Le requérant soutenait que sa détention constituait une violation de la Convention et, en particulier, des articles 5 et 6, qui garantissent à toute personne le droit à la liberté et à la sûreté, et le droit à une bonne administration de la justice. Libéré le 11 décembre 1957, le requérant réclamait la réparation du préjudice que lui aurait causé son internement.

(2) PROCEDURE DEVANT LA COMMISSION

Après un échange d'observations écrites, et après avoir entendu les Parties en leurs explications sur la recevabilité de la requête, la Commission a, le 30 août 1958, déclaré la requête recevable [1].

Suivant la procédure fixée par la Convention, la Commission a constitué une Sous-Commission de sept membres, chargée d'établir les faits et tenter de parvenir au règlement amiable de l'affaire. La Sous-Commission a été présidée par M. C. Th. EUSTATHIADES, Vice-Président de la Commission.

Ayant procédé à l'examen contradictoire de la requête avec les représentants des Parties, et constaté qu'elle ne pouvait aboutir au règlement amiable, la Sous-Commission prépara un rapport à l'intention de la Commission. Sur la base de ce rapport, la Commission élabora son propre rapport, qu'elle adopta le 19 décembre 1959.

La Commission y a formulé à la majorité l'avis que la détention de Gerard Richard Lawless, du 13 juillet au 11 décembre 1957, par ordonnance du Ministre de la Justice prise en vertu de la Loi de 1940 (Amendement) relative aux atteintes à la sûreté de l'Etat, n'a pas constitué une violation des dispositions de la Convention européenne des Droits de l'Homme, eu égard à l'état de danger public existant alors dans la République d'Irlande et au droit du Gouvernement irlandais, aux termes de l'article 15 de la Convention, de prendre des mesures dérogeant aux obligations prévues par la Convention, dans la stricte mesure où la situation l'exige.

Après avoir transmis, le 1er février 1960, son rapport au Comité

[1] Cf. Décision sur la recevabilité, Annuaire, Volume II, pp. 309–341.

ters on 1st February 1960, pursuant to Article 31 (2) of the Convention, the Commission decided on 1st April 1960 to refer the Lawless case to the Court for a final decision [1].

In its request to the Court, the Commission explained its action on the grounds that an opinion formulated by it as to whether or not the facts revealed a violation of the Convention did not serve to dismiss that case, Article 32 (1) of the Convention stating that, if a case was not referred to the Court, it was for the Committee of Ministers to decide by a majority of two-thirds whether or not a breach of the Convention had been committed. But in view of the serious legal issues raised, in particular in connection with Article 15 of the Convention, the Commission considered it advisable to submit the case to the Court.

Pursuant to Rule 29 (1) of the Rules of Court, the Commission, in the course of its 22nd plenary session between 28th March and 2nd April 1960, appointed Sir Humphrey WALDOCK as its Principal Delegate and Mr. C. Th. EUSTATHIADES and Mr. S. PETREN as its assistant delegates to the Court for the Lawless case.

(3) PROCEEDINGS BEFORE THE COURT

The Commission brought the case before the Court by means of a request dated 12th April and transmitted to the Registrar of the Court on 13th April 1960. On 14th April 1960, in accordance with Rule 32, the request was transmitted to the Irish Government, while, in accordance with Rule 21 (2), the Registrar at the same time invited the Irish Government to inform him, within thirty days, whether it wished to appear as a Party in the case. By a telegram dated 12th May 1960, confirmed by a letter of the same date, the Irish Government informed the Registrar that it would appear as a Party and that it had appointed Mr. T. WOODS, Permanent Representative of Ireland to the Council of Europe, to be its Agent.

On receipt of this information, Lord MCNAIR, President of the Court, proceeded on 18th May 1960 in London, in the presence of the Deputy Registrar, to choose by lot the names of six judges called upon to sit in the Chamber to consider the case, Mr. Richard MCGONIGAL, the elected judge of Irish nationality, sitting as *ex officio* member [2]. The names of the judges forming the Chamber [3]

[1] Articles 44 and 48 of the Convention.

[2] Article 43 of the Convention.

[3] Cf. above, p. 134.

des Ministres, conformément à l'article 31, paragraphe 2 de la Convention, la Commission a décidé, le 1er avril 1960, de déférer l'affaire Lawless à la Cour pour décision définitive [1].

A l'appui de sa décision, la Commission a fait valoir, dans sa demande, qu'un avis formulé par elle sur le point de savoir si les faits constatés révèlent une violation de la Convention, ne mettait pas fin au litige. En effet, il ressort de l'article 32, paragraphe 1 de la Convention, que si l'affaire n'est pas déférée à la Cour, c'est au Comité des Ministres qu'il incombe de prendre, par un vote à la majorité des deux tiers, une décision sur la question de savoir s'il y a eu ou non violation de la Convention.

Or, en raison de l'importance fondamentale des problèmes juridiques qui se posent dans cette affaire – notamment en ce qui concerne les questions relevant de l'article 15 de la Convention – la Commission a jugé opportun de la soumettre à la Cour.

Conformément à l'article 29 § 1 du Règlement de la Cour, la Commission a, lors de sa 22ème session plénière (28 mars–2 avril 1960), désigné pour participer à l'examen de l'affaire "Lawless" devant la Cour, Sir Humphrey WALDOCK, en qualité de Délégué Principal, et MM. C. Th. EUSTATHIADES et S. PETREN, en qualité de Délégués Adjoints.

(3) PROCEDURE DEVANT LA COUR

La Cour a été saisie par une demande de la Commission, en date du 12 avril 1960, transmise au Greffier de la Cour le 13 avril.

Conformément à l'article 32 du Règlement de la Cour, la demande a été transmise le 14 avril 1960 au Gouvernement irlandais.

Par application de l'article 21 § 2 du Règlement, le Greffier a, en outre, invité ledit Gouvernement à lui faire savoir, dans les trente jours, s'il désirait comparaître comme Partie dans cette affaire.

Par télégramme du 12 mai 1960, confirmé par lettre en date du même jour, le Gouvernement irlandais a fait savoir au Greffier qu'il désirait comparaître comme Partie au procès relatif à l'affaire "Lawless" et qu'il avait désigné comme son Agent M. T. WOODS, Représentant Permanent de l'Irlande au Conseil de l'Europe.

A la suite de cette communication, Lord MCNAIR, Président de la Cour, a procédé, en présence du Greffier adjoint, le 18 mai 1960 à Londres, au tirage au sort des noms des six juges appelés à siéger dans la Chambre susmentionnée, M. Richard MCGONIGAL, Juge élu de nationalité irlandaise, siégeant d'office [2]. La composition de la Chambre [3] a été notifiée par le Greffier, le 23 mai 1960, aux Juges

[1] Cf. articles 44 et 48 de la Convention.
[2] Article 43 de la Convention.
[3] Voir *supra*, p. 135.

were notified by the Registrar to the judges concerned and to the Agent of the Irish Government on 23rd May 1960 and, on 24th May, to the Chairman of the Commission.

On 1st June 1960, in Strasbourg, after having ascertained the views of the Agent of the Irish Government and of the Commission's delegates on the procedure to be followed, as required by Rule 35 (1) of the Rules of Court, the President of the Chamber ordered that the Commission's memorial be filed by 20th June 1960 and the counter-memorial of the Irish Government by 30th August 1960. At the request of the Irish Government, this was later altered to 30th August 1960.

The memorial and the counter-memorial dealt exclusively with preliminary objections and questions of procedure. As required by Rule 35 (3), the Commission's memorial was transmitted on 30th June 1960 to the judges and the Irish Government, and the counter-memorial was transmitted on 30th August 1960 to the judges and the delegates of the Commission. In respect of the preliminary objections, therefore, the case was ready for hearing by 30th August 1960. The Court held its first public hearing on 3rd and 4th October 1960 when the following appeared:

For the Commission: Sir Humphrey WALDOCK, President of the Commission and principal delegate: Mr. C. Th. EUSTATHIADES, Vice-President and Mr. S. PETREN, member of the Commission, assistant delegates;

For the Irish Government, Party to the case: Mr. T. WOODS, Permanent Representative to the Council of Europe, Agent; assisted by: Mr. A. O'KEEFFE, Irish Attorney-General; Mr. S. MORRISSEY, Barrister-at-Law, Legal Adviser to the Ministry of Foreign Affairs; Mr. P. REUTER, Professor at the Faculty of Law in Paris and Mr. A. J. HEDDERMANN, Barrister-at-Law, Counsellors; Mr. D. O'DONOVAN, Chief State Solicitor; Mr. BERRY, Assistant Secretary-General, Department of Justice.

On this occasion the Court heard statements, replies and conclusions submitted by the following:

For the Commission: Sir Humphrey WALDOCK, principal delegate;

For the Irish Government: Mr. A. O'KEEFFE, Attorney-General.

The hearings on 3rd and 4th October 1960 concerned only preliminary objections and questions of procedure.

The Court was asked for a ruling on three points:

(a) Whether Rule 76 of the Commission's Rules of Procedure was contrary, in general, to the Convention;

(b) Whether, after bringing the case before the Court, the Commission was entitled, under the terms of the Convention, to com-et à l'Agent du Gouvernement irlandais ainsi que, le 24 mai, au Président de la Commission.

Après avoir recueilli, conformément à l'article 35 § 1 du Règlement, l'opnion de l'Agent de la Partie ainsi que des Délégués de la Commission au sujet de la procédure à suivre, le 1er juin 1960 à Strasbourg, le Président de la Chambre, par ordonnance en date du même jour, a fixé au 30 juin 1960 le terme du délai pour le dépôt du mémoire de la Commission, et au 20 août 1960 le terme du délai pour le dépôt du contre-mémoire du Gouvernement irlandais. A la demande de la Partie, le terme de ce dernier délai a été reporté au 30 août 1960.

Le mémoire et le contre-mémoire soulevaient l'un et l'autre essentiellement des exceptions préliminaires et questions de procédure.

Conformément à l'article 35 § 3 du Règlement de la Cour, le mémoire de la Commission a été transmis aux Juges et à l'Agent du Gouvernement irlandais, le 30 juin 1960; le contre-mémoire a été communiqué aux Juges et aux Délégués de la Commission, le 30 août 1960. En ce qui concerne les exceptions préliminaires, l'affaire se trouvait donc en état depuis le 30 août 1960.

Une audience publique a été tenue les 3 et 4 octobre 1960, à laquelle ont comparu:

pour la Commission: M. C. H. M. WALDOCK, Président de la Commission, *Délégué Principal,* M. C. Th. EUSTATHIADES, Vice-Président et M. S. PETREN, Membre de la Commission, *Délégués Adjoints;*

pour le Gouvernement irlandais, Partie: M. T. WOODS, Représentant Permanent auprès du Conseil de l'Europe, *Agent,* assisté de MM. A. O'KEEFFE, Attorney-General d'Irlande, S. MORRISSEY, Barrister-at-Law, Legal Adviser, Ministère des Affaires Etrangères, P. REUTER, Professeur à la Faculté de Droit de Paris, A. J. HEDDERMANN, Barister-at-Law, *Conseils,* et de MM. D. O'DONOVAN, Chief State Sollicitor et M. BERRY, Assistant Secretary-General, Department of Justice.

A cette audience la Cour a entendu, en leurs déclarations, réponses et conclusions, pour la Commission: Sir Humphrey WALDOCK, Délégué Principal; pour le Gouvernement irlandais: M. A. O'KEEFFE, Attorney-General.

La Cour a, les 3 et 4 octobre 1960, limité les débats aux exceptions préliminaires et questions de procédure.

La Cour était appelée à se prononcer sur trois questions:

(a) L'article 76 du Règlement de la Commission est-il, en général, contraire à la Convention?

(b) La Commission pouvait-elle, après avoir déféré l'affaire à la Cour, communiquer son rapport à G. R. Lawless, requérant, dans municate its Report to the Applicant, G. R. Lawless, in the circumstances described by the Delegate of the Commission;

(c) Whether the Court, at the instance of the Commission acting either in its own authority or after authorisation by the Court, should receive from the Commission the written observations of the Applicant on the Commission's Report or on points arising in the course of the present proceedings.

The Court gave a ruling on these points on 14th November 1960 [1].

With regard to the first point the Court's ruling was that "it was not competent to take decisions such as that to delete a Rule from the Commission's Rules of Procedure – a step which would affect all Parties to the Convention – since this would amount to having power to make rulings on matters of procedure or to render advisory opinions and that the Court had accordingly no power to consider a point raised in a general manner by the Commission and the Irish Government".

With regard to the second question the Court was of the opinion that, as soon as the case had been referred to it, the proceedinsg assumed a judicial character and had therefore to be conducted in the presence of the Parties and in public, which did not, in principle, prevent the communication of the documents in the case, including the Report, with the proviso, made either by the Commission or by one of the Parties, that they should not be published to "the persons or bodies directly concerned". Accordingly, the Court ruled that, in communicating its Report to the Applicant, G. R. LAWLESS, the Commission "did not exceed its powers".

With regard to the third question, the Court agreed that the proceedings were upon issues which concerned the Applicant. It therefore ruled that it had the right to obtain from the Commission, at the latter's request or on its own initiative, the comments forwarded to the Commission by the Applicant on the Report or on facts having subsequently arisen. Inasmuch as the Court had not yet begun its examination of the merits of the case, however, it considered that it was not in fact in possession of sufficient factors for it to give a ruling on the Commission's request. It therefore reserved the right to do so at a later stage.

After rendering the above decisions in public on November 14th, the President of the Chamber heard the opinions of the Agent of the Irish Government and the Delegates of the Commission on the procedure to be followed in examining the merits of the case. Following this consultation, the President fixed the following dates:

---

[1] For text of this decision see below, p. 492.

les conditions énoncées par le Délégué de la Commission, sans contrevenir aux prescriptions de la Convention?

(c) La Cour devrait-elle, soit sur l'initiative de la Commission, prise de plano, soit après autorisation donnée par elle à la Commission, recevoir par l'intermédiaire de celle-ci communication des observations écrites du requérant Lawless sur le rapport de la Commission ou sur les questions surgissant au cours de la présente procédure?

La Cour a statué sur ces points par son arrêt du 14 novembre 1960 [1].

En ce qui concerne la première question, la Cour a décidé qu'elle "n'a pas compétence pour rendre des décisions telles que l'annulation d'un article du Règlement de la Commission, produisant des effets à l'égard de tous les intéressés à la Convention, compétence qui ressemblerait au pouvoir soit de rendre des arrêts de règlement, soit d'émettre des avis consultatifs et que, dès lors, la Cour ne peut entrer dans l'examen d'un problème qui lui est posé d'une manière générale par les deux concluants".

Quant à la deuxième question, la Cour a estimé qu'une fois l'affaire portée devant elle, la procédure revêtait un caractère judiciaire et, dès lors, public et contradictoire, ce qui n'excluerait pas, en principe, la communication assortie d'une interdiction de publication, faite soit par la Commission, soit par une des Parties, des pièces écrites des dossiers, y compris le rapport, "aux personnes physiques ou morales directement intéressées au litige". Pour cette raison la Cour a décidé que la Commission n'avait pas, en communiquant son rapport à G. R. Lawless, requérant, "dépassé les limites de ses pouvoirs".

Au sujet de la troisième question, la Cour a admis que la procédure engagée devant elle est tournée vers des fins qui concernent le requérant. Elle s'est, par conséquent, reconnu le droit d'obtenir de la Commission, soit sur requête de celle-ci, soit d'office, les observations que le requérant a fait parvenir à la Commission sur le rapport ou sur les faits ayant surgi depuis. Toutefois, comme la Cour n'avait pas encore abordé l'examen du fond, elle a estimé qu'elle ne disposait pas, en fait, d'éléments suffisants pour statuer sur la demande de la Commission. La Cour s'est, par conséquent, réservé de se prononcer ultérieurement à ce sujet.

Après le prononcé de l'arrêt, le 14 novembre 1960, en audience publique, le Président de la Chambre a recueilli l'opinion de l'Agent du Gouvernement irlandais, ainsi que des Délégués de la Commission, sur la procédure à suivre quant à l'examen du fond de l'affaire. A la suite de cette consultation, le Président de la Chambre a fixé:

---

[1] Cf. texte de l'arrêt du 14 novembre 1960, *infra*, p. 493.

- 16th December 1960 as the date by which the Commission must file its memorial on the merits of the case;
- 5th February 1961 as the date by which the Irish Government must file their counter-memorial.

The President added that when these documents had been filed he would fix a date for the public hearing.

- au 16 décembre 1960 le terme du délai dans lequel la Commission aura à déposer son mémoire sur le fond de l'affaire;
- au 5 février 1961 le terme du délai pour le dépôt par le Gouvernement irlandais de son contre-mémoire.

Après avoir reçu les susdites pièces écrites, le Président fixera la date de l'audience publique.

B

The "De Becker" case

(1) FACTS OF THE CASE

Mr. Raymond De BECKER, a Belgian subject, condemned by the Belgian Courts for collaboration with the enemy during the Occupation, filed an Application with the European Commission of Human Rights on 1st September 1956 against the Belgian Government, alleging violation on the latter's part of Articles 5, 7 and 10 of the Convention. In particular, he alleged that:

(a) The undertaking to reside outside Belgium into which he had entered, in order to obtain his conditional freedom, was equivalent to exile and thus contravened Article 5 of the Convention;

(b) His permanent deprivation under Belgian law, of his right to take part in the management, editing, publication or distribution of a newspaper or any other publication, resulting from the sentence passed on him by the War-Council under Article 123 sexies (e) of the Belgian Penal Code, was contrary to Article 7 of the Convention forbidding the retroactive application of criminal law;

(c) Article 123 sexies (e) was also contrary to Article 10 of the Convention (freedom of expression).

(2) PROCEEDINGS IN THE CASE

On the first two points, the Commission ruled on 19th July 1957, that the Application was inadmissible.

On 9th June 1958 [1], it ruled that the part of the Application relating to the alleged incompatibility of Article 123 sexies of the Belgian Penal Code with Article 10 of the Convention was admissible.

As required by Articles 28 and 29 of the Convention, a Sub-Commission of seven members had been set up, under the Chairmanship of Sir Humphrey WALDOCK, in order to ascertain the facts of the case and try to secure a friendly settlement. In respect of the last of the three points listed above, the Sub-Commission took note of the various Bills that had been introduced in the Belgian Parliament designed to mitigate, in certain respects, the application of Article 123 sexies of the Penal Code.

After endeavours to secure a friendly settlement had failed, the Application was considered by the plenary Commission which based its own Report upon that of the Sub-Commission. The Commission's Report containing its opinion on whether or not the facts of the

[1] Cf. Decision on admissibility, Yearbook, Vol. II, p. 214.

B.

Affaire "De Becker"

(1) FAITS DE LA CAUSE

M. Raymond De Becker, de nationalité belge, condamné par les tribunaux belges pour collaboration avec l'ennemi sous l'occupation, avait introduit le 1er septembre 1956, devant la Commission européenne des Droits de l'Homme, une requête dirigée contre la Belgique, par laquelle il se plaignait de ce que, dans son cas, les articles 5, 7 et 10 de la Convention auraient été violés:

(a) l'engagement qu'il a pris de résider à l'étranger, pour obtenir sa libération conditionnelle, équivaudrait à un exil et serait en violation de l'article 5 de la Convention;

(b) la déchéance à perpétuité des droits de participer à l'exploitation, à l'administration, à la rédaction, à l'impression ou à la diffusion d'un journal ou de toute publication, dont il a été frappé de plein droit à la suite de sa condamnation par le Conseil de Guerre, par application de l'article 123 sexies e) du Code Pénal belge, serait contraire à l'article 7 de la Convention prévoyant la non-rétroactivité de la loi pénale;

(e) le même article 123 sexies e) serait contraire à l'article 10 de la Convention qui protège la liberté d'expression.

(2) PROCEDURE DEVANT LA COMMISSION

Sur les deux premiers points la requête a été déclarée irrecevable par une décision partielle en date du 19 juillet 1957.

Pour autant qu'elle conteste la compatibilité de l'article 123 sexies du Code Pénal belge avec l'article 10 de la Convention, la requête a été déclarée recevable le 9 juin 1958 [1].

Conformément aux article 28 et 29 de la Convention, avait été constituée une Sous-Commission de sept membres. Présidée par Sir Humphrey WALDOCK, elle avait pour mission d'établir les faits de la cause et de rechercher le règlement amiable de l'affaire. Quant à ce dernier point, la Sous-Commission a pris connaissance des diverses propositions législatives qui avaient été soumises au Parlement belge pour atténuer à certains égards l'application de l'article 123 sexies du Code Pénal.

Après l'échec de la tentative de règlement amiable, la requête a été examinée par la Commission plénière qui, partant du rapport de la Sous-Commission, élabora son propre rapport dans lequel elle formula un avis sur le point de savoir si les faits de la cause révé-

[1] Cf. décision sur la recevabilité, Annuaire, Vol. II, p. 215.

case revealed a violation on the part of the State concerned of its obligations under the Convention, was adopted on 8th January 1960 and transmitted to the Committee of Ministers of the Council of Europe on 1st February 1960.

In the course of its 22nd plenary session, the Commission had decided in principle to refer the De Becker case to the Court and, in accordance with Rule 29 (1) of the Rules of Court, appointed Mr. C. Th. EUSTATHIADES as its principal Delegate and Mr. L. J. C. BEAUFORT and Mrs. G. JANSSEN-PEVTSCHIN as assistant Delegates. On 29th April 1960, the Secretary of the Commission deposited with the Court Registrar a request in the form required by Rule 31 (2) of the Rules of Court and signed by the President of the Commission.

(3) PROCEEDINGS BEFORE THE COURT

In his letter of 29th April 1960 transmitting the Commission's request to the Belgian Government, the Court Registrar invited that Government to inform him within 30 days whether it was willing to appear as a Party in the case. By letter of 19th May 1960, the Belgian Government informed the Registrar that it was so willing and had appointed Mr. Anthony GOMREE, a magistrate attached to the Ministry of Justice in Brussels, as its Agent.

Article 43 of the Convention and Rules 21 to 23 of the Rules of Court require that, for the hearing of any case referred to it, the Court shall be constituted in a Chamber of seven judges, including the judge who is a national of the State concerned sitting *ex officio*. In this case, however, Judge Henri ROLIN, the Belgian judge, informed Lord MCNAIR, President of the Court, that he was obliged for certain reasons to withdraw [1].

On 31st May 1960, at the invitation of the President, the Belgian Government appointed as an *ad hoc* judge, Baron L. FREDERICQ, Honorary Rector of Ghent University. Professor in the Universities of Ghent and Liége, and former Leader of the Bar in the Ghent Court of Appeal.

Following this appointment, Lord McNair proceeded, on 20th June 1960, in the presence of the Registrar of the Court, to draw lots for the names of six judges to fill the remaining seats in the Chamber [2].

After ascertaining the views of the Agent of the Belgian Government and of the Delegates of the European Commission of Human

[1] Rule 24 of the Rules of Court.

[2] For the composition of the Chamber, cf. above, p. 136.

laient, de la part de l'Etat intéressé, une violation des obligations qui lui incombent aux termes de la Convention. Adopté le 8 janvier 1960, le rapport a été transmis au Comité des Ministres du Conseil de l'Europe le 1er février 1960.

Lors de sa 22ème session plénière, la Commission avait décidé, en principe, de saisir la Cour de l'affaire "De Becker". Conformément à l'article 29 § 1 du Règlement de la Cour, elle avait désigné, pour participer à l'examen de l'affaire devant la Cour, M. C. Th. EUSTATHIADES, en qualité de Délégué Principal, ainsi que M. L. J. C. BEAUFORT et Mme G. JANSSEN-PEVTSCHIN, en qualité de Délégués Adjoints.

C'est le 29 avril 1960 que le Secrétaire de la Commission a déposé auprès du Greffier de la Cour une demande signée du Président de la Commission et établie selon les prescriptions de l'article 31 § 2 du Règlement de la Cour.

(3) PROCEDURE DEVANT LA COUR

Par sa lettre du 29 avril 1960 transmettant la demande de la Commission au Gouvernement belge, le Greffier de la Cour a invité ledit Gouvernement à lui faire connaître dans les trente jours s'il désirait comparaître comme Partie dans l'affaire.

Le Gouvernement belge, par lettre du 19 mai 1960, a fait savoir au Greffier qu'il comparaîtrait comme Partie devant la Cour et qu'il désignait M. Anthony GOMREE, Magistrat délégué au Ministère de la Justice à Bruxelles, comme son Agent.

Selon les dispositions des articles 43 de la Convention et 21 à 23 du Règlement de la Cour, la Cour, pour l'examen de chaque affaire portée devant elle, est constituée en une Chambre composée de sept Juges, dont fait partie d'office le Juge ressortissant de l'Etat intéressé.

Or, le Juge Henri ROLIN, Juge ressortissant de la Belgique, a fait savoir à Lord MCNAIR, Président de la Cour, qu'il se voyait obligé, à cause de certaines circonstances particulières, de se récuser [1].

Sur invitation du Président de la Cour, le Gouvernement belge a désigné, le 31 mai 1960, comme Juge *ad hoc*, le Baron L. FREDERICQ, Recteur honoraire de l'Université de Gand, Professeur aux Universités de Gand et de Liége, et ancien Bâtonnier de l'Ordre des Avocats près la Cour d'Appel de Gand.

A la suite de cette désignation, Lord MCNAIR a procédé, le 20 juin 1960, en présence du Greffier de la Cour, au tirage au sort des noms des six Juges appelés à compléter la Chambre [2].

Après avoir recueilli, conformément à l'article 35 paragraphe 1

[1] Cf. article 24 du Règlement de la Cour.

[2] Voir la composition de la Chambre, *supra*, p. 137.

Rights on the procedure to be followed, as required by Rule 35 (1) of the Rules of Court. Mr. René CASSIN, President of the Chamber, ordered on 6th October 1960:

- That the Delegates of the Commission be required to file their first memorial not later than 27th December 1960;
- That the Agent of the Belgian Government be required to file his counter-memorial within two months of receipt of the Commission's memorial.

The President added that when the counter-memorial had been filed he would fix a date for the opening of the hearings.

du Règlement de la Cour, l'opinion de l'Agent du Gouvernement belge ainsi que des Délégués de la Commission européenne des Droits de l'Homme sur la procédure à suivre, le 6 octobre 1960, M. René CASSIN, Président de la Chambre, a décidé par ordonnance du même jour:

- que les Délégués de la Commission auront à déposer un premier mémoire dans un délai expirant le 27 décembre 1960;
- que l'Agent du Gouvernement belge aura à déposer son contre-mémoire dans un délai de deux mois à partir de la date de réception du mémoire de la Commission.

Après le dépôt dudit contre-mémoire, le Président de la Chambre fixera la date d'ouverture de l'audience.

APPENDIX

EUROPEAN COURT OF HUMAN RIGHTS / COUR EUROPEENNE DES DROITS DE L'HOMME

14th November 1960

"Lawless" case

(Preliminary objections and questions of procedure)

JUDGMENT

(*Translation*)

In the "Lawless" case,

The European Court of Human Rights, sitting, in accordance with the provisions of Article 43 of the European Convention for the Protection of Human Right and Fundamental Freedoms (hereinafter referred to as "the Convention") and of Rules 21 and 22 of the Rules of Court, as a Chamber composed of:

Mr. R. CASSIN, *President*
and MM. G. MARIDAKIS
E. RODENBOURG
R. MCGONIGAL, *ex officio* member
G. BALLADORE PALLIERI
E. ARNALDS
K. F. ARIK, *Judges*
P. MODINOS, *Registrar*

delivers the following judgment on the preliminary objections and questions of procedure raised in the Memorial of the Commission, the Counter-Memorial of the Irish Government and the submissions at the public hearing of the case:

Procedure:

On 13th April 1960 the Secretary of the European Commission of Human Rights (hereinafter called "the Commission") transmitted to the Registrar of the Court a Request from the Commission, dated 12th April 1960, submitting to the Court the case brought before the Commission under Article 25 of the Convention, by an Application dated 8th November 1957 and filed by Gerard Richard Lawless, a national of the Republic of Ireland, against the Government of the said Republic.

The Request, which refers to the declaration made on 18th February 1953 by the Irish Government under Article 46 of the

ANNEXE

COUR EUROPEENNE DES DROITS DE L'HOMME / EUROPEAN COURT OF HUMAN RIGHTS

14 novembre 1960

Affaire "Lawless"

(Exceptions préliminaires et questions de procédure)

ARRET

En l'affaire "Lawless",

La Cour européenne des Droits de l'Homme, constituée, conformément aux dispositions de l'article 43 de la Convention européenne de Sauvegarde des Droits de l'Homme et des Libertés fondamentales (ci-après dénommée "la Convention"), et des articles 21 et 22 du Règlement de la Cour, en une Chambre composée de:

M. R. Cassin, *Président*
et de MM. G. Maridakis
E. Rodenbourg
R. McGonigal, membre d'office
G. Balladore Pallieri
E. Arnalds
K. F. Arik, *Juges*,
P. Modinos, *Greffier*,

rend l'arrêt suivant sur les exceptions préliminaires et questions de procédure soulevées par le mémoire de la Commission et le contre-mémoire du Gouvernement irlandais ainsi que par les conclusions prises en audience publique:

Procédure:

Le 13 avril 1960, le Secrétaire de la Commission européenne des Droits de l'Homme (ci-après dénommée "la Commission") a transmis au Greffier de la Cour une demande de la Commission en date du 12 avril 1960, déférant à la Cour l'affaire introduite devant la Commission, en vertu de l'article 25 de la Convention, par une requête datée du 8 novembre 1957 de Gérard Richard Lawless, ressortissant de la République d'Irlande, contre le Gouvernement de ladite République.

La demande, qui se réfère à la déclaration faite par le Gouvernement de la République d'Irlande en vertu de l'article 46 de la Con-

European Convention on Human Rights and to the powers vested in the Commission by Articles 44 and 48 of that Convention, was transmitted to the Irish Government on 14th April 1960 in accordance with Rule 32 of the Rules of Court. In conformity with Rule 21, paragraph 2 of the Rules of Court. the Registrar furthermore invited the said Government to inform him, within thirty days, whether it wished to appear as a Party to the case. As prescribed in the concluding sub-paragraph of Rule 32, paragraph 1 of the Rules of Court, the Registrar also informed the Committee of Ministers, on 14th April 1960, of the filing of the Request.

By a telegram of 12th May 1960, confirmed by a letter of the same date, the Irish Government informed the Registrar that it desired to appear as a Party in the proceedings relating to the Lawless case and that it had appointed as its Agent Mr. T. Woods, Irish Permanent Representative to the Council of Europe.

Following upon this communication, Lord McNair, President of the Court, proceeded on 18th May 1960, in London, in the presence of the Deputy Registrar to choose by lot the names of six judges to constitute the above-mentioned Chamber – Mr. Richard McGonigal, an elected Judge of Irish nationality, being the *ex officio* member required by Article 43 of the Convention. The Composition of the Chamber was notified by the Registrar to the judges and to the Agent of the Irish Government on 23rd May 1960, and to the President of the Commission on 24th May.

After having, at Strasbourg on 1st June 1960, ascertained the views of the Agent of the Party and the delegates of the Commission upon the procedure to be followed, as required by Rule 35, paragraph 1, of the Rules of Court, the President of the Chamber, by an Order of the same date, appointed 30th June 1960 as the final date for the filing of the Commission's Memorial and 20th August 1960 as the final date for the filing of the Counter-Memorial by the Irish Government. At the request of the Party, this latter time-limit was extended to 30th August 1960, by an order of the President of the Chamber dated 16th August 1960. The Memorial and Counter-Memorial – both raising principally preliminary objections and questions of procedure – were filed on the appointed dates. In accordance with Rule 35, paragraph 3 of the Rules of Court, the Memorial of the Commission was transmitted to the judges and to the Agent of the Irish Government on 30th June 1960 and the Counter-Memorial was communicated to the judges and to the delegates of the Commission on 30th August 1960. So far as concerns the preliminary objections, the case has thus been ready for hearing since 30th August 1960.

Public hearings were held on 3rd and 4th October 1960, at which there appeared:

vention européenne des Droits de l'Homme le 18 février 1953, ainsi qu'aux pouvoirs conférés à la Commission par les articles 44 et 48 de la Convention, a été transmise, conformément à l'article 32 du Règlement de la Cour, au Gouvernement irlandais le 14 avril 1960. Par application de l'article 21 § 2 du Règlement, le Greffier a, en outre, invité ledit Gouvernement à lui faire savoir, dans les trente jours, s'il désirait comparaître comme Partie dans cette affaire. Comme prévu à l'article 32 § 1 *in fine* du Règlement, le Greffier a informé, également le 14 avril 1960, le Comité des Ministres du dépôt de la demande.

Par télégramme du 12 mai 1960, confirmé par lettre en date du même jour, le Gouvernement irlandais a fait savoir au Greffier qu'il désirait comparaître comme Partie au procès relatif à l'affaire "Lawless" et qu'il avait désigné comme son agent M. T. WOODS, Représentant Permanent d'Irlande au Conseil de l'Europe.

A la suite de cette communication, Lord McNair, Président de la Cour, a procédé, en présence du Greffier adjoint, le 18 mai 1960 à Londres, au tirage au sort des noms de six juges appelés à siéger dans la Chambre susmentionnée, M. Richard McGonigal, juge élu de nationalité irlandaise, siégeant d'office, conformément à l'article 43 de la Convention. La composition de la Chambre a été notifiée par le Greffier, le 23 mai 1960, aux juges et à l'agent du Gouvernement irlandais ainsi que le 24 mai au Président de la Commission.

Après avoir recueilli, conformément à l'article 35 § 1 du Règlement, l'opinion de l'agent de la Partie ainsi que des délégués de la Commission au sujet de la procédure à suivre, le 1er juin 1960 à Strasbourg, le Président de la Chambre, par ordonnance en date du même jour, a fixé au 30 juin 1960 le terme du délai pour le dépôt du mémoire de la Commission, et au 20 août 1960 le terme du délai pour le dépôt du contre-mémoire du Gouvernement irlandais. A la demande de la Partie, le terme de ce dernier délai a été reporté au 30 août 1960, et ceci en vertu d'une ordonnance du Président de la Chambre en date du 16 août 1960. Le mémoire et le contre-mémoire – l'un et l'autre soulevant essentiellement des exceptions préliminaires et questions de procédure – ont été présentés aux dates prévues. Conformement à l'article 35 § 3, du Règlement de la Cour, le mémoire de la Commission a été transmis aux juges et à l'agent du Gouvernement irlandais le 30 juin 1960, le contre-mémoire a été communiqué aux juges et aux délégués de la Commission le 30 août 1960. En ce qui concerne les exceptions préliminaires, l'affaire se trouve donc en état depuis le 30 août 1960.

Une audience publique a été tenue les 3 et 4 octobre 1960, à laquelle ont comparu:

for the Commission:

Mr. C. H. M. WALDOCK, President of the Commission, *principal delegate*
Mr. C. TH. EUSTATHIADES, Vice-President,
and Mr. S. PETREN, Member of the Commission, *assistant delegates*

for the Irish Government, Party to the case:

Mr. T. WOODS, Permanent Representative to the Council of Europe, *Agent*, assisted by
MM. A. O'KEEFFE, Attorney-General of Ireland,
S. MORRISSEY, Barrister-at-Law, Legal Adviser, Ministry of Foreign Affairs,
P. REUTER, Professor of the Faculty of Law of Paris,
A. J. HEDDERMANN, Barrister-at-Law, *Counsel*, and by
MM. D. O'DONOVAN, Chief State Solicitor,
P. BERRY, Assistant Secretary-General, Department of Justice.

At this hearing the Court heard the following statements, replies and submissions: for the Commission: from Mr. C. H. M. WALDOCK, principal delegate; for the Irish Government: Mr. A. O'KEEFFE, Attorney-General.

On 3rd and 4th October 1960 the Court confined its debate to the preliminary objections and questions of procedure.

AS TO THE FACTS:

The purpose of the Commission's Request – to which is appended the Report drawn up by the Commission in accordance with the provisions of Article 31 of the Convention – is to submit the case of G. R. Lawless to the Court so that it may decide whether or not the facts of the case disclose that the Respondent Government has failed in its obligations under the Convention.

As appears from the Commission's Request and from its Memorial, Mr. Lawless alleges in his Application that there has been a violation of the Convention in his case, by the authorities of the Republic of Ireland, inasmuch as he was detained without trial, between 13th July and 11th December 1957, in a military detention camp situated in the territory of the Republic of Ireland, in pursuance of an Order made by the Minister of Justice under Section 4 of the Offences against the State (Amendment) Act, 1940. The special powers of arrest and of detention allowed to Ministers of State by this Act are said to have been brought into force on 8th July 1957, by a proclamation made and published by the Irish Government on 5th July 1957.

After being declared admissible on 30th August 1958, the Repour la Commission:

M. C. H. M. Waldock, Président de la Commission, *délégué principal,*
M. C. Th. Eustathiades, Vice-Président,
et M. S. Petren, Membre de la Commission, *délégués adjoints,*

pour le Gouvernement irlandais, Partie:

M. T. Woods, Représentant permanent auprès du Conseil de l'Europe, *Agent,* assisté de
MM. A. O'Keeffe, Attorney-General d'Irlande,
S. Morrissey, Barrister-at-Law, Legal Adviser, Ministère des Affaires Etrangères,
P. Reuter, Professeur à la Faculté de Droit de Paris,
A. J. Heddermann, Barister-at-Law, *Conseils,* et de
MM. D. O'Donovan, Chief State Solicitor,
P. Berry, Assistant Secretary-General, Department of Justice.

A cette audience, la Cour a entendu, en leurs déclarations, réponses et conclusions, pour la Commission: M. C. H. M. Waldock, délégué principal; pour le Gouvernement irlandais: M. A. O'Keeffe, Attorney-General.

La Cour a, les 3 et 4 octobre 1960, limité les débats aux exceptions préliminaires et questions de procédure.

EN FAIT

La demande de la Commission – à laquelle se trouve joint le rapport établi par la Commission conformément aux dispositions de l'article 31 de la Convention – a pour objet de soumettre l'affaire G. R. Lawless à la Cour afin que celle-ci puisse décider si les faits de la cause révèlent ou non, de la part du Gouvernement défendeur, une violation des obligations qui lui incombent aux termes de la Convention.

Ainsi qu'il ressort de la demande et du mémoire de la Commission, M. Lawless allègue dans sa requête une violation de la Convention à son égard, par les autorités de la République d'Irlande, du fait de sa détention sans jugement du 13 juillet au 11 décembre 1957 dans un camp de détention militaire situé sur le territoire de la République d'Irlande, en exécution d'une ordonnance prise par le Ministre de la Justice en vertu de l'article 4 de la Loi de 1940 modifiant la Loi relative aux atteintes à la sûreté de l'Etat. Les pouvoirs spéciaux d'arrestation et de détention conférés par cette loi aux Ministres de l'Etat auraient été mis en vigueur le 8 juillet 1957 sur la base d'une proclamation publiée par le Gouvernement irlandais le 5 juillet 1957.

La Commission, après avoir déclaré la requête recevable, le

quest was dealt with by the Commission according to the procedure laid down in Articles 28 and 29 of the Convention. It proved impossible to secure a friendly settlement, and the Commission therefore drew up the Report called for by Article 31 of the Convention. This Report was adopted by the Commission on 19th December 1959, the majority holding that there had been no breach of the Convention on the part of the Irish Government and that no action should be taken on the Applicant's suit for damages.

After transmitting this Report to the Committee of Ministers of the Council of Europe on 1st February 1960, in accordance with Article 31, paragraph 2, of the Convention, the Commission decided, at its meeting of 1st April 1960, to avail itself of the possibility offered by Articles 44 and 48 of the Convention, and refer the Lawless case to the Court for final decision.

In support of this step, the Commission recalled in its Memorial that an opinion stated by it under Article 31 of the Convention as to whether or not the facts found disclosed a breach of the Convention would not be conclusive. The Commission pointed out that under Article 32, paragraph 1, of the Convention, if a question were not referred to the Court, it rested with the Committee of Ministers to decide, by a majority of two-thirds, whether or not there had been a violation of the Convention.

In view of the fundamental importance of the legal problems raised in this case – and particularly of the questions arising in relation to Article 15 of the Convention – the Commission deemed it advisable to refer the case to the Court, though without qualifying in any way its own opinion on the subject as expressed in the Report.

At the meeting held on 1st June 1960, in accordance with Rule 35, paragraph 1, of the Rules of Court, and in its Memorial of 27th June 1960, the Commission stated that in conformity with Rule 76 of its Rules of Procedure, it had, on 13th April 1960 – that is, after referring the case to the Court – transmitted the Report to the Applicant, inviting him to submit his observations to the Commission. In submitting the Report to the Applicant the Commission pointed out that that document must be kept secret and that the Applicant was not entitled to publish it.

Rule 76 of the Rules of Procedure of the Commission runs as follows:

> "When a case brought before the Commission in pursuance of Article 25 of the Convention is subsequently referred to the Court, the Secretary of the Commission shall immediately notify the Applicant. Unless the Commission shall otherwise decide, the Secretary shall also in due course communicate to him the Commission's Report, informing him that he may,

30 août 1958, l'a examinée conformément à la procédure prévue aux articles 28 et 29 de la Convention. Un règlement amiable n'ayant pu intervenir, la Commission a établi le rapport prévu à l'article 31 de la Convention. Ledit rapport a été adopté par la Commission le 19 décembre 1959, la majorité ayant été d'avis qu'il n'y a pas de violation de la Convention de la part du Gouvernement irlandais et qu'aucune suite ne devait être donnée à la demande de dommages-intérêts formulée par le requérant.

Après avoir transmis ledit rapport au Comité des Ministres du Conseil de l'Europe le 1er février 1960, et ceci conformément à l'article 31, paragraphe 2 de la Convention, la Commission, à sa séance du 1er avril 1960, a décidé de se prévaloir de la faculté qui lui est offerte aux articles 44 et 48 de la Convention et de déférer l'affaire Lawless à la Cour pour décision définitive.

A l'appui de sa décision, la Commission a fait valoir, dans son mémoire, qu'un avis formulé par elle en vertu de l'article 31 de la Convention sur le point de savoir si les faits constatés révèlent une violation de celle-ci, ne mettait pas fin au litige. La Commission a, en effet, souligné qu'aux termes de l'article 32, paragraphe 1 de la Convention, si l'affaire n'est pas déféreé à la Cour, c'est au Comité des Ministres qu'il incombe de prendre, par un vote à la majorité des deux tiers, une décision sur la question de savoir s'il y a eu ou non violation de la Convention.

Or, en raison de l'importance fondamentale des problèmes juridiques qui se posent dans cette affaire – notamment en ce qui concerne les questions relevant de l'article 15 de la Convention – la Commission a jugé opportun de la soumettre à la Cour, sans pour autant modifier sa propre opinion à ce sujet telle qu'elle a été consignée dans le rapport.

A la réunion tenue, conformément à l'article 35, paragraphe 1, du Règlement de la Cour, le 1er juin 1960, ainsi que dans son mémoire du 27 juin 1960, la Commission a fait savoir que, conformément à l'article 76 de son Règlement intérieur, elle avait, le 13 avril 1960 – donc après avoir déféré la présente affaire à la Cour – transmis le rapport au requérant en l'invitant à soumettre à la Commission ses observations. En transmettant le rapport au requérant, la Commission a souligné que ce document devait rester secret et que le requérant n'avait pas la faculté de le publier.

L'article 76 du Règlement de la Commission est ainsi libellé:

> "Lorsqu'une affaire portée devant la Commission en vertu de l'article 25 de la Convention est déférée ensuite à la Cour, le Secrétaire de la Commission en avise immédiatement le requérant. Sauf décision de la Commission en sens contraire, il lui communique également, en temps utile, le rapport de la Commission, en l'informant qu'il a la faculté de présenter à

within a time-limit fixed by the President, submit to the Commission his written observations on the said Report. The Commission shall decide what action, if any, shall be taken in respect of these observations".

In its Memorial, the Commission declared its readiness "to submit to the Court the Applicant's comments upon the Report as a document relevant in the present proceedings". However, instead of communicating these comments on its own initiative, the Commission thought appropriate, at this preliminary stage of the procedure, to request the Court for leave to file the memorandum containing the Applicant's comments as a document submitted by the Commission.

In the pleadings, the following submissions were made in regard to the procedure alone:

By the Commission, in its Memorial:

"May it please the Court:

(1) To give leave for the Commission to submit to the Court the Applicant's comments on the Commission's Report as one of the Commission's documents in the case; and

(2) in general, to give directions as to the right of the Commission to communicate to the Court the comments of the Applicant in regard to matters arising in the present proceedings".

By the Irish Government, in their Counter-Memorial:

"May it please the Court:

(1) To decline jurisdiction in the present case unless the Commission satisfies the Court that between 19th December 1959 and 1st February 1960, the question of reference of the case to the Court was not discussed in any way by the Commission;

(2) To refuse to entertain the case while the delay on the part of the Commission in transmitting its Report to the Committee of Ministers and to the Government has not been satisfactorily explained;

(3) To declare that any publication by the Commission of its Report other than that expressly authorised by the Convention, is a breach of the obligations imposed on the Commission by the Convention;

(4) To rule that the comments of the Applicant on the Report of the Commission and the further comments of the Applicant on matters arising in the present proceedings be not received by the Court,

(a) because no argument in favour of their admission has been submitted by the Commission, and

(b) because the admission of such comments would be an oblique method of amending the Convention, and

(c) because such comments have come into existence only

la Commission, dans un délai fixé par le Président, ses observations écrites sur ledit rapport. La Commission décide de la suite à donner à ces observations".

Dans son mémoire, la Commission a souligné qu'elle était prête "à communiquer à la Cour les observations du requérant sur le rapport, en tant que document concernant le dossier de l'affaire". Toutefois, au lieu de faire cette communication de sa propre initiative, elle a cru devoir, à ce stade préliminaire de la procédure, demander à la Cour l'autorisation de déposer le mémoire contenant les observations du requérant en tant que document soumis par la Commission.

Au cours de la procédure écrite, les conclusions ci-après ont été prises en ce qui concerne la procédure seulement;

par la Commission, dans son mémoire:

"Plaise à la Cour:

(1) d'autoriser la Commission à lui soumettre les observations du requérant sur son rapport comme l'un des documents de la Commission concernant l'affaire;

(2) d'une manière générale, de donner des instructions quant au droit de la Commission de lui communiquer les observations du requérant sur les questions qui se posent dans la présente procédure".

Par le Gouvernement irlandais, dans son contre-mémoire:

"Qu'il plaise à la Cour:

(1) de se refuser à connaître de la présente affaire, à moins que la Commission n'établisse que, entre le 19 décembre 1959 et le 1er février 1960, elle n'a nullement examiné la question de la saisine de la Cour;

(2) de se refuser à retenir l'affaire tant que n'aura pas été justifié le délai de transmission du rapport de la Commission au Comité des Ministres et au Gouvernement;

(3) de déclarer que toute publication du rapport par la Commission en dehors des cas expressément autorisés par la Convention, constitue un acte contrevenant aux obligations imposées à la Commission par la Convention;

(4) de décider de ne pas retenir les observations du requérant sur le rapport de la Commission et sur les questions qui se posent dans la présente procédure par les motifs:

(a) que la Commission n'a fourni aucun argument en faveur de leur recevabilité;

(b) que le fait de retenir de telles observations constituerait un moyen oblique d'amender la Convention;

(c) que ces observations n'ont pu être formulées qu'à la suite through a breach by the Commission of its obligations of secrecy, and

(d) because in the circumstances of the present proceedings such comments are not material;

(5) To declare that a correct interpretation of the Convention does not permit of action of the nature contemplated by Rule 76 of the Rules of the Commission";

At the hearing of 3rd October 1960, the Commission made the following submissions:

"A. *As to the objection to the Court's jurisdiction:*

May it please the Court to reject the preliminary objections to the Court's jurisdiction formulated in paragraph 4 of the Respondent Government's Counter-Memorial.

B. *As to the objection concerning the publication of the Report:*

May it please the Court to decide that the provisions of Rule 76 of the Commission's Rules of Procedure and the Commission's communication of its Report on the present case to the Applicant fall within the competence conferred upon the Commission by the Convention, and to reject the preliminary objection formulated in paragraph 5 of the Respondent Government's Counter-Memorial.

C. *As to the objection in regard to the role of the Applicant in the proceedings before the Court:*

May it please the Court:

(a) to give leave to the Commission to transmit to the Court the written comments of the Applicant upon the Commission's Report;

(b) to give such directions as the Court may consider appropriate *as to the right* of the Commission to communicate to the Court *the comments of the Applicant* in regard to matters arising in the present proceedings;

(c) to reject the submissions formulated in paragraph 6 of the Respondent Government's Counter-Memorial".

At the hearing of 3rd October 1960, the Agent of the Irish Government, in view of the explanations furnished by the Delegate of the Commission during his oral pleading, withdrew the preliminary objections appearing as Nos. 1 and 2 in his Government's Counter-Memorial.

The following submissions, relating to the preliminary objections and questions of procedure raised during the present proceedings, were presented by the Agent of the Irish Government at the hearing of 4th October 1960;

de la non-observation, par la Commission, de son obligation de secret;

(d) que, en l'état de la procédure, ces observations sont hors de propos;

(5) de déclarer que l'interprétation correcte de la Convention n'autorise pas la Commission à agir comme elle l'envisage à l'article 76 de son Règlement intérieur".

A l'audience du 3 octobre 1960, la Commission a présenté les conclusions suivantes:

"A. *Quant à l'exception portant sur la compétance de la Cour:*

Plaise à la Cour de rejeter les exceptions préliminaires formulées contre la compétence de la Cour au paragraphe 4 du Contre-mémoire du Gouvernement défendeur.

B. Quant à l'exception concernant la publication du rapport:

Plaise à la Cour de décider que les dispositions de l'article 76 du Règlement intérieur de la Commission et la communication au requérant par la Commission de son rapport sur la présente affaire relèvent de la compétence conférée à la Commission par la Convention, et de rejeter l'exception préliminaire formulée au paragraphe 5 du contre-mémoire présenté par le Gouvernement défendeur.

C. *Quant à l'exception concernant le rôle du requérant dans la procédure devant la Cour:*

Plaise à la Cour:

(a) de permettre à la Commission de lui transmettre les observations écrites du requérant sur le rapport de la Commission;

(b) de donner telles directives qu'elle peut juger appropriées quant au droit de la Commission de communiquer à la Cour les observations du requérant en ce qui concerne les questions surgissant au cours de la présente procédure;

(c) de rejeter les conclusions formulées au paragraphe 6 du contre-mémoire du Gouvernement défendeur".

A l'audience du 3 octobre 1960, l'Agent du Gouvernement irlandais, tenant compte des explications fournies par le Délégué de la Commission au cours de sa plaidoirie orale, a retiré les exceptions préliminaires figurant sous les numéres 1 et 2 du contre-mémoire de son Gouvernement.

Les conclusions suivantes, portant sur les exceptions préliminaires et les questions de procédure soulevées en la présente instance, ont été prises par l'Agent du Gouvernement irlandais, à l'audience du 4 octobre 1960:

"May it please the Court:

(1) to declare that any publication by the Commission of its Report, other than that expressly authorised by the Convention, is a breach of the obligations imposed on the Commission by the Convention.

(2) To rule that the comments of the Applicant on the Report of the Commission be not received by the Court.

(3) To rule that no further comments of the Applicant on matters arising in the present proceedings may be received by the Court.

(4) To declare that a correct interpretation of the Convention does not permit of action of the nature contemplated by Rule 76 of the Rules of the Commission".

AS TO THE LAW

Whereas the Irish Government, in reply to the questions of procedure raised in the Commission's Memorial, complied with Rule 46 of the Rules of Procedure of the Court in raising their preliminary and procedural objections in the Counter-Memorial which constitutes the first written document in their case; and whereas at the hearing of 3rd October 1960 the Court took formal note of the Irish Government's withdrawal of their preliminary objections set out in paragraphs 1 and 2 of the final submissions of their Counter-Memorial; whereas furthermore, in their submissions at the hearing of 4th October the Irish Government did not press the objections raised in paragraph 7 of the Counter-Memorial, concerning the interrogative form of the Commission's findings on the substance of the case; whereas accordingly there is no need for the Court to consider these matters;

Whereas, in the light of the final submissions of the Commission and of the Irish Government at the hearings of 3rd and 4th October 1960, the Court is called upon to decide the following three points only:

(i) Is Rule 76 of the Rules of Procedure of the Commission in general contrary to the terms of the Convention?

(ii) Could the Commission, after bringing the case before the Court, communicate its Report to G. R. Lawless, the Applicant, in the manner described by the Commission's delegate, without infringing the terms of the Convention?

(iii) Should the Court, either at the instance of the Commission acting on its own authority or, through the Commission after authorisation by the Court, receive the written observations of G. R. Lawless, the Applicant, on the Commission's Report or on points arising during the proceedings?

"Qu'il plaise à la Cour:

(1) de déclarer que toute publication du rapport par la Commission en dehors des cas expressément autorisés par la Convention constitue un acte contrevenant aux obligations imposées à la Commission par la Convention;

(2) de décider de ne pas recevoir les observations du requérant sur le rapport de la Commission;

(3) de décider de ne pas recevoir les observations formulées d'autre part, par le requérant sur les questions qui se posent dans la présente procédure;

(4) de déclarer que l'interprétation correcte de la Convention n'autorise pas la Commission à agir comme elle l'envisage à l'article 76 de son Règlement intérieur".

EN DROIT

Considérant, qu'en réponse aux questions de procédure soulevées par la Commission dans son mémoire, le Gouvernement irlandais s'est conformé aux prescriptions de l'article 46 du Règlement de la Cour en formulant ses exceptions préliminaires et objections de procédure dans le contre-mémoire qui constitue la première pièce de la procédure écrite déposée par cette Partie; qu'à l'audience du 3 octobre 1960, la Cour a pris acte de ce que l'Agent du Gouvernement irlandais a retiré les exceptions préliminaires figurant aux paragraphes 1 et 2 des conclusions prises par ce Gouvernement dans son contre-mémoire; que, d'autre part, le Gouvernement irlandais n'a pas maintenu, dans ses conclusions prises à l'audience du 4 octobre, les objections qu'il avait soulevées au paragraphe 7 de son contre-mémoire, relatives à la forme interrogative des conclusions prises par la Commission sur le fond de l'affaire; qu'il n'y a donc plus lieu pour la Cour de se prononcer sur ces questions;

Considérant, au vu des conclusions finales prises par la Commission et par le Gouvernement irlandais à l'audience des 3 et 4 octobre 1960, que la Cour n'est appelée à se prononcer que sur les trois questions suivantes:

(i) L'article 76 du Règlement de la Commission est-il, en général, contraire à la Convention?

(ii) La Commission pouvait-elle, après avoir déféré l'affaire à la Cour, communiquer son rapport à G. R. Lawless, requérant, dans les conditions énoncées par le Délégué de la Commission, sans contrevenir aux prescriptions de la Convention?

(iii) La Cour devrait-elle, soit sur l'initiative de la Commission prise *de plano,* soit après autorisation donnée par elle à la Commission, recevoir par l'intermédiaire de celle-ci, communication des observations écrites du requérant Lawless sur le rapport de la Commission ou sur les questions surgissant au cours de la présente procédure?

(i) *As regards the alleged incompatibility "in genere" of Rule 76 of the Rules of Procedure of the Commission with the Convention.*

Whereas among the preliminary points raised by the Irish Government with regard to the proceedings before the Court, that set out in paragraph 4 of their conclusions calls for a general decision by the Court on the compatibility of Rule 76 of the Commission with the terms of the Convention;

Whereas in Article 19, the Convention sets up both the Commission and the Court "to ensure the observance of the engagements undertaken by the High Contracting Parties in the Convention" and assigns to each of these bodies specific functions in the safeguarding of human rights; whereas those of the Commission differ according to the stage reached in the proceedings; whereas, in the initial stage – governed mainly by Section III of the Convention – the Commission's chief function is to carry out an independent inquiry, to seek a friendly settlement and, if need be, to bring the case before the Court: whereas, once this has been done, the Commission's main function is to assist the Court, and it is associated with the proceedings; whereas, however, even at this stage its action is determined not by a decision of the Court, but directly by the terms of the Convention;

Whereas it follows from the whole body of rules governing the powers of the Court, that it cannot interpret the Convention in an abstract manner, but only in relation to such specific cases as are referred to it; whereas, according to Article 45 of the Convention, the jurisdiction of the Court "shall extend to all cases concerning the interpretation and application of the Convention": and whereas the exact meaning of this clause is defined in other articles of the Convention, namely: (a) Article 47, according to which "the Court may only deal with a case after the Commission has acknowledged the failure of efforts for a friendly settlement and within the period of three months provided for in Article 32", (b) Article 53, which states that only High Contracting Parties which are "parties to the case" are bound by the decision of the Court;

Whereas it follows from the foregoing that the Court is not competent to take decisions such as that to delete a rule from the Commission's Rules of Procedure – a step which would affect all Parties to the Convention – since this would amount to having power to make rulings on matters of procedure or to render advisory opinions; that accordingly the Court has no power to consider a point raised in a general manner by the Commission and the Irish Government;

Whereas, notwithstanding, it is the duty of the Court, in the

(i) *Sur la prétendue contradiction "in genere" entre l'article 76 du Règlement de la Commission et la Convention*

Considérant que, parmi les moyens préliminaires soulevés par le Gouvernement irlandais au sujet du déroulement de la procédure devant la Cour, celui qui figure au paragraphe 4 des conclusions finales de ce Gouvernement tend à ce que la Cour se prononce, de manière générale, sur la conformité de l'article 76 du Règlement de la Commission avec les dispositions de la Convention;

Considérant que la Convention a, par son article 19, institué la Commission ainsi que la Cour "afin d'assurer le respect des engagements résultant pour les Hautes Parties Contractantes de la Convention"; que, pour la sauvegarde des droits de l'homme, elle a confié à chacun de ces deux organes des fonctions déterminées; qu'elle a doté la Commission d'attributions différant dans le temps; que dans la phase initiale de la procédure – principalement couverte par les dispositions du Titre III de la Convention – la Commission reçoit essentiellement une mission indépendante d'enquête, de conciliation et éventuellement d'initiative pour saisir la Cour; qu'à la vérité, une fois la Cour saisie d'une affaire, la Commission devient principalement une aide de la Cour et est associée au fonctionnement de celle-ci, mais que même dans cette phase de la procédure, elle exerce des attributions qui dérivent directement de la Convention et ne sont pas fixées par la Cour;

Considérant qu'il résulte de l'ensemble des règles régissant les pouvoirs de la Cour que celle-ci ne peut interpréter les dispositions de la Convention de manière abstraite, mais seulement en fonction du cas déterminé qui lui est déféré; qu'en effet, aux termes de l'article 45 de la Convention, la compétence de la Cour "s'étend à toutes les affaires concernant l'interprétation et l'application de la Convention"; que la portée de cette disposition est précisée et délimitée par d'autres dispositions de la Convention, à savoir: a) l'article 47 aux termes duquel "la Cour ne peut être saisie d'une affaire qu'après la constatation, par la Commission, de l'échec du règlement amiable et dans le délai de trois mois prévu à l'article 32"; b) l'article 53 en vertu duquel seules les Hautes Parties Contractantes qui sont "parties au litige" sont liées par les décisions de la Cour;

Considérant qu'il résulte de ce qui précède que la Cour n'a pas compétence pour prendre des décisions telle que l'annulation d'un article du Règlement de la Commission, produisant des effets à l'égard de tous les intéressés à la Convention, compétence qui ressemblerait au pouvoir soit de rendre des arrêts de règlement, soit d'émettre des avis consultatifs; que, dès lors, la Cour ne peut entrer dans l'examen d'un problème qui lui est posé d'une manière générale par les deux concluants;

Considérant, néanmoins, que dans l'exercice de ses fonctions, exercise of its functions, to ensure that the Convention is respected and, if need be, to point to any irregularities and to refuse to apply in such a case any provisions or regulations which are contrary to the Convention; whereas it follows that the Court must consider the specific point which follows;

(ii) *As regards the communication of the Commission's Report to G. R. Lawless*

Whereas, it was established, in the course of the proceedings, that the Commission transmitted the Report drawn up in accordance with Article 31 of the Convention to G. R. Lawless, the Applicant, on 13th April 1960 that is to say one day *after* bringing the case before the Court;

Whereas the Irish Government claimed that the Commission committed a breach of the Convention in communicating its Report to G. R. Lawless, arguing that Article 31 of the Convention expressly forbade Contracting States to publish the Commission's Report; that this applied also to the Committee of Ministers unless the State concerned did not take the measures required by the decision of the Committee of Ministers; that if the case were brought to the Court, the Report had to remain with the Court and be kept secret unless the Court expressly authorised its publication; that just as the Contracting Parties undertook, by virtue of the Convention, to keep the Report secret, so the Commission, which derived its competence solely from the Convention to which those States were voluntary Parties, was correspondingly not at liberty to publish the Report when it wished, or to communicate it to whomsoever it thought fit, otherwise the Contracting Parties would be in a position subordinate to that of the Commission with regard to the secrecy of the Report; that it was not by a fortuitous omission that the authors of the Convention did not include a clause expressly forbidding the Commission to publish the Report; that under the terms of the Convention, the individual had no part in the proceedings either before the Committee of Ministers or before the Court; and that once the Commission had adopted its Report, the individual dropped out of the proceedings altogether;

Whereas the Commission, in justification of its action in communicating the Report to the Applicant, maintained that the Contracting States, subject to the express provisions of the Convention, had conferred on it the necessary powers to fulfil effectively the functions entrusted to it by Article 19 of the Convention; whereas, moreover, the latter contained no provision forbidding the Commission to publish its Report or communicate it to whomsola Cour a le devoir de veiller au respect de la Convention dans le cas déterminé qui lui est déféré et, éventuellement, de relever les irrégularités qui auraient pu être commises ainsi que de refuser l'application dans ledit cas de toute disposition réglementaire ou autre, prise en contravention avec la Convention; qu'à ce titre la Cour doit entrer dans l'examen du moyen particulier qui suit;

(ii) *Sur la communication, par la Commission, de son rapport à G. R. Lawless*

Considérant qu'il a été établi, au cours de la procédure, que la Commission a transmis, un jour après avoir saisi la Cour de la présente affaire, soit le 13 avril 1960, le rapport qu'elle avait rédigé, conformément à l'article 31 de la Convention, à G. R. Lawless, requérant;

Considérant que le Gouvernement irlandais a soutenu: que la Commission, en donnant connaissance de son rapport à G. R. Lawless, a violé les dispositions de la Convention; qu'aux termes de l'article 31 de la Convention, il est expressément interdit aux Etats Contractants de publier le rapport de la Commission; qu'il en est de même pour le Comité des Ministres, sauf si la Partie Contractante mise en cause n'a pas adopté les mesures donnant satisfaction à la décision du Comité des Ministres; que si l'affaire est déférée à la Cour, le rapport reste sous la sauvegarde de la Cour et demeure secret, à moins que la Cour n'en autorise expressément la publication; que les Etats Contractants s'étant, en vertu de la Convention, imposés de garder secret le rapport de la Commission, celle-ci, qui tire uniquement sa compétence de l'adhésion volontaire des Etats à la Convention, ne peut corrélativement bénéficier de la liberté de publier le rapport au moment qui lui conviendrait et de le communiquer à qui elle jugerait bon de le faire; que, sinon, les Etats Contractants se trouveraient placés dans une position inférieure à celle de la Commission quant à l'obligation du secret; que le fait que les auteurs de la Convention n'ont pas inséré une disposition interdisant formellement à la Commission de publier le rapport, n'est pas dû à un simple hasard; qu'aux termes de la Convention, l'individu n'a aucun rôle à remplir, ni devant le Comité des Ministres, ni devant la Cour; qu'une fois le rapport adopté par la Commission, l'individu "disparaît" de la procédure;

Considérant que la Commission, afin de justifier la communication du rapport au requérant, a soutenu: que les Etats Contractants, sous réserve des dispositions expresses de la Convention, ont conféré à la Commission les pouvoirs nécessaires pour l'exécution effective de la tâche qui lui est confiée par l'article 19 de la Convention; que, notamment, celle-ci ne contient aucune disposition interdisant à la Commission de publier ou de communiquer à qui-ever it wished when it considered that the fulfilment of its functions so required; whereas, furthermore, in the present case, the Commission had communicated the Report to G. R. Lawless after the case had been referred to the Court in order to be in a position to present the case impartially and, in so doing, had borne in mind that it was the Applicant who had first brought the case before the Commission;

Whereas in the opinion of the Court the procedure, in a case brought before it under the terms of the Convention, differs from that applicable either before the Commission or before the Committee of Ministers;

Whereas the procedures referred to in Section III of the Convention are secret and the proceedings before the Commission which involve the Applicant, are conducted *in canera* in accordance with Article 33; whereas moreover, when the Commission transmits its Report to the Committee of Ministers and to the States concerned, they are prevented, by Article 31 (2), from publishing it;

Whereas, as soon as the case has been referred to the Court, in accordance with Article 48 of the Convention, the proceedings assume a judicial character; whereas, furthermore, in any democratic society, within the meaning of the Preamble and the other clauses of the Convention, proceedings before the judiciary should be conducted in the presence of the Parties and in public; whereas this fundamental principle with regard to domestic civil and criminal law, is upheld in Article 6 of the Convention and whereas Section IV of the Convention, governing the organisation and competence of the Court, contains no such provision as Article 33 which stipulates that the Commission shall meet *in camera;* whereas Rule 18 of the Rules of Court in fact states that hearings shall be public "unless the Court shall in exceptional circumstances decide otherwise"; whereas likewise, Rule 51 states that the Court's judgments "shall be read at a public hearing" and whereas it follows, therefore, that proceedings before the Court are public;

Whereas it is true that the debates and the judgment alone are public and that other documents in the case can only be published, in accordance with Rule 52 of the Rules of Court, if the Court expressly authorises such publication; whereas, however, this provision cannot alter the fact that the proceedings take place in the presence of the Parties ("le caractère contradictoire de la procédure"), nor does it prevent the communication of the documents in the case to the persons or bodies directly concerned, with the proviso, made either by the Commission or by one of the Parties, that they should not be published; whereas, therefore, there is a conque son rapport lorsqu'elle estime qu'une telle publication ou communication est nécessaire à l'accomplissement de sa tâche; qu'en l'espèce, la Commission a transmis le rapport à G. R. Lawless, après que la Cour avait été saisie de l'affaire, et ce afin d'être en mesure de présenter l'affaire objectivement à la Cour; qu'en transmettant le rapport au requérant, la Commission a pris en considération que l'affaire avait été introduite devant elle par le requérant;

Considérant que, de l'avis de la Cour, la procédure suivie devant elle dans une affaire engagée selon les règles de la Convention se distingue de la procédure en vigueur devant la Commission ou encore devant le Comité des Ministres;

Considérant que les procédures visées par les dispositions du Titre III de la Convention ont un caractère secret; que la procédure, devant la Commission, à laquelle le requérant est associé, se déroule à huis clos en vertu de l'article 33; que, lorsque la Commission a transmis son rapport au Comité des Ministres et aux Etats intéressés, ceux-ci sont privés, par l'article 31, alinéa 2, de la faculté de le publier;

Considérant que, dès que l'affaire a été soumise à la Cour, conformément aux dispositions de l'article 48 de la Convention, la procédure acquiert un caractère judiciaire; que, dans toute société démocratique au sens du Préambule et des autres dispositions de la Convention, la procédure devant un organe judiciaire doit avoir un caractère contradictoire et public; que ce principe fondamental se trouve consacré, en ce qui concerne les juridictions nationales de caractère civil et pénal, par l'article 6 de la Convention; qu'en outre, le Titre IV de la Convention régissant l'organisation et la compétence de la Cour n'édicte aucune disposition analogue à celle de l'article 33 prescrivant que la Commission siège à huis clos; qu'au surplus, la Cour elle-même a confirmé, à l'article 18 de son Règlement, que l'audience devant elle est publique, "à moins que la Cour n'en décide autrement en raison de circonstances exceptionnelles"; qu'enfin il est prévu, à l'article 51 dudit Règlement, que l'arrêt de la Cour "est lu en audience publique"; qu'ainsi la procédure devant la Cour a un caractère public;

Considérant, il est vrai, que ce caractère public de la procédure concerne les débats à l'audience et le texte de l'arrêt, et que les autres documents de la procédure ne peuvent être publiés, conformément à l'article 52 du Règlement, qu'en vertu d'une autorisation expresse de la Cour, mais que cette dernière disposition ne saurait faire échec au caractère contradictoire de la procédure et n'exclut pas la communication, assortie d'une interdiction de publication faite soit par la Commission, soit par une des Parties, des pièces écrites du dossier aux personnes physiques ou morales directement intéressées au litige; qu'il y a donc lieu de distinguer entre, distinction between the publication of documents for which the authorisation of the Court is required and the communication of the said documents to the Applicant which requires no such authorisation;

Whereas, in the present case, G. R. Lawless, the Applicant, although he is not entitled to bring the case before the Court, to appear before the Court or even to make submissions through a representative appointed by him, is nevertheless directly concerned in the proceedings before the Court; whereas it must be borne in mind that the Applicant instituted the proceedings before the Commission and that, if the Court found that his complaints were justified, he would be directly affected by any decision, in accordance with Article 50 of the Convention, on the substance of the case; whereas Article 38 of the Rules of Court authorise it to hear any person whose deposition seem to it useful in the fulfilment of its task, as is admitted, moreover, both by the Irish Government and by the Commission;

Whereas in communicating its Report to Lawless, the Commission did not fail to draw attention to its confidential character in expressly forbidding its publication;

Whereas it follows from the foregoing that the Court is of the opinion that the Commission is enabled under the Convention to communicate to the Applicant, with the proviso that it must not be published, the whole or part of its Report or a summary thereof, whenever such communication seems appropriate; whereas, therefore, in the present case, the Commission, in communicating its Report to G. R. Lawless, the Applicant, did not exceed its powers;

(iii) *As regards the presenıation to the Court by the Commission, of the Applicant's observations on the Report and other points arising during the proceedings*

Whereas the Commission asked the Court for authorisation to submit, as a document in the case, the Applicant's observations on the Report following its communication to him under the conditions referred to above; whereas, the Commission requests a general ruling on its right to communicate to the Court the Applicant's observations on points arising in the course of the proceedings

Whereas, while realising that the Applicant is not a party to the proceedings before the Court, the Commission has stated that it wishes to submit to the Court the Applicant's views on the main points of the proceedings with which he is concerned; whereas the Commission has invoked various precedents drawn from advisory d'une part, la publication des pièces écrites qui doit faire l'objet d'une autorisation de la Cour, et, d'autre part, la communication desdites pièces au requérant, laquelle ne requiert aucune autorisation semblable;

Considérant, en l'espèce, que le requérant, G. R. Lawless, bien qu'il ne soit pas habilité à saisir la Cour, à comparaître juridiquement devant elle, ou encore à formuler des conclusions par un représentant choisi par lui, est cependant directement intéressé à la procédure qui se déroule devant la Cour; qu'il ne faut pas perdre de vue que le requérant est l'initiateur de l'instance engagée devant la Commission; que, dans le cas où la Cour reconnaîtrait le bien-fondé de ses griefs, il pourrait être directement affecté par toute décision que la Cour serait amenée à prendre en vertu de l'article 50 de la Convention, sur le fond de l'affaire; que l'article 38 de son Règlement autorise la Cour à entendre toute personne dont la déposition lui paraît utile à l'accomplissement de sa tâche, ce que, par ailleurs, le Gouvernement irlandais et la Commission reconnaissent;

Considérant que la Commission, en communiquant à G. R. Lawless son rapport, n'a pas manqué d'attirer expressément son attention sur le caractère confidentiel de ce document en lui faisant défense de le publier;

Considérant que, compte tenu de ce qui précède, la Cour est d'avis qu'en vertu de la Convention, la Commission a la faculté de communiquer au requérant, avec interdiction de publication, son rapport ou partie de ce rapport ou un sommaire de ce rapport chaque fois que pareille communication lui paraît utile; qu'en conséquence, dans la présente affaire, la Commission n'a pas, en communiquant son rapport à G. R. Lawless, requérant, dépassé les limites de ses pouvoirs;

(iii) *Sur la soumission par la Commission à la Cour, des observations du requérant concernant le rapport de la Commission ou d'autres questions surgissant au cours de la procédure*

Considérant que la Commission demande à la Cour l'autorisation de lui soumettre comme document du dossier, les observations que le requérant a faites sur le rapport de la Commission après en avoir reçu communication dans les conditions susmentionnées; que la Commission, d'une manière générale, demande à la Cour "de donner telles directives qu'elle peut juger appropriées quant au droit de la Commission de communiquer à la Cour les observations du requérant en ce qui concerne les questions surgissant au cours de la présente procédure"; que la Commission, tout en reconnaissant que le requérant n'est pas Partie au procès devant la Cour, a fait valoir que sa demande tend à soumettre à la Cour opinion procedure at the Permanent Court of International Justice and, subsequently at the International Court of Justice, where observations by individuals submitted through the international organisations who applied for the advisory opinions have been taken into consideration, although the Statutes of both these bodies provide that States alone may be represented in Court; whereas the Commission also invokes the terms of the Convention as a whole and, in particular, the English version of Article 44, to show that the authors of the Convention did not intend to disassociate entirely the individual who had applied to the Commission from the proceedings before the Court, but simply to prevent him from bringing a case to Court himself.

Whereas the Irish Government maintained that if the Court agreed to receive the Applicant's observations from the Commission, this would constitute a breach of the Convention since, according to the French version of Article 44, the High Contracting Parties and the Commission alone were entitled to appear before the Court ("se présenter devant la Cour"); and that, moreover, if the Commission were authorised to submit the Applicant's observations as a Commission document, the impartiality and objectivity required of the Commission under the terms of the Convention would be impaired; and furthermore, that to allow the Applicant to submit his observations to the Court would be to give an individual the opportunity of using the proceedings as a means of propaganda against his own Government;

Whereas the Court is not called upon to examine in detail the precedents invoked by the Commission with regard to the part to be played by the individual before an international judicial body; whereas, though recognising their force, the Court must bear in mind the fact that none of the examples cited is that of an individual appealing against the action of his own Government, while in the present case, proceedings were instituted by Lawless against the State of which he is a national; whereas, accordingly, the solution to this question must be sought in the special nature of the procedure laid down in the Convention; whereas, according to Article 44 of the Convention, Contracting States and the Commission are alone empowered to bring a case before the Court or to appear in Court; whereas, nevertheless, the Court must bear in mind its duty to safeguard the interests of the individual, who may not be a party to any court proceedings, and whereas the whole of the proceedings in the Court, as laid down by the Convention and the Rules of Court, are upon issues which concern the Applicant; whereas, les observations du requérant sur les points essentiels de la procédure le concernant; que la Commission invoque certains précédents empruntés à la procédure d'avis consultatif suivie devant la Cour permanente de Justice internationale, et, après elle, devant la Cour internationale de Justice, procédure au cours de laquelle ont été prises en considération des observations formulées par des individus et soumises aux susdites juridictions par l'intermédiaire des organisations internationales ayant sollicité l'avis consultatif, bien qu'en vertu du Statut de ces juridictions, les Etats aient seuls qualité pour se présenter devant elles; qu'en outre, la Commission invoque l'ensemble des dispositions de la Convention, et notamment la version anglaise de l'article 44, pour soutenir que les auteurs de la Convention n'ont pas eu l'intention de dissocier complètement l'individu (requérant devant la Commission) de la procédure devant la Cour, mais ont simplement voulu lui interdire de porter lui-même une affaire devant la Cour;

Considérant que le Gouvernement irlandais soutient que si la Cour acceptait de recevoir de la Commission les observations du requérant, ce fait constituerait une violation des dispositions de la Convention, notamment de son article 44 aux termes duquel, dans la version française, seules les Hautes Parties Contractantes et la Commission ont qualité pour se "présenter" devant la Cour; que, d'autre part, si la Commission était autorisée à soumettre les observations du requérant comme un document émanant d'elle, son impartialité et son objectivité seraient mises en cause; que le Gouvernement irlandais a fait valoir, au surplus, qu'une transmission des observations du requérant à la Cour offrirait à l'individu des possibilités d'utiliser la procédure à des fins de propagande contre son propre Gouvernement;

Considérant qu'il n'y a pas lieu, pour la Cour, d'entrer dans un examen approfondi des précédents invoqués par la Commission au sujet du rôle de l'individu devant d'autres juridictions internationales; que, sans méconnaître la valeur des précédents invoqués, la Cour doit tenir compte du fait qu'aucun des exemples cités ne concernait le cas de griefs formulés par un individu contre l'Etat dont il est le ressortissant; que la présente affaire a son origine dans une requête soumise à la Commission par G. R. Lawless contre l'Etat dont il est le ressortissant; que, dès lors, il convient de rechercher la réponse aux questions posées dans les particularités de la procédure instituée par la Convention; qu'en effet, en vertu de l'article 44 de la Convention, seuls les Etats Contractants et la Commission ont le droit de saisir la Cour ainsi que de comparaître juridiquement devant elle; que, toutefois, la Cour doit avoir notamment égard au devoir lui incombant de sauvegarder les intérêts de l'individu qui ne peut être Partie devant elle; que la procédure organisée devant la Cour, tant par la Convention que accordingly, it is in the interests of the proper administration of justice that the Court should have knowledge of and, if need be, take into consideration, the Applicant's point of view; whereas to this end the Court has at its disposal: in the first place, and in any event, the Commission's Report, which of necessity sets out the Applicant's allegations with regard to the facts and his legal arguments, even if it does not endorse them; secondly, the written and oral observations of the delegates and Counsel of the Commission which, as the defender of the public interest, is entitled of its own accord, even if it does not share them, to make known the Applicant's views to the Court as a means of throwing light on the points at issue; and thirdly, the Court may also hear the Applicant in accordance with Rule 38 of the Rules of Court, and, as part of the enquiry, may invite the Commission, ex officio, or authorise the Commission at its request, to submit the Applicant's observations on the Report or on any specific point arising in the course of the debates;

Whereas, in the present case, formal note must be taken of the Commission's request for authorisation to submit the Applicant's observations on the Report, but whereas the Court having been unable as yet to examine the merits of the case, is not in a position to reach a decision on this request and reserves its right to do so when it deems fit;

For these reasons,

THE COURT,

Takes note of the withdrawal by the Irish Government of the preliminary objections set out in paragraphs 1 and 2 of their final submissions in their Counter-Memorial and of the objections raised in paragraph 7 of the same Counter-Memorial;

By 6 votes to 1,

rejects the objections relating to procedure raised by the said Government in paragraphs 1, 3 and 4 of their final submissions,

declares that at this stage there is no reason to authorise the Commission to transmit to it the Applicant's written observations on the Commission's Report;

Decides unanimously to proceed to the examination of the merits of the case.

Done in French and in English, the French text being authentic, at the Council of Europe, Strasbourg, this fourteenth day of November 1960.

(Signed) R. CASSIN, President
(Signed) P. MODINOS, Registrar

par le Règlement de la Cour, est tournée vers des fins qui concernent le requérant; qu'il est dans l'intérêt d'une bonne administration de la justice que la Cour puisse connaître et, le cas échéant, prendre en considération le point de vue du requérant; qu'à cette fin elle dispose: dans tous les cas et en premier lieu, du rapport de la Commission lequel fait nécessairement état, même si elle ne les fait pas siennes, des allégations de fait ou des prétentions de droit du requérant; en second lieu, des observations écrites ou orales des délégués et conseils de la Commission qui, en vertu de sa mission d'intérêt général, a le droit, même si elle ne les prend pas à son compte, de faire état devant la Cour, sous sa propre responsabilité, des considérations du requérant en tant qu'élément propre à éclairer celle-ci; qu'en troisième lieu, la Cour peut encore entendre le requérant en vertu de l'article 38 de son Règlement et qu'elle a encore le droit, à titre de mesure d'instruction, soit d'inviter d'office la Commission, soit d'autoriser celle-ci, sur sa demande, à lui soumettre les observations du requérant concernant le rapport ou toute autre question déterminée ayant surgi au cours des débats;

Considérant, en l'espèce, qu'il y a lieu de donner acte à la Commission de sa demande tendant à être autorisée à soumettre les observations du requérant sur le rapport, mais que la Cour, n'ayant pu encore aborder l'examen du fond, ne dispose pas, en l'état, d'éléments suffisants pour lui permettre de statuer sur cette demande; qu'elle se réserve d'y statuer au moment opportun;

Par ces motifs,

LA COUR,

Donne acte au Gouvernement irlandais du retrait des exceptions préliminaires formulées aux alinéas 1 et 2 des conclusions de son contre-mémoire et de ses objections soulevées au paragraphe 7 de son contre-mémoire;

Par 6 voix contre 1,

écarte les objections de procédure formulées aux paragraphes 1, 3 et 4 des conclusions finales dudit Gouvernement;

déclare qu'à ce stade, il n'y a pas lieu d'autoriser la Commission à lui transmettre les observations écrites du requérant sur le rapport de la Commission;

Décide, à l'unanimité, de passer à l'examen du fond de l'affaire.

Fait en français et en anglais, le texte français faisant foi, au Conseil de l'Europe, à Strasbourg, le quatorze novembre mil neuf cent soixante.

Le Président, (signé) R. CASSIN
Le Greffier, (signé) P. MODINOS

Judge G. Maridakis, availing himself of his right under the terms of Rule 50 (2) of the Rules of Court, annexes his dissenting opinion to the present judgment.

(Initialled) R.C.
(Initialled) P.M.

DISSENTING OPINION OF MR. G. MARIDAKIS

(*Translation*)

According to Article 28 of the Convention, the Commission shall, with a view to ascertaining the facts, undertake together with the representatives of the Parties an *examination of the petition* and, if need be, an *investigation* ...

Under Article 31, if a solution is not reached, the Commission shall draw up a *report on the facts* and state its opinion as to whether the facts found disclose a breach by the State concerned of its obligations ... The opinions of all the members of the Commission on this *point* may be stated in the Report.

According to paragraph 2 of the said Article 31, the Report shall be transmitted to the Committee of Ministers, it shall also be *transmitted to the States concerned* who shall not be at liberty *to publish it*. For the purposes of the Convention the word "transmitted shall be understood to mean hand over an exact copy of the Report to the Committee of Ministers and the States concerned.

From these provisions it can be deduced:

(1) that the duty of the Commission is to ascertain the facts;

(2) that, to this end, it shall undertake with the representatives of the Parties an *examination of the petition* and if need be, *an investigation;*

(3) that it shall *draw up a report on the facts* and state its *opinion* ...;

(4) that it shall transmit the Report to the Committee of Ministers;

(5) that it shall *also* transmit the Report to the States concerned, *who shall not be at liberty to publish it.*

It is apparent from these provisions read together that the jurisdiction of the Commission as the body responsible for ascertaining the facts and drawing up a Report ceases as soon as the Report has been transmitted to the Committee of Ministers.

From this date begins the period of three months during which, under Article 32 of the Convention, the Commission may refer the question to the Court.

The provision contained in Rule 76 of the Rules of Procedure of the Commission, that when a case is referred to the Court, the Secretary of the Commission shall also in due course (?) communicate to the Applicant the Commission's Report, *is contrary*

M. Maridakis, juge, se prévalant du droit que lui confère l'article 50, § 2 du Règlement de la Cour, joint à l'arrêt l'exposé de son opinion dissidente.

(Paraphé) R.C.
(Paraphé) P.M.

OPINION DISSIDENTE DE M. G. MARIDAKIS

D'après l'art. 28 de la Convention, la Commission, afin d'établir les faits, procède à un *examen contradictoire* de la requête avec les représentants des parties et, s'il y a lieu, à une *enquête* ...

D'après l'art. 31, si une solution n'a pu intervenir, la Commission rédige un rapport dans lequel elle *constate* les faits et formule un avis sur le point de savoir si les faits constatés révèlent, de la part de l'Etat intéressé, une violation des obligations ... Les opinions de tous les membres de la Commission sur ce *point* peuvent être exprimées dans ce rapport.

D'après l'al. 2 de ce même art. 31, le rapport est transmis au Comité des Ministres; il est également *communiqué aux Etats intéressés*, qui n'ont pas la faculté *de le publier*. Par "communiquer" on entend au sens et aux fins de la Convention, délivrer une copie exacte du rapport au Comité des Ministres et aux Etats intéressés.

On peut déduire de ces dispositions:

(1) Que la Commission a pour juridiction d'établir les faits.

(2) Qu'à cette fin elle procède à un examen *contradictoire* de la requête avec les représentants des Parties et, s'il y a lieu, à une *enquête*.

(3) Qu'elle *rédige un rapport* dans lequel elle *constate les faits* et formule un *avis* ...

(4) Qu'elle transmet le rapport au Comité des Ministres.

(5) Qu'elle communique *également* le rapport aux Etats intéressés *qui n'ont pas la faculté de le publier*.

Il ressort de ces dispositions combinées que la juridiction de la Commission, en tant qu'organe chargé d'établir les faits et de rédiger un rapport, cesse dès que ce rapport est transmis au Comité des Ministres.

Dès ce moment commence à courir le délai de trois mois dans lequel, conformément à l'art. 32 de la Convention, la Commission peut saisir la Cour.

La disposition de l'art. 76 du Règlement de la Commission, aux termes duquel, lorsqu'une affaire est déférée à la Cour, le Secrétaire de la Commission communique également, en temps utile (?) au requérant le rapport de la Commission, *contrevient à la Convention.*

to the Convention. If, after the Report has been transmitted to the Committee of Ministers, the Commission no longer has the powers conferred on it by Articles 28 and 31 (1) *a fortiori* it has no further powers after the case has been referred to the Court in accordance with Article 48 of the Convention. From this monent *the Court has sole jurisdiction in the case.* If the Court considers that certain points of the Report need to be clarified and that the Applicant is the only person capable of doing so, the Court may, as *sole judge* call the Applicant and hear him, in accordance with Rule 38 of the Rules of the Court.

Under Rule 76, referred to above, of the Rules of Procedure of the Commission, the Applicant may submit to the Commission his written observations on the said Report and the Commission shall decide what action, if any, shall be taken in respect of those observations.

Now, under Article 28 of the Convention, the Commission undertakes an *examination of the petition* and, if need be, an investigation.

Consequently, if the Commission acts in accordance with the procedure described above, since it may not amend its Report once it has been transmitted to the Committee of Ministers and since furthermore, the case as a whole has been placed in the hands of the Court, what kind of action could the Commission take in respect of the Applicant's observations on the said Report? It is not entitled to present them simply as they come from the Applicant, since Article 19 of the Convention places the Commission above the Parties. If it were to *adopt* these observations and submit them as its own, the Applicant would be appearing before the Court *under cover of the Commission.* But Article 44 of the Convention states that "only the High Contracting Parties and the Commission shall have the right to bring a case before the Court".

The wording of this Article brings out its *deeper* significance. It means that the Court has not been set up to settle *disputes* between the Applicant and the State which he is accusing of having violated, in his regard, its obligations under the Convention. It means that the Court is a high supervisory authority set up to guarantee the European order established by the Convention (cf. Statute of the Council of Europe, Article 1 (b)).

Such being the conception contained in the Convention of the duties devolving upon the Court, it is natural that the Applicant should not be entitled to appear before it. If he had this right, it is clear that the proceedings might degenerate into a simple legal action between the Applicant and the State involved, whereas, in the spirit of the Convention, the Court was set up not to judge dis-

Si, après la transmission du rapport au Comité des Ministres, la Commission n'a plus les pouvoirs qu'elle tire des articles 28 et 31 al. 1, à plus forte raison ne conserve-t-elle plus aucun pouvoir après que l'affaire a été déférée à la Cour par application de l'art. 48 de la Convention. A partir de ce moment, l'affaire, *dans son ensemble, appartient à la Cour.* Si la Cour estime que certains points du rapport ont besoin d'être precisés et que seul le requérant pourrait les éclaircir, la Cour, en tant que *juge souverain* de l'affaire, a la faculté de convoquer le requérant et de l'entendre conformément à l'article 38 du Règlement de la Cour.

D'après l'art. 76 précité du Règlement de la Commission, le requérant a la faculté de présenter à la Commission ses observations écrites sur ledit rapport et la Commission décide de la suite à donner à ces observations.

Or, d'après l'art. 28 de la Convention, la Commission procède à un examen *contradictoire* et, s'il y a lieu, à une *enquête.*

Par conséquent, dès lors que la Commission accomplit sa tâche suivant la procédure précitée et que, d'autre part, elle ne peut modifier son rapport après qu'elle l'a transmis au Comité des Ministres, et qu'au surplus l'affaire a été déférée *dans son ensemble à la Cour,* par quelle voie sera-t-il possible à la Commission de donner suite aux observations du requérant sur ledit rapport? Si la Commission présente ces observations simplement en tant qu'elles lui furent soumises par le requérant, elle n'a point qualité pour le faire puisque, d'après l'art. 19 de la Convention, elle agit et se tient *au-dessus des parties.* Si elle *adopte* ces observations pour les présenter comme siennes, il en résulte que le requérant se présente, devante la Cour, *sous le couvert de la Commission.* Or, l'article 44 de la Convention prescrit que "seules les Hautes Parties Contractantes et la Commission ont qualité pour se présenter devant la Cour".

Ainsi libellé, cet article implique un sens *plus profond.* Il signifie que la Cour n'est pas instituée pour trancher un *différend* entre le requérant et l'Etat auquel il reproche d'avoir violé en sa personne les obligations assumées en vertu de la Convention. Il signifie que la Cour agit en organe de haute surveillance, afin d'assurer l'ordre européen tel qu'il est institué par la Convention. (Voir Statut du Conseil de l'Europe, Art. 1, b).

Telle étant l'idée que la Convention se fait de la tâche dévolue à la Cour, il est naturel que la comparution du requérant devant ce tribunal soit exclue. Si le droit de comparaître devant la Cour était accordé au requérant, il est évident que la procédure qui se déroulerait devant la Cour risquerait de dégénérer en un simple procès entre le requérant et l'Etat incriminé, alors que, dans l'esprit de la Conputes but "to ensure the observance of the engagements undertaken in the present Convention" (Article 19).

This is the only way of interpreting Article 31 (2) and justifying the provision that the Commission's Report may be transmitted only to the States concerned. The Applicant is the person who claims to have been injured by the State concerned, but his allegation only provides an opportunity – it could not be otherwise – of considering whether or not that State respects its obligations under the Convention. This is the explanation, too, of Article 31 (2), whereby States are not at liberty to publish the Report transmitted to them, and also of the provision in Article 32 (3) that the Committee of Ministers is not entitled to publish the Report.

But, if neither the States to whom the Report has been transmitted, not the Committee of Ministers are at liberty to publish the Report *a fortiori* the Commission has no right to do so. And, in substance, to communicate the Report to the Applicant in the manner described in Rule 76 of the Rules of Procedure of the Commission is to publish it.

The provision in the Convention prohibiting publication of the Report has been inserted for a good purpose. When a State is accused of a breach of its obligations assumed under the Convention, its prestige suffers prejudice. The authors of the Convention thought that steps should be taken to safeguard the prestige of such a State during the proceedings. They therefore prohibited publication of the Report which contains the opinions of the members (Article 31) and merely prepares the ground for the final judgment to be rendered, in accordance with the Convention, by the Court or, in some cases by the Committee of Ministers.

Unity is an important principle in all legal proceedings and by virtue of this principle the weight to be given to the Applicant's observations on the Commission's Report must be determined by the Court alone.

The provision contained in Rule 76 of the Rules of Procedure of the Commission, whereby the Commission decides what action, if any, shall be taken in respect of the Applicant's observations, is contrary to the above principle, since it confers on the Commission a discretionary power incompatible with the powers of the Court which has sole jurisdiction at the present stage.

For the above reasons, therefore, Rule 76 of the Rules of Procedure of the Commission is contrary to the terms of the Convention.

However, although the Commission has no authority to communicate the Report to the Applicant, it does not follow that the latter may not take cognizance of it (in the course of contentious proceedings).

vention, la Cour est instituée, non pas pour statuer sur ces différends, mais "afin d'assurer le respect des engagements résultant de la présente Convention" (art. 19).

C'est ainsi seulement que s'explique et se justifie la disposition de l'art. 31 al. 2 de la Convention d'après laquelle le rapport de la Commission n'est communiqué qu'aux Etats intéressés. Le requérant est bien la personne qui prétend avoir été lésée par l'Etat, mais son allégation ne fait que donner l'occasion – et il n'en saurait être autrement – d'examiner si l'Etat respecte ou non les obligations découlant de la Convention. Ainsi s'explique aussi la dispositions de l'al. 2 du même article 31 selon laquelle les Etats n'ont pas la faculté de publier le rapport qui leur est communiqué, ainsi que la disposition de l'al. 3 de l'Article 32 d'après laquelle la publication du rapport est interdite même au Comité des Ministres.

Mais, si ni les Etats auxquels le rapport est communiqué ni le Comité des Ministres n'ont la faculté de publier le rapport, à plus forte raison la Commission n'est-elle pas en droit de le faire. Or, en substance, c'est publier le rapport que de le communiquer au requérant comme le prévoit l'art. 76 du Règlement de la Commission.

La disposition de la Convention qui interdit la publication du rapport répond à un objet important. Lorsqu'un Etat est accusé d'avoir enfreint les obligations qu'il a assumées en vertu de la Convention, le prestige de cet Etat s'en trouve atteint. Les auteurs de la Convention ont estimé nécessaire de sauvegarder le prestige de l'Etat pendant la durée de la procédure. Aussi ont-ils interdit la publication du rapport, qui contient les opinions des membres (art. 31) et ne fait que préparer l'appréciation définitive que la Convention réserve à la Cour et, le cas échéant, au Comité des Ministres.

L'unité de la procédure est un principe général qui s'applique à toute procédure. En vertu de ce principe, la valeur à donner aux observations du requérant sur le rapport de la Commission appartient exclusivement à la Cour.

Or, la disposition de l'art. 76 du Règlement de la Commission selon laquelle la Commission décide de la suite à donner aux observations du requérant est contraire à ce principe puisqu'elle confère à la Commission un pouvoir discrétionnaire incompatible avec les pouvoirs qui incombent à la Cour, seule souveraine de l'affaire.

Par les motifs qui précèdent, l'article 76 du Règlement de la Commission contrevient à la Convention.

Toutefois, de ce que la Commission ne possède pas le pouvoir de communiquer le rapport au requérant, il ne s'ensuit pas que ce dernier ne doit pas en prendre connaissance au cours de la procédure contentieuse.

Since the Applicant has accused one of the Contracting Parties of a breach of the undertakings given in the Convention, it is a principle of equity (and of law in general) that he should not be denied any means of taking cognizance of the Report. The only way to acquaint him with the contents of the Report would be for the Registrar to invite him to read it in his presence. Should he wish to make any observations on it, the Court alone has power to decide in what form they are to be presented.

This view does not derive from an abstract interpretation of the Convention, nor does it amount to the Court declaring null and void Rule 76 of the Rules of procedure of the Commission. Both the Commission and the Irish Government in their submissions, refer to Rule 76 of the Commission's Rules of Procedure, but in order to weigh up their respective arguments it must first be determined whether Rule 76 complies with the terms of the Convention or not. It is clear that this cannot be decided without interpreting the text of the Convention.

True, the Court is not empowered to declare null and void Rule 76 of the Commission's Rules of Procedure, but there is no doubt that the Court has the right, and is in duty bound, to refuse to apply any of these rules which it regards as contrary to the terms of the Convention, in accordance with the principle of domestic law, whereby it is a judge's duty to refrain from applying any legal provision which contravenes the Constitution or any regulation which is contrary to law.

In interpreting the Convention with this end in view, it is clear that the Court is not rendering an advisory opinion which could have any force outside the context of the present case, but is simply interpreting the Convention to support the arguments on which its judgment of the case itself and its decisions in respect of the preliminary objections and other incidental points are based, in accordance with the definition of its jurisdiction in Article 45.

G. MARIDAKIS

Du moment que le requérant accuse un des Etats Contractants de la Convention d'avoir violé les obligations qui en découlent pour cet Etat, il est conforme à l'équité et aux principes généraux du droit qu'aucun moyen lui permettant de prendre connaissance du rapport ne lui soit dénié. Or, ce moyen ne peut être que celui par lequel le Greffier de la Cour inviterait le requérant à lire le rapport en sa présence. Et, au cas où le requérant demanderait à formuler des observations, il appartient à la Cour, et à elle seule, de déterminer les formes dans lesquelles ces observations devront lui être présentées.

Cette manière de voir ne procède pas d'une interprétation de la Convention faite in abstracto. Elle n'a pas davantage pour effet d'aboutir à une annulation, prononcée par cette Cour, de l'article 76 du Règlement de la Commission. Les conclusions de la Commission, aussi bien que celles introduites par le Gouvernement irlandais, invoquent toutes les deux l'article 76 du susdit Règlement. Mais on ne peut apprécier le bien-fondé de ces conclusions sans rechercher si l'article 76 est conforme à la Convention ou s'il y contrevient. Et il est évident que cette question ne peut être tranchée que par l'interprétation du texte de la Convention.

Il est vrai que la Cour n'a point le pouvoir de déclarer nul et non avenu la disposition de l'article 76 du Règlement de la Commission. Mais il est également hors de doute qu'elle a le pouvoir en même temps que le devoir, de refuser d'appliquer toute disposition de ce Règlement qui, dans l'opinion de la Cour, est contraire à la Convention, en vertu de ce même principe qui, dans les droits internes, fait un devoir au juge de ne point appliquer la disposition légale qui se trouve en contradiction avec la Constitution ou celle, simplement réglementaire, qui contrevient à une loi formelle.

En procédant, dans ce but, à l'interprétation de la Convention, il est clair que la Cour n'émet point un avis consultatif détachable du jugement du litige qui lui a été déféré: elle étaye purement et simplement sur l'interprétation de la Convention le raisonnement sur lequel elle fonde la solution proprement dite du litige et des questions préliminaires ou incidentes, ce qui est l'objet même de sa juridiction aux termes de l'article 45.

G. Maridakis

PART III

The Convention within the Member States of the Council of Europe

TROISIEME PARTIE

La Convention dans l'ordre interne des Etats Membres du Conseil de l'Europe

THE CONVENTION IN THE PARLIAMENTS OF THE MEMBER STATES

FRANCE

Debate in the French National Assembly, 2nd December 1960 [1]
Question time

Translated from the French

The President – The next item is an oral question and debate.

EUROPEAN CONVENTION ON HUMAN RIGHTS AND FUNDAMENTAL FREEDOMS

The President – Mr. Antoine Guitton points out to the Minister for Foreign Affairs: (1) that France is the only one of the fifteen Council of Europe countries not to have ratified the European Convention on Human Rights and Fundamental Freedoms, which she signed with the other member States on 4th November 1950 and which came into force on 3rd September 1953; (2) that the Laniel Government in 1953 and Guy Mollet Government in 1956 tabled ratifying Bills: (3) that the Foreign Affairs Committee voted in favour of ratification by 26 to 0, the 10 abstentions being on the part of Communists. Mr. Guitton asks the Minister why, in spite of solemn pledges repeatedly given to the Foreign Affairs Committee, the ratifying Bill has not yet been tabled.

I call Mr. Guitton.

Mr. Antoine GUITTON – I should like to tell the Minister how much I would have preferred that there should be no need for this debate.

For a long time I hoped that some decision would be taken which would have given us satisfaction, to some extent at any rate, and would have put an end to this situation.

I find it regrettable that this has not been done.

Perhaps, Sir, you have been prevented from taking action by circumstances beyond your control. I would like to say a few words on this subject and briefly review our position in the matter.

On 10th December 1948, the General Assembly of the United

---

[1] Journal Official of 3rd December 1960 – Debates pp. 4261–4264.

CHAPITRE I

LA CONVENTION DEVANT LES PARLEMENTS DES ETATS MEMBRES

FRANCE

Débat à l'Assemblée Nationale de la République Française le 2 décembre 1960 [1]

Questions orales avec débat

M. le Président. – L'ordre du jour appelle une question orale avec débat.

CONVENTION EUROPEENNE DES DROITS DE L'HOMME ET DES LIBERTES FONDAMENTALES

M. le Président. – M. Antoine Guitton rappelle à M. le Ministre des affaires étrangères que: 1. la France est le seul des quinze pays appartenant au Conseil de l'Europe à n'avoir pas ratifié la Convention européenne des Droits de l'Homme et des Libertés fondamentales qu'elle a pourtant signée avec les autres Etats membres, le 4 novembre 1950, et qui est entrée en vigueur le 3 septembre 1953; 2. les gouvernements de M. Laniel en 1953 et de M. Guy Mollet en 1956 avaient déposé des projets de loi tendant à faire ratifier par le Parlement français cette convention; 3. qu'un vote favorable avait été acquis en commission des affaires étrangères en faveur de la ratification par 26 voix pour, contre zéro, les 10 abstentions représentant les voix communistes. Il lui demande pourquoi, malgré des engagements réitérés et solennels donnés devant la commission des affaires étrangères, le projet de loi de ratification n'a pas encore été déposé.

La parole est à M. Guitton.

M. Antoine GUITTON. – Monsieur le Ministre, combien j'ai souhaité et combien j'aurais aimé que ce débat ne vienne pas.

Longtemps, j'ai espéré que des décisions nous donnant satisfaction, même partiellement, mettraient un terme à cette situation.

Il n'en a pas été ainsi et je le regrette.

Sans doute, des circonstances indépendantes de votre volonté et particulières ne vous ont-elles pas permis d'y parvenir. Aussi me permettrez-vous de rappeler aussi brièvement que possible ce dont il s'agit et où nous en sommes dans ce domaine.

Le 10 décembre 1958, l'Assemblée Générale des Nations Unies,

---

[1] Journal Officiel du 3 décembre 1960, Débats, pp. 4261–4264.

Nations, meeting in Paris, adopted a Universal Declaration of Human Rights.

In the spirit of that Declaration, and with the nature of the rights to be safeguarded in mind, the Representatives of the fifteen Council of Europe countries signed in Rome on 4th November 1950, the European Convention on Human Rights and Fundamental Freedoms.

A protocol to the Convention was signed in Paris on 20th March 1952 and has been in effect since 18th May 1954. In accordance with the provisions laid down, the Court of Justice has now been established, its jurisdiction having been accepted by the requisite eight signatories, namely Austria, Denmark, Belgium, the Federal Republic of Germany, Iceland, Ireland, Luxembourg and the Netherlands.

In January 1960, the Consultative Assembly of the Council of Europe elected the fifteen Judges of the European Court, which was to become one of the most important international courts and the first Court of Human Rights ever set up anywhere in the world.

Inaugurated in May 1960 on the tenth anniversary of the Council of Europe, the Court includes some of the greatest European jurists with a special knowledge of problems in this field, one of whom is Mr. Cassin, former Vice-President of the Council of State, nominated by France.

The Court has complete independence in exercising its powers. That underlines the importance it has in the eyes of the world and the significant part it will no doubt be called upon to play in the life of the peoples.

In 1953, the French Government under Mr. Laniel submitted to the National Assembly a Bill to ratify the Convention.

A few years later, in 1956, the Government of Mr. Guy Mollet tabled another Bill, which was fully debated in the Foreign Affairs Committee on 18th December 1957 and 19th March 1958. The Bill was prevented from reaching the floor of this House only by the events of May 1958.

In the discussion in Committee, Mr. de Menthon said that all the signatory States had ratified the Convention and Protocol and that only France had not yet accepted them and subscribed to the undertakings by which, like the other fourteen signatories, she would have been subject to international supervision in regard to both governmental and individual petitions.

Article 2 was discussed at some length and it became apparent that there were wide differences of opinion between the supporters of State education and those of private education. The interpretation which gained acceptance was that the Article referred, not réunie à Paris, adoptait la Déclaration universelle des droits de l'homme.

S'inspirant de ces principes et de la nature des droits à protéger, les représentants des quinze pays du Conseil de l'Europe signaient à Rome, le 4 novembre 1950, la Convention européenne des Droits de l'Homme et des Libertés fondamentales.

Un Protocole additionnel y était joint et signé à Paris le 20 mars 1952; il est en application depuis le 18 mai 1954. A cette date et conformément aux statuts, la Cour de Justice a pu être créée après l'acceptation des huit membres requis, c'est-à-dire l'Autriche, le Danemark, la Belgique, la République Fédérale d'Allemagne, l'Islande, l'Irlande, le Luxembourg et les Pays-Bas.

C'est ainsi qu'en janvier 1960 l'Assemblée Consultative du Conseil de l'Europe procédait à l'élection des quinze juges de la Cour européenne des Droits de l'Homme, qui allait devenir l'une des plus grandes juridictions internationales et la première Cour des droits de l'homme dans le monde.

Installée en mai de la même année à l'occasion du dixième anniversaire du Conseil de l'Europe, cette Cour comprend quelques-uns des meilleurs juristes européens spécialistes de ces problèmes, dont M. Cassin, ancien vice-président du Conseil d'Etat, proposé par la France.

Cette institution jouit d'une indépendance totale dans l'exercice de ses fonctions. C'est dire l'importance qu'elle revêt aux yeux du monde et le rôle qu'elle jouera sans doute demain dans la vie des peuples.

Dès 1953, le gouvernement français présidé par M. Laniel avait soumis à l'Assemblée nationale un projet de loi tendant à autoriser la ratification de la Convention.

Plus tard, en 1956, le gouvernement de M. Guy Mollet déposait un nouveau projet qui donnait lieu à un très large débat à la commission des affaires étrangères au cours des séances du 18 décembre 1957 et du 19 mars 1958. Seuls les événements de mai 1958 ont empêché que ce projet ne vienne en discussion devant le Parlement.

Au cours des débats en commission, M. de Menthon rappelait que tous les Etats signataires avaient ratifié ces deux accords et que, seule la France n'avait pas encore donné son acceptation et souscrit aux engagements la soumettant, comme les quatorze autres Etats signataires, à un contrôle international tant en ce qui concerne les requêtes nationales que les requêtes individuelles.

Une discussion assez longue sur l'article 2 s'est déroulée mettant en relief les divergences qui opposaient les défenseurs de l'enseignement libre et ceux de l'enseignement public. L'interprétation qui a prévalu est qu'aux termes de cet article, ce n'est pas la liberté de to freedom of education, but to freedom in education. The French Act of Parliament of December 1959 goes much further, so that the problem no longer arises.

There remain Algeria and the home country.

As regards Algeria – a burning question if there ever was one – I shall try, Sir, to say nothing which would offend anyone.

Some people have said that it would be unwise to ratify a Convention which might prove burdensome owing to developments in Algeria.

Now I do not accept that view, for the good reason that the European Convention on Human Rights has the immense advantage politically and legally of making it possible to settle questions of human rights while bearing in mind the need to maintain law and order.

That is an essential safeguard for Governments, since they are unquestionably in duty bound to uphold law and order and national integrity.

Under Article 15, the Governments are allowed "in the event of war or public emergency threatening the life of the nation" to waive some of the obligations laid down.

The Convention, moreover, has not remained a dead letter. Two States at least have invoked it, the United Kingdom in connection with events in Cyprus, Kenya and Nyasaland, and Ireland to a certain extent in its own territory.

Thus, Sir, unfortunately for us, the failure of France to ratify the Convention and Protocol is often made a pretext, a flimsy one of course, but only too ready at hand, for the systematic denigration of our country.

I am a member of the Consultative Assembly of the Council of Europe, and I must say I find it distressing every time a colleague from some other country raises this question. Allusions are made, sometimes bluntly, sometimes more discreetly, to the preamble of the 1958 Constitution or the 1789 Declaration of the Rights of Man, and they place us Frenchmen in a delicate situation. We are at a loss for a good answer. I am afraid our failure here obscures the very essence of our national genius, our way of championing the rights of the individual which has been so instrumental in spreading the influence of France throughout the world.

I must say I cannot see any reason why we should further delay the tabling of a ratifying Bill. Delay can only lay us more open to criticism – often undeserved – from our enemies within and without.

In my personal capacity, but also, I am sure, on behalf of almost all members of my political group and in fact the majority of the House, I would urge you, Sir, for all the reasons I have just given, l'enseignement qui est visée, mais la liberté dans l'enseignement et, dans ce domaine, la loi votée par le Parlement français en décembre 1959 va bien au-delà. Ce problème ne se pose donc plus.

Reste l'Algérie et la métropole.

A propos de l'Algérie, problème brûlant s'il en est un, je m'efforcerai, Monsieur le ministre, de ne prononcer aucun mot susceptible de choquer quiconque.

Certains ont prétendu qu'il serait prudent de ne pas ratifier un texte dont les événements d'Algérie pourraient démontrer le danger.

Vous me permettrez d'être d'un avis opposé, pour la bonne raison que la Convention européenne des Droits de l'Homme présente l'immense avantage, tant au point de vue politique qu'au point de vue juridique, de réglementer les droits de l'homme, en tenant compte de la nécessité de défendre l'ordre public.

C'est là une garantie fondamentale pour les Etats dont la mission de défenseurs de l'ordre public et de l'intégrité nationale est indiscutablement reconnue.

De plus l'article 15 permet aux Etats, "en cas de guerre ou en cas de danger public menaçant la vie de la nation", de prendre des mesures dérogeant aux obligations prévues.

Ce texte n'est d'ailleurs pas resté lettre morte. Deux Etats au moins l'ont déjà utilisé, le Royaume-Uni lors des événements de Chypre, du Kenya et du Nyassaland et, dans une certaine mesure, l'Irlande sur son territoire national.

Ainsi, Monsieur le ministre, il arrive hélas! trop souvent que la non-ratification par la France de la Convention et de son Protocole additionnel fournisse un prétexte, certes mauvais, mais trop facile à utiliser en vue d'un dénigrement systématique de notre pays.

Membre de l'Assemblée Consultative du Conseil de l'Europe, j'avoue ressentir une gêne pénible chaque fois qu'un collègue des autres nations membres aborde ce problème. Les allusions plus ou moins directes, ou discrètes, au préambule de la Constitution de 1958 ou à la Déclaration des droits de l'homme de 1789 nous placent, nous Français, dans une situation délicate et nous interdisent toute réponse valable.

Ainsi, cette abstention fait oublier, je le crains, l'essence même du génie de la France, qui est notamment de défendre les droits de la personne humaine et qui a si puissamment aidé à propager son rayonnement à travers le monde.

J'avoue ne pas déceler les raisons qui motiveraient un nouveau retard dans le dépôt des instruments de ratification devant le Parlement. Ce retard ne pourrait que contribuer à alimenter les critiques souvent injustifiées de nos ennemis de l'intérieur et de l'extérieur.

Parlant en mon nom personnel mais aussi, j'en suis convaincu, au nom de la presque unanimité des membres de mon groupe et de la majorité des députés, je vous demande instamment, Monsieur to introduce at a very early date a ratifying Bill, at any rate, let it be given priority at the beginning of our next Session.

I can assure you that the countries associated with us in the Council of Europe will be perplexed at any further delay on our part in ratifying agreements we signed nearly ten years ago, particularly since in May last we appointed Mr. Cassin to represent France in the International Court.

It would be humiliating to prolong this abnormal state of affairs. I hope, Sir, that in yoour reply you will give us assurances as to the date by which the Government expects to ratify.

That will, I sincerely hope, be a first token of the Government's goodwill in European co-operation which it has so often proclaimed these last few months (*Applause from the Right*).

The President – I call the Minister for Foreign Affairs.

Mr. Maurice COUVE DE MURVILLE, Minister for Foreign Affairs – Mr. Guitton's question gives me an opportunity to clarify the position of the Government in this matter of the European Human Rights Convention and, in particular, to explain the reasons for this delay, which I am among the first to deplore.

As Mr. Guitton says, the Convention on Human Rights and Fundamental Freedoms was signed in Rome on 4th November 1950 by the fifteen member countries of the Council of Europe. It was supplemented by a Protocol, signed in Paris on 20th March 1952, dealing with certain rights not set forth in the Convention such as rights relating to property, the right to education and electoral rights.

I am asked what are the reasons for which France, in all this time, has not ratified these instruments.

Two Governments have submitted the Convention to Parliament for ratification, that of Mr. Joseph Laniel on 28th December 1953, and that of Mr. Guy Mollet on 9th May 1956.

It was referred to the Foreign Affairs Committee which gave it several readings without reaching agreement. It was not until 19th March 1958 that the Committee came out in favour of ratification.

In view of what was happening at that time, Parliament was unable to consider the matter. But if a full debate had been held, it would probably have brought to light some rather serious difficulties.

le Ministre, pour toutes les raisons que je viens d'indiquer, de bien vouloir déposer très prochainement le texte de ratification devant l'Assemblée et, en tout état de cause, en priorité au début de la prochaine session.

Soyez persuadé que le pays, nos partenaires du Conseil de l'Europe ne comprendraient pas que de nouveaux délais soient encore demandés par la France pour faire ratifier par le Parlement les textes signés par ses représentants depuis bientôt dix ans, alors qu'elle a désigné au mois de mai dernier M. Cassin pour la représenter dans la Cour internationale.

Il serait humiliant de prolonger cet état de choses anormal. Aussi j'espère que votre réponse nous donnera des assurances et des garanties quant à la date envisagée par le Gouvernement pour faire procéder à cette ratification.

Ce sera, je veux le croire, une première manifestation de la bonne volonté du Gouvernement de coopération européenne, si souvent proclamée par lui ces derniers mois. (*Applaudissements à droite*)

M. le Président. – La parole est à M. le Ministre des affaires étrangères.

M. Maurice COUVE DE MURVILLE, Ministre des affaires étrangères. – L'occasion m'est donnée, par la question orale de M. Guitton, de clarifier la position du Gouvernement sur le problème de la Convention européenne des Droits de l'Homme et, en particulier, d'exposer clairement les causes d'un retard que je suis le premier à déplorer.

La Convention des Droits de l'Homme et des Libertés fondamentales – M. Guitton l'a rappelé – a été signée à Rome le 4 novembre 1950 par les représentants des quinze pays du Conseil de l'Europe. Elle a été complétée par un Protocole additionnel signé à Paris le 20 mars 1952 et consacré à certains droits non couverts par la Convention tels que le droit de propriété, le droit à l'instruction et le droit électoral.

Pour quels motifs la France n'a-t-elle pas, depuis 1952, ratifié ces textes?

Les gouvernements qui se sont succédé ont, par deux fois, le 28 décembre 1953 – M. Joseph Laniel était Président du conseil – et le 9 mai 1956 – c'était le gouvernement de M. Guy Mollet – soumis la Convention pour ratification au Parlement.

La commission des affaires étrangères de l'Assemblée nationale en a été saisie. Après l'avoir examinée à plusieurs reprises sans arriver à un accord, c'est seulement le 19 mars 1958 qu'elle s'est prononcée en faveur de la ratification.

En raison des événements de l'époque, le Parlement n'a pu se saisir de la Convention. Il est probable cependant que le débat en séance plénière aurait soulevé d'assez sérieuses difficultés.

I have since had occasion to state in my replies to various written questions in the Assembly and in the Senate that the Government for their part had no basic objection to the Convention, that they approved its terms and intended to submit it to Parliament for ratification.

I added, however, that certain problems arose which had to be carefully looked into before ratification procedure could be embarked upon. And these problems which held up ratification by the Government and Parliament I should like to review briefly now in chronological order.

The first difficulty was concerned with the right to education.

Article 2 of the protocol to the Convention stipulated that "in the exercise of any functions which it assumes in relation to education and to teaching, the State shall respect the right of parents to ensure such education and teaching in conformity with their own religious and philosophical convictions".

Certain members of this House were afraid at the time that this clause might call into question the principle of undenominational government and might indirectly raise the question of subsidies to non-State schools.

It was on this point that discussions in the Foreign Affairs Committee were so lengthy and arduous.

However, the Committee in the end adopted by a majority of three an interpretation which placed French law on education outside the issue.

Parliament has since then approved an Education Act which fundamentally changes the terms of the problem.

Consequently the Prime Minister, in a reply to Mr. Guitton, formally stated that the educational question was no longer an obstacle to the ratification of the Human Rights Convention and I can do no other than repeat that assurance.

But meanwhile another problem had arisen. The French Union was transformed into a Community and its component States began moving towards independence. These developments raised another political and legal question, that of the geographical scope of the Convention.

Two courses were open to us: we could ratify in respect of the States for whose international relations we were still responsible, or we could invoke Article 63 and confine ratification of the Convention to the territories of the Republic.

There were legal drawbacks to the first alternative.

Under Article 24 of the Convention any Contracting Party may

Depuis lors, j'ai eu l'occasion d'indiquer dans les réponses que j'ai données à diverses questions écrites tant à l'Assemblée nationale qu'au Sénat, que le Gouvernement ne formulait, en ce qui le concernait, aucune réserve de principe à l'encontre de la Convention, qu'il en approuvait les termes et qu'il entendait en demander la ratification au Parlement.

Je précisais toutefois que certains problèmes se posaient qu'il importait d'examiner attentivement avant que la procédure de ratification ne fût engagée.

Ces problèmes qui ont amené le Parlement d'abord, le Gouvernement ensuité, à retarder la ratification, je les évoquerai maintenant brièvement et dans l'ordre où ils se sont historiquement posés.

La première difficulté a tenu au droit à l'instruction.

L'article 2 du Protocole additionnel de la Convention stipule en effet que "l'Etat, dans l'exercice des fonctions qu'il assumera dans le domaine de l'éducation et de l'enseignement, respectera le droit des parents d'assurer cette éducation et cet enseignement conformément à leurs convictions religieuses et philosophiques".

Un certain nombre de parlementaires avaient craint à l'époque que cette disposition ne mette en cause la laïcité de l'Etat et ne pose indirectement la question des subventions à l'école libre.

C'est sur ce point que les débats de la commission des affaires étrangères avaient été longs et difficiles.

La commission avait fini cependant par adopter, à trois voix de majorité, une déclaration interprétative dont l'objet était de mettre hors de cause la législation française en matière d'éducation.

Depuis lors, le Parlement a adopté une loi scolaire qui modifie profondément les données de ce problème.

En conséquence, M. le Premier ministre, dans une réponse à M. Guitton, a formellement déclaré que la question scolaire n'était plus un obstacle à la ratification de la Convention des Droits de l'Homme, et je ne peux que renouveler ici cette assurance.

Entre temps, cependant, un second problème avait surgi. La transformation de l'Union française en une Communauté et l'évolution de cette Communauté vers l'indépendance des Etats qui s'y trouvaient associés à la France posaient sur le plan politique et sur le plan juridique une nouvelle question, celle du champ d'application de la Convention.

Deux possibilités se présentaient: ou bien étendre la ratification à l'ensemble des Etats dont la France assurait encore les relations extérieures, ou bien invoquer l'article 63 pour limiter aux territoires de la République le champ d'application de la Convention.

Le premier terme de l'alternative présentait des inconvénients de caractère juridique.

C'est ainsi que l'article 24 de la Convention permet à tout Etat refer to the European Commission of Human Rights any alleged breach of the provisions of the Convention.

Now, though France was still responsible for the States of the Community in the international sphere, she was no longer so in the domestic sphere, as regards either justice or police. It was thus difficult for her to accept in law a responsibility she was now unable to assume in fact.

Some of these States were on the point of attaining independence and it was questionable whether we should burden them with a Convention involving for its signatories very hard and fast commitments.

As for the second course open to us, to ratify only in respect of the French Republic, it is easy to see to what criticisms that would have exposed, not so much France, but the other States of the Community. People would have said that if we invoked Article 63, it was because Human Rights were not fully respected overseas.

The Government therefore preferred to postpone the tabling of the ratifying Bill.

Developments in the Community have gone on apace, culminating in the accession of Mauritania to independence. So that the second problem to which I referred earlier on has now solved itself. The way is now clear for ratification, and the Government proposes to table a Bill for this purpose during the next Parliamentary Session.

Meanwhile, in consultation with my colleagues I shall examine the Convention again. We must see whether, having regard to events in Algeria, we should make certain reservations or invoke certain provisions such as Article 15 which provides expressly for the case of public emergency.

On this point, Parliament is entitled to the fullest explanation, and the Government will not fail to supply it when the time comes.

The President – The following names have been put down Mr. Coste-Floret, Miss Dienesch and Mr. Albert Sorel. I call Mr. Coste-Floret:

Mr. Paul Coste-Floret – Sir, Mr. Guitton began by saying that the Universal Declaration of Human Rights adopted by the UN on 10th December 1948 was one of the main sources of the European Convention on Human Rights, the desirability of whose ratification by France we are now discussing.

partie à l'accord de saisir la Commission européenne des Droits de l'Homme de tout manquement aux dispositions de la Convention.

Or, si la France était encore responsable des Etats de la Communauté sur le plan international, elle ne l'était déjà plus sur le plan interne, qu'il s'agisse des pouvoirs de justice ou des pouvoirs de police. Il lui était donc difficile d'accepter en droit une responsabilité qu'elle n'avait plus les moyens d'assumer en fait.

L'accession de ces Etats à l'indépendance était d'ailleurs possible et on pouvait se demander s'il était opportun de les lier *in extremis* par un texte impliquant pour les signataires des obligations très précises.

Quant au second terme de l'alternative, limiter à la République française le champ de la ratification, il est facile d'apercevoir les critiques auxquelles il aurait exposé non pas tant la France que les autres Etats de la Communauté. N'aurait-on pas dit, en effet, que si nous invoquions l'article 63, c'était parce que les droits de l'homme n'étaient pas pleinement respectés outre-mer?

C'est la raison pour laquelle le Gouvernement avait jugé préférable de reporter à plus tard le dépôt du projet de ratification.

L'évolution de la Communauté a été rapide. Avec l'accession de la Mauritanie à l'indépendance, elle vient d'atteindre son point final. Le second des problèmes auquel je faisais allusion au début de mon intervention se trouve ainsi de lui-même résolu. La voie est désormais libre pour une ratification de la Convention.

C'est pourquoi le Gouvernement envisage de déposer sur le bureau de l'Assembleé, lors de la prochaine session parlementaire, un projet de loi à cet effet.

Dans l'intervalle, je procéderai, en rapport avec mes collègues, à un nouvel examen de la Convention. Nous aurons notamment à déterminer si, en raison des événements d'Algérie, il y a lieu ou non de formuler certaines réserves ou d'invoquer les dispositions de la Convention qui, en son article 15, vise expressément le cas de danger public.

A cet égard, le Parlement est en droit d'obtenir les explications les plus complètes et le Gouvernement ne manquera pas, le moment venu, de les lui donner.

M. le Président. – J'informe l'Assemblée que se sont fait inscrire dans le débat: M. Coste-Floret, Mlle Dienesch et M. Albert-Sorel.

La parole est à M. Coste-Floret.

M. Paul COSTE-FLORET. – Monsieur le ministre, mes chers collègues, au début de son intervention, N. Guitton a heureusement rappelé que la Déclaration universelle des droits de l'homme, adoptée par l'O.N.U. le 10 décembre 1948, avait été l'une des sources principales de la Convention européenne des droits de l'homme, dont nous débattons aujourd'hui l'opportunité de la ratification par la France.

I should like to recall here that on 13th August 1958 at a meeting of the Constitutional Advisory Committee, I put down an amendment which after discussion was unanimously adopted. Its object was to insert in the preamble to our present Constitution a safeguard for the rights recognised in the Universal Declaration.

In spite of the unanimous opinion of the Constitutional Committee, the Government of the time did not, in the referendum, act upon this suggestion. From what we have learnt it seems this was because of objections based on the principle of freedom of education which also appears in the Universal Declaration.

But on this point I would like to re-assure Mr. Guitton. We have no anxieties on this score because the preamble of the 1958 Constitution explicitly confirms that of the previous Constitution of 1946.

You will remember that the Constituent Assembly adopted an amendment submitted by my friend Mr. Lionel de Tinguy, which gave the citizens a safeguard for the rights acknowledged by the basic laws of the Republic.

The Parliament of the Third Republic had passed a law, which is still in force, recognising freedoms of education as a basic law of the Republic. No difficulty can therefore arise on this subject.

I do not think there can be any either, for the reasons given just now by the Minister for Foreign Affairs, as regards the problem of the Community, though I think it rash to say that with the independence of Mauritania the Community has reached the final stage in its development. I do not think we can say that that marks the end of the development. The constitutional laws now in force do not exclude further modifications, as witness the coming negotiations with the countries of the "Entente".

In any event, neither from the point of view of the Community nor from that of freedom of education is there any reason why the Universal Declaration of Human Rights of 1948 should not be given effect in the territory of the French Republic.

This text, as distinct from the one we are discussing, is by its nature not subject to ratification. But since there is talk of a forthcoming revision of the Constitution I should like to point out to the Government the desirability of taking up the unanimous suggestion of the Constitutional Committee and inserting in the preamble of the 1958 Constitution the Universal Declaration of Human Rights. (*Applause from Left centre*).

The President – I call Miss Dienesch.

Or, je veux rappeler ici que le 13 août 1958, à la séance du Comité consultatif constitutionnel, j'avais déposé un amendement qui, après discussion, fut adopté à l'unanimité et qui tendait à introduire dans le préambule de la Constitution actuelle la garantie aux citoyens des droits reconnus par la Déclaration universelle des droits de l'homme.

Malgré cet avis unanimie du comité constitutionnel, le Gouvernement de l'époque n'a pas cru, dans le texte soumis au peuple souverain, retenir cette suggestion. Il semble, d'après ce qui nous a été dit, que c'était en raison d'objections tirées du principe de la liberté de l'enseignement qui figure aussi dans la Déclaration universelle des droits de l'homme.

Mais je veux, sur ce point, rassurer M. Guitton. Nous n'avons, à ce sujet, aucune inquiétude, car le préambule de la Constitution de 1958 confirme expressément celui de la Constitution précédente, celle de 1946.

Il vous souvient que l'Assemblée nationale constituante avait adopté un amendement de mon ami M. Lionel de Tinguy, qui tendait à assurer aux citoyens la garantie des droits qui leur étaient reconnus par les lois fondamentales de la République.

Le Parlement de la IIIe République avait voté une loi, toujours en vigueur, qui reconnaît la liberté de l'enseignement comme loi fondamentale de la République. Il ne peut donc y avoir aucune difficulté à ce sujet.

Je crois qu'il n'y en a pas non plus, pour les raisons qu'a rappelées tout à l'heure M. le Ministre des affaires étrangères, en ce qui concerne le problème de la Communauté, bien que je croie imprudent d'affirmer que l'indépendance de la Mauritanie conduit l'évolution de la Communauté à son terme. Je ne pense pas que l'on puisse dire qu'un terme est mis à cette évolution. Les textes constitutionnels en vigueur permettent d'autres modifications, et je n'en veux pour preuve que les négociations qui seront prochainement entamées avec les Etats de l'Entente.

Quoi qu'il en soit, ni du point de vue de la Communauté, ni du point de vue de la liberté de l'enseignement, rien ne s'opposerait à ce que la Déclaration universelle des droits de l'homme de 1948 soit mise en vigueur sur le territoire de la République française.

Ce texte, à la différence de celui dont nous discutons, n'a pas par sa nature, à être soumis à ratification. Mais, puisque l'on parle de révision constitutionnelle prochaine et imminente, je voudrais attirer l'attention du Gouvernement sur l'intérêt qu'il y aurait, si cette révision avait lieu, à reprendre cette suggestion unanime du Comité constitutionnel et à introduire dans le préambule de la Constitution de 1958 la Déclaration unniverselle des droits de l'homme. (*Applaudissements au centre gauche*)

M. le Président. – La parole est à Mlle Dienesch.

Miss Marie-Madeleine DIENESCH – I should like to tell the Minister that his Ministry is well known for its sagacity and prudence, and that is a fact we gratefully acknowledge. Just now, we were talking about delays in bringing into force Acts of Parliament or ministerial decrees, and we were speaking of delays of not more than three or four years.

But in regard to international conventions – and here the sagacity and prudence of the Minister are not the only factor – it is the same with all Foreign Ministers – the delays are much longer; often 8, 9, 10, or 11 years will elapse between signature and ratification. I need only cite the Convention of which I was speaking last year, which was not ratified for eleven years.

I am happy to see that you have only taken one year to grant our request, whereas the question has been pending for about ten years.

This is a Convention we have set our hearts upon because it embodies a dynamic idea in Europe, which is not only a geographical, political or strategic concept but primarily a community of thought in regard to man.

The Convention we hope to see ratified lays down the conditions without which the human spirit cannot preserve its dignity or freedom, and on which all European countries are fully in agreement.

Furthermore, this is not a declaration of principle but a positive commitment. We have had too many of these grandiloquest declarations of principle, of which some members have said that they were fantasies – and some of them likely to remain unfinished. But this Convention does more than lay down obligations, it goes on to provide for sanctions, and that is why we are so attached to it.

You have just said, Sir, and I thank you for this assurance, that you will do your utmost to settle this matter. I think you can settle it if you show a little authority.

Last year, when we were talking about another International Convention, there were plenty of specialists and lawyers to assure us that the whole business presented insuperable difficulties. But the Government had the courage to surmount them.

The Education Act of December 1959, which was a piece of Government legislation – and on this point you also deserve our congratulations – largely set aside the objections which had caused delay in previous Assemblies.

Mlle Marie-Madeleine DIENESCH. – Monsieur le Ministre, la sagacité et la prudence de votre ministère sont bien connues, et nous en prenons acte bien volontiers.

Il y a quelques instants, en évoquant les retards que subit l'application des lois votées par le Parlement ou des décrets pris par les ministres, nous parlions de délais qui n'excédaient pas trois ou quatre années.

En matière de conventions internationales – et là votre sagacité et votre prudence ne sont pas seules en cause, il en est ainsi de tous les ministres des affaires étrangères – les délais sont bien plus étendus, et c'est souvent huit, neuf, dix ou onze années qu'il nous faut attendre entre la signature d'une convention et sa ratification. Je ne prendrai pour exemple que la convention dont je parlais l'an dernier et qui a nécessité un délai de onze ans pour être ratifiée.

A ce sujet, je reconnais volontiers que vous n'avez mis qu'une année à exaucer nos voeux, alors que le problème était pendant depuis environ dix ans.

En l'occurrence, il s'agit d'une convention qui nous tient à coeur, parce qu'elle exprime une idée-force de l'Europe qui, avant d'être une conception géographique, géopolitique ou stratégique, est une communauté d'idées à l'égard de l'homme.

Le texte dont nous souhaitons la ratification précise les conditions sans lesquelles l'esprit humain ne saurait conserver ni sa dignité ni sa liberté, et sur lesquelles il y a entente complète de tous les pays européens.

En outre, il s'agit non pas d'une déclaration de principe, mais d'une obligation d'action. Car nous n'avons que trop entendu de ces très belles déclarations de principe dont certains délégués ont pu dire qu'elles n'étaient parfois que des sérénades, voire des sérénades qui risquent un jour d'être inachevées.

Mais le texte qui nous occupe prévoit des sanctions après l'énoncé des obligations, et c'est pourquoi nous y sommes attachés.

Vous venez de dire, Monsieur le Ministre, et je vous en remercie, que vous apporterez tous vos efforts à la solution de ce problème. Je crois que vous le pouvez si vous faites preuve d'un peu d'autorité.

Lorsque, l'an dernier, nous parlions d'une autre convention internationale, il se trouvait aussi beaucoup de techniciens et de juristes pour assurer que l'affaire présentait des difficultés insurmontables. Le Gouvernement a eu le courage d'y mettre fin.

D'ailleurs un fait est également à souligner: la loi sur l'enseignement votée par le Parlement au mois de décembre 1959, loi d'origine gouvernementale – et sur ce point vous méritez aussi d'être félicité, Monsieur le Ministre – a écarté une grande partie des objections qui avaient motivé les lenteurs constatées dans les assemblées précédentes.

Last year, with regard to the Convention on the Traffic in Persons adopted by the UN, the problem of developments in the Community also arose. I think that a mutual understanding of situations will make it possible to reach an agreement respecting the outlook of each people and the development of their Constitution.

In urging you to have this Convention ratified, we are asking you to do something which is not only desirable but in the highest degree honourable. Do not forget that at the time of the debate in the Consultative Assembly of the Council of Europe it was our delegates who played the decisive part, who were in the forefront of the battle. The valuable contribution of the Rapporteur, Mr. Pierre-Henri Teitgen, was noted by numerous delegates from other countries.

A British delegate said that he was particularly happy that the debate should be led by Mr. Pierre-Henri Teitgen, as representing the great French people whose ideals were similar to his own. And he added, "Every time I come to this beautiful country, it is a place where the spirit can shine forth and flourish".

Ladies and Gentlemen, at a time when violence is still threatened both within and without our frontiers, when there are still fears, twenth years after the disappearance of the Nazi regime, of laws and Constitutions being trodden under foot, we have but one desire – and I am sure it is one the Minister shares – that France will never give the lie to such judgments passed upon her. (*Applause from Left centre*).

The President – I call Mr. ALBERT-SOREL

Mr. Jean ALBERT-SOREL – Sir, it is a sorry business that an international Convention should still not be ratified ten years after signature. But when the Convention bears the fine title of "European Convention of Human Rights", it is even more depressing to us Frenchmen because the mere phrase "Rights of Man" brings to mind the name of France.

Sir, as you have told us, there are many reasons for which ratification has not yet taken place. You explained very clearly those which concerned previous Governments and also those for which you yourself have been unable to introduce the ratification Bill.

There was the question of education; there was that of the Community. There were also, I think, other practical reasons. The Assembly always has a very heavy Agenda and the Government is desirous of presenting other Conventions for ratification at the same time.

L'an dernier, en ce qui concernait la convention sur la traite des êtres humains adoptée par l'O.N.U., le problème de l'évolution de la Communauté s'était aussi posé. Je crois qu'une compréhension réciproque des situations peut permettre d'aboutir à une entente respectant la pensée de chaque peuple et l'évolution de sa constitution.

Monsieur le Ministre, en vous demandant de faire ratifier cette convention, nous vous proposons d'accomplir un acte non seulement souhaitable, mais également grandement honorable. N'oubliez pas en effet que lors de la discussion devant l'Assemblée Consultative du Conseil de l'Europe, nos représentants ont eu une action déterminante; ils se sont battus avec le maximum d'ardeur et d'efficacité. Le rôle de son rapporteur d'alors, M. Pierre-Henri Teitgen, a été souligné par de nombreux délégués étrangers.

Un représentant du Royaume-Uni déclara qu'il était particulièrement heureux que ce débat ait été instauré par l'intervention de M. Pierre-Henri Teitgen, représentant du grand peuple français dont les idéaux étaient les siens. Et il ajoutait: "Chaque fois que je viens dans ce beau pays, j'ai l'impression que l'esprit y rayonne et s'y épanouit".

Mesdames, Messieurs, en une heure où les manaces de violence ne sont pas exclues, ni à l'extérieur ni à l'intérieur, où l'on craint encore trop, vingt ans après le régime nazi, le mépris des lois et des constitutions, nous ne formons qu'un seul voeu – comme vous-même, j'en suis persuadée, Monsieur le Ministre – celui que de tels jugements portés sur la France puissent n'être jamais démentis. (*Applaudissements au centre gauche*)

M. le Président. – La parole est à M. Albert-Sorel.

M. Jean ALBERT-SOREL. – Monsieur le Ministre, qu'une convention internationale, dix ans après avoir été signée, n'ait pas encore été ratifiée, voilà qui nous porte à quelque mélancolie. Mais lorsque cette convention porte le nom très beau de "Convention européenne des Droits de l'Homme", nos coeurs français se serrent un peu davantage car qui dit "droits de l'homme" prononce en même temps le nom de la France.

Monsieur le Ministre, les raisons pour lesquelles cette ratification n'est pas encore intervenue sont multiples, comme vous nous l'avez rappelé. Celles du passé, celles d'avant le Gouvernement auquel vous appartenez, vous les avez parfaitement indiquées, comme vous nous avez indiqué celles pour lesquelles vous n'avez pu encore déposer vous-même à cette tribune les instruments de ratification.

Il y a eu le problème de l'enseignement, il y a eu celui de la Communauté. Il y a eu aussi, je crois, d'autres raisons d'ordre pratique: les ordres du jour très chargés des sessions de nos Assemblées et, également encore, le désir du Gouvernement de demander, dans un ensemble, la ratification d'autres conventions.

But those considerations matter little today, since you have told us the good news that at the next Session you will present the European Convention on Human Rights to Parliament for ratification. We note that statement and are grateful for it.

If I may digress for a moment, Sir, and no doubt be called to order by the President ...

The President – I should do no such thing.

Mr. Jean ALBERT-SOREL ... from the Convention on Human Rights to say that other conventions have been drawn up by the Consultative Assembly of the Council of Europe and have been signed by the Government. Some of them are still not ratified.

I would add that the French Government is not the only one to have been in no hurry to ratify; other Member Governments of the Council are as much to blame.

It would nevertheless be a good thing if France – after the news we have been pleased to hear today – were to take the lead in the matter of ratification so that these Conventions, thanks to France in particular, could soon come into force.

There are many of them. I am thinking in particular of the Convention on Establishment, dating from 1955; its provisions are most commendable; every possible reservation has been provided for so that it can be put into effect without upsetting our economy. It is well worth bringing into operation.

Norway has ratified it, and we should be most happy if France were able to follow suit.

One last word, Sir. At the last Session of the Council of Europe Consultative Assembly there was a good deal of concern over its future. Motions were discussed which aimed at instilling new life into that Assembly, which in its earliest days had its hours of glory and in which many great French speakers were heard.

The first flush of enthusiasm of the French – and here I must mention the unforgettable name of the Secretary-General, Jacques-Camille Paris, – has abated. The Assembly has become too academic; it is a melancholy echo of what is being said elsewhere.

Now I think the remedy is simple. The Committee of Ministers should examine more promptly the recommendations submitted to them and these recommendations should issue more often in some tangible result in the form of Conventions or agreements, signed by the governments and then ratified by the Parliaments.

Peu importent ces raisons aujourd'hui, puisque vous nous apportez cette nouvelle infiniment heureuse, et qui nous réjouit, qu'à la prochaine session vous demanderez au Parlement la ratification de la "Convention européenne des Droits de l'Homme". Nous en prenons acte et nous vous remercions.

Puis-je, Monsieur le Ministre, en m'écartant un peu, quitte à me faire rappeler à l'ordre par M. le Président ...

M. le Président. – Je ne me le permettrais pas.

M. Jean ALBERT-SOREL. – ... de la Convention des Droits de l'Homme, vous dire ceci:

D'autres conventions ont été élaborées au sein de l'Assemblée Consultative du Conseil de l'Europe, d'autres conventions ont été signées par les gouvernements et ne sont toujours pas ratifiées.

Je précise tout de suite que le Gouvernement français n'est pas le seul à n'avoir guère apporté d'empressement à demander leur ratification; les gouvernements des autres pays membres du Conseil peuvent s'adresser le même reproche.

Il n'en serait pas moins souhaitable que la France – puisque vous nous annoncez aujourd'hui la bonne nouvelle – prenne la tête des demandes de ratification et que ces conventions puissent bientôt, grâce à elle en particulier, entrer en vigueur.

Ces conventions sont nombreuses. Je pense en particulier à cette Convention d'Etablissement, datant de 1955, qui contient des dispositions excellentes, où toutes les réserves possibles ont été faites pour que la vie économique ne soit pas troublée par son entrée en vigueur et qui mérite tant d'être appliquée.

Si la France pouvait prendre l'initiative, après la Norvège qui, elle, l'a ratifiée, d'en demander la ratification, nous en serions très heureux.

Un mot encore, Monsieur le Ministre. Au cours notamment de la dernière session de l'Assemblée Consultative du Conseil de l'Europe, de nombreux collègues se sont préoccupés de la vie de cette Assemblée.

Des projets de résolution ont été discutés dont l'objet est de revivifier cette Assemblée qui, à sa naissance, a connu des heures glorieuses, où de grandes voix françaises se sont exprimées.

L'enthousiasme et l'élan français du départ, liés au nom du Secrétaire Général Paris que nous ne saurions oublier, se sont par trop calmés. L'Assemblée est devenue par trop académique. Il y a de la mélancolie dans les propos dont elle est l'écho.

Je crois, pour ma part, que le remède est simple. Il serait souhaitable que le Comité des Ministres mît plus d'empressement dans l'examen des recommandations qui lui sont soumises et que ces recommandations aboutissent plus souvent à un résultat concret, que des textes en naissent, que ces textes soient signés par les gouvernements, puis ratifiés par les parlements.

Today, Sir, you have given us a ray of hope and, more than that, an assurance.

And, just as we are expressing our gratitude, what must I do but ask for more. I am sorry to do so, Sir, but I think you understand my motives (*Applause*).

The President – I call Mr. Maurice Schumann.

Mr. Maurice SCHUMANN, Chairman of the Foreign Affairs Committee – Mr. Albert-Sorel has spoken in his personal capacity, but I am sure the Foreign Affairs Committee is unanimous in wishing to be associated with the remarks he has made.

We are grateful to the Minister for Foreign Affairs for the pledge he has given, and we assure him that we shall watch for the fulfilment of that pledge with our usual vigilance, but also with confidence (*Applause*).

The President – The debate is closed.

NETHERLANDS

Second Chamber of the Netherlands States-General
15th Sitting, 17th November 1959 [1]

Translated from the Dutch

The President: The next item is the bill approving Netherlands recognition of the right of individual petitions in accordance with Article 25 of the Convention for the Protection of Human Rights and Fundamental Freedoms, signed in Rome on 4th November 1950 (5359).

The debate is open.

Mr. SCHMAL (Chr. Hist. Union): Mr. President, some time ago there was a reference here to suspicious-looking boxes out of which little demons might be expected to jump at any moment. I do not think that there will be any such unpleasant surprises with this Bill. The subject is a perfectly harmless one. After all, the point at issue has been embodied in international legislation for some time and I do not think there is any need to waste much of the nation's time on it.

Nevertheless, I should like to comment briefly on it, chiefly

[1] Tweede Kamer 15de Vergadering, Vergadering van Dinsdag 17 november 1959, pp. 286–295.

Aujourd'hui, vous nous apportez non seulement une parole d'espérance, mais encore une certitude.

Au moment où nous vous en remercions, voilà que je vous demande encore davantage, et de cela, Monsieur le Ministre, je m'excuse, mais je sais que vous comprendrez le sentiment qui m'anime. (*Applaudissements*)

M. le Président. – La parole est à M. Maurice Schumann.

M. Maurice SCHUMANN, *Président de la Commission des affaires étrangères.* – Mes chers collègues, mon ami M. Albert-Sorel ayant parlé en son nom personnel, je tiens à associer la Commission des affaires étrangères unanime, j'en suis sûr, aux paroles qu'il a prononcées.

Nous remercions M. le Ministre des affaires étrangères de l'engagement qu'il a bien voulu prendre et nous tenons à lui donner l'assurance que nous suivrons l'exécution de cet engagement comme d'ordinaire avec vigilance mais aussi avec confiance. (*Applaudissements*)

M. le Président. – Le débat est clos.

PAYS-BAS

Deuxième Chambre des Etats-Généraux Néerlandais
15ème séance, tenue le 17 novembre 1959 [1]

Traduction du néerlandais

Le Président: A l'ordre du jour figure la discussion du *projet de loi relatif à l'approbation de la reconnaissance par les Pays-Bas du droit de recours individuel prévu à l'article 25 de la Convention de sauvegarde des Droits de l'homme et des libertés fondamentales signée à Rome le 4 novembre 1950* (5359).

La discussion générale est ouverte.

M. SCHMAL (Union chrétien-historique): Monsieur le Président, tout à l'heure, dans cette enceinte. il a été question de boîtes suspectes dont sortaient des diablotins. Je pense qu'en ce qui concerne le projet de loi dont nous avons à nous occuper, une telle apparition est tout à fait exclue. Ce projet a trait à la chose la plus anodine du monde. Tout compte fait, il fait partie d'une réglementation internationale existante et en ce sens il est à peine nécessaire d'y consacrer une partie trop importante du temps de la nation.

Néanmoins, je voudrais dire un mot à ce sujet, principalement

---

[1] Tweede Kamer, 15de Vergadering, Vergadering van Dinsdag 17 november 1959, pp. 286–295.

because, for the Netherlands, the tabling of this bill represents a considerable step forward, in some ways at least.

The provisional report points out that the article in question is the outcome of many years of work. I do not think that this was a reference to the whole history of the protection of human rights and fundamental freedoms, which goes back much further than the United Nations or the Council of Europe and is far too long for me to dwell on here. What we are discussing is only a small part of regulations already in force. For further information about it I refer you to the Council of Europe booklet "The European Convention on Human Rights". Those who would like to see through rose-coloured spectacles the results the Convention is expected to achieve will find what they are looking for in this booklet. I too have found things to interest me in it. However, while I recommend it (in particular the French version) to any who are interested in the subject, I must admit that I found a number of points to query, for example the statement somewhere that the Convention may be regarded as an instrument for the future protection of Europe from the dangers of dictatorship and hence of war.

That, to my mind, has a distinct flavour of propaganda, since, to protect Europe from dictatorship and war something much more is required than a treaty, which is only a piece of paper after all, however much respect we may have for it.

However that may be, we are here to discuss a point of detail – I think I may say, without laying claim to any gifts of prophecy, that the Netherlands will soon be among the countries which have recognised the right of individual petitions.

In the meantime, it is well to recall that this clause was embodied in the Convention only after some difficulty. The Legal Committee of the Consultative Assembly went over and over it from every angle. I remember a meeting called to discuss it that began at 9 in the evening and went on until half-past three in the morning and all we were offered to encourage us in the middle of the night was a glass of water. I am not complaining – one must always be prepared to make some sacrifices in a good cause.

pour la raison que, en ce qui concerne les Pays-Bas, le dépôt de ce projet de loi représente déjà une étape importante, du moins dans une certaine mesure.

Le rapport provisoire fait très justement remarquer qu'il s'agit ici d'une oeuvre de longue haleine. Je partage cet avis. Cependant, en parlant d'une oeuvre de longue haleine, on n'a certainement pas pensé à la question générale de la protection des droits de l'homme et des libertés fondamentales dans toute son étendue. C'est une affaire beaucoup plus ancienne que l'Organisation des Nations Unies, ou que le Conseil de l'Europe. Assurément je n'ai pas à m'y étendre maintenant; il ne s'agit ici que d'une partie d'une réglementation déjà entrée en vigueur. A ceux qui voudraient avoir des renseignements sur ce sujet en général, je me permets de signaler la brochure que le Conseil de l'Europe a publiée sous le titre "La Convention européenne des Droits de l'homme". Celui qui veut voir sous un éclairage rose les résultats auxquels la Convention peut aboutir, trouvera dans cette brochure ce qui lui plaît, comme moi aussi j'y ai trouvé des choses à mon goût. Cependant, si je recommande la lecture de cette brochure (en particulier dans sa version française) à ceux qui s'intéressent à la question, je dois aussi avouer que, quant à moi, en la lisant j'ai marqué plusieurs passages d'un point d'interrogation. C'est ainsi que quelque part il y est dit que cette Convention doit être considérée comme un "instrument qui protégera demain l'Europe libre contre les dangers de la dictature et donc de la guerre".

Cette phrase porte encore – me semble-t-il – les traces d'un vernis de propagande, car, pour rendre effective la défense de l'Europe contre les dangers de la dictature et donc pour écarter la guerre, il faut encore quelque chose d'autre – et bien plus – que le papier d'un traité, je dis cela avec tout le respect que, dans les circonstances données, j'ai pour ce traité.

Quoi qu'il en soit, nous nous trouvons en face d'une question de détail et nous en sommes à un point où – je crois que l'on peut l'affirmer sans prétendre avoir des dons prophétiques – les Pays-Bas seront en quelques semaines du nombre de ceux qui auront reconnu le droit de recours individuel.

En attendant il est bon de rappeler que ce droit n'a été incorporé dans la Convention qu'avec quelque peine. La Commission juridique de l'Assemblée Consultative du Conseil de l'Europe en a discuté en long et en large. Je me souviens d'une séance qui lui a été consacrée et qui a commencé à 9 heures du soir pour ne se terminer qu'à trois heures et demie du matin. Elle avait lieu dans une salle où les membres de la Commission se sont vu offrir au milieu de la nuit – probablement en guise d'encouragement – en tout et pour tout un verre d'eau froide. Il faut bien faire des sacrifices pour la bonne cause, aussi je ne m'en plains pas.

Now the Bill is being submitted to us and, as the report rightly points out, most of the objections that might have been raised to the recognition of the right of individual petition have lost their force in practice. All is well that ends well. My friends and I welcome this Bill and expect you to pass it presently by a large majority.

Mr. President, in the various papers we have seen on this subject, it was observed in a certain quarter, and I can well understand why, that it is rather a pity that Surinam and the Netherlands Antilles should still have so few of these advantages. I have not the least desire to oppose this view, but, on the other hand, I support the Government when they say they do not wish to go into the matter any further. I think the Government are right: we must respect the independence of these territories. In certain circumstances we might well want to introduce some measure at home with which the other territories did not altogether agree. The opposite might also happen. I think that we do well, in spite of differences of opinion that arise in connection with such small points as this, to let well alone. There is no need, for instance, for the Government to tap Surinam or the Netherlands Antilles on the shoulder and say: "You should have behaved better in that affair". That may be all very well for children, but it will not do once they have grown up, as is happily the case with so many of our overseas territories.

Mr. Oud (Liberal): Mr. President, I too would like – I was about to say: naturally – to express my satisfaction that the Government should have at last decided to recognise the right of individual petition. The Minister will not be surprised to hear me say so, since as early as 1954, about five years ago, in the debate on the ratification of the Rome Convention. I made a strong plea for the recognition of this right.

At the time – and I think the same is true of Mr. Schmal – I could not understand the Government's reasons for not agreeing to this optional clause. They were three.

The first argument was that it constituted an interference in the internal administration of justice. This I failed to understand, since if the Government wanted no interference in the judicial system they should never have signed the Convention.

Voici maintenant que le projet de loi nous est soumis et, comme le rapport le fait ressortir avec justesse, la plupart des objections que, dans le temps, on pouvait soulever à propos de la reconnaissance du droit de recours individuel, ont perdu de leur force par la pratique. Disons donc que tout est bien qui finit bien. Mes amis et moi, nous nous réjouissons du dépôt de ce projet et nous nous attendons à ce que tout à l'heure il soit adopté à une forte majorité.

Monsieur le Président, dans les pièces échangées à ce sujet, la remarque a été faite d'un certain côté – et je me l'explique très bien – qu'il est quelque peu regrettable que le Surinam et les Antilles néerlandaises aient encore si peu accès à ces avantages. Je ne veux pas le moins du monde contester la justesse de cette remarque, mais, néanmoins, je me range du côté du Gouvernement quand celui-ci affirme de son côté ne pas vouloir s'expliquer à ce sujet. Je crois en effet que le Gouvernement voit juste: nous devons respecter l'indépendance de ces territoires. Il peut arriver que dans certaines circonstances nous voulons obtenir quelque chose pour la métropole et que ces territoires ne sont pas tout à fait d'accord. L'inverse peut aussi se produire. Je pense que nous agissons bien si, malgré les différences d'opinion qui peuvent se produire concernant des nuances comme celle-là, nous laissons être chacun ce qu'il est; c'est-à-dire que dans des circonstances données, il n'est sûrement pas nécessaire qu'à l'occasion le Gouvernement ait l'air de frapper sur l'épaule du Surinam ou des Antilles néerlandaises en disant: "Vous auriez dû vous comporter un peu mieux dans cette affaire". Il me semble que de pareilles admonestations conviennent à des jeunes gens, mais pas à des enfants devenus adultes, comme heureusement nous en rencontrons un si grand nombre dans nos territoires d'outre-mer.

M. Oud (Parti libéral): Monsieur le Président, moi aussi je voudrais – j'allais dire: naturellement – commencer par exprimer ma satisfaction que le Gouvernement ait enfin pris la décision de reconnaître le droit de recours individuel. Monsieur le Ministre ne sera sans doute pas étonné de m'entendre dire cela, car déjà en 1954, il y a environ 5 ans, lorsque l'approbation du traité de Rome a été à l'ordre du jour, j'ai prononcé un vigoureux plaidoyer en faveur de l'acceptation de ce droit.

A l'époque – et il me semble que c'était aussi le cas de l'honorable député M. Schmal – je n'ai pas pu très bien comprendre les motifs que le Gouvernement a invoqués pour ne pas accepter la clause facultative. Il y en avait trois.

Le premier argument était que cette disposition du traité constituait une ingérence dans l'ordre juridique national. Je n'ai pas très bien pu le comprendre, car si l'on avait voulu éviter toute ingérence dans l'ordre juridique interne, il n'aurait pas fallu accepter le traité lui-même.

The second reason given was that there would be no individual complaints by Netherlands subjects. This seems to me a rather weak argument. If it were thought that there would be complaints from other countries, the Netherlands would have done better to set a good example and say "We are quite happy to agree to international control over our conduct in this sphere".

The third reason was the danger of unfounded complaints. The figures given in the report prove clearly, I think, what I said at the time: namely that there would be a large number of complaints but that there were adequate guarantees to ensure that those which were unfounded would not be heard. We see from the report that, up to 1st January 1959, 515 individual applications had been received of which all but 13 were rejected outright, and, after further investigation, only two were declared admissible. Nevertheless I should still like to stress what I said at greater length in 1954: to my mind, it is precisely the right of individual petition that gives significance to the Convention. Governments are not very likely, after all, to make use of their right of petition; they are more likely to seek a settlement through diplomatic channels.

I regret, like Mr. Schmal, that Surinam and the Netherlands Antilles have been left out. I can understand that the Government should have said to themselves at last: "Very well, let us agree to it for the home country only", but I deplore it, because I cannot help wondering whether the exclusion of these territories is in accordance with the spirit of the Statute. I know that Article 43 (1) of the Statute places upon each State separately the responsibility for the protection of human rights and fundamental freedoms in its own territory. in accordance, no doubt, with the principle of each country's independence in managing its own affairs. The second paragraph, however, states that the Kingdom is responsible for guaranteeing these rights and freedoms. The Statute does not merely say "Each State shall look after these matters in its own way and it is no affair of the Kingdom". On the contrary, it is the affair of the Kingdom. It would certainly have been more satisfactory if the declaration had been made by the Government of the Kingdom of the Netherlands, subject to the approval of the legislative body of the Kingdom. The situation is a peculiar one, because the Convention was signed and ratified before the Statute came into force.

At that time there was no Government of the Kingdom. I should be interested to know whether the Government agree with me that if the declaration were made in the name of the Kingdom as a whole, including Surinam and the Antilles, it ought to be made by the Government of the Kingdom, and approved, insofar

Le deuxième motif était: des plaintes ne se produiront pas aux Pays-Bas. Je ne trouve pas que cet argument soit très fort. Si l'on a cru que des plaintes se produiraient bien dans d'autres pays, on aurait dû dire justement pour donner le bon exemple: "Nous plaçons tranquillement sous la surveillance des organes internationaux ce que nous faisons dans ce domaine aux Pays-Bas".

La troisième raison invoquée était le danger des plaintes non-fondées. Les chiffres cités au rapport prouvent très clairement, me semble-t-il, ce que j'ai dit à l'époque: il y aurait beaucoup de plaintes, mais les garanties étaient plus que suffisantes pour que les plaintes qui n'étaient pas tout à fait fondées ne viennent pas en discussion. Les chiffres du rapport nous apprennent que jusqu'au 1er janvier 1959 il y a eu 515 plaintes, dont 13 ont été retenues pour un examen plus approfondi et 2 seulement ont été déclarées recevables. Néanmoins j'aimerais encore souligner ce que j'ai dit en 1954 – à l'époque je l'avais développé plus longuement – que pour moi c'était précisément le droit de recours individuel qui donnait sa véritable signification au traité. En effet, il n'était pas très probable que les Gouvernements feraient usage de leur droit de recours, on pouvait penser qu'ils chercheraient plutôt une solution par la voie diplomatique.

Je regrette avec M. Schmal que le Surinam et les Antilles soient restées en dehors. Je comprends que le Gouvernement a fini par dire: Acceptons-le seulement pour les Pays-Bas, mais je le déplore, car je me demande s'il est conforme à tous les égards à l'esprit du Statut d'exclure sans plus les Antilles et le Surinam. Je sais bien que l'article 43, par. 1, du Statut confie à chacun des Etats séparément le soin de veiller au respect des droits de l'homme et des libertés fondamentales, comme c'est sans aucun doute aussi conforme au principe de l'indépendance des pays dans la gestion de leurs propres affaires. Toutefois, il convient d'aller plus loin, car il est dit au deuxième paragraphe du même article que la garantie de ces droits et libertés est une affaire du Royaume. Le Statut n'a pas dit sans plus: chacun des Etats règle lui-même ces questions et le Royaume ne s'en occupe pas. Bien au contraire, il s'agit là d'une affaire du Royaume. Il aurait certainement été plus satisfaisant si la déclaration avait été faite par le Gouvernement du Royaume sous réserve de l'approbation du législatif du Royaume. A mon avis, c'est une situation particulière en ce sens que la signature et la ratification du traité sont antérieures au Statut.

En ce temps-là il n'était pas encore question d'un Gouvernement du Royaume. J'aimerais néanmoins savoir si le Gouvernement juge avec moi qu'au cas où la déclaration serait faite pour tout le Royaume, donc le Surinam et les Antilles y compris, cette déclaration doit être faite par le Gouvernement du Royaume, et approuvée, dans la as approval is required – I shall return to that point – by the legislative body of the Kingdom. I should also like to know whether the Minister intends to raise in the Cabinet the question of recognition of the right of individual petition for Surinam and the Antilles as well. The fact remains that I am in full agreement with the Government's policy in this matter and that I well understand their reasoning that it is preferable to begin by recognising the right for the Netherlands alone. Any other course of action would certainly have caused considerable delay.

I now come to the constitutional aspects of this question.

It is a good time to raise them as I can do so without laying myself open, even for a moment, to the suspicion that, for political reasons, I am trying to impose certain legal interpretations. I have already said that I am happy to vote in favour of the bill, but I think we would do well, now that we are able to take a calm and academic interest in the matter, to determine exactly what are the powers of the Executive and what are those of the States-General in this affair. This point may perhaps be raised one day when the atmosphere is not so calm and serene. I mentioned it in 1954, but I can carry my reasoning further now that we are discussing this Bill. I shall base my argument on the clauses of the Constitution providing that international agreements (that is the term used) shall be concluded by the Crown or by virtue of a delegation of the powers of the Crown. This gives us two possibilities. The first is that, once signed, an agreement has to be ratified. I think we may say that this applies only to formal agreements and treaties. Less formal agreements do not require ratification, but the Constitution still requires that they be approved. No agreement can come into force without the approval of the States-General.

The Rome Convention, that we are discussing today, is a formal treaty. It was concluded by the Crown and submitted to the States-General for approval. Once approved by the States-General, or, in the words of the Constitution, once approved by law, the way was open for its ratification, but the Government were not obliged to ratify it, as I pointed out in 1954. Approval opens the door to ratification, if I may so express myself, but it is for the Government to decide whether they wish to make use of the open door, subject, of course, to the political control exercised by the States-General over the actions of the Government.

mesure où une approbation est nécessaire – j'y reviendrai encore –, par le législatif du Royaume. J'aimerais également savoir si le Ministre a l'intention de poser au sein du cabinet du Royaume la question de la reconnaissance de ce droit de recours aussi pour le Surinam et les Antilles. Il n'empêche que je suis tout à fait d'accord avec la politique que le Gouvernement a adopté sur ce point et que je comprends aussi que le Gouvernement s'est dit: Commençons toujours par accepter le droit de recours individuel pour les Pays-Bas seulement. Je suis en effet convaincu qu'une autre ligne de conduite n'aurait pas manqué de causer de sérieux retards.

Je dois m'étendre davantage sur les aspects constitutionnels de la présente affaire. Il me semble que c'est une bonne occasion pour parler de ces aspects, puisque je peux le faire maintenant sans encourir le soupçon, ne serait-ce qu'un instant, que, pour des raisons politiques, je veuille développer certaines interprétations juridiques. J'ai déjà dit que je voterai avec plaisir pour le projet de loi, mais je crois que nous ferons bien, maintenant que nous pouvons le faire dans une atmosphère de sérénité comparable à celle de l'Université, de nous rendre exactement compte quelles sont dans ce domaine les compétences de l'exécutif, et quelles sont celles des Etats-Généraux. Il est en effet possible qu'un jour cette question se posera dans une atmosphère moins calme et moins sereine. En 1954 j'ai déjà parlé de ce point, mais maintenant l'examen du projet de loi m'a permis de pousser encore plus loin mon raisonnement. Pour ma démonstration je prendrai comme point de départ les dispositions constitutionnelles, qui prévoient que les accords internationaux, terme employé par la Constitution, sont conclus par la Couronne ou en vertu d'une délégation de pouvoir émanant d'elle. Dès lors il y a deux possibilités. La première en est qu'après avoir été signé, l'accord nécessite la ratification. Il me semble possible de dire que dans ce cas nous avons à faire à une convention formelle ou à un traité formel. Les accords moins formels ne nécessitent pas de ratification, mais la Constitution n'en exige pas moins une approbation de ces accords; elle prévoit notamment qu'un accord de ce genre ne peut pas entrer en vigueur sans l'approbation des Etats-Généraux.

La Convention de Rome, dont il s'agit aujourd'hui est un traité formel. Le Roi avait conclu le traité et celui-ci a ensuite été soumis aux Etats-Généraux pour approbation. Une fois que les Etats-Généraux l'avaient approuvé, ou comme le dit la Constitution, une fois qu'il avait été approuvé par loi, la voie à la ratification était ouverte, mais le Gouvernement n'était pas obligé de le ratifier, comme en 1954 j'avais déjà l'occasion de le souligner. L'approbation ouvre la porte à la ratification, s'il m'est permis de m'exprimer ainsi, mais c'est au Gouvernement qu'il appartient de décider s'il veut entrer par cette porte, sous la réserve, bien entendu, du

So far there are no complications. The Convention has been approved by the States-General and ratified by the Government. The difficulties arise in connection with the optional clauses, of which the Convention has three: Article 46 on the recognition of the Court's jurisdiction, Article 63 on the application of the Convention to territories for whose international relations Contracting Parties are responsible – which is the case of Surinam and the Netherlands Antilles – and Article 25 on the right of individual petition. The ratification of the Convention does not involve any undertaking in regard to those points.

The question then arose as to whether the approval of the Convention automatically entitled the Government to make the declarations for which provision was thus made. This point was also raised in 1954. The problem resides in the legal nature of such declarations. In 1954 I drew a parallel between the declarations and international agreements. I said: perhaps these declarations are not agreements, as they are unilateral. But it could be argued that, as a declaration of this kind leads to the extension of obligations under the Convention it is equivalent to accession to a treaty. I took the view that, in this case, the declaration must be regarded as an agreement for the purpose of implementing the Convention. Accordingly, it is subject to approval only insofar as the Act approving the Convention makes a reservation to this effect. Does not the Constitution specifically state that an agreement in execution of a treaty requires no separate approval?

The Government's attitude to this in 1954 was, to say the least, equivocal. At the time the Minister speaking for the Government was Mr. Beyen, and, if I remember rightly, the present Foreign Minister was a Minister without portfolio. The Bill was concerned not only with the approval of the Convention but also with the deposit of the declarations provided for in Articles 46 and 63, relating to the Court's jurisdiction and overseas territories respectively. It was to be deduced that the Government did not regard ratification alone as sufficient authority for depositing the declarations. That is why I moved an amendment, reasoning as follows: "If the Government do not regard ratification as sufficient authority for depositing the declarations, and if they have included in the Bill a provision authorising them to make the declarations provided for in Articles 46 and 63 but not that provided for in Article 25, there is only one conclusion to be drawn, namely that the Government do not consider themselves authorised to make the declaration provided for in Article 25". I therefore moved an droit des Etats-Généraux d'exercer leur contrôle politique sur les actes du Gouvernement.

Jusqu'ici, aucune complication. La Convention a été approuvée par les Etats-Généraux et ratifiée par le Gouvernement néerlandais. Les difficultés viennent avec les clauses facultatives. La Convention en contient trois: la disposition de l'article 46 relative à l'acceptation de la juridiction de la Cour; celle de l'article 63 concernant l'application de la Convention aux territoires dont la Partie Contractante assure les relations internationales – ce qui est le cas du Surinam et des Antilles néerlandaises – et enfin la disposition de l'article 25 prévoyant le droit de recours individuel. La ratification pure et simple de la Convention n'entraîne pas un engagement sur ces points.

Dès lors la question était de savoir si l'approbation de la Convention à elle seule a donné droit au Gouvernement d'effectuer les déclarations ainsi prévues. Nous avons aussi soulevé ce point en 1954. Le problème qui se pose est celui de la nature juridique de ces déclarations. Au cours de la discussion, en 1954, j'ai établi une analogie entre les déclarations et les accords internationaux. J'ai dit: les déclarations ne sont peut-être pas des accords, elles sont faites unilatéralement. Néanmoins, on pourrait aussi soutenir que, la déclaration menant à l'extension des obligations découlant du traité, en fait elle équivaut à l'adhésion à un accord. Ma position était que, dans ce cas, la déclaration doit être considérée comme un accord dont l'objet est l'exécution de la Convention. Par conséquent, elle est sujette à approbation seulement si la loi approuvant la Convention a fait une réserve en ce sens. La Constitution ne dit-elle pas expressément que les accords d'application ne nécessitent pas une approbation spéciale?

En 1954 l'attitude du Gouvernement sur ce point était, pour m'exprimer avec modération, plutôt équivoque. En ce moment c'était M. le Ministre Beyen qui parlait au nom du Gouvernement, et – si mes souvenirs sont exacts – l'actuel Ministre des Affaires étrangères était Ministre sans portefeuille. Le projet de loi ne contenait pas seulement l'approbation de la Convention, mais aussi celle du dépôt des déclarations prévues aux articles 46 et 63 de la Convention, concernant respectivement la juridiction de la Cour et les territoires d'outre-mer. On pouvait en déduire que le Gouvernement ne considérait pas la ratification seule comme une autorisation suffisante pour le dépôt des déclarations. C'est pourquoi j'ai proposé un amendement, en raisonnant ainsi: si le Gouvernement ne se croit pas suffisamment autorisé par la ratification à déposer les déclarations, et s'il introduit dans la loi une autorisation pour faire les déclarations prévues aux articles 46 et 63, mais non pour celle prévue à l'article 25, on ne peut en déduire qu'une chose: le Gouvernement considère qu'il n'a pas obtenu l'autorisation pour effectuer amendment to give them this authorisation likewise. The then Foreign Minister, Mr. Beyen, opposed it, as he was against the recognition of the right of individual petition. I thought his objections were unfounded, as I was quite entitled to do, but the Government thought they were justified, so there was nothing to be done about it. The fact remains that I never understood why the Government refused at that stage to insert a clause authorising them to make the declaration provided for in Article 25, since it would not have placed them under any obligation to do so. The authorisation would have opened the way to the deposit of the declaration and the Government could always decide later whether it was advisable to act on it or not.

The surprising thing is that, at the same time, the then Foreign Minister, Mr. Beyen, asserted that the Government were entitled to deposit all the declarations, even that provided for in Article 25, without first consulting the States-General, although they were quite prepared to do so.

The Government's ideas on Article 25 would appear, therefore to have been somewhat confused – I see the Minister nodding assent and I trust that he will tell us presently that he agrees with me, insofar as it was not logical on the part of the Government to say of the declarations provided for in Articles 46 and 63: We must have the approval of the Chamber, otherwise we cannot make these declarations, and at the same time to say: If the Bill approving the Convention is adopted with no mention of Article 25, we are still entitled to deposit the declaration provided for, but, in view of the relations between the Government and the States-General, we are quite prepared to consult Parliament before doing so.

I understand that, in these circumstances, once the Government had decided to recognise the right of individual petition they should have said to themselves: Let us take the safest course by introducing a Bill, and let us not deposit a declaration recognising the right of individual petition until we have got the Bill passed by both Chambers.

But that is not all, Mr. President. I have even wondered whether, after all, the concept of a declaration as an agreement in execution of a treaty, as I saw it in 1954, is correct. On thinking it over, I wondered whether it would not be more logical to apply Article 64 of the Constitution to such cases, – Article 64 is concerned with accession to international conventions and their denunciation. We need not consider denunciation in the present case. Article 64 states that the provisions of the four preceding articles shall similarly la déclaration prévue à l'article 25. J'ai donc soumis un amendement tendant à introduire également cette autorisation dans la loi. Le Ministre des Affaires étrangères d'alors, M. Beyen, s'y est opposé, car il était contre l'acceptation du droit de recours individuel. J'ai trouvé que ses objections n'étaient pas bien fondées, ce qui était mon droit, mais le Gouvernement les a estimées bien fondées, il fallait donc s'y résigner. Il reste que je n'ai pas pu comprendre le refus du Gouvernement d'introduire dès ce moment une autorisation concernant l'article 25 dans le projet de loi, car elle n'aurait nullement signifié que le Gouvernement était obligé de déposer la déclaration. Elle aurait ouvert la porte menant au dépôt de la déclaration, et le Gouvernement eût encore toujours pu se demander si à un moment donné il devait entrer par cette porte ou s'il était préférable qu'il restât dehors.

Ce qui est étonnant, c'est qu'en même temps le Ministre des Affaires étrangères d'alors, M. Beyen, a affirmé que le Gouvernement s'estimait compétent pour déposer les déclarations, même celle prévue à l'article 25, sans approbation préalable des Etats-Généraux, tout en ajoutant qu'il était prêt à consulter les Etats-Généraux avant de le faire.

La conception du Gouvernement concernant l'article 25 n'était donc pas exempte de confusion – le Ministre hoche la tête, j'espère que tout à l'heure il se révèlera qu'il est d'accord avec moi, – en ce sens qu'il était inconséquent de la part du Gouvernement de dire au sujet des déclarations prévues aux articles 46 et 63: j'ai besoin de l'approbation de la Chambre, autrement je ne peux pas faire ces déclarations, et d'affirmer en même temps: si la loi d'approbation est adoptée même sans qu'il y ait question de l'article 25, moi, Gouvernement, je suis compétent pour déposer la déclaration prévue à cet article, mais, étant donné les rapports entre le Gouvernement et les Etats-Généraux, je veux bien parler de la question au Parlement avant de le faire.

Je comprends dans ces conditions que le Gouvernement étant arrivé lui-même à la conclusion qu'il pouvait accepter le droit de recours individuel, s'est dit: suivons la voie la plus sûre, soumettons d'abord un projet de loi au Parlement et ne déposons la déclaration portant acceptation du droit de recours individuel que lorsque ce projet de loi aura été approuvé par les deux Chambres.

Ce n'est pas tout, Monsieur le Président. Je me suis aussi posé la question de savoir si en définitive la notion d'accord d'application, telle que je l'ai vue en 1954, est vraiment exacte. En approfondissant le problème je me suis demandé s'il n'était pas plus logique de considérer que dans des cas de ce genre c'est l'article 64 de la Constitution qui s'applique – article relatif à l'adhésion aux conventions internationales et à la dénonciation des conventions. Je peux écarter la dénonciation, il n'en est pas question ici, et je peux dire apply to accession to international agreements. These four articles specify which agreements require approval and which do not.

I then wondered what was the effect of Article 64, that is to say what was the result of applying these provisions to an accession to an agreement. As I see it, when the country is acceding to an existing convention – this is normally the case with a convention concluded by foreign Powers to which the Netherlands are acceding – the accession must be effected by the Crown. However, with certain exceptions to which I shall return presently, the accession cannot take effect until Parliament passes a Bill approving it.

It may now be asked whether, in the present case, we are not acceding to part of an existing convention. We have acceded to the Rome Convention in general, but not to all its provisions, and by depositing a declaration we are subscribing to an undertaking which is already part of the Convention. If this reasoning is correct, it follows that the Government would in any case have been competent to accede, subject to the approval of Parliament afterwards. So long as this approval had not been given, the accession would remain without effect and, consequently, the right of individual petition would not exist.

There is one exception to this rule. Under Article 62 of the Constitution, no approval is necessary for agreements which are exempted from it by law. If we apply this principle to the accession with which, to my mind, we are now concerned, this means that the accession does not require approval if the law so provides. In the present situation, accession has not yet taken place because the declaration has not been deposited. That is why the Bill reads "It is approved that a declaration shall be deposited", whereas, according to the Constitution, approval can be given only after a declaration has been deposited. In my opinion, therefore, the form of the Bill is incorrect. When the Constitution refers to approval, this is always understood to be approval of Government action by the States-General after the event. The Government have acted, the States-General then approve that action. Under the Constitution, if no action has been taken, no approval is required, Approval in advance, according to the Constitution, would not be approval in the proper sense, but authorisation. This distinction is important. Once the Crown has acted, the legislature approves its action, but when the Crown has not yet acted, the legislature can only authorise action. That is the reason for the time-honoured formula: "We hold it in our discretion ..." to do so and so.

que l'article 64 prévoit que les dispositions des quatre articles précédents sont applicables selon le cas à l'adhésion aux accords internationaux. Or, ces quatre articles précédents déterminent les cas dans lesquels les accords doivent être approuvés et ceux dans lesquels ils n'ont pas besoin de l'être.

Je me suis alors demandé quel était l'effet de l'article 64, c'est-à-dire à quoi menait l'application de ces dispositions à l'adhésion. A mon avis il en découle qu'en cas d'adhésion, donc lorsque l'on accède à une convention déjà existant – en principe, ce sera le cas d'une convention conclue entre Puissances étrangères, à laquelle les Pays-Bas adhèrent – le Roi est compétent pour effectuer cette adhésion. Cependant, quelques exceptions, auxquelles je reviendrai tout à l'heure, mises à part, l'adhésion ne pourra prendre effet que si elle est approuvée par une loi votée par le Parlement.

La question se pose de savoir si dans le cas présent il ne s'agit pas de l'adhésion à une partie d'une convention déjà existante. Nous avons adhéré à la Convention de Rome dans sa généralité, mais non point à tous ses engagements, et en déposant la déclaration nous adhérerons à un engagement déterminé qui fait partie du traité. Si ce raisonnement est juste, il s'ensuit que le Gouvernement était en tout état de cause compétent pour adhérer, mais qu'après l'adhésion, il devait demander l'approbation du Parlement. Tant que cette approbation n'était pas acquise, l'adhésion ne pouvait pas avoir effet, et par suite, le droit de recours individuel ne pouvait pas jouer.

Il existe une exception à ce principe. Aux termes de l'article 62 de la Constitution, aucune approbation n'est nécessaire pour les accords qui en sont dispensés par la loi. Si nous la transposons à l'adhésion dont, dans mon esprit, il s'agit maintenant, cela signifie que l'adhésion ne nécessite pas d'approbation quand la loi le prévoit ainsi. Dans la situation devant laquelle nous nous trouvons, il n'y a pas encore d'adhésion, parce que la déclaration n'a pas encore été déposée. C'est pourquoi le projet de loi dit: Il est approuvé qu'une déclaration "*soit*" déposée, – alors qu'au sens de la Constitution on ne peut procéder à l'approbation, que lorsque la déclaration "*a été*" déposée. C'est pour cette raison qu'à mon avis la forme du projet de loi est incorrecte. Quand la Constitution parle d'approbation elle entend toujours un assentiment donné ultérieurement par les Etats-Généraux. L'acte a été effectué, les Etats-Généraux donnent ensuite leur consentement. Aux termes de la Constitution, si l'acte n'a pas encore été accompli, l'approbation n'est pas nécessaire. Une approbation préalable dans le sens de la Constitution n'est donc pas une approbation proprement dite, mais une autorisation. Il convient de souligner cette distinction. Le Roi ayant agi, vient le législatif et l'approuve, mais lorsque le Roi n'a pas encore agi, le législatif ne peut qu'autoriser. C'est là l'origine

And so, to my mind, Article 1 of the Bill should read "We hold it in our discretion to deposit the declaration ...".

I took this view in the debate on the Bill approving the Convention. The declarations in question were those provided for in Articles 46 and 63 which the Government were in fact intending to deposit. At that time, I maintained that the formula "It is agreed ..." was not correct and I tabled an amendment to substitute for it the formula I have just cited. The Chamber did not adopt my amendment and I shall not table another one now. After all it is only a small point of procedure, as I am the first to admit, but I think it is worth mentioning.

In conclusion, there is one other point that struck me and on which I should like to hear the Minister's comments.

The Government say: We are recognising the right of individual petition for five years because – and I readily follow their reasoning – we have recognised the jurisdiction of the Court also for five years. It must be realised, however, that those five years began on 1st September 1954 so that the declaration is no longer valid after 31st August 1959. The Government had fixed this period in advance. It is specifically stated in the Act of 28th June 1954 approving the Rome Convention that the declaration regarding recognition of the Court's jurisdiction was approved for five years. This means to the Government that the authorisation given them was valid only for five years. These five years came to an end on 31st August 1959. In the explanatory memorandum, the Government say: If the declaration is renewed – the memorandum is dated November 1958 – we will recognise the Court's jurisdiction until 31st August 1964, so that, if we recognise the right of individual petition under Article 25 for five years also, the two periods will coincide. That is all very well, but on reflection, it will be realised that the period for which the Government recognised the Court's jurisdiction expired on 31st August of this year.

The Government must then have deposited a new declaration. But, it follows from their own reasoning, that they were not competent to do so before obtaining the authorisation of the legislature, or else, if they acted of their own accord, they would have to seek the approval of the legislature afterwards and, as long as they had not done so, the declaration could not take effect. I have carried out a little research on the subject because only too often the Clerk communicates to us the text of international agreements with the familiar note informing us that if, within 30 days – for example – no objection has been raised, they will be regarded as approved by de la formule consacrée par les siècles: "Nous Nous réservons ...".

Aussi, à mon avis, l'article 1 du projet de loi devrait être ainsi conçu: "Nous Nous réservons de déposer la déclaration ...".

J'ai déjà défendu cette position lors du débat sur l'approbation de la Convention. Là il s'agissait des déclarations prévues respectivement à l'article 46 et à l'article 63, que le Gouvernement avait bien l'intention de déposer. Dès ce moment j'ai affirmé que la formule "est approuvé" n'était pas correcte, et j'ai déposé un amendement tendant à la remplacer par la formule que je viens de citer: "Nous Nous réservons ...". La Chambre n'a pas voulu adopter cet amendement, je n'en présenterai pas un à nouveau. En fin de compte la question n'a – je le reconnais volontiers – qu'une signification formelle. Il m'a quand même paru important de la soulever ici.

Enfin, il y a encore un point qui m'a frappé et sur lequel j'aimerais avoir les explications du Ministre.

Le Gouvernement dit: nous n'acceptons le droit de recours individuel que pour cinq ans, parce que – et c'est là un raisonnement que je peux parfaitement suivre – nous avons accepté la juridiction de la Cour aussi seulement pour cinq années. Toutefois, il convient de bien comprendre que ces cinq années ont commencé à courir le 1er septembre 1954, si bien que la validité de la déclaration expire le 31 août 1959. Le Gouvernement avait bien fixé cette période à l'avance; il est dit expressément dans la loi du 28 juin 1954 portant approbation de la Convention de Rome, que la déclaration relative à l'acceptation de la juridiction de la Cour est approuvée pour une période de cinq ans. Cela signifie que dans l'esprit du Gouvernement, l'autorisation ainsi obtenue n'était valable que pour une durée de cinq ans. Or, ces cinq années étaient terminées le 31 août 1959. Le Gouvernement dit dans l'exposé des motifs: Si la déclaration sera renouvelée – l'exposé des motifs date de novembre 1958 – nous accepterons la juridiction de la Cour jusqu'au 31 août 1964, de sorte que si l'acceptation prévue à l'article 25 est effectuée également pour une durée de cinq ans, les deux périodes coïncideront. Tout cela est parfait, mais à la réflexion on se rend compte que la période pour laquelle le Gouvernement a accepté la juridiction de la Cour a expiré le 31 août 1959.

Le Gouvernement a donc dû déposer une nouvelle déclaration. Cependant, il découle de son propre raisonnement qu'il n'était pas compétent pour le faire avant d'avoir reçu au préalable une autorisation de la part du législatif, ou alors, s'il avait quand même agi de son propre chef, l'approbation du législatif devait suivre et tant qu'elle n'était pas intervenue, la déclaration ne pouvait produire aucun effet. J'ai fait des recherches à ce sujet, car il n'arrive que trop souvent que nous recevons communication d'accords internationaux munis de la remarque bien connue du Greffier qui nous fait savoir qu'au cas où dans les trente jours – je donne un exemple tacit consent. I wondered whether we had received such a communication regarding the renewal of recognition of the Court's jurisdiction – to which perhaps I failed to reply – and approval had been obtained in this way.

I went to the Clerk's Office to enquire but no one there had any knowledge of such a communication. I should therefore like to ask the Minister by what means recognition of the Court's jurisdiction can have been renewed.

Was a declaration deposited? If so, it cannot yet have taken effect, since it has never been approved by Parliament.

In these circumstances – and if I am mistaken I hope the Minister will correct me – I should like to ask whether it would not be a good opportunity to amend the Bill to include, in addition to the authorisation or approval – as you may like to call it – regarding the right of individual petition, that regarding the prolongation of the Court's jurisdiction. If the Government were prepared to submit a suitable text, asking the two Chambers for authorisation in respect of both declarations, I am of the opinion that no time-limit should be fixed. Once authorisation has been obtained to make these declarations, it will be for the Government to fix a time-limit if they wish. I think indeed that if the legislature gives its authorisation without any time-limit, the Government will be able to renew their declaration when the period fixed has expired.

I should like to ask the Minister whether – in the event of his agreeing to do as I ask and to present the Bill not in the form of an approval given in advance but as an authorisation to the Government subject to no restrictions – he does not think that in this case it is for the Government to decide whether they wish to make as wide a use of this authorisation as the Chamber has empowered them to do.

May I stress once more that the only purpose of these authorisations is to open the door for the Government. It is then for the Government to decide how far they wish to make use of that open door, subject only to the political control of Parliament.

Mr. Van der Goes van Naters (Labour): Mr. President, I think it is a good principle to establish a relationship between an organised society and freedom of thought. Those who favour an efficient and well-organised social order must necessarily approve of guaranteeing individual rights at national and international level. That is why we, as the supporters at national level of a strongly organised society, are in favour of establishing a stronger and more rational judicial system more capable of safeguarding

– aucune objection n'est soulevée, l'approbation sera tacitement acquise. Je me suis demandé si nous avions reçu une telle pièce au sujet de la prolongation de la juridiction de la Cour, pièce à laquelle je n'aurais pas répondu et qui aurait ainsi été approuvée.

Je suis allé me renseigner au Greffe, mais là non plus on n'a pas trouvé de trace d'une telle pièce. Si bien que j'aimerais demander à Monsieur le Ministre comment on a procédé à la prolongation de la juridiction de la Cour.

La déclaration a-t-elle été déposée? Si oui, elle ne peut encore avoir d'effet, puisqu'elle n'a pas été approuvée par le Parlement.

Les choses étant ainsi – si je me trompe, Monsieur le Ministre voudra bien me corriger – je désirerais poser la question suivante: ne serait-ce pas une bonne occasion pour Monsieur le Ministre de modifier encore le projet de loi en y apportant un amendement tendant à introduire à côté de l'autorisation ou de l'approbation – appelez-la comme vous voudrez – au sujet du droit de recours individuel, celle concernant la prolongation de la juridiction de la Cour. Si le Gouvernement voulait nous soumettre un texte rédigé comme il faut, en vertu duquel il demande aux Chambres une autorisation au sujet des deux déclarations, je serais d'avis qu'aucune durée ne devrait y être fixée. Une fois l'autorisation obtenue pour faire les déclarations, il appartiendra au Gouvernement de fixer, s'il le veut, la durée de leur validité. Je pense même que si le législatif donne son autorisation sans fixer de durée, le Gouvernement sera compétent pour procéder à la prolongation par une nouvelle déclaration lorsque la période prévue arrive à son terme.

J'aimerais demander à Monsieur le Ministre si – au cas où il accepterait de procéder comme je l'y invite, donc en donnant au projet de loi non pas la forme d'une approbation accordée à l'avance, mais celle d'une autorisation donnée au Gouvernement, autorisation qui serait alors sans restrictions – il ne juge pas que dans ces conditions il appartient au Gouvernement de décider s'il voudra faire usage de cette autorisation dans un sens aussi étendu que celui admis par la Chambre.

Je souligne une fois de plus: toutes ces autorisations n'ont pas d'autre but que d'ouvrir une porte. Il revient au Gouvernement de décider en quelle mesure il veut entrer par cette porte, à cet égard les Chambres n'ont sur lui qu'un droit de contrôle politique.

M. Van der Goes van Naters (Parti du Travail): Monsieur le Président, je crois qu'il est un bon principe que d'établir une liaison entre organisation de la société et liberté de l'esprit Ceux qui sont pour une organisation sociale forte et efficace doivent nécessairement favoriser la garantie des droits de la personne humaine sur le plan national et international. C'est la raison pour laquelle nous autres, promoteurs sur le plan national d'une forte organisation sociale, nous sommes partisans de l'établissement d'une juridiction the citizen than the fragmentary institutions that exist today. It is for this reason too that we want to see the introduction of compulsory international jurisdiction over States, with a view to safeguarding their own nationals and those of other States. This is the purpose of the Rome Convention signed in November 1950.

I should like to say a few words about the structure of this Convention – you will see in a moment why. Section 1 is concerned with human rights, like the Universal Declaration of the United Nations and our own Constitution. Sections 2, 3 and 4 are concerned respectively with the procedure of the European Commission of Human Rights, the Committee of Ministers of the Council of Europe – since, although this is sometimes forgotten, that body is also an organ of the Convention – and of the European Court of Human Rights. When a breach of human rights occurs, the States Parties to the Convention are always entitled to lodge a complaint but an individual with a complaint may lodge it only if the State he is complaining against has made the famous declaration provided for in Article 25.

In this matter there are three problems that arise. True, there is also a fourth, but I understand that Mr. Versteeg is to speak of it and I think that if one knows that someone else is interested in a point and wants to raise it, it is discourteous to try to get one's own little word in first. I refer to the question whether the terms used in the Bill conform to the terminology of Article 25 of the Convention. I assume that Mr. Versteeg will have something to say on this point.

The three problems I should like to deal with are as follows: The Government have assimilated this declaration to an international agreement and are seeking the approval of the States-General. They did the same thing in 1956 when recognising the compulsory jurisdiction of the International Court of Justice in The Hague, and they are invoking this precedent. The two cases are not analogous however. In fact, there is a considerable difference between them. The International Court of Justice was not set up under a convention which we had already approved. If we tried hard, perhaps, we might be able to say that the United Nations Charter, which mentions the Court, was such a convention, but I do not think that there is any justification for this point of view. We gave no undertaking with regard to procedure before the Court until the moment when we deposited our declaration. It is conceivable, in the present case, that it might be claimed that a administrative plus systématique et plus forte, assurant mieux la protection du citoyen que l'institution de caractère fragmentaire dont nous disposons aujourd'hui. C'est aussi la raison pour laquelle nous désirons que soient institués un contrôle international et une juridiction obligatoire sur les Etats, visant à la protection de leurs propres ressortissants et de ceux des autres Etats.

Ce dernier point fait l'objet de la Convention de Rome signé au mois de novembre 1950.

Je voudrais dire un mot sur la structure de cette Convention, vous allez voir pourquoi. A son titre premier sont énumérés les droits de l'homme, tout comme dans la Déclaration Universelle élaborée par les Nations Unies, ou comme dans notre Constitution. Les titres deux, trois et quatre sont consacrés respectivement à la procédure de la Commission européenne des Droits de l'homme, à celle du Comité des Ministres du Conseil de l'Europe – car, bien que cela soit parfois oublié, il a aussi un rôle à jouer en la matière, lui aussi il est un organe de la Convention – et à celle de la Cour européenne des Droits de l'homme. Quand il y a une violation des droits de l'homme, les Etats parties à la Convention peuvent toujours porter plainte, mais l'intéressé qui se prétend lésé peut le faire seulement si l'Etat dont il se plaint a fait la fameuse déclaration prévue à l'article 25.

Il est important de procéder à une analyse des trois problèmes qui se posent à cet égard. Certes, il y en a aussi un quatrième, mais si j'ai bien compris, c'est l'honorable député M. Versteeg qui en parlera et je trouve que, quand on a appris que quelqu'un d'autre a trouvé un point intéressant et qu'il veut le soulever, il serait malséant de vouloir vite en dire son petit mot. Il s'agit de la question de savoir si les termes de la loi sont conformes à la terminologie employée à l'article 25 de la Convention. Je présume donc que l'honorable député, M. Versteeg, lui consacrera quelques développements.

Les trois problèmes sur lesquels je voudrais m'étendre sont les suivants: Le Gouvernement assimile cette déclaration à un accord international et demande l'approbation des Etats-Généraux. Il l'a également fait en 1956 quand il a accepté la juridiction obligatoire de la Cour internationale de Justice de La Haye et il invoque cette analogie. Or, cette analogie n'existe pas, il y a une différence considérable entre les deux cas. La Cour internationale de Justice ne faisait pas partie d'un ensemble conventionnel que nous aurions déjà approuvé auparavant. En se donnant beaucoup de peine, on arriverait, certes, à considérer comme tel la Charte des Nations Unies qui fait mention de la Cour, mais à mon avis cette façon de voir ne se défend pas. Il n'y avait d'engagement en ce qui concerne la procédure devant la Cour qu'à partir du moment où nous avons déposé notre déclaration. Je puis m'imaginer que, dans le cas présent, quelqu'un prétend qu'il y a du neuf, que, soudainement un new factor has been introduced which justifies seeking the approval of the States-General. This would not be true, however, The whole of the 1950 Convention from beginning to end is concerned with the protection of human rights and nothing else. It cannot therefore be claimed, to my mind, that we are faced with anything new. The subject is stated at the beginning of the Convention and the whole text is concerned with it.

Before coming to a conclusion, Mr. President, I should like to refer to certain points – the same that Mr Oud dealt with in part of his address. There is another optional clause – there are several even – but I refer to Article 46 regarding the jurisdiction of the Court. The wording and terminology are practically the same as those of the Article with which we are concerned. At the time of the approval of the Convention in 1954, the Government sought the authorisation of Parliament to recognise the Court's jurisdiction for a period of five years. I shall explain presently – since what I have to say applies equally to both cases – why, in my opinion, this was neither necessary nor desirable – that is a point to which I shall return later. Mr. Oud too has already discovered – it must be admitted that it was not very difficult to discover, since it is quite clear from the documents – that this period expired on 31st August last and that no new authorisation has been sought from Parliament. I repeat that in my opinion it was not even necessary. It seems to me that the Minister would have done the right thing if, when the end of the period was approaching towards the end of August 1959, he had asked his permanent delegate in Strasbourg, Miss Witteveen, to renew the declaration for another five years. If my information is correct, this was not done and we are now in a ridiculous situation – and yet you would think that if we pay for a Ministry of Foreign Affairs it is in order to look after just such things as these. Once again we have missed the bus, there is a hiatus and, while everybody thinks that we are bound by the Court's jurisdiction, in fact we have not been bound by it for some months. And all that is due to negligence – I do not suggest that it was deliberate, but it was certainly negligence.

Mr. President, this should never have been allowed to happen. If I were the Minister I would perhaps say: "It was such a delicate matter". But no, it was not at all delicate. The Chamber would have quite understood, and furthermore – for I have said enough now about procedure – we have all been dilatory, not only the Minister but the Chamber as well. The Chamber could easily have discussed the matter before the recess, but in that case the Minister would have had to remind us of it, saying: "Deal with it for me" – not for me, van der Goes van Naters, but for me, the Minister – "it is the first case of its kind; I am most anxious to deposit the fait nouveau est apparu, qui motive la demande d'approbation addressée aux Etats-Généraux. Cependant, une telle affirmation serait inexacte: toute la Convention de 1950, du premier article jusqu'au dernier concerne la protection des droits de l'homme et rien d'autre. On ne saurait donc dire, à mon sens, que cela soit un saut dans l'inconnu. Dès le début le texte l'a dit, il s'y rapporte même tout entier.

Monsieur le Président, avant d'arriver à une conclusion je voudrais encore développer certains points, ceux-là mêmes auxquels l'honorable député M. Oud a consacré une partie de son discours. Il existe encore une clause facultative – il y en a même plusieurs – celle notamment qui a trait à la juridiction de la Cour et qui figure à l'article 46. Même la rédaction, la terminologie employée sont à peu près les mêmes. Lors de l'approbation de la Convention en 1954, le Gouvernement a demandé l'autorisation de la Chambre pour reconnaître la juridiction de la Cour pour une durée de cinq ans. J'expliquerai tout à l'heure – car mon propos est valable pour les deux cas – pourquoi, à mon avis, ce n'était ni nécessaire, ni souhaitable, – c'est une question sur laquelle je reviendrai encore. L'honorable député M. Oud a déjà découvert, lui aussi, – je dois dire qu'il n'y avait pas tellement de choses à découvrir, puisque cela ressort des pièces – que cette période a expiré le 31 août dernier et qu'une nouvelle autorisation de la Chambre n'a pas été sollicitée. Je le répète: à mon sens elle n'était même pas nécessaire. Il me semble que le Ministre aurait agi correctement, si, quand l'échéance s'approchait, avant la fin d'août 1959, il avait chargé son délégué à Strasbourg, Mademoiselle Witteveen, de prolonger la validité de cette déclaration pour cinq ans. Si je suis bien renseigné, cela n'a pas été fait, et à l'heure actuelle nous nous trouvons dans la situation cocasse – et, pourtant, on dirait que l'on se paye un ministère des Affaires étrangères pour penser aux échéances – qu'une fois de plus nous avons manqué le coche, qu'il existe une lacune, que tout le monde pense que nous sommes liés par la juridiction de la Cour, alors que déjà depuis plusieurs mois nous ne le sommes plus. Nous ne le sommes plus par nonchalance – je ne dis pas par mauvaise volonté, mais par nonchalance.

Monsieur le Président, les choses n'auraient jamais dû, jamais pu se passer ainsi. Si j'étais à la place du Ministre je dirais peut-être: "L'affaire était si délicate". Mais non, l'affaire n'était pas délicate du tout. La Chambre l'aurait compris et par surcroît – car, maintenant je ne veux plus parler procédure – nous l'avons tous fait trop lentement, non seulement le Ministre, mais aussi la Chambre. Bien sûr, la Chambre aurait pu discuter la question avant les vacances, mais pour cela il aurait fallu que le ministère lui fasse signe: "Pensez-y, pour moi" – pas pour moi, Van der Goes van Naters, mais pour moi, Ministre – "c'est un précédent; je brûle d'impatience de declaration regarding the Court. Fix a date for the debate and I will manage somehow to attend it". I do not know quite how to put this. At all events, the Court's jurisdiction was not renewed and as it was never mentioned it was simply allowed to expire. During the discussion of the order of business earlier on, there was a reference to the impression that other countries must sometimes have of the Netherlands. We cannot afford to pass this over too lightly. Later on we are to discuss the denunciation by the Netherlands of the Treaty on whaling – another nice business! Things like this give us a bad reputation. They are most disagreeable and give a bad impression. None of this should ever have happened; even if the Minister claims that he wanted to have our opinion on this subject, I would reply that if he had reminded us of it sooner we would have thought of it sooner.

As Mr. Oud reminded us, in 1954 the Chamber rejected an amendment tabled by himself, and which I venture to say was well-intentioned but expected too much. I regretted the fact that it was rejected as I agreed with its substance, although, from the legal point of view, my position was entirely different from that of Mr. Oud. I think that this was the beginning of the road paved with good intentions which has brought us to where we are today. However, even after rejecting the Oud amendment, which would have authorised the Government to apply Article 25, the Chamber did not make the reservation provided for in Article 62 (b) of the Constitution, as was done in the case of the European Conventions, for instance, to my great regret but perfectly legally.

If I had been Minister, my reasoning would have been: "The Chamber could have made a reservation; I, the Minister, and certain members of the Chamber, regard this declaration as an implementing agreement" – that is not my own opinion, Mr. President, but I shall return to that point – "the Chamber did not make the reservation when they could have done so. Consequently I am quite free to put into effect what is to be regarded as an implementing agreement". I must say that I wonder why the Minister did not do this in the case of Article 25 and in the case, which has suddenly taken on a much more disagreeable aspect, of the jurisdiction of the Court. However – and I am now coming to the last point in this deplorable affair – unlike Mr. Oud I do not think that the legal instrument provided for in Article 25 can be assimilated to an implementing agreement. I consider it simply as the execution of a policy. Let there be no confusion: the word "execute" has two meanings. I consider that it is a question here of executing a policy but not of "execution" in the sense in which the term is used in Article 62 and Article 64 of the Constitution, as Mr. Oud claims.

déposer la déclaration relative à la Cour. Fixez une date pour la discussion de l'affaire et je m'arrangerai d'une façon ou d'une autre pour pouvoir venir à la Chambre". Je ne sais comment exactement je devrais le dire. En tout cas la juridiction de la Cour n'a pas été reconduite et rien n'en a été dit, on l'a froidement laissé expirer. Au cours de la discussion sur l'ordre du jour, que nous venons d'avoir ici, il a été question de l'impression que les Pays-Bas font parfois à l'étranger. Il ne faut pas sous-estimer ce point. Tout à l'heure nous aurons encore ici une affaire particulièrement plaisante à traiter, je parle de la dénonciation par les Pays-Bas du traité relatif à la chasse à la baleine. Des affaires de ce genre nuisent à notre réputation. Je les trouve vraiment très pénibles, elles font une impression particulièrement mauvaise. Cela n'aurait jamais dû se produire; même si le Ministre prétend qu'il voulait d'abord connaître notre opinion à ce sujet, je lui répondrais que s'il nous avait rappelés plus tôt, nous y aurions pensé plus tôt.

Monsieur le Président, comme M. Oud l'a rappelé, en 1954 un amendement déposé par lui-même et qui était, je me permets de le dire, bien intentionné, mais qui cherchait un peu trop la perfection, a été rejeté. J'ai déploré ce rejet, car j'étais pleinement d'accord, même si sur le plan juridique ma position était complètement différente de la sienne. Je pense que c'était là le début du chemin pavé de bonnes intentions qui nous a menés là où nous sommes. Cependant, même après avoir rejeté l'amendement Oud, qui aurait autorisé le Gouvernement à appliquer l'article 25, la Chambre n'a pas fait la réserve prévue à l'article 62 par. b, de la Constitution, à la différence de ce qui s'est passé par exemple dans le cas des conventions européennes, à mon grand regret, mais de la façon la plus légale du monde. Si j'avais été Ministre, j'aurais ainsi raisonné: la Chambre aurait pu le faire, moi, Ministre et une partie des députés, nous considérons cette déclaration comme un accord d'application – je ne partage pas cet avis, Monsieur le Président, mais j'y reviendrai encore –, la Chambre n'a pas fait la réserve, alors qu'elle aurait pu le faire: dès lors, je suis entièrement libre d'exécuter ce qui est considéré comme un accord d'application. Vraiment je me demande pourquoi le Ministre ne l'a pas fait dans le cas de l'article 25 et dans le cas, soudainement devenu beaucoup plus pénible, de la juridiction facultative de la Cour. Cependant, – et j'arrive ainsi au dernier point de cette pénible affaire – à la différence de M. Oud, je nie qu'il faille assimiler à un accord d'application l'acte juridique prévu à l'article 25. Je le considère uniquement comme l'exécution d'une politique. Il ne faut pas qu'il y ait confusion: le mot "exécuter" a deux sens. Je considère qu'il s'agit ici d'exécuter une politique, ce n'est pas une exécution dans le sens de l'article 62, ni de l'article 64 de la Constitution, comme le prétend M. Oud. Je trouve sa théorie mauvaise. L'article 64 vise l'adhésion. L'adhésion à quoi?

I do not like his theory. Article 64 is concerned with accession. Accession to what? You accede to something to which others already belong. I ask Mr. Oud how this is possible in the present case. I have here the booklet referred to by Mr. Schmal in quite a recent edition dated 1952. I find in it a table entitled: "Recognition of the right of individual petition". As it happens – it is as though fate willed it so – there was only one country that had already said "yes" in 1952, and that was Sweden. Does Mr. Oud really claim that Sweden at that time acceded to an agreement to which no other country was yet a party? I do not think such a thing is possible. If then, Sweden was not acceding to anything, but was doing something different, there is no reason why Norway, Denmark or the Netherlands should do anything else. Neither Article 62 (agreements in execution) nor Article 64 (accession) applies here. The only Article applicable, if it is absolutely essential to find one, is Article 56: "The executive power shall be vested in the King". What we are concerned with here is simply one aspect of the Government's executive power entitling them to act without the intervention of the Chamber, although, naturally, criticism and questions are always allowed (at least if the Chamber is still prepared to allow an interpellation and demand a reply from the Government – naturally I do not know). The intervention of the Chamber is therefore unnecessary. Are we then engaged simply in a sparring match with theoretical words? Certainly not. We have wasted two years. When the Minister came, with quite a clear conscience – his colleague and predecessor had a clear conscience too – even earlier than he had promised, namely on 31st March 1958, to tell us, after consulting the Cabinet ...

Mr. LUNS, Minister for Foreign Affairs: I myself was Minister.

Mr. VAN DER GOES VAN NATERS (Labour): It was you? My compliments. But if the Minister had told us then: We are in favour, he could have deposited his declaration on 1st April.

I shall be only too thankful, Mr. President, if by 1st April 1960 the First Chamber, which always has its word to say in matters like this, has passed the Bill. We have already wasted two years. Into the bargain the question of the recognition of the Court's jurisdiction has gone off the rails once more, as is shown by the burden the Minister has imposed on himself by referring to the Chamber matters which are certainly not its concern, apart, of course, from any criticism it may have to make of the Government's action. As a good democrat, I would protest most vehemently if matters were not referred to the Chamber when they are its proper concern.

On adhère toujours à quelque chose dont d'autres font déjà partie. Je pose la question à M. Oud comment cela est possible dans le cas présent. J'ai ici la brochure dont parlait M. Schmal, dans une édition tout à fait récente datant de 1952. On y trouve un tableau intitulé: "Acceptation du droit de pétition individuelle". Tout à fait par hasard – c'était vraiment comme si le hasard l'avait voulu ainsi – il n'y figure qu'un seul pays qui a déjà dit "oui" en 1952: la Suède. Est-ce que M. Oud prétend vraiment que la Suède a alors adhéré à un accord parfaitement vide auquel aucun pays n'était encore partie? Il ne me semble pas qu'une telle chose puisse exister. Si alors la Suède n'a pas adhéré, mais a effectué un acte autre que l'adhésion, il n'y a aucune raison pour que la Norvège, le Danemark ou les Pays-Bas agissent autrement. Il n'est question ici ni de l'article 62 (accords d'application), ni de l'article 64 (adhésion), mais si l'on tient absolument à nommer une disposition constitutionnelle, de l'article 56: "Le pouvoir exécutif appartient au Roi". Ce qui est en jeu ici n'est qu'un aspect du pouvoir exécutif où le Gouvernement agit sans l'intervention de la Chambre, bien que, naturellement, la critique et les interpellations soient toujours possibles (du moins si jamais il arrive encore que la Chambre voudra admettre une interpellation et exiger une réponse du Gouvernement, je ne le sais évidemment pas). L'intervention de la Chambre n'est donc pas nécessaire. S'agit-il alors uniquement d'une joute oratoire de caractère purement théorique? Certainement pas. Nous avons perdu deux ans pour rien. Quand le Ministre est venu, la conscience parfaitement tranquille – son collègue et prédécesseur l'avait aussi –, encore plus tôt qu'il ne l'avait promis, et notamment le 31 mars 1958, nous dire après avoir consulté le Cabinet, ...

M. Luns, Ministre des Affaires étrangères: C'était moi-même.

M. Van der Goes van Naters (Parti du Travail): C'était vous-même? Mes compliments alors. Mais si le Ministre avait dit alors: "Nous sommes pour", il aurait pu déposer la déclaration dès le 1er avril.

Monsieur le Président, je serai encore heureux si d'ici le 1er avril 1960 la Première Chambre, qui a toujours des choses à dire dans des affaires de ce genre, adopte le projet de loi. Nous avons déjà perdu deux ans. Par dessus le marché, la question de la reconnaissance de la juridiction de la Cour a déraillé à nouveau, comme le prouve encore l'hypothèque que le Ministre s'est imposée en saisissant la la Chambre d'affaires dont celle-ci n'a décidément pas à connaître, à part, bien entendu, la critique qu'elle peut exercer sur son action. Je crois que c'est une très mauvaise politique. En tant que bon démocrate, je réagirais très violemment si la Chambre n'était pas saisie d'affaires dont elle doit l'être, mais je trouve également mauvais si l'on impose un lourd fardeau à l'exécutif et l'on paralyse ainsi son action.

Another point in which I am most interested, but which is not a criticism, is the following:

The right of individual petition may have far-reaching consequences. A well-known expert in the field. Mr. Modinos, writes in an article:

> "This new principle put an end to the concept of unlimited sovereignty. Reasons of State ceased to be a justification for any official measures or action".

That is true, Mr. President. At Strasbourg, during the debate on the Convention, one of the representatives to the Council of Europe said that this Convention represented a step towards a new European political structure. Indeed, as Mr. Modinos has said, the Council of Europe is not a supra-national body. The only supra-national element is in the Convention.

What now is the attitude of our close friend and neighbour – England? In the provisional report certain questions were asked about this. The Government have replied in a typically Foreign Office style: Ah, no, it would be rash to draw any far-reaching conclusions. To my mind Mr. President, it is time that the Minister was a little rash. It would do no harm to the English since their reasoning is perfectly logical, it is in fact the essence of logic. Let the Government realise once and for all that, as the former Secretary of State for Foreign Affairs said not so long ago, the time is past for any wishful thinking about England ever taking a step towards supra-nationality.

Towards the end of 1958, when this matter was being debated in England in an atmosphere that was scarcely favourable to the right of individual petition, the Minister, Mr. Ormsby-Gore, justified the British refusal to recognise this right as follows:

> "The position which Her Majesty's Government have continuously taken up is that they do not recognise the right of individual petition because they take the view that States are the proper subject of international law and if individuals are given rights under international treaties, effect should be given to those rights through the international law of the States concerned".

That seems to me clear enough. The consequence of this total rejection of any foreign intervention in the affairs of its own citizens was expressed in a rather more homely style by Mr. Eden in 1952:

> "that the United Kingdom should join a federation on the

Un tout autre point, qui me tient beaucoup à coeur et qui ne constitue pas une critique, est le suivant:

Le droit de recours individuel peut avoir des effets profonds. Un des spécialistes bien connus dans ce domaine, M. Modinos, écrit dans un article:

> "Ce nouveau principe mettait fin à l'idée d'une souveraineté sans limites. La seule raison d'Etat cessait d'être un motif justifiant toutes les mesures et tous les moyens".

C'est exact, Monsieur le Président. A Strasbourg, au cours de la discussion sur la Convention, un des représentants au Conseil de l'Europe déclarait que par cette Convention nous faisions un pas en avant vers la construction d'une nouvelle structure politique européenne. Effectivement, comme le disait l'expert, M. Modinos, le Conseil de l'Europe n'a pas de caractère supranational, la supranationalité réside seulement dans la Convention.

Quelle est maintenant l'attitude d'un pays ami qui nous est très proche? – je parle de l'Angleterre. Dans le rapport provisoire certaines questions ont été posées à ce sujet. Le Gouvernement répond dans un style typiquement "Affaires étrangères": "Ah, non, il serait osé d'en tirer des conclusions qui iraient trop loin". Je veux dire, Monsieur le Président, que pour une fois le Ministre devrait oser quelque chose. Cela ne fera pas de mal aux Anglais, car leur raisonnement est parfaitement logique, il brille même par sa logique. Que le Gouvernement le comprenne enfin, qu'il se rende compte que, comme le disait il n'y a pas longtemps l'ancien Secrétaire d'Etat aux Affaires étrangères, le temps des douces rêveries est passé quant à l'espoir de voir l'Angleterre faire un pas vers la supranationalité.

Vers la fin de 1958, alors que cette affaire était discutée en Angleterre dans une atmosphère peu favorable au droit de recours individuel, M. Ormsby-Gore, Ministre, a motivé le refus britannique d'accepter ce droit, en invoquant les raisons suivantes:

> "The position which Her Majesty's Government have continuously taken up is that they do not recognise the right of individual petition, because they take the view that States are the proper subject of international law and if individuals are given rights under international treaties, effect should be given to those rights through the international law of States concerned".

Il me semble que c'est suffisamment clair. La conséquence de ce rejet absolu de toute intervention étrangère dans les affaires de ses propres citoyens a été formulée dès 1952 par M. Eden dans des termes un peu plus familiers:

> "that the United Kingdom should join a federation on the

Continent of Europe ... this is something which we know in our bones we cannot do".

When we speak of the English attitude to the Six, the realistic and modern approach to this problem is to recognise this fact, since we all know that in the European treaties there are various provisions – I might even say that they are the most interesting ones – by virtue of which the Commissions, the Council and a European Court have direct jurisdiction over the nationals of the six States. I should like to know whether the Minister is still indulging in wishful thinking on the subject of Great Britain.

Lastly, there is the question whether, precisely on account of this jurisdiction over individuals, we should not endeavour to get our three supra-national Communities to accede to the 1950 Convention and in particular to recognise the right of individual petition. There is no need to take any decision on that point today, but it is wise to think about it, because I believe that we will have to tackle it one day. The very extensive economic powers – of which I and my political colleagues approve – make considerable economic pressure possible. That we also agree with. This pressure may be wisely used, but it may also be abused, and that, of course, we condemn. Individuals are particularly exposed to such abuse.

Article 173 of the Treaty of the European Economic Community does indeed embody certain remedies against such abuse by providing that individuals and corporate bodies may appeal against measures affecting them. However, we all know that most of the irreparable abuses committed by national or supra-national authorities, against which, it is true, the Treaty as far as possible offers safeguards, do not arise out of measures against which administrative appeals can be lodged, but occur outside the framework of these measures as a result of pressure brought to bear, the abuse of power, boycotting and many other methods which are only too easy to adopt.

Let us take the example of Article 8 and 11 of the 1950 Convention, which are concerned, precisely, with economic pressure. There is no need even to think of the European district that there is some talk of creating to realise that powerful communities might be in a position to commit injustices towards individuals without the victims being able to obtain redress from the Luxembourg Court.

If we want strong communities with extensive powers, at a time when we are hoping to advance from a pre-federal State to the federal social structure of which Mr. Oud spoke in such concrete terms, we must be ready to regard this community, this federal

Continent of Europe ... this is something which we know in our bones we cannot do".

Lorsque nous parlons de l'attitude de l'Angleterre envers les Six, il est réaliste et extrêmement actuel de reconnaître ce fait, car nous savons tous que dans les traités européens il y a de nombreuses dispositions – et je peux même ajouter que celles-là sont les plus intéressantes – en vertu desquelles des commissions, un conseil et une cour européens ont un droit de juridiction directe sur des individus, ressortissants des six Etats. Je voudrais savoir si Monsieur le Ministre se berce encore dans de doux rêves au sujet de la Grande-Bretagne.

Enfin, il y a le problème de savoir si justement en raison de ce droit de juridiction sur des individus il ne convient pas de chercher à obtenir l'adhésion des trois communautés supranationales que nous avons, à la Convention de 1950, et en particulier, au droit de recours individuel. Il n'est pas nécessaire de prendre aujourd'hui une décision dans cette question, mais il est bon d'y penser, car, à mon sens, nous aurons à l'affronter un jour. Les compétences très étendues dans le domaine économique – et mes amis politiques et moi-même, nous en sommes partisans – confèrent des moyens économiques considérables. Nous y sommes également favorables. Ces moyens peuvent être usés à bon escient, mais on peut aussi en abuser, ce que, naturellement, nous condamnons. Les individus sont particulièrement menacés par ces abus.

L'article 173 du Traité sur la Communauté Economique Européenne contient bien certaines possibilités de recours contre les abus, en prévoyant que chaque personne physique ou morale peut faire appel de mesures qui le touchent. Cependant, nous savons tous que la plupart des abus irréparables commis par les autorités nationales ou supranationales, auxquels, certes, ce traité essaye de parer autant que possible, ne résultent pas de mesures contre lesquelles un recours administratif régulier est possible, mais se font à côté et en dehors de ces mesures, par des pressions, l'abus de pouvoir, le boycott et bien d'autres procédés qui malheureusement s'y prêtent.

Prenons par exemple la rédaction des articles 8 et 11 de la Convention de 1950, qui se rapportent à la pression économique justement. On n'a même pas besoin de penser à un district européen, dont la création est d'ailleurs dans l'air, pour reconnaître que des communautés puissantes pourraient commettre des injustices à l'égard de l'individu, sans que ce dernier puisse trouver réparation auprès de la Cour de Luxembourg.

Quand on désire des communautés fortes disposant de compétences étendues, lorsqu'on appelle de ses voeux le passage de l'Etat pré-fédéral à l'organisation fédérale, dont l'honorable député M. Oud a parlé d'une façon si concrète et si juste, on doit être prêt à social structure, as a community of law. It follows that we must guarantee the protection of the individual within the community. In the complex world in which we now live and which lies ahead, this has become a moral necessity.

Mr. Versteeg (Anti-revolutionary Party): Mr. President, the Bill before us is limited in scope but of considerable importance. I do not think that it can be dismissed as harmless. There has in the past been some hesitation about it, to some extent on practical grounds, in the minds of most members of the Chamber and, apparently, even of the Government.

I have listened with great interest to what has been said and I shall be just as interested in the Minister's reply. I should like to know what attitude he will adopt in the controversy between MM. Oud and Van der Goes van Naters.

Mr. Oud spoke of the possibility of drafting the Bill more correctly. To my mind, there is still another way in which the Bill has not been drafted with all the care that might have been desired. The right of individual petition which we are discussing is mentioned nowhere in the Convention by this name. Nevertheless, as often happens, the term is perfectly clear to all those who are familiar with the background. Article 24 is concerned with petitions by Contracting States. Article 25, on the contrary, provides for petitions from individuals or groups of individuals. It may be deduced therefrom that this is an individual right enjoyed by citizens, whether singly or in groups, which corresponds to the right enjoyed by States under Article 24.

We are concerned therefore with the right of citizens to lodge complaints with the European Commission of Human Rights. We are not pleading in favour of the right to formulate complaints in thin air. No. These complaints must be addressed to somebody. Article 25 of the Convention satisfies this requirement: "The Commission may receive petitions ...". In other words, petitions are admissible if a certain declaration has been deposited. What is this declaration that has to be deposited? The Convention says that the High Contracting Party against which the complaint has been lodged must have declared that it recognises the competence of the Commission to receive such petitions. In other words, what has to be recognised is not the existence of a right of appeal but, according to Article 25 of the Convention, the Commission's com-envisager cette communauté, cette organisation fédérale, comme une communauté de droit. Il s'ensuit qu'il faut y assurer la protection de la personne humaine. Dans le monde compliqué dans lequel nous vivons et qui sera celui de l'avenir, c'est devenu une nécessité morale.

M. Versteeg (Parti anti-révolutionnaire): Monsieur le Président, le projet de loi qui nous est soumis, n'a qu'une portée restreinte, mais une importance certaine. Je ne pense pas que cette affaire soit de celles que l'on peut nommer les plus anodines du monde. Dans le temps il y avait une certaine hésitation à son sujet, hésitation à laquelle des raisons pratiques n'étaient pas étrangères, que l'on pouvait retrouver chez la plupart des membres de la Chambre et qui, apparemment, n'a pas épargné le Gouvernement lui-même.

J'ai écouté avec un vif intérêt les discours de mes collègues et j'attends avec un intérêt non moins grand ce que Monsieur le Ministre y répondra. Je suis curieux de connaître le point de vue que le Ministre adoptera dans la controverse qui oppose les honorables députés, MM. Oud et Van der Goes van Naters.

L'honorable député M. Oud a parlé de la possibilité de rédiger le projet de loi qui est soumis à notre examen d'une façon plus correcte qu'il ne l'est à l'heure actuelle.

A mon avis, il y a encore un point où ce projet de loi n'a pas été rédigé avec tout le soin souhaitable. Le droit de recours individuel dont nous discutons est un concept qui ne figure nulle part dans la Convention sous ce nom. Néanmoins, comme il arrive souvent en pareil cas, c'est un terme parfaitement compréhensible pour tous ceux qui s'occupent de cette affaire, tout à fait clair pour ceux qui savent de quoi il s'agit. L'article 24 parle d'un droit de recours des Etats contractants. Au contraire, l'article 25 prévoit la possibilité de requêtes émanant d'individus ou de groupes d'individus. On peut alors arriver à la conclusion: apparamment il s'agit là d'un droit individuel appartenant aux citoyens, qu'ils soient isolés ou en groupes, qui fait pendant à la faculté prévue à l'article 24.

Il s'agit donc de la faculté accordée aux individus de se plaindre, de saisir de leur requête la Commission européenne des Droits de l'homme. Nous ne plaidons pas ici pour la possibilité de formuler des plaintes qui disparaissent ensuite dans le néant. Non! il faut que les plaintes aient un destinataire réel. L'article 25 de la Convention exprime ainsi que cette exigeance s'est réalisée: "La Commission peut être saisie d'une requête ...". En d'autres mots, des requêtes sont recevables si une déclaration déterminée est déposée. Quelle est la déclaration qui doit être déposée? La Convention dit: il est nécessaire que la Haute Partie Contractante mise en cause ait déclaré reconnaître la compétence de la Commission pour recevoir les requêtes de cette sorte. Dans d'autres termes, ce qui doit être reconnu n'est pas l'existance d'un droit de recours, mais, petence to hear such appeals. There is no mistake in translation from the French; the French text is perfectly clear. Article 25 (1) reads in French as follows:

> "La Commission peut être saisie d'une requête ... dans le cas où la Haute Partie Contractante mise en cause a déclaré reconnaître la compétence de la Commission dans cette matière".

Mr. President, we may, therefore, expect the Bill to contain the approval, or, as some would have it, the authorisation of Parliament to deposit the declaration recognising the Commission's competence. However, this is not what we find in Article 1. We are asked to approve that "a declaration be deposited recognising, on behalf of the Netherlands, the right of individual petition as provided for ..."

Although the expression "right of individual petition" is clear for those who know what the Bill is about, I think that it would be preferable to use the same terminology as the Convention to which the Bill refers.

To show you that the Minister's Department are quite familiar with the wording I recommend, I quote the *Tractatenblad* (1) of 1956, No. 5, page 2:

> "In accordance with Article 25 of the Convention, the following States have deposited declarations recognising the competence of the European Commission of Human Rights to receive petitions".

This is exactly what the Convention says and what I should like to see in the Bill.

Perhaps an amendment might still be tabled to bring the Bill into line with the wording of the Convention. We might do what we did when recognisnig the Court's competence. Article 3 of the Act of 28th July 1954 (Stb. 335) (2) reads as follows: "The deposit of the declaration provided for in Article 46 is hereby approved". Thus, in the present case, we could present the following amendment:

> "Article 1 to read as follows:
>
> We hold it in our discretion to deposit on behalf of the Netherlands the declaration provided for in Article 25 of the Convention for the Protection of Human Rights and Fundamental Freedoms, signed in Rome on 4th November 1950".

---

1 Bulletin of Treaties.

2 Netherlands Official Journal.

selon l'article 25 de la Convention, la compétence de la Commission pour statuer sur ces requêtes. Ce n'est pas une traduction défectueuse du texte français, celui-ci est parfaitement clair à cet égard. L'article 25, par. 1, est ainsi conçu:

"La Commission peut être saisie d'une requête ... dans le cas où la Haute Partie Contractante mise en cause a déclaré reconnaître la compétence de la Commission dans cette matière".

Monsieur le Président, nous pouvions donc nous attendre à ce que le projet de loi contînt une approbation, ou, selon une autre conception, une autorisation, pour que soit déposée la déclaration reconnaissant la compétence de cette Commission. Cependant, ce n'est pas cela qui figure à l'article 1er. On nous propose d'approuver qu'une "déclaration soit déposée portant reconnaissance par les Pays-Bas du droit de recours individuel tel qu'il est prévu ... etc.".

Bien que l'expression "droit de recours individuel" soit clair pour ceux qui connaissent la matière, il me semble qu'il vaudrait mieux qu'en rédigeant un projet de loi comme celui qui nous est soumis, on se tienne à la terminologie du traité auquel il a trait.

Pour montrer que la rédaction qui, à mon avis, serait correcte, n'a pas échappé au département de l'honorable Ministre, je me permets de renvoyer au *Tractatenblad* [1] 1956, No. 5, où je lis à la page 2:

"Conformément à l'article 25 de la Convention, les Etats suivants ont déposé une déclaration portant acceptation de la compétence de la Commission européenne des Droits de l'Homme pour recevoir des requêtes".

En effet, c'est là une rédaction, qui correspond exactement au texte du traité et que j'aurais aimé voir figurer au projet de loi dont nous sommes saisis.

Il serait peut-être encore possible de déposer un amendement avec une rédaction plus conforme au texte de la Convention. On pourrait le faire de la manière dont on s'est servi dans le temps pour reconnaître la compétence de la Cour. L'article 3 de la loi du 28 juillet 1954 (Stb. 335) (2) portait: "Le dépôt de la déclaration prévue à l'article 46 est approuvé". C'est ainsi que l'on aurait pu dire ici:

"L'article 1 sera conçu comme suit:

Nous nous réservons de déposer pour les Pays-Bas la déclaration prévue à l'article 25 de la Convention de sauvegarde des Droits de l'Homme et des Libertés fondamentales, signée à Rome, le 4 novembre 1950".

---

[1] Bulletin des traités.

[2] Journal officiel néerlandais.

This wording would correspond to that of the Convention itself and, to my mind, would be preferable to the present text of the Bill.

Mr. VAN RIJCKEVORSEL (Pop. Cath. Party): Mr. President, my Party is happy to approve the Bill under discussion. I should simply like to say a few words about it.

In the first place, I regard the recognition of a right of individual petition as a welcome extension of the Convention on Human Rights as we approved it in 1954. I welcome it because it establishes beyond doubt that international law is concerned also with individuals. Are we not in fact conferring on them rights which must always respected by States and the authorities? The Convention lays down individual rights, so that individuals become the subject of international law in opposition to the most commonly held theory that international law concerns States and relations between States alone. This theory is still very widespread, particularly in Anglo-Saxon countries, as shown by the Oppenheim-Lauterpacht treatise on international law, which is the authoritative work on the subject. Mr. Van der Gocs van Naters was right to draw our attention to this point. It seems to me that the Convention represents progress in the other direction. Henceforth, States are no longer obstacles to the protection of human rights; they can no longer hide behind the well-known Article 2 (7) of the United Nations Charter concerning national competence. Under that Article, the member States are entitled to prevent that Organisation from intervening even when the most disgraceful breaches of the law are being committed in their territory. A number of European countries have signed the European Convention of Human Rights so that such things cannot happen. The regrettable thing is that the States that are Parties to the Convention are the very States where breaches of human rights do not normally occur, so that in the long run the Convention becomes more a matter of principle than of practice. In spite of that, the Convention itself and the extension of its application by the recognition of the right of individual petition must be welcomed. In the debate on the Convention in 1954, we supported the Government's view that it was preferable to wait and see how the exercise of the right of individual petition worked out in practice. The experience has been conclusive, but I still think that we did well to wait.

Ainsi nous aurions une rédaction qui serait effectivement conforme au texte de la Convention, et qui, à mon avis, serait meilleure que le texte actuel du projet de loi.

M. VAN RIJCKEVORSEL (Parti populaire catholique): Monsieur le Président, notre parti donne volontiers son approbation au projet de loi en discussion. L'unique raison pour laquelle j'ai demandé la parole est que j'aimerais faire quelques remarques à son sujet.

En premier lieu, je voudrais dire que je trouve la reconnaissance du droit de recours individuel une heureuse extension de la Convention des Droits de l'Homme, telle que nous l'avons approuvée en 1954. Je trouve cette extension heureuse, car ainsi il est clairement établi que le droit international concerne aussi les individus. N'est-ce pas, en effet, leur conférer directement des droits qui devront toujours être respectés par les Etats et par les autorités? Cette Convention définit les droits de l'homme, si bien que les individus deviennent sujets du droit international, contrairement à la conception du droit international qu'aujourd'hui encore on doit admettre comme prédominante et selon laquelle celui-ci ne concerne que les Etats et les relations inter-étatiques. Cette conception est encore très répandue, entre autres dans les pays anglo-saxons, comme le prouve le traité de droit international d'Oppenheim-Lauterpacht qui fait autorité en la matière. C'est à juste titre que l'honorable député M. Van der Goes van Naters y a attiré notre attention. Il me semble que la Convention est un pas en avant, fait dans l'autre direction. Désormais les Etats ne constituent plus des obstacles lorsqu'il s'agit de protéger les droits de l'homme, ils ne peuvent plus se retrancher derrière cette barrière bien connue que constitue l'article 2, par. 7 de la Charte des Nations Unies relative à la compétence nationale. En effet, grâce à cette disposition il peut y avoir des Etats au sein de l'organisation internationale qui empêchent celle-ci de connaître des violations de droit les plus révoltantes commises sur leur territoire. Dans la Convention européenne des Droits de l'Homme un certain nombre d'Etats se sont unis pour que de pareilles choses ne puissent pas se produire sur leur territoire. Ce qui est regrettable, c'est que les participants sont précisément les Etats dans lesquels les violations de droit ne sont pas à l'ordre du jour, si bien qu'en fin de compte la signification de la Convention se situe davantage sur le plan des principes que sur celui des faits. Malgré tout cela, je le répète, la Convention en elle-même ainsi que l'extension de son application par la reconnaissance du droit de recours individuel doivent être saluées avec joie. A l'époque, lors de la discussion de la Convention, en 1954, nous avons appuyé le point de vue du Gouvernement selon lequel il convenait d'attendre encore pour pouvoir observer l'évolution et l'application du droit de recours individuel dans la pratique. Cet examen a donné des résultats concluants, mais il me semble qu'il

With regard to the constitutional problems raised here in connection with the recognition of the right of individual petition as submitted to us, I should like to say that I think the Government were quite right in deciding to seek the approval of Parliament by means of a Bill. I think that this is a case which does not fall into any of the categories provided for in the Constitution and, when this happens, as it probably will do more than once, the Government are wise to ask the approval of Parliament.

With regard to Mr. Versteeg's remarks, I think that his interpretation is a very strict one, which does not surprise me ot him. In practice, however, the wording of the Bill is clear enough; it approves the deposit of a declaration recognising, on behalf of the Netherlands, the right of individual appeal as provided for in Article 25 of the Convention, signed in Rome on 4th November 1950.

I think that if the Bill is adopted we may quite safely leave it to the Government to deposit this declaration giving effect to Article 25 of the Convention.

Mr. Luns, Minister for Foreign Affairs: Mr. President, as might have been expected in view of earlier reactions in connection with this same subject, the Government's Bill has the enthusiastic support of the Chamber. The exchange of views between the Chamber and the Government has nevertheless been a most interesting one, although it can scarcely be called an exchange of views as yet, since the Chamber has done all the talking so far and I am now about to reply.

I should like, with your permission Mr. President, to begin with the point raised by Mr. Versteeg regarding the drafting of the Bill. He thinks it has been drafted carelessly, Strictly, he is right: the term "right of individual petition" does not appear in Article 25. However, I would point out, with Mr. Rijckevorsel, that the expression has been used in this Chamber for years and there is no doubt about its meaning. I personally would favour leaving the Article in question as it stands, particularly as the Chamber doubtless sympathises with the Government's endeavour to make the text of Bills as straightforward as possible. I have made a note of how the text should be worded in order to be strictly correct. Here it is: "Approval that a declaration be deposited as provided in Article 25 of the Convention for the Protection of Human Rights and Fundamental Freedoms, signed in Rome on 4th November 1950, recognising the competence of the European Commission of Human Rights to receive petitions from individuals, non-governmental a été utile que nous ayons commencé par rester dans l'expectative.

En ce qui concerne les problèmes d'ordre constitutionnel qui ont été soulevés ici au sujet de l'acceptation du droit de recours individuel, telle qu'elle nous est présentée, je voudrais dire que je trouve extrêmement raisonnable que le Gouvernement a opté pour la voie d'une loi d'approbation. Je crois que nous avons affaire à un cas qui n'entre dans aucune des catégories prévues par les dispositions de la Constitution et que, dans ces circonstances – comme cela se produira encore probablement plus d'une fois – il faut choisir le moyen le plus sûr, la procédure de l'approbation constitutionnelle.

Quant aux observations de M. Versteeg, il me semble que l'interprétation qu'il a donnée – et cela ne m'étonne guère de sa part – est une interprétation très stricte. En pratique, cependant, ce qui a été inséré au projet de loi est suffisamment clair, c'est-à-dire qu'il est approuvé qu'une déclaration soit déposée portant reconnaissance par les Pays-Bas du droit de recours individuel tel qu'il est prévu à l'article 25 de la Convention signée à Rome le 4 novembre 1950.

Je crois que, si ce projet de loi est adopté, nous pouvons, sans aucun danger ni aucun risque de difficultés, laisser au Gouvernement le soin de déposer cette déclaration en mettant ainsi en application, pour utiliser ce mot, l'article 25 du traité.

M. LUNS, Ministre des Affaires étrangères: Monsieur le Président, comme on pouvait s'y attendre, vu les précédents de cette affaire, les propositions du Gouvernement rencontrent un assentiment chaleureux auprès de la Chambre.

Il n'en reste pas moins que le dialogue entre la Chambre et le Gouvernement apporte un échange d'idées du plus haut intérêt – il serait plus correct de parler du début d'un dialogue, car jusqu'ici la parole était à la Chambre et ce n'est que maintenant que j'y apporte la réponse.

Vous serez peut-être d'accord, Monsieur le Président, si je commence par répondre au point soulevé par l'honorable député, M. Versteeg, c'est-à-dire la rédaction du projet de loi. De l'avis de l'honorable député nous avons fait ce texte avec quelque nonchalance. En effet, si l'on se place à un point de vue purement formel, l'honorable député a raison: le terme "droit de recours individuel" ne figure pas à l'article 25, dont il s'agit dans cette discussion. Cependant, je voudrais faire remarquer – et en le faisant, je suivrai l'honorable député, M. Van Rijckevorsel – que cette expression a droit de cité depuis des années, dans cette enceinte même, et qu'en fait elle ne prête à aucune confusion. Par conséquent, personnellement je serais porté à ne pas modifier en ce sens l'article en question d'autant moins que la Chambre sera d'accord avec le Gouvernement quand celui-ci fait un effort pour rendre les lois aussi compréhensibles que possible. J'ai noté comment approximativement le texte devrait être libellé si nous le faisions tout à fait comme il faut.

organisations or groups of individuals". Worded like that, it would be quite correct.

Mr. VERSTEEG (Anti-revolutionary Party): I think I could make it shorter, Sir.

Mr. LUNS, Minister for Foreign Affairs: When I decide to put things right, I do it properly.

Mr. OUD (Liberal): I drafted such a good amendment for you in 1954!

Mr. LUNS, Minister for Foreign Affairs: It was for my *alter ego*, Mr. Beyen. The two-headed Ministry is taking its revenge.

Mr. OUD (Liberal): Yes, at the time I worked out a very neat text embodying Mr. Versteeg's requirements and much shorter than yours.

Mr. LUNS, Minister for Foreign Affairs: Thank you, Mr. Oud, I shall bear your remarks in mind.

Mr. Schmal pointed out that the Council of Europe booklet idealised the Convention somewhat. I do not think that is a very grave fault.

Mr. SCHMAL (Chr. Hist. Union): A rather dangerous one.

Mr. LUNS, Minister for Foreign Affairs: I'll concede you that.

Mr. Van der Goes van Naters referred to an idea he has expounded before. He would like to introduce into the supra-national Communities a system guaranteeing human rights like the one we are discussing. He would regard this, if I understand him right, not only as a safeguard for human rights, vis-à-vis the Communities but also as an additional recognition of the place the Communities occupy, or ought to occupy, in the family of nations. I have no objection to this idea on principle, and what Mr. Van der Goes van Naters suggests appeals to me, but I think that for the moment, at any rate, its significance is more theoretical than real. The guarantees afforded by the powers of the Court of the European Communities are, to my mind, sufficient to relieve the Honourable Member of all cause for disquiet. I also point out that his suggestion would mean the amendment of the Treaty. I do not say that we will not come to that some day. The idea is an attractive one but, it seems to me, that there is no urgent reason for taking it up at present.

Le voici: "Approbation, qu'une déclaration soit déposée, telle qu'elle est prévue à l'article 25 de la Convention de sauvegarde des Droits de l'homme et des libertés fondamentales, signée à Rome le 4 novembre 1950, portant reconnaissance de la compétence de la Commission européenne des Droits de l'homme pour recevoir des requêtes de personnes physiques, d'organisations non-gouvernementales et de groupes de particuliers". C'est comme cela qu'il serait tout à fait correct.

M. VERSTEEG (Parti anti-révolutionnaire): Excellence, je saurais faire une rédaction plus courte.

M. LUNS, Ministre des Affaires étrangères: Quand je me mets à perfectionner, je le fais bien.

M. OUD (Parti libéral): En 1954 j'avais rédigé un si bel amendement pour vous!

M. LUNS, Ministre des Affaires étrangères: C'était alors mon alter ego, M. Beyen. La direction bicéphale qu'avait alors le Département se venge.

M. OUD (Parti libéral): Oui, j'avais alors trouvé une très jolie formule conforme à l'esprit du discours de M. Versteeg et beaucoup plus courte que la vôtre.

M. LUNS, Ministre des Affaires étrangères: Je remercie l'honorable député M. Oud. Je reviendrai encore à cette remarque.

L'honorable député M. Schmal a attiré l'attention sur le fait que la brochure éditée par le Conseil de l'Europe pêche quelque peu par idéalisme. Je crois qu'en soi ce n'est pas grave.

M. SCHMAL (Union chrétien-historique): Un peu dangereux.

M. LUNS, Ministre des Affaires étrangères,: Je vous le concède.

M. Van der Goes van Naters a repris une idée qu'il avait déjà suggérée auparavant. Il aimerait faire entrer les communautés supranationales dans un système garantissant les droits de l'homme comme celui dont nous discutons. Il y voit, si je le comprends bien, non seulement une sauvegarde des droits de l'homme en face de ces communautés, mais aussi une reconnaissance suplémentaire de la place que ces communautés occupent ou devraient occuper dans le concert des Etats. Je ne voudrais pas repousser cette idée en ellemême. Ce que l'honorable député M. Van der Goes van Naters a suggéré à ce propos, m'a paru sympathique, mais il me semble que, pour le moment en tout cas, sa signification est plus théorique que réele. Les garanties qui résultent des compétences de la Cour des communautés européennes sont à mon avis suffisantes pour enlever tout fondement à l'inquiétude qu'a exprimée l'honorable député. Je fais aussi remarquer que la réalisation de son idée nécessiterait une modification du traité. Je ne dis pas qu'un jour on n'en viendra pas là. Cette suggestion recontre ma sympathie, mais il me semble que, du moins momentanément, aucune raison urgente ne nous pousse à lui donner suite.

Mr. Van der Goes van Naters (Labour): I did not suggest that it be taken up immediately.

Mr. Luns, Minister for Foreign Affairs: Is there not a saying: What is a year at The Hague?

I admire Mr. Van der Goes van Naters' impartiality when he says that the Chamber as well as the Government is responsible for the delay.

I now come to the exchanges between MM. Oud and Van der Goes van Naters to which I listened with great interest and some pleasure. The pleasure was somewhat clouded by the fact that I was obliged to reply, but that could not be helped. Both speeches were penetrating and well thought out. I must say, in the first place, that I agree with Mr. Oud when he says that the whole legal position is very confused. I recall that he himself said, in 1954, I think – these are his very words: "With these new Articles of the Constitution, we still have to go through all our childish ailments". That is what we are doing now – this is a slight attack of chicken-pox.

Mr. Van Rijckevorsel said, I think, that the Government were wise in their decision to ask for the Chamber's approval by means of a bill. The remarks of Mr. Van der Goes van Naters pleased me in particular, as I prefer to be told that I have conceded the Chamber too much than to be reproached because I, or rather the Government, have infringed its rights.

The right of approval is, of course, one of the chief rights of the States-General. When, therefore, there is any doubt about this right – and MM. Oud and Van der Goes van Naters appear to think there is – and, in particular, when the question arises as to whether any step taken by the Government requires the approval of the Chamber or not, the safest course is to leave it to the Chamber to suggest another plan of action. There is certainly cause for doubt regarding two points in particular as the two speakers mentioned.

In 1954, when the Convention was being approved, the Government agreed that the declaration in question be regarded as an international agreement within the meaning of the Constitution, recognising it accordingly as no more than an agreement in execution of a treaty, as defined in Article 62 (1) b of the Constitution and as such not requiring approval.

The Chamber did not contest this on constitutional grounds, but,

M. VAN DER GOES VAN NATERS (Parti du Travail): Je ne l'ai pas proposé pour aujourd'hui.

M. LUNS, Ministre des Affaires étrangères: Où est-ce que j'ai déjà entendu dire: Qu'est-ce une année à La Haye?

Je me félicite de l'objectivité dont a fait preuve M. Van der Goes van Naters en soulignant que ce n'est pas seulement le Gouvernement, mais aussi la Chambre, qui est responsable du retard intervenu.

J'en arrive aux intéressantes considérations, que les honorables députés MM. Oud et Van der Goes van Naters ont développées dans cette enceinte. Je les ai écoutés avec un grand intérêt et aussi avec un certain plaisir. Hélas, ce dernier a été quelque peu gâté par l'obligation où je suis d'y répondre, mais là il n'y a rien à faire. Les deux honorables députés ont tenu des dissertations aussi pénétrantes qu'élaborées. Je dois commencer par dire que je suis d'accord avec l'honorable député M. Oud, lorsqu'il affirme qu'un es - prit de confusion plane sur toute la situation juridique. Qu'il me soit permis de rappeler à ce propos que lui-même a dit – c'était, je crois, en 1954 – je cite ici l'honorable député mot à mot: "Avec les nouveaux articles de la Constitution, nous devrons encore passer par les maladies d'enfant". C'est ce qui arrive effectivement; voici un petit accès de varicelle.

L'honorable député M. Van Rijckevorsel a dit, je crois, que le Gouvernement a fait preuve de sagesse en choisissant la forme qui a été retenue, et notamment l'approbation par la loi. La démonstration de l'honorable député M. Van der Goes van Naters en particulier ne m'a pas été désagréable à entendre, car je préfère que l'on me fasse remarquer que j'ai accordé à la Chambre davantage que ce qui lui serait dû, que de devoir encaisser le reproche que je, ou plutôt le Gouvernement, lèse les droits de cette Chambre.

Le droit d'approbation est sans aucun doute un des droits essentiels des Etats-Généraux. Lorsque donc il peut y avoir un doute en ce qui concerne ce droit – et dans leur argumentation les honorables députés MM. Oud et Van der Goes van Naters souscrivent à cela – et notamment quand la question se pose de savoir si un acte du Gouvernement doit être approuvé par la Chambre ou non, la solution la plus sûre est de laisser à la Chambre le soin d'indiquer un autre chemin. Il existe certainement des raisons pour le doute, en particulier sur deux points, comme l'ont déjà souligné les deux honorables députés devant cette Chambre. A l'époque, en 1954, lors de l'approbation de la Convention, le Gouvernement a accepté que la déclaration en question soit considérée comme un accord international au sens de la Constitution, donc qu'elle n'est pas plus qu'un accord d'application, visé à l'article 62, al. 1, b de la Constitution, qui ne nécessite pas d'approbation.

La Chambre ne l'a pas contesté alors sur le plan constitutionnel, on the other hand, it rejected the amendments proposed by Mr. Oud which would have resulted in his views being embodied in the text of the Bill. There is, thus, some uncertainty. The simplest terms – and the Honourable Member will certainly agree with me – are always the most difficult to interpret. I do not think that the word "execution" is an exception.

There is yet another point, Mr. President, on which some doubt may be entertained. I said just now "assuming that the declaration is considered as an agreement" – which is not self-evident as Mr. Van der Goes van Naters tacitly confirms. Mr. Oud merely says, today as in 1954, that the Article in question should be applied by analogy. That means that the legal nature of the declaration does not classify it automatically as an agreement. Now, the application of provisions of the Constitution by analogy is an even more delicate matter and some doubt must always persist. In view of the desire to see the right of individual petition recognised rapidly, the Government preferred at the time not to broach the points on which there was any doubt and to take the safest course, that is, to seek the approval of Parliament as provided for in the Constitution. Mr. Oud asks whether Article 64 is applicable in this case. I do not think so: the recognition of the right of petition cannot be assimilated to an accession. Moreover, to apply this clause would naturally mean that for an accession, which is binding in international law, approval would have to be given in advance and not afterwards. In this sense, accession is the equivalent of ratification. With the exception of the cases mentioned in Article 62, approval must be given before the agreement has become binding, either by accession or by ratification. Mr. Oud's method is to accede first and ask for authorisation from Parliament afterwards. Mr. Oud was right to say that now was a good opportunity to discuss this matter, since the Government and Parliament are not at odds with one another about the substance of the issue. It is, indeed, an ideal opportunity to discuss the question in the best possible atmosphere. In the first place, is a unilateral declaration, such as this, to be regarded as an international agreement within the meaning of the Convention? Secondly, is the act of depositing the declaration to be regarded as an act in execution of the Convention? There is no unanimity as regards the former question. It is argued that a unilateral declaration creating obligations is to be regarded automatically as an "agreement". May I point out that under the Constitution there are two forms of unilateral declaration which are specifically excluded from the category of "agreements". They are those referred to in Article 59: declarations of war and of peace. The Honourable Member will admit that this is so. On the other hand, it can be said that, practically speaking, a unilateral declaration and an agreement mais, d'autre part, elle a rejeté les amendements que l'honorable député M. Oud a déposés et grâce auxquels sa façon de voir aurait trouvé une expression dans la rédaction de la loi d'approbation. Le doute est donc permis. Ce sont les termes les plus simples qui – et l'honorable député sera d'accord avec moi là-dessus – sont les plus difficiles à interpréter. Il me semble que le mot "exécution" ne constitue pas une exception à cet égard.

Il existe, cependant, un deuxième point, Monsieur le Président, où le doute est permis. J'ai dit notamment: "à supposer que la déclaration doive être considérée comme un accord" – ce qui ne va pas de soi, comme l'honorable député M. Van der Goes van Naters le confirme tacitement. L'honorable député M. Oud ne va pas, aujourd'hui pas plus qu'à l'époque, plus loin que l'affirmation que l'article en question doit être appliqué par analogie. Cela veut dire que la nature juridique de la déclaration ne permet pas de la ranger sans plus dans la catégorie des accords. A plus forte raison, l'application des dispositions constitutionnelles par analogie est-elle une affaire délicate. Elle n'élimine pas entièrement le doute. Etant donné le désir que le droit de recours individuel soit rapidement reconnu, le Gouvernement a préféré à l'époque ne pas trancher les points où il y avait doute et choisir la voie la plus sûre, c'est-à-dire la procédure d'approbation, telle qu'elle est prévue par la Constitution. M. Oud a demandé si l'article 64 était applicable en l'espèce. Il me semble qu'il ne l'est pas: la reconnaissance du droit de recours ne peut être assimilée à une adhésion. Par ailleurs, une telle application signifie naturellement que pour l'adhésion, acte de droit international de caractère obligatoire, l'approbation doit être donnée à l'avance et non après coup. En ce sens l'adhésion est l'égale de la ratification. Mis à part les cas visés à l'article 62, l'approbation doit intervenir avant que l'accord ne soit devenu obligatoire pour le Royaume, soit par ratification, soit par adhésion. La thèse de l'honorable député est: adhérez toujours et vous demanderez ensuite à la Chambre si vous avez bien agi. L'honorable député M. Oud a eu raison de dire que c'était une bonne occasion de parler de cette question, puisqu'il s'agit d'une affaire qui, par son contenu matériel, ne constitue pas un point de controverse entre Parlement et Gouvernement. C'est, effectivement, une occasion idéale pour discuter de la question dans les meilleures conditions cliniques. Je dirai pour résumer qu'il y a deux problèmes. Premièrement, une déclaration unilatérale, comme la présente, doit-elle être considérée comme un accord international au sens de la Constitution? Deuxièmement, le dépôt de la déclaration doit-elle être considéré comme une exécution de la Convention? Quant à la première question, il n'y a pas d'unanimité. On avance bien qu'une déclaration unilatérale créant des engagements doit être compris sans plus sous "accords". Je me permets de rappeler, que la Constitution are as alike as two peas. But there is another difficulty too. If the Chamber were to say to the Government: "Go ahead – withdraw the Bill and act as we think in theory would be best" – the course recommended by Mr. Van der Goes van Naters – we would have trouble with the First Chamber, which would certainly want to have its say.

Mr. VAN DER GOES VAN NATERS (Labour): But you would not need the approval of the First Chamber in that case.

Mr. LUNS, Minister for Foreign Affairs: That would be to upset the understanding that has existed for years with this Chamber and with the First Chamber. If the Chamber is willing to agree with me that although my remarks may be less profound than those of the previous speakers, politically they are sounder, then the legal situation, to which I have already referred, remains inevitably as confused as ever it was.

MM. Oud and Schmal spoke of the policy in regard to Surinam and the Netherlands Antilles. I should like to say a word about that. To be valid for the whole Kingdom, a declaration would have to be made by the Government of the Kingdom and approved by the Legislature of the Kingdom. To the second question, as to whether the Government is prepared to raise the matter of the recognition of the right of individual petition with the Governments of Surinam and the Netherlands Antilles, I can answer that we are prepared to do so.

Mr. President, there remains the matter of the Court's jurisdiction. MM. Oud and Van der Goes van Naters have asked me to comment on the passage in the explanatory memorandum, stating that the right of appeal is recognised for a period of five years expiring on 31st August 1964, on which date the recognition of the jurisdiction of the European Court will also expire if it is extended for five years from 31st August last. In a way, Mr. Van der Goes van Naters has anticipated my reply to Mr. Oud, who wanted to know whether the period had been extended and if not, why not. I was intending to seek the approval of the States-General for the extension of the period of recognition of the jurisdiction of the European Court. When late last June the provisional report on the present Bill appeared, I thought it wiser to await the outcome of the debate on the Bill since it would, at the same time, settle the issue of the declaration recognising the Court's jurisdiction. As there are no practical obstacles in the way, in spite of the theoretical arguments connaît deux déclarations unilatérales, qui sont expressément exclues de la notion "accords". Ce sont celles que vise l'article 59: la déclaration de guerre et la déclaration de paix. L'honorable député en conviendra. D'autre part, on peut faire remarquer que très souvent, du point de vue matériel, une déclaration unilatérale et un accord se ressemblent comme deux gouttes d'eau. Mais il y a aussi une autre difficulté. Si la Chambre disait au Gouvernement: Allez-y, retirez le projet de loi et faites comme nous pensons que théoriquement ce serait le mieux – la thèse de M. Van der Goes van Naters – nous aurions des ennuis avec la Première Chambre qui voudra sans doute avoir son mot à dire.

M. VAN DER GOES VAN NATERS (Parti du Travail): Mais alors vous n'aurez pas besoin d'elle.

M. LUNS, Ministre des Affaires étrangères: Ce serait jeter à bas ce qui est entendu depuis des années et avec cette Chambre et avec la Première Chambre. Si la Chambre veut me suivre dans la conclusion que, au point de vue juridique, mes observations sont peut-être moins profondes que celles des honorables députés qui ont pris la parole, mais que, vu les circonstances, politiquement elles sont plus justes, la confusion qui existe et que j'ai constatée sur le plan juridique, reste par la force des choses entière.

Les honorables députés MM. Oud et Schmal ont parlé de la politique à l'égard du Surinam et des Antilles néerlandaises. J'aimerais en dire un mot. Une déclaration valable pour tout le Royaume devrait en effet être faite par le Gouvernement du Royaume et approuvée par le législatif du Royaume. A la deuxième question, celle de savoir si le Gouvernement est prêt à soulever la reconnaissance du droit de recours auprès des Gouvernements du Surinam et des Antilles néerlandaises, je peux répondre par l'affirmative: le Gouvernement est disposé à le faire.

Monsieur le Président, il reste la question de la juridiction de la Cour. Les honorables députés MM. Oud et Van der Goes van Naters m'ont demandé des éclaircissements au sujet du passage de l'exposé des motifs qui dit que la reconnaissance du droit de recours est prévue pour une période de cinq ans expirant le 31 août 1964, date à laquelle la validité de l'acceptation de la juridiction de la Cour européenne prendra également fin, au cas où elle est reconduite pour cinq ans à partir du 31 août. L'honorable député M. Van der Goes van Naters m'a en quelque sorte précédé en répondant à la question posée par l'honorable député M. Oud qui voulait savoir si la reconduction a eu lieu, et si non pourquoi pas, que cette reconduction n'a pas été faite. J'avais l'intention de soumettre le renouvellement de l'acceptation de la juridiction de la Cour européenne à l'approbation des Etats-Généraux. Quand, à la fin de juin dernier, le rapport provisoire du présent projet de loi a paru, il m'a semblé bon d'attendre la fin de la discussion sur ce projet de loi, car elle advanced by Mr. Van der Goes van Naters, and the Court is not yet sitting regularly, and since, furthermore, the declaration is to be so worded as to take effect from the end of the previous period, I trust that there will be no objections to my doing as planned.

The Government have already announced to the persons concerned that they intend to deposit a new declaration. I hope that this will go some way towards satisfying Mr. Van der Goes van Naters, who thought that the Government had been somewhat careless in this matter.

That is all I have to say, Mr. President.

Mr. VAN DER GOES VAN NATERS (Labour): And what about England?

Mr. LUNS, Minister for Foreign Affairs: What about England? Mr. Van der Goes van Naters asks. He quotes a few insular utterances by British leaders and expects the Government to commit themselves on future British policy, not only in regard to the points we are discussing today, but also – I know him far too well to make any mistake about that – on others that go far beyond the scope of this debate. The Honourable Member will, I trust, understand – and indeed find it only natural – that I should preserve a diplomatic silence.

[The debate was declared closed.

After the approval of its various sections, and the Budget Committee having expressed a favourable opinion, the Bill was passed without a roll-call vote].

The PRESIDENT: I move that the Chamber take formal note of the letter from the Minister for Foreign Affairs concerning the recognition on behalf of the Netherlands of the right of individual petition provided for in Article 25 of the European Convention on the Protection of Human Rights and Fundamental Freedoms, signed in Rome on 4th November 1950 (5229).

[Agreed.

The Sitting was suspended briefly].

devait être déterminante aussi quant à l'approbation de la déclaration portant acceptation de la juridiction de la Cour. Etant donné qu'il n'y a pas d'objections pratiques, malgré les observations théoriques développées par l'honorable député M. Van der Goes van Naters, la Cour ne fonctionnant pas encore régulièrement et la déclaration devant être rédigée de sorte que la reconnaissance fasse suite à la période précédente, j'espère que l'on ne verra pas d'inconvénient à ce qu'il soit procédé de la sorte.

L'intention du Gouvernement de déposer une telle déclaration a déjà été annoncée aux intéressés. J'espère qu'ainsi, en grande partie, un remède aura été porté aux griefs formulés par M. Van der Goes van Naters, selon lesquels le Gouvernement Néerlandais aurait agi d'une façon peu élégante en la matière.

Je pense être arrivé au terme de mon intervention, Monsieur le Président.

M. Van der Goes van Naters (Parti du Travail): Et l'Angleterre?

M. Luns, Ministre des Affaires étrangères,: "Et l'Angleterre?", demande M. Van der Goes van Naters. Il a cité quelques affirmations empreintes d'insularisme émanant de dirigeants britanniques et s'attend à ce que le Gouvernement s'engage sur la ligne future de la politique anglaise, en ce qui concerne non seulement les questions qui nous occupent aujourd'hui – je connais trop bien l'honorable député pour ne pas le savoir – mais d'autres qui les dépassent de loin. L'honorable député comprendra probablement et, je l'espère, s'attendra à ce que je m'enveloppe dans un silence diplomatique.

[La clôture du débat est prononcée.

Après l'approbation de ses parties et après avis favorable de la Commission budgétaire des Affaires étrangères, le projet de loi est adopté sans vote nominal.]

Le Président: Je propose qu'acte soit pris de la lettre du Ministre des Affaires étrangères relative à la reconnaissance pour les Pays-Bas du droit de recours individuel, tel qu'il est prévu à l'article 25 de la Convention de sauvegarde des Droits de l'homme et des libertés fondamentales signée à Rome le 4 novembre 1950 (5229).

[Il en est ainsi décidé.

La séance est suspendue pour quelques minutes.]

UNITED KINGDOM

House of Commons
Debate of 23 May 1960 [1]

Mr. ANTHONY KERSHAW (Stroud): I wish to call attention to the Convention for the Protection of Human Rights and Fundamental Freedoms, to which Her Majesty's Government are a signatory and which they have ratified, and which came into force in 1953. Fourteen of the fifteen States of the Council of Europe have ratified the Convention, the Court of Human Rights has been established and is hearing its first case, and, therefore, what may have, at one time, seemed a pious if ringing statement of platitudes has become and will continue to be a matter also of practical importance. This Convention has been applied not only to the Metropolitan countries, but also to most overseas territories associated with the signatory nations. It may well be thought that this extension to the overseas territories was injudicious in the first place, because it is certainly for argument whether the basic personal freedoms and political rights in an emerging territory have the same characteristics as those rights in an ancient and settled community. In a primitive territory subject to the alarums and excursions of such a condition, the value of peace and order may well have to be put higher in the scale of values than is necessary elsewhere. However that may be, the Convention has been extended to overseas territories.

The acceptance of the jurisdiction of the Commission of Human Rights is obligatory upon States, but acceptance by the signatories of the right of individual petition is optional. Nevertheless, nine of the 14 signatory States have accepted it and one more is in process of doing so. The exceptions are Italy, Greece, Turkey and ourselves. Just as the acceptance of the right of individual petition might be thought inappropriate to overseas territories, so also that right may be thought unnecessary for ourselves here at home, where our liberties are buttressed by long habit and by our common law.

I am aware that Her Majesty's Government have several times said that they are unwilling to accept this right. I can understand why they should so refuse. One reason I have given myself, namely, that for some territories in some stages of their development, so refined a definition of liberties is hardly appropriate.

---

[1] House of Commons, Weekly Hansard, 23 May 1960, Col. 173–182.

ROYAUME UNI

Chambre des Communes
Débat du 23 mai 1960 [1]

Traduction de l'anglais

M. ANTHONY KERSHAW: Je voudrais appeler votre attention sur la Convention de Sauvegarde des Droits de l'Homme et des Libertés fondamentales, que le Gouvernement de Sa Majesté a signée et ratifiée et qui est entrée en vigueur en 1953. Sur les quinze Etats membres du Conseil de l'Europe quatorze ont ratifié ce document; la Cour des Droits de l'Homme a été créée et est actuellement saisie de sa première affaire; bref, ce qui, à un moment, pouvait ressembler à un pieux mais claironnant énoncé de platitudes est devenu un instrument d'importance pratique et le demeurera. Cette Convention s'applique non seulement aux métropoles mais aussi à la plupart des territoires d'outre-mer associés aux Etats signataires. L'extension de ce texte aux territoires d'outre-mer pourra paraître inopportune au départ, car on peut certainement se demander si les libertés individuelles et les droits politiques fondamentaux dans un pays en voie de création sont comparables à ceux qui existent dans une communauté ancienne et depuis longtemps stabilisée. Dans un territoire primitif, qui de par sa condition même, est en proie à certaines agitations, il peut être nécessaire de donner à la paix et à l'ordre public une place plus élevée qu'ailleurs dans l'échelle des valeurs. Il n'en demeure pas moins que cette Convention a été étendue aux territoires d'outre-mer.

Si les Etats signataires sont tenus d'accepter la juridiction de la Commission des Droits de l'Homme, la reconnaissance du droit de recours individuel est facultative. Néanmoins, neuf des quatorze Etats signataires ont reconnu ce droit et un autre s'apprête à le faire. Les pays qui font exception sont l'Italie, la Grèce, la Turquie et nous-mêmes. De même que la reconnaissance du droit de recours individuel peut paraître inopportune dans le cas des pays d'outre-mer, de même ce droit peut nous paraître inutile dans un pays comme le nôtre, où les libertés individuelles s'appuient sur une vieille tradition et sur le droit coutumier.

Je sais que le Gouvernement de Sa Majesté a déclaré à plusieurs reprises qu'il n'était pas disposé à reconnaître ce droit. Je puis comprendre les raisons de cette attitude. J'en ai moi-même indiqué une à savoir qu'une définition aussi minutieuse des libertés ne saurait guère convenir pour certains territoires plus ou moins évolués.

---

[1] House of Commons, Weekly Hansard, 23 mai 1960, Col. 173–182.

There is a story which is well known to lawyers and so well known to you, Mr. Speaker, that I apologise for telling it again, but my hon. Friend the Joint Under-Secretary of State, who was educated at Harrow, may not have the advantage of knowing it quite so well. It is the story about a former Member of this House who was pleading in an Irish court. The judge said to him, "But, Mr. Healy, has your client never heard of the maxim 'Sic utere tuo, ut alienum non laedas'?" Mr. Healy replied, "Your honour, in the mountain village from which my client comes, seldom a day passes when that maxim is not one of the main topics of conversation".

Another reason, perhaps, is that Her Majesty's Government fear that a flood of fatuous or insincere applications would roll in upon them, causing them extra work and adverse publicity. Why, so to speak, put ourselves in the dock to be mocked at by sinners greater than ourselves who are not willing themselves to run the gauntlet of criticism?

I am, however, able to inform my hon. Friend the Joint Under-Secretary that of the nearly 600 cases which the Human Rights Commission of the Council of Europe has so far received, in only 14 cases has the Commission had to trouble the Government complained of by asking them for comments on the admissibility of the case concerned. It has been able to reject the remainder without reference to that Government. Three cases only have been declared admissible and in only two cases has the matter been referred to the Court by the Commission, the States concerned having ratified the Convention.

Another reason why Her Majesty's Government might look askance at the right of individual petition is the fear lest it should be necessary constantly to derogate from the Convention in respect of the right when disturbed conditions arise in any Colony. But would the necessity for derogation be so embarrassing? As it is, Her Majesty's Government, of either political complexion, have derogated in respect of Article 5 of the Convention on ten occasions without, as far as I am aware, further exacerbating the situation. It is not the legal steps taken, but the fact that the disturbances exist, which attracts attention and requires political solution.

I do not under-estimate the special legal difficulties which our history and our Constitution provide for us in allowing that the Crown should be sued by a national of this country at the behest of a foreign country. I can, however, think of one or two reasons why Her Majesty's Government should now consider whether they should adhere to the right of individual petition.

Il existe une anecdote bien connue des hommes de loi, anecdote que vous connaissez si bien, M. le Président, que je m'excuse de la raconter de nouveau; mais peut-être mon excellent ami, le Sous-Secrétaire d'Etat, qui a fait ses études à Harrow, ne la connaît-il pas aussi bien que vous. C'est l'histoire d'un ancien membre de cette Chambre qui plaidait devant un tribunal irlandais. Le juge lui demanda: "Mais, Maître Healy, votre client n'a-t-il jamais entendu parler de la maxime "Sic utero tuo, ut alienum non laedas"? M. le Président, répondit M. Healy, dans le village de montagne où habite mon client, il ne se passe guère de jour que cette maxime ne soit l'un des grands sujets de conversation".

Il se peut aussi que le Gouvernement de Sa Majesté craigne de se voir submerger par une multitude de requêtes stupides ou abusives, qui risquent de lui imposer un surcroît de travail considérable et de lui assurer une publicité peu flatteuse. Pourquoi nous clouer – pour ainsi dire volontairement – au pilori et devenir la risée de ceux qui sont de plus grands pêcheurs que nous et qui refusent de s'exposer eux-mêmes aux critiques?

Je suis cependant en mesure d'informer mon éminent ami M. le Sous-Secrétaire d'Etat que, sur près des six cents affaires dont elle a été saisie jusqu'à présent, la Commission européenne des Droits de l'Homme du Conseil de l'Europe n'a été amenée que dans quatorze cas seulement à demander aux gouvernements mis en cause de présenter des observations sur la recevabilité des requêtes. Elle a pu rejeter les autres sans en référer aux gouvernements. Trois affaires seulement ont été déclarées recevables et dans deux cas seulement, la Commission a porté l'affaire devant la Cour, les Etats intéressés ayant ratifié la Convention.

Si le Gouvernement de Sa Majesté considère avec méfiance le droit de recours individuel, c'est aussi parce qu'il craint de se voir amené pour ce qui est de ce droit à enfreindre la Convention chaque fois que des troubles se produiront dans telle ou telle colonie. Mais cette nécessité serait-elle une telle source de difficultés? Jusqu'à présent, le Gouvernement de Sa Majesté, qu'il ait été conservateur ou travailliste, a été amené par dix fois à déroger aux dispositions de l'article 5 de la Convention, sans que la situation se fût, à ma connaissance, envenimée pour autant. Ce ne sont pas les mesures prises sur le plan juridique qui attirent l'attention et appellent une solution politique, mais le fait que les troubles existent.

Je ne sous-estime pas les difficultés juridiques qui, étant donné notre histoire et notre Constitution, se présenteraient si nous acceptions que la Couronne puisse, la demande d'un pays étranger, être attaquée en justice par un ressortissant britannique. Cependant, il est une ou deux raisons pour lesquelles le Gouvernement de Sa Majesté devrait, à mon sens, envisager de reconnaître le droit de recours individuel.

In the first place, it goes without saying that Her Majesty's Government not only accept but revere the principles of the Convention, which, after all, only codify the fundamental freedoms which we have secured for ourselves and which now we pass on to those people for whose destiny we have some measure of responsibility. To reject for others what we value for ourselves can, obviously, give rise to misunderstanding.

The Government have made more than clear their regard for this Convention. It was as a result of the Government's recommendations that most of the provisions of the Convention have been included in the text of the constitution of Nigeria. These clauses have also been written into the draft constitution for Cyprus. No doubt as more and more territories not homogeneous in race and language emerge as independent States these clauses will be included in their constitutions as well. States outside those for which my hon. Friend has any responsibility have shown an equal interest in this codification of human rights. The proposed constitution for the Belgian Congo and probably that of Somaliland will embody the relevant clauses of the Convention, as also will the proposed constitution for the Organisation of American States which was set on foot in August last year at Santiago de Chile.

My hon. Friend may think, therefore, that the application of this Convention to British territories now may accustom them to the exercise of these provisions and help actually to secure peaceful and orderly progress. There is also a more immediate reason why the Government may wish to look at this matter again. It will not, of course, be unknown to my hon. Friend that Dr. Hastings Banda not long ago made application to the Icelandic Government that they should bring a case against Her Majesty's Government concerning his imprisonment. There is no shadow of doubt that if any ratifying Government of the Convention wishes to bring a case against some other signatory Government for violation of the Convention in respect of any individual and in any territory to which it applies, they can do so. We have already had a case in point, when we were arraigned by Greece in respect of Cyprus.

The possibility, namely, that Governments who are completely unconcerned in a cause can bring suit against another Government on behalf of an individual who is not even their own national is a new fact. Neither under international law nor under any other international convention known to me is it possible. The International Court of Justice at The Hague always insists that a nation which brings a suit must have *locus standi*, and that *locus standi* is given by the nationality of the individual concerned.

No doubt, friendly Governments will not easily lend themselves

En premier lieu, il va de soi que le Gouvernement de Sa Majesté non seulement accepte, mais vénère les principes de la Convention; car ceux-ci ne font que codifier les libertés fondamentales que nous avons conquises et que nous transmettons maintenant à ceux dont le destin est plus ou moins entre nos mains. On ne comprendrait pas que nous refusions à autrui les valeurs auxquelles nous sommes nous-mêmes attachés.

Le Gouvernement a amplement montré tout le prix qu'il attachait à la Convention. C'est sur ses recommandations que la plupart des dispositions de la Convention ont été incluses dans la Constitution du Nigeria. Elles ont également été incorporées dans le projet de Constitution de Chypre. A mesure que de plus en plus de territoires hétérogènes sur le plan ethnique et linguistique accéderont à l'indépendance, il n'est pas douteux que ces clauses seront incorporées dans leurs Constitutions. Des Etats autres que ceux relevant de la compétence de mon éminent ami ont témoigné du même intérêt pour cette codification des Droits de l'Homme. Le projet de Constitution du Congo belge et probablement celui de la Somalie britannique comprendront des clauses de la Convention; il en sera de même du projet de Constitution de l'Organisation des Etats américains créée en août dernier à Santiago du Chili.

M. le Sous-Secrétaire d'Etat estimera peut-être que l'extension de cette Convention aux territoires britanniques familiariserait ceux-ci avec l'exercice de ces droits et contribuerait à assurer en fait leur développement dans la paix et dans l'ordre. Une raison plus directe pourrait d'ailleurs inciter le Gouvernement à revoir cette question. Mon éminent ami n'ignore certainement pas que le Docteur Hastings Banda a demandé récemment au Gouvernement islandais de citer le Gouvernement de Sa Majesté devant une juridiction internationale au sujet de son emprisonnement. Il est indiscutable que tout gouvernement ayant ratifié la Convention est libre de traduire en justice un autre gouvernement signataire pour violation des dispositions de la Convention commise à l'encontre d'une personne quelconque et dans tout territoire auquel s'applique cette Convention. C'est ce qui s'est déjà produit quand la Grèce nous a mis en accusation au sujet de Chypre.

Cette possibilité – à savoir qu'un gouvernement peut, sans que ses intérêts soient nullement en cause, citer un autre gouvernement devant une juridiction internationale au sujet d'un individu qui n'est même pas un de ses nationaux – constitue un élément nouveau. Une telle initiative n'est possible ni en droit international ni, que je sache, aux termes d'aucune autre convention internationale. La Cour Internationale de Justice de La Haye insiste toujours sur le fait que le pays demandeur doit nécessairement avoir un *locus standi* et ce *locus standi* est fourni par la nationalité de l'intéressé.

Certes, aucun gouvernement ne prêtera une oreille complaisante to frivolous complaints by individuals against other friendly Governments, but circumstances and friendships change and cool, and if a Government of a hostile character were elected in any signatory State they might cause far more trouble by bringing suits against Her Majesty's Government than any number of individual suits, which would in any case nearly all be stopped *in limine* by the screening which every application receives from the Commission. If that right of individual petition existed intervention by Governments would be far less likely.

There is another reason why the recognition of the right of the individual may be helpful in this case to relations between signatories. Not only is it true that ill-disposed Governments may at the moment bring suits against us. It is also true that unfair conditions and wrongs in a signatory State are not righted because friendly Governments hesitate to bring cases against other friendly Governments in order not to vex them, but if individuals had the right to bring cases there would be no reason for such individuals to tempt unfriendly Governments to litigation, nor any reason either for friendly Governments to be driven to mutually wounding accusations.

If the Government have misgivings about this, has consideration been given to the adoption of a convention for the protection of human rights for the Commonwealth? The Common Law of England has been one and perhaps the greatest of the gifts which we have made to the Commonwealth, but now that the unifying influence of the Privy Council's jurisdiction has almost disappeared the time has come when the diverse influence of differing practice and circumstances in different parts of the Commonwealth will doubtless whittle away the common factor.

The acceptance of this Convention and the establishment of a court for its application may be of great value to the Commonwealth. The Commonwealth is founded on the principles of this Convention, and its application could in no way imply inferiority of the younger States to the older, and adherence to it would be a matter of pride and not of humiliation. As to whether it is time for the United Kingdom to propose such a Convention and such a court in relation to the Commonwealth, there clearly may be more than one opinion, and it takes me far wide of the subject upon which I wish to talk tonight.

I recognise that there is a great deal to be said on either side of this proposition. It may be that the price which we have to pay for this form of international co-operation is too high, but I think aux plaintes abusives émises par des individus contre d'autres gouvernements amis, mais les circonstances et les amitiés changent et si un gouvernement hostile au nôtre venait à être constitué dans l'un des Etats signataires, il pourrait, en attaquant le Gouvernement de Sa Majesté devant les juridictions internationales, lui causer beaucoup plus d'ennuis que des recours individuels, si nombreux soient-ils, et dont la plupart d'ailleurs seraient rejetés de toute manière *in limine* après l'instruction préliminaire à laquelle la Commission soumet chaque requête. Si nous reconnaissions le droit de recours individuel, l'intervention des gouvernements serait beaucoup moins probable.

Il est une autre raison pour laquelle la reconnaissance du droit de recours individuel peut faciliter les rapports entre Etats signataires. Il est un fait que des gouvernements mal disposés envers nous peuvent nous citer actuellement devant une juridiction internationale: mais il est également vrai que les torts et les injustices commises dans un Etat signataire ne se trouvent pas réparés par le seul fait que les gouvernements amis soucieux de ménager les susceptibilités de cet Etat hésiteront à l'assigner en justice. Mais si les citoyens étaient autorisés à introduire des recours, rien ne les inciterait à demander à un gouvernement hostile d'intervenir. En outre, des gouvernements amis ne seraient pas amenés non plus à échanger des accusations blessantes.

S'il éprouve des inquiétudes sur ce point, le Gouvernement de Sa Majesté a-t-il envisagé l'adoption d'une Convention de Sauvegarde des Droits de l'Homme pour le Commonwealth? Parmi les cadeaux que nous avons faits aux pays du Commonwealth, le plus beau est peut-être notre droit coutumier anglais. Mais, l'influence unificatrice de la juridiction du Conseil Privé ayant presque disparu, il faut maintenant s'attendre à voir disparaître peu à peu ce que les membres du Commonwealth avaient en commun sous l'influence de pratiques et de circonstances différentes.

L'adoption de cette Convention et la création d'une Cour chargée de l'appliquer peuvent être d'une grande utilité pour le Commonwealth. Celui-ci est fondé sur les principes de cette Convention, dont l'application n'impliquerait aucune situation d'infériorité des jeunes Etats par rapport aux plus anciens; l'adhésion à la Convention constituerait un geste de fierté et non une humiliation. Quant à la question de savoir si le moment est venu pour le Royaume-Uni de proposer l'adoption d'une telle Convention et la création d'une telle Cour dans le cadre du Commonwealth, c'est une question d'opinion et qui m'éloignerait trop du sujet dont je compte traiter ce soir.

Je reconnais qu'on peut faire valoir de nombreux arguments pour ou contre cette proposition. Il se peut que le prix d'une telle forme de coopération internationale soit trop élevé; mais nous that we should realise that in every form of international co-operation, every form of treaty into which we enter, there is a price which must be paid.

If we are to go into NATO, we forgo some of our independence in military planning; if we take part in Euratom, or the organisation for nuclear research in Europe, we have to give away secrets which cost us many millions of pounds to assemble and know about; and if we join economically in the organisation of Europe we have to forego some of our own control and independence over our own economic policies in this country.

Without pressing the matter hard in any way, I think that it is worth while for us to consider whether we are prepared to pay this price, and I should like to hear from the Joint Under-Secretary what the price may be and whether he thinks it worth while our going into this Convention, or whether reasons still incline the Government to be against it. I ask whether the Government think that the situation has changed to any extent, in the light of the considerations which I have been able to advance, and whether they now contemplate adhering to the right of individual application to the Court of Human Rights.

10.31 p.m.

Mr. WILLIAM YATES (The Wrekin): I support the speech of my hon. Friend the Member for Stroud (Mr. Kershaw). In view of the situation in various parts of the world and the Commonwealth the Government should now be in a position to reconsider their attitude towards human rights.

Clearly, it was unsatisfactory that Greece had to bring a case against us over the Cypriot people. I would have thought that, after the Commonwealth Prime Ministers' Conference, the time had come, even if the Government could not agree to the universal application of these rights, for them to apply them within the Commonwealth for a start.

Almost all the human rights which we now enjoy began in this country – looking back to the Bill of Rights and other reforms which we have had. I very much hope that what my hon. Friend has said will be received sympathetically by the Government and that we will not hear that this great country cannot subscribe to the Convention.

10.32 p.m.

The Joint Under-Secretary of State for Foreign Affairs (Mr. Robert Allan): I know the interest which my hon. Friend the Member for Stroud (Mr. Kershaw) takes in these matters and I am grateful for the chance I have had of discussing his views with him. Although I shall not be able to accept all his contentions, he argued devons nous rendre compte que notre participation à une forme quelconque de coopération internationale ou notre adhésion à un traité ne sont jamais gratuites.

En devenant membre de l'O.T.A.N. nous avons renoncé dans une certaine mesure à notre indépendance en matière militaire; si nous participons à l'Euratom, ou à l'Organisation pour la recherche nucléaire en Europe, il nous faudra communiquer à nos partenaires des informations secrètes que nous nous sommes procurées au prix de millions de livres; et si nous participons à l'Organisation économique de l'Europe, nous renoncerons dans une certaine mesure au libre choix de notre politique économique nationale.

Sans vouloir insister sur cette question j'estime qu'il est de notre intérêt de nous demander si nous sommes disposés à payer ce prix. Aussi saurais-je gré à M. le Sous-Secrétaire d'Etat de bien vouloir nous indiquer quel sera ce prix si notre adhésion à cette Convention lui paraît utile ou si certaines raisons incitent toujours le Gouvernement à s'y opposer. Je voudrais demander au Gouvernement si, à la lueur des considérations que je viens de présenter, il estime que la situation a changé et s'il envisage maintenant de reconnaître le droit de recours individuel devant la Cour des Droits de l'Homme.

M. William Yates: Je m'associe aux déclarations du représentant de Stroud (M. Kershaw). Etant donné la situation dans laquelle se trouvent diverses parties du monde et le Commonwealth, le Gouvernement devrait maintenant être en mesure de reconsidérer sa position à l'égard de la question des droits de l'homme.

Le fait que la Grèce ait été obligée d'introduire un recours contre nous au sujet du peuple chypriote a manifestement été regrettable. J'aurais pensé pour ma part qu'après la Conférence des premiers ministres du Commonwealth, le moment était venu de reconnaître d'abors ces droits dans le cadre du Commonwealth, même si le Gouvernement ne peut encore en approuver l'application universelle.

Les droits civils dont nous jouissons actuellement ont presque tous eu leur origine dans notre pays. Je songe en particulier au Bill of Rights du citoyen anglais et à d'autres réformes que nous avons adoptées. J'espère vivement que les suggestions de mon collègue seront accueillies favorablement par le Gouvernement et que nous n'apprendrons pas que notre grand pays ne peut adhérer à la Convention.

Le Sous-Secrétaire d'Etat aux Affaires étrangères (M. Robert Allan): Je sais l'intérêt que le représentant de Stroud (M. Kershaw) porte à ces questions et je lui suis gré de m'avoir donné l'occasion d'examiner ses propositions avec lui. Tout en ne pouvant souscrite entièrement à sa thèse, je dois reconnaître que son argumentation a clearly and with understanding of the problems involved. I was also interested by and impressed with the speech of my hon. Friend the Member for The Wrekin (Mr. W. Yates).

Before I go into details of the arguments, I would like to take up this question of price, the price we have to pay to be associated with the kind of European development of which this Convention is a part. First, my hon. Friend has shown that he appreciates the importance which successive Governments have attached to the Convention and I shall not reiterate the conviction of the present Government that the Convention itself must be upheld in all its provisions.

We have made that perfectly clear by applying it not only to this country, but to 42 of our dependent territories. That compares favourably with the actions of the other European members of the Council of Europe who have overseas territories. For instance, as I know my hon. Friend realises, France has not ratified the Convention at all and Belgium has not extended it to the Congo. Apart from our extension, the Convention has so far operated almost entirely in Europe, the region for which it as, after all, primarily designed.

We have accepted a considerable price. We have accepted the obligations laid down in the Convention to guarantee 16 rights and freedoms, including the rights to life, liberty and fair trial. We have undertaken to see that our laws and practices, and those of our territories to which the Convention has been extended, are in conformity with it. We have also agreed that we may be called upon to answer charges made by other parties to the Convention about alleged infringements of the Convention, whether in the United Kingdom or in the territories to which the Convention has been applied.

These charges would, of course, be heard by the Commission. If the Commission fails to settle a case, which is its first duty, and it refers to the Committee of Ministers, we have agreed to accept the decision of a two-thirds majority of that Committee as to whether an infringement has taken place. Further, we have agreed to take any measures necessary to meet the decision of the Committee. Those are very considerable obligations which we have undertaken, and undertaken not only for ourselves but for the dependent territories to which we have extended the Convention.

In terms of the price at which my hon. Friend spoke, I think that it is a fair price to have paid, but he argued that we should go one step further. He very fairly pointed out some of the reasons why Governments in this country have decided not to opt for the été claire et pertinente. J'ai également suivi avec intérêt l'intervention du représentant de The Wrekin (M. W. Yates), dont les observations m'ont frappé.

Avant d'examiner en détail les arguments invoqués, je voudrais parler de la question du prix qu'il nous faut payer pour participer à ce développement européen dont la Convention est l'un des aspects. L'honorable parlementaire a commencé par déclarer qu'il sait toute l'importance que nos gouvernements successifs ont attachée à la Convention; je n'insisterai donc pas sur le fait que le Gouvernement actuel est convaincu de la nécessité de respecter intégralement toutes les dispostions de ce texte.

Nous n'avons laissé planer aucun doute sur ce point en appliquant la Convention non seulement à notre pays mais aussi à quarante deux des territoires qui en dépendent. Notre attitude ne le cède en rien à celle des autres membres du Conseil de l'Europe ayant des territoires outre-mer. La France par exemple – comme l'honorable parlementaire le sait fort bien – n'a pas ratifié la Convention et la Belgique ne l'a pas étendue au Congo. Jusqu'à maintenant et si l'on accepte les territoires auxquels nous avons étendu la Convention, celle-ci a été presque exclusivement appliquée en Europe, pour laquelle d'ailleurs elle a surtout été conçue.

Nous avons accepté de payer un prix considérable. Nous avons accepté l'obligation, inscrite dans la Convention, de garantir seize droits et libertés, y compris le droit à la vie, le droit à la liberté et le droit d'être jugé équitablement. Nous avons pris l'engagement de veiller à ce que nos lois et pratiques, ainsi que celles de nos territoires auxquelles la Convention a été étendue soient conformes aux dispositions de la Convention. Nous avons également accepté d'avoir à répondre aux accusations portées contre nous par d'autres parties à la Convention, pour violations de la Convention commises soit au Royaume-Uni soit dans les territoires où elle est applicable.

De telles accusations seront évidemment portées devant la Commission. Si celle-ci ne parvient pas à régler le différend – ce qui est sa fonction essentielle – et si elle le renvoie au Comité des Ministres, nous avons accepté de nous soumettre à la décision que ce Comité prendra à la majorité des deux tiers lorsqu'il statuera sur la question de savoir s'il y a eu violation de la Convention. En outre, nous avons accepté de prendre toutes les mesures nécessaires pour respecter la décision du Comité. Ce sont là des obligations considérables, que nous avons contractées non seulement pour nous-mêmes mais aussi pour les territoires dépendants auxquels nous avons étendu la Convention.

Pour en revenir à la question du prix dont a parlé l'orateur, j'estime qu'il s'agit d'un prix honnête, mais mon honorable collègue estime que nous devrions faire un pas de plus. Très objectivement il a souligné quelques-unes des raisons pour lesquelles les gouverneright of individual petition provided under Article 25. He stressed the different states of development in territories outside Europe. That is exactly the point. It is the very reason why this clause was made optional. I must stress that the optional nature of this clause is part of the Convention itself, and the fact that it is so has made it easier for countries to ratify the Convention and to extend it to their dependent territories outside Europe. In fact, were the clause not optional there might not have been anything like the ratification which there has been or the extensions to dependent territories.

My hon. Friend also alluded to some of the practical political considerations which have to be taken into account when looking at the territories outside Europe. Apart from these, to which I will return in a moment, the Government's view has always been that, inside or outside Europe, States, not individuals, are the proper subjects of international law. This Convention, entered into by the member States of the Council of Europe, binds them to ensure that their laws and practices are in conformity with it. It is the States, not the individuals, who are party to the Convention and who are bound to one another. We believe that it is first and foremost a matter for the State concerned to ensure that its internal legislation is in conformity with the Convention.

My hon. Friend pointed out that allegations of infringements of the Convention made by one State against another may on occasion lead to friction between member countries. He instances the case of Dr. Hastings Banda in this connection. He was denied the right of individual petition and he sought to get another Government to take up his case. That, of course, is a risk which we run. As the hon. Gentleman knows, the Icelandic Government did not take up Dr. Banda's case. But whether we accept Article 25 or not this risk is still there.

Our traditional view that the State and not the individual is the proper subject of international law is one reason why we have refused to make the optional declaration regarding the right of individual petition. As I said, there are more practical reasons for our reluctance to do so. My hon. Friend pointed out that an extraordinarily high proportion of applications brought to the Commission are rejected. As he said, of the individual petitions so far presented only three have been declared admissible, and it is only occasionally that the Government concerned have been approached by the Commission at all.

ments de ce pays ont décidé de ne pas reconnaître le droit de recours individuel prévu à l'article 25. Il a insisté sur les différents stades d'évolution des territoires non européens. C'est de cela, précisément, qu'il s'agit, car c'est la raison pour laquelle cette clause a été rendue facultative. Je dois souligner que le caractère facultatif de cette clause constitue l'un des principes de la Convention elle-même. Certains pays ont ainsi pu la ratifier plus facilement et l'étendre à leurs territoires dépendants. En fait, si la clause n'avait pas été facultative, la Convention n'aurait peut-être pas été ratifiée par autant de pays ni étendue à autant de territoires dépendants.

L'orateur a également évoqué quelques-unes des considérations de politique pratique dont il faut tenir compte lorsqu'il s'agit de territoires extra-européens. Mais mises à part ces considérations, sur lesquelles je reviendrai tout à l'heure, le Gouvernement a toujours estimé qu'en Europe ou hors d'Europe, ce sont les Etats et non les individus qui relèvent du droit international. La Convention fait obligation aux Etats membres du Conseil de l'Europe qui l'ont signée de veiller à ce que leurs lois et pratiques soient compatibles avec ses dispositions. Ce sont les Etats, et non les individus, qui sont parties à la Convention et que cette Convention lie les uns aux autres. C'est avant tout l'Etat qui, à notre sens, doit faire en sorte que sa législation interne soit compatible avec les dispositions de la Convention.

L'orateur a fait observer qu'en allégant qu'un autre Etat a violé la Convention, un gouvernement peut provoquer parfois des frictions entre pays membres. Il a cité à ce propos le cas du Docteur Hastings Banda. S'étant vu refuser le droit de recourir devant la Commission, il a demandé à un gouvernement étranger de le faire à sa place. C'est là évidemment un risque que nous courons. Certes, le Gouvernement islandais ne s'est pas chargé de l'affaire, mais le risque n'en demeure pas moins, que nous acceptions ou non l'article 25.

Si nous avons refusé de faire la déclaration facultative par laquelle un Etat reconnaît le droit de recours individuel, c'est notamment pour demeurer fidèles à notre point de vue traditionnel selon lequel c'est l'Etat et non l'individu qui relève du droit international. Comme je l'ai déjà dit, nos hésitations s'expliquent aussi par des raisons plus pratiques. L'honorable parlementaire a fait observer qu'un nombre extrêmement élevé des requêtes adressées à la Commission est rejeté. Comme il l'a déclaré, trois seulement des requêtes individuelles introduites jusqu'à présent ont été déclarées recevables et ce n'est qu'à de rares occasions qu'une démarche a été faite par la Commission auprès du Gouvernement intéressé.

I should like to make clear straight away that Her Majesty's Government have no objection to any extra work which might be involved if we believed that this would genuinely facilitate the maintenance of human rights. My hon. Friend hinted that to allow anyone and everyone to petition the Commission of Human Rights might create more problems than it solved. I agree for a number of reasons. First, while the fact of a petition is bound to become public knowledge the Commission's report is secret.

This means that whether a petition were dismissed or not the fact that it was laid could always be used for propaganda purposes against the Government challenged. Because the Commission's report is secret I cannot discuss it in relation to the subjects raised by my hon. Friend the Member for The Wrekin. The point is that the petition was used against this country unfairly for propaganda purposes.

My second point is one that was mentioned by my hon. Friend, that conditions in many Colonial Territories are different from those in Europe. Among emerging communities political agitators thrive and one may well imagine the use which political agitators would make of the right of individual petition. For every one grievance which had some substance there would be a hundred put up for political purposes only.

My hon. Friend mentioned the question of a Convention on Human Rights for the Commonwealth. This is an attractive idea which has been before us for many years in one guise or another. I will certainly pass on my hon. Friend's remarks to my noble Friend. But I feel it would be unfair not to take the opportunity of pointing out that my right hon. Friend the Home Secretary did not look very favourably on the idea when it was raised through Questions in the House last month.

I may not have been able to give my hon. Friend the kind of positive reply for which I know he was hoping. On the other hand, I am most grateful to him for raising this debate, because it gives me the opportunity of reaffirming something I said a year ago in a similar debate, which is our decision that we shall support this Convention to the best of our ability.

Je voudrais préciser d'emblée que le Gouvernement de Sa Majesté assumerait volontiers le surcroît de travail qui lui serait imposé s'il était convaincu que les droits de l'homme se trouveraient mieux sauvegardés de ce fait. L'orateur a laissé entendre qu'on risque de créer plus de problèmes que d'en résoudre en permettant à n'importe qui de saisir la Commission des Droits de l'Homme. Je partage ce point de vue pour plusieurs raisons. D'abord, alors que le public apprend nécessairement le dépôt d'une requête, le rapport de la Commission reste secret. Cela signifie que, rejetée ou non, une requête, dès lors qu'elle a été déposée, pourrait toujours être utilisée à des fins de propagande contre le gouvernement mis en cause. Le rapport de la Commission étant secret, je ne puis en faire état pour ce qui est des questions soulevées par le représentant de The Wrekin. Ce qui importe, c'est l'utilisation abusive qui a été faite de la requête à des fins de propagande contre notre pays.

Quant à mon deuxième argument, l'orateur y a déjà fait allusion: la situation dans laquelle se trouvent de nombreux territoires coloniaux est très différente de celle des pays européens. Dans les communautés naissantes, les agitateurs politiques ont la partie belle et l'on voit très bien l'usage qu'ils pourraient faire du droit de recours individuel. Pour une plainte quelque peu justifiée, cent autres seraient déposées à des fins purement politiques.

L'orateur a évoqué la question d'une Convention des Droits de l'Homme pour les pays du Commonwealth. Il s'agit là d'une idée séduisante qu'on nous présente depuis de nombreuses années sous une forme ou une autre. Je ne manquerai certainement pas d'informer le ministre compétent des observations formulées par l'orateur. Mais je crois devoir faire observer à ce propos que le Ministre de l'Intérieur n'a pas été très favorable à cette suggestion quand, le mois passé, elle a fait l'objet d'une interpellation à la Chambre.

Il se peut que je n'aie pu donner à l'honorable parlementaire la réponse positive qu'il espérait. En revanche, je lui suis très reconnaissant d'avoir provoqué ce débat, car il m'a permis de réaffirmer ce que j'avais dit l'an dernier au cours d'un débat semblable, à savoir que nous sommes décidés à appuyer cette Convention au mieux de nos possibilités.

THE CONVENTION IN THE DOMESTIC COURTS OF THE CONTRACTING PARTIES

LA CONVENTION DEVANT LES JURIDICTIONS INTERNES DES ETATS CONTRACTANTS

A.

Decisions of domestic Courts referring to the European Convention on Human Rights

Décisions des Tribunaux internes se référant à la Convention européenne des Droits de l'Homme

COURT / TRIBUNAL	DATE OF THE DECISION / DATE DE LA DECISION	SOURCE / SOURCE OU REFERENCE
1. Austria / Autriche		
Verfassungsgerichtshof (Constitutional Court / Cour Constitutionnelle)	27. 6.1960	B 469/59 12
Verfassungsgerichtshof (Constitutional Court / Cour Constitutionnelle)	13.10.1960	B 102/60 13
2. Belgium / Belgique		
Cour de Cassation (Supreme Court)	21. 9.1959	Journal des Tribunaux, 1960, p. 573
Cour de Cassation (Supreme Court)	22. 7.1960	No. 278
Cour de Cassation (Supreme Court)	24.10.1960	No. 4893
3. Federal Republic of Germany / Republique Fédérale d'Allemagne		
Bundesverfassungsgericht (Federal Constitutional Court / Cour Constitutionnelle Fédérale)	14. 1.1960	Neue Juristische Wochenschrift, 1960, p. 1243

Oberlandesgericht (Court of Appeal / Cour d'Appel), Saarbrücken	15. 2.1960	Neue Juristische Wochenschrift, 1960, p. 1731
Oberlandesgericht (Court of Appeal / Cour d'Appel) Bremen	17. 2.1960	Neue Juristische Wochenschrift, 1960, p. 1265
Oberverwaltungsgericht (Higher Administrative Court / Cour Administrative Supérieure)	28. 9.1960	OVg Ia B49.59 Vg IA 173.59

4. Iceland / Islande

Town Court (Tribunal Municipal), Reykjavik	28. 6.1960	No. 968/1959 Olafson v. The Minister of Finance

5. Netherlands / Pays Bas

Hoge Raad (Supreme Court / Cour de Cassation)	5. 5.1959	Nederlandse Jurisprudentie, 1959, No. 361, p. 888
Hoge Raad (Supreme Court / Cour de Cassation	24. 2.1960	Nederlandse Jurispridentie 1960, No. 483. p. 1121
Hoge Raad (Supreme Court / Cour de Cassation)	22. 3.1960	Nederlandse Jurisprudentie, 1960, No. 274, p. 707
Hoge Raad (Supreme Court / Cour de Cassation)	13. 4.1960	Nederlandse Jurisprudentie, 1960, No. 436, p. 993

B.

Extracts from the decisions

AUSTRIA

Verfassungsgerichtshof
(Constitutional Court)
Decision of 27th June 1960 [1]

FORCE OF THE CONVENTION IN AUSTRIAN LAW. RIGHT TO A HEARING BY AN INDEPENDENT AND IMPARTIAL TRIBUNAL. ARTICLE 6 OF THE CONVENTION.

The Constitutional Court ... on the appeal lodged by Rosa S. and Maria-Magdalena S., living in Vienna XVIII, represented by Arnulf HUMMER, LLD, barrister-at-law, ... from the decision of the Federal Ministry of Finance of 26th October 1959, Zl. 211.923–34/59, alleging violation of constitutionally guaranteed rights, after public oral hearing on 20th June 1960, the reporting Counsellor being heard, and after the arguments of the Counsel for the applicants, Arnulf Hummer Jun., LLD, barrister-at-law, of the Counsel for the Federal Ministry of Finance, Ministerial Counsellor Dr. Josef STARKBAUM, and the Representative of the Austrian Republic as intervening party, Counsellor Dr. Johann NAGY, of the Treasury Solicitor's Office (*Finanzprokuratur*) in accordance with Article 144 of the Federal Constitutional Law and Article 87 of the Basic Constitutional Law of 1953, pronounced as follows:

By the decision that is desputed, the appellants were not deprived of any constitutionally guaranteed rights.

Their appeal is therefore rejected as ill-founded.

In accordance with the conclusions reached, the appeal is referred to the Administrative Court for a ruling regarding possible violation of any other rights of the applicants by the disputed decision.

The two appellants are sentenced to pay 750 schillings each within 14 days to the Finanzprokuratur in Vienna.

STATEMENT OF THE FACTS

Rosa S. and Maria-Magdalena S. on 14th December 1959 appealed to the Constitutional Court from the decision of the Federal

---

[1] B 469/59/12

B.

Extraits des décisions

AUTRICHE

Verfassungsgerichtshof
(Cour Constitutionnelle)
Arrêt du 27 juin 1960 [1]

VALEUR DE LA CONVENTION EN DROIT AUTRICHIEN. DROIT A CE QUE LA CAUSE SOIT ENTENDUE PAR UN TRIBUNAL INDEPENDANT ET IMPARTIAL. ARTICLE 6 DE LA CONVENTION.

La Cour Constitutionnelle ... sur la requête introduite par Rosa S. et Maria-Magdalena S., demeurant à Vienne XVIII, représentées par Maître Arnulf HUMMER, Docteur en Droit, avocat, ... contre la décision du Ministre Fédéral des Finances du 26 octobre 1959, Zl. 211.923–34/59, pour violation des droits constitutionnellement garantis, après débats oraux en audience publique le 20 juin 1960, le Conseiller rapporteur entendu, et après les développements du représentant des requérantes, Maître Arnulf HUMMER jun., Docteur en droit, avocat, du représentant du Ministère Fédéral des Finances, le Conseiller ministériel Dr. Josef STARKBAUM, et du Représentent de la République autrichienne, Partie intervenante, le Conseiller Dr. Johann NAGY, de la Procurature des Finances (*Finanzprokuratur*), conformément à l'article 144 de la Loi Fédérale Constitutionnelle, et à l'article 87 de la Loi Constitutionnelle Fondamentale de 1953, a statué comme suit:

Par la décision attaquée, les requérantes n'ont été lésées dans aucun des droits constitutionnellement garantis.

Leur recours est donc rejeté comme mal fondé.

Conformément aux conclusions prises, le recours est renvoyé devant la Cour Administrative pour qu'il soit statué sur l'éventuelle violation par la décision attaquée d'un des autres droits des requérantes.

Les deux requérantes sont condamnées à payer chacune, dans les 14 jours, la somme de 750 schillings à la "Procurature des Finances" de Vienne.

EXPOSE DES FAITS

Contre la décision du Ministre Fédéral des Finances en date du 26 octobre 1959, Zl. 211.923–34/59, Rosa S. et Maria-Magdalena S.

[1] B 469/59/12

Minister of Finance, on 26th October 1959, ZI. 211. 923–34/59. Their appeal was based on Article 144 of the Constitutional Federal Law, and alleged violation of constitutionally guaranteed rights, to wit the right of all citizens to equality before the law, the right to trial before the judge who is competent according to law, the right that the case should be considered and tried by an independent and impartial tribunal, the right to own property, and the right to expect that the Austrian Republic should respect public international law (Article 9 of the Federal Constitutional Law), and also the right to compensation. (Articles 10 and 26 of the State Treaty)

...

Under the decision that is being disputed, the appellants claim to have been deprived of the following constitutionally guaranteed rights:...

3. *Entitlement to trial by an independent and impartial tribunal* (Article 6 of the Convention for the Protection of Human Rights)

For the appellants it was contended that the Convention together with the Protocol, although a State Treaty (*Staatsvertrag*) contains provisions regarding the fundamental rights of citizens which must without exception be described as constitutional and which, since they were adopted by the majority required for constitutional laws, have become an integral part of positive municipal law. Insofar as the first implementing Law enacted pursuant to the State Treaty had the effect of withdrawing the case from an independent and impartial tribunal, and transferring it to the Austrian Republic, the defendant party and administrator of the property, the elementary fundamental rights of citizens are alleged to have been violated. In any State founded on the rule of law it is contrary to all legal precedent, according to the appellants, to have a dispute settled by a judge who is not independent of the parties concerned, and to allow the defendant party, through the medium of organs bound by its instructions, to decide whether or not it should be ordered to pay damages to the plaintiff.

According to Article 13 of the Convention, anyone whose rights are violated shall have an effective remedy before a national authority. This national authority, it is claimed, is the Constitutional Court, to which an appeal would lie before any application was addressed to the European Commission or Court of Human Rights.

GROUNDS FOR THE DECISION

...

The appeal is further based on the contention that the provisions of the first Implementing Law issued pursuant to the State Treaty ont introduit le 14 décembre 1959, devant la Cour Constitutionnelle, un recours fondé sur l'article 144 de la Loi Fédérale Constitutionnelle pour violation des droits constitutionnellement garantis, à savoir, le droit à l'égalité de tous les citoyens devant la loi, le droit au procès se déroulant devant le juge y habilité par la loi, le droit à ce que cette cause soit examinée et décidée par un tribunal indépendant et impartial (article 6 de la Convention de Sauvegarde des Droits de l'Homme), le droit de propriété et le droit au respect par la République autrichienne du droit international public (article 9 de la Loi Fédérale Constitutionnelle), ainsi que le droit à l'indemnisation (articles 10 et 26 du Traité d'Etat) ...

Par la décision attaquée, les requérantes auraient été lésées dans les droits constitutionnellement garantis suivants:...

3. *Droit à ce qu'une cause soit examinée et décidée par un tribunal indépendant et impartial* (Article 6 de la Convention de Sauvegarde des Droits de l'Homme)

La Convention, complétée par le Protocole Additionnel, tout en étant un Traité d'Etat (*Staatsvertrag*) contiendrait des dispositions qu'il faut qualifier, sans aucune exception, de constitutionnelles, relatives aux droits fondamentaux des citoyens, lesquelles, pour avoir été adoptées avec la majorité requise pour les lois constitutionnelles, seraient devenues partie intégrante du droit interne positif. Dans la mesure où, par l'effet de la première loi d'application du Traité d'Etat, l'affaire a été retirée au tribunal indépendant et impartial et transmise à la République autrichienne qui est administrateur du patrimoine en litige et partie défenderesse au présent procès, les droits fondamentaux élémentaires des citoyens auraient été violés. Il serait contraire à toute jurisprudence d'un Etat de Droit qu'un litige ne soit pas tranché par un juge qui se trouve au-dessus des Parties et que, par l'entremise des organes qui sont liés par les instructions du défendeur, ce dernier décide s'il doit être condamné à fournir des prestations au demandeur.

En vertu de l'article 13 de la Convention, celui dont les droits ont été violés aurait la possibilité d'introduire un recours effectif devant une instance nationale. Cette instance nationale serait la Cour Constitutionnelle avant qu'une requête ne soit adressée à la Commission européenne des Droits de l'Homme, respectivement à la Cour européenne des Droits de l'Homme.

MOTIFS DE LA DECISION

...

La requête se fonde, en outre, sur ce que les dispositions de la première Loi d'application du Traité d'Etat contreviennent à are in conflict with Article 6 of the Convention, since they require an administrative authority to pronounce a decision in a case which under Article 6 of the Convention for the Protection of Human Rights and Fundamental Freedoms (BGBl. No. 210/1958) comes within the category of "civil rights and olbiagtions", whereas according to that Article everyone is entitled to a fair and public hearing within a reasonable time by an independent and impartial tribunal established by law.

Regarding this point, the Constitutional Court considered:
As a consequence of its approval (*Genehmigung*) by the National Council (Article 50 (1) of the Federal Constitutional Law) and its publication in the Federal Official Gazette (Article 49 (1) of the Federal Constitutional Law), the Convention became a source of law, inasmuch it is a provison equivalent to a Federal Law, and its compulsive force in domestic law (Article 49 (1) of the Federal Constitutional Law) is indisputable. Nevertheless, some enquiry into the nature of this compulsive force is still needed. As with other legal rules, the content of the Convention must be examined in order to decide whether it represents a body of law that is immediately applicable or merely constitutes an obligation upon legislatures to adapt their existing legislation to the Convention insofar as it does not already conform thereto, and not to promulgate in future any law that would be in conflict with the Convention.

"The draft Federal Constitutional Law for promulgating the provisions necessary to enable Austria to fulfil the undertakings arising from ratification of the European Convention for the protection of Human Rights and Fundamental Freedoms and of the Protocol thereto" [1] (Appendix 60 to the shorthand report of the debates of the National Council IX. GP of 23rd September 1959) presented by the Federal Government to the National Council, is based on the premisse that the Convention and its Protocol require the Austrian legislature to adapt municipal law to the provisions of the Convention insofar as it does not already conform thereto and insofar as it does not already guarantee rights more far-reaching than those protected by the Convention or Protocol (see the Preamble to the Government Bill, Section I, entitled General Section, heading I; and Section II, Special Section of the Preamble to the explanatory notes).

Until such time as the legislative bodies have expressed their intention, the Constitutional Court is not dispensed from giving a ruling on the purport of the Convention. Its examination may here

[1] See the most important extracts from the Bill in the Yearbook Vol. II, pp. 528–540

l'article 6 de la Convention, puisqu'elles confient à une autorité administrative le soin de rendre une décision dans un litige qui, aux termes de l'article 6 de la Convention de Sauvegarde des Droits de l'Homme et des Libertés Fondamentales (BGBl. No. 210/1958) tombe dans la catégorie des "droits et obligations de caractère civil", alors que, selon l'article précité, toute personne a droit à ce que sa cause soit entendue équitablement, publiquement et dans un délai raisonnable, par un tribunal indépendant et impartial, établi par la loi.

Sur ce point, la Cour Constitutionnelle a estimé:

A la suite de son approbation (*Genehmigung*) par le Conseil National (article 50, al. 1 de la Loi Constitutionnelle Fédérale) et de sa publication au Journal Officiel Fédéral (article 49, al. 1 de la Loi Constitutionnelle Fédérale), la Convention a acquis la qualité d'une source de droit en tant que disposition équivalente à une loi fédérale et sa force obligatoire en droit interne (article 49, al. 1 de la Loi Constitutionnelle Fédérale) n'est pas discutable. Mais cette constatation n'exclut pas la nécessité de rechercher quelle est la qualité de cette force obligatoire. Comme pour d'autres normes, il convient d'examiner le contenu de la Convention pour déterminer si elle contient un droit immédiatement applicable ou si elle ne constitue pas une simple obligation pour les organes législatifs d'adapter la législation existante à la Convention, dans la mesure où celle-là ne s'identifie pas avec elle, et de ne promulguer à l'avenir aucun texte législatif qui soit en contradiction avec la Convention.

"Le projet de loi constitutionnelle fédérale portant promulgation des dispositions nécessaires pour que l'Autriche puisse remplir les engagements assumés du fait de la ratification de la Convention de sauvegarde des Droits de l'Homme et des Libertés fondamentales ainsi que du Protocole Additionnel" [1] (annexe 60 au compte-rendu sténographique des débats du Conseil National IX. GP. du 23 septembre 1959), soumis par le Gouvernement fédéral au Conseil National, part du principe que la Convention et le Protocole Additionnel mettent le législateur autrichien dans l'obligation d'adapter le droit interne aux dispositions de la Convention, dans la mesure où celui-ci n'est pas conforme à la Convention et au Protocole Additionnel et où il ne garantit pas des droits qui vont au delà des droits protégés par la Convention et le Protocole Additionnel (voir en ce sens le Préambule du projet gouvernemental, 1ère Partie générale, chiffre 1, et Partie II, Partie Spéciale du Préambule de l'exposé des motifs).

Aussi longtemps que le législateur constitutionnel n'a pas manifesté sa volonté, la Cour Constitutionnelle ne peut pas éviter de prendre position sur le contenu de la Convention.

[1] Voir les extraits les plus importants du projet de loi dans l'Annuaire, Volume II, pp. 529–541.

be restricted to Article 6, because in this particular case only that Article calls for interpretation. The Constitutional Court considers that Article 6 of the Convention is not immediately applicable and executory; in its opinion it is "non self-executing".

Under Article 6 (1) every litigant is entitled to receive "a fair and public hearing within a reasonable time". This general principle is completed by the statement that the case should be heard by an independent and impartial tribunal established by law and that the rights of the defence will be protected. Article 6 constitutes a whole, so that it is not possible to consider separately its provisions regarding disputes on civil rights and obligations and its provisions regarding penal law and procedure. Article 6 (3) contains supplementary provisions on penal procedure, stipulating that everyone who is charged with a criminal offence has (as a minimum or in particular [1] the right to be informed "promptly" in a language which he understands and in detail of the nature and cause of the accusation against him, "to have adequate time and facilities" for the preparation of his defence and "if he has not sufficient means to pay for legal "assistance" to be granted the free services of a defending counsel" when the interests of justice so require".

The Constitutional Court is convinced that the lack of precision of the few notions embodied in Article 6, when compared with a whole legal system of civil and penal procedure, leads to the conclusion that Article 6 contains only principles constituting a programme, which must undoubtedly be put into effect and respected by the legislator, but which do not in themselves constitute an immediately applicable body of law. The validity of Austrian law has not been altered by the mere publication of the Convention in the Federal Official Gazette.

The Convention therefore has no effect upon the application of the Second Law on Restitution. Hence it does not follow from Article 6 of the Convention that the disputed decision is unconstitutional.

VII. Under the disputed decision the appellants have not been deprived of any of their constitutional and guaranteed rights, which were considered in passing the sentence. Nor can it be established that there was violation of any other constitutionally guaranteed right.

The appeal must therefore be rejected as ill-founded.

---

[1] The Constitutional Court is alluding here to the discrepancy between the English test (the following *minimum* rights) and the French text [everyone charged with a criminal offence has in *particular* the right ... (tout accusé a droit *notamment* à ...)] (Editor's Note).

Cet examen pouvait être limité à l'article 6 de la Convention car, dans la présente espèce, seul cet article pose une question d'interprétation.

La Cour Constitutionnelle estime que l'article 6 de la Convention n'est pas immédiatement applicable et exécutoire: à son avis, celle-ci est "non self-executing".

L'article 6 § 1 garantit à chacun le droit à ce que sa cause soit entendue "équitablement et publiquement" et "dans un délai raisonnable". Ce principe général est complété par l'indication que la cause sera entendue par un tribunal indépendant et impartial établi par la loi et que les droits de la défense seront garantis. L'article 6 constitue un ensemble, de sorte qu'il n'est pas possible d'apprécier différemment ses dispositions relatives aux contestations sur les droits et obligations de caractère civil et ses dispositions concernant le droit pénal et la procédure pénale. En ce qui concerne la procédure pénale, le paragraphe 3 de l'article 6 contient des dispositions complémentaires. Il y est spécifié que tout accusé a (au moins ou notamment) [1] droit à être informé dans "le plus court délai" dans une langue qu'il comprend et d'une manière détaillée, de la nature et de la cause de l'accusation portée contre lui, "de disposer du temps et des facilités nécessaires" à la préparation de sa défense et "s'il n'a pas les moyens de rémunérer un défenseur" de pouvoir être assisté gratuitement par un avocat d'office, "lorsque les intérêts de la justice l'exigent".

Il ne fait aucun doute pour la Cour Constitutionnelle que l'imprécision des quelques notions contenues dans l'article 6, qui se trouvent en face d'un ordre juridique élaboré dans le domaine de procédure civile et de procédure pénale, conduit à penser que l'article 6 ne contient que des principes ayant une valeur de programme, que le législateur doit certes réaliser et respecter, mais qui ne constituent pas en eux-mêmes un droit immédiatement applicable. Par la seule publication de la Convention au Journal Officiel Fédéral, l'effectivité du droit autrichien n'a pas été modifiée.

La Convention n'a, par conséquent, aucun effet sur l'application de la Deuxième Loi relative aux restitutions...

L'inconstitutionnalité de la décision attaquée ne peut donc pas être déduite de l'article 6 de la Convention.

VII. Par l'effet de la décision attaquée, les requérantes n'ont pas été lésées dans leurs droits constitutionnellement garantis qui ont été passés en revue dans l'arrêt. La violation d'un autre droit constitutionnellement garanti ne peut pas davantage être établie.

La requête doit donc être rejetée comme mal fondée.

---

[1] La Cour Constitutionnelle fait ici allusion à la divergence existant entre le texte anglais (the following *minimum* rights) et le texte français (tout accusé a droit *notamment* à ....) (NDR).

BELGIUM

Supreme Court
Decision of 21st September 1959 [1]

ALIEN. EXPULSION. INTERFERENCE BY PUBLIC AUTHORITY WITH THE EXERCISE OF THE RIGHT TO RESPECT FOR FAMILY LIFE. ARTICLES 8 AND 14 OF THE CONVENTION.

Having regard to the judgment rendered by the Brussels Court of Appeal on 30th April 1959, from which the present appeal is made;

With reference to the first plea of denial of the rights of the defence,

Insofar as the judgment appealed against, whereby the appellant, as a foreigner deported from the Kingdom by Ministerial decree, was convicted of having entered Belgium and resided there without the special authorisation of the Ministry of Justice, was based on the grounds that her husband "having failed to obtain permission to settle in Germany, was sent back to Belgium, to which country he was admitted in accordance with the Belgo-German Agreement of 28th November 1951";

Whereas the appellant claimed that this agreement was of 28th October 1951 and moreover of doubtful existence, so that the appellant had been unable to ascertain its existence or content.

Whereas, contrary to the appellant's claim, the conviction was not based on the agreement referred to;

And whereas, in pointing out that the appellant's husband had benefited under the terms of this agreement the judgment appealed from had not violated the rights of the defence, even if the appellant had been unable to verify the existence of the agreement.

The plea is accordingly unjustified by the facts;

With reference to the second plea of a breach of Articles 190 and 211 of the Code of Criminal Procedure;

Insofar as, in convicting the appellant, the judgment had taken into account not only the facts of the case but also the appellant's future intentions, namely her statement when questioned at the hearing: "I want to stay with my husband; whatever happens I want to be with him";

Whereas the judgment takes no account of the appellants intentions but convicts her solely on the grounds of her actions before being brought to trial;

Accordingly, the plea has no basis in fact;

[1] Journal des Tribunaux, 1960, p. 573.

BELGIQUE

Cour de Cassation
Arrêt du 21 septembre 1959 [1]

ETRANGER. EXPULSION. INGERENCE DE L'AUTORITE PUBLIQUE DANS L'EXERCICE DU DROIT AU RESPECT DE LA VIE FAMILIALE. ARTICLES 8 ET 14 DE LA CONVENTION.

Vu l'arrêt attaqué, rendu le 30 avril 1959 par la Cour d'Appel de Bruxelles;

Sur le premier moyen, pris de la violation du droit de la défense, en ce que l'arrêt attaqué, pour condamner la demanderesse du chef de, étant étrangère renvoyée du royaume par arrêté ministériel, avoir pénétré et séjourné en Belgique sans autorisation spéciale du Ministre de la Justice, s'est fondé sur le motif que l'époux de ladite demanderesse, "n'ayant pas été autorisé à se fixer en Allemagne, fut refoulé vers la Belgique où il dut être admis en vertu de l'accord belgo-allemand du 28 novembre 1951";

Alors qu'il s'agit d'un accord du 28 octobre 1951, dont l'existence est d'ailleurs douteuse, de sorte que la demanderesse n'a pu vérifier l'existence du texte invoqué, ni sa portée;

Attendu, d'une part, que contrairement à ce qu'allègue le moyen, la condamnation de la demanderesse n'est pas fondée sur l'accord mentionné au moyen;

Attendu, d'autre part, qu'en relevant que le mari de la demanderesse a bénéficié des clauses de cet accord, l'arrêt attaqué n'a pas violé le droit de la défense de la demanderesse, celle-ci n'eût-elle pu vérifier l'existence de cet accord;

Que le moyen manque en fait;

Sur le deuxième moyen pris de la violation des articles 190 et 211 du Code d'instruction criminelle;

en ce que, pour condamner la demanderesse, l'arrêt ne se fonde pas uniquement sur les faits de la cause mais aussi sur les intentions de la demanderesse dans l'avenir, notamment sur la déclaration qu'elle a faite, sur l'interpellation à l'audience:

"Je veux rester auprès de mon mari; quoiqu'il arrive à mon mari, je veux le suivre";

Attendu que l'arrêt ne fait pas état de ces intentions de la demanderesse, mais se fonde uniquement, pour condamner celle-ci, sur les faits par elle commis avant sa comparution en justice;

Que le moyen manque en fait;

[1] Journal des Tribunaux, 1960, p. 573.

With reference to the third plea that the judgment appealed from did not admit the appellant's plea of "justifiable error" (*invincible erreur*) whereas it is claimed:

1. that she was authorised to remain provisionally in Belgium having entered the country illegally on 18th August 1954;

2. that after obtaining several prolongations of their permit to remain in the country, the appellant and her husband, when ordered to leave, went to Germany, whence the husband was sent back to Belgium, to which country he had to be admitted by virtue of a Belgo-German Agreement;

3. that the appellant then re-entered Belgium in November 1958 and remained there without interference from the authorities until 31st December 1958, on which date she was arrested, so that she was justified in believing that the Belgian authorities agreed to her remaining in Belgium while her husband was there;

Whereas it does not appear from any document which the Court is entitled to take into account that the appellant claimed, during the judgment of her case, that she had been the victim of a justifiable error (*erreur invicible*);

Whereas the appreciation of this plea cannot be separated from the facts;

Accordingly, this plea is unjustified both as to the facts and as to the law;

With regard to the fourth plea of violation of Articles 8 and 14 of the Convention for the Protection of Human Rights and Fundamental Freedoms (signed in Rome on 4th November 1950 and ratified by Act of 13th May 1955).

Insofar as the judgment appealed from, by recognising the legality of the ministerial decree of expulsion and hence the illegality of the appellant's return to Belgium, had caused grave prejudice to her family life, since at the time her husband was not entitled to enter any other country and she was not entitled, therefore, to remain with him, and had justified this situation on the grounds that the appellant had a certain nationality and was entitled to reside in her own country; insofar, moreover, as the said decree was issued not on the grounds that the appellant's presence endangered public security but on the grounds of her nationality, and, consequently, it recognises an exception which is not provided for in Article 2 and exercises a type of discrimination prohibited under the terms of Article 14 of the Convention;

Whereas the said Article 8 referred to permits the authorities to interfere with the right to respect for family life, when such interference is prescribed by law and is necessary in a democratic society in the interests of national security and the prevention of disorder;

Sur le troisième moyen pris de ce que l'arrêt attaqué n'a pas admis, dans le chef de la demanderesse, l'erreur invincible, alors qu'il relève:

1. qu'elle fut autorisée à rester provisoirement en Belgique où elle était antérieurement rentrée irrégulièrement, le 18 août 1954;

2. qu'après avoir obtenu plusieurs sursis de séjour, la demanderesse et son époux, mis en demeure de quitter le pays, en août 1957, se rendirent en Allemagne, d'où le mari fut refoulé en Belgique où il dut être admis en vertu d'un accord belgo-allemand;

3. que la demanderesse rentra ensuite en Belgique en novembre 1958 et y séjourna, sans être inquiétée, jusqu'au 31 décembre 1958, date de son arrestation; de sorte qu'elle était fondée à croire que les autorités belges avaient admis qu'elle pouvait séjourner en Belgique tant que son mari y demeurait;

Attendu qu'il n'apparaît d'aucune pièce à laquelle la Cour peut avoir égard que la demanderesse a soutenu. devant le juge du fond, avoir été victime d'une erreur invincible;

Attendu que la constatation de cette cause de justification suppose, notamment, une appréciation en fait;

Que, mélangé de fait et de droit, le moyen n'est pas recevable;

Sur le quatrième moyen pris de la violation des articles 8 et 14 de la Convention de sauvegarde des droits de l'Homme et des libertés fondamentales, signée à Rome le 4 novembre 1950 et approuvée par la loi du 13 mai 1955,

en ce que l'arrêt attaqué, en considérant comme légal l'arrêté ministériel de renvoi et, partant, comme illégal le fait que la demanderesse a pénétré et séjourné en Belgique, a porté une atteinte grave à sa vie familiale, son mari ne pouvant se rendre actuellement dans aucun autre pays et elle-même n'étant pas autorisée à demeurer avec lui, et a justifié cette atteinte par la considération que la demanderesse possède une nationalité déterminée et peut résider dans sa patrie; que ledit arrêt se fonde non sur le fait que la demanderesse serait dangereuse pour la sécurité publique mais sur sa nationalité; qu'il admet ainsi une exception non prévue par l'article 2 et consacre, en outre, une discrimination prohibée par l'article 14 de la Convention;

Attendu que l'article 8 visé au moyen, permet l'ingérence de l'autorité publique dans l'exercice du droit au respect de la vie familiale d'une personne, lorsque cette ingérence est prévue par la loi et qu'elle constitue, notamment, une mesure nécessaire, dans une société démocratique, à la sûreté publique ou à la défense de l'ordre;

Whereas Article 12, 5 of the Act of 28th March 1952 makes it an offence for a foreigner who had been expelled to re-enter the Kingdom without a special permit from the Ministry of Justice;

Accordingly the steps taken against the appellant were prescribed by law;

Whereas, furthermore, the judgment justified these steps on the grounds that the presence of the appellant was regarded as constituting "a threat to *ordre public*" and stated that the said steps were "necessary for public security in Belgium";

Whereas, furthermore, although the judgment mentions that the appellant has a certain nationality and is entitled to reside in her own country, this was not intended as a justification of the steps taken; the intention was simply to show that the appellant could not plead that she was unable to comply with the terms of the ministerial decree of expulsion;

Accordingly, the plea rests on a false interpretation of the judgment and is unjustified by the facts;

Considering, then, that all the formalities have been complied with, in respect both of the facts and of the law,

Now therefore:

THE COURT,

Rejects the appeal and awards costs against the appellant.

FEDERAL REPUBLIC OF GERMANY

Federal Constitutional Court
(Bundesverfassungsgericht)
Decision of 14th January 1960 [1]

I. DETENTION PENDING TRIAL. DURATION. DISCRETIONARY POWER OF THE COURTS.

II. CAN AN APPEAL TO THE FEDERAL CONSTITUTIONAL COURT BE BASED UPON THE EUROPEAN CONVENTION OF HUMAN RIGHTS?

I. The appellant was sentenced by the Regional Court (*Landgericht*) of Munich II on 20th July 1959 to a total of eighteen months' imprisonment for attempted abortion in two cases. In his

[1] Neue Juristische Wochenschrift, 1960, Heft 28, pp. 1243–1244. The decision is annotated by Professor H. Guradze who examines the question whether in the Federal Republic of Germany an appeal to the Constitutional Court may be based on the Convention. Cf. on the same subject by the same author: Kann die Verfassungsbeschwerde auf eine Verletzung der Konvention zum Schutze der Menschenrechte gestützt werden? (Die öffentliche Verwaltung, 1960, pp. 286–288) and R. Herzog: Nochmals: Verfassungsbeschwerde gegen Verletzungen der Menschenrechtskonvention? (idem, 1960, pp. 775–778).

Attendu, d'une part, que l'article 12, 5, de la loi du 28 mars 1952 punit l'étranger renvoyé ou expulsé qui pénètre dans le royaume sans autorisation spéciale du Ministre de la Justice;

Que la mesure prise contre la demanderesse est donc prévue par la loi;

Attendu, d'autre part, que l'arrêt constate que cette mesure est motivée par la considération que la présence de la demanderesse a été jugée "dangereuse pour l'ordre public" et précise que cette mesure est "nécessaire à la sécurité publique en Belgique";

Que si l'arrêt fait, en outre, mention de la circonstance que la demanderesse a une nationalité déterminée et peut résider dans sa patrie, ce n'est point pour justifier la légalité de la mesure prise; qu'il en débuit uniquement que la demanderesse ne peut invoquer l'impossibilité pour elle de se conformer à l'arrêté ministériel de renvoi;

Que, reposant sur une interprétation inexacte de l'arrêt, le moyen manque en fait;

Et attendu que les formalités substantielles ou prescrites à peine de nullité ont été observées et que la décision est conforme à la loi;

Par ces motifs:

LA COUR,

Rejette le pourvoi, condamne la demanderesse aux frais.

REPUBLIQUE FEDERALE D'ALLEMAGNE

Cour Constitutionnelle Fédérale
(Bundesverfassungsgericht)
Décision du 14 janvier 1960 [1]

I. DETENTION PREVENTIVE. DUREE. POUVOIR D'APPRECIATION DES TRIBUNAUX.

II. LE RECOURS CONSTITUTIONNEL PEUT-IL ETRE BASE SUR LA CONVENTION EUROPEENNE DES DROITS DE L'HOMME?

I. Le requérant a été condamné par jugement du Tribunal régional (*Landgericht*) de Munich II en date du 20 juillet 1959 pour tentative d'avortement dans deux cas à une peine globale

[1] Neue Juristische Wochenschrift, 1960, Heft 28, pp. 1243–1244. La décision est annotée par le Professeur H. Guradze qui examine précisément la question de savoir si en République Fédérale d'Allemagne, le recours constitutionnel peut être basé sur la Convention. Cf. sur ce même sujet, du même auteur: Kann die Verfassungsbeschwerde auf eine Verletzung der Konvention zum Schutze der Menschenrechte gestützt werden? (Die öffentliche Verwaltung, 1960, pp. 286–288) et R. Herzog: Nochmals: Verfassungsbeschwerde gegen Verletzungen der Menschenrechtskonvention? (idem, 1960, pp. 775–778).

appeal he attacks both the form and the substance of the judgment and petitions for acquittal; the hearing of the appeal before the Federal Court of Justice has been fixed for 19th January 1960. The appellant has been in custody since 20th February 1959. His application for conditional release was rejected by the Regional Court of Munich II on 14th December 1959 on the grounds that while under detention he had on two occasions attempted, by entering into irregular communication with outside correspondents, to influence witnesses, and that consequently there was a danger that the true facts would not be ascertained; moreover, that danger was not removed by the fact that during the principal hearing the witness R. had refused to furnish the information required under Article 55 of the Code of Penal Procedure. On 23rd Decembei 1959, the Court of Appeal (*Oberlandesgericht*) of Munich rejected the appeal as being without foundation.

The appeal to the Constitutional Court of 7th January 1960, entered on 11th January 1960, is directed against that decision. The appellant submits that, since it infringes Article 2 (2) and Article 104 of the Basic Law (*Grundgesetz*) and Articles 5 paragraph (3) and (4) and 6 paragraph (1) of the Convention, the contested decision should be quashed and he seeks an interlocuting decision ordering his immediate release. In support of his appeal the appellant urges that since the judgment of 20th July 1959 there is no longer any danger of the truth being obscured, even though that judgment has not yet the authority of *res judicata*. By corresponding irregularly with the outside the appellant certainly tried to influence the witness R., but at a new hearing that witness cannot give evidence in favour of the appellant without contradicting her previous statements. Custody pending trial must bear some relation to the penalty incurred. The penalty of imprisonment imposed for the two attempted abortions, one of which dates back 10 years, was received with surprise and described as "a harsh and inhuman sentence". The representative of the Federal Public Prosecutor will ask – as the appellant's counsel has been informed – that, as regards the length of the sentence, the judgment be set aside. A sentence heavier than the detention already served is therefore not to be expected. The remark of the Regional Court of Munich II to the effect that the appeal is not concerned solely with the length of the sentence shows that the detention pending trial assumes in fact the character of penal imprisonment; that comment suggests that the Regional Court would be prepared to revoke the warrant for arrest if the appeal were directed against the length of the sentence only. Furthermore, the fact that the irregular correspondence with the outside is mentioned confers upon the custody pending trial the character of a penalty for the appellant's attempt to correspond irregularly with the outside.

d'un an et six mois de réclusion. Dans son recours en cassation par lequel il attaqua le jugement tant dans sa forme que dans son fond, il demande son acquittement; l'audience pour les débats sur le recours en cassation devant la Cour Fédérale de Justice est fixée au 19 janvier 1960. Le requérant se trouve en détention préventive depuis le 20 février 1959. Sa demande de mise en liberté provisoire a été rejetée par décision du Tribunal régional de Munich II du 14 décembre 1959, pour le motif que, durant sa détention, le requérant a essayé à deux reprises, en correspondant irrégulièrement avec l'extérieur, d'influencer les témoins et que, de ce fait, la vérité risque de ne pouvoir se manifester; ce danger n'est pas pour autant écarté du fait que, pendant l'audience principale, le témoin R. a refusé de donner le renseignement en vertu de l'article 55 du Code de procédure pénale. Par arrêt du 23 décembre 1959, la Cour d'appel (*Oberlandesgericht*) de Munich, a rejeté le recours comme étant mal fondé.

C'est contre cet arrêt qu'est dirigé le recours constitutionnel du 7 janvier 1960, enregistré le 11 janvier 1960. Le requérant y conclut à l'annulation de la décision attaquée en ce qu'elle viole l'article 2 § 2 et l'article 104 de la Loi Fondamentale (*Grundgesetz*) ainsi que l'article 5, §§ 3 et 4; 6, § 1 de la Convention des Droits de l'Homme et demande que soit ordonné, par décision provisoire, son élargissement immédiat. A l'appui de son recours, le requérant expose que le danger d'obscurcissement de la vérité a disparu depuis le prononcé du jugement du 20 juillet 1959, même si ce jugement n'a pas encore l'autorité de la chose jugée. Le requérant a bien essayé, en correspondant irrégulièrement avec l'extérieur, d'influencer le témoin R. Mais, au cours de débats ultérieurs, ce témoin ne peut plus déposer en faveur du requérant sans contredire les déclarations qu'il a faites auparavant. La détention préventive doit être en rapport avec la peine encourue. La peine de réclusion prononcée pour les deux tentatives d'avortement, dont l'une remonte à dix ans, a été accueillie avec surprise et qualifiée de "condamnation sévère et inhumaine". Le représentant du Ministère public fédéral demandera – comme il en a fait part au défenseur du requérant – l'infirmation du jugement en ce qui concerne le montant de la peine. On ne saurait donc s'attendre au prononcé d'une peine supérieure à la durée de la détention préventive déjà subie. La remarque du Tribunal régional de Munich II selon laquelle le pourvoi ne concerne pas uniquement la durée de la peine, montre que la détention préventive prend en fait le caractère d'une incarcération répressive; cette remarque conduit à penser que le Tribunal régional serait éventuellement prêt à lever le mandat d'arrêt si le pourvoi ne portait que sur le montant de la peine. Le fait que la correspondance irrégulière avec l'extérieur soit mentionnée confère par ailleurs à la détention préventive le caractère d'une peine

Such detention as a penalty is however illegal.

II. An appeal under constitutional law is admissible but lacks sufficient grounds. The liberty of the person can, in accordance with the Basic Law, Article 2 (2) and Article 104 (1), be restricted by a judicial decision delivered following a procedure established by law and in accordance with law; this right is safeguarded only with those limitations (Decision of Federal Constitutional Court 1, 418 [420] = NJW 53, 177). The decisions contested and the contents of the files handed to the Federal Constitutional Court give no grounds for thinking that by wrongful use of their power of decision the Courts have violated the fundamental right of the liberty of the person by keeping the appellant under detention.

The Courts did not act arbitrarily when they maintained the warrant for arrest for fear that on his release the appellant might, by influencing witnesses, make the investigation more difficult, since he had already attempted on two occasions, by corresponding irregularly with the outside, to induce witnesses to make false statements. At a new trial the Courts could also take into consideration the evidence of the witness R., all the more since the appeal had revealed that the witness did not have to inform the Correctional Court of the sum she had paid to the appellant.

It is within the jurisdiction of the ordinary courts to examine if the duration of the detention, which will be deductible from the sentence, is in proportion to the penalty which, taking the facts into account, will be imposed. There is no ground for thinking that the Courts arbitrarily extended the remand in custody for reasons extraneous to the case. In particular, there is no proof that the remand assumed the character of a penalty for the attempts of the appellant to prevent the truth coming to light.

An appeal to the Constitutional Court cannot be based on the Convention of Human Rights (Article 90 of the Federal Constitutional Court Act; comp. MAUNZ-DÜRIG, Grundgesetz, Article 1 (2) note 59).

The appeal to the Constitutional Court, being manifestly ill-founded, was rejected by the Committee responsible for the preliminary examination of constitutional appeals, in accordance with Article 91 of the Federal Constitutional Court Act. The application for provisional measures has therefore no object.

sanctionnant la tentative du requérant de correspondre irrégulièrement avec l'extérieur. Une telle incarcération à titre de sanction est pourtant illégale.

II. Le recours constitutionnel est recevable, mais n'est pas fondé. Le droit à la liberté personnelle a, conformément à la Loi Fondamentale – article 2, § 2 et article 104, § 1 – pour limite une décision judiciaire rendue à la suite d'une procédure prévue par la loi et se déroulant conformément à la loi; ce droit n'est garanti que dans cette mesure (Décision de la Cour constitutionnelle fédérale 1, 418 [420] = NJW 53, 177). Les décisions attaquées et le contenu des dossiers communiqués à la Cour constitutionnelle fédérale ne permettent pas de penser que par un abus de leur pouvoir de décision les tribunaux ont violé le droit fondamental à la liberté personnelle en maintenant le requérant en détention préventive.

Les tribunaux n'ont pas agi arbitraitement en maintenant le mandat d'arrêt de crainte que le requérant, après son élargissement, ne rende plus difficile, en influençant les témoins, la manifestation de la vérité, vu qu'il avait déjà essayé à deux reprises, en correspondant irrégulièrement avec l'extérieur, de provoquer les dépositions inexactes de la part des témoins. Lors d'un nouveau débat, les tribunaux pouvaient aussi prendre en considération la déposition du témoin R., d'autant plus que le pourvoi en cassation a relevé que ce témoin n'avait pas eu à indiquer devant la Chambre correctionnelle le montant de la somme qu'elle avait versée au requérant.

Il est de la compétence des tribunaux ordinaires d'examiner si la durée de la détention préventive, qui sera éventuellement imputée sur la peine, est proportionnée à la peine qui, compte tenu des faits, sera prononcée. Il n'y a aucune raison de penser que dans le cas d'espèce, les tribunaux ont arbitrairement maintenu la détention préventive pour des raisons étrangères à l'affaire. En particulier, il n'est pas prouvé que la détention préventive a pris le caractère d'une peine sanctionnant les tentatives du requérant d'empêcher la manifestation de la vérité.

Un recours constitutionnel ne peut être fondé sur la Convention des Droits de l'Homme (article 90 de la loi sur la Cour constitutionnelle fédérale; comp. MAUNZ-DÜRIG, Grundgesetz, Article 1, § 2, note 59).

Le recours constitutionnel étant manifestement mal fondé, il devait être rejeté par le Comité chargé de l'examen préalable des recours constitutionnels, conformément à l'article 91 de la loi sur la Cour constitutionnelle fédérale. Par là-même, la demande de mesures provisoires devient sans objet.

Bremen Court of Appeal (Oberlandesgericht)
Decision of 17th February 1960
(Ws 15/60)

RIGHT TO TRIAL WITHIN A REASONABLE TIME OR TO RELEASE PENDING TRIAL. CIRCUMSTANCES TO BE TAKEN INTO ACCOUNT IN ASSESSSING THE DURATION OF PREVENTIVE DETENTION. ARTICLE 5 (3) OF THE CONVENTION.

On 7th November 1958, the Bremen District Court (*Amtsgericht*) issued a warrant for the arrest of the accused on a strong presumption that he was guilty of an offence against Sections 221 and 47 of the Penal Code. The accused was actively arrested in West Berlin on 11th June 1959, on his return from the Soviet Zone. On 18th September 1959, he was brought to trial for offences under Sections 164, 185, 196, 221, 47, 73 and 74 of the Penal Code. Since October 1959, he has been serving a prison sentence of one year, two months and two weeks imposed by the District Court (*Amtsgericht*) of N. before his arrest. This term of imprisonment will probably come to an end on 27th December 1960. On 31st December 1959, the accused appealed against the warrant of arrest issued by the Bremen District Court. His appeal was rejected by the Regional Court (*Landgericht*). His "second appeal" (*weitere Beschwerde*) was found not admissible.

The grounds for this decision were as follows: There is a grave presumption that the accused is guilty of the offence for which the warrant of arrest was issued. There is also the risk that he may evade the law by flight if he is temporarily or conditionally released from prison, since he has already evaded justice once by escaping to the Soviet Zone.

The second sentence of Article 5 (3) of the Convention for the Protection of Human Rights and Fundamental Freedoms of 4th November 1950 (which was incorporated in the domestic law of the Federal Republic by an Act of 7th August 1952, and which came into force on 3rd September 1953) does not preclude keeping the accused under arrest. The Convention has the status of an ordinary Federal law (*den Rang eines einfachen Bundesgesetzes*). It is binding on Courts in Western Germany and supersedes Article 112 *et seqq* of the Code of Criminal Procedure in so far as the provisions of these articles differ from those of the Convention.

According to Article 5 (3) (2nd sentence) of the Convention, a person held must be brought to trial within a reasonable time or released pending trial. Therefore, the person held, if in his case the prescribed conditions are fulfilled, is entitled to release (cf. MAUNZ-

Cour d'Appel de Brème (Oberlandesgericht)
Décision du 17 février 1960
(Ws 15/60)

DROIT D'ETRE JUGE DANS UN DELAI RAISONNABLE OU LIBERE PENDANT LA PROCEDURE. CIRCONSTANCES DONT IL CONVIENT DE TENIR COMPTE POUR L'APPRECIATION DE LA DUREE DE LA DETENTION PREVENTIVE. ARTICLE 5 § 3 DE LA CONVENTION.

Le Tribunal Cantonal (*Amtsgericht*) de B. avait décerné, le 7 novembre 1958, contre l'inculpé un mandat d'arrêt en raison des fortes présomptions qui pesaient sur lui d'avoir commis le délit visé aux articles 221, 47 du Code Pénal. L'inculpé s'étant rendu dans la zone soviétique d'occupation il fut arrêté à son retour, le 11 juin 1959, à Berlin-Ouest. Le 18 septembre 1959, le Parquet l'a poursuivi pour les délits prévus aux articles 164, 185, 196, 221, 47, 73 et 74 du Code pénal. Depuis le mois d'octobre 1959, l'inculpé purge une peine d'un an, deux mois et deux semaines de prison, qui lui a été infligée par le Tribunal Cantonal (*Amtsgericht*) de N. avant son arrestation. Il aura purgé cette peine le 27 décembre 1960. L'inculpé a introduit le 31 décembre 1959 contre le mandat d'arrêt décerné par le Tribunal Cantonal de B. le 7 novembre 1958 un recours qui a été rejeté par le Tribunal Régional (*Landgericht*). Le "second recours" (*weitere Beschwerde*) qu'il a introduit, n'est pas fondé.

Pour les motifs: Des présomptions graves de culpabilité pour le délit visé dans le mandat d'arrêt pèsent sur lui. Il existe également danger de fuite, car il est à craindre que l'inculpé ne se soustraigne aux poursuites pénales, s'il est autorisé à quitter provisoirement l'établissement pénitentiaire ou s'il bénéficie d'une mise en liberté conditionnelle. Cette crainte est justifiée puisque par sa fuite en zone soviétique d'occupation, l'inculpé s'était déjà une fois soustrait aux poursuites pénales.

L'article 5, paragraphe 3, 2ème phrase de la Convention européenne de Sauvegarde des Droits de l'Homme et des Libertés fondamentales du 4 novembre 1950, qui est devenue droit fédéral par la loi du 7 août 1952 (BGBl, II 685) et qui est entrée en vigueur le 3 septembre 1953, ne s'oppose pas au maintien du mandat d'arrêt. Cette Convention a rang d'une loi fédérale ordinaire (*den Rang eines einfachen Bundesgesetzes*). Elle lie directement les tribunaux allemands et en tant que loi postérieure, elle a modifié l'article 112 et suivants du Code de Procédure Pénale dans la mesure où ces articles prévoient une réglementation différente.

Aux termes de l'article 5, paragraphe 3, 2e phrase de la Convention des Droits de l'Homme, le détenu a le droit d'être jugé dans un délai raisonnable ou libéré pendant la procédure. Cet article confère au détenu, lorsqu'il remplit les conditions prévues, le droit

DÜRIG, *Grundgesetz* (Basic Law), note 71 to Article 1; ECHTERHÖLTER, *Juristenzeitung*, 1956, pp. 142 *et. seq.*). This provision must especially (and *ex officio*) be observed when reviewing the justification for warrants of arrest (MAUNZ-DÜRIG, *idem*, note 71 to Article 1; ECHTERHÖLTER, *idem*, p. 145). It entails the release of the accused in the circumstances specified in Article 112 of the Code of Criminal Procedure and Article 5 (1) c of the Convention.

The question as to whether the "reasonable time" referred to in Article 5 (3) (second sentence) of the Convention on Human Rights has been respected depends on the facts in each individual case. The determination of the period depends, among other things, on the difficulty of the enquiry, the time that has passed since the offence was committed and the attitude of the accused, who must be prepared to be detained longer if, by his conduct, he prolongs the judicial enquiry. It can be said, however, that the "reasonable time" is exceeded if, through no fault of the accused, it is longer than the maximum sentence that could be imposed making reasonable allowance for all the circumstances (MAUNZ-DÜRIG, *idem*, note 71 to Article 1; ECHTERHÖLTER, *idem*, p. 145). In the present case, the preventive detention suffered by the accused did not exceed the limits laid down in Article 5 (3) (2nd sentence) of the Convention on Human Rights. It is true the warrant for arrest was issued as early as 7th December 1958, but the accused was himself to blame if, because of his escape into the Soviet zone, he was not questioned until after his arrest in West Berlin. It must also be borne in mind that the accused's memorial of 26th August 1959 and the information he supplied when questioned on 3rd September 1959 called for a further enquiry and that subsequent proceedings were necessary to examine his appeal.

As the accused was arrested on 11th June 1959 and as he has been serving the sentence passed on him since October 1959, his preventive detention lasted only about four months. In view of the seriousness of the offences, however, and of his previous convictions, he can expect a sentence of more than four months' imprisonment.

d'être libéré (cf. MAUNZ-DÜRIG, *Grundgesetz* (Loi Fondamentale), note 71 à l'article 1; ECHTERHÖLTER, *Juristenzeitung*, 1956, pp, 142 et ss.). Cette disposition doit être respectée spécialement lors de l'examen du mandat d'arrêt où elle s'impose d'office (MAUNZ-DÜRIG, op. cit., note 71 à l'article 1; ECHTERHÖLTER, op. cit. p. 145). Elle aboutit à la mainlevée du mandat d'arrêt, lorsque les conditions énumérées à l'article 112 du Code de Procédure Pénale ou à l'article 5, paragraphe 1, lettre c) de la Convention des Droits de l'Homme sont réunies.

La question de savoir si le "délai raisonnable", au sens de l'article 5, paragraphe 3, 2ème phrase de la Convention des Droits de l'Homme, est respecté, est avant tout, dans chaque cas d'espèce, une question de fait. L'importance du délai dépend, entre autres, des difficultés de l'instruction, du temps écoulé depuis que l'infraction a été commise et du comportement de l'inculpé, lequel doit supporter une prolongation de sa détention préventive lorsque, par son comportement, l'instruction a été retardée. Mais le délai raisonnable sera dépassé si la durée de la détention préventive excède, sans qu'il y ait faute du détenu, la durée de la peine d'emprisonnement à laquelle il serait au maximum condamné si l'on tient raisonnablement compte de toutes les circonstances de l'affaire (MAUNZ-DÜRIG, op. cit., note 71 à l'article 1; ECHTERHÖLTER, op. cit. p. 145). Dans la présente espèce, la détention préventive de l'inculpé reste encore dans les limites prévues à l'article 5, paragraphe 3, 2ème phrase de la Convention des Droits de l'Homme. Il est vrai que le mandat d'arrêt a été décerné dès le 7 novembre 1958. Mais par suite de sa fuite antérieure en zone sociétique d'occupation, l'inculpé ne peut s'en predre qu'à lui-même s'il n'a été interrogé qu'après son arrestation à Berlin-Ouest. Par ailleurs, il faut tenir compte du fait que le mémoire de l'inculpé en date du 26 août 1959 et les renseignements qu'il a donnés au cours de son interrogatoire du 3 septembre 1959 ont nécessité de nouvelles recherches et qu'ultérieurement la procédure pour l'examen de son recours a dû être engagée.

Comme l'inculpé a été arrêté le 11 juin 1959 et qu'il subit la peine à laquelle il a été condamné depuis le mois d'octobre 1959, il se trouve en détention préventive depuis environ quatre mois. Or, compte tenu de la gravité des délits qui lui sont reprochés et de ses condamnations antérieures, il peut s'attendre à une peine privative de liberté supérieure à quatre mois.

Oberverwaltungsgericht Berlin (Administrative Court of Appeal, Berlin) Decision of 27th September, 1960

AN ALIEN, WITH SEVERAL CONVICTIONS, NATIONAL OF AN EAST EUROPEAN COUNTRY. UNDESIRABLE IN THE TERRITORY OF THE FEDERAL REPUBLIC, EXPULSION. INHUMAN TREATMENT WITHIN THE MEANING OF ARTICLE 3 OF THE CONVENTION.

...

The applicant cannot plead the Convention for the Protection of Human Rights and Fundamental Freedoms. Under Article 3 of that Convention no person shall be subjected to inhuman treatment. Expulsion might be assimilated to such treatment if the applicant had been sentenced to death in Czechoslovakia or if he had been liable to the death penalty or again if the sentence of imprisonment he was likely to incur had been out of proportion to that generally passed in Western countries. It is not likely that sentence of death was to be passed on the applicant in Czechoslovakia. He made no allusion thereto during the proceedings for recognition as a refugee which took place in 1951. The applicant made no statement to this effect when questioned on various occasions by the foreign department of the Federal Authority at Nuremberg. It was only in his application during the proceedings for recognition as a refugee in November 1957, that he mentioned this matter for the first time, without however going into details. Nor did he mention the death penalty in his submissions in reply to the prohibition to take up residence. It was his counsel who raised the question orally. In his memorandum to the Respondent Party, dated 23rd July 1959, he also mentioned the death penalty to which he alleges he was sentenced but made no mention thereof in his application of 11th August 1959. In this latter document it is merely stated that he would be liable in Czechoslovakia if not to the death penalty, then at least to imprisonment for life; it was not stated that he was sentenced to death. From the fact that for some time he did not mention the alleged death sentence and did not allude thereto in his application it can be deduced that in reality the applicant was not sentenced to death, all the more since he gives no details of the matter. Since the case is settled as regards the main issue his submissions are rejected (Comp. Eyermann-Fröhler para. 161: No. 13). All that has to be done now is to examine the case in its present state. For that reason, any statement made by the witness S. ... as regards the death sentence cannot carry much weight, since that witness only made the acquaintance of the applicant at the time when he was with the applicant as an accomplice in a case of receiving stolen property. The statements of the witness L...

Oberverwaltungsgericht Berlin
(Cour Administrative Supérieure, Berlin)
Arrêt du 28 septembre 1960

ETRANGER CONDAMNE A PLUSIEURS REPRISES, RESSORTISSANT D'UN DES PAYS DE L'EUROPE ORIENTALE. INDESIRABLE SUR LE TERRITOIRE DE LA REPUBLIQUE FEDERALE, EXPULSION. TRAITEMENT INHUMAIN AU SENS DE L'ARTICLE 3 DE LA CONVENTION.

...

Le requérant ne peut tirer aucun argument de la Convention de sauvegarde des Droits de l'Homme et des Libertés fondamentales. Aux termes de l'article 3 de la Convention des Droits de l'Homme, nul ne peut être soumis à des traitements inhumains. L'expulsion pourrait être assimilée à un tel traitement si le requérant avait été condamné à mort en Tchécoslovaquie ou était susceptible de l'être ou encore si la peine privative de liberté qu'il peut encourir était hors de proportion avec celle généralement appliquée dans les pays occidentaux. Il n'est pas vraisemblable que la peine de mort allait être infligée au requérant en Tchécoslovaquie. Le requérant n'y a fait aucune allusion au cours de la procédure de reconnaissance comme réfugié qui a eu lieu en 1951. Lors des différents interrogatoires par les services extérieurs de l'autorité fédérale à Nuremberg auxquels il a été soumis, le requérant n'a donné à ce sujet aucune indication. C'est seulement dans sa requête pendant la procédure de reconnaissance comme réfugié, en novembre 1957, qu'il a invoqué pour la première fois cette circonstance, sans autre précision. Dans ses conclusions en réponse à l'interdiction de séjour, il n'a pas non plus fait mention de la peine de mort. C'est son avocat qui a soulevé la question oralement. Dans son mémoire adressé à la Partie défenderesse, en date du 23 juillet 1959, il a également parlé de la peine de mort à laquelle il aurait été condamné mais, par contre, il n'en a plus fait état dans sa requête du 11 août 1959. Dans cette dernière il est seulement dit qu'il serait passible, en Tchécoslovaquie, sinon de la peine de mort du moins d'une peine de prison à perpétuité; il n'y est pas question d'une condamnation à mort. Du fait que, pendant longtemps, il n'a pas mentionné la prétendue condamnation à mort et qu'il n'y a pas fait allusion dans sa requête, on peut déduire que, en réalité, le requérant n'a pas été condamné à mort, d'autant plus qu'il ne donne aucun détail à ce sujet. Comme le litige se trouve être réglé pour le principal, il n'y a pas lieu de donner suite aux offres de preuve (Comp. Eyermann-Fröhler, § 161; No. 13). Il ne s'agit d'ailleurs que d'examiner l'affaire dans son état actuel. C'est la raison pour laquelle les éventuelles déclarations du témoin S. ..., en ce qui concerne la condamnation à mort, ne sauraient avoir une grande importance puisque ce téwho has already been sentenced and who wished to marry the applicant must be received with the greatest caution, all the more since the statements are not based on any precise facts. It has not been shown that it was probable – and this if established would have been sufficient – that the applicant was sentenced to death in Czechoslovakia. This is confirmed by his Counsel's speech to the Court during the appeal proceedings from which it appears that the applicant had been sentenced to 15 years imprisonment for spying.

Nor can it be said to be inhuman treatment that the applicant can be sentenced for the crime of desertion or for the crime of espionage. Since the applicant belonged to the police it might well be asked if he could commit the crime of desertion, and if he really did commit the crime of espionage even if this was the case the penalties laid down in the Czechoslovak Penal Code are not much more severe than those generally applied in Western countries.

The crime of desertion is punishable in time of peace under Article 273 (3) of the Czechoslovak Penal Code of 12th July 1950 by imprisonment for not less than 5 or more than 20 years and by the confiscation of his property if the deserter flees abroad. In the United States of America desertion in peace time is punished under Section 85 of the Uniform Code of Military Justice (reproduced in the Commentary of Colonel Frederick Bernays Wiener, Washington, D.C.) by penalties other than the death penalty. Under Article 83 of the Swiss Code of Military Justice (quoted in the Commentary of Dr. F. H. Comtesse, Zurich, 1946) desertion during active service is punishable by forced labour and, if the deserter crosses over to the enemy, by death.

The crime of espionage is punished under Article 86 (1) of the Czechoslovak Penal Code by imprisonment for 10 to 20 years or by imprisonment for life. One of the aggravating circumstances mentioned in paragraph 3, which may entail the death penalty, manifestly does not exist in the case before the Court, so that only the penalties provided under paragraph 1 are in 1question. Under Article 116 of the Belgian Penal Code any person who supplies to an enemy power information the secrecy of which is essential to national defence and the safety of the State is liable to the death penalty. Where a foreign power but not an enemy power is involved the penalty provided under Article 118, paragraph 2 is fortress imprisonment. The Danish Penal Code of 15th April 1930, as amended on 24th June 1939, provides in Article 107 that a person guilty of espionage for the benefit of a foreign power shall be liable to imprisonment for a term not exceeding 16 years. Thus the penalties laid down in the Czechoslovak Penal Code are within the moin a fait la connaissance du requérant seulement à l'époque où il était co-auteur dans une affaire de recel. Les déclarations du témoin L..., qui a déjà été condamnée et qui désirait épouser le requérant, doivent être appréciées avec beaucoup de circonspection, d'autant plus qu'elles ne reposaient sur aucun fait précis. Il n'a pas été démontré qu'il était vraisemblable - cette preuve aurait suffi - que le requérant a été condamné à mort en Tchécoslovaquie. Cela est confirmé par la plaidoirie de son avocat pendant la procédure d'appel, selon lequel le requérant aurait été condamné à 15 ans de prison pour espionnage.

Il n'y a pas non plus traitement inhumain dans la mesure où le requérant peut être condamné pour le crime de désertion ou pour le crime d'espionnage. A ce propos on peut se demander si, du fait de son appartenance à la police, le requérant pouvait commettre le crime de désertion et s'il a effectivement commis le crime d'espionnage. Et même si cela était le cas, les peines prévues par le code pénal tchécoslovaque ne seraient pas beaucoup plus sévères que celles généralement appliquées dans les pays occidentaux.

Le crime de désertion est puni par l'article 273 al. 3 du code pénal tchécoslovaque du 12 juillet 1950, en temps de paix, par une peine privative de liberté de cinq à vingt ans et par la confiscation des biens lorsque le déserteur s'enfuit à l'étranger. Aux Etats-Unis d'Amérique, la désertion en temps de paix est sanctionnée par l'article 85 du "Uniform Code of Military Justice" (reproduit dans le Commentaire du Colonel Frederick Bernays Wiener, Washington DC) par toute autre peine que la peine de mort. Aux termes de l'article 83 du Code de Justice Militaire helvétique (cité dans le Commentaire du Dr. F. H. Comtesse, Zürich, 1946) la désertion pendant le service actif peut être punie des travaux forcés et, lorsque le déserteur s'enfuit chez l'ennemi, par la mort.

Le crime d'espionnage est puni par l'article 86 al. 1 du code pénal tchécoslovaque de dix à vingt ans de prison ou de la prison à vie. Une des circonstances aggravantes prévues à l'alinéa 3, qui peut entraîner la condamnation à la peine de mort, n'existe manifestement pas en l'espèce, de sorte que seules les peines prévues à l'alinéa 1 viennent en question. Aux termes de l'article 116 du code pénal belge, celui qui fournit à une puissance ennemie des renseignements dont le secret est indispensable pour la défense nationale et la sûreté de l'Etat, est puni de mort. S'il ne s'agit pas d'une puissance ennemie, mais d'une puissance étrangère, la peine prévue par l'article 118, al. 2, est la détention en forteresse. Le code pénal danois du 15 avril 1930, dans sa version du 24 juin 1939 sanctionne, par son article 107, l'espionnage au profit d'une puissance étrangère par une peine de prison pouvant aller jusqu'à 16 ans. C'est donc dans les limites usuelles dans les pays occidentaux que sont comprises les peines prévues par le code pénal tchécoslovaque, de usual limits set by the Western countries so that expulsion cannot be considered inhuman treatment.

Contrary to the opinion rendered by the Administrative Court, treatment does not become inhuman by the mere fact that the applicant is subject to the jurisdiction of a country in the Eastern Bloc. For one thing, the statements in the legal Reviews of the Eastern zone, quoted by the Administrative Court, do not in any way concern the circumstances in Czechoslovakia, and further every dangerous criminal, and not only the political criminal, by basing his plea solely on the fact that he is subject to the jurisdiction of one of the countries of the Eastern Bloc could claim to be politically persecuted. But such a state of affairs would lead to inadmissible consequences. It is therefore necessary to take into account the special circumstances of every case in order to judge whether expulsion constitutes inhuman treatment. As has been shown, such is not the case here.

. . .

ICELAND

Town Court of Reykjavik
Decision of 28th June 1960 [1]

LEGAL FORCE OF THE CONVENTION IN ICELANDIC LAW. RIGHT TO THE PEACEFUL ENJOYMENT OF POSSESSIONS, ARTICLE 1 OF THE PROTOCOL.

The year 1960, Tuesday the 28th of June, there was pronounced in the Town Court of Reykjavik in the suit No. 968/1959:

Arni Olafsson
versus
The Minister of Finance on behalf of the Government Treasury
the following JUDGMENT:

This suit, which was taken for judgment on the 28th of this month, was brought before the Town Court of Reykjavik by Arni Olafsson, of 27, Solvallagata, Reykjavik, against the Minister of Finance on behalf of the Government Treasury, by a summons dated 13th April 1959.

Plaintiff's Court claims are as follows:

Principally, that the "tax on large properties", imposed on him according to the provisions of law No. 44 of 1957 respecting tax on large properties amounting to kr. 29.470.00, be quashed.

Alternatively, that the tax amount be reduced to a considerable extent.

[1] Cf. Decision on admissibility of the Application No. 511/59, supra, p. 394.

sorte que l'expulsion ne peut pas être considérée comme un traitement inhumain.

Contrairement à l'opinion émise par le Tribunal Administratif, un traitement ne devient pas inhumain uniquement par le fait que le requérant se trouve soumis à la justice d'un pays du bloc de l'Est. D'une part, les déclarations contenues dans des revues juridiques de la zone orientale et citées par le Tribunal Administratif, ne concernent en rien les circonstances en Tchécoslovaquie, d'autre part, chaque criminel dangereux, et non pas seulement le criminel politique, en se fondant uniquement sur le fait qu'il est soumis à la justice d'un des pays du bloc oriental, pourrait prétendre qu'il est persécuté politique. Or cela conduirait à des conséquences inadmissibles. Il convient donc de tenir compte, dans chaque cas d'espèce, des circonstances particulières pour apprécier si l'expulsion constitue un traitement inhumain. Ce n'est pas le cas en l'espèce, comme cela vient d'être démontré.

...

ISLANDE

Tribunal Municipal de Reykjavik
Décision du 28 juin 1960 [1]

VALEUR DE LA CONVENTION EN DROIT ISLANDAIS. DROIT AU RESPECT DES BIENS. ARTICLE IER DU PROTOCOLE ADDITIONNEL.

Le mardi 28 juin 1960 a été prononcé, par le Tribunal de Reykjavik, dans l'affaire no. 968/1959:

Arni Olafsson

c./

le Ministre des Finances, représentant le Trésor public islandais;

le JUGEMENT suivant:

La présente affaire, jugée le 28 de ce mois, a été portée devant le Tribunal de Reykjavik par Arni Olafsson, ... contre le Ministre des Finances représentant le Trésoir public islandais, par citation en date du 13 avril 1959.

Le demandeur a déposé les conclusions suivantes:

au principal, que "l'impôt sur les grandes propriétés" dont ses biens ont été frappés conformément aux dispositions de la loi no 44 de 1957 instituant cet impôt, et dont le montant a été fixé à 29.470,00 couronnes, soit annulé;

subsidiairement, que le montant de cet impôt soit fortement réduit;

[1] Cf. Décision sur la recevabilité de la requête no. 511/59, *supra*, p. 395.

Finally, Plaintiff claims costs from Defendant according to assessment by the Court.

Originally Defendant claimed principally dismissal of the case by the Town Court, but that claim was rejected by a ruling of 13th October last year, the conclusion being confirmed by a Supreme Court Judgment of 16th November 1959.

Now Defendant makes the Court claims that he be totally acquitted of all Plaintiffs' claims, and awarded costs from him according to assessment by the Court.

The Judge has without result sought reconciliation in the suit.

The causes preceding the suit and the facts of the case are as follows:

In the tax assessment according to law No. 44/1957 respecting tax on large properties, Plaintiff in this suit was originally ordered to pay a tax of kr. 30.970.00. He lodged a complaint against the tax to the Director of Taxes in Reykjavik, who reduced the tax assessment of Plaintiff's property by kr. 10.000.00, and fixed the tax at kr. 29.470.00. Plaintiff lodged a complaint against this decision by the Director of Taxes to the State Tax Commission according to the provisions of Article 10 of law No. 44/1957, and by a ruling of 7th March 1959, the State Tax Commission decided that the tax should remain unchanged from what the Director of Taxes had determined. Plaintiff would not abide by this conclusion, and therefore he has brought this action for invalidation of the tax assessment, or for a reduction of the tax.

Plaintiff's principal claim is based upon the main argument that the law No. 44 of 1957 respecting tax on large properties is both as regards basic policy and individual points irreconcilable with the provisions of the Constitution No. 33 of 1944. The law therefore ought to be ignored, and the tax levied on Plaintiff in accordance therewith quashed. Moreover, Plaintiff considers that the law infringes the United Nations Declaration of Human Rights of 10th December 1948, and The European Convention on the Protection of Human Rights and Fundamental Freedoms, which became valid in this country on the 29th of June 1953. Their provisions secure both the inviolability of the right of ownership and equality of right of the citizens, and both these rights are circumvented by the aforementioned law.

enfin, que le défendeur soit condamné aux dépens selon évaluation du Tribunal.

Le défendeur a d'abord opposé une fin de non-recevoir aux prétentions du demandeur, mais le Tribunal a rejeté ces conclusions par ordonnance en date du 13 octobre de l'année dernière confirmée par un jugement du Tribunal suprême du 16 novembre 1959.

Le défendeur a alors déposé des conclusions tendant à ce que le plaignant soit débouté de l'ensemble de ses demandes et soit condamné aux dépens selon évaluation du Tribunal.

Le juge a, en vain, tenté la conciliation des Parties.

Les motifs et les faits de cette affaire sont les suivants:

Lors de la détermination de l'assiette de l'impôt, en conformité de la loi no. 44/1957 instituant l'impôt sur les grandes propriétés, le demandeur avait été requis de verser, au titre de cet impôt, une somme de 30.970,00 couronnes. Il avait alors adressé une plainte au Directeur des Contributions de Reykjavik. Celui-ci avait réduit de 10.000 couronnes l'évaluation des biens imposables du requérant et fixé le montant de l'impôt à 29.470,00 couronnes. Le demandeur s'est pourvu contre cette décision du Directeur des Contributions auprès de la Commission des Contributions publiques en vertu des dispositions de l'article 10 de la loi no. 44/1957 et, par décision en date du 7 mars 1959, la Commission des Contributions publiques a décidé que le montant fixé par le Directeur des Contributions devait demeurer inchangé. Le demandeur n'a pas accepté cette conclusion et a, pour ce motif, introduit la présente action en vue d'obtenir que soit invalidée la détermination de la valeur imposée de ses biens ou que le montant de l'impôt soit réduit.

La conclusion principale du demandeur s'appuie essentiellement sur l'argument selon lequel la loi no. 44/1957 instituant l'impôt sur les grandes propriétés est incompatible avec les dispositions de la Constitution No. 33 de 1944, en ce qui concerne à la fois les principes généraux et les clauses particulières. Cette loi devrait donc être tenue pour nulle et non avenue et l'impôt dont sont frappés les biens du requérant, en vertu de cette loi, devrait être annulé. En outre, le demandeur estime que ladite loi enfreint les dispositions de la Déclaration des Droits de l'Homme de l'Organisation des Nations-Unies du 10 décembre 1948 et celles de la Convention européenne de sauvegarde des Droits de l'Homme et des Libertés fondamentales, entrée en vigueur en Islande le 29 juin 1953. Ces dispositions garantissent à la fois l'inviolabilité du droit de propriété et l'égalité des droits des citoyens, et la loi précitée méconnaît les droits ci-dessus énoncés.

II. *The United Nations Declaration of Human Rights, and the European Convention on the Protection of Human Rights and Fundamental Freedoms.*

As described herebefore, Plaintiff has partly based his Court claims for invalidation of law No. 44/1957 upon the fact that its provisions infringe the provisions of the United Nations Declaration of Human Rights, which was passed by the General Assembly in Paris in 1948, and the European Convention on the Protection of Human Rights and Fundamental Freedoms, the latter having become valid in this country on the 29th of July 1953. Plaintiff considers that the provisions of both, the United Nations Declaration of Human Rights and the European Convention on the Protection of Human Rights and Fundamental Freedoms, prevent the provisions of the named law from creating the tax liability stated in the law.

Defendant has altogether objected to this assertion by Plaintiff, and he denies that the said proofs can in any way decide the outcome of this suit.

It is true that the United Nations Declaration of Human Rights has been published in this country in the periodical "Andvari", but it cannot be seen that it has received any ratification here. For that reason alone it cannot be taken into consideration as Plaintiff's legal basis in this tax action of his.

In so far as the European Convention on the Protection of Human Rights and Fundamental Freedoms is concerned, Althing has by a parliamentary resolution of 19th December 1952 granted authority to the government to become a party to it, and on the part of Iceland a document of ratification was delivered on the 29th of July 1953. On the other hand, this Convention has not been legalized in this country, neither as general law nor as constitutional law. Plaintiff cannot, therefore, base his claims here in Court upon the said Convention granting him any such right to a release from the tax provisions of law No. 44/1957 as according to the foregoing he does not enjoy according to Icelandic constitutional law.

. . .

. . .

II. *La Déclaration des Droits de l'Homme de l'Organisation des Nations Unies et la Convention européenne de Sauvegarde des Droits de l'Homme et des Libertés fondamentales.*

Comme il a été indiqué ci-dessus. le demandeur avait, en partie, fondé ses conclusions tendant à l'annulation de la loi 44/1957 sur le fait que ses dispositions sont incompatibles avec celles de la Déclaration Universelle des Droits de l'Homme adoptée par l'Assemblée Générale des Nations Unies à Paris en 1948 et celles de la Convention européenne de sauvegarde des Droits de l'Homme et des Libertés fondamentales, en vigueur en Islande depuis le 29 juin 1953. Le demandeur estime que les dispositions de ces deux instruments – Déclaration Universelle des Droits de l'Homme des Nations Unies et Convention européenne de sauvegarde des Droits de l'Homme et des Libertés fondamentales – enlèvent toute validité aux dispositions de ladite loi relatives à la détermination de l'assiette de l'impôt.

Le défendeur s'est élevé évidemment contre cette assertion du requérant et il nie que les arguments précités puissent être, de quelque façon que ce soit, considérés comme déterminants.

Il est vrai que la Déclaration des Droits de l'Homme de l'Organisation des Nations Unies a été publiée dans le périodique islandais "Andvari", mais il n'apparaît pas qu'elle ait été ratifiée en Islande. Pour cette raison, ledit instrument ne peut constituer la base juridique des prétentions du requérant dans l'action qu'il a introduite.

En ce qui concerne la Convention européenne de sauvegarde des Droits de l'Homme et des Libertés fondamentales, le Parlement islandais a, dans une résolution du 19 décembre 1952, habilité le Gouvernement à adhérer à cette Convention et un instrument de ratification a été déposé par l'Islande le 29 juin 1953. Toutefois, cette Convention n'a pas reçu force de loi dans ce pays, ni à titre de loi générale ni à titre de loi constitutionnelle. Le demandeur ne peut, dans ces conditions, fonder ses conclusions devant le Tribunal sur ladite Convention en alléguant qu'elle lui accorde le droit de ne pas se voir appliquer les dispositions fiscales de la loi no. 44/1957, étant donné que la loi constitutionnelle islandaise ne lui reconnaît pas ce droit.

. . .

THE NETHERLANDS

Court of Cassation (Third Chamber)
Decision of 13th April 1960[1]

OLD PEOPLE'S ACT. APPEAL OF A PASTOR AGAINST A DEMAND FOR PAYMENT OF HIS CONTRIBUTION TOWARDS OLD-AGE PENSION, ON THE GROUND THAT HIS LIVING SHOULD BE ENSURED BY THE CHURCH. CONFLICT WITH THE CONVENTION FOR THE PROTECTION OF HUMAN RIGHTS AND FUNDAMENTAL FREEDOMS. SCOPE OF ARTICLE 36 OF THE ACT.

The Court of Cassation, etc.;

Having regard to the appeal before it of Pastor X of Y against the order by the Court at Leeuwarden on 3rd April 1959 regarding the demand recieved by him for his contribution for the year 1957 due under the Old People's Act;

Having heard etc.;

Inasmuch as the Appellant, who had received a demand under the Old People's Act for his contributions for 1957, amounting to 465 florins, appealed to the Court after vain protests;

Inasmuch as in making its Order the Court summarised the Appellant's case as follows:

"He is Pastor of the Reformed Church at Y.

"His living should be ensured by the Church of which he is Pastor, even after he retires; this idea is founded on the Bible and on Article 13 of the Church Ordinance of Dordrecht. The Old People's Act insofar as its provisions concern pastors of the Reformed Church, undermines the financial and spiritual independence of that Church, since as a general rule the pastors have no remuneration or income of their own but must be able to live by preaching the Gospel, according to Scripture, without material cares, so that all charges due from pastors must necessarily be borne by the churches. The provision of a living for the servants of the word of God is an integral part of worship and its practice.

"The Old People's Act therefore conflicts with Article 1 of the Act of 10th September 1853 (*Staatsblad*, page 102), which contains regulations for the various religious communities.

The said Act also conflicts with Articles 181, 182 and 183 of the Constitution.

"There is no explicit provision in the Old People's Act running

[1] Nederlandse Jurisprudentie, 1960, No. 436, p. 993, annotated by B.V.A.R.

PAYS-BAS

Cour de Cassation (Troisième Chambre)
Arrêt du 13 avril 1960 [1]

LOI GENERALE SUR LA VIEILLESSE. RECOURS D'UN PASTEUR CONTRE L'AVERTISSEMENT LE SOMMANT DE PAYER LA COTISATION POUR L'ALLOCATION-VIEILLESSE, MOTIF PRIS DE CE QUE SA SUBSISTANCE DOIT ETRE ASSUREE PAR L'EGLISE. CONFLIT AVEC LA CONVENTION EUROPEENNE DES DROITS DE L'HOMME.

La Cour de Cassation, etc. ...

Vu le recours en cassation du pasteur X de Y contre l'arrêt de la Cour de Leeuwarden, en date du 3 avril 1959, au sujet de l'avertissement qu'il a reçu concernant la cotisation pour l'année 1957 mise à sa charge en vertu de la loi générale sur la vieillesse;

Entendu etc. ...;

Attendu que l'intéressé, à qui un avertissement a été adressé en vertu de la loi générale sur la vieillesse, concernant sa cotisation pour 1957 s'élevant à la somme de 465 florins, s'est adressé, après de vaines protestations, à la Cour;

Attendu que, dans son arrêt, la Cour a ainsi résumé le point de vue de l'intéressé:

"Qu'il est pasteur de l'Eglise réformé à Y;

que sa subsistance doit être assurée par l'Eglise dont il est pasteur, même quand il sera à la retraite; que cette conception trouve son fondement dans la Bible et dans l'article 13 de l'Ordonnance de l'Eglise de Dordrecht; que la loi générale sur la vieillesse, dans la mesure où ses dispositions concernent effectivement les pasteurs de l'Eglise réformée porte atteinte à l'indépendance financière et spirituelle de cette Eglise, étant donné qu'en règle générale, les pasteurs n'ont pas de rémunération ou de revenus propres, mais doivent pouvoir vivre, en vertu de l'Ecriture, sans préoccupations matérielles, de l'Evangile, si bien que toutes les charges imposées aux pasteurs retombent nécessairement sur les Eglises; qu'assurer entièrement la subsistance des serviteurs de la Parole de Dieu est partie intégrante "du culte et de sa pratique";

qu'ainsi la loi générale sur la vieillesse entre en conflit avec l'article 1 de la loi du 10 septembre 1953 (*Staatsblad*, p. 102), portant réglementation du contrôle des différentes communautés religieuses;

qu'en même temps, la loi générale sur la vieillesse entre également en conflit avec les articles 181, 182 et 183 de la Constitution;

qu'il n'y a aucune disposition explicite dans la loi générale sur la

[1] Nederlandse Jurisprudentie, 1960, No. 436, p. 993 avec une note signée B.V.A.R.

counter to Article 1 of the Law of 1853 on religious communities; on the contrary, the Minister, Mr. Suurhoff, expressly declared before the Second Chamber of Parliament (*Handelingen* [Parliamentary Debates] 1956, page 3880) that he did not intend to interfere with the freedom of the churches.

"The Royal Decree of 20th December 1956 (*Staatsblad*, page 626) issued in pursuance of Article 36 of the Old People's Act does not comply with the legislative provisions of Article 36, inasmuch as it introduces a restriction, foreign to the Act on the possibility of objecting on serious moral grounds to any form of insurance scheme. The Appellant himself is not opposed to all forms of insurance but is opposed to the system prescribed by the Old People's Act, yet people who have such scruples must nevertheless pay their contribution if only in the disguised form of an increase in income tax, while they receive nothing in return. The Act thus conflicts with Article 189 and also with Articles 181 and 183 of the Constitution.

"All Netherlands laws must be examined by the Courts for their compatibility with the provisions of the Convention for the Protection of Human Rights and Fundamental Freedoms, which was approved by the Act of 28th July 1954 (*Staatsblad*, page 335). The Old People's Act insofar as it tends to bind the Appellant as a Pastor, conflicts with that Convention and therefore should not be applied to him as a Pastor. Paragraphs 3 to 12 of Article 36 of the Old People's Act are completely null. He does not query the way in which the contribution has been calculated, but denies that he should have to pay this contribution";

Inasmuch as the Inspector's case is resumed in the Court order as follows:

"The obligation to pay the contribution established by the Old People's Act is incumbent not upon the church but upon the pastor; the church may quite well feel a moral obligation to increase the pastor's salary by the amount of the contribution that he has to pay, without thereby assuming any obligation towards the State.

"Article 1 of the Act of 10th September 1853 on the control of religious communities (*Staatsblad*, page 102) is limited in its scope; no religious community can be exempted from obedience to the laws of the State.

"The Old People's Act leaves churches completely free to supply the needs of aged ministers; if the Church considers that the basic pension guaranteed by the Old People's Act is inadequate, there is nothing to hinder it paying a supplementary allowance to old pastors.

vieillesse, qui dérogerait à l'article 1er de la loi de 1853 sur les communautés religieuses; qu'au contraire le ministre, M. Suurhoff, a expressément souligné devant la Deuxième Chambre du Parlement (*Handelingen* / Débats parlementaires / 1956, p. 3880) qu'il n'était pas de son intention de porter atteinte à la liberté des Eglises;

que le Décret Royal du 20 décembre 1956 (*Staatsblad*, p. 626) prise en vue de l'application de l'article 36 de la loi générale sur la vieillesse ne satisfait pas aux prescriptions législatives contenues à cet article 36; que l'Ordonnance Royale introduit une restriction non prévue par la loi concernant notamment les objections d'ordre moral d'un caractère particulièrement grave que l'on peut avoir contre toute forme d'assurance quelle qu'elle soit; que l'intéressé lui-même n'est pas opposée à toutes les formes de l'assurance, mais qu'il l'est au système de la loi générale sur la vieillesse; que ceux qui ont ces scrupules n'en doivent pas moins payer la cotisation, ne serait-ce que sous la forme déguisée d'une majoration de l'impôt sur le revenu, alors qu'ils ne bénéficient d'aucune contrepartie; qu'ainsi la loi entre en conflit avec l'article 189 et aussi avec les articles 181 et 183 de la Constitution;

que toutes les lois néerlandaises doivent être confrontées par les tribunaux avec les dispositions de la Convention de sauvegarde des droits de l'homme et des libertés fondamentales, Convention approuvée par la loi du 28 juillet 1954, *Staatsblad*, p. 335; que la loi générale sur la vieillesse entre en conflit, dans la mesure où elle tend à lier l'intéressé en tant que pasteur, avec cette Convention et pour cette raison elle ne saurait lui être opposée en tant que pasteur; que les alinéas 3 à 12 de l'article 36 de la loi générale sur la vieillesse sont d'une nullité absolue; qu'il ne conteste pas la façon dont a été calculée la cotisation mais qu'il nie "avoir à payer cette cotisation";

Que le point de vue de l'Inspecteur est résumé dans la décision de la Cour de la façon suivante:

"que l'obligation de payer la cotisation, prévue à la loi générale sur la vieillesse, incombe non point à l'Eglise, mais au pasteur; que, pour sa part, l'Eglise peut parfaitement se sentir moralement obligée d'augmenter le traitement du pasteur d'une somme équivalente à la cotisation à payer par ce dernier, sans qu'il en résulte pour elle une obligation envers l'Etat;

que le contenu de l'article 1er de la loi du 10 septembre 1853 sur le contrôle des différentes communautés religieuses, *Staatsblad*, p. 102, a une portée limitée; qu'une communauté religieuse ne saurait se soustraire au devoir d'obéissance aux lois de l'Etat;

que la loi générale sur la vieillesse laisse toute liberté aux Eglises de subvenir aux besoins de leurs ministres âgés; que si l'Eglise juge, en particulier, que la pension de base garantie par la loi générale sur la vieillesse est insuffisante, rien ne l'empêche d'accorder une allocation complémentaire aux vieux pasteurs;

"Old age insurance is compulsory under the law, in virtue of the Old People's Act. The Appellant does not invoke Article 36 of the said Act nor the general measures taken by the Government as a result of that Article (Royal Decree of 20th December 1956, *Staatsblad*, page 626). This Decree is mandatory; in this matter the law does not contradict the Constitution. In accordance with Article 131, para. 2 of the Constitution the laws must not be violated.

"The Courts are competent to examine the compatablity of legal provisions with those of the Rome Convention approved by the Law of 28th July 1954 (*Staatsblad*, page 335); but the Old People's Act in fact contains no provision contrary to the clauses of that Convention;"

Whereas the Court found in the present case as follows;

"It is not disputed by the parties that the appellant resides in the Kingdom and therefore must be considered as an 'inhabitant' in the sense of Article 2 of the Old People's Act. He is more than fifteen and less than sixty-five years of age and he is an insured person within the meaning of Article 6 of the Old People's Act.

"In view of these facts and in accordance with Articles 23 and *et seqq.* of the Old People's Act the Inspector demanded of the Appellant the contribution provided for by Article 23.

"The Appellant requests the annulment of the demand and of the Inspector's decision enforcing that demand – on the ground that in his case the contribution should not be paid because the Old People's Act:

"1. is contrary to Articles 181, 182 and 183 of the Constitution (in its text as published by Royal Decree of 11th September 1956, *Staatsblad*, page 472);

"2. is contrary to Article 1 of the Act of 10th September 1853 (*Staatsblad*, page 102) regarding the control of religious communities;

"3. violates the fundamental rights and freedoms which in virtue of the Convention for the Protection of Human Rights and Fundamental Freedoms signed at Rome on 4th November 1950 (approved by the Law of 28th July 1954, *Staatsblad*, page 335) are recognised by the High Contracting Parties for all persons coming within their jurisdiction, the Netherlands Courts being competent and obliged to confront Netherlands Laws with the said Rome Convention.

"It is not necessary to consider the correctness of the first two points put forward by the Appellant, because Article 131, para. 2 of the Constitution forbids any Judge to consider whether Acts are constitutional, and because the enforcement of any act – in this particular case the Old People's Act – cannot be refused by referring que, conformément à la volonté du législateur, l'assurance vieillesse est obligatoire en vertu de la loi générale sur la vieillesse; que l'intéressé n'invoque pas l'article 36 de la loi générale sur la vieillesse et les mesures générales prises par le Gouvernement sur la base de cet article (Décret Royal du 20 décembre 1956, *Staatsblad*, p. 626); que ce décret a force obligatoire; que sur ce plan la loi n'est pas en contradiction avec la Constitution; que, conformément à l'article 131 al. 2 de cette dernière, les lois ne doivent pas être violées;

que les tribunaux sont compétents pour comparer les dispositions des lois avec celles de la Convention de Rome, approuvée par la loi du 28 juillet 1954, *Staatsblad*, p. 335; que la loi générale sur la vieillesse ne contient vraiment aucune disposition qui serait contraire aux clauses de cette Convention";

Attendu que la Cour a estimé dans le présent différend:

"qu'il n'est pas contesté par les parties que l'intéressé réside dans le Royaume et doit être considéré, par conséquent, comme habitant dans le sens de l'article 2 de la loi générale sur la vieillesse; qu'il est âgé de plus de 15 ans et de moins de 65 ans et qu'en vertu de l'article 6 de la loi générale sur la vieillesse il est assuré conformément aux dispositions de cette même loi;

qu'en se basant sur les faits qui précèdent et conformément aux articles 23 et suivants de la loi générale sur la vieillesse, l'Inspecteur a exigé de l'intéressé la cotisation prévue à l'article 23 précité;

que l'intéressé demande que l'avertissement soit annulé – ensemble avec la décision de l'Inspecteur maintenant cet avertissement – motif pris de ce que la perception de cette cotisation ne doit avoir lieu à son égard étant donné que la loi générale sur la vieillesse

1. est contraire aux articles 181, 182 et 183 de la Constitution (en son texte tel que celui-ci a été publié par le Décret Royal du 11 septembre 1956, *Staatsblad*, p. 472);

2. est contraire à l'article 1er de la loi du 10 septembre 1853, *Staatsblad*, p. 102, concernant le contrôle des différentes communautés religieuses;

3. viole les droits er libertés fondamentales qui, en vertu de la Convention de sauvegarde des droits de l'homme et des libertés fondamentales, signée à Rome le 4 novembre 1950 (approuvée par la loi du 28 juillet 1954, *Staatsblad*, p. 335) sont reconnus par les Hautes Parties Contractantes à toute personne relevant de leur juridiction, les tribunaux néerlandais étant compétents et obligés de confronter les lois néerlandaises avec cette Convention de Rome;

qu'il n'est pas nécessaire d'examiner l'exactitude des deux premiers points soutenus par l'intéressé, parce que l'article 131, al. 2 de la Constitution interdit au juge d'entreprendre l'examen de la constitutionnalité des lois et parce que l'on ne saurait refuser l'application d'une loi – en l'espèce la loi générale sur la vieillesse – en to the provisions of other earlier Acts, the later one being equally mandatory.

"But the same view cannot be taken of the Appellant's point 3 above.

"In fact, Article 66 of the Constitution provides that internal laws of the Kingdom should not be enforced if their enforcement is incompatible with generally-binding provisions of international agreements concluded with foreign powers, whether such agreements are earlier or later in date than the disputed provisions of the laws.

"The directly executive clauses of international agreements are to be included among those provisions that are universally binding.

"The Court is of opinion, in agreement with the Government's view set forth at the time when the Law of 28th July 1954 was drafted – see the Memorandum in reply to the Second Chamber of Parliament, session 1953–1954, 3043, No. 6, page 2 – that Articles 8 to 11 of the aforesaid Convention and in particular Article 9, invoked by the Appellant, are directly executive provisions, so that the Judge is not merely competent to confront this Convention with Netherlands domestic legislation but is obliged to do so.

"It is therefore necessary to consider whether existing legislative provisions in the Netherlands regarding freedom of worship developed as they have been through the centuries, constitute a violation – particularly in relation to the Old People's Act – of fundamental human rights and freedoms guaranteed in the Convention (the text of which was published in the *Tractatenblad* [Bulletin of Treaties] 1951, No. 154), and in this particular case of Article 9, of which the official French text reads as follows:

"1. Toute personne a droit à la liberté de pensée, de conscience et de religion; ce droit implique la liberté de changer de religion et de conviction, ainsi que la liberté de manifester sa religion ou sa conviction individuellement ou collectivement, en public ou en privé, par le culte, l'enseignement, les pratiques et l'accomplissement des rites.

2. La liberté de manifester sa religion ou ses convictions ne peut faire l'objet d'autres restrictions que celles qui, prévous par la loi, constituent des mesures nécessaires, dans une société démocratique, à la sécurité publique, à la protection de l'ordre, de la santé ou de la morale publiques, ou à la protection des droits et libertés d'autrui".

"When considering the foregoing text it should be remembered that in the Netherlands the provision in paragraph 1 thereof regarding religious freedom already appears in Article XIII of the Union of Utrecht of 23rd January 1579, according to which, in matters of religion, each Province is left free to adopt whatever rules invoquant des disposition d'autres lois, antérieures, alors que celle-ci a un caractère obligatoire tout autant que celles-là;

mais que la même chose ne saurait être soutenus en ce qui concerne l'affirmation de l'intéressé figurant ci-dessus, au point 3;

qu'en effet, l'article 66 de la Constitution prévoit que les lois internes du Royaume ne doivent pas être appliquées lorsque cette application serait incompatible avec des dispositions, obligatoires pour tous, d'accords internationaux conclus avec des Puissances étrangères, que ces accords soient antérieurs ou postérieurs aux prescriptions législatives en cause;

que les clauses directement exécutoires d'accord internationaux doivent être comprises parmi ces dispositions obligatoires pour tous;

que la Cour est d'avis, en accord avec la conception du Gouvernement exposée lors de l'élaboration de la loi précitée du 28 juillet 1954 – voir le Mémoire constituant réponse à la Deuxième Chambre du Parlement, session 1953–1954 – 3043, no. 6, p. 2 – que, notamment, les articles 8 à 11 de la Convention précitée, et, en particulier, l'article 9 invoqué par l'intéressé sont des dispositions directement exécutoires, si bien que le juge n'est pas seulement compétent pour confronter cette Convention aux lois internes néerlandaises, mais qu'il y est obligé;

que, dès lors, il convient d'examiner la question de savoir si les dispositions législatives existant aux Pays-Bas en matière de liberté de cultes, telles qu'elles se sont dégagées au cours des siècles, constituent une violation, euégard, en particulier, à la loi générale sur la vieillesse – des droits et libertés fondamentales de l'homme, garantis dans la Convention précitée (dont le texte a été publié au *Tractatenblad* / Bulletin des Traités / 1951, no. 154) et, en l'espèce, à l'article 9 dont le texte officiel français est conçu comme suit:

"1. Toute personne a droit à la liberté de pensée, de conscience et de religion; ce droit implique la liberté de changer de religion et de conviction, ainsi que la liberté de manifester sa religion ou sa conviction individuellement ou collectivement, en public ou en privé, par le culte, l'enseignement les pratiques et l'accomplissement des rites.

2. La liberté de manifester sa religion ou ses convictions ne peut faire l'objet d'autres restrictions que celles qui, prévues par la loi, constituent des mesures nécessaires, dans une société démocratique, à la sécurité publique, à la protection de l'ordre, de la santé ou de la morale publiques, ou à la protection des droits et libertés d'autrui";

qu'au cours de cet examen il convient de souligner qu'aux Pays-Bas la disposition que contient l'alinéa 1er de cet article 9, concernant la liberté de religion, figure déjà à l'article XIII de l'Union d'Utrecht du 23 janvier 1579, aux termes duquel, en ce qui concerne la religion, la liberté est laissée à chacune des provinces d'adopter seem best, on the sole condition 'that everyone shall be free to follow his own religion and that no-one shall be disturbed or persecuted because of his religion".

"A clear distinction is made here between 'religion', meaning freedom of conscience, which was accepted as a principle, and 'the practice of religion', freedom of worship, which was not accepted under the regulations of some Provinces, although in fact the practice of religions other than the officially recognised Reformed religion was tolerated.

"This position remained essentially the same until the end of the 18th Century, when the 'Fundamental Law' of 1798 admitted the principle of freedom to profess publicly any religion and to hold services, provided that they were held in buildings intended for this purpose and on condition that such 'external manifestations of worship' should not run counter to public policy as defined by law.

"This principle – variously framed – was maintained and reaffirmed by subsequent fundamental laws and constitutions, until the Constitution of 1948, in its Chapter VI 'On Worship', set forth certain rules that have not been changed since and that reappear in Chapter VIII of the Constitution now in force (Articles 181 to 187).

"These articles essentially contain nothing more than respect for freedom of conscience, the equality of all religious communities before the law, and the right to give public expression to a religious opinion (to manifest one's religion), one of the consequences of which is – naturally within certain limits – the public holding of religious services.

"Their effect has never been to accord to anyone the right of exemption, on pretext of religious beliefs from any of the obligations imposed by the State on all its subjects regardless of their religion.

"The Act of 10th September 1853 (*Staatsblad*, page 102 – Religious Communities Act), which was not intended to extend the scope of freedom of worship as recognised by the Constitution, clarified the constitutional provisions and stated the principle, implicit in the Constitution, of the freedom of religious communities to regulate their own internal affairs.

"The provisions of Chapter VIII of the Constitution and those of the Religious Communities Act of 1953 completely satisfied and still do satisfy the requirements of Article 9 of the Rome Convention, whereby the High Contracting Parties recognise for all persons coming within their jurisdiction certain rights and freedoms which incidentally have already long existed in the Netherlands.

la réglementation qui lui semble la meilleure, sous la seule et unique réserve "que chacun pourra rester librement dans sa religion et que personne ne sera inquiété ou persécuté à cause de sa religion";

qu'ici une très nette distinction est faite d'une part entre "religion" – ce qui signifie liberté de conscience dont le principe a été adopté – et, d'autre part, "pratique de la religion", la liberté de culte qui n'est pas admise par les réglementations adoptées par certaines provinces, bien qu'en réalité la pratique de religions autres que la religion réformée reconnus par les autorités, fût tolérée;

que cette situation est restée dans son essence la même jusqu'à la fin du 18ème siècle, lorsque la "Loi fondamentale" de 1798 admit le principe de la liberté de professer publiquement toute religion et de tenir des cultes en commun, pourvu que ces derniers aient lieu dans des bâtiments prévus à cet effet et à condition que l'ordre public établi par la loi ne soit jamais troublé par des "manifestations extérieures du culte";

que ce principe – bien que formulé de differentes façons – a été maintenu et réaffirmé par les lois fondamentales et les Constitutions ultérieures, jusqu'à ce que la Constitution de 1948 dans son chapitre VI intitulé "Du culte" proclame les règles qui, depuis, sont restées inchangées et que l'on retrouve ainsi au chapitre VIII de la Constitution actuellement en vigueur (articles 181 à 187);

que ces règles ne contiennent pas autre chose dans leur essence que le respect de la liberté de conscience, l'égalité de toutes les communautés religieuses devant la loi et le droit de manifester publiquement une opinion religieuse (manifester sa religion), dont une des conséquences est – dans certaines limites, bien entendu – l'organisation publique de cultes religieux;

que ces règles n'ont jamais eu la portée de conférer à qui que ce soit le droit de se soustraire, sous prétexte de ses convictions religieuses, aux obligations qu'impose l'Etat à tous ses sujets, sans tenir compte de leur religion;

que la loi du 10 septembre 1853, *Staatsblad* (Journal Officiel néerlandais), p. 102 (Loi sur les communautés religieuses) qui, par ailleurs, n'avait pas pour objectif d'étendre la portée de la liberté de culte telle que celle-ci avait été reconnue par la Constitution, a apporté des précisions aux règles constitutionnelles en donnant, en particulier, expression au principe resté implicite dans la Constitution, qui reconnaît aux communautés religieuses la liberté de régler leurs propres affaires intérieures;

que, d'une part, les dispositions du Chapitre VIII de la Constitution, d'autre part, celles de la loi de 1853 sur les communautés religieuses satisfaisaient parfaitement et satisfont encore aujourd'hui aux exigences posées par l'article 9 de la Convention de Rome, en vertu duquel les Hautes Parties Contractantes reconnaissent à toute personne relevant de leur juridiction certains droits et liber-

"The Appellant, who in support of his claim maintains that the Old People's Act conflicts with the Rome Convention, especially with Article 9, declares that this Act offends his religious beliefs and illegally interferes with the independence of the Church that he serves, since in his own belief and the belief of his Church the latter alone should be the source of all that he as its pastor, and his family, might require in order to live without material anxieties, until the end of their lives, that is to say even after he himself has retired or has died. He claims that in principle the Old People's Act interferes with what has been the Church's duty since early times, the Church being obliged to accept responsibility for contributions due from the Appellant as his income is not sufficient to pay them.

"This standpoint, based on the reasons set out above, is inadmissible. It is inadmissible if only for the very good reason that the sole basic obligation imposed by the Old People's Act upon all those insured – including the Appellant – is that they must pay sums described by the law as 'contributions', the amount of which depends on their individual incomes. That obligation holds good for all such persons regardless of what religion, if any, they profess or practise, and it can be enforced if need be. But the law does not force anyone who has attained the prescribed age to request the old age allowance to which he is entitled under the law, nor even to accept this allowance if it is automatically granted to him, so that the Appellant, even after he has reached the age of sixty-five, is free to accept his living requirements entirely and solely from the Church that he serves.

"Thus the obligation to pay contributions which in principle falls upon all, independent of religious belief, does not in any way affect the individual's right to freedom of thought, conscience or worship.

"This is all the more true in the present case since the Appellant has not declared, nor does it appear from his conclusions that he is opposed to the idea of old age insurance in general.

"A member of a particular Church may quite well feel it unjust that he must make payments under laws that are generally applicable but from which he cannot benefit because of his religious beliefs, but such a feeling is not the same thing as interference with his right to profess those beliefs.

"The Old People's Act therefore does not interfere with the right tés, ces derniers existant par ailleurs aux Pays-Bas depuis fort longtemps;

que l'intéressé qui, pour fortifier ses dires, soutient que la loi générale sur la vieillesse est en conflit avec la Convention de Rome et en particulier avec son article 9, allègue que cette loi fait violence à ses convictions religieuses et intervient illégalement dans l'indépendance de l'Eglise dont l'intéressé est serviteur, étant donné que selon ses convictions et selon celles de son Eglise, cette dernière a entièrement et exclusivement la tâche de pourvoir à tout dont lui, son pasteur, et les siens pourraient avoir besoin pour vivre sans souci matériel, et cela jusqu'à la fin de leur vie, donc même après qu'il aura pris sa retraite ou qu'il sera décédé, alors qu'en principe la loi générale sur la vieillesse enlève à l'Eglise une partie de la tâche qui avait été la sienne depuis des temps anciens, l'Eglise étant en fait obligée de prendre à sa charge la cotisation due par l'intéressé, les revenus de ce dernier n'y suffisant pas;

que cette position basée sur les motifs qui précèdent ne saurait être admise, ne serait-ce que pour la bonne raison que l'unique obligation qu'impose en principe la loi générale sur la vieillesse à tous les assurés – et donc aussi à l'intéressé – indépendamment de la question de savoir s'ils professent des convictions religieuses ou pratiquent une religion et si oui, lesquelles, obligation qui peut être, le cas échéant, sanctionnée par des mesures coercitives, consiste à payer des contributions désignées par la loi sous le nom de "cotisations" dont le montant dépend des revenus dont dispose chacun des assurés; mais que la loi n'oblige personne de demander, après avoir atteint l'âge prévu, l'allocation de vieillesse à laquelle il a droit en vertu de cette loi, ou bien même d'accepter cette allocation au cas où elle lui serait accordée d'office, si bien que l'intéressé reste libre, même après avoir atteint ses soixante-cinq ans, de recevoir ce dont il a besoin pour vivre entièrement et exclusivement de l'Eglise dont il est serviteur;

que l'obligation de payer la cotisation, valable en principe à tout un chacun, indépendamment de ses convictions religieuses, ne porte ainsi aucunement atteinte au droit de l'individu à la liberté de pensée, de conscience ou de culte;

que ceci est d'autant plus vrai en l'espèce que l'intéressé n'a pas allégué et qu'il ne découle pas non plus de ses conclusions qu'il est opposé à l'institution de l'assurance vieillesse en général;

qu'un fidèle d'une Eglise donnée peut très bien ressentir comme peu équitable de devoir supporter la charge de règles de portée générale et applicables à chacun, mais des avantages desquelles il ne peut pas bénéficier à cause de ses convictions religieuses; que, toutefois, un tel sentiment n'équivaut pas à une restriction de son droit de professer ses convictions religieuses;

qu'ainsi donc, déjà pour cette raison, la loi générale sur la vieilto freedom of opinion. conscience and worship as described in Article 9 para. 1 of the Convention, and still less with freedom to manifest one's religion or beliefs as understood in paragraph 2 of the same Article.

"For the same reason there is no question of conflict between Article 189 of the Constitution and the universal obligation to pay contributions.

"It appears from the Appellant's conclusions that he also conscientiously objects in general to the insurance scheme established by the Old People's Act. Now, Article 36 of the Old People's Act grants a possibility of exemption for all conscientious objectors; and that being so, the Court cannot consider the Appellant's objections but must leave it to his conscience to take advantage of the opportunity granted by the law.

"The allegation that the Government's general administrative regulations regarding Article 36 of the Act are incompatible with the Act itself since they involve a restriction not recognised by the Act does not bear examination, because Article 36 itself provides that exemption from legal obligations may be granted in conformity with general administrative regulations to be issued by the Government and in accordance with any conditions stipulated therein";

Whereas for these reasons the Court dismissed the Appellant's conclusions and confirmed the Inspector's decision;

Whereas the Appellant puts forward the following grounds for appeal to the Court of Cassation:

"Violation or incorrect application of Article 17 of the Taxation (Administrative Jurisdiction) Act, Article 1690 of the Civil Code, Article 1 of the Religious Communities Act of 1853, Articles 4, 57, 60, 61, 63, 65, 66, 181, 182, 183, 189 of the Constitution (text of 1956), Articles 1, 8, 9, 13, 14, 18 of the Rome Convention (*Tractatenblad* [Bulletin of Treaties] 1951, No. 154) together with the law of 28th July 1954 (*Staatsblad* 1954, 335), Articles 6, 7, 8, 10, 11, 12, 13, 14, 15, 16, 22, 23, 26, 30, 33, 35, 36, 40, 41, 42 of the Old People's Act, 1956, Articles 1, 2 and 17 of the Royal Decree of 20th December 1956 (*Staatsblad* 626), Article 5 of the Regulations issued pursuant thereto on 20th December 1956 (*Staatsblad* 616), Article 5 of the Law on General Principles of Legislation (*Wet Algemene Bepalingen*);

"The Court, he claims, was wrong in finding:

1. that a legislative provision which is valid for all and sundry

lesse ne porte pas atteinte au droit à la liberté d'opinion, de conscience et de culte, tel que celui-ci est décrit à l'alinéa 1er de l'article 9 de la Convention, et qu'elle comporte encore moins des restrictions à la liberté de manifester sa religion ou ses convictions, telle que celle-ci est entendue à l'alinéa 2 de ce même article 9;

que, pour ces mêmes raisons, il ne saurait pas être davantage question, dès lors, d'un conflit entre l'article 189 de la Constitution et l'obligation valable pour tout le monde de payer la cotisation;

qu'il ressort aussi des conclusions de l'intéressé que celui-ci a également des objections de conscience contre l'assurance instituée par la loi générale sur la vieillesse en général;

qu'en son article 36 la loi générale sur la vieillesse admet pour tous ceux qui ont des objections de conscience une possibilité de dispense;

que, se trouvant en face de cette possibilité reconnue par la loi, la Cour ne peut pas examiner les objections de conscience évoquées par l'intéressé, et qu'elle doit laisser à la conscience de celui-ci s'il veut faire usage de la faculté qui lui est ainsi reconnue par la loi;

que l'allégation que le règlement général d'administration pris par le Gouvernement concernant ledit article 36 de la loi serait en contradiction avec celle-ci, parce qu'il contiendrait une restriction que la loi ne connaît pas, ne nécessite pas l'examen, car l'article 36 en question prévoit lui-même que la dispense des obligations légales peut être accordée conformément au règlement général d'administration à prendre par le Gouvernement et en satisfaisant aux conditions à fixer par celui-ci";

Attendu que, se fondant sur ces motifs, la Cour a rejeté les conclusions de l'intéressé et a confirmé la décision de l'Inspecteur;

Attendu que l'intéressé propose le moyen de cassation suivant:

"Violation ou application inexacte de l'article 17 de la loi sur la juridiction administrative en matière d'impôts, article 1690 du Code civil, article 1er de la loi de 1853 sur les communautés religieuses, articles 4, 57, 60, 61, 63, 65, 66, 181, 182, 183, 189 de la Constitution (texte 1956), articles 1, 8, 9, 13, 14, 18 de la Convention de Rome, *Tractatenblad* (Bulletin des Traités) 1951, no. 154 ensemble avec la loi du 28 juillet 1954, *Staatsblad*, 1954, 335, articles 6, 7, 8, 10, 11, 12, 13, 14, 15, 16, 22, 23, 26, 30, 33, 35, 36, 40, 41, 42 de la loi générale de 1956 sur la vieillesse, articles 1, 2 et 17 du décret royal du 20 décembre 1956, *Staatsblad*, 626, article 5 de la loi d'application du 20 décembre 1956, *Staatsblad* 616, article 5 de la loi sur les principes généraux de la législation (*Wet Algemene Bepalingen*);

La Cour ayant jugé à tort:

1. qu'une disposition législative, valable pour tout un chacun,

irrespective of their belief, cannot endanger freedom of opinion, conscience and worship. If that were true, there would be no need to heed the opinion of minorities or of individuals, which is virtually an admission that the Convention for the Protection of Human Rights and Fundamental Freedoms is meaningless; whereas it is intended to protect the freedom of minorities and individuals, including their freedom to profess and practise their religion; the particular issue which arises is the violation of Article 9 para. 2 of the Convention, which provides that any restriction on the freedom of religion universally recognised by Article 9 para. 1 is only admissible if:

"(a) it results from a formal legislative provision applicable as such to everyone, and if moreover,

"(b) such a measure is necessary for the protection of public order, health or morals, or for the protection of the rights and freedoms of others.

"The Court was wrong in refusing to measure the Old People's Act against the practical criterion mentioned under (b). Had it done so, it would have concluded that in this particular case the Old People's Act should not be enforced.

2. that the following of the Church's rules in everyday life cannot in this particular case be considered as covered by the terms "... manifester sa religion ou sa conviction ... par les pratiques ... et l'accomplissement des rites". (the English text of the Convention which is equally authentic, reads: "manifest his religion and belief ... in practice and observance'). The free practice of religious belief by the ministers of the Church (and thus by the Church itself) becomes illusory if the obligation to pay contributions under the Old People's Act must be accepted by the Appellant whose religious convictions are opposed to it;

3. that the protection of religious freedom provided for by the Rome Convention already appeared in Article XIII of the Union of Utrecht of 23rd January 1579; that the Court furthermore declared the provisions of the Rome Convention to be satisfied if everyone was free to choose his religion without risk of penalties. The Convention indeed goes farther than that, and provides in addition that one must be able to manifest one's religion 'in practice'. On this subject we may also refer to the judgment of the Court of Cassation dated 28th January 1959 (BNB 1959, page 121): the religious communities in the Netherlands are built on the spiritual foundation of common religious belief and practice. In this case also the juxtaposition of belief and practice is the practical application of freedom to believe as one chooses. Finally, in mentioning that Netherlands laws had already prescribed what is laid down in the

indépendamment de son appartenance à une confession ne peut pas porter atteinte à la liberté d'opinion, de conscience et de culte. Suivant cette conception, il ne serait pas nécessaire de tenir compte de l'opinion des minorités et des individus, ce qui aboutirait à admettre que la Convention de sauvegarde des droits de l'homme et des libertés fondamentales est dépourvue de sens, alors que précisément elle vise à sauvegarder la liberté des minorités et des individus et notamment leur liberté de professer et de pratiquer leur religion; sur ce point il est question tout particulièrement de la violation de l'article 9, al. 2 de la Convention, disposition dont il ressort que toute restriction à la liberté de religion reconnue à toute personne par l'article 9 al. 1 ne peut être admise que si:

a. elle provient d'une disposition législative formelle, applicable en tant que telle à tout le monde, et si, en outre,

b. cette mesure est nécessaire à la sécurité publique, à la protection de l'ordre, de la santé ou de la morale publiques, ou à la protection des droits et libertés d'autrui.

C'est à tort que la Cour a refusé de confronter la loi générale sur la vieillesse avec le critère matériel rappelé sous b. Une telle confrontation aurait abouti à la conclusion qu'en l'espèce, la loi générale sur la vieillesse ne devait pas être appliquée;

2. que suivre les prescriptions de l'Eglise dans la vie quotidienne ne peut pas être considéré em l'espèce comme tombant sous les termes" ... manifester sa religion ou sa conviction ... par les pratiques ... et l'accomplissement des rites" (Le texte anglais de la Convention, faisant également foi, dit: "manifest his religion and belief ... in practice and observance") En réalité, il ne peut pas être question d'un exercice sans entrave des pratiques religieuses par les ministres de l'Eglise (et, en conséquence, par l'Eglise elle-même) si l'obligation de verser les cotisations sur la base de la loi générale sur la vieillesse doit être acceptée par l'intéressé dont les convictions religieuses s'y opposent;

3. que la protection de la liberté de religion, prévue par la Convention de Rome, figurait déjà à l'article XIII de l'Union d'Utrecht du 23 janvier 1579; qu'en outre, la Cour soutient qu'il a été satisfait aux prescriptions de la Convention de Rome dès que chaque personne peut choisir librement sa religion, sans encourir de sanctions. En réalité, la Convention va plus loin et prévoit aussi que l'on doit être libre de manifester sa religion "par les pratiques". On peut aussi consulter à ce sujet l'arrêt de la Cour de cassation en date du 28 janvier 1959, B.N.B. 1959, p. 121: les communautés religieuses existant aux Pays-Bas reposent sur la base spirituelle d'une communauté de convictions et de pratiques religieuses. Dans le cas présent aussi, la juxtaposition de la conviction et de la pratique constitue la véritable application de la liberté de croire ce que l'on choisit. Enfin, en constatant que les lois néerlandaises avaient déjà

Rome Convention, the Court lost sight of the fact that the Old People's Act was passed only after the Convention had been approved;

4. that the Old People's Act involves a derogation from Article 1 of the Religious Communities Act of 1853. Article 5 of the Law on General Principles of Legislation (*Wet Algemene Bepalingen*) states that a law can only be abrogated by another law, but that it is not necessarily so abrogated. The words 'is and remains' used in Article 1 of the Act of 1853 constitute a guarantee for the future. Moreover, the responsible minister declared during the parliamentary debates preceding its adoption that the Old People's Act was not intended to detract from the freedom of the Churches (see *Handelingen Tweede Kamer* [Parliamentary Debates, Second Chamber] page 3880);

Consequently the Court was wrong in interpreting Article 6 of the Old People's Act to mean that the Appellant, as Pastor of a Church that has fundamental objections to that Act, based on its conception of religious worship, should come within the category of insured persons;

5. that the Old People's Act merely imposes the obligation to make a payment described as a 'contribution', but does not oblige anyone to request the old age pension. The Court's interpretation is thus an attempt to evade the system of insurance expressly provided by the Act and intended to be applicable to everyone. In any system of insurance the obligation to pay contributions is counter-balanced by the right to receive benefits as appears from the provisions of Articles 10 and 33 regarding wilful omission to pay contributions. The Court is attempting to separate two correlated factors which are both part and parcel of the insurance system provided by the Act. In so doing it commits an infringement of the law. If this line of reasoning were followed Article 36 of the Old People's Act would also be pointless. Why should any provision be made for religious objections against the insurance provided by that Act if the Act merely provided for the payment of a sum described as a 'contribution'? The aim of the Act is certainly to bring everyone within an insurance plan, but the Appellant cannot take part in this because of his ecclesiastical duties. If he were to be forced to pay his contribution, that would amount to disregarding all that has been said above;

6. that the statement that the general administrative regulations issued by the Government pursuant to Article 36 of the Old People's Act conflict with that Act because they contain restrictions foreign to that Act does not require further consideration, since the Article in question provides that exemption from legal obligations may be

énoncé auparavant ce que prescrit la Convention de Rome, la Cour perd de vue la circonstance que la loi générale sur la vieillesse n'a été adoptée qu'après l'approbation de la Convention;

4. que la loi générale sur la vieillesse apporte une dérogation à l'article 1er de la loi de 1853 sur les communautés religieuses. L'article 5 de la loi sur les principes généraux de la législation (*Wet Algemene Bepalingen*) dit qu'une loi ne peut être abrogée que par une autre loi, mais qu'elle ne l'est pas nécessairement. Les mots "est et reste" employés à l'article 1er de la loi de 1853 constituent une garantie pour l'avenir. En outre, le ministre compétent a bien affirmé à ce sujet au cours des débats parlementaires qui ont précédé son adoption, que la loi générale sur la vieillesse n'avait pas pour but de porter atteinte à la liberté des Eglises (voir *Handelingen Tweede Kamer* / Débats parlementaires, Deuxième Chambre/, p. 3880);

Par suite, c'est à tort que la Cour a interprété l'article 6 de la loi générale sur la vieillesse de façon à ce que l'intéressé aussi, en tant que pasteur d'une Eglise qui a contre la loi générale sur la vieillesse des objections fondamentales tirées de sa conception du culte religieux, tombât dans la catégorie des assurés;

5. que la loi générale sur la vieillesse contient seulement l'obligation de verser une contribution désignée sous le nom de "cotisation" mais qu'elle n'oblige personne de demander l'allocation de vieillesse. La Cour s'efforce ainsi d'échapper, par voie d'interprétation, au système d'assurance expressément prévu par la loi dont on a voulu qu'il soit applicable à tout le monde. Dans un système d'assurance en général, il y a en contrepartie de l'obligation de payer la cotisation le droit aux prestations, comme ceci ressort des dispositions des articles 10 et 33 concernant l'omission fautive de payer les cotisations. La Cour veut séparer ces deux facteurs corrélatifs, qui appartiennent ensemble au système d'assurance prévu par la loi. En agissant ainsi, on viole la loi. En suivant ce raisonnement, l'article 36 de la loi générale sur la vieillesse n'aurait pas de sens, lui non plus. En effet, pourquoi aurait-il été nécessaire de tenir compte des objections d'ordre religieux que l'on peut formuler contre l'assurance prévue à cette loi, si celle-ci ne prévoyait pas autre chose que le payement d'une somme appelée "cotisation"? La loi a bien pour but d'assujettir tout le monde à un système d'assurance, mais l'intéressé ne saurait y participer à cause de ses fonctions ecclésiastiques. L'obliger de payer cette cotisation équivaudrait à ne tenir aucun compte de ce qui précède;

6. que l'affirmation que le règlement général d'administration adopté par le Gouvernement en vue de l'application de l'article 36 de la loi générale sur la vieillesse est en conflit avec cette loi, car il contient des restrictions inconnues de la loi, ne nécessite pas un examen plus détaillé, étant donné que l'article en question dispose

granted in accordance with such rules and conditions as the Government may stipulate in their regulations. These rules and conditions, however, would never go so far as to deprive those who conscientiously object to insurance of the possibility of exemption provided for by Article 36, as has happened in this particular case. According to the order of the Court of Cassation of 18th February 1948 (B 8508), a lower authority can issue supplementary regulations only on the basis of the Act and within the limits laid down by it. The Appellant is not opposed to all forms of insurance, but only to the insurance provided by the Act. When the legislator has recognised a right to exemption, that right cannot be restricted by a lower organ (Cf. the Order of the Court of Cassation dated 1st February 1952, NJ, 1952, No. 130);

7. that the obligation on a member of any particular Church to pay his contributions under such regulations without benefiting from their provisions implies no restriction of his right to profess his religious beliefs. Here again we find the erroneous conception that recognises only freedom to manifest a religion and not the practice of that religion in everyday life. Since the Act has instituted an insurance scheme, the exemptions provided by Article 36 are tantamount to levying a tax on those who have conscientious objections".

As regards the above grounds for appeal:

Whereas Nos. 1–3 refer to the dismissal by the Court of the appeal made under Article 9 of the Convention for the Protection of Human Rights and Fundamental Freedoms signed at Rome on 4th November 1950 and approved by the Law of 28th July 1954 (*Staatsblad*, p. 335), whereby the Appellant protested against the demand requiring him to pay the contribution required by the Old People's Act and whereas Nos. 5 and 7 are linked to some extent with the first three;

Whereas according to the decision of the Appeal Court the Appellant explained that his appeal was based on his belief, which is founded on the Bible and on the Church Ordinance which he recognises as binding on himself, that his living should be ensured by the Church of which he is a pastor even after he has retired and that for this reason the Old People's Act is not applicable to him, being contrary to the Convention inasmuch as it is considered binding upon him in spite of his beliefs;

Whereas it appears from No. 1 that the Appellant believes the first paragraph of Article 9 of the Convention to be intended to protect minorities and individuals, *inter alia* as regards freedom of religious belief and practice, and further holds that the Old People's Act, which considers the Appellant to be an "insured person" within the meaning of the Act, and which requires from him the que l'exemption des obligations légales pourra être accordée en tenant compte des règles et des conditions que le Gouvernement fixera dans le cadre de ce règlement. Ces règles et ces conditions ne pourront cependant jamais aller jusqu'à priver ceux qui ont contre l'assurance des objections de conscience, de la possibilité d'exemption que prévoit l'article 36, comme c'est le cas en l'espèce. Conformément à l'arrêt du 18 février 1948 de la Cour de Cassation (B 8508), une autorité inférieure ne peut adopter des règlements complémentaires que sur la base de la loi et dans les limites tracées par celle-ci. L'intéressé n'est pas opposé à toute forme d'assurance, mais il l'est à l'assurance instituée par la loi. Lorsque le législateur reconnaît le droit à une exemption, ce droit ne saurait être restreint par un organe inférieur (comparez aussi l'arrêt de la Cour de cassation en date du 1er février 1952, N.J., 1952, no. 130);

7. que pour le fidèle d'une religion donnée, qui doit payer en vertu de ces règles sans, toutefois, pouvoir jouir des bénéfices qu'elles assurent, il n'existe aucune restriction du droit de professer ses convictions religieuses. Ici encore, on rencontre la conception erronée qui ne considère que la liberté de manifester une religion et non point la pratique de cette religion dans la vie quotidienne. La loi ayant institué un système d'assurance, les exemptions prévues à l'article 36 reviennent à la création d'un impôt à la charge de ceux qui ont des objections de conscience.

En ce qui concerne le moyen de cassation:

Attendu que les trois premières branches du moyen sont dirigées contre le rejet par la Cour, de l'appel fait à l'article 9 de la Convention de sauvegarde des droits de l'homme et des libertés fondamentales signée à Rome le 4 novembre 1950 et approuvée par la loi du 28 juillet 1954, *Staatsblad*, p. 335, par lequel l'intéressé s'est défendu contre l'avertissement lui enjoignant de payer la cotisation prévue à la loi générale sur la vieillesse et que les cinquième et septième branches ont un certain lien avec elles;

que, selon la décision de la Cour d'appel, l'intéressé a indiqué que son appel est basé sur sa conviction, puisée dans la Bible et dans l'Ordonnance de l'Eglise qu'il reconnaît comme valable pour lui-même, que sa subsistance doit être assurée par l'Eglise dont il est pasteur même quand il sera déjà à la retraite, et que pour cette raison, la loi générale sur la vieillesse ne lui est pas applicable comme étant contraire à la Convention, dans la mesure où cette loi devrait être considérée comme obligatoire pour lui, malgré ses convictions;

qu'il ressort de la première branche que l'intéressé part de la conception que le premier alinéa de l'article 9 de la Convention a pour objet de protéger les minorités et les individus, entre autres dans la liberté de leurs convictions et de leurs pratiques religieuses et que la loi générale sur la vieillesse qui considère l'intéressé comme "assuré" dans le sens qu'elle attribue à ce terme et qui l'assujettit payment of contributions, restricts his freedom as it is guaranteed by the Convention; whereas, therefore, he considers the Appeal Court should have examined the question whether the provisions of the Old People's Act come within the category of restrictions that the law is entitled to impose by virtue of paragraph 2 of Article 9 of the Convention, and should have reached a negative answer;

Whereas the English and French texts of Article 9 of the Convention, both of which are equally authentic, are worded as follows:

1. "Everyone has the right to freedom of thought, conscience and religion; this right includes freedom to chance his religion or belief and freedom, either alone or in community with others and in public or private, to manifest his religion or belief, in worship, teaching, practice and observance.

2. "Freedom to manifest one's religion or beliefs shall be subject only to such limitations as are prescribed by law and are necessary in a democratic society in the interests of public safety, for the protection of public order, health or morals, or the protection of the rights and freedoms of others.

1. "Toute personne a droit à la liberté de pensée, de conscience et de religion; ce droit implique la liberté de changer de religion ou de conviction, ainsi que la liberté de manifester sa religion ou sa conviction individuellement ou collectivement, en public ou en privé, par le culte, l'enseignement, les pratiques et l'accomplissc- ment des rites.

2. "La liberté de manifester sa religion ou ses convictions ne peut faire l'objet d'autres restrictions que celles qui, prévues par la loi constituent des mesures nécessaires, dans une société démocratique à la sécurité publique. à la protection de l'ordre, de la santé ou de la moral publiques, ou à la protection des droits et libertés d'autrui";

Whereas, according to the first paragraph, the right to freedom of thought, conscience and religion includes not only freedom to change one's religion or belief but freedom to manifest one's religion or belief alone or in community with others, in public or in private in worship, teaching, practice and observance; and whereas according to the second paragraph freedom to manifest one's religion or beliefs shall be subject only to such limitations as are prescribed by law and are necessary in a democratic society in the interests of public safety, for the protection of public order, health or morals, or for the protection of the rights and freedoms of others;

Whereas the freedom to manifest one's religion or beliefs herein guaranteed is not the same thing as freedom to oppose one's own religious ideas or beliefs to the provisions of the law, and whereas, therefore, the provision of the Convention under which the appeal is au paiement des cotisations, restreint sa liberté, telle que celle-ci est garantie par la Convention; que, pour cette raison, la Cour d'appel aurait dû examiner la question de savoir si les règles que contient la loi générale sur la vieillesse tombent dans la catégorie des restrictions que peut prévoir la loi, en vertu de l'alinéa 2 de l'article 9 de la Convention, et qu'elle aurait dû répondre à cette question par la négative;

Attendu que les textes anglais et français de l'article 9 de la Convention, faisant tous les deux foi, sont ainsi libellés;

"(1) Everybody has the right to freedom of thought, conscience and religion; this right includes freedom to change his religion or belief and freedom, either alone or in community with others and in public or private, to manifest his religion or belief in worship, teaching, practice and observance.

(21 Freedom to manifest one's religion or beliefs shall be subject only to such limitations as are prescribed by law and are necessary in a democratic society in the interests of public safety, for the protection of public order, health and morals, or for the protection of the rights and freedoms of others.

1. Toute personne a droit à la liberté de pensée, de conscience et de religion; ce droit implique la liberté de changer de religion ou de conviction, ainsi que la liberté de manifester sa religion ou sa conviction individuellement ou collectivement, en public ou en privé, par le culte, l'enseignement, les pratiques et l'accomplissement des rites.

2. La liberté de manifester sa religion ou ses convictions ne peut faire l'objet d'autres restrictions que celles qui, prévues par la loi, constituent des mesures nécessaires, dans une société démocratique, à la sécurité publique, à la protection de l'ordre, de la santé ou de la morale publique, ou à la protection des droits et libertés d'autrui";

Attendu que selon le premier alinéa le droit à la liberté de pensée, de conscience et de religion implique, outre la liberté de changer de religion ou de conviction, la liberté de manifester sa religion ou sa conviction individuellement ou collectivement, en public ou en privé, par le culte, l'enseignement, les pratiques et l'accomplissement des rites, et que, selon le deuxième alinéa, la liberté de chacun de manifester sa religion ou ses convictions ne peut faire l'objet d'autres restrictions que celles qui, prévues par la loi, constituent des mesures nécessaires, dans une société démocratique, à la sécurité publique, à la protection de l'ordre, de la santé ou de la morale publiques, ou à la protection des droits et libertés d'autrui;

que la liberté ainsi garantie à chacun de manifester sa religion ou ses convictions ne coïncide pas avec la liberté de chacun de confronter les prescriptions législatives avec ses propres conceptions ou convictions religieuses et que, partant, la disposition invoquée lodged does not mean that anyone may be free to evade the enforcement of laws even when they have nothing to do with the manifestation of religion or beliefs by alleging the nullity or irrelevance of such laws because of religious ideas or beliefs that do not accord with them;

Whereas it is useless for the Appellant to seek support for the idea put forward under No. 2 through his interpretation of the word 'practise' in the English text (in French 'les pratiques'), because these terms do not mean 'the application of religious rules in everyday life' as the Appellant suggests but, in view of the context and the use of the plural in the French text, indicate acts which in any form are the expression of a religion or belief;

Whereas No. 3 insofar as it maintains that Article 9 of the Convention means something more than the mere recognition of everyone's right to free choice of religion, is directed against a restrictive idea that does not appear to exist in the decision of the Appeal Court and therefore has no basis in fact; and whereas it also rests on the incorrect statement that the freedom in choice of religion or belief guaranteed by the Convention includes freedom to practise one's religious beliefs in everyday life, in the sense that in general each individual is free to contest the validity of mandatory legislative provisions by adducing objections arising from his religious beliefs;

Whereas since the regulations for compulsory old-age insurance intended to cover the whole population and contained in the Old People's Act do not come within the scope of application of Article 9 of the Convention, the confrontation of these regulations with the second paragraph of the Article in question, requested under No. 1, is unnecessary;

Whereas for the same reason the possibility of exemption on grounds of conscientious objection from the insurance provided by the Act which is stipulated in Article 36 of the Old People's Act was not intended by the legislator to constitute the fulfilment of obligations undertaken in pursuance of Article 9 of the Convention, but was a more general concession in favour of those who for religious reasons could not accept the idea of applying for or accepting insurance;

Whereas it is therefore useless for the Appellant to quote Article 9 of the Convention as an argument in favour of his claim that the provisions of Article 36 of the Old People's Act do not meet his objections, which are not directed against insurance as an instide la Convention ne signifie pas que chacun serait libre de se soustraire à l'application de dispositions législatives même lorsque celles-ci n'ont aucun rapport avec la manifestation de la religion ou des convictions, en alléguant la nullité ou l'inapplicabilité de ces dispositions législatives sur la base de griefs tirés de conceptions ou de convictions religieuses;

que c'est en vain que l'intéressé cherche un appui pour sa thèse avancée dans la deuxième branche en interprétant dans ce sens le terme "practice" employé par le texte anglais et "les pratiques", utilisé par le texte français, puisque ceux-ci ne signifient pas "l'application de prescriptions religieuses dans la vie quotidienne" comme le prétend l'intéressé, mais, conformément au contexte et à l'emploi du pluriel dans le texte français, visent les actions qui, sous une forme quelconque, constituent l'expression d'une religion ou d'une conviction;

Attendu que la troisième branche, dans la mesure où elle soutient que l'article 9 de la Convention envisage davantage que la reconnaissance, à chacun, du droit de choisir librement sa religion, est dirigée contre une conception restrictive qui ne ressort pas de l'arrêt de la Cour d'appel, et ainsi manque en fait de fondement;

que pour le reste, cette branche repose également sur l'affirmation inexacte que la liberté garantie par la Convention de choisir une religion ou une conception comporte la liberté de vivre selon ses convictions religieueses dans la vie quotidienne en ce sens qu'en général, chacun serait libre de refuser pour lui-même la validité de prescriptions législatives obligatoires, en se basant sur des objections tirées de convictions religieuses;

Attendu que, puisque la réglementation de l'assurance de vieillesse obligatoire destinée à comprendre toute la population que contient la loi générale sur la vieillesse, est située en dehors du champ d'application de l'article 9 de la Convention, la confrontation entre cette réglementation et le deuxième alinéa de l'article en question, que demande le moyen en sa première branche, n'est pas nécessaire;

que, pour la même raison, la possibilité d'exemption prévue par l'article 36 de la loi générale sur la vieillesse pour cause d'objection de conscience en ce qui concerne l'assurance instituée par la loi, ne constituait pas, de la part du législateur, l'exécution des engagements acceptés en vertu de l'article 9 de la Convention, mais une concession d'un ordre plus général en faveur de ceux qui, pour des motifs d'ordre religieux, ne peuvent pas se rallier à l'idée de contracter ou d'accepter une assurance;

qu'ainsi c'est en vain que l'intéressé cherche dans l'article 9 de la Convention un argument en faveur de sa thèse, selon laquelle les dispositions de l'article 36 de la loi générale sur la vieillesse ne rencontrent pas ses objections, lesquelles sont dirigées non point tution, but only against the compulsory old-age insurance provided by this Act;

Whereas therefore the first, second, third, fifth and seventh grounds for appeal are all inadmissible;

Whereas No. 4, as appeared from the hearing, alleges that in passing the Old People's Act it was not the intention of the legislator to interfere with that complete freedom recognised by Article 1 of the Religious Communities Act of 10th September 1853 (*Staatsblad*, p. 102) in regard to the settlement of internal questions of religious worship and practice, and that therefore the Appellant as a pastor cannot be considered an insured person within the meaning of Article 6 of the Old People's Act because he belongs to a Church whose ideas of worship give rise to objections against that Act;

Whereas, regarding the statement that the rules of the Old People's Act are not in accordance with the provisions of Article 1 of the Act of 1853, Article 6, paragraph 1, the said Old People's Act does not provide for the supposed exception in favour of pastors, the existence of which was explicitly denied, during the debates preceding the adoption of the Act, by the Minister for Social Affairs and Public Health in the Second Chamber of the States-General, contrary to the Appellant's allegations;

Whereas therefore the appeal is also inadmissible on this ground;

Whereas according to No. 6 the Appellant interprets the first paragraph of Article 36 of the Old People's Act to mean that exemption from the obligations imposed by the Act is thereby granted to anyone who has conscientious objections against the insurance established thereunder;

Whereas this interpretation was rightly rejected by the Court;

Whereas in fact the disputed provision merely grants to those who conscientiously object to the insurance provided by this Act the possibility of exemption from such of the obligations imposed by the law as are ordered under the Government's general administrative regulations, taking into account the rules and condition to be laid down under those regulations;

Whereas it has been left to the Crown, as competent to make such regulations, to decide upon the rules and conditions under which exemption for reasons of conscientious objection can be granted, and also to lay down the obligations from which exemption may be granted;

Whereas the appeal is also inadmissible on this ground;

Rejects the appeal.

contre l'institution de l'assurance en général, mais exclusivement contre l'assurance de vieillesse générale et obligatoire, instituée par cette loi;

Attendu qu'ainsi les première, deuxième, troisième, cinquième et septième branches du moyen tombent;

Attendu que la quatrième branche allègue, comme cela ressort des plaidoiries, qu'en adoptant la loi générale sur la vieillesse il n'était pas dans l'intention du législateur de porter atteinte à la liberté complète que l'article 1er de la loi du 10 septembre 1853, *Staatsblad*, p. 102, sur le contrôle des différentes communautés religieuses reconnaît à celles-ci pour réglementer les questions concernant le culte et la pratique religieuse en leur sein, et que pour cette raison l'intéressé, en tant que pasteur, ne peut pas être classé parmi les assurés dans le sens de l'article 6 de la loi générale sur la vieillesse, car il appartient à une Eglise qui a des objections, tirées de sa conception du culte, contre la loi générale sur la vieillesse;

Attendu, en ce qui concerne l'affirmation que les règles érigées par la loi générale sur la vieillesse représenteraient une déviation par rapport aux dispositions de l'article 1er de la loi de 1853, que l'article 6 al. 1 de la loi générale sur la vieillesse ne laisse pas de place pour la prétendue exception en faveur des pasteurs, exception dont l'existence a été expressément niée au cours des débats précédant l'adoption de la loi à la Deuxième Chambre des Etats-Généraux par le ministre des Affaires sociales et de la Santé publique, contrairement à ce qu'allègue l'intéressé;

que, par conséquent, cette branche tombe également;

Attendu que, à en croire la sixième branche du moyen, l'intéressé interprète le premier alinéa de l'article 36 de la loi générale sur la vieillesse en ce sens que cette disposition assure l'exemption des obligations inposées par la loi à chacun qui a des objections de conscience contre l'assurance que celle-ci institue;

Attendu que c'est à juste titre que cette interprétation a été rejetée par la Cour;

qu'en effet la disposition en cause ne fait que créer une possibilité en faveur de ceux qui ont des objections de conscience contre l'assurance instituée par cette loi, d'être dispensés de celles des obligations imposées par la loi qui seront déterminées par le règlement général d'administration à prendre par le Gouvernement, compte tenu des règles et des conditions à fixer par ce règlement;

qu'ainsi le soin a été laissé à la Couronne, compétente pour prendre de tels règlements, de fixer les règles et les conditions permettant d'accorder des exemptions pour cause d'objection de conscience, aussi bien que de définir quelles sont les obligations sur lesquelles ces exemptions peuvent porter;

qu'en conséquence, cette branche tombe à son tour;

Rejette le recours en cassation.

PART IV

The Influence of the Convention

❧

QUATRIEME PARTIE

Le Rayonnement de la Convention

CHAPTER I

Introduction

The European Convention which is based on the Universal Declaration of Human Rights is becoming increasingly a source of legal inspiration outside the Council of Europe.

The Federation of Nigeria, which acceded to independence on 1st October 1960, has included in its Constitution a chapter on Human Rights, based on the provisions of Section I of the Convention.

Similarly, the *Republic of Cyprus,* which became independent on 14th/15th August 1960, has adopted almost word for word Articles 2–14 of the Convention and Article 1 of the Protocol.

The Belgian Law of 17th June 1960, relating to individual freedoms in the *Congo,* is also very largely based on the Convention.

The Nigerian Constitution is itself in process of becoming a source of inspiration for States which attained independence or are about to do so. The Constitutional conferences held in London at the beginning of 1960 to establish the future status of *Kenya* and *Sierra Leone* decided that the provisions relating to human rights in the future Constitutions of these States would be similar to those set out in the Nigerian Constitution.

Finally, mention should be made of the work undertaken under the aegis of the *Organisation of American States.* A draft Inter-American Convention on Human Rights was drawn up by the Inter-American Council of Jurists at their fourth meeting in Santiago de Chile from 24th August to 9th September 1959. The draft, which is broadly based on the system of collective safeguards established by the European Convention, will be discussed at the Eleventh Inter-American Conference.[1]

[1] See OEA/Ser. E/XI, 1, Doc. 8 (in french), 5th November, Panamerican Union, Washington, D.C.

CHAPITRE I

Introduction

La Convention européenne, qui tire sa substance de la Déclaration Universelle des Droits de l'Homme, devient elle-même, de plus en plus, une source d'inspiration juridique au delà des frontières du Conseil de l'Europe.

La *Fédération du Nigeria*, qui a accédé à l'indépendance le 1er octobre 1960, a inséré dans sa Constitution un chapitre consacré aux droits de l'homme qui reprend, en les aménageant, les dispositions du Titre I de la Convention.

De même, la *République de Chypre*, indépendante depuis le 14–15 août 1960, a repris presque textuellement les articles 2 à 14 de la Convention et l'article 1er du Protocole Additionnel.

La loi belge du 17 juin 1960, relative aux libertés publiques au *Congo*, s'est également largement inspirée de la Convention.

Notons que la Constitution du Nigeria est elle-même en train de devenir source d'inspiration pour des Etats nouvellement indépendants ou en voie de l'être; les conférences constitutionnelles tenues à Londres au début de 1960 pour fixer le statut futur du *Kenya* et de la *Sierra Leone* ont décidé, en effet, que dans la future Constitution de ces Etats, les règles relatives aux droits de l'homme seraient analogues à celles énoncées dans la Constitution du Nigéria.

Il convient, enfin, de mentionner le travail entrepris sous l'égide de l'*Organisation des Etats américains*. Un projet de Convention interaméricaine des Droits de l'Homme a été préparé par le Conseil interaméricain de Jurisconsultes au cours de sa quatrième Réunion tenue à Santiago-du-Chili du 24 août au 9 septembre 1959. Le projet, qui suit les grandes lignes du système de garantie collective instaurée par la Convention européenne, sera examiné par la Onzième Conférence Interaméricaine.[1]

---

[1] Cf. OEA/Ser. E/XI. 1, Doc. 8, 5 novembre 1959, Union Panaméricaine, Washington, D.C.

CHAPTER II

Documents

Constitution of the Republic of Cyprus[1]

PART II

Fundamental Rights and Liberties

ARTICLE 6

Subject to the express provisions of this Constitution no law or decision of the House of Representatives or of any of the Communal Chambers, and no act or decision of any organ, authority or person in the Republic exercising executive power or administrative functions, shall discriminate against any of the two Communities or any person as a person or by virtue of being a member of a Community.

ARTICLE 7

(*Article 2 Eur. Conv.*)

1. Every person has the right to life and corporal integrity.

2. No person shall be deprived of his life except in the execution of a sentence of a competent court following his conviction of an offence for which this penalty is provided by law. A law may provide for such penalty only in cases of premeditated murder, high treason, piracy jure gentium and capital offences under military law.

3. Deprivation of life shall not be regarded as inflicted in contravention of this Article when it results from the use of force which is no more than absolutely necessary:

(a) in defence of person or property against the infliction of a proportionate and otherwise unavoidable and irreparable evil;

(b) in order to effect an arrest or to prevent the escape of a person lawfully detained;

(c) in action taken for the purpose of quelling a riot or insurrection when and as provided by law.

ARTICLE 8

(*Article 3 Eur. Conv.*)

No person shall be subjected to torture or to inhuman or degrading punishment or treatment.

---

1 *Source:* Cmnd. 1093, London, H.M.S.O., p. 94.

CHAPITRE II

Documents

Constitution de la République de Chypre [1]

TITRE II

Libertés et Droits fondamentaux

ARTICLE 6

Sous réserve des dispositions expresses de la présente Constitution, aucune loi ni décision de la Chambre des Représentants ou de l'une des Chambres de Communauté, aucune loi ni décision émanant d'un organe, d'une autorité ou d'une personne quelconque de la République, dans l'exercice du pouvoir exécutif ou de fonctions administratives, ne doit établir de discrimination à l'encontre de l'une ou l'autre Communauté, ou d'une personne à titre individuel ou à titre de membre d'une Communauté.

ARTICLE 7

(*Article 2 Conv. Eur.*)

1. Toute personne a droit à la vie et à l'intégrité corporelle.
2. Nul ne peut être privé de la vie si ce n'est en exécution d'une condamnation prononcée par un tribunal compétent, après administration de la preuve que l'accusé s'est rendu coupable d'un crime puni de la peine de mort aux termes de la loi. La législation ne peut prévoir la peine de mort que dans les cas de meurtre avec préméditation, haute trahison, atteinte au droit des gens et crime capital au sens de la loi militaire.
3. La privation de la vie ne doit pas être considérée comme infligée en contravention au présent article lorsqu'elle résulte d'un recours à la force absolument nécessaire:

(a) pour défendre une personne ou un bien contre un mal équivalent et autrement inévitable et irréparable;

(b) pour effectuer une arrestation ou empêcher l'évasion d'une personne légalement détenue;

(c) pour mener à bien des opérations de répression d'une émeute ou d'une insurrection, dans les cas et les conditions prévus par la loi.

ARTICLE 8

Nul ne peut être soumis à la torture, ni à une peine ou un traitement inhumain ou dégradant. (*Article 3 Conv. Eur.*)

---

[1] *Source:* Union Interparlementaire, Informations constitutionnelles et parlementaires, octobre 1960–janvier 1961, Genève.

ARTICLE 9

Every person has the right to a decent existence and to social security. A law shall provide for the protection of the workers, assistance to the poor and for a system of social insurance.

ARTICLE 10

(*Article 4 Eur. Conv.*)

1. No person shall be held in slavery or servitude.

2. No person shall be required to perform forced or compulsory labour.

3. For the purposes of this Article the term "forced or compulsory labour" shall not include:

(a) any work required to be done in the ordinary course of detention imposed according to the provisions of Article 11 or during conditional release from such detention;

(b) any service of a military character if imposed or, in case of conscientious objectors, subject to their recognition by a law, service exacted instead of compulsory military service;

(c) any service exacted in case of an emergency or calamity threatening the life or well-being of the inhabitants.

ARTICLE 11

(*Article 5 Eur. Conv*)

1. Every person has the right to liberty and security of person.

2. No person shall be deprived of his liberty save in the following cases when and as provided by law:

(a) the detention of a person after conviction by a competent court;

(b) the arrest or detention of a person for non-compliance with the lawful order of a court;

(c) the arrest or detention of a person effected for the purpose of bringing him before the competent legal authority on reasonable suspicion of having committed an offence or when it is reasonably considered necessary to prevent his committing an offence or fleeing after having done so;

(d) the detention of a minor by a lawful order for the purpose of educational supervision or his lawful detention for the purpose of bringing him before the competent legal authority;

(e) the detention of persons for the prevention of spreading of infectious diseases, of persons of unsound mind, alcoholics or drug addicts or vagrants;

(f) the arrest or detention of a person to prevent him affecting an unauthorised entry into the territory of the Republic or of an alien against whom action is being taken with a view to deportation or extradition.

ATRICLE 9

Chacun a droit à une existence convenable et à la sécurité sociale. La législation doit prévoir la protection des travailleurs, l'assistance aux indigents et un système de sécurité sociale.

ARTICLE 10

1. Nul ne peut être tenu en esclavage ou en servitude. (*Article 4 Conv. Eur.*)

2. Nul ne peut être tenu d'accomplir des travaux forcés ou obligatoires.

3. Aux fins du présent article, l'expression "travaux forcés ou obligatoires" ne comprend pas:

(a) les travaux dont l'accomplissement est exigé normalement au cours d'une détention imposée en vertu des dispositions de l'article 11 ou au cours de la période de libération conditionnelle accordée avant la fin d'une telle détention;

(b) les services de caractère militaire imposés ou, dans le cas des objecteurs de conscience et s'ils sont reconnus par une loi, les services exigés au lieu du service militaire obligatoire;

(c) les services exigés en cas d'urgence ou de calamité menaçant la vie ou le bien-être des habitants.

ARTICLE 11

1. Chacun a droit à la liberté et à la sécurité de sa personne. (*Article 5 Conv. Eur.*)

2. Nul ne peut être privé de sa liberté que dans les cas suivants, prévus par la loi dans les formes prescrites par elle:

(a) détention suivant une condamnation prononcée par un tribunal compétent;

(b) arrestation ou détention d'une personne pour défaut d'observation d'une décision légalement prise par un tribunal;

(c) arrestation ou détention d'une personne en vue de la faire comparaître devant les autorités judiciaires compétentes s'il y a des raisons valables de soupçonner qu'elle est coupable d'une infraction ou si on peut raisonnablement juger nécessaire de l'empêcher de commettre une infraction ou de prendre la fuite après en avoir commis une;

(d) détention d'un mineur en vertu d'une décision légale en vue de sa mise en éducation surveillée, ou sa détention légale en vue de le faire comparaître devant les autorités judiciaires compétentes;

(e) détention au titre de la prévention des maladies contagieuses, détention des personnes atteintes de troubles mentaux, des alcooliques, des toxicomanes ou des vagabonds;

(f) arrestation ou détention d'une personne en vue de l'empêcher d'entrer en fraude sur le territoire de la République, ou arrestation ou détention d'un étranger faisant l'objet d'une mesure d'expulsion ou d'extradition.

3. Save when and as provided by law in case of a flagrant offence punishable with death or imprisonment, no person shall be arrested save under the authority of a reasoned judicial warrant issued according to the formalities prescribed by the law.

4. Every person arrested shall be informed at the time of his arrest in a language which he understands of the reasons for his arrest and shall be allowed to have the services of a lawyer of his own choosing.

5. The person arrested shall, as soon as is practicable after his arrest, and in any event not later than twenty-four hours after the arrest, be brought before a judge, if not earlier released.

6. The judge before whom the person arrested is brought shall promptly proceed to inquire into the grounds of the arrest in a language understandable by the person arrested and shall, as soon as possible and in any event not later than three days from such appearance, either release the person arrested on such terms as he may deem fit or where the investigation into the commission of the offence for which he has been arrested has not been completed remand him in custody and may remand him in custody from time to time for a period not exceeding eight days at any one time:

Provided that the total period of such remand in custody shall not exceed three months of the date of the arrest on the expiration of which every person or authority having the custody of the person arrested shall forthwith set him free.

Any decision of the judge under this paragraph shall be subject to appeal.

7. Every person who is deprived of his liberty by arrest or detention shall be entitled to take proceedings by which the lawfulness of his detention shall be decided speedily by a court and his release ordered if the detention is not lawful.

8. Every person who has been the victim of arrest or detention in contravention of the provisions of this Article shall have an enforceable right to compensation.

ARTICLE 12

(*Article 7 Eur. Conv.*)

1. No person shall be held guilty of any offence on account of any act or omission which did not constitute an offence under the law at the time when it was committed; and no person shall have a heavier punishment imposed on him for an offence other than that expressly provided for it by law at the time when it was committed.

2. A person who has been acquitted or convicted of an offence shall not be tried again for the same offence. No person shall be punished twice for the same act or omission except where death ensues from such act or omission.

3. Sous réserve des cas et modalités prévus par la loi en cas de flagrant délit passible de la peine de mort ou d'emprisonnement, nul ne peut être arrêté que sur mandat judiciaire motivé décerné dans les formes prescrites par la loi.

4. Toute personne arrêtée doit être informée au moment de son arrestation, dans une langue qu'elle comprenne, des motifs de son arrestation et elle doit pouvoir se faire assister d'un avocat de son choix.

5. La personne arrêtée doit, le plus tôt possible après son arrestation et en tout cas dans les vingt-quatre heures qui suivent, comparaître devant un juge, si elle n'est pas relâchée avant l'expiration de ce délai.

6. Le juge devant lequel comparaît la personne arrêtée doit sans délai procéder à une enquête sur les motifs de l'arrestation, dans une langue comprise par l'intéressé, et doit le plus tôt possible, et en tout cas dans les trois jours qui suivent la comparution, libérer la personne dans les conditions qu'il estime opportunes ou la maintenir en détention provisoire si l'enquête au fond n'est pas terminée; il peut ordonner périodiquement son maintien en détention provisoire pour des périodes successives n'excédant pas huit jours;

Etant entendu que la période totale de détention provisoire n'excédera pas trois mois à compter de la date de l'arrestation et qu'à l'expiration de ce délai la personne ou l'autorité responsable de la détention libère immédiatement la personne détenue.

Toute décision prise par le juge en vertu du présent paragraphe sera susceptible d'appel.

7. Toute personne privée de sa liberté par arrestation ou détention a le droit d'engager une procédure en vue d'obtenir rapidement d'un tribunal une décision au sujet de la légalité de sa détention et sa mise en liberté si sa détention n'est pas légale.

8. Toute personne victime d'une arrestation ou d'une détention en contravention aux dispositions du présent article pourra légalement prétendre à indemnisation.

ARTICLE 12

1. Nul ne peut être considéré comme coupable d'une infraction pour une action ou une omission qui ne constituait pas une infraction aux termes de la loi à l'époque où elle a été commise; et nul ne doit être frappé, pour une infraction, d'une peine plus grave que celle qui était expressément prévue par la loi à l'époque où elle a été commise. (*Article 7 Conv. Eur.*)

2. Toute personne déjà acquittée ou condamnée pour une infraction ne doit pas être jugée à nouveau pour la même infraction. Nul ne peut être puni deux fois pour la même action ou la même omission, à moins qu'elle n'entraîne la mort.

3. No law shall provide for a punishment which is disproportionate to the gravity of the offence.

(*Article 6 paras 2 and 3 Eur. Conv.*)

4. Every person charged with an offence shall be presumed innocent until proved guilty according to law.

5. Every person charged with an offence has the following minimum rights:

(a) to be informed promptly and in a language which he understands and in detail of the nature and grounds of the charge preferred against him;

(b) to have adequate time and facilities for the preparation of his defence;

(c) to defend himself in person or throught a lawyer of his own choosing or, if he has no sufficient means to pay for legal assistance, to be given free legal assistance when the interests of justice so require;

(d) to examine or have examined witnesses against him and to obtain the attendance and examination of witnesses on his behalf under the same conditions as witnesses against him;

(e) to have the free assistance of an interpreter if he cannot understand or speak the language used in court.

6. A punishment of general confiscation of property is prohibited.

ARTICLE 13

1. Every person has the right to move freely throughout the territory of the Republic and to reside in any part thereof subject to any restrictions imposed by law and which are necessary only for the purposes of defence or public health or provided as punishment to be passed by a competent court.

2. Every person has the right to leave permanently or temporarily the territory of the Republic subject to reasonable restrictions imposed by law.

ARTICLE 14

No citizen shall be banished or excluded from the Republic under any circumstances.

ARTICLE 15

(*Article 8 Eur. Conv.*)

1. Every person has the right to respect for his private and family life.

2. There shall be no interference with the exercice of this right except such as is in accordance with the law and is necessary only in the interests of the security of the Republic or the constitutional

3. Nulle loi ne doit prévoir de peine disproportionnée à la gravité de l'infraction.

4. Toute personne, accusée d'une infraction, est présumée innocente tant que sa culpabilité n'est pas prouvée au regard de la loi. *(Article 6 §§ 2 et 3 Conv. Eur.)*

5. Toute personne accusée d'une infraction jouit du droit minimum:

(a) d'être informée rapidement, dans une langue qu'elle comprenne et en détail, de la nature et des motifs de l'accusation portée contre elle;

(b) de disposer des délais et des facilités nécessaires pour la préparation de sa défense;

(c) d'assurer elle-même sa défense, ou de la faire assurer par un juriste de son choix, ou, si elle n'y pas les moyens financiers lui permettant de se faire assister d'un juriste, de bénéficier de l'assistance judiciaire gratuite lorsque l'intérêt de la justice l'exige;

(d) d'interroger ou de faire interroger les témoins à charge et de faire comparaître et interroger les témoins à décharge dans les mêmes conditions que les témoins à charge;

(e) d'être assistée gratuitement d'un interprète si elle ne comprend pas ou ne parle pas la langue utilisée par le tribunal.

6. Il est interdit d'infliger comme peine la confiscation générale des biens.

ARTICLE 13

1. Chacun a le droit de circuler librement sur tout le territoire de la République et d'établir sa résidence en un lieu quelconque dudit territoire sous réserve des restrictions imposées par la loi et requises uniquement dans l'intérêt de la défense ou de la santé publique, ou prévues à titre de sanction prise par un tribunal compétent.

2. Chacun a le droit de quitter, à titre définitif ou temporaire, le territoire de la République, sous réserve des restrictions raisonnables qui peuvent être imposées par la loi.

ARTICLE 14

Nul ne peut être en aucun cas banni ou exilé du territoire de la République.

ARTICLE 15

1. Chacun a droit au respect de sa vie privée et familiale. *(Article 8 Conv. Eur.)*

2. Il ne peut être porté atteinte à l'exercice de ce droit qu'en conformité avec les dispositions législatives et, uniquement si l'intérêt de la sécurité de la République, de l'ordre constitutionnel,

order or the public safety or the public order or the public health or the public morals or for the protection of the rights and liberties guaranteed by this Constitution to any person.

ARTICLE 16

1. Every person's dwelling house is inviolable.

2. There shall be no entry in any dwelling house or any search therein except when and as provided by law and on a judicial warrant duly reasoned or when the entry is made with the express consent of its occupant or for the purpose of rescuing the victims of any offence of violence or of any disaster.

ARTICLE 17

1. Every person has the right to respect for, and to the secrecy of, his correspondence and other communication if such other communication is made through means not prohibited by law.

2. There shall be no interference with the exercise of this right except in accordance with the law and only in cases of convicted and unconvicted prisoners and business correspondence and communication of bankrupts during the bankruptcy administration.

ARTICLE 18

(Article 9 Eur. Conv.) 1. Every person has the right to freedom of thought, conscience and religion.

2. All religions whose doctrines or rites are not secret are free.

3. All religions are equal before the law. Without prejudice to the competence of the Communal Chambers under this Constitution, no legislative, executive or administrative act of the Republic shall discriminate against any religious institution or religion.

4. Every person is free and has the right to profess his faith and to manifest his religion or belief, in worship, teaching, practice or observance. either individually or collectively, in private or in public, and to change his religion or belief.

5. The use of physical or moral compulsion for the purpose of making a person change or preventing him from changing his religion is prohibited.

6. Freedom to manifest one's religion or belief shall be subject only to such limitations as are prescribed by law and are necessary in the interests of the security of the Republic or the constitutional order or the public safety or the public order or the public health

de la sécurité, de l'ordre, de la santé, ou de la morale publics ou de la protection des droits et libertés garantis à tous par la présente Constitution l'exige.

ARTICLE 16

1. Le domicile de chacun est inviolable.

2. Il est interdit de pénétrer ou d'effectuer une perquisition dans un domicile sauf dans les cas prévus par la loi et dans les formes prescrites par elle et sur mandat judiciaire dûment motivé, ou avec le consentement exprès de l'occupant, ou en vue de sauver les victimes d'un acte de violence ou d'un sinistre.

ARTICLE 17

1. La correspondance et les autres modes de communication sont inviolables à condition de ne pas être effectués par des moyens interdits par la loi.

2. Il ne peut être porté atteinte à ce principe qu'en conformité avec la loi et uniquement s'il s'agit de prisonniers condamnés ou en détention préventive et de correspondance commerciale ou d'avis de faillite pendant la liquidation d'une faillite.

ARTICLE 18

1. Chacun a droit à la liberté de pensée, de conscience et de culte. (*Article 9 Conv. Eur.*)

2. Toutes les religions dont les doctrines ou les rites ne sont pas secrets peuvent être pratiquées librement.

3. Toutes les religions sont égales devant la loi. Sans préjudice de la compétence des Chambres de Communauté en vertu de la présente Constitution, aucune décision émanant des pouvoirs législatif, exécutif ou des autorités administratives de la République ne doit établir de discrimination à l'encontre d'une institution religieuse ou d'une religion quelconque.

4. Chacun est libre et a le droit de professer sa foi et de manifester sa religion ou sa croyance, par le culte, l'enseignement, la pratique ou l'observance, à titre individuel ou collectif, en privé ou en public, et chacun a le droit de changer de religion ou de croyance.

5. L'emploi de la contrainte physique ou morale en vue de faire changer une personne de religion, ou de l'empêcher d'en changer, est interdit.

6. La liberté de manifester sa religion ou sa croyance ne peut être soumise qu'aux restrictions prévues par la loi et nécessaires dans l'intérêt de la sécurité de la République, de l'ordre constitutionnel, de la sécurité, de l'ordre, de la santé ou de la morale publics, ou

or the public morals or for the protection of the rights and liberties guaranteed by this Constitution to any person.

7. Until a person attains the age of sixteen the decision as to the religion to be professed by him shall be taken by the person having the lawful guardianship of such person.

8. No person shall be compelled to pay any tax or duty the proceeds of which are specially allocated in whole or in part for the purposes of a religion other than his own.

ARTICLE 19

(*Article 10 Eur. Conv.*)

1. Every person has the right to freedom of speech and expression in any form.

2. This right includes freedom to hold opinions and receive and impart information and ideas without interference by any public authority and regardless of frontiers.

3. The exercise of the rights provided in paragraphs 1 and 2 of this Article may be subject to such formalities, conditions, restrictions or penalties as are prescribed by law and are necessary only in the interests of the security of the Republic or the constitutional order or the public safety or the public order or the public health or the public morals or for the protection of the reputation or rights of others or for preventing the disclosure of information received in confidence or for maintaining the authority and impartiality of the judiciary.

4. Seizure of newspapers or other printed matter is not allowed without the written permission of the Attorney-General of the Repiblic, which must be confirmed by the decision of a competent court within a period not exceeding seventy-two hours, failing which the seizure shall be lifted.

5. Nothing in this Article contained shall prevent the Republic from requiring the licensing of sound and vision broadcasting or cinema enterprises.

ARTICLE 20

1. Every person has the right to receive, and every person or institution has the right to give, instruction or education subject to such formalities. conditions or restrictions as are in accordance with the relevant communal law and are necessary only in the interests of the security of the Republic or the constitutional order or the public safety or the public order or the public health or the public morals or the standard and quality of education or for the protection of the rights and liberties of others including the right of the parents to secure for their children such education as is in conformity with their religious convictions.

2. Free primary education shall be made available by the greek

pour la protection des droits et libertés garantis à tous par la présente Constitution.

7. Jusqu'à l'âge de seize ans, la religion qui doit être professée par un enfant est fixée par la personne sous la garde de laquelle il est légalement placé.

8. Nul ne peut être tenu d'acquitter un impôt ou un droit dont le produit est destiné en tout ou partie à une religion autre que la sienne.

ARTICLE 19 (*Article 10 Conv. Eur.*)

1. Chacun a le droit à la liberté de parole et d'expression sous toutes ses formes.

2. Ce droit comprend notamment la liberté d'opinion et la libre circulation des informations et des idées sans ingérence des pouvoirs publics et sans considération de frontières.

3. L'exercice du droit prévu aux paragraphes 1 et 2 du présent article ne peut être soumis qu'aux formalités, conditions, restrictions ou pénalités prévues par la loi et requises uniquement dans l'intérêt de la sécurité de la République, de l'ordre constitutionnel, de la sécurité, de l'ordre, de la santé ou de la morale publics, pour la protection de la réputation ou des droits d'autrui, pour prévenir la divulgation d'informations reçues sous le sceau du secret, ou pour le maintien de l'autorité et de l'impartialité de la magistrature.

4. La saisie des journaux et autres imprimés n'est permise que avec l'autorisation écrite du Procureur Général de la République, confirmée par une décision prise par un tribunal compétent dans un délai n'excédant pas soixante douze heures; à défaut, l'ordre de saisie doit être rapporté.

5. Aucune des dispositions du présent article ne s'oppose à ce que la République impose un régime de licences aux entreprises de radiodiffusion et de télévision ou aux cinémas.

ARTICLE 20

1. Tout individu a le droit de recevoir, et tout individu ou institution a le droit de dispenser l'instruction ou l'éducation sous réserve des formalités, conditions ou restrictions conformes à la législation municipale applicable et requises uniquement dans l'intérêt de la sécurité de la République, de l'ordre constitutionnel, de la sécurité, de l'ordre, de la santé ou de la morale publics, du niveau et de la qualité de l'enseignement pour la protection des droits et libertés d'autrui, notamment le droit pour les parents d'assurer à leurs enfants une éducation conforme à leurs convictions religieuses.

2. L'enseignement primaire gratuit est assuré par les Cham-

and the Turkish Communal Chambers in the respective communal primary schools.

3. Primary education shall be compulsory for all citizens of such school age as may be determined by a relevant communal law.

4. Education, other than primary education, shall be made available by the Greek and the Turkish Communal Chambers, in deserving and appropriate cases, on such terms and conditions as may be determined by a relevant communal law.

ARTICLE 21

(*Article 11 Eur. Conv.*)

1. Every person has the right to freedom of peaceful assembly.

2. Every person has the right to freedom of association with others, including the right to form and to join trade unions for the protection of his interests. Notwithstanding any restriction under paragraph 3 of this Article, no person shall be compelled to join any association or to continue to be a member thereof.

3. No restrictions shall be placed on the exercise of these rights other than such as are prescribed by law and are absolutely necessary only in the interests of the security of the Republic or the constitutional order or the public safety or the public order or the public health or the public morals or for the protection of the rights and liberties guaranteed by this Constitution to any person, whether or not such person participates in such assembly or is a member of such association.

4. Any association the object or activities of which are contrary to the constitutional order is prohibited.

5. A law may provide for the imposition of restrictions on the exercise of these rights by members of the armed forces, the police or gendarmerie.

6. Subject to the provisions of any law regulating the establishment or incorporation, membership (including rights and obligations of members), management and administration, and winding up and dissolution, the provisions of this Article shall also apply to the formation of companies, societies and other associations functioning for profit.

ARTICLE 22

(*Article 12 Eur. Conv.*)

1. Any person reaching nubile age is free to marry and to found a family according to the law relating to marriage, applicable to such person under the provisions of this Constitution.

2. The provisions of paragraph 1 of this Article shall, in the following cases, be applied as follows:

(a) if the law relating to marriage applicable to the parties as bres de Communauté grecque et turque dans les écoles primaires de chaque communauté.

3. L'enseignement primaire est obligatoire pour tous les citoyens d'âge scolaire, cet âge devant être fixé par une loi de la Chambre de Communauté compétente.

ARTICLE 21

1. Chacun jouit du droit de réunion politique. (*Article 11 Conv. Eur.*)

2. Chacun a le droit de s'associer librement à d'autres, notamment le droit de constituer des syndicats et d'en faire partie en vue de la défense de ses intérêts. Nonobstant les restrictions du paragraphe 3 ci-dessous du présent article, nul ne peut être tenu d'adhérer à une association quelconque ou d'en rester membre.

3. Aucune restriction ne doit être imposée à l'exercice de ces droits en dehors de celles qui sont prévues par la loi et sont indispensables uniquement dans l'intérêt de la sécurité de la République, de l'ordre constitutionnel, de la sécurité, de l'ordre, de la santé ou de la morale publics, ou pour la protection des droits et libertés que la présente Constitution garantit à tous, qu'ils participent ou non à une telle réunion ou appartiennent ou non à une telle association.

4. Toute association dont le but ou les activités sont contraires à l'ordre constitutionnel est interdite.

5. Des mesures législatives peuvent être prises en vue de restreindre l'exercice de ces droits par les membres des forces armées, de la police ou de la gendarmerie.

6. Sous réserve des dispositions législatives applicables à la constitution, l'enregistrement, la participation (notamment les droits et obligations des membres), la gestion et l'administration, la liquidation et la dissolution, les dispositions du présent article s'appliquent également à la constitution des compagnies, sociétés et autres associations à but lucratif.

ARTICLE 22

1. Toute personne parvenue à l'âge nubile est libre de se marier et de fonder une famille conformément à la législation sur le mariage, qui lui est applicable en vertu des dispositions de la présente Constitution. (*Article 12 Conv. Eur.*)

2. Les dispositions du paragraphe 1 du présent article s'appliquent, dans les cas ci-après de la façon suivante:

(a) si la législation sur le mariage applicable aux parties en vertu provided under Article 111 is not the same, the parties may elect to have their marriage governed by the law applicable to either of them under such Article;

(b) if the provisions of Article 111 are not applicable to any of the parties to the marriage and neither of such parties is a member of the Turkish Community, the marriage shall be governed by a law of the Republic which the House of Representatives shall make and which shall not contain any restrictions other than those relating to age, health, proximity of relationship and prohibition of polygamy;

(c) if the provisions of Article 111 are applicable only to one of the parties to the marriage and the other party is not a member of the Turkish Community, the marriage shall be governed by the law of the Republic as in sub-paragraph (b) of this paragraph provided:

Provided that the parties may elect to have their marriage governed by the law applicable ,under Article 111, to one of such parties in so far as such law allows such marriage.

3. Nothing in this Article contained shall, in any way, affect the rights, other than those on marriage, of the Greek-Orthodox Church or of any religious group to which the provisions of paragraph 3 of Article 2 shall apply with regard to their respective members as provided in this Constitution.

ARTICLE 23

(*Article 1 Prot.*)

1. Every person, alone or jointly with others, has the right to acquire, own, possess, enjoy or dispose of any movable or immovable property and has the right to respect for such right.

The right of the Republic to underground water, minerals and antiquities is reserved.

2. No deprivation or restriction or limitation of any such right shall be made except as provided in this Article.

3. Restrictions or limitations which are absolutely necessary in the interest of the public safety or the public health or the public morals or the town and country planning or the development and utilization of any property to the promotion of the public benefit or for the protection of the rights of others may be imposed by law on the exercise of such right.

Just compensation shall be promptly paid for any such restrictions or limitations which materally decrease the economic value of such property; such compensation to be determined in case of disagreement by a civil court.

4. Any movable or immovable property or any right over or interest in any such property may be compulsorily acquired by the Republic or by a municipal corporation or by a Communal Chamber

de l'article III n'est pas la même, les futurs peuvent décider de contracter mariage sous le régime applicable à l'un d'entre eux en vertu dudit article;

(b) si les dispositions de l'article III ne sont applicables à aucun des deux futurs et si aucun d'eux n'appartient à la communauté turque, le mariage se fera sous le régime prévu par une loi de la République qui sera adoptée par la Chambre des représentants et ne comportera de restrictions que relativement à la santé, aux liens de parenté et à l'interdiction de la polygamie;

(c) si les dispositions de l'article III ne sont applicables qu'à l'un des futurs et si l'autre n'appartient pas à la communauté turque, le mariage sera célébré sous le régime de la législation de la République, ainsi qu'il est prévu à l'alinéa b) ci-dessus;

Étant entendu que les futurs sont libres de contracter mariage sous le régime de la législation applicable à l'un des deux aux termes de l'article III, sous réserve que ladite loi autorise ledit mariage.

3. Aucune des dispositions du présent article ne porte atteinte, en aucune façon, aux droits, autres que ceux qui ont trait au mariage possédés par l'Eglise orthodoxe grecque ou par un groupe religieux quelconque auquel les dispositions du paragraphe 3 de l'article 2 sont applicables, à l'égard de leurs membres respectifs, conformément aux dispositions de la présente Constitution.

ARTICLE 23

1. Chacun a le droit d'acquérir, de détenir, posséder tout bien meuble ou immeuble, d'en jouir, ou d'en disposer, individuellement ou conjointement avec autrui, et ce droit doit être respecté. (*Article 1er Prot. Add.*)

La République se réserve tous droits sur les eaux, les minerais et les antiquités se trouvant dans le sous-sol.

2. Aucune atteinte, restriction ou limitation ne peut être apportée à ce droit qu'en vertu des dispositions du présent article.

3. Des restrictions ou limitations peuvent être imposées par la loi à l'exercice de ce droit lorsqu'elles sont absolument nécessaires dans l'intérêt de la sécurité, de la santé et de la morale publiques, de l'urbanisme ou du remembrement des terres, ou pour la mise en valeur et l'utilisation d'un bien quelconque dans l'intérêt public, ou pour la protection des droits d'autrui.

Une juste indemnité doit être versée rapidement pour toute restriction ou limitation de ce genre qui diminue sensiblement la valeur des biens; en cas de contestation, ladite indemnisation sera fixée par un tribunal civil.

4. Tout bien meuble ou immeuble, tout droit ou tout intérêt afférent à de tels biens peut être acquis par voie d'expropriation par la République, par une municipalité ou par une Chambre de

for the educational, religious, charitable or sporting institutions, bodies or establishments within its competence and only from the persons belonging to its respective Community or by a public corporation or a public utility body on which such right has been conferred by law, and only:

(a) for a purpose which is to the public benefit and shall be specially provided by a general law for compulsory acquisition which shall be enacted within a year from the date of the coming into operation of this Constitution; and

(b) when such purpose is established by a decision of the acquiring authority and made under the provisions of such law stating clearly the reasons for such acquisition; and

(c) upon the payment in cash and in advance of a just and equitable compensation to be determined in case of disagreement by a civil court.

5. Any immovable property or any right over or interest in any such property compulsorily acquired shall only be used for the purpose for which it has been acquired. If within three years of the acquisition such purpose has not been attained, the acquiring authority shall, immediately after the expiration of the said period of three years, offer the property at the price it has been acquired to the person from whom it has been acquired. Such person shall be entitled within three months of the receipt of such offer to signify his acceptance or non-acceptance of the offer, and if he signifies acceptance, such property shall be returned to him immediately after his returning such price within a further period of three months from such acceptance.

6. In the event of agricultural reform, lands shall be distributed only to persons belonging to the same Community as the owner from whom such land has been compulsorily acquired.

7. Nothing in paragraphs 3 and 4 of this Article contained shall affect the provisions of any law made for the purpose of levying execution in respect of any tax or penalty, executing any judgment, enforcing any contractual obligation or for the prevention of danger to life or property.

8. Any movable or immovable property may be requisitioned by the Republic or by a Communal Chamber for the purposes of the educational, religious, charitable or sporting institutions, bodies or establishments within its competence and only where the owner and the person entitled to possession of such property belong to the respective Community, and only:

(a) for a purpose which is to the public benefit and shall be specially provided by a general law for requisitioning which shall be enacted within a year from the date of the coming into operation of this Constitution; and

(b) when such purpose is established by a decision of the re-

Communauté, pour les institutions, organismes ou établissements scolaires, religieux, de bienfaisance, ou sportifs de son ressort, mais uniquement si le propriétaire appartient à la même communauté, ou par une personne morale de droit public ou un service public auquel la loi accorde ce droit, et exclusivement:

(a) à des fins d'intérêt public et conformément aux dispositions d'une loi générale sur l'acquisition par voie d'expropriation qui devra être spécialement promulguée dans un délai d'un an à compter de l'entrée en vigueur de la présente Constitution;

(b) lorsque ces fins sont établies par une décision prise par l'autorité qui se porte acquéreur, en vertu des dispositions de la loi susmentionnée et dûment motivée; et

(c) moyennant paiement préalable en espèces d'une juste et équitable indemnité dont le montant sera fixé, en cas de contestation, par un tribunal civil.

5. Un bien immeuble, un droit ou un intérêt afférent à un tel bien, acquis par voie d'expropriation ne peut être utilisé qu'aux fins pour lesquelles il a été acquis. Si ces fins n'ont pas été réalisées dans les trois ans suivant l'expropriation, l'autorité qui s'est portée acquéreur doit, dès l'expiration de ce délai, offrir ledit bien au prix d'achat à l'ancien propriétaire. Au reçu de cette offre, l'ancien propriétaire dispose d'un délai de trois mois pour signifier son acceptation ou son refus et, en cas d'acceptation, le bien doit lui être restitué dès qu'il a remboursé le prix d'achat, ledit remboursement devant être effectué dans les trois mois suivant son acceptation.

6. En cas de réforme agraire, les terres ne peuvent être distribuées qu'à des personnes appartenant à la même communauté que le propriétaire ayant fait l'objet de l'expropriation.

7. Aucune des dispositions des paragraphes 3 et 4 du présent article ne s'oppose à l'application des lois sur la saisie-exécution des jugements et des contrats, ou sur la protection de la vie et de la propriété.

8. Nul bien meuble ou immeuble ne peut être réquisitionné par la République ou par une Chambre de Communauté qu'à l'intention des institutions, organismes ou établissements scolaires, religieux, de bienfaisance ou sportifs de son ressort, et ce, exclusivement si le propriétaire et la personne qui en a légalement la jouissance appartiennent à la même communauté et seulement:

(a) à des fins d'intérêt public et conformément aux dispositions d'une loi générale sur la réquisition qui devra être spécialement promulguée dans un délai d'un an à compter de l'entrée en vigueur de la présente Constitution;

(b) lorsque ces fins sont établies par une décision prise par l'auquisitioning authority and made under the provisions of such law stating clearly the reasons for such requisitioning; and

(c) for a period not exceeding three years; and

(d) upon the prompt payment in cash of a just and equitable compensation to be determined in case of disagreement by a civil court.

9. Notwithstanding anything contained in this Article no deprivation, restriction or limitation of the right provided in paragraph 1 of this Article in respect of any movable or immovable property belonging to any See, monastery, church or any other ecclesiastical corporation or any right over it or interest therein shall be made except with the written consent of the appropriate ecclesiastical authority being in control of such property and the provisions of paragraphs 3, 4, 7 and 8 of this Article shall be subject to the provisions of this paragraph:

Provided that restrictions or limitations for the purposes of town and country planning under the provisions of paragraph 3 of this Article are exempted from the provisions of this paragraph.

10. Notwithstanding anything contained in this Article, no deprivation, restriction or limitation of any right provided in paragraph 1 of this Article in respect of any *vakf*[1] movable or immovable property, including the objects and subjects of the vakfs and the properties belonging to the Mosques or to any other Moslem religious institutions, or any right thereon or interest therein shall be made except with the approval of the Turkish Communal Chamber and subject to the Laws and Principles of Vakfs and the provisions of paragraphs 3, 4, 7 and 8 of this Article shall be subject to the provisions of this paragraph:

Provided that restrictions or limitations for the purposes of town and country planning under the provisions of paragraph 3 of this Article are exempted from the provisions of this paragraph.

11. Any interested person shall have the right of recourse to the court in respect of or under any of the provisions of this Article, and such recourse shall act as a stay of proceedings for the compulsory acquisition; and in case of any restriction or limitation imposed under paragraph 3 of this Article, the court shall have power to order stay of any proceedings in respect thereof.

Any decision of the court under this paragraph shall be subject to appeal.

ARTICLE 24

1. Every person is bound to contribute according to his means towards the public burdens.

[1] Religious Trust Foundation.

torité ayant effectué la réquisition, en vertu des dispositions de la loi susmentionnée et dûment motivée;

(c) pour une période n'excédant pas trois ans; et

(d) moyennant le paiement rapide et en espèces d'une juste et équitable indemnité dont le montant sera fixé, en cas de contestation, par un tribunal civil.

9. Nonobstant les dispositions du présent article, aucune atteinte, restriction ou limitation ne peut être apportée au droit prévu au paragraphe 1 du présent article dans les cas de biens meubles ou immeubles appartenant à un évêché ou un archevêché, un monastère, ou tout autre organe ecclésiastique, ni aux droits ou intérêts y relatifs, si ce n'est avec le consentement écrit de l'autorité ecclésiastique compétente dont dépendent ces biens, et les dispositions des paragraphes 3, 4, 7 et 8 du présent article seront assorties de la restriction suivante:

Etant entendu que les restrictions et limitations pour cause d'urbanisme ou de remembrement prévues au paragraphe 3 du présent article sont exclues des dispositions du présent paragraphe.

10. Nonobstant les dispositions du présent article, aucune atteinte, restriction ou limitation ne peut être apportée au droit prévu au paragraphe 1 du présent article dans les cas de biens meubles ou immeubles Vakf[1] (biens de main-morte confiés à l'Islam), notamment dans les cas de biens matériels et dépendances de Vakfs et de biens appartenant aux Mosquées ou autres institutions religieuses musulmanes, ni aux droits et intérêts y relatifs, si ce n'est avec l'approbation de la Chambre de Communauté turque et sous réserve des Lois et Principes des Vakfs; les dispositions des paragraphes 3, 4, 7 et 8 du présent article seront soumises à la restriction suivante:

Etant entendu que les restrictions et limitations pour cause d'urbanisme ou de remembrement prévues au paragraphe 3 du présent article sont exclues des dispositions du présent paragraphe.

11. Toute personne en cause a le droit de faire appel devant les tribunaux au titre ou en vertu des dispositions du présent article; ce recours a pour effet de suspendre la procédure d'expropriation; en cas de restrictions ou limitations imposées en vertu du paragraphe 3 du présent article, le tribunal est habilité à ordonner en l'espèce une suspension d'instance.

Toute décision prise par un tribunal en vertu du présent paragraphe peut faire l'objet d'un appel.

ARTICLE 24

1. Chacun est tenu de participer aux dépenses publiques proportionnellement à ses moyens.

[1] Fondation à caractère religieux.

2. No such contribution by way of tax, duty or rate of any kind whatsoever shall be imposed save by or under the authority of a law.

3. No tax, duty or rate of any kind whatsoever shall be imposed with retrospective effect:

Provided that any import duty may be imposed as from the date of the introduction of the relevant Bill.

4. No tax, duty or rate of any kind whatsoever other than customs duties shall be of a destructive or prohibitive nature.

ARTICLE 25

1. Every person has the right to practise any profession or to carry on any occupation, trade or business.

2. The exercise of this right may be subject to such formalities, conditions or restrictions as are prescribed by law and relate exclusively to the qualifications usually required for the exercise of any profession or are necessary only in the interests of the security of the Republic or the constitutional order or the public safety or the public order or the public health or the public morals or for the protection of the rights and liberties guaranteed by this Constitution to any person or in the public interest:

Provided that no such formalities, conditions or restrictions purporting to be in the public interest shall be prescribed by a law if such formality, condition or restriction is contrary to the interests of either Community.

3. As an exception to the aforesaid provisions of this Article a law may provide, if it is in the public interest, that certain enterprises of the nature of an essential public service or relating to the exploitation of sources of energy or other natural resources shall be carried out exclusively by the Republic or a municipal corporation or by a public corporate body created for the purpose by such law and administered under the control of the Republic, and having a capital which may be derived from public and private funds or from either such source only:

Provided that, where such enterprise has been carried out by any person, other than a municipal corporation or a public corporate body, the installations used for such enterprise shall, at the request of such person, be acquired, on payment, of a just price, by the Republic or such municipal corporation or such public corporate body, as the case may be.

ARTICLE 26

1. Every person has the right to enter freely into any contract subject to such conditions, limitations or restrictions as are laid down by the general principles of the law of contract. A law shall

2. Nulle contribution, que ce soit sous forme d'impôt, de droit ou de taxe quelconques, ne peut être imposée qu'en vertu et au titre d'une loi.

3. Nul impôt, droit ou taxe d'aucune sorte ne peut être imposé avec effet rétroactif;

Etant entendu qu'un droit à l'importation peut être imposé à compter de la date de la promulgation de la loi applicable.

4. Nul impôt, droit ou taxe d'aucune sorte, à l'exception des droits de douane, ne peut être intolérable ou prohibitif.

ARTICLE 25

1. Chacun a le droit d'exercer une profession ou de se livrer à un commerce ou un métier quelconque.

2. L'exercice de ce droit peut être soumis aux formalités, conditions ou restrictions prévues par la loi et portant exclusivement sur les qualifications normalement requises pour l'exercice d'une profession ou qui sont nécessaires dans l'intérêt exclusif de la sécurité de la République, de l'ordre constitutionnel, de la sécurité, de l'ordre, de la santé et de la morale publics, pour la protection des droits et libertés garantis à tous par la présente Constitution, ou pour cause d'utilité publique;

Etant entendu qu'aucune formalité, condition ou restriction, ainsi imposée pour cause d'utilité publique, ne peut être prévue par la loi si elle est contraire aux intérêts de l'une ou l'autre Communauté.

3. Par dérogation aux dispositions ci-dessus du présent article, une loi peut accorder, si tel est l'intérêt public, le monopole de certaines entreprises ayant le caractère de service public essentiel, ou relatives à l'exploitation de sources d'énergie et autres ressources naturelles, à la République, à une municipalité ou à un service public créé à cet effet par ladite loi, placé sous le contrôle de la République et dont le capital peut provenir de fonds publics ou privés, ou de l'une de ces sources seulement:

Etant entendu que, lorsqu'une telle entreprise était aux mains d'une personne autre qu'une municipalité ou un service public, les installations utilisées aux fins de l'entreprise doivent, à la demande de ladite personne, être achetées à un juste prix par la République, la municipalité ou le service public, selon le cas.

ARTICLE 26

1. Chacun a le droit de conclure librement des contrats, sous réserve des conditions, limitations ou restrictions établies par les principes généraux de la législation en matière de contrats. Une loi

provide for the prevention of exploitation by persons who are commanding economic power.

2. A law may provide for collective labour contracts of obligatory fulfilment by employers and workers with adequate protection of the rights of any person, whether or not represented at the conclusion of such contract.

ARTICLE 27

1. The right to strike is recognised and its exercise may be regulated by law for the purposes only of safeguarding the security of the Republic or the constitutional order or the public order or the public safety or the maintenance of supplies and services essential to the life of the inhabitants or the protection of the rights and liberties guaranteed by this Constitution to any person.

2. The members of the armed forces, of the police and of the gendarmerie shall not have the right to strike. A law may extend such prohibition to the members of the public service.

ARTICLE 28

1. All persons are equal before the law, the administration and justice and are entitled to equal protection thereof and treatment thereby.

2. Every person shall enjoy all the rights and liberties provided for in this Constitution without any direct or indirect discrimination against any person on the ground of his community, race, religion, language, sex, political or other convictions, national or social descent, birth, colour, wealth, social class, or on any ground whatsoever, unless there is express provision to the contrary in this Constitution.

3. No citizen shall be entitled to use or enjoy any privilege of any title of nobility or of social distinction within the territorial limits of the Republic.

4. No title or nobility or other social distinction shall be conferred by or recognised in the Republic.

ARTICLE 29

1. Every person has the right individually or jointly with others to address written requests or complaints to any competent public authority and to have them attended to and decided expeditiously; an immediate notice of any such decision taken duly reasoned shall be given to the person making the request or complaint and in any event within a period not exceeding thirty days.

2. Where any interested person is aggrieved by any such decision

devra prévoir des dispositions pour empêcher les personnes disposant d'une influence économique importante de profiter de leur situation.

2. La législation peut prévoir la conclusion de conventions collectives qui engagent les employeurs et les travailleurs et assurent le respect des droits de chacun qu'il soit représenté, ou non, à la signature.

ARTICLE 27

1. Le droit de grève est reconnu et son exercice ne peut être réglementé par la loi qu'en vue de sauvegarder la sécurité de la République, l'ordre constitutionnel, l'ordre ou la sécurité publics, la maintien de l'approvisionnement et des services essentiels à la vie des habitants, ou la protection des droits et libertés garantis à tous par la présente Constitution.

2. Les membres des forces armées, de la police et de la gendarmerie n'ont pas le droit de grève. Une loi peut étendre cette interdiction aux membres de la fonction publique.

ARTICLE 28

1. Tous les hommes sont égaux devant la loi, l'administration et la justice et ils sont en droit d'en attendre égalité de traitement et de protection.

2. Les droits et libertés prévus par la présente Constitution s'appliquent à tous sans distinction, directe ou indirecte, de communauté, de race, de religion, de langue, de sexe, de convictions politiques ou autres, d'origine nationale ou sociale, de naissance, de couleur, de richesse, de classe sociale, et sans autre distinction d'aucune sorte, sous réserve de dispositions contraires expresses de la présente Constitution.

3. Nul n'est autorisé à se prévaloir ou à bénéficier du privilège d'un titre nobiliaire ou d'une distinction sociale quelconque dans les limites territoriales de la République.

4. Aucun titre, ni distinction nobiliaire ou autre distinction sociale ne peut être conféré par la République, ni reconnu sur son territoire.

ARTICLE 29

1. Chacun a le droit d'adresser, par écrit, à titre individuel ou conjointement avec d'autres personnes, des requêtes ou des doléances à toute autorité compétente et d'obtenir qu'elles fassent rapidement l'objet d'un examen et d'une décision; les décisions, dûment motivées, doivent être communiquées rapidement à l'intéressé, dans un délai n'exédant pas trente jours.

2. Si l'intéressé est lésé par ladite décision, ou si cette décision

or where no such decision is notified to such person within the period specified in paragraph 1 of this Article, such person may have recourse to a competent court in the matter of such request or complaint.

ARTICLE 30

1. No person shall be denied access to the court assigned to him by or under this Constitution. The establishment of judicial committees or exceptional courts under any name whatsoever is prohibited.

(*Article 6 Eur. Conv.*) 2. In the determination of his civil rights and obligations or of any criminal charge against him, every person is entitled to a fair and public hearing within a reasonable time by an independent, impartial and competent court established by law. Judgment shall be reasoned and pronounced in public session, but the press and the public may be excluded from all or any part of the trial upon a decision of the court where it is in the interest of the security of the Republic or the constitutional order or the public order or the public safety or the public morals or where the interests of juveniles or the protection of the private life of the parties so require or, in special circumstances where, in the opinion of the court, publicity would prejudice the interests of justice.

3. Every person has the right:

(a) to be informed of the reasons why he is required to appear before the court;

(b) to present his case before the court and to have sufficient time necessary for its preparation;

(c) to adduce or cause to be adduced his evidence and to examine witnesses according to law;

(d) to have a lawyer of his own choice and to have free legal assistance where the interests of justice so require and as provided by law;

(e) to have free assistance of an interpreter if he cannot understand or speak the language used in court.

ARTICLE 31

Every citizen has, subject to the provisions of this Constitution and any electoral law of the Republic or of the relevant Communal Chamber made thereunder, the right to vote in any election held under this Constitution or any such law.

ARTICLE 32

Nothing in this Part contained shall preclude the Republic from ne lui est pas communiquée dans les délais prévus au paragraphe 1 du présent article, il peut présenter un recours devant un tribunal habilité à connaître de cette requête ou de cette doléance.

ARTICLE 30

1. Nul ne peut se voir refuser l'accès au tribunal dont il relève aux termes ou en vertu de la présente Constitution. La constitution de comités judiciaires ou de tribunaux d'exception, sous quelque dénomination que ce soit, est interdite.

2. Pour permettre de statuer sur les droits et obligations civils, ou sur les charges pénales relevées contre lui, chacun a le droit d'être entendu en toute équité, dans un délai raisonnable, en séance publique, devant un tribunal indépendant, impartial et compétent, institué en vertu de la loi. Le jugement doit être motivé et prononcé en séance publique; toutefois la presse et le public peuvent être exclus de la salle des séances, pendant tout ou partie du procès, sur décision du tribunal prise dans l'intérêt de la sécurité de la République, de l'ordre constitutionnel, de l'ordre, de la sécurité ou de la morale publics, si l'intérêt de mineurs ou la protection de la vie privée des parties l'exige, ou dans des cas particuliers où, selon le tribunal, la publicité serait préjudiciable aux intérêts de la justice. (*Article 6 Conv. Eur.*)

3. Chacun a le droit:

(a) d'être informé des raisons pour lesquelles il est appelé à comparaître devant le tribunal;

(b) de présenter sa cause devant le tribunal et de disposer de délais suffisants pour préparer sa défense;

(c) d'apporter ou de faire apporter les preuves en sa faveur et d'interroger les témoins conformément à la loi;

(d) d'avoir recours à un avocat de son choix ou de bénéficier de l'assistance judiciaire gratuite lorsque l'intérêt de la justice l'exige et dans les conditions prévues par la loi;

(e) d'être assisté gratuitement d'un interprète s'il ne comprend pas ou ne parle pas la langue utilisée par le tribunal.

ARTICLE 31

Sous réserve des dispositions de la présente Constitution ou des lois électorales de la République ou de la Chambre de Communauté compétente promulguées en vertu de ladite Constitution, tout citoyen a le droit de vote à toutes les élections organisées en vertu de la présente Constitution ou des lois électorales sus-mentionnées.

ARTICLE 32

Aucune des dispositions de la présente partie ne s'oppose à ce regulating by law any matter relating to aliens in accordance with International Law.

ARTICLE 33

(*Article 18 Eur. Conv.*)

1. Subject to the provisions of this Constitution relating to a state of emergency, the fundamental rights and liberties guaranteed by this Part shall not be subjected to any other limitations or restrictions than those in this Part provided.

2. The provisions of this Part relating to such limitations or restrictions shall be interpreted strictly and shall not be applied for any purpose other than those for which they have been prescribed.

ARTICLE 34

(*Article 17 Eur. Conv.*)

Nothing in this Part may be interpreted as implying for any Community, group or person any right to engage in any activity or perform any act aimed at the undermining or destruction of the constitutional order established by this Constitution or at the destruction of any of the rights and liberties set forth in this Part or at their limitation to a greater extent than is provided for therein.

ARTICLE 35

The legislative, executive and judicial authorities of the Republic shall be bound to secure, within the limits of their respective competence, the efficient application of the provisions of this Part.

que la République prenne des mesures législatives en vue de réglementer le statut des étrangers conformément au droit international.

ARTICLE 33

1. Sous réserve des dispositions de la présente Constitution applicables à l'état d'urgence, les libertés et droits fondamentaux garantis par la présente partie ne peuvent être soumis à d'autres limitations ou restrictions que celles qui y sont prévues. (*Article 18 Conv. Eur.*)

2. Les dispositions de la présente partie régissant lesdites limitations ou restrictions doivent être interprétées "stricto sensu" et ne peuvent être appliquées à d'autres fins que celles qui ont été prévues.

ARTICLE 34

Aucune des dispositions de la présente partie ne peut être interprétée comme impliquant, pour une communauté, un groupe ou une personne quelconque, un droit de se livrer à une activité quelconque ou d'accomplir une action quelconque tendant à saper ou à détruire l'ordre constitutionnel établi par la Constitution, à supprimer l'un quelconque des droits et libertés prévus dans la présente partie, ou à les restreindre plus qu'il n'est prévu dans ladite partie. (*Article 17 Conv. Eur.*)

ARTICLE 35

Les pouvoirs législatif, exécutif et judiciaire de la République sont tenus de veiller, dans les limites de leur compétence respective, à l'application effective des dispositions de la présente partie.

Constitution of the Federation of Nigeria[1]

Chapter III

Fundamental Rights

Deprivation of life (Article 2, European Convention)

17. (1) No person shall be deprived intentionally of his life, save in execution of the sentence of a court in respect of a criminal offence of which he has been found guilty.

(2) A person shall not be regarded as having been deprived of his life in contravention of this section if he dies as the result of the use, to such extent and in such circumstances as are permitted by law, of such force as is reasonably justifiable:

(a) for the defence of any person from violence or for the defence of property;

(b) in order to effect an arrest or to prevent the escape of a person detained;

(c) for the purpose of suppressing a riot, insurrection or mutiny; or

(d) in order to prevent the commission by that person of a criminal offence.

(3) The use of force in any part of Nigeria in circumstances in which and to the extent to which it would have been authorised in that part on the first day of November 1959, by the Code of Criminal Law established by the Criminal Code Ordinance [2], as amended, shall be regarded as reasonably justifiable for the purposes of this section.

Inhuman treatment. (Article 3, European Convention)

18. (1) No person shall be subjected to torture or to degrading punishment or other treatment.

(2) Nothing in this section shall invalidate any law by reason only that it authorizes the infliction in any part of Nigeria of any punishment that was lawful and customary in that part on the first day of November, 1959.

Slavery and forced labour (Article 4, European Convention)

19. (1) No person shall be held in slavery or servitude.

(2) No person shall be required to perform forced labour.

(3) For the purposes of this section "forced labour" does not include:

(a) any labour required in consequence of the sentence or order of a court;

(b) any labour required of members of the armed forces of the Crown in pursuance of their duties as such or, in the case of persons who have conscientious objections to service in the armed forces, any labour required instead of such service;

---

[1] See S. I. 1960, No. 1652, Second Sched., Chap. III.

[2] Laws of Nigeria, Rev. 1948, Chapter 42.

Constitution de la Fédération du Nigeria[1]

Chapitre III

Droits fondamentaux

17. (1) La mort ne peut être infligée intentionnellement à aucun individu, sauf en exécution d'une sentence capitale prononcée par un tribunal pour un crime dont il aura été reconnu coupable. *Peine de mort (Article 2 Conv. Eur.)*

(2) Une personne n'est pas considérée comme ayant été privée de la vie en violation de cet article si sa mort résulte d'un recours à la force raisonnablement justifié, dans des circonstances et dans les limites autorisées par la loi:

(a) pour assurer la défense d'une personne contre la violence ou pour la défense des biens;

(b) pour effectuer une arrestation ou pour empêcher l'évasion d'une personne détenue;

(c) pour réprimer une émeute, une insurrection ou une mutinerie;

(d) pour empêcher la perpétration d'un crime par la personne en question.

(3) Est considéré comme raisonnablement justifié, aux fins de cet article, le recours à la force dans une partie quelconque du Nigéria, dans les circonstances et dans les limites où il aurait été autorisé dans cette partie du pays, à la date du 1er novembre 1959 par le Code pénal établi conformément à l'Ordonnance relative au Code pénal[2] sous sa forme amendée.

18. (1) Nul ne peut être soumis à la torture ni à des peines ou autres traitements inhumains ou dégradants. *Traitements inhumains (Article 3 Conv. Eur.)*

(2) Rien dans cet article ne peut invalider une loi pour le seul motif qu'elle autorise l'infliction, dans une partie quelconque du Nigéria, d'une peine qui était légale et coutumière dans cette partie du pays à la date du 1er novembre 1959.

19. (1) Nul ne peut être tenu en esclavage ni en servitude. *Esclavage et travail forcé (Article 4 Conv. Eur.)*

(2) Nul ne peut être astreint à accomplir un travail forcé.

(3) N'est pas considéré comme "travail forcé":

(a) tout travail requis d'une personne à la suite d'une décision ou d'une ordonnance prononcée par un tribunal;

(b) tout travail requis des membres des forces armées de la Couronne dans l'accomplissement de leur tâche ou, dans le cas d'objecteurs de conscience, tout autre travail requis à la place du service militaire;

---

[1] Cf. S.I. 1960, No. 1652, Second Sched., Chap. III.

[2] Lois du Nigéria, Rev. 1948, Chapitre 42.

(c) any labour required in the event of any emergency or calamity threatening the life or well-being of the community; or

(d) any labour that forms part of normal communal or other civil obligations.

Deprivation of personal liberty (Article 5, European Convention)

20. (1) No person shall be deprived of his personal liberty save in the following cases and in accordance with a procedure permitted by law:

(a) in consequence of his unfitness to plead a criminal charge, in execution of the sentence or order of a court in respect of a criminal offence of which he has been found guilty or in the execution of the order of a court of record punishing him for contempt of itself;

(b) by reason of his failure to comply with the order of a court or in order to secure the fulfilment of any obligation imposed upon him by law;

(c) for the purpose of bringing him before a court in execution of the order of a court or upon reasonable suspicion of his having committed a criminal offence or to such extent as may be reasonably necessary to prevent his committing a criminal offence;

(d) in the case of a person who has not attained the age of twenty-one years, for the purpose of his education or welfare;

(e) in the case of persons suffering from infectious or contagious disease, persons of unsound mind, persons addicted to drugs or alcohol or vagrants, for the purpose of their care or treatment or the protection of the community; or

(f) for the purpose of preventing the unlawful entry of any person into Nigeria or for the purpose of effecting the expulsion, extradition or other lawful removal from Nigeria of any person or the taking of proceedings relating thereto.

(2) Any person who is arrested or detained shall be promptly informed, in language that he understands, of the reasons for his arrest or detention.

(3) Any person who is arrested or detained in accordance with paragraph (c) of subsection (1) of this section shall be brought before a court without undue delay and if he is not tried within a reasonable time he shall (without prejudice to any further proceedings that may be brought against him) be released either unconditionally or upon such conditions as are reasonably necessary to ensure that he appears for trial at a later date.

(4) Any person who is unlawfully arrested or detained shall be entitled to compensation.

(5) Nothing in this section shall invalidate any law by reason only that it authorizes the detention for a period not exceeding three months of a member of the armed forces of the Crown or a member of a police force in execution of a sentence imposed by an

(c) tout travail requis dans le cas de crises ou de calamités qui menacent la vie ou le bien-être de la communauté;

(d) tout travail formant partie des obligations communales ou autres obligations civiques normales.

Privation de liberté individuelle (Article 5 Conv. Eur.)

20. (1) Nul ne peut être privé de sa liberté sauf dans les cas suivants et selon les voies légles:

(a) s'il est dans l'incapacité de se défendre d'une accusation, en exécution de la décision ou de l'ordonnance prononcée contre lui pour un délit dont il a été reconnu coupable, ou en exécution de l'ordonnance prononcée contre lui, pour outrage à la Cour, par cette dernière;

(b) pour insoumission à une ordonnance rendue par un tribunal ou en vue de garantir l'exécution d'une obligation prescrite par la loi;

(c) en vue d'être conduit devant un tribunal en exécution d'une ordonnance, ou s'il y a des raisons plausibles de soupçonner qu'il a commis un délit, ou s'il y a des motifs raisonnables de croire à la nécessité de l'empêcher de commettre un délit;

(d) dans le cas d'un individu n'ayant pas atteint l'âge de 21 ans, pour assurer son éducation ou son bien-être;

(e) dans le cas d'une personne souffrant d'une maladie infectieuse ou contagieuse, d'un alliéné, d'un toxicomane, d'un alcoolique ou d'un vagabond, pour leur assurer des soins ou un traitement, ou pour assurer la protection de la communauté;

(f) pour empêcher une personne de pénétrer irrégulièrement au Nigéria ou pour procéder à son expulsion, son extradition ou toute autre forme de renvoi régulier du territoire nigérien, ou pour entreprendre une action à cet effet.

(2) Toute personne arrêtée ou détenue doit être informée, dans le plus court délai et dans une langue qu'elle comprend, des raisons de son arrestation ou de sa détention.

(3) Toute personne arrêtée ou détenue dans les conditions prévues au paragraphe 1 (c) du présent article doit être, sans retard injustifié, traduite devant un tribunal et, si elle n'est pas jugée dans un délai raisonnable, elle doit être libérée (sans préjudice de toute action ultérieure qui pourrait être engagée contre elle), soit inconditionnellement, soit sous réserve des garanties qui pourront raisonnablement être considérées comme nécessaires pour assurer sa comparution à l'audience, à une date ultérieure.

(4) Toute personne arrêtée ou détenue illégalement a droit à réparation.

(5) Rien dans cet article ne peut invalider une loi pour le seul motif qu'elle autorise la détention, pour une période ne dépassant pas trois mois, d'un membre des forces armées de la Couronne ou d'un membre d'une force de police, en exécution d'une peine infli-

officer of the armed forces of the Crown or a police force, as the case may be, in respect of an offence punishable by such detention of which he has been found guilty.

Determination of rights (Article 6, European Convention)

21. (1) In the determination of his civil rights and obligations a person shall be entitled to a fair hearing within a reasonable time by a court or other tribunal established by law and constituted in such a manner as to secure its independence and impartiality:

Provided that nothing in this subsection shall invalidate any law by reason only that it confers on any person or authority power to determine questions arising in the administration of a law that affect or may affect the civil rights and obligations of any person.

(2) Whenever any person is charged with a criminal offence, he shall, unless the charge is withdrawn, be entitled to a fair hearing within a reasonable time by a court.

(3) The proceedings of a court or the proceedings of any tribunal relating to the matters mentioned in subsection (1) of this section (including the announcement of the decisions of the court or tribunal) shall be held in public:

Provided that –

(a) a court or such a tribunal may exclude from its proceedings persons other than the parties thereto in the interests of defence, public safety, public order, public morality, the welfare of persons who have not attained the age of twenty-one years, the protection of the private lives of the parties or to such extent as it may consider necessary by reason of special circumstances in which publicity would be contrary to the interest of justice; and

(b) if in any proceedings before a court or such a tribunal a Minister of the Government of the Federation or a Minister of the Government of a Region certifies that it would not be in the public interest for any matter to be publicly disclosed, the court or tribunal shall make arrangements for evidence relating to that matter to be heard *in camera* and shall take such other action as may be necessary or expedient to prevent the disclosure of the matter.

(4) Every person who is charged with a criminal offence shall be presumed to be innocent until he is proved guilty:

Provided that nothing in this section shall invalidate any law by reason only that the law imposes upon any such person the burden of proving particular facts.

(5) Every person who is charged with a criminal offence shall be entitled –

gée, selon le cas, par un officier des forces armées de la Couronne ou un officier de police, pour une infraction punissable de détention et dont ledit membre aura été reconnu coupable.

Détermination des droits (Article 6 Conv. Eur.)

21. (1) En cas de contestation sur ses droits et obligations de caractère civil, toute personne a droit à ce que sa cause soit entendue équitablement, et dans un délai raisonnable, par une Cour ou un autre tribunal établi par la loi, et constitué de façon que son indépendance et son impartialité soient garanties.

Toutefois, rien dans ce paragraphe ne peut invalider une loi pour le seul motif qu'elle confère à une personne ou une autorité le pouvoir de prendre une décision quant aux questions pouvant surgir dans l'application d'une loi affectant ou pouvant affecter les droits et obligations de caractère civil d'un individu.

(2) Tout inculpé a droit, à moins que l'accusation ne soit retirée, à ce que sa cause soit entendue équitablement et dans un délai raisonnable par un tribunal.

(3) Les audiences d'une Cour ou d'un tribunal chargé de statuer sur les cas dont il est fait mention au paragraphe (1) du présent article (y compris le prononcé du jugement rendu par la Cour ou le tribunal) doivent être publiques; toutefois:

(a) une Cour ou un tribunal peut interdire l'accès de la salle d'audience à des personnes autres que celles qui sont parties au procès, dans l'intérêt de la défense, de l'ordre et de la sécurité publics, de la moralité publique, de la protection des personnes n'ayant pas atteint l'âge de vingt-et-un ans, de la sauvegarde de la vie privée des parties au procès, ou dans la mesure jugée nécessaire par la Cour ou le tribunal lorsque, dans des circonstances spéciales, la publicité serait de nature à porter atteinte aux intérêts de la justice;

(b) si, au cours de l'audience devant une Cour ou un tribunal, un ministre du Gouvernement de la Fédération ou un ministre du Gouvernement d'une Région certifie qu'il serait contraire à l'intérêt public qu'une affaire soit divulgée en public, la Cour ou le tribunal prendra des dispositions pour que l'administration des preuves dans cette affaire se déroule à huis clos, et prendra toute autre mesure qui semblerait nécessaire ou opportune pour empêcher la divulgation de l'affaire.

(4) Toute personne accusée d'une infraction est présumée innocente jusqu'à ce que sa culpabilité ait été établie.

Toutefois, rien dans cet article ne peut invalider une loi pour le seul motif qu'elle impose à cette personne la charge de prouver des faits particuliers.

(5) Tout accusé a droit à:

(a) to be informed promptly, in language that he understands and in detail, of the nature of the offence;

(b) to be given adequate time and facilities for the preparation of his defence;

(c) to defend himself in person or by legal representatives of his own choice;

(d) to examine in person or by his legal representatives the witnesses called by the prosecution before any court and to obtain the attendance and carry out the examination of witnesses to testify on his behalf before the court on the same conditions as those applying to the witnesses called by the prosecution; and

(e) to have without payment the assistance of an interpreter of he cannot understand the language used at the trial of the offence;

Provided that nothing in this subsection shall invalidate any law by reason only that the law prohibits legal representation in a court established by or under the Native Courts Law, 1956, the Sharia Court of Appeal Law, 1960, or the Court of Resolution Law, 1960, of Northern Nigeria [1], the Customary Courts Law, 1957, of Western Nigeria [2], or the Customary Courts Law, 1956, of Eastern Nigeria [3], as amended, or any law replacing any of those laws.

(6) When any person is tried for any criminal offence, the court shall keep a record of the proceedings and the accused person or any person authorized by him in that behalf shall be entitled to obtain copies of the record within a reasonable time upon payment of such fee as may be prescribed by law.

(Article 7, European Convention)

(7) No person shall be held to be guilty of a criminal offence on account of any act or omission that did not, at the time it took place, constitute such an offence and no penalty shall be imposed for any criminal offence heavier than the penalty in force at the time the offence was committed.

(8) No person who shows that he has been tried by any competent court for a criminal offence and either convicted or acquitted shall again be tried for that offence or for a criminal offence having the same ingredients as that offence save upon the order of a superior court; and no person who shows that he has been pardoned for a criminal offence shall again be tried for that offence.

(9) No person who is tried for a criminal offence shall be compelled to give evidence at the trial.

(10) No person shall be convicted of a criminal offence unless that offence is defined and the penalty therefor is prescribed in a written law.

---

[1] Laws No. 6 of 1956 and Nos. 16 and 17 of 1960.

[2] Law No. 26 of 1957.

[3] Law No. 21 of 1956.

(a) être informé, dans le plus court délai, dans une langue qu'il comprend, et d'une manière détaillée, de la nature de l'accusation;

(b) disposer du temps et des facilités nécessaires à la préparation de sa défense;

(c) se défendre lui-même ou avoir l'assistance d'un défenseur de son choix;

(d) interroger lui-même ou faire interroger par ses défenseurs, devant la Cour, les témoins cités par l'accusation, et obtenir la convocation et l'interrogation des témoins à décharge dans les mêmes conditions que celles qui s'appliquent aux témoins cités par l'accusation;

(e) se faire assister gratuitement d'un interprète s'il ne comprend pas la langue employée au procès.

Toutefois, rien dans ce paragraphe ne peut invalider une loi pour le seul motif qu'elle interdit la représentation judiciaire devant une Cour instituée par une des lois suivantes, ou en vertu des dispositions de l'une de ces lois: Native Courts Law, 1956; Sharia Court of Appeal Law, 1960, ou Court of Resolution Law, 1960 (Nigéria du Nord [1]), ou Customary Courts Law, 1957 (Nigéria occidental) [2], et Customary Courts Law, 1956 (Nigéria oriental) [3] sous sa forme modifiée, ou toute autre loi remplaçant l'une des lois précitées.

(6) Lorsqu'une personne est jugée pour un délit, la Cour établit un compte-rendu de la procédure et l'accusé, ou toute personne autorisée par lui à cet effet, a le droit d'en obtenir copie dans un délai raisonnable, moyennant paiement de la taxe que la loi peut avoir prescrite.

(7) Nul ne peut être condamné pour une action ou une omission qui, au moment où elle a été commise, ne constituait pas une infraction et il ne peut être infligé aucune peine plus forte que celle qui était applicable au moment où l'infraction a été commise. (*Article 7 Conv. Eur.*)

(8) Toute personne qui peut prouver qu'elle a été jugée par un tribunal compétent pour un délit donné, et qu'elle a été soit condamnée, soit acquittée, ne peut être jugée à nouveau pour le même délit ou pour un délit ayant les mêmes éléments constitutifs, sauf sur ordonnance d'une instance supérieure, et toute personne qui peut prouver qu'elle a bénéficié de l'amnistie pour un délit ne peut être jugée à nouveau pour ce même délit.

(9) Une personne jugée pour un délit ne peut être tenue de comparaître comme témoin à l'audience.

(10) Nul ne peut être condamné pour un délit si ce délit n'est pas défini et si la peine encourue n'est pas prescrite par une loi écrite.

[1] Lois no. 6 de 1956 et Nos. 16 et 17 de 1960.

[2] Loi No. 26 de 1957.

[3] Loi No. 21 de 1956.

Provided that nothing in this subsection shall prevent a court of record from punishing any person for contempt of itself notwithstanding that the act or omission constituting the contempt is not defined in a written law and the penalty therefor is not so prescribed.

Private and family life (Article 8, European Convention)

22. (1) Every person shall be entitled to respect for his private and family life, his home and his correspondence.

(2) Nothing in this section shall invalidate any law that is reasonably justifiable in a democratic society –

(a) in the interest of defence, public safety, public order, public morality, public health or the economic well-being of the community; or

(b) for the purpose of protecting the rights and freedom of other persons.

Freedom of conscience (Article 9, European Convention)

23. (1) Every person shall be entitled to freedom of thought, conscience and religion, including freedom to change his religion or belief and freedom, either alone or in community with others, and in public or in private to manifest and propagate his religion or belief in worship, teaching, practice and observance.

(2) No person attending any place of education shall be required to receive religious instructions or to take part in or attend any religious ceremony or observances if such instruction, ceremony or observances relate to a religion other than his own.

(3) No religious community or denomination shall be prevented from providing religious instruction for pupils of that community or denomination in any place of education maintained wholly by that community or denomination.

(4) Nothing in this section shall invalidate any law that is reasonably justified in a democratic society –

(a) in the interest of defence, public safety, public order, public morality or public health; or

(b) for the purpose of protecting the rights and freedom of other persons, including their rights and freedom to observe and practise their religions without the unsolicited intervention of members of other religions.

Freedom of expression (Article 10, European Convention)

24. (1) Every person shall be entitled to freedom of expression, including freedom to hold opinions and to receive and impart ideas and information without interference.

(2) Nothing in this section shall invalidate any law that is reasonably justifiable in a democratic society –

(a) in the interest of defence, public safety, public order, public morality or public health;

(b) for the purpose of protecting the rights, reputations and freedom of other persons, preventing the disclosure of information

Toutefois, rien dans ce paragraphe n'empêche un tribunal (*court of record*) de punir un individu pour outrage à la Cour, en dépit du fait que l'acte ou l'omission constituant l'outrage n'est pas défini dans une loi écrite et que, en conséquence, la peine encourue n'est pas prescrite.

22. (1) Toute personne a droit au respect de sa vie privée et familiale, de son domicile et de sa correspondance. *Vie privée et familiale (Article 8 Conv. Eur.)*

(2) Rien dans cet article ne peut invalider une loi raisonnablement justifiée dans une société démocratique:

(a) dans l'intérêt de la défense, de la sécurité et de l'ordre publics, de la moralité publique, de la santé publique ou du bien-être économique de la Communauté, ou

(b) pour assurer la protection des droits et libertés d'autrui.

23. (1) Toute personne a droit à la liberté de pensée, de conscience et de religion, ce droit impliquant la liberté de changer de religion ou de conviction, ainsi que la liberté de manifester ou de propager sa religion ou sa conviction, individuellement ou collectivement, en public ou en privé, par le culte, l'enseignement, les pratiques et l'accomplissement des rites. *Liberté de conscience (Article 9 Conv. Eur.*

(2) Aucune personne fréquentant un établissement d'éducation ne sera forcée de recevoir une instruction religieuse, de participer ou d'assister à une cérémonie ou pratique religieuse, si cette instruction, cette cérémonie ou cette pratique concerne une religion autre que la sienne.

(3) Aucune Eglise ou communauté religieuse ne peut être empêchée de donner une instruction religieuse aux élèves de cette Eglise ou de cette communauté, dans un établissement d'éducation entièrement entretenu par ladite Eglise ou ladite communauté.

(4) Rien dans cet article ne peut invalider une loi raisonnablement justifiée dans une société démocratique:

(a) dans l'intérêt de la défense, de la sécurité et de l'ordre publics, de la moralité ou de la santé publique, ou

(b) pour assurer la protection des droits et libertés d'autres personnes, y compris leurs droit et liberté d'observer et de pratiquer leur propre religion sans l'intervention non sollicitée d'adeptes d'autres religions.

24. (1) Toute personne a droit à la liberté d'expression, y compris la liberté d'opinion et la liberté de recevoir ou de communiquer des informations sans qu'il puisse y avoir ingérence extérieure. *Liberté d'expression (Article 10 Conv. Eur.)*

(2) Rien dans cet article ne peut invalider une loi raisonnablement justifiée dans une société démocratique:

(a) dans l'intérêt de la défense, de la sécurité et de l'ordre publics, de la moralité publique ou de la santé publique;

(b) pour assurer la protection des droits, de la réputation et de la liberté d'autrui, pour empêcher la divulgation d'informations received in confidence, maintaining the authority and independence of the courts or regulating telephony, wireless broadcasting, television, or the exhibition of cinematograph films; or

(c) imposing restrictions upon persons holding office under the Crown, members of the armed forces of the Crown or members of a police force.

Peaceful assembly and association (Article 11, European Convention)

25. (1) Every person shall be entitled to assemble freely and associate with other persons and in particular he may form or belong to trade unions and other associations for the protection of his interests.

(2) Nothing in this section shall invalidate any law that is reasonably justifiable in a democratic society –

(a) in the interest of defence, public safety, public order, public morality or public health;

(b) for the purpose of protecting the rights and freedoms of other persons; or

(c) imposing restrictions upon persons holding office under the Crown, members of the armed forces of the Crown or members of a police force.

Freedom of movement

26. (1) Every citizen of Nigeria is entitled to move freely throughout Nigeria and to reside in any part thereof; and no citizen of Nigeria shall be expelled from Nigeria or refused entry thereto.

(2) Nothing in this section shall invalidate any law that is reasonably justifiable in a democratic society –

(a) restricting the movement or residence of any person within Nigeria in the interest of defence, public safety, public order, public morality or public health;

(b) for the removal of persons from Nigeria to be tried outside Nigeria for criminal offences or to undergo imprisonment outside Nigeria in execution of the sentences of courts in respect of criminal offences of which they have been found guilty;

(c) imposing restrictions upon the movement or residence within Nigeria of members of the public service of the Federation or the public service of a Region, members of the armed forces of the Crown or members of a police force.

(3) Nothing in this section shall invalidate any law by reason only that the law imposes restrictions with respect to the acquisition or use by any person of land or other property in Nigeria or any part thereof.

Freedom from discrimination (Article 14, European Convention)

27. (1) A citizen of Nigeria of a particular community, tribe, place of origin, religion or political opinion shall not, by reason only that he is such a person –

confidentielles, pour garantir l'autorité et l'indépendance des tribunaux ou pour réglementer les entreprises de téléphone, de radiodiffusion, de télévision ou la présentation de films cinématographiques; ou

(c) pour imposer des restrictions à des fonctionnaires de la Couronne, à des membres des forces armées de la Couronne ou à des membres d'une force de police.

Réunion pacifique et association (Article 11 Conv. Eur.)

25. (1) Toute personne a droit à la liberté de réunion et à la liberté d'association, y compris le droit de fonder des syndicats et de s'affilier à des syndicats ou autres organisations pour la défense de ses intérêts.

(2) Rien dans cet article ne peut invalider une loi qui, dans une société démocratique, est raisonnablement justifiée:

(a) dans l'intérêt de la défense, de la sécurité et de l'ordre publics, de la moralité publique ou de la santé publique;

(b) pour assurer la protection des droits et libertés d'autrui: ou

(c) pour imposer des restrictions à des fonctionnaires de la Couronne, à des membres des forces armées de la Couronne ou à des membres d'une force de police.

Liberté de mouvement

26. (1) Tout citoyen nigérien a le droit de se déplacer librement au Nigéria et de résider sur n'importe quelle partie de son territoire; aucun citoyen nigérien ne sera expulsé du Nigéria ou refoulé à l'entrée du pays.

(2) Rien dans cet article ne peut invalider une loi raisonnablement justifiée dans une société démocratique,

(a) imposant des restrictions au déplacement ou à la résidence d'une personne sur le territoire du Nigeria, dans l'intérêt de la défense, de la sécurité et de l'ordre publics, de la moralité publique ou de la santé publique;

(b) réglant l'extradiction d'une personne qui doit être jugée pour des délits en dehors du Nigéria, ou qui doit purger une peine d'emprisonnement en dehors du Nigéria, en exécution d'une condamnation judiciaire prononcée pour un délit dont ladite personne aura été reconnue coupable;

(c) imposant des restrictions au déplacement ou à la résidence, sur le territoire du Nigéria, des agents d'un service public de la Fédération ou d'un service public d'une Région, des membres des forces armées de la Couronne ou des membres d'une force de police.

(3) Rien dans cet article ne peut invalider une loi pour le seul motif qu'elle impose des restrictions relatives à l'acquisition ou l'utilisation, par toute personne quelle qu'elle soit, de terres ou autres biens situés au Nigéria ou sur telle partie de son territoire.

Non discrimination (Article 14 Conv. Eur.)

27. (1) Aucun citoyen nigérien appartenant à une communauté, à une tribu, à une religion, à une tendance politique particulière, ou originaire d'un certain lieu, ne sera pour cette seule raison:

(a) be subjected either expressly by, or in the practical application of, any law in force in Nigeria or any executive or administrative action of the Government of the Federation or the Government of a Region to disabilities or restrictions to which citizens of Nigeria of other communities, tribes, places of origin, religions or political opinions are not made subject; or

(b) be accorded either expressly by, or in the practical application of, any law in force in Nigeria or any such executive or administrative action any privilege or advantage that is not conferred on citizens of Nigeria of other communities tribes, places of origin, religions or political opinions.

(2) Nothing in this section shall invalidate any law by reason only that the law –

(a) prescribes qualifications for sercive in an office under the Crown or as a member of the armed forces of the Crown or a member of a police force or for the service of a body corporate established directly by any law in force in Nigeria;

(b) imposes restrictions with respect to the appointment of any person to an office under the Crown or as a member of the armed forces of the Crown or a member of a police force or to an office in the service of a body corporate established directly by any law in force in Nigeria;

(c) imposes restriction with respect to the acquisition or use by any person of land or other property; or

(d) imposes any disability or restriction or accords any privilege or advantage that, having regard to its nature and to special circumstances pertaining to the persons to whom it applies, is reasonably justifiable in a democratic society.

Derogations from fundamental rights (Article 15, European Convention)

28. (1) An Act of Parliament shall not be invalid by reason only that it provides for the taking, during periods of emergency, of measures that derogate from the provisions of section 17, 20, 21 or 27 of this Constitution but no such measures shall be taken in pursuance of any such Act during any period of emergency save to the extent that those measures are reasonably justifiable for the purpose of dealing with the situation that exists during that period of emergency.

Provided that nothing in this section shall authorise any derogation from the provisions of section 17 of this Constitution except in respect of deaths resulting from acts of war or any derogation from the provisions of subsection (7) of section 21 of this Constitution.

(2) In this section "period of emergency" means a period of emergency for the purposes of section 65 of this Constitution.

Reference to tribunal in certain cases

29. (1) Where –

(a) any person is detained in pursuance of an Act of Parliament

(a) soumis, soit expressément par une loi, soit du fait de l'application pratique de cette loi, en vigueur au Nigéria, ou par une mesure exécutive ou administrative prise par le Gouvernement de la Fédération ou d'une Région, à des privations ou restrictions auxquelles les citoyens nigériens d'autres communautés, tribus, lieux d'origine, religions ou tendances politiques, ne sont pas soumis; ou

(b) appelé à bénéficier, soit expressément par une loi, soit du fait de l'application pratique de cette loi en vigueur au Nigéria, ou par une mesure exécutive ou administrative, d'un privilège ou avantage dont ne bénéficieraient pas également les citoyens nigériens d'autres communautés, tribus, lieux d'origine, religions ou tendances politiques.

(2) Rien dans cet article ne peut invalider une loi pour le seul motif qu'elle:

(a) pose les conditions requises pour occuper un poste officiel ou pour devenir membre des forces armées de la Couronne ou membre d'une force de police, ou pour servir dans un corps constitué établi directement par une loi en vigueur au Nigéria;

(b) impose des restrictions à l'accession de toute personne à un poste officiel, à sa nomination comme membre des forces armées de la Couronne ou comme membre d'une force de police, ou à un poste au service d'un corps constitué établi directement par une loi en vigueur au Nigéria;

(c) impose à toute personne des restrictions relatives à l'acquisition ou à l'utilisation de terres ou autres biens; ou

(d) frappe d'incapacité, impose une restriction, ou accorde un privilège ou un avantage qui, eu égard à sa nature et aux circonstances spéciales concernant les personnes visées, est raisonnablement justifié dans une société démocratique.

Dérogation aux droits fondamentaux (Article 15 Conv. Eur.)

28. (1) Une loi votée par le Parlement ne peut être invalidée pour le seul motif qu'elle prévoit, en cas de danger public, des mesures dérogeant aux dispositions des articles 17, 20,21 ou 27 de la présente Constitution; cependant, durant une période de danger public, de telles mesures ne seront prises, en application d'une telle loi, que dans la mesure où elles sont raisonnablement justifiées pour faire face à la situation.

Toutefois, rien dans cet article n'autorise une dérogation aux dispositions de l'article 17 de la présente Constitution, sauf en ce qui concerne les décès résultant d'actes de guerre, ni une dérogation aux dispositions du paragraphe 7 de l'article 21 de ladite Constitution.

(2) Dans cet article l'expression "danger public" doit être entendue au sens de l'article 65 de la Constitution.

Renvoi de certains cas devant le tribunal

29. (1) Si:

(a) une personne est détenue conformément à une loi votée par derogating from the provisions of section 20 of this Constitution; or

(b) the movement or residence of any person within Nigeria who is a citizen of Nigeria is lawfully restricted (otherwise than by order of a court) in the interest of defence, public safety, public order, public morality or public health,

that person shall be entitled to require that his case should be referred within one month of the beginning of the period of detention or restriction and thereafter during that period at intervals of not more than six months to a tribunal established by law and that tribunal may make recommendations concerning the necessity or expediency of continuing the detention or restriction to the authority that has ordered it;

Provided that such authority, unless it is otherwise provided by law, shall not be obliged to act in accordance with any such recommendation.

(2) A tribunal established for the purposes of this section shall be constituted in such manner as to ensure its independence and impartiality and its chairman shall be appointed by the Chief Justice of the Federation from among the persons qualified to practise in Nigeria as advocates or solicitors.

Compulsory acquisition of property (Article 1, Protocol)

30. (1) No property, movable or immovable, shall be taken possession of compulsorily and no right over or interest in any such property shall be acquired compulsorily in any part of Nigeria except by or under the provisions of a law that –

(a) requires the payment of adequate compensation therefor; and

(b) gives to any person claiming such compensation a right of access, for the determination of his interest in the property and the amount of compensation, to the High Court having jurisdiction in that part of Nigeria.

(2) Nothing in this section shall affect the operation of any law in force on the thirty-first day of March, 1958, or any law made after that date that amends or replaces any such law and does not –

(a) add to the kinds of property that may be taken possession of or the rights over and interests in property that may be acquired;

(b) add to the purposes for which or circumstances in which such property may be taken possession of or acquired;

(c) make the conditions governing entitlement to any compensation or the amount thereof less favourable to any person owning or interested in the property; or

(d) deprive any person of any such right as is mentioned in paragraph b) of subsection (1) of this section.

le Parlement qui déroge aux dispositions de l'article 20 de la Constitution; ou

(b) sur le territoire du Nigéria, le déplacement ou la résidence d'un citoyen nigérien sont légalement restreints (autrement que par ordonnance d'un tribunal) dans l'intérêt de la défense, de la sécurité et de l'ordre publics, de la moralité publique ou de la santé publique,

cette personne a le droit de demander que son affaire soit examinée dans un délai d'un mois à partir du début de sa détention ou des restrictions dont elle fait l'objet, puis à des intervalles ne dépassant pas six mois au cours de la période ultérieure de détention ou de restrictions, par un tribunal établi par la loi, ce tribunal pouvant présenter à l'autorité qui a prescrit cette détention ou ces restrictions, toute recommandation concernant la nécessité ou l'opportunité de maintenir ladite détention ou lesdites restrictions.

Toutefois, l'autorité en question n'est pas tenue de se conformer à cette recommandation, à moins que la loi n'en dispose autrement.

(2) Un tribunal établi aux fins d'application de cet article doit être constitué de façon que son indépendance et son impartialité soient garanties; son Président sera nommé par le Président de la Cour Suprême (*Chief Justice*) de la Fédération, parmi les personnes qualifiées pour exercer, au Nigéria, les fonctions d'avocat ou de solicitor.

Privation forcée de biens (Article 1er Prot. Add.)

30. (1) Aucun bien, mobilier ou immobilier, ne peut être exproprié et les droits et intérets y afférents ne peuvent faire l'objet d'une privation forcée, dans une partie quelconque du Nigéria, si ce n'est conformément aux disposition d'une loi qui:

(a) prescrit, en l'occurrence, le paiement d'une indemnité adéquate; et

(b) confère à toute personne réclamant cette indemnité le droit de s'adresser à la Haute Cour compétente dans la partie du Nigéria dont il s'agit, pour obtenir qu'elle détermine ses intérêts concernant lesdits biens et fixe le montant de l'indemnité.

(2) Rien dans cet article ne peut affecter l'application d'une loi en vigueur le 31 mars 1958 ni toute autre loi postérieure qui modifie ou remplace la loi précitée et qui:

(a) n'étend pas la catégorie des biens qui peuvent être expropriés ou des droits et intérets en matière de propriété qui peuvent faire l'objet d'une privation forcée;

(b) n'étend pas les motifs pour lesquels, ni les circonstances dans lesquelles ces biens peuvent être expropriés;

(c) ne rend pas moins favorables pour la personne possédant ces biens, ou y ayant des intérêts, les conditions régissant le droit à une indemnité ou le montant de cette indemnité; ou

(d) ne prive cette personne d'aucun droit mentionné au paragraphe 1 (b) du présent article.

(3) Nothing in this section shall be construed as affecting any general law –

(a) for the imposition or enforcement of any tax, rate or due;

(b) for the imposition of penalties or forfeitures for breach of the law, whether under civil process or after conviction of an offence;

(c) relating to leases, tenancies, mortgages, charges, bills of sale or any other rights or obligations arising out of contracts;

(d) relating to the vesting and administration of the property of persons adjudged or otherwise declared bankrupt or insolvent, of persons of unsound mind, of deceased persons and of companies, other bodies corporate and unincorporate societies in the course of being wound up;

(e) relating to the execution of judgments or orders of courts;

(f) providing for the taking of possession of property that is in a dangerous state or is injurious to the health of human beings, plants or animals;

(g) relating to enemy property;

(h) relating to trusts and trustees;

(i) relating to the limitation of actions;

(j) relating to property vested in bodies corporate directly established by any law in force in Nigeria;

(k) relating to the temporary taking of possession of property for the purposes of any examination, investigation or enquiry; or

(l) providing for the carrying out of work on land for the purpose of soil-conservation.

(4) The provisions of this section shall apply in relation to the compulsory taking of possession of property, movable or immovable, and the compulsory acquisition of rights over and interests in such property by or on behalf of the Crown.

Special jurisdiction of High Courts in relation to this Chapter.

31. (1) Any person who alleges that any of the provisions of this Chapter has been contravened in any territory in relation to him may apply to the High Court of that territory for redress.

(2) Subject to the provisions of section 108 of this Constitution, the High Court of a territory shall have original jurisdiction to hear and determine any application made to it in pursuance of this section and may make such orders, issue such writs and give such directions as it may consider appropriate for the purpose of enforcing, or securing the enforcement, within that territory of any rights to which the person who makes the application may be entitled under this Chapter.

(3) Parliament may make provision with respect to the practice and procedure of the High Courts of the territories for the purposes of this section and may confer upon those courts such powers in addition to those conferred by this section as may appear to be

(3) Rien dans cet article ne peut être interprété comme portant atteinte à une loi générale concernant:

(a) l'établissement ou l'application d'un impôt, d'une taxe ou d'une redevance;

(b) l'imposition de peines ou de déchéances pour infraction à la loi, soit en vertu d'une procédure civile, soit après une condamnation pour une infraction;

(c) les baux, locations, hypothèques, charges, actes de vente ou tous autres droits ou obligations découlant de contrats;

(d) l'investissement et l'administration de biens appartenant à des personnes déclarées en faillite ou insolvables, à des aliénés, à des personnes décédées ou à des compagnies et sociétés-déclarées ou non déclarées – en cours de liquidation;

(e) l'exécution de jugements ou d'ordonnances judiciaires;

(f) la privation de jouissance de biens se trouvant dans un état qui présente un danger ou pouvant porter atteinte à la santé d'êtres humains, de plantes ou d'animaux;

(g) les biens ennemis;

(h) les trusts ou fidéicommissaires;

(i) la limitation d'actions;

(j) les biens investis dans des sociétés établies directement par une loi en vigueur au Nigéria;

(k) la privation temporaire de jouissance de biens aux fins d'examen, d'instruction ou d'enquête; ou

(l) l'exécution de travaux fonciers pour la conservation du sol.

(4) Les dispositions de cet article sont applicables à l'expropriation, par la Couronne ou en son nom, de biens mobiliers ou immobiliers et à la privation forcée de droits et intérêts afférents auxdits biens.

Compétence spéciale des Hautes Cours en ce qui concerne ce chapitre

31. (1) Toute personne qui allègue la violation, à son détriment, d'une des dispositions de ce chapitre, dans une partie quelconque du pays, peut saisir de l'affaire la Haute Cour compétente.

(2) Compte tenu des dispositions de l'article 108 de la Constitution, la Haute Cour d'une région (*territory*) a la compétence originaire pour examiner une requête dont elle aura été saisie en application de cet article, et statuer à cet effet; elle peut rendre telle ordonnance ou "writ" et donner telles directives qu'elle juge appropriées pour faire respecter, dans cette région, tout droit dont l'auteur de la requête peut se prévaloir en vertu du présent chapitre.

(3) Aux fins d'application de cet article, le Parlement peut adopter des dispositions concernant la pratique et la procédure des Hautes Cours des différentes régions, et peut conférer à ces Cours, en sus des pouvoirs qu'elles détiennent déjà en vertu du présent

necessary or derisable for the purpose of enabling those courts more effectively to exercise the jurisdiction conferred upon them by this section.

Interpretation 32. (1) In this Chapter, unless it is otherwise expressly provided or required by the context –

"court" means any court of law in Nigeria (other than a court-martial) and includes Her Majesty in Council:

Provided that, in relation to a member of the armed forces of the Crown, it also includes a court-martial;

"law" includes an unwritten rule of law;

"member of the armed forces of the Crown" includes any person who is subject to naval, military or airforce law;

"member of a police force" includes a person who is subject to any law relating to the discipline of a police force;

High Court of Kano

Decision of 15th December 1959

DAHIRU CHERANCI V ALKALI CHERANCI (HIGH COURT BATE, J.) – DECEMBER 15, 1959 (KANO – MOTION IN SUIT No. K/M26/1959).

Motion for a declaration that sections 33, 34 and 35 of the Children and Young Persons Law, 1958 were void and unenforceable, and for relief for the applicant imprisoned for an offence under section 36 of that Law.

The applicant, by way of motion, sought a declaration under Section 245 of the Nigeria (Constitution) Order in Council 1954, that sections 33, 34 and 35 of the Children and Young Persons Law, 1958 were void and unenforceable upon the ground that these sections of the Law were repugnant to paragraphs 7, 8 and 9 of the Sixth Schedule of the Order in Council [1]. The applicant further sought relief from his imprisonment for a conviction under section 36 (3) of the Children and Young Persons Law, 1958, as that was dependent upon section 35 of the Law which he claimed was void and unenforceable.

Held:

(1) that paragraph 7 of the Sixth Schedule of the Nigeria (Con-

[1] The provisions of the Sixth Schedule have been incorporated in chapter III of the Constitution reproduced above, p. 706. Paragraphs 7, 8 and 9 invoked in the present case which are identical with paragraphs 23, 24 and 25 of chapter III of the Constitution, correspond to articles 9, 10 and 11 of the European Convention.

article, tous pouvoirs additionnels qui lui semblent nécessaires ou désirables pour permettre auxdites Cours d'exercer plus efficacement la juridiction que leur confère cet article.

32. Dans ce Chapitre, sauf dans le cas où une autre interprétation est expressément prévue ou exigée par le contexte: *Interprétation*

- le terme "Cour" désigne toute instance judiciaire du Nigéria (autre qu'une Cour martiale) y compris le Conseil de la Reine; toutefois, lorsqu'il s'agit d'un membre des forces armées de la Couronne, ce terme désigne aussi une Cour martiale;
- le terme "loi" comprend également les règles de droit non écrit;
- l'expression "membre des forces armées de la Couronne" désigne toute personne soumise au droit des forces navales, terrestres ou aériennes;
- l'expression "membre d'une force de police" désigne toute personne soumise à une loi concernant la discipline d'une force de police.

Haute Cour de Kano

Arrêt du 15 décembre 1959

DAHIRU CHERANCI CONTRE ALKALI CHERANCI (HAUTE COUR, JUGE BATE) 15 DECEMBRE 1959 (KANO – AFFAIRE No. K/M26/1959).

Requête invitant la Cour à décider que les articles 33, 34 et 35 de la loi de 1958 sur les enfants et les jeunes gens sont nuls et non avenus et à prononcer la libération du requérant, emprisonné pour un délit par application de l'article 36 de ladite loi.

L'intéressé a demandé, par voie de requête, que, au titre de l'article 245 de l'Ordonnance du Nigéria datée de 1954 et relative à la Constitution, les articles 33, 34 et 35 de la loi de 1958 sur les enfants et les jeunes gens soient déclarés nuls et non avenus du fait qu'ils sont contraires aux articles 7, 8 et 9 de la Sixième Annexe à l'Ordonnance [1]. Le requérant a demandé également à être libéré de la peine de prison qui lui a été infligée à la suite d'une condamnation prononcée contre lui par application de l'article 36, § 3 de la loi de 1958 sur les enfants et les jeunes gens, étant donné que la validité de cet article dépend de l'article 35 de la loi, dont il prétend qu'il est nul et non avenu.

Il a été soutenu:

(1) que le paragraphe 7 de la sixième annexe de l'Ordonnance de

[1] Les dispositions de la Sixième Annexe ont été incorporées dans le Chapitre III de la Constitution, reproduit ci-dessus, p. 707. Les articles 7, 8 et 9 invoqués en l'espèce qui correspondent aux articles 23, 24 et 25 du chapitre III de la Constitution, reprennent correspondent aux articles 23, 24 et 25 du chapitre III de la Constitution, reprennent les disposition des articles 9, 10 et 11 de la Convention européenne.

stitution) Order in Council, 1954, dealing with freedom of conscience was not infringed by Part VIII of the Children and Young Persons Law, 1958;

(2) that there is a presumption that the Legislature has acted constitutionally and that the laws which it has passed are necessary and reasonably justifiable;

(3) that a restriction upon a fundamental human right must before it may be considered reasonable justifiable:

(a) be necessary in the interest (in the present case) of public morals or public order; and

(b) must not be excessive or out of proportion to the object which it is sought to achieve;

(4) that the burden of proof rests on the person who alleges that the Legislature has infringed a fundamental human right.

(5) that the control of the political activity of juveniles was a matter in which the Legislature had a right to intervene to protect the public, and that the restrictions in Part VIII of the Children and Young Persons Law, 1958, were reasonably justifiable in the interest of public morality and public order as permitted by paragraphs 8 (2) (a) and 9 (2) (a) of the Sixth Schedule of the Nigeria (Constitution) Order in Council, 1954, and that the application must accordingly be dismissed.

Quaere:

Whether the proper procedure for commencing an application under section 245 of the Nigeria (Constitution) Order in Council, 1954 should not be by way of writ of summons rather than by motion.

Case referred to:

Commonwealth of Australia and Others v. Bank of New South Wales and Others, 1949 2 All E.R.755.

Books referred to:

Commentary on the Constitution of India (Third Edition) by Basu Volume I, page 155 et seq.

Judicial Review in the English Speaking World by McWhinney, pages 156 and 176.

MOTION

Solanke for the applicant.

Lewis, Acting Attorney-General of the Northern Region, for the respondent.

Bate J: This is an application under s. 245 of the Nigeria Constitution Order in Council for a declaration that section 33, 34 and 35

1954 relative à la Constitution du Nigéria, traitant de la liberté de conscience, n'a pas été violé par le Titre VIII de la loi de 1958 sur les enfants et les jeunes gens;

(2) qu'il y a présomption que le Parlement agit constitutionnellement et que les lois qu'il adopte sont nécessaires et raisonnablement justifiées;

(3) qu'une limitation d'un droit fondamental de l'homme doit, pour être considérée comme raisonnablement justifiable:

(a) être nécessaire dans l'intérêt (dans le cas présent) de la moralité et de l'ordre publics;

(b) ne pas être excessive ou disproportionnée au but qu'elle entend viser;

(4) que la charge de la preuve incombe à la personne qui prétend que le Parlement a enfreint un droit fondamental de l'homme;

(5) que le contrôle de l'activité politique des jeunes est un domaine où le Parlement a le droit d'intervenir pour protéger le public et que les limitations prévues au Titre VIII de la loi de 1958 sur les enfants et les jeunes gens se justifient raisonnablement dans l'intérêt de la moralité et de l'ordre publics, conformément aux articles 8, § 2 (a) et 9, § 2 (a) de la sixième annexe de l'Ordonnance de 1954 relative à la Constitution et qu'il y a donc lieu de rejeter la requête.

Il convient de déterminer:

si la procédure appropriée pour entamer une action au titre de l'article 245 de l'Ordonnance de 1954 relative à la Constitution du Nigéria ne doit pas être engagée par voie d'assignation plutôt que par voie de requête.

Cas-référence:

Commonwealth d'Australie et autres contre Banque de la Nouvelle Galles du Sud et autres, 1949 2 All. E.R. 755.

Manuels cités:

Commentary on the Constitution of India (troisième édition),par Basu, volume I, pages 155 et suiv.

Judicial Review in the English Speaking World par McWhinney, pages 156 et 176.

REQUETE:

Solanke pour le requérant.

Lewis, Procureur Générgl par intérim de la Région du Nord pour le défendeur.

Le Juge Bate: Nous sommes saisi d'une requête au titre de l'article 245 de l'Ordonnance relative à la Constitution du Nigéria of the Children and Young Persons Law, 1958, of the Northern Region of Nigeria are void and unenforceable on the ground that they are repugnant to paragraphs 7, 8 and 9 of the Sixth Schedule to the Constitution Order. An affidavit in support by Mr. Solanke, who appeared for the applicant, shows that the applicant was charged with an offence under section 35 of the Children and Young Persons Law, that he was convicted of "inciting a young boy to participate in politics" and that he was sentenced to a term of imprisonment. Section 35 makes it an offence to admit a juvenile to membership of a political party. The connection between the offence created by section 35 and the offence in respect of which the deponent states that the applicant was convicted is not clear and it will be necessary for me to refer to this again at a later stage.

The application is made by way of motion. The Constitution Order gives no guidance as to procedure and no law such as is envisaged by section 245 (4) has as yet been passed to regulate procedure. No objection has, however, been taken to the procedure adopted by the applicant and, since the liberty of the subject is involved, I would not myself think it proper to raise a procedural objection. This, however, is not to be taken as laying down any rule that an application of this sort ought to be brought by way of motion: it may well be it would be more strictly in conformity with the Supreme Court (Civil Procedure) Rules if the proceedings were commenced by a writ of summons.

Counsel for the applicant submitted that the expression "Every person" at the commencement of each of paragraphs 7, 8 and 9 of the Sixth Schedule is unqualified and must be construed to include children and young persons as defined in the Children and Young Persons Law. He contended that sections 33, 34 and 35 of the Law placed restrictions on the enjoyment by children and young persons of the fundamental human rights to which they were entitled under paragraphs 7, 8 and 9. Those provisions of the Law were therefore void because they are, so he said, inconsistent with the provisions of the Sixth Schedule. Counsel relied on section 58 of the Constitution Order which provides in effect that a Regional Law shall be void in so far as it is inconsistent with a Federal Law; he contended that the Constitution Order must be regarded for the purposes of section 58 as a Federal Law.

The Attorney-General, who appeared for the respondents, conceded that the expression "Every person" includes children and young persons, but submitted that section 58 of the Constitution tendant à ce qu'il soit prononcé que les articles 33, 34 et 35 de la loi de 1958 sur les enfants et les jeunes gens de la Région du Nord du Nigéria sont nuls et non avenus pour la raison qu'ils sont contraires aux articles 7, 8 et 9 de la sixième annexe à l'Ordonnance relative à la Constitution. Il ressort d'une déposition faite à l'appui de cette requête par Mr. Solanke, qui représente le requérant, que ledit requérant a été inculpé d'un délit au titre de l'article 35 de la loi sur les enfants et les jeunes gens, qu'il a été déclaré coupable d' "avoir incité un jeune garçon à faire de la politique" et qu'il a été condamné à une peine de prison. Selon l'article 35, le fait d'admettre un jeune homme comme membre d'un parti politique constitue un délit. Le rapport entre le délit spécifié par l'article 35 et le délit pour lequel l'auteur de la déposition affirme que le requérant a été condamné ne ressort pas nettement et j'aurai à revenir ultérieurement sur ce point.

La demande est présentée par voie de requête (*by way of motion*). L'Ordonnance relative à la Constitution ne contient aucune directive sur la procédure, et aucune loi telle qu'il est envisagé à l'article 245 § 4 n'a encore été adoptée pour régler la procédure. Aucune objection n'a cependant été formulée quant à la procédure choisie par le requérant et, la liberté de l'intéressé étant ici impliquée, je ne crois pas devoir moi-même soulever une objection de procédure. Toutefois, il ne s'ensuit aucunement, à mon sens, qu'il y ait lieu de poser comme règle qu'une demande de cette sorte doit être présentée par voie de requête. Il se pourrait fort bien qu'il fût plus strictement conforme au règlement de la Cour Suprême (procédure civile) que l'action judiciaire soit engagée par voie d'assignation (*by a writ of sommons*).

Le conseil du requérant a soutenu que l'expression "toute personne" par laquelle débute chacun des articles 7, 8 et 9 de la sixième annexe a un caractère général et doit être interprétée comme comprenant les enfants et les jeunes gens selon la définition qui en est donnée dans la loi sur les enfants et les jeunes gens. Il a estimé que les articles 33, 34 et 35 de la loi apportent des restrictions à l'exercice par les enfants et les jeunes gens des droits fondamentaux de l'homme qui leur sont conférés aux termes des articles 7, 8 et 9. Ces dispositions de la loi sont donc nulles, car elles sont, affirme-t-il, contraires aux dispositions de la sixième annexe. Le conseil s'est fondé sur l'article 58 de l'Ordonnance relative à la Constitution, qui précise en fait, qu'une loi régionale est nulle dans la mesure où elle est contraire à une loi fédérale; il a soutenu que l'Ordonnance relative à la Constitution doit être considérée comme une loi fédérale aux fins d'application de l'article 58.

Le Procureur Général, qui comparaissait pour la partie adverse, a admis que l'expression "toute personne" comprend les enfants et les jeunes gens, mais il a soutenu que l'article 58 de l'Ordonnance

Order is irrelevant because the Order is not a Federal law. This submission is obviously correct. There appears to be no express provision in the Nigeria Constitution Order such as may, for example be found in the Constitution of India (Article 13) or that of Eire (Section 15 (4)) that a law inconsistent with the provisions of the Sixth Schedule shall be void. Nevertheless, I think that this is clearly the intention and that such provision is implicit in the Nigeria Constitution Order.

The Attorney-General went on to refer to the provises contained in paragraphs 7 (4) (a), 8 (2) (a) and 9 (2) (a) of the Sixth Schedule. He submitted that any restrictions which might be imposed by sections 33, 34 and 35 of the Children and Young Persons Law are reasonably justifiable in Northern Nigeria in the interest of public order and morality. For the standard of reasonableness which courts have adopted in other countries he drew attention to passages in Basu's Commentary on the Constitution of India (Third Edition) at pages 155 and 156. He submitted further that there is a presumption that a law is reasonable and constitutional and that, since the Legislature represents a majority of the people, great weight must be attached to the judgment of the Legislature. In connection with these submissions he referred to McWhinney's Judicial Review in the English Speaking World at pages 156 and 176. For the proposition that age is a factor which must be taken into consideration in deciding whether any restriction is reasonably justifiable he relied on a passage in the judgment of Lord Porter in Australia v the Bank of N.S.W., 1949 2 All E.R. 755 at page 772 and on various statutes in England such as the Licensing Acts and the Children and Young Persons Act, 1933, which impose restrictions on juveniles; and on paragraph 4 (1) (d) of the Sixth Schedule itself, which expressly deprives a minor of his personal liberty where such deprivation is for the purpose of his education or welfare.

The Attorney-General conceded that although the applicant had not referred in his application to section 36 of the Children and Young Persons Law under which he must have been sentenced, nevertheless section 36 should be considered and must stand or fall with section 33. He also conceded that it was immaterial that the Law had been passed before the Sixth Schedule came into force.

Counsel for the applicant in reply advanced four propositions. No considerations applying to India or Eire applied to Nigeria because Nigeria had a different form of Government. If a juvenile is not prohibited from taking part in politics in one Region, he relative à la Constitution n'est pas pertinent, car il ne s'agit pas là d'une loi fédérale. Cet argument est manifestement fondé. Il semble qu'il n'y ait pas de disposition expresse dans l'Ordonnance relative à la Constitution du Nigéria, comme on peut en trouver par exemple dans la Constitution de l'Inde (article 13) ou dans celle de l'Eire (article 15 § 4), prescrivant qu'une loi contraire aux dispositions de la sixième annexe est nulle. Toutefois, je pense que telle est nettement l'intention et qu'une telle disposition est implicite dans l'Ordonnance relative à la Constitution du Nigéria.

Le Procureur Général s'est référé ensuite aux dispositions des articles 7, § 4 (a), 8, § 2 (a) et 9, § 2 (a), de la Sixième annexe. Il a soutenu que toutes restrictions qui pourraient être imposées par les articles 33, 34 et 35 de la loi sur les enfants et les jeunes gens se justifient raisonnablement au Nigéria du Nord dans l'intérêt de l'ordre et de la moralité publics. Quant au critère de "raisonnable" que les tribunaux ont adopté dans d'autres pays, le Procureur Général a cité des extraits du commentaire figurant dans l'ouvrage de Basu sur la Constitution de l'Inde (troisième édition), aux pages 155 et 156. Il a ajouté qu'il y a présomption qu'une loi est raisonnable et constitutionnelle et que, le Parlement représentant une majorité du peuple, il convient d'attacher un grand prix à son point de vue. Au sujet de ces arguments, il s'est référé aux pages 156 et 176 de l'ouvrage de McWhinney intitulé Judicial Review in the English Speaking World. Pour ce qui est de la thèse selon laquelle l'âge constitue un facteur qu'il y a lieu de prendre en considération pour décider si une restriction quelconque se justifie raisonnablement, il a tiré argument d'un passage du jugement prononcé par Lord Porter dans l'affaire opposant l'Australie à la Banque de la Nouvelle Galles du Sud, 1949, 2 All E.R. 755, page 772; de divers textes en vigueur en Angleterre, tels que les lois relatives aux licences de vente de boissons et la loi de 1933 sur les enfants et les jeunes gens, qui imposent des restrictions en ce qui concerne les jeunes; enfin, de l'article 4 § 1 (d) de la sixième annexe elle-même, qui prive expressément un mineur de sa liberté personnelle, lorsque une telle privation a pour objet son éducation ou son bien-être.

Le Procureur Général a admis qu'en dépit du fait que l'intéressé ne s'est pas référé dans sa requête à l'article 36 de la loi sur les enfants et les jeunes gens au titre duquel il a dû être condamné, l'article 36 doit néanmoins être pris en considération et être ou bien maintenu, ou bien rejeté en même temps que l'article 33. Il a également reconnu qu'il était sans importance que la loi ait été adoptée avant l'entrée en vigueur de la sixième annexe.

Dans sa réplique, le conseil du requérant a présenté quatre arguments. Aucune considération concernant l'Inde ou l'Eire ne s'applique au Nigéria, ce pays ayant une forme différente de gouvernement. S'il n'est pas interdit à un jeune homme de participer à la must not be prohibited from doing so in another Region. Paragraphs (b) and (c) of section 34 are unreasonable because their effect would be to stifle all political debate. Attendance of Children at political meetings does not constitute a threat to public order or morality.

What I have to decide is:

(a) whether any of the provisions of sections 33, 34 or 35 of the Children and Young Persons Law constitute restrictions upon any of the fundamental human rights to which every person in Nigeria including, as is conceded every juvenile is entitled under paragraphs 7, 8 and 9 of the Constitution; and (b) if any of these provisions constitute such a restriction, whether that restriction is reasonably justifiable under the provise to the paragraph in question. It has not been suggested that any restriction contained in the section in question could be justified except on the ground that it is reasonably justifiable on the interest of public order and morality. I shall therefore confine myself to this issue. As to the first question, I have no doubt that sections 33, 34 and 35 do encroach upon the fundamental human rights to freedom of expression and to peaceful assembly and association as set out in paragraphs 8 and 9 of the Constitution. On the other hand I do not consider that they constitute a restriction on the right to freedom of conscience described in paragraph 7.

As to the second question I accept the submission that great weight must be attached to the judgment of the Legislature since it represents the majority of the people; and that there must be a presumption that a Law is constitutional and that its provisions are reasonably justifiable and necessary. I am impressed by the passage from the judgment of the Supreme Court of India in the State of Madras v Row quoted in Basu's Commentary on the Constitution of India at page 155 where it is said that interference by the courts with the judgment of the Legislature must be limited by the judges' "sense of responsibility and self-restraint and the sobering reflection that the Constitution is meant not only for people of their own way of thinking but for all, and that the majority of the elected representatives of the people have, in authorising the imposition of the restrictions, considered them to be reasonable". But, at the same time, as is stated in a subsequent passage in Basu's Commentary, it is the duty of the judges to determine finally the constitutionality of an impugned enactment. For this they must, after considering all the relevant factors, rely on their own judgment. It does not necessarily follow that because the Legislature has passed a law that every provision of that law is reasonably justifiable. The courts have been appointed sentinels to watch over the fundamental rights secured to the people of Nigeria by the Constitution Order and to guard against any infringement of those rights by the State.

politique dans une Région, pareille interdiction ne doit pas lui être opposée dans une autre Région. Les paragraphes (b) et (c) de l'article 34 sont déraissonnables, car ils ont pour effet d'interdire toute discussion politique. La présence d'enfants à des réunions politiques ne constitue pas une menace à l'ordre et à la moralité publics.

J'ai à décider:

(a) si l'une quelconque des dispositions des articles 33, 34 ou 35 de la loi sur les enfants et les jeunes gens constitue une restriction aux droits fundamentaux de l'homme, qui, aux termes des articles 7, 8 et 9 de la Constitution, sont garantis à toute personne au Nigéria, y compris, comme cela est admis, à tous les jeunes gens; et

(b) si, au cas où une quelconque de ces dispositions constitue une telle restriction, ladite restriction se justifie raisonnablement aux termes de l'article en question. L'idée n'a pas été émise qu'une restriction figurant dans l'article en question pourrait se justifier autrement que pour des raisons tenant à l'ordre et à la moralité publics. Je me limiterai donc à ce point particulier. En ce qui concerne la première question, je suis convaincu que les articles 33, 34 et 35 portent atteinte aux droits fondamentaux de l'homme à la liberté d'expression, à la liberté de réunion pacifique et à la liberté d'association, comme il est prévu aux articles 8 et 9 de la Constitution. Par ailleurs, je n'estime pas qu'ils constituent une restriction au droit à la liberté de conscience, prévu à l'article 7.

En ce qui concerne la deuxième question, je souscris à l'idée qu'il faut attacher un grand poids au jugement du Parlement, étant donné qu'il représente la majorité du peuple; je partage aussi l'avis qu'il y a lieu de présumer d'une loi qu'elle est constitutionnelle et que ses dispositions se justifient raisonnablement et sont nécessaires. Je suis frappé par le passage du jugement de la Cour Suprême de l'Inde dans l'affaire de l'Etat de Madras contre Row, cité par Basu à la page 155 de son commentaire sur la Constitution de l'Inde, passage où il est indiqué que l'ingérence des tribunaux dans l'activité du Parlement doit être limitée chez les juges par "leur sens de la responsabilité et de la retenue, et cette idée modératrice que la Constitution n'a pas seulement été conçue pour les personnes qui pensent comme eux, mais pour tout le monde et que la majorité des représentants élus du peuple ont, en autorisant l'imposition de restrictions, considéré celles-ci comme raisonnables". En même temps, toutefois, comme il est indiqué dans un autre passage du commentaire de Basu, il appartient aux juges de se prononcer en fin de compte sur le caractère constitutionnel d'un texte législatif. Pour ce faire, ils doivent, après examen de tous les facteurs pertinents, s'en rapporter à leur propre jugement. Il ne s'ensuit pas nécessairement que, du fait que le Parlement a adopté une loi, toute disposition de celle-ci se justifie raisonnablement. Les tribunaux ont été désignés pour veiller sur les droits fondamentaux reconnus au peuple du Nigéria par l'Ordonnance constitutionnelle, et pour le

If the courts are to be effective guardians, then the judges must not only act with self-restraint and due respect for the judgment of the Legislature but they must also use their own impartial judgment without undue regard for the claims either of the citizen or of the State. For this purpose it is necessary to find some standard by which to judge whether or not any legislative provision is reasonably justifiable.

There has been as yet no time to set up any such standards in Nigeria. It is necessary to draw upon the experience of other countries where similar problems have arisen. The standards adopted in America and in India are discussed in Basu's Commentary on the Constitution of India at pages 155 to 157. The learned author there states the position in America as follows:

"To sum up: the tests of reasonableness of a restriction upon a fundamental right according to the American doctrine of 'Police Power' are –

(i) it must have a just relation to the protection of the public within the scope of the 'police power'. In other words, the restriction must be reasonably necessary in the interests of public health, morals, safety or welfare. It must have a real and substantial relation to the object sought to be attained by the restriction or regulation, and such object must be one in the interest of which the state is entitled to exercise its police power.

(ii) The restriction must not be in excess of the requirement. In other words, the freedom must not be abridged or curtailed unduly or arbitrarily".

The learned author goes on to say that these standards have been generally accepted by the courts in India. He summarises the Indian view by saying "In order to be reasonable the restriction must have a reasonable relation to the object which the Legislature seeks to achieve and must not go in excess of that object". I see no reason to suppose that the circumstances prevailing in Nigeria are so different that the standards adopted in America and India should not apply in Nigeria.

I conclude that in deciding whether there has been an infringement of a fundamental human right I must be guided by the following principles:

(1) There is a presumption that the Legislature has acted constitutionally and that the laws which they have passed are necessary and reasonably justifiable;

(2) a restriction upon a fundamental human right must before it may be considered reasonably justifiable –

(a) be necessary in the interest (in the present case) of public morals or public order; and

(b) must not be excessive or out of proportion to the object which it is sought to achieve.

protéger contre toute violation de ces droits par l'Etat. Pour que les tribunaux puissent effectivement jouer leur rôle de gardien, il faut que les juges non seulement agissent avec retenue et en respectant l'opinion du Parlement, mais aussi en usant de leur propre jugement impartial, sans tenir indûment compte des prétentions soit des citoyens, soit de l'Etat. A cette fin, il est nécessaire de définir quelques critères pour déterminer si telle ou telle disposition législative est ou n'est pas raisonnablement justifiée.

On n'a pas eu encore le temps d'établir de tels critères au Nigéria. Il est nécessaire de se référer à l'expérience d'autres pays où se sont posés des problèmes similaires. Les critères adoptés en Amérique et en Inde sont analysés aux pages 155 à 157 du commentaire de Basu sur la Constitution de l'Inde. L'éminent auteur définit comme suit la situation en Amérique:

"En résumé, pour être considérée comme raisonnable, une limitation à un droit fondamental décidée selon la doctrine américaine du "pouvoir de police", doit satisfaire aux conditions suivantes:

(i) Elle doit être en relation légitime avec la protection du public dans le cadre du "pouvoir de police". En d'autres termes, elle doit être raisonnablement nécessaire dans l'intérêt de la santé, de la moralité, de la sécurité ou du bien-être publics. Elle doit avoir un rapport réel et substantiel avec l'objet visé par la restriction ou la réglementation, et celui-ci doit être un objet dans l'intérêt duquel l'Etat est en droit d'exercer son pouvoir de police.

(ii) La restriction ne doit pas aller au-delà de ce qui est nécessaire. En d'autres termes, la liberté ne doit pas être réduite ou amputée indûment ou arbitrairement".

L'éminent auteur poursuit en indiquant que ces critères ont été adoptés de façon générale par les tribunaux de l'Inde. Il résume comme suit le point de vue indien: "Pour être raisonnable, la restriction doit être en rapport raisonnable avec le but que le pouvoir législatif cherche à atteindre et ne doit pas dépasser ce but". Il n'y a aucune raison de supposer que la situation au Nigéria est à ce point différente que les normes adoptées en Amérique et en Inde ne puissent s'y appliquer.

Je conclus que, pour décider s'il y a eu infraction à un droit fondamental de l'homme, je dois m'inspirer des principes suivants:

(1) Il y a présomption que le pouvoir législatif a agi constitutionnellement et que les lois qu'il a adoptées sont nécessaires et raisonnablement justifiées;

(2) une restriction à un droit fondamental de l'homme doit, pour qu'on la considère comme raisonnablement justifiée:

(a) être nécessaire dans l'intérêt (dans le cas présent) de la moralité ou de l'ordre publics; et

(b) ne pas être excessive ou hors de proportion avec le but que l'on cherche à atteindre.

I would add that it seems to me that the presumption in favour of constitutionality throws the burden of proof on the person who alleges that the Legislature has infringed a fundamental human right.

I must now endeavour to apply these principles to the question whether the restrictions imposed by sections 33, 34 and 35 of the Children and Young Persons Law on the rights to freedom of expression and peaceful assembly and association are reasonably justifiable in the interest of public order and morality. In the first place I must observe that very little has been said on behalf of the applicant to displace the presumption in favour of constitutionality. There is no evidence and little in the way of argument to persuade me that the sections impugned are not reasonably justifiable.

Before going further I must examine the scope and meaning of sections 33 and 34. I do not think I need give any special consideration to section 35, since the meaning of this section is clear, and whether or not I find that it is void for repugnance to paragraphs 8 or 9 of the Sixth Schedule depends on my decision with regard to sections 33 and 34.

Section 33 prohibits any child who is of an age to be criminally responsible and any young person from taking part in any political activity. A child is defined in section 2 as a person who has not yet attained the age of fourteen. A young person is defined as a person between the ages of fourteen and sixteen. Therefore, section 33 deals with persons aged fifteen and under and prohibits them from taking part in any political activity. Section 34 provides that the expression "political activity" shall, without prejudice to the generality of the expression, include seven sorts of activity which are specifically described. The effect therefore of section 33 is to prohibit juveniles aged fifteen and under from taking part in any of those seven sorts of activity which are described in paragraphs (a) to (g) of section 34 or in any other form of activity which may properly be construed as "political activity". It is consequently necessary to decide what significance is to be attached to the expression "political activity" in addition to the particular meanings set out in paragraphs (a) to (g). The general and ordinary meaning of "political activity" is engaging actively in politics. I think I am entitled to assume that the Legislature did not intend to refer to activities only indirectly or remotely connected with politics such as debates on political subjects in school debating societies or social events organised by members of a political party. Such a construction would be absurd, and it is not to be supposed that the courts would interpret the expression so widely. It would, in my view, be a wrong construction. I conclude that sections 33 and 34

J'ajoute que, selon moi, la présomption en faveur du caractère constitutionnel de la loi implique que la charge de la preuve pèse sur la personne qui prétend que le pouvoir législatif a violé un droit fondamental de l'homme.

Je dois maintenant essayer d'appliquer ces principes à la question de savoir si les restrictions imposées par les articles 33, 34 et 35 de la loi sur les enfants et les jeunes gens, en ce qui concerne les droits à la liberté d'expression, à la liberté de réunion pacifique et à la liberté d'association, sont raisonnablement justifiables dans l'intérêt de l'ordre et de la moralité publics. En premier lieu, il me faut observer qu'il n'a pas été dit grand'chose au nom du requérant pour écarter la présomption en faveur du caractère constitutionnel des dispositions en cause. Il n'existe aucune preuve et guère d'arguments pour me convaincre que les articles contestés ne se justifient pas raisonnablement.

Avant de poursuivre plus avant, je dois examiner la portée et la signification des articles 33 et 34. Je ne crois pas devoir m'attacher particulièrement à l'article 35, car son sens est clair, et, quant à déterminer s'il est nul du fait qu'il serait en contradiction avec les articles 8 ou 9 de la sixième annexe, la question dépend de la décision que je prendrai au sujet des articles 33 et 34.

L'article 33 interdit à tout enfant qui est en âge d'être pénalement responsable et à toute jeune personne de participer à une activité politique. Le terme "enfant" désigne, selon la définition de l'article 2, quiconque n'a pas encore atteint l'âge de quatorze ans. Par "jeune personne", il faut entendre la personne dont l'âge est compris entre quatorze et seize ans. Il s'ensuit que l'article 33 vise les personnes âgées de quinze et de moins de quinze ans, auxquelles il interdit de participer à une activité politique. L'article 34 prévoit que l'expression "activité politique" désigne, sans préjudice de son caractère général, sept catégories d'activités qui sont spécifiées de façon précise. L'article 33 a donc pour effet d'interdire aux jeunes gens âgés de quinze ans et de moins de quinze ans de participer à l'une quelconque des sept catégories spécifiées d'activité aux paragraphes (a) à (g) de l'article 34 ou à toute autre forme d'activité qui peut être proprement considérée comme "activité politique". Il est donc nécessaire de décider du sens à donner à l'expression "activité politique" en plus des significations particulières indiquées aux paragraphes (a) à (g). Selon l'acceptation générale et ordinaire du terme, l'"activité politique" désigne une participation active à la politique. Je suis, je crois, en droit de présumer que le Parlement n'a pas entendu viser des activités qui ne se rapportent qu'indirectement ou de loin à la politique, tels que les débats sur des questions politiques dans des groupes scolaires de discussions ou les manifestations sociales organisées par les membres d'un parti politique. Une telle interprétation serait absurde et l'on ne saurait should be construed as prohibiting juveniles aged fifteen and under from taking part in any political activities described in paragraphs (a) to (g) of section 34 or in any other activity in which they would be actively engaging in politics.

One may well ask at the outset what business juveniles aged fifteen and under have with politics at all. Few below the age of sixteen can have any grasp of political issues and it would obviously be absurd to suppose that those in the lower part of the age group could possibly have anything but the haziest notion of what it is all about. It is hardly to be expected that more than a handful would take an interest in politics unless deliberately and actively encouraged to do so. They have no reason to do so since the male citizens of the Region are not qualified to vote or to become members of the Federal or the Regional Legislature until they are twenty-one; there is no female suffrage as yet in the Region.

But if juveniles are allowed to take part in politics, their receptive and uncritical minds make them easy victims to thoughtless or unscrupulous people who wish to take advantage of their youth to indoctrinate them with a particular ideology before they are old enough to think the matter out for themselves. Juveniles may be attracted to any idea which is presented in an interesting form; they have neither the experience nor the standards of comparison to enable them to discriminate. This seems particularly likely to be the case in an area such as the Northern Region where education is still in its infancy and even adults may be bewildered by the recent inrush of new ideas. The threat to public morality inherent in allowing children to take part in politics is easily apparent and is exemplified in the history of totalitarian Germany. If the Legislature sees fit to prohibit juveniles aged fifteen and under from taking part in political activities. I think that this is a matter in which the Legislature is entitled to intervene in the interest of the state. Nothing has been said on behalf of the applicant which persuades me that sections 33, 34 or 35 are not reasonably justifiable in the interest of public morality. I cannot accept the submissions either that the effect of paragraphs (b) and (c) of section 34 would be to stifle all political debate or that if juveniles are not prohibited from taking part in political activities in one Region, then they may not be prohibited from taking part in another Region.

I have considered whether the total prohibition imposed by sections 33 and 34 is excessive and I have come to the conclusion supposer que les tribunaux interpréteraient l'expression dans un sens aussi large. Ce serait à mon sens une interprétation erronée. Je conclus que les articles 33 et 34 doivent être interprétés comme interdisant aux jeunes gens âgés de quinze ans ou de moins de quinze ans de participer à toutes activités politiques spécifiées aux paragraphes (a) à (g) de l'article 34 ou à toute autre activité qui impliquerait une participation active à la politique.

On peut fort bien se demander de prime abord ce que des jeunes gens de quinze ans au maximum ont à voir avec la politique. Au-dessous de 16 ans, rares sont ceux qui peuvent comprendre quoi que ce soit aux questions politiques et il serait manifestement absurde de supposer que les plus jeunes de ce groupe d'âge peuvent avoir autre chose qu'une notion très vague de ce dont il s'agit. Il y a tout lieu de penser qu'il n'y aura qu'une poignée de ces jeunes à s'intéresser à la politique s'ils ne sont pas délibérément et activement encouragés à le faire. Ils n'ont aucune raison de se comporter autrement, étant donné que les citoyens de la Région ne votent et ne peuvent devenir membres du Parlement fédéral ou régional qu'à partir de vingt-et-un ans; le suffrage féminin n'existe pas encore dans la Région.

Mais si les jeunes sont autorisés à faire de la politique, leur esprit réceptif et dénué de sens critique en fait des proies faciles pour les gens irréfléchis ou sans scrupules qui désirent tirer profit de leur jeunesse pour leur inculquer une idéologie particulière avant qu'ils ne soient en âge de juger par eux-mêmes. Les jeunes peuvent être attirés par toute idée présentée sous une forme intéressante; ils n'ont ni l'expérience, ni les éléments de comparaison qui leur permettraient de procéder à des discriminations nécessaires. Tel semble devoir être particulièrement le cas dans une zone comme la Région du Nord où l'enseignement en est encore à ses tout premiers débuts et où les adultes eux-mêmes peuvent être désorientés par l'apport récent de nouvelles idées. Les risques pour la moralité publique qu'implique l'autorisation donnée aux enfants de participer à la politique sont aisément perceptibles et l'histoire de l'Allemagne totalitaire en est un exemple. Si le Parlement estime indiqué d'interdire aux jeunes de quinze ans ou de moins de quinze ans de participer à des activités politiques, c'est là un domaine, me semble-t-il, où le pouvoir législatif est en droit d'intervenir dans l'intérêt de l'Etat. Rien n'a été dit au nom du requérant pour me convaincre que les articles 33, 34 et 35 ne se justifient pas raisonnablement dans l'intérêt de la moralité publique. Je ne puis accepter la thèse que les paragraphes (b) et (c) de l'article 34 auraient pour effet d'étouffer tous débats politiques ou que, s'il n'est pas interdit aux jeunes de participer à des activités politiques dans une Région, ils ne sauraient subir une telle interdiction dans une autre Région. Je me suis demandé si l'interdiction totale imposée that it is not. I think that it is reasonably justifiable in the interest of public morality to exclude juveniles from political activities generally and it is in my view very doubtful if this would be achieved if juveniles were allowed to take part in some political activities but not in others.

The question must also be considered in connection with public order. Here again, I think that the Legislature is entitled to intervene to keep children out of politics in the interest of public order. Northern Nigeria is only now emerging into self-governing democracy and the people of the Region are experiencing democratic self-government for the first time. It is common knowledge that an intense struggle for political power is in progress and that feeling between the rival political parties is running high. In the circumstances it would hardly be surprising if there were not some apprehension on the part of responsible people that disorders may occur. For the present the preservation of public order must be a matter of grave concern. The passing of the Public Order Law in 1957 and the Riot Damage Law in 1958 indicate that it is a matter which the Legislature have not overlooked. If the democratic form of Government is to be a reality, adult citizens must of course be allowed every opportunity to take part in politics. But with children and young persons different considerations arise. They have not had time to acquire that sense of restraint and responsibility which it is to be hoped the years have brought to their elders. Their enthusiasms are easily aroused and their natural high spirits lead them to thoughtless excesses. It is not difficult to anticipate the exciting effect on youthful minds of political activity, of meetings and speeches, flags and slogans, or of the danger to the public of mobs of excited juveniles half controlled by political organisations As I have already said, to forbid juveniles to take an active part in politics does not deprive them of the right to vote or to become members of the Legislature. After the prohibition is lifted at the age of sixteen, five years still remain for their political education. On the other hand, for juveniles to take part in political activities constitutes a special threat to public order. It is in my view reasonable that the Legislature should take steps to meet this threat. I have again considered whether a total prohibition is reasonably justifiable. I think that it is. It is reasonable to apprehend that if juveniles are allowed to take part in any political activity it will be difficult, if not impossible, to restrain them from taking part in others. In addition it would be extremely difficult to describe specifically every political activity from which it is desired to exclude juveniles and an attempt to do so might well lead to confusion. It is not less necessary in Northern Nigeria than elsewhere that laws, if they are to be effective, shall be stated in simple and uncomplicated terms.

par les articles 33 et 34 est excessive – et j'ai abouti à la conclusion que tel n'est pas le cas. J'estime que, dans l'intérêt de la moralité publique, il est raisonnable de condamner aux jeunes les activités politiques de façon générale et je doute fort qu'on puisse y parvenir s'il leur était loisible de prendre part à certaines activités de cette nature, alors que d'autres leur seraient interdites.

La question doit être envisagée aussi en fonction de l'ordre public. Là, également, le pouvoir législatif est, selon moi, en droit d'intervenir pour tenir les enfants à l'écart de la politique dans l'intérêt de l'ordre public. Le Nigéria du Nord vient seulement d'accéder à un régime de démocratie autonome, et c'est la première fois que la population de la Région fait l'expérience d'un gouvernement démocratique libre. Chacun sait que la lutte est intense sur le plan politique et que les partis rivaux se dressent les uns contre les autres. Dans ces conditions, il ne serait guère surprenant que les responsables craignissent l'apparition de désordres. A l'heure actuelle, le maintien de l'ordre public doit être le premier souci. L'adoption de la loi de 1957 sur l'ordre public et de la loi de 1958 sur les dommages causés par des émeutes atteste que le pouvoir législatif n'a pas négligé le problème. Si l'on veut que le Gouvernement démocratique soit une réalité, il faut évidemment laisser aux adultes toutes possibilités de participer à la politique; mais pour les enfants et les jeunes gens, il en va autrement. Ils n'ont pas eu le temps d'acquérir ce sens de la mesure et de la responsabilité que les années ont, faut-il espérer, inculqué à leurs aînés. Leur enthousiasme est facilement suscité et leur tempérament ardent par nature les pousse à des excès irréfléchis. Il n'est pas difficile d'imaginer l'effet excitant que peuvent exercer sur de jeunes esprits, l'action politique, les réunions et les discours, les drapeaux et les slogans, ou le danger que représentent pour le public des foules de jeunes excités qui ne sont qu'à demi tenus en main par des organisations politiques. Comme je l'ai déjà dit, le fait d'empêcher des jeunes gens de participer activement à la politique ne les prive pas du droit de voter ou de devenir membre du Parlement. Une fois l'interdiction levée, à l'âge de seize ans, il leur reste encore cinq années pour faire leur éducation politique. Au contraire, la participation des jeunes aux activités politiques constitue une menace particulière pour l'ordre public. Il est raisonnable, à mon sens, que le pouvoir législatif prenne des mesures pour endiguer cette menace. Là encore, je me suis demandé si une interdiction totale est raisonnablement justifiée. Je pense que tel est bien le cas. Il est raisonnable de craindre que si les jeunes sont autorisés à participer à certaines activités politiques, il sera difficile, voire impossible, de les empêcher de prendre part à d'autres activités de ce genre. De plus, il serait exprêmement malaisé de définir de façon précise chaque activité politique d'où l'on désire exclure les jeunes et à vouloir essayer de le faire, on risquerait la confusion. Il est aussi

Since total prohibition is in my view reasonably justifiable, it is not necessary for me to deal with each specific activity described in section 34. I have, however, considered each one carefully. The only paragraph which imposes a restriction which one might hesitate in calling reasonably justifiable is paragraph (a) which prohibits a juvenile from applying for or obtaining membership of a political party. Admission to party membership does not of course necessarily mean that the member will take an active part in politics. But, as the Attorney-General, submitted, once a juvenile is admitted to membership of a political party, it is obviously difficult, if not impossible, to expect him to refrain from taking an active and direct part in the political activities of the party. For this reason I think that the restriction is reasonably justifiable. The remaining paragraphs are concerned with matters directly and actively connected with politics and I can see no reason to suppose that the restrictions which they impose are not reasonably justifiable in the interest of public order.

I conclude that this is a matter in which the Legislature has a right to intervene to protect the public, that the restrictions are reasonably justifiable in the interests of public order and are not excessive.

It is unnecessary for me to refer to sections 35 or 36 of the Children and Young Persons Law. They must stand or fall with sections 33 and 34. Since I find that the latter sections are not repugnant to the Constitution Order, it follows that in my view sections 35 and 36 are also reasonably justifiable.

I am not prepared to hold that a prohibition against participation in politics by persons aged fifteen and under is an unjustifiable infringement of a fundamental human right. Common sense rebels at such a proposition, particularly in the circumstances prevailing here now. The application is therefore dismissed.

This does not of course necessarily mean that the applicant has no remedy if he wishes to complain of his conviction or sentence. His counsel's affidavit suggests that he was convicted of an offence with which he was not charged. If this is so, no doubt the matter may be put right on appeal or on review.

APPLICATION DISMISSED

nécessaire au Nigéria du Nord qu'en tout autre lieu que les lois, si on les veut réellement efficaces, soient rédigées sous une forme simple et qui évite toute complication.

Une interdiction totale étant, à mon avis, raisonnablement justifiable, point n'est besoin que je traite de chaque activité particulière spécifiée à l'article 34. Je me suis cependant penché sur chacune d'elles. Le seul paragraphe qui impose une restriction que l'on pourrait hésiter à qualifier de raisonnablement justifiée est le paragraphe (a), qui interdit à un jeune homme de demander ou d'obtenir son adhésion à un parti politique. L'admission à un parti ne signifie évidemment pas nécessairement que l'adhérent participera activement à la politique. Mais, comme le Procureur Général l'a fait valoir, une fois qu'un jeune est admis dans un parti politique, il est manifestement difficile, voire impossible, de penser qu'il s'abstiendra de participer activement et directement aux activités politiques de ce parti. Pour cette raison, j'estime que la restriction prévue se justifie raisonnablement. Les autres paragraphes portent sur des questions directement et positivement liées à la politique, et je ne vois aucune raison de supposer que les restrictions qu'ils prescrivent ne se justifient pas raisonnablement dans l'intérêt de l'ordre public.

Je dirai en conclusion qu'il s'agit d'un domaine où le pouvoir législatif a le droit d'intervenir pour protéger le public, que les restrictions sont raisonnablement justifiées dans l'intérêt de l'ordre public et qu'elles ne sont pas excessives.

Il est superflu que je me réfère aux articles 35 et 36 de la loi sur les enfants et les jeunes gens. Leur sort est directement lié à celui des articles 33 et 34. Or, ces deux derniers articles n'étant pas, à mon avis, contraires à l'Ordonnance constitutionnelle, j'estime, par voie de conséquence, que les articles 35 et 36 sont, eux aussi, raisonnablement justifiés.

Je ne puis admettre que l'interdiction faite à des personnes de quinze ans ou moins de participer à la politique constitue une infraction injustifiée à un droit fondamental de l'homme. Le bon sens proteste contre une telle affirmation, notamment dans la situation qui est présentement la nôtre. La requête est donc rejetée.

Bien entendu, il ne s'ensuit pas nécessairement que le requérant ne dispose d'aucun recours s'il estime avoir à se plaindre de sa condamnation ou du jugement dont il a fait l'objet. Selon les déclarations de son conseil, il aurait été condamné pour un délit étranger à son inculpation. Si tel est le cas, il n'est pas douteux qu'une rectification puisse intervenir en appel ou en révision.

LA REQUETE EST REJETEE.

APPENDIX | *ANNEXE*

DOCUMENTATION AND BIBLIOGRAPHY | DOCUMENTATION ET BIBLIOGRAPHIE

A.

Council of Europe Documents [1]

Documents du Conseil de l'Europe [1]

1. Working papers of the Consultative Assembly / Documents de séance de l'Assemblée Consultative

Doc. 1057. Second Protocol to the Convention (Report presented on behalf of the Legal Committee, by Mr. Lannung)

Deuxième Protocole additionnel à la Convention (Rapport présenté par M. Lannung au nom de la Commission juridique)

Doc. 1060. Procedure to be followed to complete, if necessary, the Court (Report presented, on behalf of the Legal Committee, by Mr. Lannung)

Procédure à suivre pour compléter, le cas échéant, la Cour (Rapport présenté par M. Lannung au nom de la Commission juridique)

Doc. 1061. Extension of the competence of the Court as regards the interpretation of the Convention (Report presented, on behalf of the Legal Committee, by Mr. Wahl)

Extension de la compétence de la Cour en ce qui concerne l'interprétation de la Convention (Rapport présenté par M. Wahl au nom de la Commission juridique)

Doc. 1062. Uniform interpretation of European treaties (Report presented, on behalf of the Legal Committee, by Mr. Wahl)

Interprétation uniforme des traités européens (Rapport présenté par M. Wahl au nom de la Commission juridique)

Doc. 1071. Application No. 299/57; Article 25 of the Convention (Second Supplementary Report to the 10th Report of the Committee of Ministers)

Requête No. 299/57; Article 25 de la Convention (Deuxième rapport supplémentaire au 10ème rapport du Comité des Ministres)
(§§ *64 to/à 73; p. 19–20*)

Doc. 1075. Anti-Semitic demonstrations (Motion presented by the Political Committee)

Manifestations antisémites (Motion présentée par la Commission politique)

Doc. 1082. Article 46 of the Convention – Recognition of the compulsory jurisdiction of the Court (Report presented, on behalf of the Legal Committee, by Mr. Wahl)

Article 46 de la Convention – Reconnaissance de la compétence obligatoire de la Cour (Rapport présenté par M. Wahl au nom de la Commission juridique)

---

[1] The documents set out below refer only to documents available to the public. The numerous documents of a confidential nature are not mentioned.

[1] Seuls les documents accessibles au public sont mentionnés, à l'exclusion des nombreux documents de caractère confidentiel.

Doc. 1114. Article 46 of the Convention and Second Protocol to the Convention (Eleventh Report of the Committee of Ministers)

Article 46 de la Convention et Deuxième Protocole additionnel à la Convention (11ème rapport du Comité des Ministres)
(§§ *77 to / à 80; p. 16–17*)

Doc. 1116. Election of members of the Commission (Progress Report of the Bureau and the Standing Committee presented by Mr. Liquard, p. 3–4)

Renouvellement partiel de la Commission (Rapport d'activité du Bureau et de la Commission Permanente présenté par M. Liquard, p. 3–4)

Doc. 1117. Protection and development of local self government (Report presented, on behalf of the Committee on Local Authorities, by M. Seidl)

Défense et développement de l'autonomie locale (Rapport présenté par M. Seidl au nom de la Commission des Pouvoirs Locaux)

Doc. 1180. Channel Tunnel Project – Extension of the competence of the Court (Report presented, on behalf of the Economic Committee, by Mr. Molter, p. 19)

Projet de Tunnel sous la Manche – Extension de la compétence de la Cour (Rapport présenté par M. Molter au nom de la Commission économique, p. 19)

Doc. 1192. Extension of the competence of the Court as regards the interpretation of the Convention; election of members of the Commission; procedure for the appointment of additional members to the Court (Communication from the Committee of Ministers to the Consultative Assembly, p. 2, 5 and 6)

Extension de la compétence de la Cour en ce qui concerne l'interprétation de la Convention; renouvellement partiel de la Commission; procédure à suivre pour compléter, le cas échéant, la Cour. (Communication du Comité des Ministres à l'Assemblée Consultative, p. 2, 5 et 6)

2. *Reports of the debates of the Consultative Assembly / Comptes rendus des débats de l'Assemblée Consultative*

Sitting of 18th January (afternoon) / Séance du 18 janvier (après-midi)

pp. 598–599	The President /	Anti-Semitic Demonstrations (Vote on the Motion, Doc. 1075, moved by the Political Committee) /
	Le Président	Manifestations antisémites (vote sur la motion Doc. 1075 présenté par la Commission politique).

Sitting of 19th January (morning) / Séance du 19 janvier (matin)

p. 621	M. Radius	European Social Charter (Debate on the Report of the Social Committee, Doc. 1035) /
p. 626	M. Schujt	Charte Sociale européenne (Discussion du rapport de la Commision Sociale, Doc. 1035)

Sitting of 19th January (afternoon) / Séance du 19 janvier (aprés-midi)

p. 637	M. Dehousse	European Social Charter (Resumed

p. 644	M. MONTINI	debate on the Report and Vote on
p. 646	Mme WEBER	the draft opinion) /
p. 648	M. SCHMAL	
p. 653	M. MOUTET	Charte Sociale européenne (suite
p. 655	M. WEISS	de la discussion et vote sur le
p. 664	M. MOLTER	projet d'avis)

Sitting of 22nd January (afternoon) / Séance du 22 janvier (après-midi)

p. 847	M. LANNUNG	General policy of the Council of Europe in the light of the international situation / Politique générale du Conseil de l'Europe à la lumière de la situation internationale
p. 873 to / à 876	MM. WAHL, VAN MEEUWEN and / et LANNUNG	Uniform interpretation of European treaties (Debate on the Report of the Legal Committee Doc. 1062, and vote on the draft Recommendation) / Interprétation uniforme des traités européens (Discussion du rapport de la Commission juridique, Doc. 1062 et vote sur le projet de recommandation)
p. 876 to / à 878	M. WAHL	Extension of the competence of the Court as regards the interpretation of the Convention. Recognition of the compulsory jurisdiction of the Court (Debate on the Reports of the Legal Committee, Docs. 1061 and 1082, and votes on the draft Recommendation and Order) / Extension de la compétence de la Cour en ce qui concerne l'interprétation de la Convention. Reconnaissance de la compétence obligatoire de la Cour. (Discussion des rapports de la Commission juridique, Docs. 1061 et 1082 et votes sur les projets de recommandation et de directive)
p. 878 to / à 885	MM. LANNUNG EBNER, and / et MATHEW	Second Protocol to the Convention (Debate on the Report of the Legal Committee, Doc. 1057, and vote on the draft Recommendation) / Deuxième protocole additionnel à la Convention (Discussion du rapport de la Commission juridique, Doc. 1057, et vote sur le projet de Recommandation)
p. 885 to / à 887	M. LANNUNG	Procedure for filling vacancies in the Court (Debate on the Report of the Legal Committee, Doc. 1060, and vote on the draft Recommendation) / Procédure de nomination aux sièges

		vacants à la Cour (Discussion du rapport de la Commission juridique, Doc. 1060, et vote sur le projet de Recommandation)

Sitting of 27th April (morning) / Séance du 27 avril (matin)

p. 98 to / à 99	M. JAKOBSEN	European Economic Relations / Relations économiques européennes

Sitting of 28th April (afternoon) / Séance du 28 avril (après-midi)

p. 184 pp. 192–193 p. 235	M. KRAG M. LANNUNG Mme STOFFELS-VAN HAAFTEN	Debate of the Eleventh Report of the Committee of Ministers, Doc. 1114 / Discussion du 11ème Rapport du Comité des Ministres, Doc. 1114

Sitting of 29th April (morning) / Séance du 29 avril (matin)

pp. 242–246	MM. SEIDL et LANNUNG	Protection and development of local autonomy (Debate on the Report of the Committee on Local Authorities, Doc. 1117, and vote on the draft Order) / Défense et développement de l'autonomie locale (Discussion du rapport de la Commission des Pouvoirs locaux, Doc. 1117 et vote sur le projet de directive)
p. 248 p. 251 p. 254	M. LEMMER M. SCHMID Mme MAXSEIN	Compulsory collectivisation of farms in the Soviet Zone of Germany (Debate on the Report of the Committee on Non-represented Nations, Doc. 1141, and vote on the draft Resolution) / Collectivisation forcée des entreprises agricoles de la zone soviétique d'Allemagne (Discussion du rapport de la Commission des Nations non représentées, Doc. 1141 et vote sur le projet de Résolution)

Sitting of 29th April (afternoon) / Séance du 29 avril (après-midi)

p. 292 p. 294	M. CZERNETZ M. ALBERT-SOREL	Ratification of Council of Europe Conventions / Ratification des Conventions du Conseil de l'Europe

Sitting of 21st September (afternoon) / Séance du 21 septembre (aprés-midi)

p. 299	M. LUCIFERO	Turkish Representation / Représentation de la Turquie

Sitting on 23rd September (afternoon) / Séance du 23 septembre (après-midi)

p. 406	M. TONCIC	European co-operation in the fields of scientific research and space research / Coopération européenne dans les domaines de la recherche scientifique et de la recherche spatiale

Sitting of 24th September (morning) / Séance du 24 septembre (matin)		
p. 440	M. LEMMER	Situation in the Soviet Zone of Germany / Situation dans la zone soviétique d'Allemagne
Sitting of 26th September (afternoon) / Séance du 26 septembre (après-midi)		
p. 483	M. FENS	Reactivation of the Council of Europe / Relance du Conseil de l'Europe

3. Texts adopted by the Consultative Assembly / Textes adoptés par l'Assemblée Consultative

18th January /	Motion /	Anti-Semitic Demonstrations /
18 janvier	Motion	Manifestations antisémites
22nd January /	Recommendation No. 231 /	Uniform interpretation of European treaties /
22 janvier	Recommandation No. 231	Interprétation uniforme des traités européens
22nd January /	Recommendation No. 232 /	Extension of the competence of the Court as regards the interpretation of the Convention /
22 janvier	Recommandation No. 232	Extension de la compétence de la Cour en ce qui concerne l'interprétation de la Convention
22nd January /	Recommendation No. 233 /	Recognition of the compulsory jurisdiction of the Court as provided for in the article 46 of the Convention /
22 janvier	Recommandation No. 233	Reconnaissance de la compétence obligatoire de la Cour prévue à l'article 46 de la Convention
22nd January /	Recommendation No. 234 /	Second Protocol to the Convention /
22 janvier	Recommandation No. 234	Deuxième Protocole additionnel à la Convention
22nd January /	Recommendation No. 235 /	Procedure for the appointment of additional members to the Court /
22 janvier	Recommandation No. 235	Procédure à suivre pour compléter, le cas échéant, la Cour
22nd January /	Order No. 155 /	Recognition of the compulsory jurisdiction of the Court /
22 janvier	Directive No. 155	Reconnaissance de la compétence obligatoire de la Cour

29th April /	Order No. 160 /	Protection and development of local self-government in member countries /
29 avril	Directive No. 160	Défense et développement de l'autonomie locale dans les pays membres

4. *Conclusions of Plenary Sessions of the European Commission of Human Rights / Conclusions des séances plénières de la Commission Européenne des Droits de l'Homme*

DH (60) 1	21st Plenary Session / 21e Session plénière
DH (60) 7 déf.	22nd Plenary Session / 22e Session plénière
DH (60) 8 déf.	23rd Plenary Session / 23e Session plénière
DH (60) 10	24th Plenary Session / 24e Session plénière
DH (60) 13	25th Plenary Session / 25e Session plénière

5. *Miscellaneous / Divers*

Convention for the Protection of Human Rights and Fundamental Freedoms and Protocol (State and texts of ratifications, declarations and reservations as at 31st December, 1960) /
Projet de création d'un Institut International des Droits de l'Homme (Strasbourg, novembre 1960)
Proposal for the establishment of an International Institute of Human Rights (Strasbourg, November 1960)
Entwurf zur Schaffung eines Internationalen Instituts für Menschenrechte (Strasbourg, November 1960)

B.

Selective Bibliography of Publications concerning the European Convention of Human Rights [1]

Liste des principales publications concernant la Convention Européenne des Droits de l'Homme [1]

ADAM, PAUL, The European Convention of Human Rights, in: *United Nations News*, Londres, Vol. 15, No. 4, Oct.-Déc. 1960, pp. 20–23.

BACALU, J., Het verdragsrecht betreffende de rechten van de mens, in: *Rechtskundig Weekblad*, 1957–58, pp. 1321–1342.

BALLADORE-PALLIERI, G., Il regolamento della Corte dei Diritti dell'Uomo, in: *Diritto internazionale*, XIV, 1960, pp. 126–135.

BAYART, A., Réponse au discours de M. DE KOCK, in: *Rechtskundig Weekblad*, 23e année, No. 25, pp. 1206–1214.

DE BECKER, RAYMOND, La procédure du recours individuel en matière de droits humains fondamentaux, in: *Ecrits de Paris*, novembre 1960, pp. 64–73.

CARJEU, P. M., Simples remarques à propos du projet de déclaration des Nations Unies sur les droits et devoirs des Etats, in: *Revue Générale de Droit International Public*, 1959, pp. 680–707 (cf. surtout pp. 693–698).

COBLENTZ W. et R. WARSHAW, European Convention for the Protection of Human Rights and Fundamental Freedoms, in: *California Law Review*, mars 1956, p. 94.

DIEZ DE VELASCO, M., Mecanismos de garantia y medios procesales de proteccion creados por la Convencion Europea de los Derechos del Hombre, in: *Libro Homenaje a D. Nicolas Pérez Serrano*, Vol. II, pp. 585–663, Madrid 1959.

DUPUY, JEAN, La laïcité dans les déclarations internationales des droits de l'homme, in: *Recueil d'études sur "La laïcité"*, Centre de Sciences Politiques de l'Institut d'Etudes Juridiques de Nice, Presses Universitaires de France, 1960, pp. 145–178 (cf. surtout pp. 160–168).

DE KOCK, MARC, Het Europees Verdrag van de rechten van de mens is dit een voldoende bescherming? in: *Rechtskundig Weekblad*, 23e année, No. 25, pp. 1194–1203.

EISSEN, M. A., La Cour européenne des Droits de l'Homme. De la Convention au Règlement, in: *Annuaire Français de Droit International* 1959, pp. 618–658.

FRIESENHAHN, ERNST, Der internationale Schutz der Menschenrechte in: *Schriftenreihe der niedersächsischen Landeszentrale für politische Bildung*, 1960, 68 pages.

GARCIA BAUER, CARLOS, *Los derechos humanos preocupacion universal*, Guatemala, 1960, Editorial Universitaria; 532 pages (cf. surtout pp. 127–135, 189–221).

GOLSONG, H., Der Europäische Gerichtshof für Menschenrechte, in: *Juristenzeitung*, 1960, p. 194.

---

[1] Supplementary to the lists given in Volume I, pp. 274–276, and in Volume II, pp. 636–639.

[1] Cette liste complète celles qui figurent au Volume I, pp. 274–276 et au Volume II, pp. 636–639.

Golsong, H., La défense des Droits de l'Homme en Europe, in: *Sciences humaines et intégration européenne*, Leyde, 1960, p. 85.

Golsong, H., Minderheitenrechte im Rahmen des Europarates, in: *Europa Archiv*, 1960, p. 85.

Gullu, A. R., *Les Droits de l'Homme et la Turquie*, Genève, 1958, cf. surtout p. 63 et suivantes.

Guradze, H., Kann die Verfassungsbeschwerde auf eine Verletzung der Konvention zum Schutze der Menschenrechte gestützt werden? in: *Die öffentliche Verwaltung*, 1960, pp. 286–288.

Herzog, R., Nochmals: Verfassungsbeschwerde gegen Verletzungen der Menschenrechtskonvention? in: *Die öffentliche Verwaltung*, 1960, pp. 775–778.

Honing, F., The European Human Rights Convention, in: *The Law Journal*, 1955, p. 759 et suivantes.

Ketelaer, C., Verdrag tot bescherming van de Rechten van de mens, in: *Tijdschrift voor Bestuurswet*, 1953, pp. 366–370.

Koops, W. R. H., Enige opmerkingen over de Europese Conventie van de rechten van de mens, in: *Ars Aequi-Juridisch studentenblad*, 1953, p. 23 et suivantes.

Kopf, H., Europarat und Minderheitsproblem, in: *Institut für Auslandsbeziehungen*, 1958, p. 11 et suivantes.

Lacruz Berdejo, J. L., *Convencion Europea de los Derechos del Hombre*, Zaragoza, 1959.

Lauterpacht, E., Council of Europe, legal questions. – European Commission of Human Rights. Complaints made by the Greek Government in connection with events in Cyprus. – Position of national minorities in Europe, in: *The international and comparative Law Quaterly*, 1958, p. 366 et suivantes.

MacBride, Sean, La declarazione europea dei Diritti dell'uomo, il problema della democrazia e l'Irlanda, in: *Europa*, Vol. I, no. 11–12 (nov.-déc. 1950), 10 pages.

Meidel, Erich, *Das Armenrecht im öffentlich-rechtlichen Verfahren*, Dissertation (dactylographiée), Université de Würzburg, 1960, 130 pages (cf. surtout pp. 114–118).

Meyer-Lindenberg, H., Der internationale Schutz der Menschenrechte in Amerika, in: *Europa Archiv*, Avril 1960, p. 253 et suiv. (cf. surtout p. 258 et suiv.).

Modinos, P., Un instrument efficace pour la sauvegarde des libertés humaines, in: *Le monde diplomatique*, Décembre 1960, p. 3.

Mosler, Hermann, Organisation und Verfahren des Europäischen Gerichtshofs für Menschenrechte, in: *Zeitschrift für ausländisches öffentliches Recht und Völkerrecht*, 1960, no. 3–4, pp. 415–449.

Nieto Salo, José, La Convencion europea de los derechos del Hombre, in: *Instituciones europeas*, Academia Aragonesa de Ciencias Sociales, Zaragoza, 1960, p. 41 et suiv.

Nyssens, Albert, Réponse au discours de M. de Kock, in: *Rechtskundig Weekblad*, 23e année, No. 25, pp. 1213–1220.

Padirac, R., Les droits de l'homme devant les instances internationales, in: *Revue Politique et Parlementaire*, 1956, p. 50 et suiv.

Padirac, R., La Convention Européenne des Droits de l'Homme et les réticences de la France, in: *Chronique Sociale de France*, 1957, p. 231 et suiv.

Pardos Perez, José-Louis, *Derechos del Hombre en el Consejo de Europa* (avec une préface du Professeur Antonio de Luna), Murcia, 1960, 222 pages.

Pfeifer, H., Die rechtliche Bedeutung der Europäischen Konvention der Menschenrechte und Grundfreiheiten für Österreich, in: *Juristische Blätter*, 1958, p. 599 et suiv.

ROBERTSON, A. H., The European Court of Human Rights, in: *The American Journal of Comparative Law*, Vol. 9, No. 1, Winter 1960, p. 1–28.
ROLIN, H., Le public devrait mieux connaître les garanties qui lui sont offertes, in: *Le Monde Diplomatique*, Décembre 1960, p. 3.
ROMMEN, H., Vers l'internationalisation des droits de l'homme, in: *Justice dans le Monde*, Tome I, No. 2, Décembre 1959.
SCHAPIRO, , The European Court of Human Rights, in: *Annual Law Review West Australia*, 1953, p. 79 et suiv.
SCHIENDLER, DIETRICH, Die Europäische Kommission und der Europäische Gerichtshof für Menschenrechte, in: *Schweizerische Juristen-Zeitung*, 1960, Heft 9, pp. 133–136.
SKADEGARD, P., A propos de la Cour Européenne des Droits de l'Homme, in: *France-Europe*, supplément à "L'action européenne fédéraliste", 1958, p. 8.
SMYRNIADIS, B., Les Droits de l'Homme et leur protection internationale, in: *Revue Hellénique de Droit International*, 1952, p. 63 et suiv.
TAMMES, A. J. P., Het Europese verdrag tot bescherming van de rechten van de mens en het nationale recht, in: *Mededelingen van de Nederlandse Vereniging voor internationaal recht*, No. 43, Novembre 1960, pp. 1–41.
TENEKIDES-FRAGOPOULOU, CATHERINE, Le Conseil de l'Europe et la Cour européenne des Droits de l'Homme (en grec), in: *Journal des Juristes hellènes*, janvier 1960, pp. 5–12.
TORSTEN SALEN, L., Europaradets Konvention om Mänskliga Rättigheter och Friiheter, in: *Särtryck ur Förvaltungsrättslig Tidskrift*, 1951, Stockholm.
TRISKA, J., The individual and his rights in the European Community: an experiment in international law, in: *Tulane Law Review*, 1957, p. 283 et suiv.
VEEGENS, D. J., Het Europese verdrag tot bescherming van de rechten van de mens en het nationale recht, in: *Mededelingen van de Nederlandse Vereniging voor internationaal recht*, No. 43, Novembre 1960, pp. 42–81.
VERDROSS, ALFRED, Einige Hauptbestimmungen der Geschäftsordnung des Europäischen Gerichtshofes für Menschenrechte, in: *Österreichische Zeitschrift für öffentliches Recht*, Band X, 1960, Heft 3–4, pp. 475–479.
VERDROSS, ALFRED, Der Europäische Schutz der Menschenrechte, in: *Österreichische Zeitschrift für Aussenpolitik*, Jahrgang 1, Heft 2.
WALDOCK, C. H. M., The European Convention for the Protection of Human Rights and Fundamental Freedoms, in: *British Yearbook of International Law*, 1958, p. 356 et suiv.
WEIL GORDON, L., Decisions on inadmissible applications by the European Commission of Human Rights, in: *American Journal of International Law*, (1960), Vol. 54, No. 4, pp. 874–881.
WIEBRINGHAUS, H., La règle de l'épuisement préalable des voies de recours internes dans la jurispriudence de la Commission Européenne des Droits de l'Homme, in: *Annuaire Français de Droit International*, 1959, p. 685 et suiv.
WINKLER, GÜNTHER, Der Verfassungsrang von Staatsverträgen. Eine Untersuchung des geltenden österreichischen Verfassungsrechtes, in: *Österreichische Zeitschrift für öffentliches Recht*, Vienne, 1960, Band X, Heft 3–4, pp. 514–539 (cf. surtout pp. 522–523).
WOLF, JULES, L'affaire Lawless devant la Cour Européenne des Droits de l'Homme, in: *Journal des Tribunaux*, 75e année, No. 4299, pp. 735–737.

ALPHABETIC INDEX

Abbreviations

"Convention (the)"	means the European Convention of Human Rights
"Protocol (the)"	means the Protocol to the European Convention of Human Rights
"Commission (the)"	means the European Commission of Human Rights
"Court (the)"	means the European Court of Human Rights
"Statute (the)"	means the Statute of the Council of Europe
Conv.	European Convention of Human Rights
Prot.	Protocol to the European Convention of Human Rights
R. of P. Comm.	Rules of Procedure of the European Commission of Human Rights
R. of C. Court	Rules of Court of the European Court of Human Rights
C.E.	Council of Europe

A

D

E

INDEX ALPHABETIQUE

Abréviations

"Convention (La —)"	signifie la Convention Européenne des Droits de l'Homme.
"Protocole (Le —)"	signifie le Protocole Additionnel à la Convention Européenne des Droits de l'Homme.
"Commission (La —)"	signifie la Commission Européenne des Droits de l'Homme.
"Cour (La —)"	signifie la Cour Européenne des Droits de l'Homme.
Conv.	Convention Européenne des Droits de l'Homme.
Prot.	Protocole Additionnel à la Convention Européenne des Droits de l'Homme.
Règl. Com.	Règlement Intérieur de la Commission Européenne des Droits de l'Homme.
Règl. Cour	Règlement de la Cour Européenne des Droits de l'Homme.

A

H

I

J

K

L

M

N

O

P

S

GPSR Compliance

The European Union's (EU) General Product Safety Regulation (GPSR) is a set of rules that requires consumer products to be safe and our obligations to ensure this.

If you have any concerns about our products, you can contact us on ProductSafety@springernature.com

In case Publisher is established outside the EU, the EU authorized representative is:

Springer Nature Customer Service Center GmbH
Europaplatz 3
69115 Heidelberg, Germany

Batch number: 10830941

Printed by Printforce, the Netherlands